北京房山年鉴

2012

BEIJING FANGSHAN NIANJIAN

北京市房山区地方志编纂委员会 编

方志出版社

图书在版编目（C I P）数据

北京房山年鉴. 2012/北京市房山区方志编纂委员会编.
—北京：方志出版社，2012.12
ISBN 978-7-5144-0743-3

Ⅰ.①北…　Ⅱ.①北…　Ⅲ.①房山区—2012—年鉴
Ⅳ.①Z521.3

中国版本图书馆CIP数据核字（2012）第297235号

北京房山年鉴(2012)

编　　者：北京市房山区方志编纂委员会
责任编辑：刘方圆
出 版 者：方 志 出 版 社
（北京市东城区夕照寺街 14 号富瑞苑公寓 6 层）
邮编　100732
网址　http://www.fzph.org
发　　行：方志出版社出版发行部
（010）67120966 转 6008
经　　销：新华书店总店北京发行所
法律顾问：北京市大禹律师事务所
印　　刷：廊坊飞腾印刷包装有限公司
开　　本：787×1092　1/16
印　　张：27.75
字　　数：648千字
版　　次：2012年12月第1版　2012年12月第1次印刷
印　　数：0001—2000册
ISBN 978-7-5144-0743-3/K·603　定价：60.00元

房山区地方志编纂委员会

顾　　问　刘　伟　史全富　唐淑荣

主　　任　祁　红

副 主 任　赵佳琛　赵　军　曹　蕾

委　　员　（以姓氏笔画为序）

于　平　于吉顺　王占勇　王英开　王春菊　邓思博　朱仕生
朱立增　任正宽　刘永玘　刘宝忠　刘荣秀　刘胜国　许志华
许金涛　杨文淑　杨冬立　李　军　李　学　李　博　李立新
李进伟　李建坡　李桂清　吴长明　宋春福　宋爱茹　张　杰
张志元　张海鹏　张福志　陈剑波　陈慧明　邵志杰　赵大栓
赵永祥　耿纪民　贾　斌　钱新宇　徐宗军　郭志族　高海军
曹　磊　隗合庆　韩士军　韩继华　董凤山　游向荣　鲍　栋
臧金凤　翟　东　翟凤航　薛全英　薛满德　霍奇国　冀显江

房山区史志办公室

主　　任　李桂清

副 主 任　贾　昉

工作人员　刘文江　赵喜成　张文玲　许冬梅　蔡晓东　冯雪萍
刘　辉　赵茂义　王桂春　曹梦玲　隗　峥

《北京房山年鉴（2012）》编辑人员

主　　编　李桂清

副 主 编　贾　昉

责任编辑　蔡晓东

编　　辑　冯雪萍　许冬梅　刘　辉

校　　对　贾　昉　蔡晓东　冯雪萍　许冬梅　张振旗

编辑说明

一、《北京房山年鉴》为综合性资料工具书。在房山区委和房山区人民政府的领导下，由房山区地方志编纂委员会主持编纂，区史志办公室具体实施。

二、本年鉴以马列主义、毛泽东思想、邓小平理论、“三个代表”重要思想和科学发展观为指导，遵循中国共产党十一届三中全会以来的路线、方针和政策，坚持四项基本原则，运用辩证唯物主义和历史唯物主义的观点、方法，科学地反映客观情况。

三、《北京房山年鉴》自1987年开始编辑。以年度断限，逐年记载房山区各项事业的基本情况和主要成就，资料翔实准确，具有权威性和实用性。《北京房山年鉴（2012）》收录内容的时限为2011年1月1日至2011年12月31日。

四、本年鉴采用文章和条目两种体裁，以条目体为主。设特载、专文、概况、大事记、政治、经济、文化事业、社会生活、乡镇概况、主要组织机构及领导名录、附录11个栏目。条目编排一般分4个层次：类目、分目、子目、条目。计收入1324个条目。

五、本年鉴资料主要由各单位采编员撰写并经各单位主管领导审查后采用。所用统计数据，以《北京市房山区统计年鉴（2012）》为准。统计年鉴以外的数据，均以有关业务部门数字为准。照片由各单位提供。

六、本年鉴对房山区党政机关、事业单位、部分企业的全称与简称的使用，参见《主要组织机构及领导名录》，随文不再括注简称。

七、本年鉴得到了全区各单位的大力支持和协助，《主要组织机构及领导名录》的核实得到区委组织部、区编办的大力帮助，在此一并深表谢意。

目录

特 载

专 文

概 况

大事记

政　治

中国共产党北京市房山区委员会

·组织工作·

·调研工作·

·精神文明建设·

·政法 综合治理·

·机关党建工作·

·社会工委·

北京市房山区人民政府

·新农村建设·

·计划　统计·

·财政　税收·

中国人民政治协商会议北京市房山区委员会

检 察

审 判

人民武装

人民团体

·房山区总工会·

·共青团房山区委员会·

·房山区妇女联合会·

·水　务·

·林　业·

工　业

五大园区建设

·北京石化新材料科技产业基地·

建筑　建材　房地产

旅　游

银行 保险

城乡建设

·基础设施建设·

·邮政 电信·

文化事业

教 育

·党校教育·

·学前教育·

·基础教育·

·职成教育·

·高等教育·

科　技

文化　文物

史志 档案

·史志工作·

·档案工作·

广播电视 信息化建设

·广播电视·

·信息化建设·

社会生活

人 口

劳动和社会保障

民　政

卫　生

体　育

老龄工作

环境保护

群众生活

乡镇概况

·燕山办事处·

·城关街道办事处·

·拱辰街道办事处·

· 蒲洼乡 ·

· 新镇街道办事处 ·

主要组织机构及领导名录

附　录

领导活动

△ 3月4日，区委书记刘伟（左一）到拱辰街道渔儿沟村视察社会面防控情况

△ 9月19日，区委副书记、区长祁红（左一）参加区、乡镇人大代表换届选举宣传日活动

△ 10月11日，区人大常委会主任史全富（右一）考察区内重大项目建设情况

△ 5月27日，区政协主席唐淑荣(左四)到青龙湖镇考察红酒城建设情况

政 治

12月6日至8日，中国共产党北京市房山区第七次代表大会在韩村河山庄会议中心召开

12月14日至17日，房山区第七届人民代表大会第一次会议在韩村河山庄会议中心召开

12月13日至16日，房山区第七届委员会第一次会议在昊天假日酒店召开

12月8日，中共北京市房山区纪委七届一次全会召开

政 治

△ 1月6日至9日，房山区第六届人民代表大会第六次会议在韩村河山庄会议中心召开

△ 1月5日至7日，房山区政协第六届委员会第六次会议在昊天假日酒店召开

△ 5月11日，中国致公党北京市房山区支部委员会成立大会在区会议中心召开

△ 5月16日，房山区开展“三敢”精神大讨论活动动员大会在区会议中心召开

△ 7月19日，房山区社会建设大会在区会议中心召开

政　治

6月27日，房山区庆祝中国共产党成立90周年大会在区会议中心召开

8月30日，北京市基层组织次序动员机制现场推进会在房山区召开

5月22日，“红歌唱响的地方——纪念中国共产党成立90周年大型红歌主题演出”在霞云岭乡堂上村《没有共产党就没有新中国》词曲创作地纪念馆党旗广场举办

1月21日，举行房山区公开选拔非中共领导干部任职仪式

8月3日，房山区召开创建学习型乡镇（行政村）启动会

6月27日至7月19日，房山区举行光辉90年——房山区纪念中国共产党成立90周年大型成就展

政 治

11月7日，中東友好交流基地在长阳镇挂牌成立

10月25日，房山区“道德模范”表彰大会在区会议中心召开

5月29日，在燕山体育馆举行“我心中的歌”红歌演唱会

5月14日，2011春季北京国际长走大会暨第十七届房山旅游文化节系列活动在长沟镇中国房山世界地质公园博物馆前举行

政治

△ 3月7日，首都各界妇女纪念中国共产党成立90周年暨庆祝“三八”国际劳动妇女节群众歌咏活动启动仪式在霞云岭乡堂上村《没有共产党就没有新中国》词曲创作地纪念馆举行

△ 5月16日，由区委宣传部、北京十月天文化传媒有限公司联合摄制的首都乡村题材电影《花开白草畔》开机拍摄

△ 2月25日，西潞街道举办信访知识竞赛

△ 1月24日，区综合行政服务中心正式对外办公

经 济

2月16日，北京房开控股集团有限公司揭牌仪式在北京凯悦莱温泉会议中心举行

9月29日，北京（房山）柿子季在丰台区小屯路城乡超市广场开季

6月22日，房山区政府与中央国债登记结算有限责任公司举行签约仪式

9月22日，房山经济信息港启动仪式在长阳CSD商务广场举行

6月24日，中国北车轨道交通装备产业园奠基仪式在北京高端制造业（房山）基地举行

经济

11月14日，北京高端制造业基地就业服务中心举行揭牌仪式

12月19日，北京高端制造业（房山）基地在河北省保定市举行百亿投资签约仪式

7月28日，房山区政府与中粮集团在中国北京农业生态谷建设管理委员会举行入园企业签字仪式

6月25日，房山区召开房山旅游品牌发布会暨世界地质公园重点项目推介会

11月3日，房山首次以主办单位身份参展北京国际金融博览会

9月28日，阎村公租房项目在阎村镇施工现场举行开工仪式

11月12日，房山区举行城西集中供热厂运行启动仪式

12月23日，北京良乡高教园区村民回迁楼正式启用

4月15日，全国首例“限房价、竞地价”商品房项目——中国铁建长阳国际城项目开盘销售

1月24日，举行房山区限价商品住房摇号配售仪式

经 济

12月12日，举行长阳第三供水厂投用仪式

4月20日，京冀渔政拒马河水生野生动物保护联合执法启动仪式在十渡镇举行

7月23日，房山区开通3条北京旅游集散中心至房山北线景区为主的“一日游”专线

3月25日，中国食用菌协会(房山)基地揭牌仪式在良乡镇举行

5月14日，第二届花田音乐节在长沟镇开幕

10月，南窖乡引进的高科技项目——300亩草本咖啡试种成功

文 化

5月10日，房山区举行云居寺文化景区全面启动仪式

8月2日，北京四中房山分校在加州水郡举行奠基仪式

10月30日，北京中医药大学良乡校区奠基仪式在良乡高教园区举行

8月19日，北京华嬉数字文化产业功能区暨国际青少年环保·艺术培训基地启动仪式在长沟镇举行

4月26日，中国社会科学院研究生院良乡新校园正式挂牌

8月26日至28日，2011长阳音乐节在万亩滨河公园上演

文 化

△ 4月21日，房山作家书库工程启动仪式在区文化馆举行

△ 2月16日，房山区举办第十届青年歌手·票友大赛颁奖典礼

△ 8月8日，中国科学院古脊椎动物与古人类研究所、周口店北京人遗址管理处召开周口店遗址第1地点抢救性清理发掘新闻发布会

△ 10月28日，北京市第二十二届农民艺术节开幕式暨“美丽乡村·文化之旅”大型电视系列报道活动启动仪式在房山府前广场周末大舞台举行

△ 9月6日，打工子弟学校——民仁学校举办新学年开学典礼

△ 4月23日，房山区第16个“世界读书日”咏诗会在北京理工大学良乡校区举行

文化

9月20日，拱辰街道在良乡体育中心举办“拱辰放歌 迎国庆”大型文艺晚会

5月10日，房山石经刊刻创始人静琬法师塑像在云居寺景区石经碑林广场落成

7月15日至10月19日，北京房山·第二届中国汉白玉文化艺术节暨第二届汉白玉雕刻创意大赛在大石窝镇举办

6月15日，新镇街道举办建党90周年红歌晚会

10月13日，房山区启动“红领巾梦想助推计划”

社　会

6月9日至12日，2011年全国空手道锦标赛在燕山体育馆举行

7月25日，区双拥办组织住区部队官兵开展“社会一日”活动

10月22日至25日，房山区首届武林大会暨房山区武术文化节举行

10月9日，“暖秋重阳”韩红爱心捐赠、义诊活动在琉璃河镇敬老院举行

10月2日 房山区举办大安山乡区域品牌推介暨挑战“天下第一坡”活动

8月26日，韩村河镇举行北京龙门慈善基金揭牌暨2011年捐资助学仪式

特　　载

大力弘扬“三敢”精神
为全面建设首都高端制造业新区和现代生态休闲新城而努力奋斗

——在中国共产党北京市房山区第七次代表大会上的报告

（2011年12月6日）

中共房山区委书记　刘　伟

同志们：

中国共产党北京市房山区第七次代表大会，是在首都进入全面建设中国特色世界城市新阶段、房山“三化两区”建设进入关键时期召开的一次重要会议，具有承前启后、继往开来的重要意义。大会的主要任务是：高举中国特色社会主义伟大旗帜，以邓小平理论和“三个代表”重要思想为指导，全面贯彻落实科学发展观，认真总结过去五年工作，研究部署今后五年各项任务，选举产生中共北京市房山区第七届委员会和中共北京市房山区第七届纪律检查委员会，动员全区广大党员和干部群众，大力弘扬“三敢”精神，为全面建设首都高端制造业新区和现代生态休闲新城而努力奋斗！

现在，我代表中国共产党北京市房山区第六届委员会向大会做报告。

一、过去五年的工作回顾

区第六次党代会以来的五年，是房山发展史上极不平凡的五年。在市委、市政府正确领导下，区委团结带领全区广大党员和干部群众，开拓创新，攻坚克难，创造性采取战时体制，坚决实施破冰行动，成功应对了国际金融危机持续蔓延和产业结构重大调整的双重挑战，圆满完成了服务北京奥运会和庆祝建国60周年、建党90周年等重大政治任务，区域综合实力、对外影响力和美誉度大幅提升，全区经济社会发生了历史性变化，在房山发展史上书写了浓墨重彩的篇章。

这五年，是我们逐步理清“三化两区”发展思路、综合实力大幅跃升的五年。五年来，我们始终坚持把中央和市委、市政府的重大决策部署与房山实际结合起来，紧紧抓住首都明确区县功能定位、学习实践科学发展观活动和研究编制“十二五”规划等重大契机，准确把握房山发展的阶段性特征，不断优化和完善全区发展思路。区第六次党代会提出了“工业强区”“文化兴区”“城乡联动”三大战略和加快建设富裕、靓丽、文明、和谐现代化新区的奋斗目标；2009 年初，结合深入学习实践科学发展观活动，我们在全区范围内开展了解放思想大讨论，提出了“三化两区”发展思路，在实践中又进一步明确了“两轴三带五园区”的发展格局；2010 年年底，面对首都建设中国特色世界城市的新要求，我们提出了首都高端制造业新区和现代生态休闲新城的新定位，进一步丰富了“三化两区”的内涵。从“工业强区”到“三化两区”，再到“一区一城”，我们既保持了发展思路的延续性，又不断根据新形势形成新认识，逐步走出了一条具有房山特色的发展道路。

在新思路、新定位的引领下，我区发展态势由常规发展转向高速发展，主要经济指标大幅上升，全区财政收入连续突破 50 亿元和 100 亿元两个大关。预计 2011 年地区生产总值实现 416 亿元，财政收入完成 113.6 亿元，全社会固定资产投资完成 450 亿元，分别是 2006 年的 2.2 倍、9.4 倍和 2.8 倍；城镇居民人均可支配收入和农村居民人均纯收入分别达到 25900 元和 13160 元，年均增长 8.8%和 10.4%。全区呈现出经济快速增长、民生持续改善、社会和谐稳定的良好局面。

这五年，是我们加速融入市区、“两轴三带五园区”发展格局逐步形成的五年。紧紧抓住北京实施城南行动计划和促进西部地区转型发展等重要机遇，统筹考虑全区产业布局和城市布局，“两轴三带五园区”发展格局全面铺开。“两轴”作用日趋明显。充分依托京港澳高速和地铁房山线及西延线两条发展轴，着力打破融入市区的交通瓶颈，地铁房山线建成通车，轨道交通西延线、京昆高速、京良快速路等重要通道建设快速推进，房山融入市区、借势发展的步伐不断加快，高端要素加速涌入，城市化进程明显提速，城市化率达到 69%。“三带”发展各具特色。东部永定河绿色生态发展带，成为首都西南最具活力的黄金板块，以长阳半岛为核心的世界城市示范区建设成果初显，基本建成万亩滨河森林公园，完成刺猬河二期治理，实施了以拱辰街道一至五街为重点的良乡组团中心区改造，良乡高教园区建设基本成型。中部平原发展带发展迅猛，一批重点项目加速落地，燕房组团建设加快推进，城关街道中心区改造稳步进行，拉动了地区城市化进程。西部山区发展带生态涵养功能进一步增强，克服重重困难，坚决关闭了全部地方煤矿，彻底结束了千年采煤史，基本完成传统资源型产业退出任务，实施了“决战北沟”和绿色山区发展行动计划，山区人口迁移集中安置项目首批入住 491 户，圆满完成 1899 户山区险户搬迁，启动了红酒产业基地、中国美丽谷、云居寺文化景区、华嬉数字文化产业功能区等重大项目建设，实现了山区转型发展的重大突破。“五园区”建设初具规模。北京石化新材料科技产业基地成为“国家新型工业化产业示范基地”，中石化投资的 66 个项目已建成 23 项，部分企业实现属地纳税。北京高端制造业基地正式授牌，京西重工减震器项目实现量产，引进了长安汽车、北车、北控、国能电力等大型企业，成就了“窦店速度”。中央休闲购物区（CSD）品牌已经打响，奥特莱斯旗舰中心即将运营。中国北京农业生态谷建设全面启动。中国房山世界地质公园顺利通过联合国教科文组织的中期评估，建设步伐全面提速。在构建“两轴三带五园区”发展格局的进程中，我们成功推出了 Funhill 房山新标识，多次举办了国际长走大会、长阳音乐节等重大活动，房山城市形象和对外影响力明显提升。

这五年，是我们不断总结发展规律、初步形成房山发展模式的五年。经过艰辛努力，我们逐步探索出了由政府统筹，以大企业为动力，以功能区为载体，以小城镇建设为突破口，以实现城乡一体化发展为目标的房山发展模式，市委书记刘淇同志给予了高度评价，认为“是个有益的探索”。初步形成了“双轮驱动”的生动局面。一方面以城市化带动产业化，城市化第一拉动力效应充分显现，土地收益逐年大幅提高，预计基金预算收入累计可实现 263.3 亿元，为重点功能区建设和重大产业项目落地提供了资金支持和发展空间；另一方面以功能区支撑城市化，按照功能区与周边乡镇同步规划、一体发展的原则，确定了“5+X”功能区布局，成立了重点功能区管委会，创设了项目专员制度，大力破解拆迁、融资、手续等瓶颈问题，严厉打击违法违规建设，着力引导新兴产业向功能区集聚，为加速周边地区城市化提供了有力的产业支撑和更多的就业机会。积极探索了与央企合作的有效途径。坚持在服务中求合作、合作中促双赢，形成了从招商洽谈到项目落地的“一条龙”服务机制，与中石化、中核、中粮等央企签订了合作协议，并促使其上升到北京市与各央企的战略合作层面。率先形成了“大项目带动小城镇”的发展态势。根据各乡镇的区位条件和资源优势，创新招商引资方式，初步形成了琉璃河镇与中粮集团、河北镇与京煤集团、大石窝镇与温德拉集团等各具特色的合作方式，有力推动了镇域经济发展和城乡一体化进程。同时，坚持以城市化引领新农村建设，累计投入资金 72 亿元，实施了“5+3”工程和“百村帮扶”工程，集体经济产权制度改革顺利推进，集体林权制度主体改革任务基本完成，都市型现代农业蓬勃发展，农村面貌焕然一新，农民生产生活方式深刻转变，大石窝镇水头村等 5 个村成为北京最美乡村，新农村建设一直走在全国前列。

这五年，是我们坚持民生优先、不断开创社会和谐新局面的五年。按照以人为本、执政为民的理念，把发展成果真正体现在富民、安民、惠民上，累计完成 148 件重要实事，每年投入民生事业的资金以 47.5%的速度递增。千方百计促进群众就业，保持了“零就业家庭”动态为零，积极解决关矿地区劳动力转移就业问题，全区就业形势保持平稳。创造性地实施了 9 所山区中学搬迁工程，大力推进办学条件标准化建设和校舍抗震加固工程，引进了北京四中等市区优质教育资源，形成了覆盖幼、小、中、职、成、高各个学段的大教育格局，教育综合实力跃居郊区前列。卫生服务水平不断提升，完成良乡医院门急诊综合楼、区妇幼保健院门诊病房楼建设，实现了社区卫生服务全覆盖，新型农村合作医疗一直走在全国前列。严格落实计生国策，低生育水平保持稳定。社会保障水平不断提高，实现了养老保险、医疗保险制度全覆盖，解决了一批中低收入群体的住房困难。广泛开展了文化下乡、周末大舞台等文化惠民活动，公共文化服务网络基本形成。良乡体育中心一期投入运营，全民健身事业蓬勃发展。积极推进社区规范化建设，社区环境显著改善。深入开展精神文明创建活动，成功创建国家卫生区，连续 8 年保持首都文明区称号，涌现出了全国道德模范厉莉等先进典型，城市文明程度和群众文明素质显著提升。扎实推进平安房山和法治房山建设，完善了“大调解”工作体系，有效化解社会矛盾，政法工作取得新成效，全区政治安定、社会稳定。

这五年，是我们围绕发展抓党建、不断提高党建科学化水平的五年。始终坚持以改革创新精神，全面推进党的建设。广泛开展了深入学习实践科学发展观、创先争优等主题教育活动，在全市率先开展了“三敢”精神大讨论，扎实推进学习型党组织和领导班子建设，广大党员干部领导科学发展的自觉性、主动性明显增强。深入开展“三级联创”，在霞云岭、长阳等乡镇创新成立了联合党组织，各级党组织战斗堡垒作用和广大党员先锋模范作用得到充分发挥。及时总结推广农村基层组织“次序动员机制”，得到了中组部部长李源潮同志的充分肯定，称赞为“是一种基层工作方法的创新探索”，在全国产生强烈反响。扎实推进社会领域党建工作，社区党建、非公企业党建和社会组织党建得到全面加强。始终坚持正确的用人导向，健全完善了区委常委会干部任免票决、干部选拔任用提名和科级干部竞争上岗等制度，不断完善领导班子和领导干部考核评价体系，圆满完成了乡镇领导班子和村“两委”换届工作。扎实推进反腐倡廉建设，惩治和预防腐败体系不断完善，反腐败斗争不断深入。积极支持区人大、区政府、区政协依法履行职能，充分发挥工、青、妇等人民团体的桥梁纽带作用，积极做好统战、武装、老干部、党校、工商联、科协、残联、史志、档案等工作，全区上下形成了齐心协力促发展、团结拼搏干事业的大好局面。

总的来说，过去的五年是我区经济发展方式转变最快、城乡面貌变化最大、人民群众得实惠最多的时期之一。成绩的取得，归功于市委、市政府的坚强领导，归功于全区广大党员和干部群众的无私奉献，归功于各部门、各街道（乡镇）的努力拼搏，归功于驻区单位和社会各界的大力支持。在此，我代表中共房山区第六届委员会，向所有关心、支持和参与房山发展的同志们、朋友们，表示衷心的感谢，并致以崇高的敬意！

成绩来之不易，经验弥足珍贵。回顾五年的拼搏实践，我们有很多深切的体会，其中最重要的是：做好房山的工作，必须始终大力弘扬“三敢”精神。

只有敢于担当，才能贯彻落实以人为本、执政为民的理念。党的根本宗旨是全心全意为人民服务。只要是符合全区群众根本利益，只要是有利于全区经济社会发展，我们就敢于承担责任和风险，不退缩、不推诿、不扯皮，尽心竭力为群众谋取幸福。

只有敢于碰硬，才能攻坚克难。社会矛盾运动是推动社会发展的基本力量。在复杂的矛盾面前，在急难险重任务面前，我们敢于正视矛盾，敢于迎难而上，不蛮干，不胡干，我们的各项事业才不断实现新突破，创出新业绩。

只有敢于创新，才能永葆发展活力。创新始终是发展的不竭动力。面对复杂多变的新形势新任务，我们敢闯敢试、敢为人先，敢于打破惯性思维，敢于突破条条框框，不因循守旧，不墨守成规，才焕发出生机和活力，创造了一流的工作业绩。

同志们，大力弘扬“三敢”精神，成就了房山辉煌的昨天；大力弘扬“三敢”精神，也必将创造房山更加辉煌的明天。我们要继续大力弘扬“三敢”精神，始终坚持首都标准，始终紧跟时代步伐，面对机遇毫不犹豫，面对困难毫不退缩，在首都建设中国特色世界城市的进程中，全力开创“三化两区”建设新局面。

二、面临的形势和任务

今后五年，是首都全面落实“三个北京”发展理念、构建“两个率先”发展格局、建设中国特色世界城市“五个之都”的关键时期，同时也是房山全面建设首都高端制造业新区和现代生态休闲新城的关键期、攻坚期。

我们面临着加速推进新型工业化，全面建设首都高端制造业新区的重大机遇。从世界潮流看，国际金融危机发生后，西方发达国家提出要再工业化，全球制造业出现新一轮升级发展趋势。从国家战略看，“十二五”规划明确提出要坚持走中国特色新型工业化道路，促进制造业由大变强，把战略性新兴产业培育成先导性、支柱性产业，发展高端制造业具备良好的宏观政策环境。从首都发展看，按照建设中国特色世界城市对抢占全球经济、科技制高点的要求，首都在产业结构深度调整中更加注重实体经济发展，强调要培育新的高端产业功能区，首都经济将进入高端引领、创新驱动、绿色发展的轨道。从房山实际看，我区已经入驻了新能源、新材料、高端装备制造、新能源汽车等行业的一批重大项目，在发展战略性新兴产业方面抢占了一定先机，比较优势日益凸显。这为我们进一步牵手大企业、引进大项目、建设大园区，全力加快首都高端制造业新区建设，打造首都实体经济新的战略增长极，带来了难得的发展机遇。

我们面临着加速推进新型城市化，全面建设现代生态休闲新城的重大机遇。“十二五”时期，支持京津冀城市群发展、打造首都经济圈已经上升为国家战略，为房山以更宽的视野谋划城市发展提供了广阔空间。按照率先形成城乡经济社会发展一体化新格局的要求，首都将着力推动城市发展建设重心向城市发展新区转移，五个城市发展新区整体迎来了历史性机遇。房山作为重点建设的新城之一，是首都加快南部地区振兴和西部地区转型的重要枢纽，区位、空间和资源优势将更加凸显，城市化进程将全面加速。这为我们进一步融入首都，主动承接中心城区功能，高标准建设现代生态休闲新城，带来了难得的发展机遇。

在看到发展机遇的同时，我们更要清醒认识到面临的问题和挑战，其中最突出的是，全区领导干部和党员队伍的能力素质，与全面建设“一区一城”新房山的要求还不完全适应。主要表现在四方面能力还需进一步增强：一是我们领导科学发展的能力还需进一步增强。随着“三化两区”建设不断深入，全区改革发展中的深层次矛盾更加凸显，统筹城乡区域、经济社会、人口资源环境协调发展的难度越来越大，面对推动房山跨越发展的历史重任，我们谋发展的视野、促改革的魄力、抓落实的水平还需要大力提升。二是我们把握宏观经济形势的能力还需进一步增强。随着世界形势大变革、大调整、大发展，我国经济发展面临的不稳定不确定因素增多，面对复杂的经济发展环境和更具灵活性的宏观调控政策，我们把握宏观形势的前瞻性和主动性还不够。三是我们引领合作发展的能力还需进一步增强。随着对外吸引力的不断提升，越来越多的大企业、大项目入驻我区，面对战略合作伙伴，我们进行顶层沟通落实、引领高端合作的能力还不足。四是我们做好群众工作的能力还需进一步增强。随着我区进入大拆迁、大建设时期，各种社会矛盾集中显现，协调各方利益关系的难度加大，做好新时期群众工作面临诸多挑战，我们服务群众、组织群众、赢得群众支持的本领还需要切实提升。

总之，我们面临的机遇前所未有，面临的挑战也前所未有。我们要坚定信心、振奋精神，坚持“三化两区”不动摇，确保思路一以贯之、工作持之以恒、措施不断创新，努力把“一区一城”新房山建设全面推向更加美好的未来。

今后五年全区工作的指导思想是：高举中国特色社会主义伟大旗帜，以邓小平理论和“三个代表”重要思想为指导，深入贯彻落实科学发展观，紧紧围绕科学发展主题和加快转变经济发展方式主线，继续深化“三化两区”发展思路，不断完善房山发展模式，大力弘扬“三敢”精神，全力以赴加快“一区一城”新房山建设，着力推动经济、政治、文化、社会、生态文明建设全面协调发展，不断提高党的建设科学化水平，使首都高端制造业新区强势崛起，使现代生态休闲新城闪耀京南，力争使房山在未来五年跃居首都城市发展新区前列。

今后五年全区主要奋斗目标是：

——首都高端制造业新区强势崛起。依托重点功能区建设，全面深化与大企业合作，瞄准世界科技创新和高端产业发展前沿，注重应用节能、环保、信息化等新标准、新技术，全力做大做强高端制造业，积极培育具有国际竞争力的现代产业集群。经过五年努力，力争全区工业总产值突破 2500 亿元，新增量占到全市的 1/3 左右，成为首都新的战略发展高地。

——现代生态休闲新城闪耀京南。着眼于首都建设中国特色世界城市的新要求，大力提升面向中心城区的综合服务功能，坚持业城融合发展，突出生态宜居，彰显现代休闲，高标准建设基础设施和公共服务设施，高品质打造城市形象和生态环境。经过五年努力，使房山成为京津冀城市群中独具魅力的新城。

——经济社会发展实现新跨越。产业结构不断优化，综合实力大幅提升，地区生产总值、一般预算收入分别年均增长 12%以上；城乡和区域发展更加协调，农村和山区转型发展取得重大突破，城镇居民人均可支配收入年均增长 8%以上，农村居民人均纯收入年均增长 10%以上；各项社会事业全面进步，文化事业和文化产业繁荣发展，社会保障和公共服务水平显著提升，社会服务管理创新工作扎实推进，全区更加和谐稳定、更加充满活力。

三、今后五年的主要工作

今后五年，我们要紧紧围绕全面建设“一区一城”新房山的任务目标，以更宽的视野、更大的魄力、更足的干劲，全力以赴做好五方面重点工作，力争走在首都城市发展新区前列。

（一）坚持新型工业化，全力以赴推进首都高端制造业新区建设

突出高端引领、创新驱动、绿色发展，着眼于实现区域全覆盖，以抢占首都实体经济制高点为目标，加快转变经济发展方式，推动首都高端制造业新区强势崛起。

一是做大做强三大新兴产业集群。坚持以重点功能区为依托，统筹资源，集中力量，全力打造全国乃至国际领先的千亿级产业集群，成为区域经济腾飞的强大引擎。要全面深化燕房合作，加快建设北京石化新材料科技产业基地，完成核心区建设，适时启动拓展区，确保入驻项目顺利投产见效，大力发展精细化工，延伸上下游产业链，打造国际一流的石化新材料产业航母，实现产值 1200 亿元。要着力用好北京高端制造业基地这块金字招牌，加快建设长安汽车、北控、北车等重大项目，加速推进国能科技创新产业园建设，力争率先在北京乃至全国实现新能源汽车产业化；在积极扩区的同时，进一步发挥基地辐射示范作用，努力打造产业链完整、规模效应明显、“智造”特色突出的千亿级产业基地，成为全国高端制造业基地的新标杆。要深化与中核集团合作，加快中核北京科技园建设，推动核科技研发和民用核工业聚集发展，打造全国领先、世界一流的综合性核科技产业基地。同时，要积极推进良乡物流基地建设。要统筹考虑重点功能区周边地区发展，加快完善功能区基础设施和公共服务设施，进一步理顺功能区与所在行政区的关系，真正实现业城互动、一体发展。

二是着力推动二产转型升级。坚持引进增量、盘活存量、扩大总量，不断提升二产规模和竞争力。要创新招商引资方式方法，巩固和扩大与央企的合作成果，积极开展国际合作，着力引进一批航母企业和旗舰项目，加快培育和壮大新材料、新能源、高端装备制造等战略性新兴产业，占领产业发展高端，切实增强高端制造业龙头带动作用，成为首都实体经济举足轻重的重要一极。要做优做精建筑、建材、房地产三大传统产业，加强区属集团与大企业的战略合作，加快推进住

宅产业化，大力发展绿色环保新型建材产品，促进房地产业健康发展。要坚决退出资源型产业，加快淘汰落后产能，加大节能减排工作力度，推进信息化与工业化深度融合，促进产业结构更优、质量更高、效益更好。

三是大力优化区域发展环境。始终把营造更为开放、更具吸引力的发展环境，作为打造首都高端制造业新区的重要前提。要进一步优化服务环境，充分发挥区综合行政服务中心作用，提高行政效能，完善重大项目推进机制，建立健全与大企业对接服务机制，竭力为入驻企业提供全方位、全过程优质服务，切实加快重大项目引进、落地和建设速度。要进一步优化政策环境，科学调配土地、资金等资源，建立健全包括综合能耗、环保等指标在内的项目准入制度，重点支持高新技术产业发展；积极对接市级政策平台，促进重点功能区与中关村国家自主创新示范区合作交流，大力推动全市乃至全国科技创新成果在房山实现产业化，促进"总部+研发+基地"联动发展，努力实现创新驱动。要进一步优化市场环境，加快培育区属国有大企业大集团，不断增强国有经济的骨干带动作用；积极引导非公经济发展，加大对中小企业的政策扶持和融资服务力度，支持企业上市，鼓励社会投资，让一切创造财富的源泉在房山充分涌流。

（二）坚持新型城市化，全力以赴推进现代生态休闲新城建设

按照建设中国特色世界城市的要求，坚持高水平规划、高质量建设、高效能管理，着力提升城市规模和品质，努力在全区范围内建设彰显现代、生态、休闲功能，有别于中心城区的首都重点新城。

一是高标准建设世界城市示范区。聚焦长阳半岛，坚持规划引领，突出绿色理念，集聚世界高端要素，全力推动中央休闲购物区（CSD）建设，继续办好长阳音乐节等重大活动，规划建设世界一流、彰显文化内涵与城市品位的地标性建筑，全面提升品牌效应与对外影响力。进一步完善城市基础设施和公共服务设施，切实提高城市综合服务水平，全面承接中心城区功能。以永定河水岸经济带为依托，加快推进首创奥特莱斯等项目建设，大力发展娱乐购物、时尚休闲、户外运动等现代休闲产业，积极培育楼宇经济、总部经济等新兴业态，不断提高城市经济对发展的贡献度，打造现代高端服务业增长极，促进产业的高端化、融合化、生态化，把长阳半岛建成首都的一颗璀璨明珠。

二是统筹推进城市群落均衡协调发展。按照生态优先、中心提升、组团拓展、区域协同的思路，积极推进城市群落建设，实现城市布局与空间布局的联动优化。坚持同步规划、同步投入，统筹推进良乡、燕房两个新城组团建设，加快实施拱辰街道一至五街、西潞街道北五村和城关街道中心区改造项目，根本改善主城区面貌，进一步增强辐射带动能力。全面深化与中粮集团合作，加快建设中国北京农业生态谷，在带动琉璃河镇等周边地区发展的同时，打造田园风光式生态景观，成为北京建设世界城市的一张靓丽名片。全力建设好中国房山世界地质公园，重点抓好十渡等八大景区建设，唱响"穿越之城，幸福之山"旅游形象品牌，构建"一园四城一圈"旅游空间布局，建设国际一流旅游目的地，成为首都乃至全国休闲观光旅游的重要承载地。着力加快红酒产业基地建设，以酒带庄，进一步拓展生态休闲功能。巩固"大项目带动小城镇"发展的良好成果，大力提升窦店、长沟、河北、大石窝等特色小城镇开发建设水平，加速全区城市化进程。

三是着力提高城市建设管理水平。坚持建管并重，加强部门协调，落实属地责任，创新城市运营管理模式，实现管理重心下移，切实提高城市运行效率。大力推进数字房山建设，促进"三网"融合，不断提高城市管理的精细化和智能化水平。优化路网结

构，改善道路微循环系统，着力解决主城区交通拥堵问题，畅通城市交通。加强城市环境综合整治，不断加大违法违规建设的查处力度，着力营造整洁有序的市容市貌，提高城市宜居程度。切实抓好水、电、气、热、路等基础设施和配套服务设施建设，全面提升我区城市化总体水平。

（三）坚持城乡统筹，全力以赴构建城乡一体化发展新格局

紧紧抓住首都率先形成城乡经济社会发展一体化新格局的契机，加大统筹力度，推动农村和山区转型发展再上新台阶，促进人口与经济社会协调发展。

一是大力推进农村转型发展。坚持以城市化引领“三农”工作，围绕农村发展、农业增效和农民增收这一工作主线，大力推动农村城市化、农业产业化进程，继续推进社会主义新农村建设，不断开创“三农”工作新局面。要加快农村城市化步伐。依据区位优势、资源禀赋和发展水平，统筹考虑全区461个村庄建设，采取城中村和城乡结合部改造、功能区带动、中心村集聚等方式，整合村庄，建立农村新型社区，引导农村人口和产业加速向城镇集中。未来五年，力争新城规划范围内50个以上村实现农民转居上楼。要提高农业产业化水平。以中国北京农业生态谷、红酒产业基地为载体，以农业产业化经营和品牌化发展为核心，坚持低碳、高效、循环理念，大力推动都市型现代农业发展。充分发挥农村专业合作组织作用，建设一批特种特养农业产业基地，培育一批农产品深加工龙头企业，促进一产向二三产业融合，壮大农村集体经济实力。要深化农村综合配套改革。加快水利改革，强化节水意识，切实增强水利对经济社会发展的支撑保障能力。继续推进土地流转，完善农村土地经营管理制度，全面完成农村集体经济产权制度和集体林权制度改革，焕发农村发展的勃勃生机。

二是大力推进山区转型发展。紧紧围绕中国房山世界地质公园建设，坚持开发与涵养并重，创新开发模式，进一步破解山区发展瓶颈，建设符合世界城市发展要求的绿色新山区。要加快山区生态环境建设。巩固关矿成果，坚决打击私挖盗采，妥善解决山区取暖用能等后续问题。大力实施以京津风沙源治理、太行山绿化、废弃矿山修复和环境综合治理为重点的生态环境建设工程，建立健全生态补偿机制，积极推进贯穿房山腹地的大石河绿色生态走廊建设，大幅提升山区生态涵养功能，逐步恢复有山皆绿、有水皆清的优美环境，再现秀美山川。要加速新兴替代产业发展。依托山区资源优势，统筹南、北两沟发展，因地制宜，突出特色，加快道路基础设施建设，积极探索山区乡镇与央企合作的新途径，吸引央企的品牌、资金、人才、技术等高端要素集聚，发展高端旅游、商务会议、现代服务、总部后台、运动休闲等绿色替代产业。大力推动文化与生态相融合的沟域经济发展，高水平规划建设2—6条重点沟域，形成山区发展的新亮点。

三是统筹人口与经济社会协调发展。妥善处理好人口发展与经济社会、资源环境的关系，加快形成与我区可持续发展和城市功能相适应的人口发展格局。要加强人口综合调控。准确把握人口发展规律，实施积极的人口调控政策，进一步优化人口结构，提升人口素质，促进人的全面发展。大力推进“人才强区”战略，着力引进高层次人才和行业领军人才，为全区快速发展提供人才保障。要加快农民市民化步伐。通过农村体制机制改革，实现资产变股权、农民当股东，真正让农民成为有资产的新市民。以重点功能区和重大项目用工需求为导向，多渠道、多层次拉动农民非农就业，真正让农民成为有工作的新市民。切实解决好转居农民的社会保障问题，促进城乡基本公共服务均等化和社会保障一体化，使农民“失地不失利”，真

正让农民成为有保障的新市民。要全力做好山区人口搬迁工作。按照集中安置与分散安置相结合的思路，继续实施山区人口搬迁工程，完成阎村镇公主坟村集中安置和周口店镇、青龙湖镇等分散安置项目建设，实现2.1万山区人口搬迁。要统筹解决好搬迁人员的转居、社保、就业等问题，确保山区人口搬得出、稳得住、能致富。

（四）坚持文化引领，全力以赴打造文化强区

认真贯彻党的十七届六中全会精神，坚持社会主义先进文化前进方向，以高度的文化自觉和文化自信，促进我区传统文化底蕴与现代文化要素完美融合，塑造与全面建设"一区一城"新房山相得益彰的房山新文化，努力在首都全国文化中心建设中发挥不同凡响的示范作用，实现由文化资源大区向文化强区的跨越。

一是加强社会主义核心价值体系建设。社会主义核心价值体系是兴国之魂，是全面建设"一区一城"新房山的强大精神动力。要牢牢把握正确舆论导向，大力弘扬"爱国、创新、包容、厚德"的新时期北京精神，抵制各种错误和腐朽思想，进一步提振房山人民的精气神，努力形成助推房山科学发展的现代文化氛围。要扎实推进学习型房山建设，广泛开展理想信念、市情区情和形势政策教育，积极创建北京市学习型先进区，把全社会发展活力充分释放出来。要加强社会主义思想道德建设，强化社会公德、职业道德、家庭美德和个人品德教育，加强未成年人思想道德建设，深入开展道德模范学习活动，全面提高城乡群众的道德素质和文明程度。要广泛开展文明村镇、文明行业、文明单位等群众性精神文明创建活动，巩固提升全国卫生区创建成果，积极争创全国双拥模范区和国家文明区，让每一位房山人为生活在和谐文明的新房山而自豪。

二是全面繁荣文化事业。要以塑造房山新文化为目标，按照公益性、基本性、均等性、便利性的要求，建立功能完善的公共文化服务体系。深入推进文化惠民工程，加快区群众文化活动中心、博物馆等标志性文化设施建设，广泛开展群众便于参与、乐于参与的文化活动，不断满足群众多方面、多层次、多样性的精神文化需求。积极培育特色文化，重点加强园区文化、社区文化、村镇文化、企业文化、校园文化等建设。大力支持文艺创作，不断繁荣文化市场，推出一批展现房山人民精神风貌的精品力作，打造一批富有首都气派、房山特质的文化品牌。加强优秀传统文化的继承与发展，进一步加强文物保护和非物质文化遗产管理。广泛开展全民健身运动，完成良乡体育中心等体育设施建设，促进群众体育和竞技体育协调发展，让房山人民的精神文化生活更加丰富多彩。

三是大力发展文化产业。要以现代化、国际化视野谋划和推动文化产业发展，发挥历史文化旅游集聚区的辐射带动作用，做好做活悠久灿烂的房山文化这篇大文章，推动文化产业成为我区支柱性产业。积极促进文化产业与科技、旅游、体育、农业等深度融合，大力发展影视娱乐、创意设计、咨询策划、文化旅游等新兴文化产业，加快培育和引进一批文化龙头企业，重点抓好云居寺文化景区、华嬉数字文化产业功能区、周口店世界文化传承示范区、西周燕都大遗址公园等重大项目，不断增强文化创意产业的集聚效应，推动文化产业大发展、大跨越，让文化产业在房山大地上迸发出更加蓬勃的生机。

（五）坚持民生优先，全力以赴建设和谐房山

坚持以人为本、执政为民的理念，着力保障和改善民生，加强和创新社会管理，让发展成果惠及城乡，不断满足全区群众过上更好生活的新期待。

一是千方百计稳定和扩大就业。把促进就业放在经济社会发展的优先位置，广开就

业渠道，有效发挥重点功能区、中小企业对本地劳动力就业的吸纳作用，鼓励个人自主创业，重点解决失地转居、关矿地区群众的就业问题，努力减少失业。加大就业培训力度，把转变就业观念与提高就业技能结合起来，大力开展“定岗、定向、订单”式培训，提高劳动力就业技能。加强就业服务站建设，完善“零就业家庭”长效帮扶机制，切实提高就业服务水平。健全工资集体协商制度，做好农民工权益保障工作，构建和谐劳动关系。

二是加快提升公共服务水平。依托首都优势，积极引进市区教育、卫生等优质资源，建设一批高水准的社会事业项目。坚持教育优先发展，巩固提升中、小、幼办学水平，完善区、乡、村三级职成教育网络建设，完成良乡高教园区建设，促进教育均衡发展，努力建设教育强区。深入开展全民健康教育与健康促进工作，推进全区医疗卫生体制改革，进一步完善医疗服务、公共卫生服务、社区卫生服务三大体系，继续推行家庭医生式服务、山区巡诊服务等新型模式，打造区乡医疗共同体。继续稳定低生育水平，促进人口均衡发展。大力发展老龄事业，切实维护妇女儿童合法权益，支持残疾人事业健康发展。

三是大力提高社会保障水平。加快推进社会保障制度整合与衔接，全面推进社会保障卡工程建设，建立城乡居民一体化的社会保障体系，努力实现社会保障由制度全覆盖向人群全覆盖转变。牢固树立大民政的理念，统筹城乡救助制度，健全最低生活保障制度，逐步实现社会福利向适度普惠型转变。加快保障性住房建设，重点解决低收入家庭住房困难问题。

四是加强和创新社会管理。以发展理念和发展方式的转变为引领，积极应对大发展、大建设时期社会管理面临的新情况新问题，健全和完善党委领导、政府负责、社会协同、公众参与的社会管理格局，努力走出一条符合“一区一城”新房山建设要求的社会管理创新之路。积极稳妥实施网格化社会服务管理，因地制宜推进村庄社区化管理，不断探索社区建设规范化、功能区服务管理属地化等模式，继续推行一刻钟社区服务圈，着力打造“社会家园”建设品牌。坚持以业控人、以房管人、以证管人，通过严格控制低端产业、严厉查处违法建设等途径，努力从源头上解决人口无序聚集问题，重点加强流动人口、特殊人群、社会治安重点地区、网络虚拟社会及社会组织的服务管理。抓好“枢纽型”社会组织建设，切实加强社会工作人才队伍建设，推动社会志愿服务健康发展，积极营造既有活力又有秩序的社会环境。

五是全力维护社会安全稳定。始终把维护安全稳定作为第一责任，认真落实维稳工作责任制，深入推进平安房山创建活动。要以群众工作统揽信访工作，认真抓好矛盾排查化解，进一步健全稳定预警机制和风险评估机制，认真落实各级领导干部接访及下访、约访等制度，完善“大调解”工作体系，着力解决征地拆迁、涉法涉诉等信访突出问题，全力确保重点敏感时期和节点的安全稳定。要切实加强社会治安综合治理，完善社会治安防控体系，做实做强乡镇综治维稳机构，建立维稳信息系统，做到专群结合、群防群治，加大对各类违法犯罪活动的打击力度，加强网络安全管理，抓好同“法轮功”等邪教组织的斗争，维护良好的社会治安秩序。深入推进法治房山建设，做好“六五”普法工作，积极开展《行政强制法》等法律法规宣传教育，坚持依法行政，促进司法公正，切实维护社会公平正义。要着力维护公共安全，健全安全生产制度，完善突发事件应急管理机制，全面做好防灾减灾工作，强化对交通、建筑施工、危险化学品、消防等重点领域的安全监管，全力保障食品、药品安全，坚决防范和遏制重特大安全事故的发生。

四、全面提高党的建设科学化水平，为全面建设“一区一城”新房山提供坚强的政治保证

实现未来五年的宏伟蓝图，关键在党，关键在人。我们要认真贯彻胡锦涛总书记在庆祝中国共产党成立90周年大会上的重要讲话精神，以执政能力建设和先进性建设为主线，不断提高党的建设科学化水平，使各级党组织始终成为全面建设“一区一城”新房山的坚强领导核心。

（一）进一步解放思想，在全面建设“一区一城”新房山进程中不断完善发展思路

解放思想是我们党战胜困难、推动发展的强大思想武器，也是改革开放以来，房山经济社会发展取得巨大成就的重要法宝。在新的历史起点上，全面建设“一区一城”新房山，最重要的就是要不断解放思想、实事求是、与时俱进，以新一轮思想大解放推动房山大发展。要以建设马克思主义学习型政党为目标，强化理论武装，坚持理论联系实际，紧密结合宏观形势的新趋势新变化，深入研究我区发展阶段性特征，不断深化对“三化两区”发展思路和“一区一城”功能定位的认识，使我们的思想观念始终紧跟时代步伐，发展思路更加契合房山实际。各部门、各街道（乡镇）要紧紧围绕全区发展大局，加强对本部门、本地区重大问题的研究，进一步优化工作思路，创新发展举措，把思想和行动统一到全面建设“一区一城”新房山上来。

（二）进一步加强领导班子和干部队伍建设，不断提高领导全面建设“一区一城”新房山的能力

要牢固树立正确的用人导向，坚持德才兼备、以德为先的用人标准，深化干部人事制度改革，强化各级领导班子和干部队伍建设，切实提高领导科学发展、把握宏观形势、引领合作发展和做好群众工作的能力。要提高领导科学发展的能力。牢牢把握科学发展观的精神实质，围绕加快城市化进程、功能区建设、山区转型发展等方面，研究新情况，探索新方法，全力破解制约科学发展的瓶颈问题，真正把科学发展观落到实处。要提高把握宏观形势的能力。密切关注宏观经济走势，提前研判国家和北京市重大政策调整方向，紧紧抓住加速新型城市化、新型工业化的重大机遇，不断提高政策研究水平，增强工作的前瞻性、主动性和创造性。要提高引领合作发展的能力。建立高层会商机制，强化沟通协调，着力推动顶层设计、顶层落实，努力与大企业形成发展的共同体。要提高做好群众工作的能力。牢固树立群众观点，站稳群众立场，始终把群众放在心上，把群众当作亲人，在确定涉及群众利益的重大政策和工作部署时，充分考虑不同群众的利益诉求和承受能力，特别是要以群众工作推动拆迁工作，切实维护群众的合法利益。

（三）进一步加强基层基础建设，有效激发全面建设“一区一城”新房山的生机与活力

坚持抓基层打基础，使基层党组织成为推动发展、服务群众、凝聚人心、促进和谐的坚强战斗堡垒。要以深入开展创先争优活动为契机，不断加强基层党组织和党员队伍建设。围绕保障全区重点工程、重大项目，深化“领航工程”“聚力工程”“先锋工程”，以党组织和党员创先争优带动全社会创先争优，进一步提升基层党组织的凝聚力、战斗力和创造力。认真落实发展党员五年规划，实施党员教育培训“五项工程”，不断健全党内关怀激励和帮扶机制，始终保持党员队伍的蓬勃生机和旺盛活力。要以推动城乡统筹发展为重点，不断完善基层党建工作新格局。主动适应新型城市化需要，切实加强以党组织为领导核心的新型社区建设，全面加强农村基层党组织负责人队伍建设，建立城乡党的基层组织互帮互助机制，促进城

乡各类基层党组织资源共享、双向受益。全面加强和改进机关、企业、学校、医院等方面党建工作，着力破解社会领域党建难题，逐步实现社会领域党建工作全覆盖。要以增强基层党组织活力为着眼点，深入推进党建工作创新。不断创新基层党组织设置形式，在城市化进程较快、山区转型任务较重的地区推广成立联合党组织。深入总结推广农村基层组织“次序动员机制”等成功经验，不断拓展应用范围。积极探索发扬党内民主的新形式新渠道，大力推进党务公开，健全党内民主决策机制，深入实施党代表任期制，切实保障党员主体地位和民主权利。

（四）进一步加强党风廉政建设，为全面建设“一区一城”新房山提供坚强的作风保障

紧紧围绕经济建设这个中心，把反腐倡廉建设摆在更加突出的位置，加快推进惩治和预防腐败体系建设，不断提高反腐倡廉建设科学化水平。要强化反腐倡廉建设。坚持标本兼治、综合治理、惩防并举、注重预防的方针，严格落实党风廉政建设责任制，认真贯彻《党员领导干部廉洁从政若干准则》，完善述职述廉、廉政谈话、诫勉谈话等制度，深入推进廉政风险防控管理工作，努力从源头上预防和惩治腐败。以深化农村“三资”监管工作为重点，进一步加强农村基层党风廉政建设。要强化监督检查。加强对重大决策部署执行及重大项目落地情况的监督检查，坚决查处各种不作为、乱作为、慢作为行为，保证区委、区政府各项重大决策部署的贯彻落实，严格落实领导干部问责等制度，加强对领导班子和领导干部的监督，规范权力运行。要强化作风转变。牢记“两个务必”，深入实际、深入基层、深入群众，倾听群众呼声，了解群众意愿，集中群众智慧，多为群众办好事、办实事，坚决杜绝奢侈浪费、弄虚作假等消极腐败现象，以优良的党风促政风带民风。

要发挥党委统揽全局、协调各方的作用，支持区人大、区政协围绕中心履行职能，充分发挥人大代表、政协委员的作用。支持区政府加强自身建设，深化各项改革，提高服务效能。继续加强党管武装工作，促进国防后备力量建设。支持工会、共青团、妇联、科协、文联、残联等群团组织依照法律和章程开展工作，加强同民主党派、工商联和无党派人士的团结合作，做好老干部、统战和民族宗教工作，调动一切有利于发展的积极因素，形成推动全区科学发展的整体合力。

同志们，今后五年是房山发展史上最关键的时期，既是大发展时期，也是最艰难时期。让我们在市委的坚强领导下，团结带领全区人民，大力弘扬“三敢”精神，凝心聚力，开拓进取，为全面建设首都高端制造业新区和现代生态休闲新城而努力奋斗！

北京市房山区人民代表大会常务委员会工作报告

——2011年12月15日在区第七届人民代表大会第一次会议上

房山区人大常委会主任　史全富

各位代表：

我受房山区第六届人民代表大会常务委员会委托，向大会报告本届常委会五年来的主要工作，并就新一届区人大常委会的工作提出建议，请予审议。

五年工作回顾

六届人大常委会任期的五年，是我区

“三化两区”战略全面实施、城市化进程不断加快、经济社会发展取得丰硕成果的五年，也是我区积极推进社会主义民主政治建设，人大工作取得重要进展的五年。五年来，在区委的正确领导下，区人大常委会坚持以邓小平理论和“三个代表”重要思想为指导，深入贯彻落实科学发展观，坚持党的领导、人民当家作主和依法治国的有机统一，围绕中心、服务大局，创新工作、依法作为，为坚持和完善人民代表大会制度、推进全区经济快速增长、民生持续改善、社会和谐稳定做出了积极贡献。

一、依法履行常委会职责，体现全区人民的意志和愿望

人民代表大会制度是我国的根本政治制度。区人大常委会作为区人民代表大会的常设机关，认真履行宪法和法律赋予的职能，通过法定程序使党的主张转化为国家意志，动员和组织全区人民依法管理国家事务和社会事务，管理经济和文化事业。

（一）依法召开会议，保证人民当家作主。五年来，共召开区第六届人民代表大会会议6次，通过做好会前筹备和会中服务工作，保障了区人民代表大会依法履行职能。召开人大常委会会议36次，完成议题98项，做出决议、决定58项，任免国家机关工作人员408人次，对10个政府职能部门进行了专项工作评议，有效行使了监督权、决定权和人事任免权，集中表达了民意民愿，调动了全区人民建设房山、发展房山的积极性、主动性和创造性。

（二）依法督办议案建议，推动解决人民群众关心的切身利益问题。常委会对代表提出的议案统筹考虑，严把质量关，确保所立议案人民切实所需、政府努力能做。为提高议案、建议的办理质量和代表满意率，采取多种方式进行督办。一是主动沟通协调。坚持提前介入，加强与“一府两院”及承办部门的联系，适时召开会议，听取办理情况汇报，协调处理办理过程中遇到的问题。二是创新督办机制。建立健全了议案办理任务书制度，向承办单位下达目标明确、责任清晰、要求具体的任务书，避免了办理过程中出现的推诿扯皮现象。三是强化跟踪督办。进行事前、事中、事后的全程跟踪督办，特别是对一些具有一定社会影响，办理难度大、周期长的议案和重点建议，进行跟踪和跨年度连续追踪，对办理结果不满意的，责成相关部门进行复查补办。针对群众关注的保障性住房建设、农村基础设施建设、就业平台建设等议案，常委会领导亲临一线了解办理情况，促进了民生问题的有效解决。五年来，列入大会议案16项45件，转交区政府办理的建议、批评、意见584件。区政府及其相关职能部门高度重视，实行行政一把手负责制，制定方案、落实责任，加强督查、认真办理，解决了一大批人民群众最关心、最直接、最现实的利益问题。

（三）依法完成区乡镇人大代表换届选举工作。今年进行的区、乡镇两级人大代表换届选举，是选举法修订后首次实行的城乡同比例选举。在区委的领导下，区人大常委会坚持依法按程序办事，认真组织实施换届选举工作，选举产生了房山区第七届人民代表大会代表271名，新一届乡镇人大代表1142名。在当选的区人大代表中，基层代表和妇女代表比例分别为68.6%和35.1%，比上届分别提高1.8%和4.1%；党政干部代表比例为21.0%，比上一届降低3%，实现了市委提出的“两升一降”的工作要求，进一步优化了代表结构，为加强基层政权建设、开创人大工作新局面打下了坚实基础。

二、依法履行监督权，推进经济发展社会和谐

人民代表大会及其常委会的监督工作，是代表国家和人民进行的具有法律效力的监督。五年来，六届人大常委会按照围绕中心、突出重点、依法办事、讲究实效的工作

思路，制定了监督法实施意见，并不断改进监督方式，做到了在监督中坚持会前对议题进行深入调研，会中认真做好审议发言，会后督促“一府两院”进行整改，进一步增强了监督工作实效。

（一）大力推进功能区建设。重点功能区是我区经济发展的重要载体。为加快功能区建设，人大常委会采取多项措施监督推进。常委会领导多次带队深入到北京石化新材料科技产业基地、首都高端制造业基地、中央休闲购物区（CSD）、北京农业生态谷、中国房山世界地质公园五大功能区进行调研，协调有关部门合力攻关，破解制约发展的突出问题。听取我区工业发展情况的汇报，组织代表对重点项目和重大投资项目进行视察，提出了政府各职能部门要高效发挥作用、认真抓好前期手续办理和市政配套设施建设、建立投资项目的双向约束机制、及时化解拆迁矛盾等建议。围绕世界地质公园中期评估验收，听取区旅游局专项工作汇报。根据人大常委会评议意见，区旅游局制定并实施了 18 条改进措施，确保了世界地质公园顺利通过联合国教科文组织的中期评估。

（二）大力推进城市化进程。城市化是我区经济发展的重要驱动力。区六届人大常委会把推进城市化进程作为重要工作来抓，对《关于加强新城建设管理的决议》执行情况进行了连续跟踪督查，提高了新城建设管理水平。针对城市化发展需要，对区市政市容委工作进行了专项评议，建议要抓住首都建设世界城市的历史机遇，结合落实北京市南城行动计划，切实创新管理机制，不断提升城市管理效能。听取审议了城市垃圾处理工作汇报和城市交通基础设施建设情况汇报。组织代表对地铁房山线、京石第二高速、京石客运专线等交通基础设施及拱辰街道一至五街、城关街道楮榆树街拆迁改造等工程项目进行视察，提出了有针对性的意见建议，有力地推进了我区城市建设。

（三）大力推进产业发展。传统资源型产业退出后，如何更好地培育和发展新兴产业是我区面临的一个重要课题。为推进产业发展，举办“推进科学发展座谈会”“建立产业发展政策绿色通道座谈会”，人大代表与政府职能部门共同探讨了加快产业发展的办法和措施。听取审议农业服务体系建设、都市型现代农业发展、非公经济发展、农民专业合作组织建设和运行等情况的报告。组织代表对我区旅游、食用菌等产业进行视察，特别就旅游产业定位、管理体系建设、打造支柱产业等方面提出了建议。连续两年对山区沟域经济进行跟踪监督，详细了解产业发展、农民增收情况和亟需解决的问题，对发展沟域经济起到了积极的促进作用。

（四）大力推进民生改善。一是加强对劳动就业和社会保障问题的监督。听取劳动就业和社会保障工作专项汇报，组织市、区代表进行视察。区政府对代表提出的建议高度重视，积极拓宽就业渠道，千方百计促进就业。针对农村 56—60 岁妇女享受不到新农保政策的问题，组织人大代表深入调查，研究政策，及时向市里提交建议，得到了市委、市政府领导的高度关注。市政府 2009 年出台了城乡居民养老保障办法，解决了新农保政策的空档问题。二是加强对教育发展和文化建设情况的监督。听取审议教育均衡发展情况、学前教育工作情况等报告，针对适龄儿童入园难、师资队伍建设难、民办园管理难的“三难”问题提出了有针对性的意见建议。连续两年跟踪中小学标准化建设情况，推进了办学条件的改善。听取审议区政府关于农村文化设施建设工作报告，针对代表提出的文化设施利用率低、基层文化经费缺乏保障等问题，区政府加大投入，强化管理，落实责任，健全队伍，进一步丰富了农村文化生活。三是加强对医疗卫生和食品安全情况的监督。连续两年对社区卫生基础设施建设情况进行视察，对奥运食品专供企业、建筑工地食堂和便民超市进行执法检查，对中小餐馆进行随机抽查和暗访，确保了奥运专供食品达标和人民群众饮食安全。听取审议食品安全监管工作报告，制发审议意见书，区政府据此制定了食品安全工作意见和应急措施，从源头上强化了食品安全监管。

（五）大力推进法律实施。常委会把推进民主法治建设作为根本任务，不断强化法律监督，努力营造良好的法治环境。在推进依法行政工作中，重点对《中华人民共和国土地管理法》《中华人民共和国城乡规划法》《中华人民共和国大气污染防治法》等35部法律法规的实施情况进行监督，针对一些倾向性问题，提出了改进意见和建议。为保障新颁布法律的贯彻落实，听取《中华人民共和国就业促进法》《中华人民共和国劳动合同法》等实施情况的汇报，针对法律实施的重点、难点，组织代表开展调研，进行执法检查，促进了法律法规在我区的有效落实。采取市、区联动的方法对《中华人民共和国教育法》《中华人民共和国动物防疫法》《中华人民共和国村委会组织法》等22部法律实施情况进行执法检查，切实维护了人民群众的合法权益。参与了《中华人民共和国侵权责任法》《中华人民共和国国防动员法》等25部法律法规的立法调研和修订征求意见工作，及时向市人大提交了调查报告。在推进公正司法工作中，对区检察院控告申诉、预防职务犯罪、诉讼监督工作，对区法院民事案件调解、民事审判、执行工作和《中华人民共和国法官法》实施情况进行监督，提出了具有针对性、建设性的意见建议，推进了司法公正，维护了法律权威。注重跟踪问效，在2009年听取审议区检察院关于诉讼监督工作报告的基础上，2010年常委会再次听取区检察院落实市人大决议和区人大审议意见情况的汇报，增强了诉讼监督的实效。同时，通过组织代表旁听案件审判、参与案件执行、参加"法检两院开放日"等活动，较好地发挥了代表对司法工作的监督作用。

三、依法行使重大事项决定权，不断提高决策的科学化民主化水平

讨论决定本行政区域内的重大事项是宪法赋予人大的一项重要职权。五年来，区人大常委会紧紧抓住经济社会发展中具有全局性、长远性、根本性的重大事项，坚持议大事、定大事、促大事，在推进经济高速发展和社会和谐中发挥了重要作用。

（一）抓住经济发展的重大事项行使决定权。为有效应对国际金融危机，服务于重大项目带动战略，更好地推进我区实现跨越发展，人大常委会经过调研论证，先后对区政府提出的以政府信用贷款方式落实北京石化新材料科技产业基地、首都高端制造业基地、良乡物流基地开发建设资金等三项涉及功能区建设的议案和大件路等道路拆迁贷款项目补贴资金列入年度财政预算的议案分别作出决议，有效缓解了功能区和道路建设的资金短缺问题，加快了项目建设进程。为保障和促进全区经济健康运行，审查批准了区政府年度预决算、预算调整方案，听取审议了预算执行情况报告和审计工作报告，重点加强对财政资金使用的绩效监督，针对管理中存在的薄弱环节，建议区政府强化预算管理，建立财政支出绩效评价机制，提高财政资金使用绩效。

（二）抓住长远发展的重大问题行使决定权。围绕"十二五"规划编制，专题听取审议了区政府关于"十二五"规划纲要（草案）编制情况的报告，并依法作出决议。在规划编制过程中，人大常委会和代表主动参与，通过"建言十二五，共谋新发展"座谈会、专题调研、代表旬等活动广泛征求社会各界意见，汇集各方智慧，使规划更加符合我区发展的需要，进一步体现了全区人民的意愿和要求。

（三）抓住社会普遍关注的热点难点行使决定权。为以全新的环境迎接北京奥运

会，人大常委会根据区委提议，对《区政府关于迎奥运加强环境综合整治的决定》作出决议，并采取审议《决议》执行情况报告、听取专题汇报、视察检查、重点调研、参与村庄整治检查评比等形式进行督办落实，确保了我区环境质量显著提升，全社会环境意识和文明素质普遍提高。为进一步巩固创卫成果，常委会在深入调研的基础上认真审议生态区建设规划，做出了《关于房山区国家生态区建设规划的决议》，要求区政府把生态环境保护提高到房山发展生命线的高度，细化方案，分解任务，健全协调保障机制。决议的贯彻落实，为加快我区现代生态休闲新城建设奠定了坚实基础。

（四）抓住法制建设中的重点行使决定权。专题听取“五五”法制宣传教育工作实施情况及“六五”普法规划制定情况的报告，作出了《关于贯彻实施法制宣传教育第六个五年规划的决议》，特别强调要区别不同对象，注重法制宣传教育的针对性和实效性，着力提高全民法律素质，加强对法制宣传教育的监督检查，不断提高全社会法制化管理水平，确保“六五”普法规划的有效落实。

四、健全工作机制，服务和保障人大代表依法行使职权

人大常委会把代表工作作为基础工作来抓，采取一系列措施，确保人大代表依法行使职权，形成了人大主动服务、代表积极履职、社会普遍关注的多方联动的新格局。

（一）积极提供服务保障，增强代表履职能力。一是加强代表培训。完善代表培训制度，引导和帮助代表提高思想政治素质和履职能力。在对代表进行普遍培训的基础上，分层分类举办了农村代表和企业代表培训班，邀请专家教授进行专题讲座。举办代表履职经验交流会和座谈研讨会，提高了代表素质。二是保障代表知情知政。每年年中组织代表听取“一府两院”半年工作情况通报，及时将人大信息、有关文件和学习材料寄发代表，让代表更多地了解市情、区情和社情，拓宽了代表视野。三是建立健全代表履职服务网络。不断完善常委会组成人员联系代表网和市、区、乡、村（社区）四级代表联系网，建立区、乡镇两级代表工作站，组织开展区、乡镇两级“代表旬”活动，形成了反应快捷、覆盖全区的民意表达渠道，为人民群众的意愿更好地融入决策创造了有利条件。四是完善代表民主参与制度和激励机制。建立全区重要工作征询人大代表意见制度，要求区政府每年拟定为民办实事工作方案要事先征询人大代表意见。制定、修订了代表视察办法、代表议案建议办理办法、加强人大代表与人民群众联系的若干意见。连续三年开展评选“十佳”代表活动，激发、调动了代表的履职热情。实行代表履职登记制度和代表向选民述职制度，保障和深化了代表与人民群众的联系。五年来，市、区人大代表有900余人次参加了区人大常委会组织的视察和执法检查，300余人次列席了常委会会议。这些工作措施，有效增强了代表的大局意识、责任意识，使常委会在履行职权中更好地集中了民智、体现了民意。

（二）充分发挥市代表作用，为房山发展建言献策。常委会有效运用市人代会平台，组织市人大代表积极履职。一是通过提出意见建议发挥代表作用。会议期间，市人大代表认真审议报告，积极提出建议，使石化新材料科技产业基地、首都高端制造业基地、房山世界地质公园等重点功能区得到了市委、市政府和有关部门的高度关注，被列入市政府工作报告重点支持的项目。闭会期间，针对功能区、重大项目及群众关心的热点难点问题，多次组织市人大代表视察检查，提出意见建议。为解决群众反映强烈的“京石高速公路杜家坎拥堵”问题，连续多年组织市人大代表提出改进建议。目前，拓宽改造工作已经完成，有效解决了交通不畅的问题。二是通过提出议案发挥代表作用。

对制约全区发展的政策性、体制性问题，市代表紧密结合房山实际，提出了案由明确、案据充分、方案具体的议案。“促进北京旅游业大项目向生态涵养发展区布局并给与政策支持”“加快建立首都西南部山区替代资源型产业发展机制”“拟筹建商周大遗址保护公园”和“建立良好的山区经济生态圈，促进西部地区产业结构调整升级与发展”等18件议案被列入大会重点督办议案。特别是在落实南城发展议案的过程中，经过市代表的积极呼吁，我区被纳入到市政府《促进城市南部地区加快发展的行动计划》中，享受到了南城发展的政策和资金支持。

五、强化常委会及其机关建设，履职能力和服务水平进一步提高

常委会不断适应发展需要，大力加强自身及其机关建设，努力打造决策科学、运转高效、作风优良、充满活力的国家权力机关。

（一）强化思想建设。适应新形势、新任务要求，深入开展学习实践科学发展观、创先争优和“三敢”精神大讨论活动，使学习实践成果和敢于担当、敢于碰硬、敢于创新的精神真正落实到工作中。通过举办常委会组成人员培训班、邀请专家进行法制讲座、开展工作研讨、举办学习体会交流会等活动，使常委会组成人员和机关干部牢固树立了党的观念、大局观念和群众观念，进一步增强了做好人大工作的信心和决心。

（二）强化作风建设。连续开展“深入基层，倾听民声”为主题的“基层行”活动，深入农村、社区和企业，集民意、汇民智，并及时将群众需求和迫切盼望解决的问题提炼汇总后汇报区委、转交政府，推进了问题的解决。通过人大网站、人大信息等途径公开人大工作动态，主动接受社会监督。围绕推进产业发展、社会管理创新、服务保障民生等方面积极开展调查研究，形成调研报告110篇，其中30篇在市级以上刊物发表，部分文章实现成果转化，切实增强了人大工作的针对性和实效性。

（三）强化制度建设。根据新时期人大工作的需要，制定了区人民代表大会议事规则、首接责任制等制度，修订了代表视察、议案建议办理、任免国家工作人员、检查法律法规实施情况和人大代表接待选民等办法，坚持和完善了常委会主任、副主任和工作委员会联系乡镇制度，保证了各项工作依法、有序、高效地开展。

（四）强化机构建设。在区委的领导下，组织召开了区委第三次人大工作会，积极落实会议精神，工作机构得到加强，体制机制得到完善，进一步增强了人大工作者的积极性和主动性。

各位代表，本届人大常委会所取得的成绩，是区委正确领导的结果，是人大代表、常委会组成人员和常委会各工作机构团结一致、辛勤工作的结果，是“一府两院”密切配合、共同努力的结果，是全区广大干部群众和社会各界关心、支持的结果。在此，我代表房山区第六届人大常委会向大家表示衷心的感谢，并致以崇高的敬意！

在看到成绩的同时，我们也要清醒地认识到，与宪法和法律赋予的职责，与新形势、新任务的要求，与人大代表和广大人民群众的期望相比，人大常委会的工作还有一定差距，主要是：常委会会议的审议质量还需要进一步提高；对常委会决议及审议意见办理的督查方式还需要进一步改进；闭会期间发挥人大代表作用的形式还需要进一步丰富；常委会自身建设和机关建设还需要进一步加强。

各位代表，回顾过去的五年，六届人大及其常委会不辱使命，认真履行宪法和法律赋予的神圣职责，为我区经济建设和社会发展作出了积极贡献。实践也使我们对如何坚持和完善人民代表大会制度，进一步做好新形势下的人大工作，有了更深刻的体会。

第一，坚持党的领导，把握正确的政治

方向，是做好人大工作的根本保证。六届人大常委会始终坚定不移地贯彻党的路线方针政策，坚持重大事项向区委请示报告制度，认真落实区委《关于进一步做好人大工作的若干意见》，紧紧围绕区委中心任务确定人大工作重点，及时将区委的主张转化为全区人民的意志，通过对“一府两院”工作的依法监督，保障区委决策的贯彻落实。实践证明，只有使人大行使法定职权的过程成为党领导和支持人民当家作主的过程，才能保证人大工作正确的政治方向。

第二，坚持以人为本，切实维护人民群众的根本利益，是做好人大工作的本质要求。六届人大常委会始终把人民的利益放在首位，紧紧围绕人民群众最关心、最直接、最现实的利益问题开展监督工作，并自觉接受人大代表和人民群众的监督，使人大各项工作得以顺应民心、反映民意、贴近民生。实践证明，只有保证人民的意愿得到充分反映、合法权益得到充分保障，人大工作才能更加富有成效，更加充满生机与活力。

第三，坚持正确处理监督与支持的关系，是做好人大工作的关键。人大对“一府两院”的监督，既是一种制约，又是一种支持和促进。六届人大常委会坚持在工作中找准监督与支持的结合点，在监督中体现支持，在支持中实现监督，既不流于形式、弱化监督，也不越位代替、过界监督。实践证明，只有处理好监督与支持的关系，才能充分发挥人大监督的优势，形成一心一意谋发展的强大合力。

第四，坚持与时俱进，开拓创新，是做好人大工作的不竭动力。六届人大常委会适应社会主义民主政治发展的新形势、新任务要求，解放思想，与时俱进，不断改进和完善工作方式，努力探索人大行使职权的有效方法和途径，使人大工作紧扣时代脉搏，切实增强了人大工作的前瞻性、建设性。实践证明，只有勤于实践、勇于创新，才能充分发挥人民代表大会制度的优越性，不断推动人大工作创新发展。

今后五年工作的建议

各位代表，刚刚结束的区第七次党代会，准确判断了当前的发展形势，描绘了今后五年全区经济社会发展的宏伟蓝图，明确了令人振奋的工作任务，要求全区上下要紧紧围绕科学发展主题和加快转变经济发展方式主线，继续深化“三化两区”发展思路，不断完善房山发展模式，大力弘扬“三敢”精神，全力以赴加快“一区一城”新房山建设，着力推动经济、政治、文化、社会、生态文明建设全面协调发展，使首都高端制造业新区强势崛起、现代生态休闲新城闪耀京南、经济社会发展实现新跨越，力争房山在未来五年跃居首都城市发展新区的前列。

面对新形势、新任务、新要求，新一届区人大常委会要进一步增强责任感、使命感和紧迫感，切实担负起历史责任，充分发挥职能作用，努力实现更大作为。今后五年，七届人大常委会要在区委的正确领导下，坚持以邓小平理论和“三个代表”重要思想为指导，深入贯彻科学发展观，认真落实区第七次党代会精神，切实履行宪法和法律赋予的职责，大力加强社会主义民主法制建设，进一步凝聚全区人民的智慧和力量，拓展新思路，采取新举措，力求新实效，全面推进我区各项事业健康协调发展，为圆满完成区第七次党代会和本次人代会确定的各项工作目标更好地发挥地方国家权力机关的作用，不断开创人大工作的新局面。

——进一步加强监督工作，在增强监督实效上要有新突破。围绕建设“一区一城”和经济振兴、民生改善、城乡一体化发展、文化建设、社会建设等五大工程选择监督议题，综合运用审议、视察、检查等法定监督形式，开展卓有成效的监督工作，提高审议质量，突出整改落实，注重群众参与，增强监督实效，依法履行好人大的监督职能。

——进一步推动科学发展社会和谐，在科学民主决策上要有新提高。围绕科学发展主题和加快转变经济发展方式主线行使好重大事项决定权，认真听取和审议有关专项工作报告，适时作出决议、决定。同时，认真贯彻区委意图，依法行使好人事任免权，不断提高人事任免工作的规范化、程序化水平。

——进一步推进依法行政公正司法，在加强民主法制建设上要有新作为。按照依法治国、建设社会主义法治国家的要求，扎实有效地开展执法检查，听取和审议“一府两院”执法情况的报告和专项工作报告，加强司法监督，保证宪法法律的贯彻执行，促进依法行政和公正司法，着力打造权责统一的行政执法环境、公平正义的司法环境和诚信守法的社会环境。

——进一步创新代表工作，在发挥代表作用上要有新成效。强化培训工作，进一步提高代表的整体素质和履职能力。健全和完善代表依法行使职权的保障服务和激励、监督机制，激发代表履职的积极性和主动性，增强代表接受人民群众监督的自觉性。加强代表议案和建议的督办工作，切实提高解决率和满意率，推进“一府两院”做好各项工作。不断加大对基层人大工作的指导和支持力度，努力为代表依法履行职权提供良好的服务保障。

——进一步增强履职能力，在常委会自身建设上要有新举措。全面加强常委会的思想、作风和制度建设，充分发挥常委会、主任会和工作委员会的作用，不断提高人大工作水平。大力倡导调查研究之风、服务为民之风、求实创新之风，使常委会更好地成为履行宪法和法律赋予职权的工作机关和与人民群众保持密切联系的代表机关。

各位代表，人民的厚望重于泰山，时代的发展催人奋进。让我们在区委的正确领导下，全面贯彻落实科学发展观，坚定信心、迎难而上，拼搏进取、开拓创新，为首都高端制造业新区强势崛起、现代生态休闲新城闪耀京南做出更大贡献！

政府工作报告

——2011年12月14日在北京市房山区第七届人民代表大会第一次会议上

房山区人民政府区长 祁 红

各位代表：

我代表房山区人民政府，向大会报告工作，请予审议，并请区政协各位委员提出意见。

一、六届区政府工作回顾

2011年是六届区政府任期最后一年，也是“十二五”规划开局之年。一年来，区政府认真落实区委六届九次全会和区六届人大六次会议精神，圆满完成了既定发展目标。预计地区生产总值实现416亿元，比上年增长12%。财政收入完成113.6亿元，其中一般预算收入完成33.8亿元，增长20%。区域税收完成200亿元，增长10%。全社会固定资产投资完成450亿元，增长11.4%。城镇居民人均可支配收入和农村居民人均纯收入分别增长9%和10%。城镇登记失业率控制在4%以内。

六届区政府组成以来，在中共房山区委的正确领导下，在区人大、区政协的监督支持下，坚持以邓小平理论和“三个代表”重要思想为指导，深入贯彻落实科学发展观，积极应对国际金融危机和产业结构转型的双重挑战，坚定不移地走新型城市化道路，全面推进“三化两区”建设，着力构建“两轴三带五园区”发展格局，顺利完成“十一五”规划，启动“十二五”规划，经济社会呈现出城市化带动与功能区支撑“双轮驱动”的良好态势，取得了跨越发展的新成绩。主要体现在：

——综合实力大幅跃升。与届初相比，地区生产总值年均增长17%。地方财政收入是届初的9.4倍，其中一般预算收入年均增长23.8%。区域税收是届初的4.8倍。全社会固定资产投资年均完成300亿元以上。

——产业结构全面转型。低端资源型产业基本退出，产业功能区全面崛起，战略性新兴产业向功能区规模聚集，产业结构由传统向现代、由低端向高端、由粗放向集约加速转变。

——新城面貌焕然一新。建成区面积大幅增加，城市化率达到69%。新城环境持续改善，基础设施不断健全，林木绿化率达到54.46%，人均公共绿地面积达到12.67平方米，生活垃圾无害化处理率达到94%。空气质量二级以上天数比重达到71%，比届初提高18.8个百分点。

——农村和山区实现转型发展。社会主义新农村建设成效显著，农村城市化步伐全面提速，都市型现代农业体系初步形成，农民生产生活方式发生深刻变化。山区进入绿色发展新阶段，生态屏障和生态服务功能大幅提升。

——人民生活持续改善。城乡居民收入不断增加，劳动力实现稳定就业。覆盖城乡的社会保障体系进一步完善，各项社会事业蓬勃发展，基本公共服务均等化水平不断提高。

——社会局面和谐稳定。社会建设得到全面加强。城市文明程度和群众文明素质显著提升。“平安房山”建设卓有成效，圆满完成北京奥运、新中国成立60周年、中国共产党建党90周年等重大庆典活动服务保障工作，全区政治安定、社会稳定。

五年来，重点做了以下工作：

（一）全面推进产业结构调整，经济发展方式加快转变

深入落实区域功能定位，大力实施“关旧育新”，走出了一条具有房山特色的发展道路。

主动调结构，坚决退出低端资源型产业。完成了房山发展史上规模最大、最彻底的产业革命，关闭了全部地方煤矿。下大力量淘汰落后产能，关闭非煤矿山172家、“五小”企业2000多家。组建专业队伍，综合各种手段，始终保持打击偷挖盗采的高压态势，有力地巩固了关矿成果。切实抓好节能减排，万元地区生产总值能耗下降近一半。

奋力破坚冰，全面激发发展活力。建立区领导项目负责制和扁平化协调督办制，设立功能区建管委，组建手续办理专门机构，开辟绿色审批通道，显著提高了项目落地和建设速度。发挥财政资金的撬动作用，多层次建立投融资平台，有力保障了项目建设资金需求。深入落实市政府228号令，坚决打击违法开发建设行为，有效规范了开发建设秩序，拆迁拆违总量逾千万平方米。统筹城乡各类用地，通过土地市场累计实现土地供应1000公顷。

着力抓引进，全力打造产业功能区。加强与央企合作，提高合作层级，高端要素加速聚集。以深化燕房合作为载体，北京石化新材料科技产业基地重点项目落地投产速度加快，优质资产顺利实现属地纳税，成为全国首批新型工业化示范基地。以成功收购德尔福为起点，北京高端制造业基地相继引进京西重工、长安汽车、北京控股、中国北车等一批大企业，项目落地创造了前所未有的速度，高端制造业成为区域经济新的引擎。承接首都功能，丰富城市内涵，全力打

造中央休闲购物区，CSD列入北京现代服务业试验区，奥特莱斯旗舰中心即将投入运营。中国房山世界地质公园顺利通过中期评估，博物馆、北京西南旅游集散中心相继建成，云居寺文化景区等重点工程有序推进。依托与中粮集团合作，打造华北农业之都，启动中国北京农业生态谷建设，蒙牛乳业房山项目即将开工。与中核集团共建中核北京科技园，开工建设东方自控产业化项目。北京良乡高教园区按规划基本建成，完成规划区内行政村征地拆迁，启动了安置房建设。随着北京中医药大学的开工建设，入驻大学达到6所。

创新促升级，积极培育新的经济增长点。大力发展战略性新兴产业，引入了整车制造、光伏发电等高端、高效、高辐射力项目，加速了产业结构优化升级步伐。加强创新驱动，高新技术企业达到43家，重点功能区核心产业用地纳入中关村自主创新示范区扩区规划。良乡经济技术开发区和房山工业园区对经济增长的贡献不断提高，良乡物流基地建设有序推进。工业运行质量和效益不断提升，年产值突破千亿元，税收逾百亿元，带动就业十万人。建筑建材房地产业实力进一步增强。生产性服务业发展取得突破，北京石油交易所投入运营，引进国债结算中心。商贸流通业繁荣活跃，社会消费品零售额突破150亿元大关。整合旅游资源，加强品牌推广，实施重点景区环境治理及疏堵优化工程，推出圣莲山老子文化园、五渡汽车露营地等新项目，游客接待人数和旅游综合收入保持快速增长。积极发展文化创意产业，引进华嬉数字文化产业项目，历史文化旅游集聚区建设取得新成果。

（二）提速城市化进程，房山新城面貌持续改善

坚持高标准规划、高水平建设、高效能管理，新城拓展力、承载力和城市魅力显著提高。

新城发展基础不断夯实。着力完善城乡规划体系，实施新一轮土地利用总体规划修编，为新城开发建设奠定了基础。立足于当期促投资、未来调结构，大力推进土地储备开发，推动土地储备供应由“多储快供”向“优储优供”转变，土地收益累计实现200亿元。创新城乡一体化发展新路径，形成“大项目带动小城镇”的发展态势，重点小城镇建设快速推进。

新城基础设施不断完善。着力打破交通瓶颈，地铁房山线通车运营，长周路、大件路全线贯通，京昆高速、京良快速路、南水北调巡线路等大通道建设稳步推进。着力畅通城市微循环系统，新改建25条市政道路，实施了新城建成区道路疏堵工程。供水保障能力增长近3倍，新城两组团实现主管网互联互通、双水源供水。新改建11座110千伏变电站，供电保障能力持续提高。完成天然气入户10万户，重点城区燃气管网覆盖率超九成。5项集中供热工程全部启动，城关城西集中供热厂投入使用。

高标准建设世界城市示范区。聚焦长阳半岛，面向国际招标，全力打造活力之都、低碳之城。完成22个村7400户拆迁，20多个精品开发项目同步推进，独具特色的建筑群落和城市景观拔地而起。大力提升城市功能，着力完善各项配套设施，启动永定河绿色生态走廊和新城滨河森林公园建设，积极培育房车博览、体育健身等休闲产业，现代靓丽、宜居宜憩的世界城市示范区已经成为首都西南最具活力和吸引力的城市板块。

下大力量改造老城区。新城两组团建成区完成拆迁73.4万平方米，其中良乡组团全面实施了拱辰街道一至五街拆迁改造，开工建设回迁安置房24.9万平方米，618户居民回迁入住。完成市级城乡结合部重点村东羊庄拆迁，回迁房建设顺利进行。燕房组团实施了楮榆树街改造，启动洪寺村拆迁，建成燕和园。加大老旧小区改造力度，实现危房

全部解危。新建7座休闲公园，为群众提供了更多的休憩场所。

城市服务管理不断加强。优先发展公共交通，完善交通配套设施，优化调整45条区域公交线路，交通服务水平稳步提高。着力提升人防工程社会服务功能，利用人防工程提供停车位近万个。建成拱辰城市管理综合指挥中心。新改建一批环卫设施，垃圾分类工作卓有成效。加快污水处理厂站建设，实现了污水资源化和一水多用化。持续开展大气污染治理，空气质量明显改善。通过治脏、治乱、治差，开展绿化、美化、靓化，成功创建国家卫生区，新城建设管理迈上新台阶。

（三）加大城乡统筹力度，农村和山区加快转型发展

在全市率先启动社会主义新农村建设，提速城乡一体化进程，“三农”工作取得显著成效。

都市型现代农业体系不断完善。大力发展都市型现代农业，农业企业达到285家，设施农业达到3.5万亩。打造了“房山菌业”品牌，房山磨盘柿获得国家地理标志产品保护。推进土地承包经营权流转，加大产业融合力度，建成一批休闲观光农业园区。积极构建农业服务体系和绿色安全食品体系，搭建农超对接、农产品应急销售服务平台，农产品供应保障能力不断提高。着力提升农民组织化程度，农民专业合作社基本覆盖从事一产的大户。落实粮食综合直补、生态林补偿等惠农政策，推行农业政策性保险，加强动植物疫病防控，农业发展基础不断巩固。

农民得到更多实惠。建立“部门联动、政策集成、资金聚焦、资源整合”机制，提前两年实现新农村建设“5+3”工程行政村全覆盖，农村面貌焕然一新，大石窝镇南河村等5个村被评为北京最美乡村。着力完善农村基础设施，实施安全饮水工程，所有行政村铺通了柏油路、街坊路，实现了村村通公交、有线电视和互联网，太阳能、沼气等新能源进入千家万户，农民生产生活条件有了很大改善。加强新型农民培训，开展百村帮扶和低收入户帮扶，有力促进了农民增收。发挥新城两组团辐射带动作用，大力实施迁村并居，推行村庄社区化管理，6.7万农民成为新市民。着力解决农民后顾之忧，新型农村合作医疗、农民养老保险、农民四种慢病免费干预基本实现全覆盖。这五年，是制定实施“三农”政策最多、力度最大、农民得实惠最多的五年。

山区发展实现历史性转变。坚持生态优先，举全区之力决战南北两沟，大力开展环境综合整治，实施一系列生态环境建设工程，山区环境大幅改观。建成108国道复线，开通六石路，完成一批山区乡镇联络线，为资本进山打下了坚实基础。着眼长远发展，创造性地实施了教育移民和山区人口迁移工程，10所山区中学一次性外迁，首批491个自愿申请搬迁家庭入住新居，累计完成山区险户搬迁1899户。引进高端要素，重构山区产业支撑，青龙湖国际红酒城、中国美丽谷、国家全山地运动度假公园等一批大项目相继落地。结合资源禀赋，引导错位发展，大力培育沟域经济，形成了冷凉经济、九九桃工、红歌绿海、养老养生、户外运动等产业亮点。切实解决好低端产业退出后尘肺病待遇等问题，山区总体保持了和谐稳定。

（四）加强社会建设管理，民生持续改善

坚持以人为本，把保障和改善民生作为各项工作的出发点和落脚点，努力使全区群众共享“三化两区”建设成果。

就业社保工作稳步推进。落实就业政策，完善服务体系，创新服务手段，加强就业帮扶，促进城乡劳动力稳定就业，城镇新增就业人员7.5万人，“零就业家庭”始终保持动态为零，“纯农就业家庭”至少一人就业，就业特困人员全部托底安置，关矿地区劳动力基本实现就业软着陆。社会保险覆盖

面持续扩大，城乡人员全部实现应保尽保。提高社会救助水平，累计发放各类救助金3.7亿元。落实“九养”政策和老年优待办法，社会养老保障体系不断规范健全。加大残疾人帮扶力度，为4320户残疾人家庭实施无障碍设施改造。加强住房保障工作，实施政策性住房项目46个，建筑面积达505万平方米，在全国率先采取“限房价、竞地价”方式推出限价商品房。

社会事业蓬勃发展。累计投入21亿元实施办学条件标准化建设，新改建学校230所次。“两免一补”资金补助支出1.3亿元，受惠学生达29万人次。大力推进校舍抗震加固工程，引入北京四中、北海幼儿园等优质教育资源，教育综合实力跃居郊区前列。燕山地区教育设施不断完善。加强卫生基础设施建设，建成良乡医院门急诊综合楼、妇幼保健院门诊病房楼和一批社区卫生服务机构，引入武警总医院。严格落实计划生育国策，低生育水平保持稳定。文化体育事业繁荣发展。启动区群众文化活动中心和5个乡镇文体活动中心建设，良乡体育中心一期投入运营，建立城乡数字广播信息平台，实现了数字影院、益民书屋、农村文化活动室、文化资源共享工程全覆盖，全民健身工程全覆盖，广播节目全覆盖。文化体育活动丰富多彩，打造了长阳音乐节、国际万人长走大会等新品牌。建成档案馆新馆，档案资源服务经济社会发展的功能日益突出。办成一批群众关心的重要实事，解决了长阳大宁村等历史遗留问题。

社会建设和管理不断加强。持续开展精神文明创建活动，荣获首都文明区称号，城市文明程度和群众文明素质大幅提升，涌现出了全国道德模范厉莉等先进典型。积极开展国防教育和双拥共建活动，落实优抚安置政策，促进了军地双方融合发展。社区建设和管理水平不断提高，完成60个社区办公用房规范化建设。提升社工队伍专业化水平，加强志愿者队伍建设，大学生进社区工作取得显著成效。推进社会组织建设，初步形成“枢纽型”社会组织工作体系。“五五”普法工作成效显著，全民法制意识明显提高。切实保障少数民族群众权益，全区民族团结、宗教和睦。落实安全生产责任制，加强高危行业监管，安全生产形势总体稳定。加强食品药品和生活必需品监管，城市运行平稳有序。建立健全“一案三制”，应急处置能力大幅提升。重点围绕建设领域矛盾纠纷开展专项排查，全力做好矛盾化解和信访风险评估。实施重点村排查整治，流动人口管理工作进一步加强。依法打击各类违法犯罪活动，社会局面稳定可控。

（五）深入推进改革创新，发展活力不断增强

坚持以改革促发展、以开放促开发，通过体制机制创新激发发展活力。

深化行政管理体制改革。成立社会管理、投资促进机构，调整人力社保、非紧急救助等管理体制，完成区乡两级政府机构改革和良乡地区行政区划调整。有效整合行政资源，建立综合服务大厅，推广“一站式”办公和全程办事代理制，精简行政审批事项，规范审批行为和程序。妥善解决燕山办事处行政执法主体问题，燕山地区的行政许可事项办理更加便捷。加强为中小企业服务，推动企业上市融资，成立金融服务中心、担保中心和小额贷款公司。

重点领域配套改革进一步深化。实施财税体制改革，调整乡镇财税体制，推动财政资金向民生领域、重大基础设施领域倾斜。加快国企产权制度改革，实施国有企业兼并重组，建立完善现代企业制度，国有经济结构和布局不断优化，国有资产实现保值增值。深化公交体制改革，完成客运重组改制。集体林权制度主体改革基本完成，开展农村集体经济产权制度改革，建立农村“三资”监管机制，农业和农村发展活力不断增强。

抓好社会领域各项改革。在全市率先完成终身教育体系建设。深化医药卫生体制改革，医疗卫生服务水平进一步提高。开展事业单位人事制度和收入分配制度改革，事业单位管理体制更加规范。创新社会矛盾调解机制，建立解扣专项资金。

开放开发取得新成果。推出 FunHill 房山新标识，延伸推出 FunMade、FunDashing 新品牌，积极开展宣传推介活动，提升了房山的知名度和美誉度。加强与港澳台和兄弟省市合作，组织参加京港洽谈会等大型活动，与多家省市商会及中介机构建立联动共赢机制，经贸交流合作进一步深化。经济外向度不断提高，外贸出口和实际利用外资总额持续增长，三资企业发展到554家。

五年来，六届区政府自身建设不断加强。扎实开展深入学习实践科学发展观、创先争优、“三敢”精神大讨论等主题教育活动。始终坚持科学决策、民主决策和依法行政。高质量完成人口普查等重要区情区力调查，建立完善经济社会发展基础数据库，为科学决策提供了重要依据。强化预算管理和审计监督，深入推行绩效管理和督查督办。坚持财政风险防控制度，有效规避财政风险。健全完善政府新闻发布机制，深入推进政务公开和政府信息公开。坚持重大事项报告制度，区政府及组成部门认真执行区人大及其常委会的决议和决定，主动接受区人大的法律监督和工作监督。主动向区政协通报工作，自觉接受政协的民主监督，认真听取各民主党派、人民团体和各界人士意见。五年来，共办复人代会议案和人大代表建议722件，政协建议案和委员提案1226件。认真落实党风廉政建设责任制，深入开展廉政风险评估，扎实推进反腐倡廉建设。强化效能监察，确保重大项目、重点工程高效有序推进。加强公务员管理，公务员队伍素质不断提高。

六届区政府任期的五年，全区经济社会取得了跨越发展的新成绩，这是方方面面智慧和汗水的结晶。在此，我代表六届区政府，向全区广大人民群众，向各级人大代表、政协委员和各界人士，向驻区中央、市属单位和驻区部队，向全体投资者、建设者和纳税人表示衷心的感谢并致以崇高的敬意！

各位代表，五年的实践使我们认识到，推动房山经济社会又好又快发展，必须处理好几个方面的关系：

一是要坚持解放思想、实事求是，正确处理好思路与路径的关系。要准确把握房山发展阶段性特征，主动融入首都发展大局，深入落实区域功能定位，坚定不移地走新型城市化道路，坚持“三化两区”战略不动摇，着力打造“两轴三带五园区”的发展格局，借势发展，乘势而上。要不断总结发展规律，讲战略更要讲战术，运用好政府统筹、大项目拉动、以功能区为载体、以小城镇建设为突破口，以实现城乡一体化发展为目标的房山发展模式。

二是要坚持科学发展、统筹兼顾，处理好经济发展与人口资源环境的关系。要着眼长远、谋划当前，把开发建设的速度、力度和人口资源环境所能承受的程度紧密结合起来，完善项目筛选和甄别机制，科学合理利用资源能源，特别是要节约土地，增强可持续发展能力。

三是要坚持城乡一体化发展，处理好城市与乡村、平原与山区协调发展的关系。要借助“大项目带动小城镇”的良好发展态势，努力形成新城组团辐射，重点城镇带动的大开发、大发展的生动局面。要坚持开发与涵养并重，努力推动山区产业转型和人口转移，突出特色，错位选项，促进区域协调发展。

四是要坚持立党为公、执政为民，处理好经济发展与民生改善的关系。要坚持以人为本，通过“三化两区”建设造福于民，不断提高人民福祉。要保证民生支出在财政总支出中的比例不低于70%，依法增长达到法定要求。要努力提高做好新形势下群众工作的能力和水平，调动方方面面的主动性、创造性，以饱满的热情投身到“三化两区”建设中来，在发展中保持稳定，在稳定中求得发展。

各位代表，五年的实践还使我们深刻认识到，推动房山经济社会又好又快发展，必须在区委的坚强领导下，充分发扬敢于担当、敢于碰硬、敢于创新的“三敢”精神，以饱满的精神、优良的作风、过硬的能力，在困难面前敢于负责、勇担重任，在压力面前迎难而上、合力攻坚，在挫折面前大胆求变、激发活力。我们要在新的起点上继续大力弘扬“三敢”精神，不断开创各项工作新局面。

在看到成绩的同时，我们也清醒地认识到全区经济社会发展中还存在一些矛盾和问题。一是产业转型处在关键期，转变经济发展方式的任务依然艰巨。二是城市化进入快速推进阶段，率先实现城乡一体化发展还面临着许多难题亟待破解。三是基本公共服务均等化水平有待提高，与人民群众过上美好生活的新期待还有一定差距。四是政府自身建设需要进一步加强，主要是行政审批、办事效率、工作作风等方面还不尽如人意，推动科学发展、把握宏观经济形势、促进合作发展以及做好群众工作的能力需要进一步增强。上述问题要在今后的工作中切实加以解决。

二、七届区政府面临的形势和任务

今后五年，是首都全面落实“三个北京”发展理念、构建“两个率先”发展格局、建设中国特色世界城市“五个之都”的关键时期，房山全面建设首都高端制造业新区和现代生态休闲新城面临着新的重大机遇。七届区政府要抢抓机遇、乘势而上，不辱使命、全力以赴，推动经济社会发展再上新的台阶。

按照区第七次党代会精神，七届区政府要以邓小平理论和“三个代表”重要思想为指导，深入贯彻落实科学发展观，紧紧围绕科学发展主题和转变经济发展方式主线，继续深化“三化两区”发展思路，不断完善房山发展模式，大力弘扬“三敢”精神，全力以赴加快“一区一城”新房山建设，推动经济社会发展实现新跨越，全面完成“十二五”规划，力争使房山在未来五年跃居城市发展新区前列。

建设“一区一城”新房山的目标，即：

——建设首都高端制造业新区。以实现区域全覆盖为特征，以高端、高效、高辐射产业为方向，全力做大做强高端制造业，促进三次产业融合发展，构建具有国际竞争力的现代产业集群。经过五年努力，全区工业总产值突破 2500 亿元，成为首都新的战略发展高地。

——建设现代生态休闲新城。着眼于首都建设中国特色世界城市的新要求，坚持业城融合发展，大力提升面向中心城区的综合服务功能，突出生态宜居，彰显现代休闲。经过五年努力，打造京津冀城市群中独具魅力的新城。

推动经济社会发展实现新跨越的任务，即：

——经济振兴工程。地区生产总值、财政一般预算收入年均分别增长 12%以上。经济发展方式加快转变，创新驱动能力明显增强，总体实力和核心竞争力走在城市发展新区前列。

——民生改善工程。城镇居民人均可支配收入和农村居民人均纯收入年均分别增长 8%和 10%以上，就业和社会保障体系更加完善，城镇登记失业率控制在 4%以内。基本公共服务日趋完善，人民生活更加宽裕、更加幸福。

——城乡一体化发展工程。城市化率达

到 80%以上。社会主义新农村建设持续推进，山区生态屏障和生态服务功能进一步提升，基本形成城乡和区域之间协调互动发展的良好格局。

——文化建设工程。社会主义核心价值体系深入人心，文化创意产业和文化事业蓬勃发展，中国房山文化影响力进一步增强。

——社会建设工程。社会服务管理体制更加健全，防范和化解社会矛盾的机制更加完善，社会治安综合防控体系更加严密，和谐稳定的社会局面更加巩固。

三、2012 年工作建议

各位代表，2012 年是新一届区政府的开局之年，开好局、起好步意义重大。全区经济社会发展的主要预期目标是：地区生产总值增长 12%以上，财政一般预算收入增长 14%以上，城镇居民人均可支配收入增长 8%以上，农村居民人均纯收入增长 10%以上，城镇登记失业率控制在 4%以内，万元地区生产总值能耗降至 2.2 吨标准煤以下，空气质量二级以上天数比重达到 72%。

为圆满实现预期目标，建议抓好以下几个方面工作：

（一）提速首都高端制造业新区建设

抓好新兴产业集群发展。北京石化新材料科技产业基地重点是完善核心区基础设施，促成一批项目建成投产。北京高端制造业基地重点是做好扩区工作，助推京西重工减震器开辟国内外市场，加快长安汽车、北车、北控项目建设，尽快开工国能科技创新产业园、长安汽车研究院。加快中核北京科技园、海聚工程产业基地、良乡物流基地建设，增强高端制造业发展后劲。

抓好产业结构优化升级。以投资促升级，全年安排全社会固定资产投资 450 亿元。完成 60 亿元土地储备投资，上市交易 400 公顷，实现基金收入 80 亿元。继续优化投资结构，用好政府投资，重点保障结构调整、重点工程。扩大民间投资，促进投资主体多元化。以引进促升级，继续深化与央企合作，大力引进战略性新兴产业。以创新促升级，抓住重点功能区核心产业用地纳入中关村自主创新示范区扩区规划的机遇，着力推动科技成果转化，培育高新技术企业，增强创新驱动能力。以调整促升级，巩固提升建筑业，加快发展新型建材，促进房地产业健康发展。继续抓好淘汰落后产能工作，推动节能减排持续深入。

抓好为企业服务。深化行政审批制度改革，加强专项调度和服务，提高项目手续办理效率。加强投融资体制机制创新，拓宽融资渠道，积极推动企业上市。努力破解征地拆迁等制约因素，争取更多项目早落地、早建设、早投产。大力发展非公经济，加强为小微型企业服务，充分运用信息化等手段创新服务方式。加强国有资产监管，确保国有资产保值增值。建立经济预警监测信息平台，完善经济社会发展基础数据库，为优化政策环境和市场环境提供科学依据。

（二）加快现代生态休闲新城建设

着力促进业城互动。把以城载业、以业兴城的理念贯穿到新城建设管理服务当中，积极构建与现代生态休闲新城相适应的产业体系。中央休闲购物区（CSD）要确保奥特莱斯旗舰中心按期投入运营，加快推进北京绿色建筑公园建设。中国房山世界地质公园抓好云居寺文化景区、华嬉数字文化产业功能区、中国美丽谷等项目建设，北京西南旅游集散中心投入运营。中国北京农业生态谷完成规划报批，启动核心区建设。北京良乡高教园区发挥人才、科技的集聚创新和引领作用，不断深化“智汇城”内涵。加快新城商业设施建设，整体提升商贸流通业发展水平。深化旅游管理体制改革，强化资源统筹、产业促进、发展协调和服务监管，加大“穿越之城、幸福之山”品牌推广力度，大力发展高端休闲旅游产业。强化政策扶持引导，大力发展现代服务经济，加快集中办公区规划建设，引进总部经济、楼宇经济、电子商务等新兴业态。

着力促进城市群落协调发展。以“两城四镇”为重点，强化统筹联动，整体提升城市化水平。高标准建设世界城市示范区，加快推进精品开发项目，完善配套设施，继续办好长阳音乐节。同步实施新城两组团中心区改造，加快拱辰街道一至五街建设，改造西潞街道北五村和城关街道中心区，完成市级城乡结合部重点村东羊庄建设任务。坚持组团带动、集约建设，推动重点镇和中心村加速融入城市群落。

着力完善基础设施。积极推进轨道交通燕房线，完成轨道交通一体化综合配套设施建设。加快建设京昆高速、京良快速路等连接中心城区的大通道，进一步完善区域路网，畅通新城微循环系统，抓好昊天大街改造、燕房东北环线等道路工程。加强智能交通建设，完成新城建成区交通疏堵二期工程。组织实施好燃气入户、电网改造、水务工程和集中供热工程。不断改善新城环境，推进永定河绿色生态走廊建设及大石河、拒马河治理等工程，确保新城滨河森林公园开园迎宾。

着力加强城市服务管理。继续完善城乡规划体系，严格规划土地执法检查，坚决打击违法建设行为。推进精细管理、美化市容工作，巩固“创卫”成果，启动10个街区网格化、数字化城市管理试点。扩大垃圾分类覆盖范围，建设生活垃圾综合处理厂，推进垃圾循环利用。加快建设北京西南人口疏散指挥中心和应急避难场所，提升城市应急减灾能力。加强大气污染治理，进一步提高空气质量。

（三）推动农村和山区健康发展

加快农业产业化步伐。发挥重点功能区示范集聚效应，大力发展高新农业、循环农业、绿色农业等都市型现代农业，抓好红酒产业基地和食用菌总部基地建设。扶持农产品加工业发展，推动农业产业化经营。完善农业服务体系，争创全国农产品质量安全示范区。抓好农民专业合作组织建设，不断增加农民收入。

加快农村城市化步伐。立足功能互补、产业配套和资源共享，编制乡镇域功能定位规划，引导农村地区协调发展。抓好新型农村社区建设试点，健全农村基础设施管护机制，完成1.6万户农民住宅抗震节能保温改造，推动社会主义新农村建设持续深入。切实保障城市化进程中失地农民的利益，解决好就业安置、社会保障等后顾之忧。

加快推进农村各项改革。继续推进产权制度改革，实现90%的村集体经济组织产权关系清晰化。完善农村集体资产监管的体制机制，开展农村集体资产清产核资，建立台账。做好农村土地确权登记颁证工作。规范农村承包土地流转行为，确保农民确权、确利权益及时兑现。

加快山区转型发展步伐。大力发展沟域经济，加速培育新兴替代产业。组织实施好山区人口迁移，推进集中和分散安置房建设。加快解决山区群众取暖用能问题，完成型煤配送站、液化气灌装站和换瓶站建设。实施绿化造林、小流域治理、废弃矿山修复等工程，不断提升山区生态服务功能。保持打击偷挖盗采的高压态势，坚决防止低端资源型产业死灰复燃。

（四）切实加强文化建设

加强社会主义核心价值体系建设。强化理想信念教育，大力践行以“爱国、创新、包容、厚德”为主要内容的北京精神，夯实全区人民团结奋斗的思想基础。推进公共文明引导工程，深化精神文明创建活动，促进社会道德水平不断提高。组织实施好“六五”普法规划，加强法制宣传教育，营造良好法制环境。

大力发展文化创意产业。深化文化体制

改革，充分激发文化发展活力。以历史文化旅游集聚区为依托，整合聚焦扶持政策，搭建文化创意产业服务平台，大力发展影视娱乐、创意设计、咨询策划等产业，重点抓好"高科一号"影视基地、绿色财富论坛等项目，鼓励中小文化企业发展壮大。推进周口店世界文化传承示范区建设，做好云居寺石经申报世界文化遗产工作。加强西周燕都遗址、金陵遗址等遗产保护，合理利用、适度开发。

大力发展文化事业。加快区群众文化活动中心建设，改造提升乡镇、村（社区）文化设施，筹建房山博物馆和非物质文化遗产展示中心。推出一批特色文化品牌，不断提升房山文化影响力。广泛开展群众文化活动，组织好农村文艺演出星火工程、文化周末大舞台和重点节庆日文化活动。推进房山电视台高清化建设，完成城乡数字广播信息平台二期工程。实施全民健康促进行动规划，建设良乡体育中心二期和6个乡镇健身广场。加快体育事业发展，积极引进国际高端体育赛事。

（五）着力保障和改善民生

切实抓好就业和社会保障工作。千方百计扩大就业，促进城乡劳动力稳定就业。切实维护劳动者权益，努力构建和谐稳定的劳动关系。完善社会保障体系，推进社会保障从制度全覆盖迈向人群全覆盖。加快城乡低保标准一体化进程，实现动态管理下的应保尽保。健全专项救助制度，建成流浪乞讨人员救助站。做好养老助残工作，启动残疾人"双百双千"工程。推进政策性住房建设，做好配售配租、选房入住工作。加强市场供应和价格监管，做好保供应、抓流通、重监管、稳预期等工作。

促进社会事业健康发展。坚持优先发展教育，为30所学校配齐教育教学设施，完成办学条件标准化建设。落实学前教育三年行动计划，进一步扩大学前教育覆盖面。引进优质教育资源，开展现代标志性学校创建，提升教育整体水平。继续深化医药卫生体制改革，推进房山第一医院新建工程，创办区乡医疗共同体，扩大家庭医生式服务、山区巡诊服务。加强人口和计划生育工作，继续稳定低生育水平。加大投入力度，办好关系群众生产生活的30件重要实事。

加强和创新社会管理。开展社会服务管理创新试点，推进社区办公和服务用房规范化，建设5个以上区域性社区服务活动中心。建立社区志愿者服务中心，推进社会工作人才队伍建设。加强国防教育，做好双拥共建和优抚安置工作，全力创建全国双拥模范区。做好民族宗教工作，促进少数民族村经济发展。

推进"平安房山"建设。整合执法力量，规范执法行为，完善社会面防控网格化管理体系，重点抓好乡镇综治维稳中心规范化建设和村庄社区化管理。坚持以业控人、以房管人、以证管人，做好流动人口服务管理和出租房屋管控工作。完善"大调解"工作体系，加强矛盾纠纷排查化解。认真落实安全生产责任制，持续开展专项治理，有效防范重特大生产安全事故。完善食品药品监管长效机制，确保群众吃得放心、用药安全。加强应急管理，完善非紧急救助体系。强化社会治安综合治理和网络安全管理，全力做好党的十八大等重点时段安保工作，确保社会局面稳定可控。

2012年是七届区政府届首之年。新一届区政府要切实加强自身建设，进一步增强推动科学发展、把握宏观经济形势、促进合作发展以及做好群众工作的能力。坚持科学、民主、依法行政，扎实推进反腐倡廉建设。强化财政预算执行和预算管理，切实加强财政风险防范。坚决执行区人大及其常委会的决议和决定，主动接受区人大的法律监督和工作监督，自觉接受区政协的民主监督，努力打造为民务实清廉的人民政府。

各位代表，回顾过去，我们创造了房山跨越发展的新业绩；展望未来，我们对房山发展的锦绣前程充满信心。让我们在市委市政府和区委的坚强领导下，大力弘扬“三敢”精神，为建设“一区一城”新房山而努力奋斗！

中国人民政治协商会议

北京市房山区第六届委员会常务委员会工作报告

——2011年12月13日在政协北京市房山区第七届委员会第一次会议上

政协房山区委员会主席　唐淑荣

各位委员：

我受中国人民政治协商会议北京市房山区第六届委员会常务委员会委托，向大会报告工作。请予审议。

一、过去五年的工作回顾

政协房山区第六届委员会任期的五年，是房山区圆满完成“十一五”规划，实现“十二五”良好开局，经济社会发展取得丰硕成果的五年，也是我区人民政协事业与时俱进、蓬勃发展，地位显著提升、影响力不断增强的五年。五年来，六届区政协在中共房山区委的正确领导下，以科学发展观为统领，高举爱国主义、社会主义两面旗帜，牢牢把握团结、民主两大主题，围绕中心、服务大局，在深度参与“三化两区”建设的实践中，全面履行政治协商、民主监督、参政议政职能，有力地助推了重点功能区建设、新城发展、山区转型、社会和谐，为促进房山科学发展、跨越发展做出了积极贡献。

（一）加强学习，增进共识，思想政治建设取得了新成效

坚持用科学理论武装头脑、指导实践、推动工作，为履行职能把握正确的政治方向，提供了强有力的思想保障。

加强政治理论的学习。坚持以科学发展观为统领，深入学习贯彻邓小平理论、“三个代表”重要思想和中共十七大以来的路线方针政策。按照“深刻领会、全面把握，学以致用、指导实践”的要求，组织各民主党派、人民团体和各界委员，采取多种形式，把贯彻中央精神同政协科学履行职能紧密结合，增强了开拓政协工作新局面的主动性和积极性，团结民主的政治基础更加牢固，建设中国特色社会主义的信心更加坚定。

深化政协理论知识的学习。深入学习中央三代领导集体关于人民政协的一系列重要论述，把学习贯彻《中共中央关于加强人民政协工作的意见》《中共中央关于进一步加强中国共产党领导的多党合作和政治协商制度的意见》、胡锦涛同志在庆祝人民政协成立60周年大会上的重要讲话精神与学习贯彻政协章程有机地结合起来，使委员深化了对人民政协性质、地位、作用的认识，增强了履行职能的责任感和使命感。实践中，常委会用政协理论指导工作，准确把握政协工作的规律和特点，认真研究新情况、适应新形势，政协委员履职能力和水平显著提高。

强化时事政策的学习。坚持把学习国家重大发展战略和重大政策作为重点，全面掌握经济社会发展的最新动态和要求。坚持把学习领会“三个北京”战略和建设中国特色世界城市的有关精神与学习贯彻落实“三化

两区”发展战略、建设“一区一城”新房山相结合，为融入发展大局，深度参与经济社会发展知情明政。搭建委员网上学习交流平台，开辟了委员业务学习资料数据库；为所有委员订阅了《人民政协报》和《房山报》，开阔了委员视野，使各界委员在贯彻落实“三化两区”新战略和建设“一区一城”新房山的大目标上，统一思想、形成共识、凝聚力量，确保了党的路线、方针、政策和市、区委的工作部署在政协得到贯彻执行。

（二）服务大局，规范有序，政治协商迈出了新步伐

政治协商是人民政协的首要职能。五年来，区委先后两次召开政协工作会，特别是出台了《中共房山区委关于加强人民政协政治协商制度建设的意见》，对政治协商的内容、形式、程序作出了明确规定，标志着我区政治协商工作步入了制度化、规范化、程序化的轨道。实践中，六届区政协重视协商内容和时机的把握，履行协商程序，注重协商实效，有效发挥了政治协商服务决策、促进发展的重要作用。

政治协商的内容紧贴中心。选准、选好协商内容是提高协商质量的重要环节。每年，根据区委中心工作，确定年度协商重点。特别是区政协站在首都建设“三个北京”和中国特色世界城市的高度，通过深入开展解放思想大讨论、“十一五”规划中期评估和建言“十二五”规划等专题活动，参与区委区政府宏观战略决策的协商。形成了多项建议案、提案和意见建议，为区委制定“三化两区”战略，确定“两轴三带五园区”的发展格局，明确打造首都高端制造业新区和现代生态休闲新城的定位提供了重要决策参考。

政治协商的形式更为多样。坚持协商内容与形式的统一，通过全体会议组织大会发言、主题论坛、专题座谈、小组讨论、集中提交提案等形式，集中委员智慧，就全区率先实现城乡一体化发展、新城发展、重点功能区建设、山区转型、燕房合作、创新社会管理、民生工程等重大问题，与区委区政府主要领导和相关部门进行协商。常委会每年围绕全区工作大局，确定3–4项关系全区经济社会发展的重点问题，通过实地调研、座谈等形式，主动与有关部门深入研究交换意见、提出建议。各专委会认真贯彻《关于进一步加强区委区政府职能部门与区政协专委会对口联系的意见》，通过视察、专题协商会、研讨会、政情通报会等形式，围绕农村卫生事业、城市交通设施、沟域经济、水资源保护与利用等项工作的落实情况，开展对口协商86次，提出230多条意见建议，对推动全区重大战略的实施和工作落实，发挥了积极作用。

政治协商的程序更加规范。“切实把政治协商纳入决策程序”，是我国民主政治建设的重要目标和举措。在实践中，区政协积极落实区委、区政府中长期规划先协商后决策、重大建设项目先协商后决定、重大政策先协商后实施的规定，进一步规范了先期调研、深度论证、集体协商、形成建议、反馈沟通的协商程序，提高了政协参与协商区委、区政府重大决策的成效。

（三）创新形式，拓宽渠道，民主监督取得了新进展

民主监督是我国社会主义监督体系的重要组成部分。六届区政协坚持把民主监督与服务发展相结合，创新形式，拓宽渠道，做到在民主监督中服务发展，在服务发展中强化民主监督。

评议监督富有特色。以民主评议区政府重要工作为监督形式，制定了《政协北京市房山区委员会关于民主评议政府工作的实施办法》，坚持每年选择一项在全区影响较大的政府工作，组织常委会和相关专委会，对区政府的工作开展民主评议活动。五年来，先后对区住房城乡建设委、区人力社保

局、区卫生局、区交通局和区发改委的整体履职、重点工作落实、依法行政等情况进行民主评议，民主评议工作以帮助、提醒、建议为原则，以提高执政能力，促进优质高效服务为内容，引起区主要领导的高度重视，有力地推动了政府工作的开展。

专项监督重点突出。发挥常委会、专委会的作用，主动与区委区政府沟通对接，选择涉及全区发展的重点工作，认真开展民主监督。专题听取全区党风廉政建设情况、区政府年度重点工程进展情况和重要人事任免情况的通报；围绕新城建设、城乡一体化发展、创建国家卫生区、社会事业发展等区级重点工作的落实情况，常委会进行了 14 次跟踪视察，专委会开展了 80 多次专项监督活动，有力推动了全区重点工作的落实。

特约监督针对性强。发挥政协委员的界别优势，有针对性地开展特约监督。五年来，有 70 多名政治素质高、专业技能强的委员，被区委、区政府及各部门聘为特约监督员。这些特约监督员不负众望，不辱使命，结合各自专业特点，先后深入到区直单位，认真履行监督职能，对行政机关及执法部门的工作开展监督活动，提出 180 多条具体意见和建议，促进了相关部门工作的改进和服务水平的提高。

（四）畅通渠道，建言献策，参政议政发挥了新作用

参政议政是人民政协履行职能的重要形式。六届区政协积极畅通渠道、搭建平台，通过提案、调研、社情民意等方式，努力为委员参政议政创造条件，有效提高了参政议政质量和成效。

提案工作重实效。提案工作是人民政协履行职能最直接、最重要的方式，体现着委员参政议政的能力和水平。六届区政协始终把提高提案质量，增强提案实效作为履职着力点，完善制度，丰富内容，取得了较好效果。拓宽提案征集渠道。通过媒体面向社会广泛征集提案线索，组织委员听取区情和重点工作通报，编发《提案征集通知》和《提案参考目录》；全会期间，邀请区政府职能部门进行提案咨询，增强了提案的针对性。建立提案督办制度。对提案进行分类，与区委、区政府对接会审，联合部署提案办理工作。重点提案，由主席、副主席牵头督办；专项提案，由各专委会与提案承办单位共同推进办理；常委会专题听取区政府年度办理提案工作情况通报，对重点提案进行跟踪督办，提高了提案承办效果。创新优秀提案激励办法。2011 年开展了六届政协“十佳”提案评选活动，对落实效果好、社会影响大的本届重点提案撰写者和承办单位进行表彰，激发了委员撰写提案的积极性，增强了提案承办单位的责任感。五年来，共征集委员提案 1276 件，立案 902 件，确定重点提案 34 件，立案办复率达 100%。其中，《关于解决良乡地区交通拥堵问题的建议》《加大扶持发展养蜂业的建议》和《关于改造我区老旧小区的建议》等提案得到有效落实，产生了良好的社会效果。

调查研究讲质量。坚持把深入调研作为提高参政议政水平的重要基础，每年根据全区的工作重点，明确调研方向，把推进区级重点工程、项目和民生工作的落实作为调研的切入点，深入一线察实情，反复研讨找对策，进一步强化了参政议政的实际效果。五年来，组织委员成立课题组，开展调研 450 多次，形成调研报告 136 篇。围绕重点调研成果转化，邀请政府职能部门进行专题研讨 36 次。《关于做大做强房山区食用菌产业》等 5 篇调研成果形成主席会议建议案，其它调研成果也形成了提案和相关意见建议，转化为区委区政府的工作举措。

社情民意察实情。把关注、保障和改善民生作为政协履行职能的落脚点。各界委员发挥联系广泛、代表性强的优势，通过深入基层视察、走访等形式，与广大群众交流沟

通，把区委、区政府的关怀带下去，把群众的呼声收集上来，促成一大批民生问题及时解决。五年来，共收集各类社情民意信息551条，经梳理归纳，对较为集中的社情民意问题及时反馈到区有关部门，使80多件关系群众就业、住房、就医的问题得到及时解决。

（五）深度参与，勇于担当，助推发展取得了新突破

六届区政协积极探索，不断创新，形成了具有房山特色的政协履职方式，为推动经济社会发展，发挥了不可替代的作用。

围绕群众需求开展主题实践活动。发挥政协自身优势，围绕区委中心工作和群众需求，组织开展了一系列主题活动，各民主党派和各界别的委员在活动中办好事、解难事，促进了发展。在“联百家民营企业•牵百村新农村建设”主题活动中，区政协机关协调500多万元资金，扶持对口帮扶的周口店镇娄子水村发展壮大集体经济。经济界别的政协委员积极为新农村建设牵线搭桥，献智出力，筹集款物863万元，帮助联牵村新建23家企业，带动5600多名农村劳动力就业。在共建和谐社区活动中，各民主党派、人民团体与40个社区开展共建活动，委员与群众面对面交流，就老旧小区改造和物业管理、社区环境建设、社区管理体制等问题进行深入研讨，形成了《关于推进房山区和谐社区建设与管理的建议案》，各界委员捐助160多万元资金，协调有关部门破解了240多件关系群众生产生活的难题。在政协委员山区行活动中，以“调研献计进山区、产业发展助山区、公益活动惠山区”为主题，组织各民主党派、人民团体和委员深入山区乡镇，围绕替代产业发展和生态环境建设等问题考察座谈、建言献策。协调1500万元资金，建设扶贫助残基地、扶持养蜂产业发展；与市政协委员和同仁堂集团开展了“革命老区光明行•走进房山”活动，对8个山区乡镇的眼疾患者进行筛查，免费为100多名白内障患者实施复明手术；组织专家开展义诊、发放科普资料、赠送书画作品等活动，受益群众达5000人次。

深度参与重点功能区建设。坚持把深度参与重点功能区建设作为履行职能的重要内容，先后8次组织常委会、专委会和离退休老干部到五大重点功能区视察座谈，提出《关于北京石化新材料科技产业基地发展循环经济》等4条建议案，并协调有关部门合力攻关，破解难题，助推了重点功能区建设。发挥区政协领导牵头重点功能区建设的优势，在区委的领导和区政府的大力支持下，加大统筹协调力度，凝聚各方力量，积极推进重点功能区建设。中国房山世界地质公园顺利通过中期评估，被联合国教科文组织评价为“其他国家世界地质公园学习的榜样，亚太地区世界地质公园的典范”；引进开发云居寺文化景区、北京华嬉数字文化产业园等重点项目，整个园区建设全面展开，建设步伐全面提速。北京高端制造业基地正式授牌，京西重工减震器项目实现量产，引进了长安汽车、北车、北控、国能科技等大型企业，成就了“窦店速度”。

牵手兄弟区县推动区域协同发展。与丰台、石景山、门头沟、大兴政协共同举办了五届“首都西南区域经济发展论坛”，使促进首都西南部地区发展、打造永定河水岸经济带上升为全市发展战略。2010年，承办了以“把握机遇•跨越发展”为主题的第四届首都西南区域经济发展论坛。积极促成河北省涿州市、固安县政协加盟论坛，形成了“5+2”的新格局。倡导建立了西南五区政府区长联席会议制度，共同发出了《关于西南五区联合推进永定河绿色生态发展带建设的倡议》。形成了加速首都西南城乡一体化进程、合力推进永定河绿色生态发展带建设战略构想等成果，转化成3个市政协专项提案。五区论坛对市政府出台《关于加快西部地区转型发展的实施意见》和《北京西南

部地区规划实施纲要（2010–2020年）》发挥了积极的促进作用，也为房山的发展赢得了重大机遇。

（六）强化职能，提升素质，自身建设得到了新加强

六届区政协主动适应新形势新任务，加强自身建设，强基固本，政协工作的成效和水平不断提高。

加强委员队伍建设。以提升委员队伍的履职能力和水平为核心，坚持不懈地强化理论武装，邀请专家、教授，对委员进行专题辅导90次，为委员知情明政创造了条件。坚持用制度规范委员履行职能，完善了委员参加各项履职活动情况的登记、考核、定期通报等项制度，进一步调动了委员履行职能的积极性、主动性。注重团结以非公有制经济人士为主体的新社会阶层，帮助各民主党派解决委员活动经费不足等问题，进一步增强了各界委员的荣誉感和责任感。

强化专委会职能作用。注重发挥专委会的组织协调职能和专业性强的优势，围绕区委区政府中心工作开展调研视察活动，增强了专委会开展工作的主动性和针对性，形成了一批高质量的专委会提案。支持专委会与区政府对口部门开展协商活动，增强了落实区委区政府中心工作的合力，扩大了专委会的影响。重视专委会组织建设，不断完善专委会职能，调整充实专委会组成人员，增设了两个委室，有效发挥了专委会在政协履职中的重要作用。

强化政协机关建设。以打造“团结、和谐，求实、创新”的政协机关为核心，深入开展创先争优、“三敢”精神大讨论、创建服务型机关、学习型机关等活动，有效提高了机关效能和服务水平。围绕庆祝新中国成立60周年、人民政协成立60周年和中国共产党成立90周年等重大政治活动，以“重温历史、展望未来、推动科学发展”为主题，编辑出版了《与共和国同行--房山区政协庆祝人民政协成立60周年文集》和《光辉历程》专题片，展现了人民政协的生机与活力。积极参与，精心组织北京奥运筹办和抗震救灾等重大活动，体现了政协机关的政治意识和大局意识。编辑出版了《一届政协委员，一生政协情怀》文集，编印了五辑《房山文史资料》和“房山历代人物”“房山历代陵墓”“房山历代寺观”丛书，展示了房山特色文化，为提升房山知名度发挥了独特作用。

各位委员，六届区政协所取得的工作成绩，是中共房山区委正确领导和区人大、区政府及全社会大力支持的结果，是区政协各参加单位、全体委员和机关全体同志团结奋斗的结果。在此，我代表政协房山区第六届委员会常务委员会，向为区政协工作付出辛勤努力的全体委员和各民主党派、人民团体、各族各界人士致以崇高的敬意！向长期以来关心、重视和支持政协工作的中共房山区委、区人大、区政府和社会各界表示衷心的感谢！

在肯定成绩的同时，我们清醒的认识到，对照新形势新任务的要求，六届区政协的工作仍然存在着一些差距和不足：主要是探索创新履职路径，增强科学履职的能力还有待进一步提升；发挥各界别、各党派的合力作用，形成政协组织的整体优势还有待进一步加强；科学、合理服务委员的措施、办法还有待进一步完善。

二、五年来的工作体会

各位委员：五年来，六届区政协在开拓中前进，在创新中发展，各项工作取得了显著成绩，同时也积累了一些经验和体会。

（一）区委的坚强领导、区政府的大力支持是做好政协工作的根本保证。中共房山区委始终把发挥好人民政协的作用，作为提高执政能力的重要内容，政治上加强领导，制度上不断完善，条件上充分保障，为政协

开展工作创造了良好的环境。区政府及各职能部门大力支持区政协履行职能，积极协助政协开展各项活动，认真落实政协建议案和提案，有力推动了政协工作。六届区政协常委会自觉接受中共房山区委的领导，主动争取区政府的支持，促进了政协事业不断发展。

（二）服务大局是做好政协工作的重要原则。新时期，党和人民赋予了政协更加繁重的任务，只有围绕中心，服务大局，勇于担当，才能肩负起历史重任。六届区政协主动将各项工作融入到全区的发展大局之中，选准切入点，在深度参与“三化两区”建设的实践中，建真言、献良策、助实力；主动协助区委区政府做好协调关系、化解矛盾的工作，使政协在助推发展、促进和谐中提升了地位，扩大了影响。

（三）不断创新是做好政协工作的不竭动力。六届区政协围绕推进区委中心工作，积极创新工作思路、拓展工作渠道、改进工作方式，有针对性地开展一系列主题实践活动，把助推发展与展示形象结合起来，使各民主党派、人民团体和政协委员的作用得到有效发挥，政协工作呈现出蓬勃生机。

（四）凝智聚力是做好政协工作的内在要求。只有坚持团结民主主题，才能实现凝智聚力。六届区政协坚持把团结民主两大主题贯穿于履职的全过程，有效发挥各民主党派、人民团体和政协委员的优势，最广泛地联系、团结各界人士、各族群众，着力营造环境宽松、关系融洽、气氛和谐、畅所欲言的良好氛围，聚集了各方面优秀人才，形成了推进区域经济社会发展的强大合力。

（五）发挥委员主体作用是做好政协工作的重要基础。六届区政协积极搭建平台，为委员履行政治协商、民主监督、参政议政职能创造条件、提供服务，激励委员立足本职岗位履行好政协职责，建功立业，有效调动了委员建言发展、献智出力的积极性、主动性和创造性，使政协工作保持了旺盛的生命力。

实践证明，以上这些，既是六届区政协五年来工作的基本经验，也是今后工作应当继续坚持和遵循的原则。

三、对今后工作的建议

各位委员：面对北京建设世界城市的新形势，面对房山实现跨越发展的新机遇，未来五年，在中共房山区委的坚强领导下，人民政协必将大有作为。新一届区政协要以邓小平理论和“三个代表”重要思想为指导，深入贯彻落实科学发展观，牢牢把握团结民主两大主题，突出优势，科学履职，着力围绕重点功能区建设、新城建设、城乡一体化发展、打造文化强区、建设和谐房山等战略任务，积极投入到“一区一城”新房山建设的实践中，为实现区第七次党代会提出的奋斗目标和“十二五”发展规划做出新贡献。

（一）努力夯实科学履行职能的政治基础。始终与中国共产党同心同德、同心同向、同心同行，是中国共产党领导的多党合作和政治协商制度的特点优势的根本体现。新一届区政协要继续深入学习邓小平理论和“三个代表”重要思想，全面贯彻落实科学发展观，切实把学习贯彻中共十七届六中全会精神和十八大精神作为重要的政治任务，坚持正确的政治方向，保证党的路线、方针和政策在政协得到贯彻执行，夯实团结共事、履职为民的政治基础。认真落实胡锦涛、贾庆林等中央领导同志关于人民政协的一系列讲话精神和区第七次党代会精神，紧密结合房山实际，深入研究与人民政协事业发展密切相关的重大问题，提高运用科学理论分析解决实际问题和推动工作的能力，提高做好政协工作的自觉性和主动性，努力推动政协工作不断创新、不断发展。

（二）积极探索科学履职的方式方法。进入新时期，人民政协工作的领域更加广泛、肩负的责任更加重大、在全局工作中的地位和作用更加重要。适应新形势、新要求，不断推进政治协商上高度、民主监督上水平、参政议政上质量。新一届政协要积极探索履行职能的新方法、新途径，按照《中共中央关于加强人民政协工作的意见》和市区委实施意见的要求，进一步在制度建设上丰富内容、完善形式、规范程序，逐步形成科学履行职能的长效机制。要认真研究探索政协参与经济社会发展的有效方式和载体，为科学履职奠定基础。要积极探索委员联系群众的有效方式，切实把政协打造成为群众工作的生力军。要认真总结履职创新成果，围绕区委区政府的中心任务、群众关注的热点问题，明确工作方向，选准工作主题，深入开展专题调研、主题论坛、视察考察、建言献策等系列活动，集中力量、集中精力形成一批切实能够推动房山区经济社会发展、保障“十二五”规划实施的意见建议和提案，着力打造新时期政协的工作品牌。

（三）全力助推“一区一城”新房山建设。区第七次党代会明确了全区今后五年的奋斗目标，提出了大力弘扬“三敢”精神，为全面建设首都高端制造业新区和现代生态休闲新城而努力奋斗的战略任务，为政协科学履职提供了广阔的平台。新一届政协要敢于担当，发挥优势，主动作为，肩负起助推发展的神圣使命。在助推“一区一城”新房山建设的实践中谋求新作为，以“凝智聚力•助推发展”为主题，广泛开展生动的履职实践活动。常委会、专委会要围绕突破“一区一城”新房山建设和落实“十二五”发展专项规划的重大瓶颈问题，深入开展视察、调研和民主监督活动，着力推进重大产业项目落地、城市经济快速发展、世界城市示范区建设和城乡一体化发展。界别委员要发挥直接参与经济社会建设的优势，把做好本职工作和履行好政协委员职能有机的统一起来，身体力行，建言献智，努力形成一批助推发展的高质量意见建议和提案。各民主党派、人民团体要本着不求所有、但求所为的原则，广聚各方面高端人才，成为推动“一区一城”新房山建设的有生力量。

（四）发挥独特优势助力文化强区。中共十七届六中全会做出了《中共中央关于深化文化体制改革推动社会主义文化大发展大繁荣若干重大问题的决定》，区第七次党代会明确提出了打造文化强区，实现文化大发展大繁荣的任务目标。人民政协汇集了文化、科技、教育、文艺、体育等各界英才，是文化建设的直接参与者，在推进文化强区建设上具有独特的优势和不可替代的作用。新一届政协要围绕打造文化强区的任务目标，以践行“北京精神”为抓手，助推社会主义核心价值体系建设。要把爱国、创新、包容、厚德的“北京精神”融入到履行职能的全过程，带动和引领全区各族各界群众为房山科学发展做出新的更大贡献。要着力就提升全民道德素养、房山新城文化定位、公共文化服务体系建设、历史文化挖掘与保护、深化文化体制改革等课题，开展调研论证，建言献策，助推文化事业繁荣发展，不断提升区域文化软实力。要高度关注文化旅游聚集区和文化产业功能区的建设与发展，积极参与文化产业发展规划的制定与实施，促进文化与科技对接、与产业融合，为做强文化产业，争创知名文化品牌贡献智慧和力量。政协委员要争做先进文化的传播者和文化建设的推进者，文学艺术、体育卫生、新闻教育、社会科技等界别的政协委员，要积极参与地方优秀文化的开发与整合，为培育具有房山特色的大众文化品牌打好基础。要充分发挥《房山文史资料》的平台作用，深入挖掘传承房山文化精髓，服务文化发展。

（五）为促进社会和谐凝聚力量。在中国共产党领导下实行最广大人民群众的团结和民主，是人民政协性质的集中体现，是人民政协继往开来的方向和使命。新一届政协要始终坚持和完善中国共产党领导的多党合作和政治协商制度，把团结各界、凝聚人心的工作摆在突出位置，在增进团结的过程中发扬民主，在发扬民主的基础上增进团结，大力弘扬爱国主义精神，不断巩固和壮大最广泛的爱国统一战线。要围绕区委、区政府的决策部署，把实现好、维护好、发展好最广大人民的根本利益作为工作的出发点和落脚点，深入持久地开展"走基层，服务群众，促进和谐"系列活动，不断拓宽渠道，了解群众的意愿与诉求，积极协助区委、区政府做好协调关系、化解矛盾、理顺情绪的工作，维护安定和谐的政治局面，为建设和谐房山做贡献。

（六）建设一支高素质政协队伍。搞好自身建设是政协履行职能的重要基础。新一届区政协要适应新形势新任务的要求，以提高履职科学化水平为目标，全面加强自身建设。要不断加强常委会自身建设，进一步增强政治意识、大局意识、责任意识，切实提高统筹协调能力和服务能力。不断加强专委会建设，发挥专委会的基础作用，提高专委会组织委员开展活动和服务委员履行职能的能力。不断加强委员队伍建设，研究建立政协委员履职考评机制，鼓励和引导委员增强履行职能的使命感和责任感，更好地发挥委员主体作用；拓展委员在线学习平台功能，努力打造学习型政协组织，为委员提高履职能力和水平创造条件。不断加强机关干部队伍建设，大力弘扬"三敢"精神，以求真务实，真抓实干，昂扬向上，奋发有为的作风投入工作，做好服务。要主动争取市政协的指导，密切与其他区县政协的联系，加强交流与合作，共同推动人民政协事业新发展。

各位委员：新的一届政协承前启后，任重道远，肩负的责任重大，承载的使命光荣。让我们以邓小平理论和"三个代表"重要思想为指导，以科学发展观为统领，在中共房山区委领导下，同心同德、开拓创新、奋发有为，为建设首都高端制造业新区和现代生态休闲新城而努力奋斗！

专 文

关于房山区落实“两个率先”的实践与思考

中共房山区委书记 刘 伟

北京市“十二五”规划明确提出，要率先形成创新驱动的发展格局，率先形成城乡经济社会一体化发展新格局，努力把北京建设成为更加繁荣、文明、和谐、宜居的首善之区。房山区作为首都西南的一个大区，被赋予了生态涵养发展区和城市发展新区的双重功能定位，既是首都南部地区振兴崛起的重要承载区，也是加快西部地区转型发展的重要承载区，目前全区正处在产业加快升级、城市化加快推进的关键阶段。如何在全市推进“两个率先”的进程中，从房山特殊的区位功能和发展阶段出发，探索具有房山特色的创新驱动和城乡一体化发展模式，走出一条符合房山实际的转型发展、跨越发展道路，是需要我们不断思考和实践的重大课题。

一、“两个率先”是房山实现跨越发展的必由之路

以圆满完成北京奥运会、新中国成立60周年庆祝活动和成功应对国际金融危机为标志，首都的现代化建设进入了新的发展阶段。面对全市经济发展方式深度转变、开放竞争格局深刻调整、城市功能布局不断完善、各区县竞相发展态势进一步增强的新形势，房山区要跟上首都新一轮科学发展的步伐，必须不断解放思想、创新思路，认真落实好市委、市政府提出的“两个率先”的要求，努力在构建创新驱动、城乡一体的发展格局上取得重大突破。我们得出这个判断，主要基于以下几点认识：

（一）“两个率先”是新时期首都科学发展的基本路径

近年来，在全面实现“新北京、新奥运”战略构想的基础上，市委、市政府继续实践奥运理念，制定了人文北京、科技北京、绿色北京发展战略；市委十届七次全会提出了建设世界城市的战略目标。在实践中，市委、市政府认真贯彻中央对北京市工作的一系列重要指示精神，又进一步明确了打造“国际活动聚集之都、世界高端企业总部聚集之都、世界高端人才聚集之都、中国特色社会主义先进文化之都、和谐宜居之都”的具体目标，并按照在推动科学发展、加快转变经

济发展方式中当好标杆和火炬手，走在全国最前面的要求，提出了“两个率先”的发展路径。“三个北京”、中国特色世界城市和“两个率先”，构成了新时期首都发展新思路的核心内容，解决了首都应该怎样发展、要达到什么样的发展目标以及如何实现新战略、新目标的问题，是科学发展观在北京的生动实践。特别是“两个率先”，为全市科学发展指明了方向。

北京作为首善之区，是中国城市化、工业化和现代化发展水平最高的中心城市之一，经济社会发展阶段的超前性，以及在发展动力、城市管理、区域统筹和人口资源环境等方面所面临问题的代表性，决定了北京必须努力在转型发展中走在全国最前面，要在创新驱动和城乡一体化发展方面率先突破、当好标兵。通过创新驱动发展，从根本上解决首都发展面临的人口膨胀、交通拥堵、城乡精细化管理等方面的突出问题，实现人口、资源、环境协调发展；同时切实增强自主创新能力，抢占经济、科技制高点，把北京建设成为国家的创新中心，使首都在新一轮发展中赢得主动、赢得优势、赢得未来，始终走在全国前列，并不断增强国际控制力和影响力。通过大力推进城乡一体化，解决首都发展中不平衡、不协调的问题，促进区域之间互动发展，切实提高郊区经济社会发展水平，为首都发展拓展新的战略空间，增添新的活力，使首都功能布局更加合理，整体发展更加高效协调。因此，“两个率先”互相促进、有机统一，既是首善之区的内在要求，又是北京转型发展的核心动力，明确了首都科学发展的基本路径。房山作为首都重要组成部分，必须在首都实现“两个率先”的过程中找准自身位置，主动融入全市创新驱动、城乡一体的发展格局。

（二）“两个率先”是房山转变经济发展方式的内在要求

1. 房山正经历由投资驱动向创新驱动过渡的发展阶段。哈佛商学院迈克尔·波特教授在其著作《国家竞争优势》中指出，国家经济的发展通常会经历四个阶段，即要素驱动阶段、投资驱动阶段、创新驱动阶段和财富驱动阶段。这种阶段性划分对一个地区的发展也具有重要参考意义。长期以来，房山经济处于要素驱动阶段，主要依靠传统资源型产业支撑。随着近年来产业结构空前调整，2010 年全区彻底关闭了全部煤矿，告别了千年采煤史，另外根据淘汰落后产能工作安排，全区需要关闭的非煤矿山共 952 家，包括 22 家水泥企业、69 家石灰和 840 家石材生产加工企业，目前已关闭 318 家，剩下的企业也将于年底前陆续完成关闭工作。传统资源型产业的大规模退出，标志着房山区要素驱动型发展模式的终结。与此同时，投资对全区经济增长的拉动效应日益增强。“十一五”时期，房山全社会固定资产投资累计完成 1253.1 亿元，年平均增速达到 26%，其中 2010 年固定资产投资达 403.8 亿元，比 2006 年增加了 262.1 亿元（图 1）。按照房山区“十二五”规划，2011 年到 2015 年，全社会固定资产投资还将累计完成 1500 亿元。从整体上看，当前房山经济已经处于投资驱动阶段。但未来一个时期，随着全区基础设施不断完善和资源环境约束不断增强，大规模投资的边际报酬递减效应将逐渐显现，对经济增长的拉动作用将逐步减弱，房山必须紧紧抓住在投资落地过程中大批高端产业、高端人才和创新要素同时涌入带来的契机，推动经济发展从投资驱动阶段逐步过渡到投资与创新共同驱动的新阶段，并最终形成以创新驱动为主的发展格局。

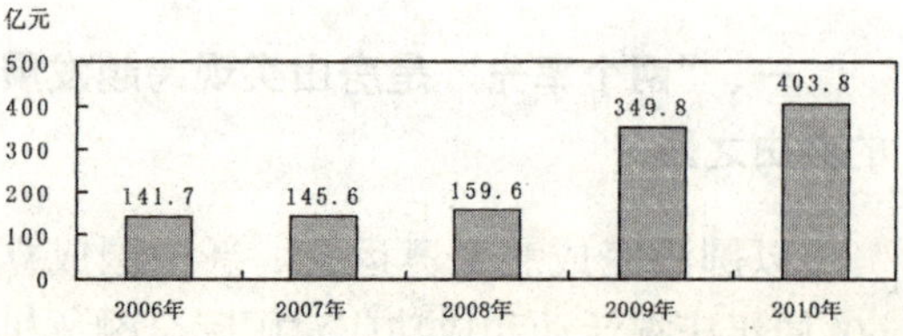

图 1 “十一五”期间房山全社会固定资产增长情况

2.房山正处在从城市化中级阶段向高级阶段加快推进的关键时期。从国际经验来看，根据城市化率的大小，城市化进程一般可以分为三个阶段：城市化率在30%以下为初级阶段，30%至70%为中级阶段，70%以上为高级阶段。目前，房山区已经到了城市化中期，正处于加速发展的阶段。2010年全区的城市化率达到67.2%，在2005年57.1%的基础上，“十一五”期间提高了10.1个百分点。作为北京市重要的城市发展新区，未来一个时期房山仍将是全市城市化最具活力的热点地区之一，将继续保持较快的城市化速度。“十二五”末期，预计房山区城市化率可达到80%，将正式由城市化的中级阶段过渡到高级阶段。在这个过程中，全区绝大部分地区都将直接融入城市化进程。初步估计，“十二五”期间房山新城规划范围内将有约50个村实现城市化转型。随着城市化快速推进和城市功能的不断完善，房山承接市区人口和功能疏解的能力会不断提高，将更好地融入全市城乡一体化发展大局。同时，房山新城对农村和山区发展的辐射带动效应也将大大增强，广大山区和农村将成为全区发展新的战略空间。因此，构建城乡互动、区域协调的一体化发展格局已经成为房山未来几年的内在趋势。

（三）房山落实“两个率先”具备一定基础

1.全区综合实力显著增强。近年来，在市委、市政府的正确领导下，房山区坚持以科学发展观为指导，全面落实“三化两区”思路，大力实施城市化带动和功能区支撑“双轮驱动”战略，全区进入了快速发展的新阶段。“十一五”期间全区经济跃上了一个新台阶，2010年地区生产总值达到342.2亿元，比2005年增长60%，年均递增9.9%；人均GDP达到5443.7美元，比2005年增长85%；财政收入达到168.6亿元，比2005年增长11.6倍；各项税收达到181.8亿元，比2005年增长2.3倍；城镇居民人均可支配收入从2005年的15175.1元增加到23768.9元，年均增长9.4%；农民人均纯收入从2005年的7205.2元增加到12492.3元，年均增长11.6%（表1）。全区产业结构不断优化升级，传统资源型产业基本退出，新兴产业不断发展，三次产业比重由2005年的5.3：64：30.7调整为2010年的4.2：61.3：34.5。经济快速发展和综合实力的不断增强，为房山落实“两个率先”提供了重要的物质基础。

房山区“十一五”期间经济发展情况

表1

项目	2005年	2010年	年均增长率
地区生产总值（亿元）	213.9	342.2	9.9%
人均GDP（美元）	2937.3	5443.7	13.1%
财政收入（亿元）	13.4	168.6	66.1%
各项税收（亿元）	55.1	181.8	27%
城镇居民人均可支配收入（元）	15175.1	23768.9	9.4%
农民人均纯收入（元）	7205.2	12492.3	11.6%

2.全区创新发展能力明显提升。区域创新型企业加速成长，科技创新成果不断增多。2008年以来全区累计认定高新技术企业43家，2010年高新技术企业共实现产值99.7亿元；2010年，全区专利申请量441件，比2009年增长37.81%，专利授权量为321件，同比增长94.55%；“十一五”期间，全区实施各级各类科技计划项目391项次，其中国家级及市级科技项目50项次。在着力培育区内创新型企业的同时，全区还以重点功能区为载体，吸引了大批创新要素和高端资源涌入房山，进一步增强了创新发展潜力。通过全面开展与中石化、中粮、

中核、北车集团、长安集团等大央企合作，成功引进了北京长安汽车乘用车基地、中核北京科技园、北控绿色科技产业园、北车北京高端轨道交通装备产业园、粤海高科低碳产业基地等一大批高端产业项目。同时中国社会科学院研究生院、北京理工大学、首都师范大学、北京工商大学等高校入驻北京良乡高教园区，师生入驻规模超过 2 万人。高端产业、高端人才等创新要素迅速在房山聚集，为房山实现创新驱动创造了良好的发展条件。

3.城乡协调发展呈现良好势头。新城建设加速推进，实施了拱辰街道一至五街、城关街道楮榆树街等为重点的城市中心区改造工程，良乡、燕房两大组团建成和在建面积达到 550 万平方米；启动了以长阳半岛为重点的新城示范区建设，中粮万科长阳半岛、中铁建工原香小镇等 24 个精品房地产项目拔地而起，建成和在建面积达到 520 万平方米，现代化的房山新城粗具雏形。农村城市化、现代化水平明显提高，“十一五”期间全区有近 5 万名农民上楼转成新市民；新农村建设“5+3”工程实现 462 个行政村全覆盖，村庄环境整治排名位居全市前列，大石窝镇南河村等 5 个村被评为北京最美乡村；都市型现代农业迅猛发展，2010 年全区设施面积达到 2.8 万亩，标准化基地达到 185 家，农业总产值达到 42.6 亿元。山区转型发展迈出坚实步伐，资源型产业退出任务基本完成，生态修复和替代产业发展正稳步推进。实施了山区教育移民和人口迁移工程，9 所山区中学实现一次性外迁，首批山区移民即将入住新居，同时累计完成山区险户搬迁 1873 户、5482 人。

4.区域发展环境大幅改善。2010 年地铁房山线已通车运营，京良快速路、京石二高速已进入前期建设，新增 9 条区域和新城内部道路，新改建 41 座水厂，累计新建 11 万伏电站 9 座，新增天然气用户 6.5 万户，启动 5 项集中供热工程，房山融入市区的交通瓶颈得到有效缓解，城市功能更加完善。同时，全区科技、教育、文化、卫生、体育等各项社会事业健康发展，城乡群众生活水平明显提高，社会主义精神文明、民主法制和党的建设切实加强，全区呈现出和谐稳定的良好局面。特别是近年来房山的巨大变化极大地激发了全区人民投身发展的满腔热情和积极性，广大党员干部大力发扬“三敢”精神，呈现出敢为人先、勇争一流的良好精神面貌，使房山实践“两个率先”具备了良好的群众基础和思想共识。

二、房山区落实“两个率先”的基本思路

房山作为首都的发展新区，发展基础和各方面条件与先进区县相比还存在较大的差距，仍属于全市实现“两个率先”的薄弱环节。“十二五”时期，房山要跟上首都率先发展的步伐，总体思路应该是：坚持以科学发展为主题，以加快转变经济发展方式为主线，深入落实“三化两区”发展战略，紧紧围绕首都高端制造业新区和现代生态休闲新城的新定位，全面加速新型工业化和新型城市化进程，着力培育具有国际竞争力的高端化创新型产业体系，积极打造具有面向中心城区综合服务和人口疏解功能的现代新城，力争在构建创新驱动、城乡一体的发展格局上取得重大突破，为首都实现“两个率先”作出应有的贡献。在具体工作中，应该着重创新一个模式，把握两方面关系，突出三大理念。

（一）创新一个发展模式

国内外大量理论和实践证明，在拥有相同资源禀赋的情况下，不同的发展模式会导致发展水平的巨大差距，好的发展模式可以充分发挥区域优势，促进经济社会持续、健康、高速发展。在近年来的实践中，房山区初步探索了大企业与小城镇合作发展的有效模式，因地制宜形成了中粮集团–琉璃河

镇、京煤集团–河北镇以及长安集团、北车集团、北控集团–窦店镇等“一企一镇”“多企一镇”多种合作方式，有效集聚了一批高端产业，加快了全区城市化进程，增强了全区发展活力。在下一步工作中，房山将进一步把握首都郊区发展规律，深入总结实践经验，通过发展模式的创新，推动全区跨越式发展。

房山正在探索的新模式，就是在政府统筹规划下，以大企业为动力，以功能区为载体，以小城镇建设为突破口，以实现“两个率先”为目标的发展模式。这个模式通过引进大企业与小城镇合作，落户大项目、建设大园区，有利于促进高端化创新型的产业在小城镇周边聚集发展，使每个乡镇至少有一个能够带动区域整体发展的重大龙头项目，增强小城镇的可持续发展动力，从而解决全区发展产业支撑和创新驱动的问题。通过大企业和乡镇双向选择，打破城乡界限，在最佳的区域落户最合适的项目，同时围绕项目建设加强基础设施配套，促进城乡居民就近就业，加快农村就地城市化步伐，从而解决全区区域协调、城乡一体化发展的问题。通过大企业的品牌、技术、资金、人才等要素与乡镇的生态、土地等优势资源有效对接，有利于拓展大企业在首都发展的新天地；也有利于真正激活首都郊区乡镇的发展潜力，使广大郊区农村真正成为首都实现“两个率先”的新的战略空间。

（二）要着重处理好两方面关系

1.要处理好充分发挥投资拉动作用与培育创新驱动能力的关系。投资和创新是推动经济增长的两大动力。当前房山的创新基础还比较薄弱，投资仍然是拉动全区经济发展的主要力量。一方面要继续保持适当的投资规模和投资速度，充分发挥目前投资对全区经济增长的拉动效应，另一方面要积极引导资金投向建设高标准的基础设施、发展重大新兴产业和改善民生等重点领域，通过高端、高效的投资，吸引更多高端产业和创新资源涌入房山，使投资落地的过程成为不断聚集更高级生产要素和创造更高级发展环境的过程，在大力促进现阶段的经济增长的同时，不断提升全区自主创新能力。

2.要处理好城市现代化与城乡一体化的关系。经过近年来的发展，房山已经进入快速城市化阶段。但总体来看，现阶段房山的城市化主要是通过大规模征地拆迁带动农民转居上楼来推动的，仍属于比较粗放的城市化模式。未来一个时期，房山必须把大幅提升城市发展质量放到更加重要的位置，全面加快城市现代化进程。要坚持以人为本，通过不断加强和创新社会管理、完善公共服务，促进人的全面发展和人口素质提升，特别是要帮助新转居的农民融入城市生产生活，促进城市居民现代化。要着力完善多样化的城市功能，大力发展高端高效的城市经济，打造绿色生态的城市环境，切实提高城市运行管理科学化水平，使房山真正成为功能完备、特色鲜明的现代化综合新城。要把推进城市现代化作为房山融入首都城市发展大局的前提和基础，作为全区城乡一体化的先导和龙头，在加快城市现代化的过程中，加大对全区产业、人口、公共服务以及资源环境的统筹力度，带动全区城乡、区域之间均衡协调发展。

（三）要突出三大理念

1.突出融入首都、依托首都、服务首都的理念。全面增强首都意识，树立首善标准，通过融入首都发展大局来提升房山创新驱动能力，加快城乡一体化进程。要依托首都优势，以首都优化城市功能配置和空间布局为契机，抢抓城南行动计划、加快西部地区转型发展等重大政策机遇，充分利用房山的后发优势，积极与大型国企、优质民企和科研院所等寻求全方位、多层次合作，依托首都丰富的科技、文化、人才等优势资源实现房山跨越发展。要服务首都发展大局，认真落实房山功能定位，不断提升承载力和吸引力，依托重大产业项目，打造一批综合竞争力强的产业集聚区，使房山成为首都科技成果产业化、高端制造业和生产性服务业的重要承载地，成为有效承接首都中心城区功能和人口疏解的重要节点，为首都建设中国特色世界城市作出更大的贡献。

2.突出高端引领、集中突破、重点跨越的理念。要着眼于首都建设世界城市对产业形态升级和城市功能完善提出的新要求，瞄准高端产业发展前沿和城市未来发展趋势，找准房山构建创新驱动、城乡一体新格局的主攻方向，把大力发展高端制造业和战略性新兴产业、构建高端化创新型产业体系作为房山实现创新驱动的突破口，把高标准打造房山新城作为推进城乡一体化的战略重点，坚决避免低端产业和人口大量聚集现象，力争在产业升级和城市现代化建设的重点领域及关键环节取得跨越式发展。

3.突出功能区域化、区域品牌化、发展融合化的理念。围绕产业集聚、人才集中、资源集约和功能集成，着力打造具有核心竞争力、集中承载高端产业和城市功能、能够代表房山对外形象的品牌区域，使之成为房山实践“两个率先”的先行示范区。以北京高端制造业基地、北京石化新材料科技产业基地等重点功能区为载体，促进高端制造业与生产性服务业有机融合，打造研发创新、生产制造和配套服务高度协调的成熟功能区，使之成为全区创新驱动的主要引擎和支柱。着眼于促进产业化和城市化互动发展，高标准打造一批特色城市功能街区，大力引进满足全区高端产业、高级人才聚集需要的城市元素，推动新城重点区域品牌化，全面提升城市形象和服务功能，促进“业城均衡”发展。

三、房山区落实“两个率先”的四大举措

（一）以构建高端化创新型产业体系为核心，大力提升全区创新驱动能力

构建高端化创新型的现代产业体系，是房山实现创新驱动的基本落脚点。要依托重大产业项目，积极推进科技成果产业化，大力发展高端制造业、战略新兴产业和生产性服务业，切实增强全区经济发展的内生动力。

1.着力打造战略发展高地，培育全市创新驱动新的增长极。全面落实首都高端制造业新区的发展定位，积极融入南部高技术制造业和战略性新兴产业发展带，按照产业发展园区化、集聚化、融合化的理念，坚持高标准规划、高水平建设、分时序推进，注重节能、环保、信息化等新标准、新技术的示范应用，全力打造北京高端制造业基地、北京石化新材料科技产业基地、中央休闲购物区（CSD）、中国房山世界地质公园和中国北京农业生态谷五大重点功能区。预计到“十二五”末期，北京高端制造业基地将发展到 12 平方公里，初步形成新能源汽车及零部件制造业、新能源制造业和城际列车制造业等战略性新兴产业集群，实现工业总产值 1000 亿元以上；北京石化新材料科技产业基地将完成核心发展区建设，初步达到国内领先、国际一流的石化新材料产业基地发展水平，实现工业总产值 1200 亿元以上；其他三个功能区，也将成为首都高端服务业、高端旅游业和都市现代农业聚集发展的新高地。通过大力推进功能区建设，使房山成为首都科技成果产业化、高端制造业和生产性服务业的重要承载地，成为全市创新驱动发展的主战场之一。

2.做大做强高端产业龙头，着力提升区域经济核心竞争力。区域经济学梯度推移理论认为，一个区域的经济兴衰主要取决于主导产业的先进程度，如果其主导产业是新兴

的高端产业，就会处于较高梯度的优势地位，获得较其他地区更有利的发展机会。因此，房山将按照高端引领、重点跨越、支撑发展、引领未来的理念，全面深化与央企合作，以重大项目为依托，创新“总部+研发+基地”的模式，大力培育以高端制造业和战略性新兴产业为重点的高端产业集群。通过与长安集团、京西重工、北车集团、粤海集团等大企业合作，大力发展新能源汽车、高端汽车零部件、轨道交通装备、高科技电子等高端制造业，大幅提升房山制造业的产业能级；依托燕房合作，做大做强石化新材料产业；依托与北控集团合作，大力发展光伏新能源产业；依托与中核集团合作，推动民用核工业发展；依托良乡高教园区智汇城、华嬉园数字文化主题乐园、云居寺文化景区等龙头项目，带动全区文化创意产业大发展。同时，充分利用全区资源优势，大力发展高端生态旅游、休闲会展、现代物流、金融服务等新兴产业，使全区形成多领域支撑的高端产业发展格局。

3.加速传统产业创新发展，推动产业结构全面升级。重点做优做精建筑、建材、房地产等传统优势产业。以建设精品城市、改善人居环境、提升城市形象为重点，大力发展精品房地产业。注重市场与保障并重，构建多层次的住房供应体系，适度调控房地产开发建设规模和速度，促进房地产业健康发展。加快建筑业转型升级，建设低碳建筑样板区，加强区属建筑集团与大企业的战略合作，破解理念、人才、技术、资质等发展瓶颈问题，切实提升建筑业发展水平。加速建材业结构调整，以绿色环保科技住宅产业化基地为重点，大力发展绿色环保新型建材产品，扶持发展龙头企业和名牌产品，打造绿色建材产业链。通过新兴高端产业引领、传统产业创新转型，推动区域产业结构优化升级，大力促进服务经济、总部经济、知识经济和绿色经济发展，使房山与全市经济发展更加融合、首都经济特征更加明显。

（二）以提升城市现代化水平为重点，着力打造“业城均衡”的现代新城

积极适应在建设中国特色世界城市进程中，首都发展重心向城市发展新区转移的新趋势，全面提升城市现代化水平，使房山新城相对于中心城区更富吸引力，是房山融入首都城乡一体化发展格局的重要前提。要按照面向未来的战略定位，着力打造功能完善、“业城均衡”的现代生态休闲新城，使房山成为首都建设中国特色世界城市的重要载体和京津冀城市群的重要节点。

1.深度对接首都功能，努力打造中国特色世界城市的新城示范区。以长阳地区为核心，对接世界一流标准，提速融入市区步伐，加快建设集购物、休闲度假和高品质居住等功能于一体的新城示范区。坚持高水平规划、高标准建设，全面提升示范区的交通、能源、水资源、环境和信息等基础设施。大力引进北京四中、北京小学、武警总医院国际救援医院等优质资源，配套高水平的教育、医疗、文化体育等公共服务设施。以首创奥特莱斯、中核北京科技园等重大项目为龙头，着力构建充满活力的高端休闲产业体系。努力把长阳地区建设成为在主要基础设施、公共服务以及城市管理方面相对于中心城有更强吸引力，最能代表房山形象、引领首都新城建设风尚的典范。

2.全面加速城市现代化，着力提升城市整体功能和形象。在继续加快推进新型城市化的同时，把提升城市发展质量放在更加突出位置，全面提升房山的城市现代化水平。要大力完善新城基础设施。按照统筹规划、适度超前的原则，着力缓解交通拥堵问题，加快建设现代综合交通体系，重点实施地铁房山线西延、京石二高速、京良路、丰良路和南水北调巡线路等进城通道建设，推进重点功能区外部联络线、高速公路连接线建设；加快城市“微循环”道路建设，升级改

造道路交通配套设施，提高路网承载能力和运行效率。根据人口和产业布局，合理规划和建设水厂，完善供水管网，保证安全的水资源供给；推动污水处理设施升级改造，提高污水收集处理能力。建立容载合理、利用高效的供电体系，推动新城和重点镇市政管道天然气全覆盖，科学合理配置区域热源点布局，完善集中供热管理体系。同时，切实加强城市形象建设，统一规划设计新城、重点功能区形象，完善城市标志标识，着力提升城市品位；大力推进环境整治和绿化美化，打造清新靓丽、生态宜居的良好城市环境；着力打造 FUNHILL 等城市文化品牌，吸引国际高端人才和产业集聚房山，重点引进国际组织总部、跨国公司和国际科研机构，带动和提升城市对外形象和影响力。

3.积极推进城市管理创新，切实提高城市现代化管理水平。积极借鉴城市管理新理念和新经验，进一步理顺管理体制，建立与城市快速发展相适应的运行机制，不断提高统筹城市建设和管理的水平。发挥规划龙头作用，强化土地、产业、人口等规划衔接，以高水平的城市规划引领新城发展。加快建设智慧城市，建立地理信息系统和统一高效的城市综合运行信息管理平台，积极发展电子政务和电子商务，推动“物联网”应用实践，积极推进“三网”融合，实现城市管理精细化、人性化和智能化。进一步建立和完善供电、供热、防洪和应急保障等城市安全运行体系，完善突发公共事件应急预案，有序建设应急避难场所，提高城市抗灾应急能力，保证城市安全有序运行。

4.大力推动业城融合发展，构建均衡协调的城市发展格局。按照城乡一体、多点支撑、宜居宜业的发展理念，着力构建与全区产业布局相融合、功能相匹配的“两城四镇”新型城市格局。统筹建设良乡、燕房两个新城组团，重点推进城乡结合部和旧村改造，积极吸引高端要素聚集，大力发展楼宇经济、商务服务、金融商贸等城市经济，强化新城组团的人口集聚功能、综合服务功能和辐射带动功能，实现与市区发展的全面对接和深度融合。加快窦店镇、琉璃河镇、长沟镇、河北镇等重点镇建设，辐射带动周边乡镇，逐步实现新城组团与重点城镇在产业、交通、资源等方面的有效对接，带动全区均衡协调发展。

（三）以创新发展模式为突破口，推动薄弱地区跨越发展

当前，房山落实“两个率先”的薄弱环节和难点地区是山区和农村，必须按照跨越发展的要求，积极创新发展思路和发展模式，切实加快全区农村和山区转型步伐，使广大山区和农村成为承接创新驱动的战略新区和解决人口、交通等问题的战略腹地，真正成为首都实现“两个率先”的主战场和新的增长极。

1.创新“三农”工作理念，全面加快农村城市化、现代化步伐。从首都郊区农村发展的特点和规律出发，大力解放思想、创新思路，以城市化、现代化理念引领农村发展。积极创新加速农村城市化的途径，根据区位优势、资源情况和经济发展水平，通过新城组团和重点镇建设聚集一批、重点功能区带动吸纳一批、新型农村社区提升一批，促进农村和山区人口向城镇转移。继续加大政策支持和资金投入力度，推进农村基础设施和公共服务设施建设，加快新型农村社区建设，健全农村社会化服务体系，不断改善农村面貌和农民生活条件。加快转变农民生产方式，依托功能区建设，推进农村劳动力向二、三产业转移，积极培育有文化、懂技术、会经营的新型农民，创造条件增加农民的工资性收入，让农民成为有资产、有住房、有社保、有工作的新市民。加快农业现代化步伐，发挥中国北京农业生态谷辐射带动作用，大力发展都市型现代农业和设施农业，培育一批农产品加工龙头企业，扶持一批带

动力强的农民专业合作社，建设一批特色农业产业基地，完善农产品安全体系，切实提升农业产业化水平。

2.创新转型发展模式，构建山区开放发展新格局。立足山区优越的绿色环境和生态资源，坚持开放发展理念，积极创新合作模式，重点引进大企业大集团开发建设山区，因地制宜发展高端制造、文化创意、旅游休闲、商务会议等特色产业，把山区打造成为首都高端产业发展的新高地。以青龙湖国际红酒城为龙头，着力培育浅山区葡萄种植和红酒产业带；以南窖沟域、张坊仙栖谷、蒲洼京郊小西藏和周口店红螺谷等沟域为重点，高标准推进深山区沟域经济发展。通过吸引资本、人才、技术等高端要素大规模进山，切实增强山区转型发展的核心动力。在大力培育新兴产业基础的同时，着力提升山区生态环境基础。在彻底关闭煤矿的基础上，进一步退出非煤矿山等资源型产业，从源头上解决破坏山区生态环境的问题，加快推进山区人口迁移工程和山区险户搬迁，减少过量人口对山区生态环境的压力，大力推进绿化造林、废弃矿山植被修复等生态建设，切实提升山区生态涵养和生态服务功能。

（四）深入推进体制机制改革，为落实“两个率先”创造良好条件

1.着力完善科技创新体系。围绕产业高端化发展需要，积极引进和培育一批高新技术产业，建立以企业为主体、市场为导向、产学研用相结合的科技创新体系。不断加大科技资金投入力度，全面对接首都科技条件平台，打造覆盖全区各产业领域的综合性科技条件平台，切实提升自主创新能力。积极探索与中关村国家自主创新示范区合作交流机制，大力推进全市科技创新成果在房山产业化，不断提高科技对经济增长的贡献率。

2.积极构筑人才高地。借助首都人才优势，依托良乡高教园区和重点产业功能区，积极培育和引进适应全区创新发展要求的人才群体，建立完善各类人才基础信息库，突出抓好高层次人才队伍建设，重点实施一批针对性强、实效性强、示范性强的品牌人才项目。构建现代人才教育培训体系，重点培养新材料、高端制造业、旅游业等方面的专业化高技能人才。完善人才引进、培养、流动、服务和激励机制，着力打造海聚工程产业化基地，加快人才市场建设，营造充满活力、更加开放的人才环境。

3.着力构建城乡一体的公共服务体系。着眼于促进经济社会协调发展，维护社会公平正义、保持社会和谐稳定，加快推进以民生为重点的社会领域改革。推动教育优先发展，加大教育投入力度，整合和引进优质教育资源，推进公共优质教育资源向农村地区倾斜，逐步缩小城乡教育发展差距，积极推进良乡高教园区向科教产业基地转变。推进医药卫生体制改革，深入开展全民健康促进工作，进一步完善医疗保障、公共卫生服务、医疗服务、药品供应保障四大体系，提高公共卫生覆盖面和保障水平。健全覆盖城乡的社会保障体系，以养老和医疗保险为重点领域，着力解决山区迁移人口和农转居人员社会保障，加快社会保障制度整合与衔接，建立城乡居民一体化的社会保障体系，实现养老、医疗社会保障人群全覆盖。推进社会保险信息化建设，全面实施社会保险“一卡通”工程。以大民政建设为抓手，逐步建立和完善福利型社会救助制度，健全城乡居民最低生活保障制度和城乡低保动态机制。

4.深化农村综合配套改革。农村改革是扫清发展障碍、激发发展活力的基础性工作，着眼于消除城乡二元结构，促进城乡一体化发展，积极稳妥地推进农村各项改革。以城乡结合部“村转居”和整拆整转地区为切入点，完成农村集体产权制度改革，推广农村社区股份合作制，激发农村集体经济活

力。推进农村土地管理制度改革，加强土地承包经营权流转管理、服务和市场建设，积极探索建立土地收益分配新机制，实行多种补偿安置办法。稳步推进集体林权制度改革，完善生态补偿机制。创新农村金融服务，支持商业金融机构在农村布局设点。继续实施镇乡结对、“百村帮扶”工程，壮大村级集体经济实力，增强农村全面协调可持续发展的内生动力，加快城乡经济社会发展一体化步伐。

关于打造首都高端制造业新区和现代生态休闲新城的思考

房山区人民政府区长　祁　红

打造首都高端制造业新区和现代生态休闲新城（以下简称“一区一城”），是房山区在首都世界城市格局中的新定位，也是房山区全面融入市区、对接首都发展的新载体，这就要求我们在聚集首都高端要素、疏解首都中心城区人口、缓解市区交通压力等方面发挥更大作用。为此，我带领相关部门对制造业发展和城市建设问题进行了专题调查，并进行了一些思考。

一、房山区“一区一城”新定位的由来

（一）提出“一区一城”的背景

长久以来，房山一直是低端资源型经济占主导地位的首都郊区。但从1998年11月区府东移良乡以后，房山为摆脱低端资源型经济的束缚，提出了“龙头带动、科教兴房、可持续发展”三大战略。一方面，着手关闭煤矿和非煤矿山等“五小企业”。另一方面，着手扶持和发展新兴产业，加快推进产业结构优化升级。2006年底，房山区围绕落实北京市“十一五”规划赋予房山“首都西南枢纽、友好产业新区、山水文化名城”的功能定位，提出了实施“工业强区”“文化兴区”“城乡联动”的三大发展战略，努力建设富裕、靓丽、文明、和谐的现代化新区的奋斗目标。2008年底，在国际金融危机和产业结构调整双重压力的大背景下，房山区结合首都建设“三个北京”和中国特色世界城市的要求，以解放思想大讨论活动为契机，提出了“坚持科学发展，推进城市化、工业化和现代化进程，建设产业友好、生态宜居新房山”（以下简称“三化两区”）的发展思路。2010年底，房山区委六届九次全会在“三化两区”的基础上,又提出了将房山区打造为“首都高端制造业新区”和“现代生态休闲新城”的目标。追溯至今，“一区一城”是房山发展思路的延续和不断深化，是在产业友好与生态宜居的基础上与时俱进提出的新功能、新定位。

（二）“一区一城”的内涵

从区域经济的角度讲，高端制造业新区是通过集聚方式所产生的竞争力，利用规模经济所形成的竞争优势发展当地经济。马歇尔（1986）的《经济学原理》把产业区定义为一种由历史与自然共同限定的区域，区域内各个企业相互作用，企业群与社会趋于融合。

房山区目前发展的高端制造业是指采用高技术和先进适用技术对原材料进行加工和再加工，以及对零部件装配工业的总称。高端制造业优于劳动密集型制造业，是高技术、高附加值的制造产业，实质是制造业结构的升级优化，是现代科学技术与制造业相结合的产物。与传统制造业相比，高端

制造业更加强调以知识和技术为投入元素，即应用现代技术、现代生产组织系统和现代管理理念所进行的以现代集成制造为特征、知识密集为特色、高效制造为特点的技术含量高、附加值大、产业链长的产业组织体系。

从城市发展角度来看，城市是特定地域范围内以人的行为为主导，以自然环境为依托，物流流动为载体，科教文化为动力，社会体制为经络，由其“因子—要素—子系—系统—巨系”构成的人工生态综合体，也是一个开放的“社会—经济—自然复合生态系统”。生态城市的提出基于生态学的理论和方法，是将生态系统的概念引入到城市研究中，是人与自然可持续发展思想在城市发展过程中的具体体现。

房山区提出的现代生态休闲新城是倡导一种更高层次的休闲，倡导人与自然的和谐共存，共同发展和相互促进。以保护环境为基础，实现人与自然的可持续发展，全面提升人的价值观、人生观、休闲观。

过去，工业的发展和生态环境的建设是一对矛盾的个体，而我们的城市化进程是发生在欧美完成两次城市化之后的第三次城市化。只有产业空间与城市空间形成良性的互动，不同等级、不同板块的产业空间形成合理的分工，城市的价值才会得到持续的提升。为此，主动转变经济发展方式、优化城市空间和产业空间成为城市和区域发展的共同追求。“一区一城”的打造就是要使高端制造业的发展与城市化推进同步进行、互动发展，以城载业、以业兴城，真正实现产业与城市的协调发展。可见，房山“一区一城”建设是以科学发展观为指导的，是致力于实现人与自然的和谐发展的。

（三）“一区一城”建设面临的问题

从发展目标上看，应正确处理好“一区”“一城”的关系，致力于以业兴城和以城载业的互动发展模式，促进“一区一城”融合发展。应清晰地认识到房山区的发展既不能抛开“一城”，片面粗放地发展制造业，也不能抛开“一区”的建设，盲目地推进城市化。

从规划、产业选择上看，目前无论是产业规划还是城市规划都还与“一区一城”的定位不相适应，土地指标需要合理调配以增加其使用效率，大气环境、水利设施等需要进一步加以改善，以适应现代生态休闲的功能。产业结构还需进一步优化，对于即将引进的项目还要提高门槛、严格把关，使之符合高端制造业的要求。

从具体措施上看，随着城南行动计划的出台，首都南部地区都在抢抓机遇，加快发展。一方面，城南地区加快了发展高端产业的步伐，必然会在资金、人才和政策等方面形成竞争。另一方面，城南地区加大了现代服务业的发展力度，在发展现代服务业方面也将会展开新一轮竞争。可见，房山区未来将在制造业和休闲产业发展方面，面临来自南部各区的多重潜在竞争。

二、打造“一区一城”的可行性分析

（一）制造业高端化是全球发展的潮流

意大利经济学家巴卡蒂尼（1990）认为，各种生产要素集中于某一地理区域，形成相互关联的产业网络，从而共享资源、降低成本，企业之间联动发展，实现规模效益，最终达到优势外溢的产业集聚目标。20 世纪 90 年代末期以来，全球高端制造业的集群化趋势不断加强，即同种产业或相关产业的制造企业在地方（地区）有机地集聚在一起，通过不断创新而赢得竞争优势。在产业集群化中，具有特色的中小企业发挥着重要的作用，地理集中的企业、有关机构（大学、商会等）在特定的领域内既竞争又合作。目前，英国共有 154 个集群，分布在 18 个地区，覆盖的部门和技术范围十分广泛。具有代表性的就是其位于英国北部地区的汽车、金属加工等制造业集群。同时，美国的硅谷和

128公路的电子业群、明尼阿波利斯的医学设备业群，德国索林根的刀具业群、斯图加特的机床业群、韦热拉的光学仪器群等，也是世界上较为典型的产业集群。

从西方发达国家的发展经验来看，人均GDP超过1000美元之后，工业就要适度高端化。2003年，中国人均GDP已经突破1000美元，这标志着中国从“温饱型”向“小康型”的升级，也标志着中国工业从轻型向重型的转化。中国的各大城市都提出了向“制造业高端化”方向进行调整。江浙沿海产业带规划的提出，杭州湾产业带的提出，都将制造业的发展定位在高端制造业上。

世界金融危机引发了全球经济结构调整，虚拟经济的泡沫破碎，使得世界各国重新审视关注实体经济的发展，全球经济重新进入了创新密集和产业振兴的阶段。目前，北京市的发展已经进入了发展经济学中的后工业时期，区域经济的发展目标已经转向为“现代制造业中心”。房山区作为首都现代都市圈的一部分，从首都的功能区定位上考虑局部的发展，调整经济结构才能适应北京市的整体发展需求。北京市提出了构建“以新一代信息技术为引擎，以生物、节能环保、新材料、新能源汽车为突破，以新能源、航空航天、高端装备制造为先导”的战略性新兴产业格局，深度推进产业结构的优化升级。但当前北京市战略性新兴产业企业数量较少，质量还不算高，无法形成有力支撑北京市产业结构升级的规模效应，这使得房山区集中发展首都高端制造业成为必然。

（二）现代生态休闲新城是城市发展的必然趋势

1971年联合国教科文组织（UNESCO）在“人与生物圈”计划中，提出“生态城市”这一重要概念以来，生态城市的理念和相关研究在各国受到了广泛的关注。据不完全统计，中国已有170多个城市从不同层次、不同角度提出了建设可持续发展、生态城市或绿色城市的目标。

中国目前正处于城市化和工业化的快速发展时期，城市化对中国经济发展意义重大。诺贝尔经济学奖获得者斯蒂格利茨，2000年7月在世界银行中国代表处论断说：“中国的城市化与美国的高科技发展将是深刻影响21世纪人类发展的两大课题。”但是中国工业化过程中出现的资源匮乏和环境污染问题，却严重制约着中国经济的发展。当前中国同时面临着发达国家已经经历和正在经历的三代环境问题——既要解决发达国家曾经出现的工业污染、生活污染、机动车污染等第一、第二代环境问题，又要解决他们正在出现的化学品污染、土地污染、全球气候变化等新一代环境问题。如果继续沿用传统的经济发展模式，中国的资源和环境承载力将不能支持未来经济的高速发展，也不可能有效地解决我们面临的众多环境问题。

为适应首都发展的新趋势、新要求和全区人民过上更好生活的新期待，房山区提出了建设“现代生态休闲新城”的发展目标。房山若只发展产业，没有宜居的环境，就留不住人才，同时也无法带动二、三产业发展，只会成为一个纯粹的产业聚集区，所以在发展高端制造业的同时还需要建设生态休闲新城。拥有高端的产业和宜居的环境，才能吸引项目落地、人才聚集，带动二、三产业的发展。

（三）房山发展“一区一城”具备良好条件

1.“一区一城”建设具备政策优势

在国家“十二五”规划中，政府将新一代的信息技术、节能环保、新能源、生物、高端装备制造业、新材料、新能源汽车7个方面规划为战略性新兴产业。大力发展高端现代制造业，巩固和提高实体经济对首都经济的支撑作用，是“十二五”时期首都产业发展的重要任务。房山区发展的高端制造业以战略性新兴产业为标准，将得到国家的政策“东风”。同时，北京逐步推动城市发展建设重心向城市发展新区转移，推出了《促进城市南部地区加快发展行动计划》《永定河绿色生态发展带综合规划》《关于加快西部地区转型发展实施意见的通知》等重大举措，房山都作为重点区域位列其中。“城南行动计划”在直接提升房山区基础设施水平的同时，将有效地推动房山区高端产业园区发展和生态环境的改善。

北京市“十二五”规划纲要将房山与大兴、亦庄等共同列入了南部高技术制造业和战略性新兴产业发展带，将房山定位为首都高端制造业新区，重点引导发展高端制造业、新能源、新材料等产业，作为首都南部高技术制造业发展带上重点培育的高端制造业基地，与北京经济技术开发区实现一体化融合发展。这个定位明确了未来房山产业发展的方向和工作重点，市委、市政府将会把更多的高端制造业资源配置到房山，并引导市场把更多的高端制造业和新兴产业资源向房山聚集，加速以央企为代表的高端制造业资源向房山聚集。

2. “一区一城”建设具备区位和资源优势

房山区紧邻北京城市发展核心区，是北京五个城市发展新区之一，更是首都的西南门户。距市区仅 20 公里，与门头沟区、丰台区、大兴区及河北省涿州市、涞水县等市县接壤，是联系京冀的重要枢纽，也是京津冀经济圈的重要节点。境内有京广、京原、107 国道、108 国道、京石高速、六环路、地铁房山线等多条铁路和公路干线，具备了较强的经济辐射能力。

同时，房山区山水资源特色突出，景区资源较为丰富。房山区拥有被联合国教科文组织评定的“中国房山世界地质公园”，南部地区最大的峰林峰丛峡谷——十渡景区，是中国乃至世界温带半干旱地区岩溶景观的典型代表。其次，房山区历史遗迹丰富，层次品味较高。其中，70 多万年前的周口店北京猿人遗址，以“北京人的发祥地”著称；3000 多年前的西周燕都遗址，称为“北京城的发源地”；1400 多年前的佛教圣地云居寺，被誉为“石经长城”。

3. “一区一城”建设具备经济基础

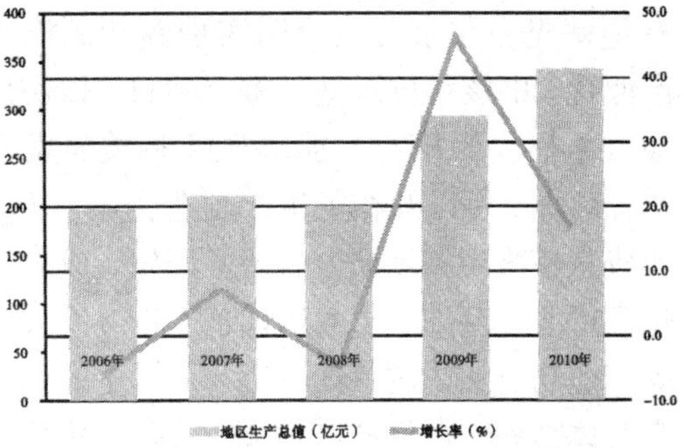

图 2　2006 年至 2010 年
房山区生产总值及其增长率变化

在“十一五”期间，房山在国际金融危机冲击、产业结构调整的双重影响下，虽然地区生产总值增长率出现了一定的波动，但是房山区的经济总量基本上保持了稳中有升。“十一五”期间房山地区生产总值年均增长 10.3%。

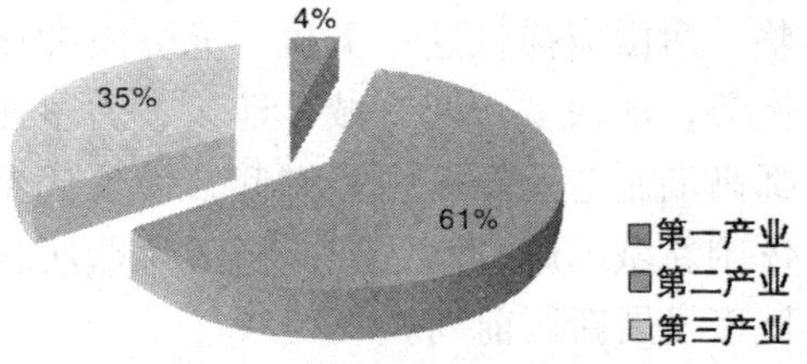

图 3　2010 年房山区产业结构图

2010 年房山区实现地区生产总值 342.2 亿元，比上年增长 16.6%。其中，第一产业实现增加值 14.4 亿元，按照可比价格计算，比上年降低了 2.2%；第二产业实现增加值 209.8 亿元，按照可比价格计算，比上年增长了 14.1%；第三产业实现增加值 118.0 亿元，按照可比价格计算，比上年增长了11.1%。第一产业比重相对下降，而第二、三产业的比重相对不断上升，反映了城市发展过程中产业结构的优化和升级。

北京高端制造业基地内已经落户建设的长安汽车、京西重工等大型项目，将有效带动其他高端制造业的入驻，从而形成集聚效应，实现研发制造一体化产业集群，甚至有望率先在北京乃至全国实现新能源汽车产业化。中核科技园这一重点项目，以民用核技术研发为核心，能够聚集相关研发企业、科研院所以及相关生产制造企业，从而形成从核应用技术研发、装备开发、成果转化及产业化基地、技术培训、国际交流合作等产业功能在内的“产学研”一体化的新兴产业体系和特色科技产业园。而以奥特莱斯为特色的长阳商贸服务业，是CSD核心区产业发展的龙头，在较短时期内能够形成具有规模优势和较强辐射带动力的休闲产业。

三、关于“一区一城”建设的几点思考

按照中央提出的当好标杆和火炬手、走在全国最前面的要求，首都全面实施“三个北京”战略，努力构建“两个率先”的发展格局，加快建设“五个之都”，全市产业布局和城市格局都将出现新的重大调整。房山应抓住这一契机，充分发挥比较优势，加快“一区一城”建设，力争使首都高端制造业新区强势崛起，使现代生态休闲新城闪耀京南，在未来五年跃居首都城市发展新区前列。

（一）“一区一城”建设的目标方向

“一区一城”建设，应着眼于实现“新型工业化+新型城市化”双轮驱动的发展格局，以业兴城、以城载业，实现产业集聚与城市发展的相互促进。

由产业分工演化引起的结构变化被发展经济学家称为工业化。它包括工业产出份额的上升、投资率和储蓄率的上升等，工业化是经济增长的源泉。而经济学的奠基人之一，也是最早论述分工与城市关系的经济学家威廉•配第认为，大城市可以从由分工所导致的制造业的改进和增长中受益，而产业分工的实现又可以通过将某一制造业集中于某一特定地区而实现。由此可见，在今后的建设中，房山区应集中精力加快五大重点功能区建设步伐。以重大项目带动，实现特定制造业的集聚发展。统筹区内资源，打造多个产业集群，形成区域竞争优势和品牌效应。加强燕房合作，深入推进北京石化新材料科技产业基地核心区建设，确保中石化投资项目早日投产见效，建设国际一流的石化新材料产业航母，五年内实现产值1200亿元。着力用好北京高端制造业基地的政策和品牌优势，在扩区发展的基础上，加快建设长安汽车、京西重工、北控太阳能等重大项目，加快推进北车轨道交通产业园、中日友好绿色产业园，进一步发挥示范带动作用，打造产业链完善、规模效应明显、特色鲜明的产业基地。加快建设中国北京农业生态谷，着力引进和发展与二、三产业融合的高端现代农业，建设世界级都市农业示范区。经过五年努力，力争全区工业总产值突破2500亿元，新增量占到全市的1/3左右，成为首都新的战略发展高地和重要创新驱动增长极。

按照新古典经济学的观点，产业分工的演进再加上集中交易，即可产生城市。房山区应利用高端制造业基地形成的资源集聚和产业集群，以业兴城，促进以居民回迁、窦店古镇改造和白草洼湿地开发为途径的生态宜居生活区建设。通过工业化迅速地催生城市化，到2015年打造一座实现工业产值1000亿元以上，占地超过30平方公里的工业新城。产业分工在促进城市发展的同时，城市发展也带动了产业分工的演化，而由产业分工演化引起的结构变化，将推动房山工业化的进程。威廉•配第认为，城市能

通过降低交易费用来促进分工。城市由于人口密集程度高，居住集中，市场规模大，能够更有效地促进产业分工和新市场的形成与发展。房山区应全力打造中央休闲购物区（CSD），以长阳半岛为核心，加快推进首创奥特莱斯、中核北京科技园等项目建设，特别要利用好CSD长阳核心区形成的商贸资源和居住区群，以城载业，积极引进和发展为“一区一城”目标服务的商务服务业和生产性服务业。以健全和完善北京高端商务服务功能为核心，重点发展高端商务会议中心和配套商务服务功能。集中精力建好房山世界地质公园，加快华嬉园数字文化产业功能区建设，唱响“穿越之城、幸福之山”旅游形象品牌，全面优化提升景区环境，努力建成国际一流旅游目的地。经过五年努力，力争使房山新城成为首都发展最快、现代化水平最高、综合吸引力最强的重点新城之一。

（二）产业集聚是城市发展的核心动力

城市作为一种经济现象，是人类社会发展到一定阶段的产物。自十八世纪中叶以来，伴随着工业化和现代化的不断发展，城市也因之产生和发展。产业集聚对城市的社会、经济、文化、生态等各方面产生着深远的影响。产业集聚是决定城市形成和发展的最根本力量。因为如果没有产业集聚，社会经济活动就不必采用空间集中的形式，从而也就不一定会导致城市的产生和发展。

房山区的高端产业集聚是处于统一特定的产业领域内的企业，由于彼此之间的共性和互补性而紧密地联系在一起，形成在地理上靠近、相互联系、相互支撑的企业集群。其城市化具有典型的农村从事第一产业的人口向城市第二、第三产业集聚的特点。高端产业的集聚将由于企业和制造业的相对集中，而出现外部或者内部的规模效应，从而为房山区的城市发展带来巨大的经济利益；由于企业、居民空间地址的接近，而导致的经济利益和成本节约，使得整个房山区的城市经济具有“聚集经济效果”。

房山区的高端产业集聚不仅是在微观上为城市带来了各种各样的经济利益，而且在宏观上影响着城市的运行。高端产业集聚的存在，必然吸引企业和家庭的较大聚集，这种较大聚集又将吸引更大的聚集，从而影响着整个房山地区的发展，所以高端产业集聚对房山城市发展的作用是全面的、动态的、持久的。

无论是近代还是现代，工业化都导致了人口向城市集聚，伴随着这一集聚过程的是产业的空间集聚，这已成为一个城市发展的核心动力。马克思和恩格斯曾经指出：“某一民族内部的分工首先引起工业劳动和农业劳动的分离，从而引起城乡的分离。”高端产业集聚要求生产走向集中，按照规模经济和专业化的原则，如果说生产规模的扩大可以给厂商带来内部集聚效益，那么生产向城市集中，可以使厂商得到外部集聚效益。高端产业追求规模化和产业化，而产业集聚的过程，将会加快房山区城市发展的脚步，房山区的高端产业集聚催生的“新型工业化”将是房山区城市发展的核心动力。

（三）生态环境是城市发展的可持续基因

生态环境是人类赖以生存和发展的基础条件。目前，生态环境与经济社会协调可持续发展为特征的生态城市，正在成为城市可持续发展的理想模式。生态城市的建设和发展，离不开产业的可持续发展。这些产业的集聚是以可持续发展战略为指导的，这有助于城市经济、城市环境的协调发展。房山区着力打造的“一区一城”，要以城市化带动产业化，充分发挥城市化第一拉动效应，为重点功能区建设，提供有力的资金支持和充足的发展空间；同时还要以功能区支撑城市化，注重功能区与新城建设融合发展，为城市化提供有力的就业、产业和人才支撑，拉动周边地区的城市化进程。从“一区一城”

的发展路径，充分体现出城市社会、经济、自然协调融合的发展模式。

“一区”“一城”是房山区经济社会发展实现腾飞的两翼，互相补充，协调发展。一方面，建设高端制造业新区，带动了基础设施建设并带来了经济效益，引进的高效、低碳、环保的大企业、大项目为建设现代生态休闲新城提供了坚实的物质基础。另一方面，建设现代生态休闲新城，能为高端制造业的规模发展提供完善的城市配套功能，使高端人群在房山宜居宜业宜游，这为推动高端制造业加快发展提供了良好的社会环境。由此可见，房山区应妥善处理“一区”“一城”的辩证统一关系，致力于“一区”“一城”的融合发展。

（四）“一区一城”建设应注意的问题

一是坚持引入具有较高附加值和技术含量的战略性新兴产业。国家的“十二五”规划明确了7个战略性新兴产业，根据区域发展特点和地区产业经济结构特征，房山区应该重点建设和发展新能源汽车、高端装备制造业、新材料和新能源产业。抓住世界发展趋势和国家经济转型的重要机遇，重点引入战略性新兴产业的“龙头企业”，拒绝“小、散、低、重污染”的企业，加快培育战略性新兴产业，不断增强全区经济社会可持续发展的能力。

二是加强已落户企业的产业配套系统建设。高端制造业对发展环境敏感，产业配套能力是发展环境重要组成部分。通过加强对中小型企业的支持力度，提升高端制造产业配套能力。产业配套过程中应特别注重中小企业与龙头企业的共同协调发展，要继续发挥政策优势的作用。针对配套企业，特别是有创新活力和市场前景的中小型企业，政府应制定相关政策与措施，给予贴息贷款、人才退税、项目补贴等方面的支持，吸引其落户投产。

三是杜绝出现“伪生态休闲城市”。有的工业城市或商业城市，一夜之间变成了极具投资魅力和特别适宜生存的“生态城市”，其“生态”仅仅是招商之需或政绩之需的时髦概念。房山区在发展的过程中应避免急功近利和追风赶潮，不要简单地推行“拿来主义”。在打造现代生态休闲新城的过程中，应依据房山区自身的地理环境条件，探究现代生态休闲的基本内涵，以经济社会走向可持续发展为目的，构建一个持续、高效、良性循环的城市发展模式，确保整个城市的生态休闲建设实现社会、经济和环境效益的完整统一。

四是杜绝“城市综合症”的再现。为了使城市空间和产业空间得到合理利用，统筹城乡一体化发展，城市建设应坚持规划先行。在功能区布局和城市建设等方面按照“高水平规划，高起点开发，高标准建设”的原则，综合考虑人口、交通、资源、环境等多方面因素，做好规划编制和规划管理两大工作，有效防止人口无序增长、交通拥堵不便、环境污染恶化等问题，为建设资源节约型和环境友好型社会奠定扎实的基础。

关于房山区加快对接央企工作的几点思考

房山区人大常委会主任　史全富

近年来，房山区与央企合作发展工作，已经取得了重要的阶段性成果，与中石化、中国兵装、中核、中粮等央企合作不断深化，北京石化新材料科技产业基地、北京高端制造业基地等合作共建的产业基地蓬勃发展，不仅为全区经济发展提供了有力的支撑，也充分展示了房山奋力崛起的新形象，搭建了对外合作发展的新平台。当前，房山已经进入加快推进“三化两区”发展思路、全面实施“一区一城”建设的关键阶段。紧紧抓住与央企合作发展的机遇，建立健全完善的对接机制，不断拓展房山与央企的对接合作领域，不仅是促进房山“十二五”时期率先实现转型升级重大突破的有效手段，也是进一步提升房山区域吸引力、竞争力的重要方式。

一、进一步认识加快对接央企的重大意义

根据国资委近期公布的《中央企业2010年度总体运行情况》显示，截至2010年年底，中国央企共计120家（目前重整后的央企总数为117家）。在现行的体制下，央企已经成为一种稀缺资源，具有得天独厚的资本、人才、技术、市场和海外资源等优势，甚至是管理优势、政治优势和组织优势。对接央企，已经成为全国各地竞相发展的有效途径，对于房山而言，更是一项长期而重要的战略任务。

第一，加快与央企对接是实现科学发展促进经济转型升级的需要。总体报告显示，截至2010年底，中央企业资产总额24.4万亿元，比上年增长16%；所有者权益（净资产）总额9.57万亿元，同比增长13.9%，其中归属于母公司所有者权益为7.09万亿，同比增长12.6%。2010年，央企实现净利润8522.7亿元，同比增长42.8%，在全部中央企业中，实现净利润比上年增长的企业有99家。在美国《财富》杂志2011年公布的世界500强企业中，中央企业有38家，比上年增加8家，比2003年增加32家。117家企业承担着中国几乎全部的原油、天然气生产供应和基础电信服务，发电量、高附加值钢材产量、民航运输总周转量分别约占全国的55%、60%和82%。众多数据都显示出央企所拥有的雄厚资产实力和市场规模。通过对接央企优化资源要素配置，引进高端制造业、战略性新兴产业、先进技术人才等优质资源，不仅是房山加快工业现代化进程、推进首都高端制造业新区建设的需要，更是解决房山推进产业结构优化和转型升级的一剂良方。

第二，加快与央企对接是抢抓战略机遇，谋划“十二五”时期可持续发展的需要。国际金融危机爆发后，全球经济进入一个新的发展阶段，面临一系列重大调整：主要发达经济体进入相对低速增长期，新兴市场国家迎来赶超机遇;新一轮产业革命蓬勃兴起，全球进入创新密集和新兴产业快速发展的时代；国际市场竞争更趋激烈。大型跨国公司纷纷加快调整全球战略和产业布局。在中国，央企是培育战略性新兴产业、节约集约利用资源的排头兵，掌控着众多新兴产业的关键前沿技术，同样也面临着在新一轮的国际竞争中，进一步加强新兴产业布局，积极抢占新能源、新材料、生物医药、物联网、节能环保、低碳技术、绿色经济等产业发展先机，占领带动未来发展制高点的任务。这同房山“十二五”规划的发展方向高度一致。积极对接央企，有助于加快房山在新能源、新材料等战略性新兴产业、高技术产业、循环经济和节能减排等方面进一步取得突破，更有助于加快“十二五”时期产业转型升级，实现协调可持续发展。

第三，加快与央企对接是优势互补，推动产业经济做大做强的需要。房山素有北京“建筑之乡”“建材之乡”“林果之乡”的美誉，建筑、建材、旅游等产业优势明显。依托燕山石化，区内石油化工产业具备了较高水平。加快对接合作央企，充分发挥央企与地方优势互补作用，积极推动央企与地方企业合作，不仅仅局限于石油化工产业、新

能源汽车等已经成功对接的项目，更要积极谋求在建筑、建材以及旅游资源开发、文化产业繁荣等方面的突破，不断做大做强房山经济总量，推动房山向规模经济、品牌经济纵深发展。

二、房山对接央企工作已经取得明显成效

近年来，我区已经直接或间接同中石化、中国兵装、中粮、中核等集团签署战略合作协议，依托央企、优势互补、借力发展，对接央企工作取得阶段性成绩。

一是基本形成对接央企的联动发展格局。第一，各级政府高度重视对接工作的局面已全面形成。市领导对我区同央企对接工作给予大力支持。在同中石化、中粮、中国兵装等对接方面，市领导亲自出面，牵头成立领导小组，指导工作开展。房山区、燕山办事处、琉璃河镇、窦店镇等各级政府都专门成立领导机构和健全的组织机构，为我们推进与央企对接、更好地议事决事做事搭建了良好的平台。周工作例会、专题会和协调小组会三个层次的协调调度机制，也有效确保了各类困难和问题的及时解决。第二，央企积极响应与地方大力推进的互动局面已形成。作为合作伙伴，无论是中石化，还是中粮、中国兵装，都表现出十分积极和诚恳的态度，全力开展对接合作。中石化方面专门成立以总裁王天普为组长的领导小组，并从全国范围内重新整合生产经营格局，安排投资达230亿元的项目落户基地。中粮、中核、中国兵装也是全力投入，尤其是中国兵装旗下的长安汽车北京基地项目，仅用了短短三个月时间，就实现顺利奠基，创造了“长安速度”“房山速度”，得到了市领导和社会各界的广泛好评。第三，对接合作提升与促进转型升级的互惠局面逐渐形成。我区与央企的对接合作，既有在原有项目基础上，依托央企进行资源整合调整升级的，也有借助区域优势结合央企发展方向开辟新产业的。合作形式、发展途径虽然不尽相同，但是通过合作，房山区域经济结构更趋合理、更具活力与动力。

二是全方位宽领域推进与央企对接合作。一批对接衍生的产业园区组建完成，主要包括北京石化新材料科技产业基地、北京高端制造业基地、中国北京农业生态谷等；一批重大项目建设进入尾声，主要包括总投资22亿元的年产15万吨的双酚A和年产6万吨的聚碳酸酯装置，投资5亿元的年产260万吨的柴油加氢精制装置及京西重工、长安汽车等项目；一批在建项目顺利推进，主要包括北车轨道交通、中核北京科技园等重大工程，以及石化新材料基地丁基橡胶、顺丁橡胶等36亿元的项目；一批重大项目前期抓紧推进，主要包括长城润滑油53万吨润滑油调和项目、催化剂项目、和成公司项目等重大工程；一批股权调整、属地纳税等事项加快推进，主要包括燕山石化橡胶项目、中石化催化剂、润滑油等项目；一批要素保障、资金和智力引进等事项积极推进，主要包括前、后朱各庄、七个“厂中村”等园区规划范围内村落搬迁所需资金筹措，中石化600名高级人才进京工作、燕山石化消防队伍剥离工作等；一批正在对接、拟对接项目正在深入交流和推进，主要包括1800万吨炼油系统改造、乙烯三轮改造等重大工程。

三是创新形成对接合作的“房山模式”。从已经对接合作共建的产业基地看，有以存量引增量模式对接的中石化，有以共建园区模式引进的中粮，有以大项目带动模式融入的中国兵装。在实践操作中，各园区发展既有共性又各具特色，各种合作发展模式呈现出相互交叉融合发展的态势，成为房山对接央企工作的鲜明特点。

在参与各方的共同努力下，我区对接央企工作已经取得了一定的成绩。但在工作实践中也暴露出一些问题，集中反映在产业基地发展过程中出现的一些矛盾：一是国家信贷规模的收缩与园区项目建设的资金需求之间的矛盾。信贷规模收缩和融资条件前置都有可能对各园区空间拓展、基础设施建设等重点工作造成影响。二是手续办理进度的周期性与项目落地的迫切性之间的矛盾。各项规划手续、土地一级开发相关要件种类繁多、流程复杂，时间跨度较长，很可能影响项目落地进度。三是迅速扩大的产业规模与地区有限的环境资源条件之间的矛盾。大批项目引进落地，给全区的水资源、土地资源带来了很大的压力，也对区域资源利用率、生态承载能力、环境保护水平提出了更高的要求。四是经济发展的“跨越式”同社会管理“渐进式”之间的矛盾。妥善处理好发展的速度、改革的力度和社会可承受的程度之间的关系，对我们做好新形势下的群众工作提出了新的更高的要求。对此，必须高度重视，在工作中想方设法加以解决。

三、外省市对接央企的一些做法和经验

1997 年，中央对国有大中型企业提出“三年脱困”计划。从 2001、2002 年前后开始，通过改革、改组、改造和加强管理的国有大中型企业逐步走上了快速发展的道路。地方政府对接央企合作发展的积极性、主动性也在这一过程中不断增加。著名的“宁夏模式”就开始于 2002 年，加速于 2005 年，积极推动当地省属企业与央企合作，“地方队”加入“国家队”，有效推动了当地产业的升级。以 2003 年国资委成立为标志，地方与央企的对接合作进入了一个新阶段。2006 年国资委首次主动发文，提出要加强与地方合作，《关于推进中央企业与湖南省企业开展对接合作工作有关事项的通知》引起了全国各省的高度重视。2008 年 8 月，国资委规划发展局专函要求，各有关中央企业进一步推动与甘肃省企业的对接合作力度。这也是国资委第二次发文专门要求加强与地方企业的合作。这一期间，我国经济的飞速发展，央企大产业、大项目、大税收的优势也越发被各省高度重视，各地纷纷出台优惠政策，对接央企谋求合作发展。2009 年，中央为抵御金融危机出台的一系列宽松政策进一步加剧了各地对接央企、吸引央企的竞争程度。2009 年、2010 年两年间，江苏、湖南、浙江、安徽、四川、宁夏等 9 个省市区先后举行了一系列央企与地方企业对接的大型活动。尤其是安徽省，旗帜鲜明地提出“不设条件、不限领域、不拘形式、只讲内容”“只要有利于双方合作成果的形成，只要有利于形成现实的生产力，不管什么合作方式，都可以探索、可以尝试。”力求“最大限度地实现互惠互利共赢”，2009 年在京举办的合作发展座谈会，共有 107 家中央企业参加，规模之大、层级之高轰动一时。据安徽国资委统计资料显示，2009 年安徽与央企签约合作发展项目 372 个，投资规模达 1.32 万亿元。截至 2011 年 5 月，安徽共与央企签订合作发展项目 585 个，投资规模 1.58 万亿元。

在全国各地省级政府积极加强同央企全面战略合作的带动下，地方与央企的合作已经发展到地、市级政府。据有关资料显示，目前全国已经有 50 多个地、市级政府与央企在对接。比如江苏的苏州、河北的唐山、河南的焦作、湖南的衡阳等地、市级政府见识早、力度大，活动组织富有成效，很有代表性。

江苏苏州凭借多年的改革发展，已经积累了雄厚的发展资本。截至 2010 年年底，在苏州投资的央企（不包括金融企业）已达 100 多家，投资项目超过 130 个，累计完成投资 800 多亿元，2009 年实现销售收入超过 1000 亿元，同时带动了一大批配套企业的发展壮大。苏州工业园区、苏州高新区进入国家创新型科技园区建设试点行列。苏州

与央企合作模式呈现多样化，已经从最初单一的独资，发展为独资、合资、股权投资、技术合作等多种模式并存的格局，合作模式多样化说明央企与苏州融合度在不断提高。

河北唐山主要重点就是指曹妃甸工业区，得天独厚的区位优势成为吸引众多央企争先落户的重要法宝。曹妃甸的开发建设已经上升到国家层面，与天津滨海新区一同被视为环渤海地区未来经济增长的双引擎。2009年6月举办的“央企走进唐山曹妃甸”，得到了74家央企的积极响应。目前，园区正致力于建设以现代物流、钢铁、石化、装备制造、高新技术等五大产业为主导，电力、海水淡化、建材、环保等关联产业循环配套，信息、金融、旅游等现代服务业协调发展的循环经济型产业体系。

河南焦作主要是以产业优势吸引央企进入。坚持“不求所有、只求所在”的理念宣言，早在2004年就采取吸引央企参与地方国企战略重组方式进行改革创新。“以股权换发展”“依托产业优势，引进战略投资者，实现强强联合，拉长产业链条”，是焦作对接央企的重要原则。截至目前，在产业优势和重组方式吸引下，已有中国兵器工业集团、中国铝业等12家央企落户焦作。

湖南衡阳主要是以资源优势吸引央企进入。在“以资源换产业、以市场换发展”的合作理念指导下，先后同中建材、中国五矿等中央企业对接合作，签署了50亿元的衡阳中建材新能源产业基地项目投资协议，打造以水泥、玻璃、陶瓷为重点的新型建材南方战略基地；与中国医药集团总公司签订协议打造百亿医药产业；与中国五矿敲定了40万吨金铜综合回收项目。截至2010年底，已有13家央企落户衡阳。

可以看出，各地、市在与央企的对接合作中，结合自身特点，都提出了比较鲜明的合作道路。有的是以产业优势吸引央企进驻，有的是以区位优势吸引央企发展，有的是以资源优势吸引央企进入，有的是以联合重组方式吸引央企等等。认真分析、积极借鉴外省市的一些经验和做法，对于我区今后更好地开展好对接央企工作，进一步拓展对接合作领域，具有十分积极的现实意义。

四、下一步加快对接央企的思路、目标与措施

1. 总体思路

以邓小平理论和“三个代表”重要思想为指导，全面贯彻落实科学发展观，坚持“三化两区”发展思路，以科学发展为主题，以加快转变经济发展方式为主线，以倾力打造首都高端制造业新区和现代生态休闲新城为契机，以大平台、大产业、大项目、大企业建设为主攻方向，坚持政府推动、企业为主、长期合作、互利双赢，积极深化与央企的战略合作关系，不断拓展合作领域，努力创新合作方式，最大限度地实现双方在资源、技术、产品、市场等方面优势互补，推动双方共同发展、共同繁荣。

2. 主要目标

合力打造一批增强后劲的发展平台。在现有基础上，着眼未来，面向高端，进一步吸引央企共同打造一批集聚高端要素、发展潜力巨大的产业园区和产业基地，打造一批旅游休闲度假区、物流中心、总部基地、创意产业园、金融商务区等现代服务业集聚区，推动房山城市化、工业化齐头并进，区域经济社会全面、协调、可持续发展。

加快实施一批促进经济转型升级的产业项目。认真研究房山的自身特色和优势、央企的战略意图和合作需求，积极引导房山具备较好发展基础、较强发展能力的龙头骨干企业与央企对接合作，实施一批辐射面广、产业链长的重大装备制造业、传统产业改造提升项目，实施一批服务转型升级的生产性服务业和促进消费的生活性服务业项目，实施一批影响深远、意义重

大的战略性新兴产业项目，积极引导培育房山大产业发展。

培育形成一批发展能力较强的大型骨干企业。重点合作和积极引进并举，通过产权交易、兼并重组、品牌经营等合作方式，引进发展一批带动力强、技术含量高的大型工业企业项目，培育形成一批具有核心竞争优势的大企业、大集团，扎实推进房山大企业建设。

共建共享一批发展转型所需的智力技术中心。坚持“引资”“引智”“引技”并重，积极吸引央企及相关金融、科研机构，参与房山重点产业集群、重点开发区园区建设；与区内骨干企业在技术创新方面开展合作交流，引进和合作共建一批研发中心、工程中心，集聚技术和人才等要素，促进房山自主创新体系建设，有效提高自主创新能力。

着力实施一批事关长远发展的基础设施项目。积极吸引央企参与房山综合交通、水利、信息等基础设施以及公共服务设施、城乡功能设施和生态文明建设，推进实施一批布局合理、城乡共享的民生服务设施项目，推进实施一批绿色低碳、节能减排的生态环保设施项目，推进实施一批规划科学、布局合理、功能齐全的中心镇和小城市基础设施项目，优化全区功能设施布局，改善发展环境。

3. 保障措施

一是加强组织领导。完善区领导与央企高层间的沟通机制，建立央企引进重大事项区领导协调解决机制。建议设立对接央企的常设机构，构建“政府推动、部门联动、企业主动”的对接央企工作机制。区有关部门、各承接地区应把对接央企工作摆在更加突出的位置，纳入重要议事日程或有关考核办法，强化对接央企的招商引资。建议由区发改委履行对接央企工作的综合协调、平台搭建、牵头抓总等职责。相关单位部门进一步强化大局意识和责任意识，充分发挥积极性、主动性和创造性，打破条块分割、部门界限，有效整合央企对接资源，共同做好与央企沟通衔接和协同推进对接项目的实施。

二是加大联络对接力度。探索建立区领导与央企高层以及市国资委、国务院国资委之间的信息交流平台，完善高层次的协调沟通机制。坚持和完善区领导与央企领导的定期会晤制度，建立邀请央企领导参加房山经济社会发展情况汇报会和走访央企领导的制度。应通过举办联谊会、座谈会等形式，主动做好联络服务工作，在对接工作中增进感情。

三是加强人才经费保障。区有关部门和各级政府应加强央企对接工作力量，选调优秀人才充实到央企对接工作尤其是对接产业基地中，切实采取措施，提高队伍整体素质。建议由组织人事部门每年选调部分基地工作人员到区发改、国资、规划、国土等重要关联单位挂职交流，有效提高工作能力。各级政府安排相应工作经费，专项用于对接央企工作，确保对接央企工作有序展开。

四是加大政策扶持力度。加强对接央企工作与区“十二五”国民经济和社会发展规划纲要的衔接，对接合作的重大项目及时纳入“十二五”规划重大项目库，优先考虑实施建设。各相关部门应考虑优先办理央企对接重大项目的规划、用地、环评、融资等审批手续，优先保障央企合作项目的建设用地、环境容量等方面指标需求，并在全区范围内平衡央企项目土地需求保障，在国家法律法规和政策允许范围内给予央企合作单位在注册、税收、财政支持等方面的便利和优惠。

五是建立动态管理机制。强化央企项目动态管理库建设，统筹制定年度项目推进工作计划。各相关职能部门，建立央企合作项目全程跟踪和服务制度，“引进前”注重谋划和交流互动，“引进中”注重协调和解决问题，“引进后”总结经验教训，切实做到引进项目抓签约、签约项目抓动工、动工项目抓竣工、竣工项目抓收益的全程跟踪体系。各单位、各部门应重视建立信息交流和通报机制，及时反映央企对接项目计划执行情况和央企合作重要动态、重大问题。

六是加强媒体宣传报道。加强网络互动，在政府信息网和各相关部门的门户网站上及时公布全区对接合作信息，进一步宣传房山特色和优势，吸引央企布局投资。加强各地、各部门对自身特色优势产业的宣传推介，鼓励积极寻求与央企合作的机会。充分利用各级新闻媒体，做好央企对接工作的宣传报道，扩大我区与央企对接工作声势，营造全社会关心、支持、推动央企对接工作的良好氛围。

关于做大做强房山区旅游产业的思考

房山区政协主席　唐淑荣

“十二五”时期，房山区确定了打造“首都高端制造业新区和现代生态休闲新城”的新定位，我区旅游产业如何围绕新定位、抓住新机遇，找准切入点，做大做强，成为全区经济发展的新支撑，是“十二五”时期房山区旅游产业发展面临的一个重大课题。

一、打造现代生态休闲新城对我区做大做强旅游产业提出难得的机遇

打造现代生态休闲新城，是北京建设世界城市的必然要求。是房山独特区位和自然资源禀赋的必然选择。加快建设现代生态休闲新城，要求我们倡导循环、低碳等现代城市理念，充分利用广阔的承载空间和独特的区位优势，高标准配置区域基础设施和公共服务设施，强化生态涵养和休闲服务功能，加快集聚中心城区高端产业、高端人群和城市服务功能，建设成为更加便利而高效、更加宜业有活力、更加宜居有魅力的现代化新城，实现与首都建设世界城市协调发展。这为我区作大作强旅游产业提出了新的要求，也提供了更加广阔的发展空间。

（一）为旅游产业发展明确了新定位

建设现代生态休闲新城的核心实质就是要把房山建成北京的“后花园”，成为首都市民和国内外游客休闲养生的重要选择地。房山区旅游业“十二五”发展规划将旅游功能定位为：首都人文生态休闲区；将旅游产业定位为：全区经济的主导产业和现代服务业的引领产业。这一定位将房山旅游业的生态功能和经济功能相融合，突显了旅游的本质和特色，为做大做强旅游产业指明了方向，明确了目标。

（二）有利于旅游产业发展与新城建设融合对接

房山新城定位突出了生态休闲功能这一本质要求，使旅游产业的发展在新城的规划建设中凸现出来，首当其冲地要将旅游产业发展与新城建设融合对接，才能最终实现整个房山区的发展定位。可以说，为加快旅游大区向旅游强区迈进的步伐提供了难得的历史机遇。

（三）有利于统筹资源做大做强旅游产业

“十二五”时期，旅游业成为全区经济的主导产业，将上升为房山区的发展战略。围绕做大做强旅游产业，统筹全区甚至全市优质资源，加大投入，完善配套建设旅游基础服务设施、引进重大旅游项目，提升旅游产业在区域经济发展中的地位和影响，将成

为区委区政府“十二五”时期解决的一项重大问题。在这期间，房山区的旅游产业发展将迎来难得的发展机遇。

二、我区旅游产业发展现状

（一）房山旅游产业发展总体情况

“十一五”规划以来，我区旅游产业围绕“三个北京”和“三化两区”发展战略，以中国房山世界地质公园建设为引领，不断加大各项工作力度，发展环境有效改善，整体形象全面提升，旅游产业的发展步入了快车道。

一是旅游产业规模持续扩大。2010年，全区旅游企事业单位发展到276家，民俗村发展到60家，民俗接待户达到4671户，旅游直接从业人员达到1.1万人，带动间接就业5.4万人，日接待住宿、餐饮能力分别达到2.6万人和6.8万人。2010年，接待游客990.8万人次，旅游综合收入实现14.16亿元，与“十五”末期相比，年均分别增长15.7%和16.9%，总量实现了翻一番的目标。

二是旅游品牌质量稳步提升。截止到2010年底，全区A级景区达到20家，居全市第二。房山岩溶洞穴及峰丛地貌成为国家级自然文化遗产，周口店北京人遗址被评为“新北京十六景”。中国房山世界地质公园顺利通过了联合国教科文组织的中期评估，2008年成功申报了北京（房山）历史文化旅游集聚区，成为北京市首家以历史文化为内容的集聚区，进一步扩大了房山旅游的知名度和国际影响力。

三是旅游客源市场不断扩大。坚持以“走进世界地质公园”为主题，积极融入北京旅游全球营销战略，积极参加国际旅游博览会等大型旅游营销活动，让房山走向世界；持续加大媒体宣传力度，拍摄多部旅游风光宣传片，在全国36家电视台展播，扩大了房山旅游地影响力。2011年外埠游客占全区接待总量的27%。

（二）存在的问题及原因

尽管我区旅游产业这些年有了长足的发展，但用打造现代生态休闲新城的标准来衡量，用做大做强旅游产业的目标来要求，还存在旅游产业总体规模较小，综合效益不高，在全区经济总量中所占比重不大等问题。分析起来主要有以下几方面的原因。

1. 独有性旅游资源开发利用不够。多年来，房山区的独有性旅游资源一直没有走出“有名无客”的怪圈，主要原因在于深度开发力度不足，没有与文化创意相融合，造成知名景区景点缺乏吸引人、留住人的旅游要素支撑。

2. 旅游线路整体设计不够。旅游线路的规划设计缺乏全区统筹，由于缺乏具有影响力的品牌线路，全区还没有真正形成一个精品景点带动一条旅游线路整体发展的格局。

3. 综合服务标准不高。一些旅游景区的建设缺乏整体规划，功能配套设施不健全，整体服务水平档次低，不能满足游客的基本需求，在一定程度上制约了游客的增值消费。

三、“十二五”时期做大做强房山区旅游产业的建议

旅游产业大不大、强不强，关键看游客数量和相关消费总量。房山区做大做强旅游产业的总体思路应该把围绕吸引人、留住人、促销费作为一个重要目标，将旅游产业的发展切实融入到全区整体发展的大局当中，在服务“一区一城”的建设中谋做大，在发挥独特作用的过程中谋做强，通过全力打造旅游特色项目品牌、精品线路品牌、综合服务品牌，推进全区旅游产业实现新跨越。

（一）全力打造一批房山的独有性特色旅游品牌项目

旅游项目或产品的独有性、唯一性和不可替代性，是吸引游客观光休闲的重要因素。房山区号称北京的旅游资源大区，集世

界级、国家级、省市级旅游品牌为一体，融世界文化遗产、世界地质公园、国家级风景名胜区、国家森林公园、国家重点文物保护单位为一域，为吸引游客提供了独有的资源禀赋。

1. 着力把独有性景点发展成为独有性景区。以房山独有的周口店、云居寺、石花洞等景点为核心，重注与文化创意相融合，规划开发一批主题旅游项目，实现景点向景区的升级。比如，云居寺就可以规划建设成为以佛教文化、石经文化、石雕文化为核心，集传统优秀民族文化传播、教育、养生、休闲于一体的独一无二的世界级复合型文化旅游景区。周口店则可以突出体验原始部落这个特色，引进开发大型科普与体验实现完美结合的综合旅游项目。房山区要力争打造两到三处在北京乃至世界独有的旅游休闲度假知名景区。

2. 着力把特色文化活动打造成独有性休闲项目。依托大型文化活动打造具有北京特色的文化盛宴，以吸引高端客流来房山休闲度假，可以说是房山做大做强旅游产业的一条重要途径。长阳音乐节、长沟水岸花田音乐节等大型文化活动，经过努力现在已经在北京享有一定的知名度。今后应乘势而上，完善相关配套服务，切实把一个大型文化活动搞成一个相对完善的吃、住、玩、购为一体的产业链条。使慕名而来的不同层次的游客，不仅能够听音乐、品美食、赏美景，而且还能够满意住宿、快乐健身、欢乐购物。实现游客单一消费型向综合消费型转变的全面提升。

3. 着力把具有房山特色的二、三产业开发成独有性旅游项目。房山区作为首都高端制造业新区，汽车制造、新材料、新能源、食品加工等一批高端制造业已先后入驻几大功能区，这些企业的每一条生产线、每一个项目的研发、每一个产品的生产过程都会吸引消费者去关注、去参观。生产企业也有向消费者、向社会宣传展示产品的需求。这就为房山大力开发独有的工业旅游项目提供了广泛的前景。

（二）科学规划一批精典旅游线路

一个地区的旅游线路规划是否科学合理，是否能够满足游客的旅游心理需求，是游客决定行程与否的重要参考。景点一般，旅游线路规划科学合理，也会大幅度提升游客的满意度；相反景点独特经典，旅游线路设计欠佳，游客对一个地区的旅游项目评价就会大打折扣。因此做大做强旅游产业，必须把科学规划旅游线路放在重要位置。

1. 用“一核多线”展示房山世界地质公园。中国房山世界地质公园是目前世界上第一个首都城市中拥有的世界地质公园，在北京乃至亚太地区旅游市场中独树一帜，具有唯一性，是房山旅游产业的“龙头”。但也存在着点多面广的不足，给游客带来不便。为此，应按照“一核多线”的思路，科学规划房山世界地质公园的旅游线路。

“一核多线”即，以房山世界地质公园博物馆为核心，按照旅游资源的地质特性，将地质公园的旅游景点呈放射性划分成多条专题经典旅游路线，为游客提供能随意组合的套餐式一日或多日旅游服务。

博物馆这个核心以向游客全面展示房山世界地质公园为主，突出其虚拟幻境，达到让游客非到实际景点一看不可的目的。各条专题旅游线路则突出科普和休闲的特征。具体可按照经典的性质和特点来划分。一是熔岩洞穴精品旅游线路。具体包括石花洞、银狐洞、云水洞、仙栖洞等。二是湿地风光精品旅游线路，具体包括京南水乡长沟湿地、大石河湿地、拒马河湿地等。三是山水风光精品旅游线路，可包括十渡百里画廊、百草畔等。四是矿物开采遗址精品旅游线路，可包括河北矿山遗址、大石窝汉白玉开采遗址等。

2. 创新开发特色专线游项目。通过不

同的组合，把能够集中反映房山新城、功能区、山区特色的景区、景点串联起来，满足不同层次游客的需求。一是文化休闲度假游专线，包括正在开发建设中的长阳温泉休闲城、青龙湖国际红酒城、琉璃河燕都文化城、长沟水博花田城等。二是红色游专线，包括没有共产党就没有新中国纪念馆、平西抗日纪念馆等。三是高端产业游专线，包括北京高端制造业基地、石化新材料科技产业基地、农业生态谷、原子能科技馆等。四是山地生态游专线，包括正在开发建设的景点特色沟域、圣莲山、百花山、百草畔、蒲洼等。各专线游线路还可以根据不同的交通路径，穿插一些小型经典特色景点，象河北镇的铁瓦寺、万佛堂，石楼镇的贾岛祠景点就对游客极具吸引力。

（三）提高旅游综合服务水平

一个地区的旅游综合服务水平，是吸引游客、留住游客的关键。旅游综合服务水平主要体现在完善的基础配套设施和服务体系建设上。这两个方面是做大做强旅游产业的基础。

1. 进一步完善旅游基础设施，打造硬环境。按照吃、住、行、游、购、娱六大要素的要求，加快旅游景区设施建设。一是坚持全区就是一个大景区的原则，统筹规划建设旅游交通道路、安排公交路线、景区道路引导标识等。重点加快山区旅游环线公路建设和通达景区道路升级改造；实施重点景区“旅游直通车”工程，不断提高游客通达景区的便捷性和舒适性。二是在各个景区内部，按照突出特色、严格标准、配套齐全、布局合理、安全便捷的要求，建设公共服务基础设施，重点完善餐饮、住宿、购物、娱乐、医疗等各类服务设施，满足游客多样化消费需求，并做到与自然景观相协调，与游客需求相适应，全方位打造旅游硬环境。

2. 进一步完善旅游服务体系，打造软环境。按照旅游服务标准化建设的要求，着力提升旅游从业人员的综合素质。树立旅游服务规范化和人性化的理念，最大限度地提供能够满足游客的生理和心理、物质和精神需求的服务，使游客在接受服务的过程中产生幸福感和留恋感。一是加强旅游从业人员队伍建设。一方面，实施旅游从业人员培训计划，加强对重点景区、专线游项目从业人员的技能培训，让直接面对游客的服务人员切实承担起景区形象代言人、游客满意服务员的职责。另一方面，制定优惠政策，培养和引进旅游市场营销、项目策划、产品开发等方面的高端人才，优化旅游人才队伍，为房山区做大做强旅游产业提供人才保障。二是加快旅游咨询服务体系建设。建设旅游信息网络平台，为游客提供公益性、基础性资讯服务，发挥网络平台信息量大、覆盖面广、跨越时空、互动性强的优势，开展长期有效的旅游网络营销。三是注重旅游安全服务体系建设。强化“安全第一”思想，建立自上而下的旅游安全防范网络。全面建立旅游灾害预警系统和应急救援系统，建立节庆活动应急处置预案和景区、星级饭店、旅馆安全事故隐患排查机制、旅游安全事故应急处置预案等。建立旅游预警信息发布制度，对突发性应急、恶劣天气应急、游客疏散、事故救援等进行及时、准确、安全处置，切实为游客提供一个安全、舒适的旅游环境。

4月，房山区获中国最具投资价值旅游区称号

概 况

2011 年房山区概况

一、自然环境状况

房山区隶属北京市，位于北京西南。北邻门头沟区；东北与丰台区毗连；东隔永定河与大兴区相望；南部和西部分别与河北省涿州市和涞水县接壤。位于北纬 39° 30′ ~39° 55′ 、东经 115° 25′ ~116° 15′ 之间。全区面积 2019 平方公里，其中山区面积 1048.81 平方公里。地势西北高，东南低，西北部为山区，东南部为冲积平原。由西北向东南依次为中山、低山、丘陵、岗台地和冲积平原，地貌类型复杂多样。主要山脉有百花山、大房山、大安山、上方山等，其中百花山的主峰白草畔是区内最高峰，海拔 2161 米，最低处在琉璃河镇的立教洼，海拔 26 米。房山区水系分为大清河水系和永定河水系。二级河流有永定河、拒马河。三级河流有小清河、大石河。四级河流有丁家洼河、城关东沙河、夹括河、哑叭河、刺猬河、牤牛河和周口店河。主要河流有 4 条：永定河、小清河、大石河、拒马河。其中大石河发源于境内，其他 3 条均发源于境外，为过境河。除永定河外，其他河流均属海河流域大清河水系。

房山区境内共有各级文物保护单位 316 处。其中国家级重点文物保护单位有周口店北京猿人遗址、云居寺塔及石经山、金陵遗址、琉璃河商周遗址、万佛堂、十字寺；市级文物保护单位有上方山诸寺及云水洞、窦店土城、良乡塔、琉璃河石桥、白水寺石佛、姚广孝塔等 15 处。全区有唐、辽、金、元、明、清古塔 107 座，占北京市古塔总数的一半以上。

全年平均气温为 12.0℃（平原）、10.4℃（山区），历史最高气温曾达到 43.5℃（1961 年 6 月 10 日），最低气温曾至-26℃（1966 年 2 月 22 日）；年平均降水量 632.8 毫米（平原）、475.7 毫米（山区），历史最大降水量 1322 毫米（1954 年）、最小降水量 277 毫米（1975 年）；年平均无霜期 202 天。

二、建置沿革

房山置县始于战国燕时。周初燕国都城遗址，在房山区董家林村。秦时，置良乡县。金大定年间（1161～1189年），为守护陵寝，析良乡、范阳、宛平3县边地置万宁县，明昌年间（1190～1196年），改万宁县为奉先县。元至元年间（1335～1340年），改奉先县为房山县。尔后历明、清、民国，良乡县、房山县一直分设。1958年房山、良乡两县合并，建北京市周口店区。1960年，周口店区更名房山县。1981年，房山县境内建北京市燕山区。1987年，撤燕山区、房山县，建北京市房山区，区府所在地房山城关。1998年11月18日，区府所在地由房山城关迁至良乡（今拱辰街道），距市中心10公里，区位优势突出。

三、发展综述

2011年，全区地区生产总值（GDP）实现416亿元，比2010年增长12%；按可比价格计算，比2010年增长4.5%。财政收入继续保持百亿元，达到117.5亿元。其中，一般预算收入完成34.8亿元，比2010年增长23.6%。各项税收实现187.2亿元，比2010年增长3%。其中，房山地区实现71.7亿元，比2010年增长22.2%；燕山地区实现115.5亿元，比2010年下降6.1%。

2011年，全区投资项目快速推进，全社会固定资产投资完成454.5亿元，比2010年增长18.7%。其中，第一产业完成8.1亿元，比2010年下降43.5%；第二产业完成85.4亿元，比2010年增长55.1%；第三产业完成361亿元，比2010年增长15.2%。基础设施投资完成111亿元，比2010年下降14.4%。

到2011年年底，全区常住人口达到96.7万人，其中外来人口21.4万人。常住人口比2010年增加2.2万人，增长2.3%。全区户籍人口达到77.4万人。全区人口出生率为9.26‰，比2010年提高1.96个千分点；死亡率为5.51‰，比2010年下降4.75个千分点。

2011年，全区城乡居民收入稳定增长。城镇居民人均可支配收入达到26956元，比2010年增长13.4%；农村居民人均纯收入达到13527元，比2010年增长13.5%。

积极开拓就业渠道，就业再就业工作进一步加强，就业形势基本稳定。截至2011年年底，全区城镇新增就业1.35万人，城镇登记失业率为3.51%，比2010年提高0.34个百分点；有1.31万名城镇登记失业人员实现再就业，就业率为61.3%，比2010年提高2.48个百分点；农村劳动力转移就业1.23万人；城乡就业困难人员实现就业1.54万人，“零就业家庭”保持动态为零，“纯农就业家庭”至少一人就业，就业特困人员全部托底安置，关矿地区劳动力基本实现就业软着陆。

社会保险覆盖面持续扩大，城乡人员全部实现应保尽保。养老保障三项制度覆盖总人数达到59.73万人，比2010年增加2.68万人。医疗保障四项制度（不包括新农合）覆盖35.4万人。城镇职工养老、医疗、失业、工伤、生育保险参保人数，分别达到21.2万人、21.9万人、20.7万人、11.4万人和29.1万人，比2010年分别增长10.7%、8.6%、11%、9.5%和8.3%。城镇职工五险收缴基金23.94亿元，比2010年增长30.75%；城乡居民养老保险农民参保人数达到21.37万人，参保率达到99.97%。

城市低保标准由家庭人均月收入480元提高到500元；农村低保标准由家庭人均年收入3600元提高到4080元。至2011年年底，全区共有1.64万人享受城乡低保，累计发放低保资金0.7亿元，其中1.21万人享受农村低保。

主动调整产业结构，坚决退出低端资源型产业。截至2011年，全区关闭了全部地方煤矿，关闭非煤矿山172家、“五小”企业2000多家。同时组建专业队伍，综合各种手段，始终保持打击偷挖盗采的高压态势，有力巩固了关矿成果。

2011年全区空气质量持续改善，全年

二级和好于二级的天数达到 258 天，占全年总监测天数的 70.9%，比 2010 年增加 1 天。大气主要污染物可吸入颗粒物、二氧化硫、二氧化氮年平均浓度分别为 0.138 毫克/立方米、0.038 毫克/立方米、0.062 毫克/立方米，比 2010 年分别下降 3.5%、9.5%、3.2%。主要污染物减排工作全面推进，2011 年二氧化硫、氮氧化物、化学需氧量、氨氮四项主要污染物排放量分别为 11509 吨、27062 吨、17060 吨、1754 吨，比 2010 年分别下降 3.22%、1.89%、0.9%、1.19%，完成年度减排任务目标。

至 2011 年年底，全区人均公共绿地面积达到 12.73 平方米，城市绿化覆盖率达到 45.1%。

2011 年，全区能耗总量为 899.4 万吨标准煤，比 2010 年下降 0.03%；万元 GDP 能耗达到 2.1621 吨标准煤，比 2010 年下降 10.7%。

农业综合生产能力继续提升。2011 年，全区农林牧渔业总产值实现 45 亿元，比 2010 年增长 5.6%。粮食播种面积达 41.6 万亩，比 2010 年减少 3.6 万亩；粮食产量达 14.8 万吨，比上年增加 1.2 万吨。全年粮食直补面积 39.9 万亩，粮食直补资金 3635.1 万元，全部发放到农户手中。

2011 年，全区农业观光园达到 108 个，比 2010 年增加 6 个；市级民俗旅游村 30 个，市级民俗旅游接待户达到 1387 户。

社会主义新农村建设进一步推进。2011 年，全区新农村建设投入资金 17.1 亿元。年内，对 9170 户农民住宅进行抗震节能改造；全区市级环境优美乡镇达到 8 个，市级生态村达到 168 个。

2011 年，全区工业总产值实现 1051.6 亿元，比 2010 年增长 8.8%。按照“两轴、三带、五园区”的产业布局，全区工业两大重点功能区——北京石化新材料科技产业基地和北京高端制造业（房山）基地各项基础工作扎实推进，两大重点功能区建设均取得了突破性进展。至 2011 年年底，北京石化新材料科技产业基地已有 23 个项目建成投产，19 个重点项目正在建设，25 个社会投资项目达成入驻基地意向。北京高端制造业（房山）基地建设取得新突破，总投资上百亿元的北京矿冶研究总院等 5 家单位将入驻基地，京西重工房山工厂已向奥迪厂商供货，长安汽车北京基地一期项目正按期施工，北控、北车项目一期工程全面启动，回迁安置用房及市政基础设施工程建设全面展开。至 2011 年年底，2 个市级开发区共有入区企业 1738 家，比 2010 年减少 46 家。全年实现技工贸总收入 219.1 亿元，比上年增长 8.4%。其中，良乡经济开发区年末拥有入区企业 1703 家，全年实现技工贸总收入 208.1 亿元，比 2010 年增长 6.7%。

2011 年，全区建筑业总产值实现 291.8 亿元，比 2010 年增长 12.2%。房屋施工面积完成 2374.8 万平方米，比 2010 年增长 14.5%。其中，区属建筑业总产值完成 124.3 亿元，比 2010 年增长 17.8%；房屋施工面积 795.2 万平方米，比 2010 年增长 3.6%。

住房保障工作稳步推进。2011 年，政策性住房建设项目共有 23 个，住宅总建筑面积达到 269.6 万平方米，开复工面积 166.6 万平方米。其中，经济适用住房项目 6 个，住宅建筑面积 135 万平方米（含配建廉租房 8 万平方米），开复工面积 66 万平方米；限价房项目 5 个，住宅建筑面积 23 万平方米，开复工面积 23 万平方米；定向安置房项目 8 个，住宅建筑面积 92 万平方米，开复工面积 64 万平方米；公租房项目 4 个，住宅建筑面积 19.6 万平方米，开复工面积 13.6 万平方米。

2011 年，全区社会消费品零售额实现 156.7 亿元，比 2010 年增长 16.5%。中央休闲购物区（CSD）建设全面展开。奥特莱斯华北旗舰中心一期竣工，实现签约国际一线品牌 100 余家；长阳万科商业项目、广阳 CD 项目商业项目开工建设；CSD 商务广场、首开商业项目、华冠长阳店、国泰二店等一批大中型商业设施均处在紧张建设之中。战略新兴服务产业发展良好。北京石油交易所快速成长壮大，被纳入北京市千亿元规模大宗商品交易市场重点培育企业；首发物流公共信息服务平台运营良好；北京粮油交易所完成投资 8000 万元，交易大厦已完成主体工程建设；电子商务及网上商店发展良好，一批运用新型商业模式的企业快速崛起，拉手网成功打造全国网络团购第一门户网站，全年实现交易额 10 亿元。

积极推进蔬菜零售终端建设，新建 5 家农村集贸市场和 2 家规范化社区菜市场，总占地面积 5.3 万平方米，新增摊位 870 余个，周边受益群众达到 3 万人。

积极落实国家各项促进消费政策。顺利完成黄标车淘汰和汽车以旧换新阶段性工作；2011 年家电下乡销售突破亿元大关，全区共销售各类家电下乡产品 4.7 万件，同比减少 35.6%，销售金额 1.14 亿元，同比减少 28.8%。

2011 年，全区外贸出口额实现 3.7 亿美元，比 2010 年增长 13.9%。出口龙头企业带动强劲，出口超百万美元的企业达到 33 家，实现外贸出口额占全区的 95.1%。“三资”企业稳步发展。至 2011 年年底，“三资”企业达到 555 家，累计实际利用外资 5.8 亿美元，比 2010 年增长 12.1%。

整合旅游资源，加强品牌推广，实施重点景区环境治理及疏堵优化工程，推出圣莲山老子文化园、五渡汽车露营地等新项目，游客接待人数和旅游综合收入保持快速增长。加大“穿越之城、幸福之山”品牌推广力度，大力发展高端休闲旅游产业。积极发展文化创意产业，引进华嬉数字文化产业项目，历史文化旅游集聚区建设取得新成果。博物馆、北京西南旅游集散中心相继建成，云居寺文化景区等重点工程有序推进。

以第十七届房山旅游文化节暨北京春季国际万人长走大会为重点，加强了活动促销、媒体促销和品牌营销。推出了长阳音乐节、云居寺文化景区建设启动仪式、房山北线自驾游活动启动仪式、“红歌唱响的地方”主题演出活动、圣莲山老子文化节、大石窝石雕艺术节、房山旅游商品设计大赛、长沟花田音乐节、FUNDASHING 汽车越野等 40 余项特色活动。

至 2011 年年底，全区有 A 级及以上旅游区（点）19 家，星级饭店 32 家。全年接待游客达到 852.9 万人次，比 2010 年增长 7.9%；旅游营业收入实现 32.7 亿元，比 2010 年增长 18.8%。

截至 2011 年年底，全区境内公交运营车辆达到 477 辆，运营车辆客位 20264 个；客运场站达到 18 个，比 2010 年增加 1 个；公交候车亭达到 438 个，比 2010 年增加 23 个；全区公共汽车线路达到 45 条，比 2010 年增加 2 条；全年公交客运总开行 74.62 万车次，运送乘客 5262 万人次，轨道交通客运量 619 万人次。

2011 年，着力打破交通瓶颈，地铁房山线通车运营，长周路、大件路全线贯通，京昆高速、京良快速路、南水北调巡线路等大通道建设稳步推进。着力畅通城市微循环系统，新改建 25 条市政道路，实施了新城建成区道路疏堵工程。继续推进城乡路网建设，建成 108 国道复线，开通六石路，完成一批山区乡镇联络线。全区公路新改建、公路大修、公路桥梁改造工程累计投资 3 亿元。至 2011 年年底，全区公路总里程 2726.7 公里，公路覆盖密度 135.1 公里/百平方公里。

2011 年，邮政业务总额完成 9868.6 万元，订销报纸及杂志 2272.1 万份，出口函件 1045.2 万件，特快专递 16.6 万件。

至 2011 年，全区百户城镇居民拥有计算机 82.7 台，百户农村居民拥有计算机 48.9 台。

截至 2011 年年底，全区各类金融机构人民币存款余额达到 886 亿元，比 2010 年增长 13.7%；城乡居民储蓄余额达到 476.5 亿元，比 2010 年增长 16.1%；全区各类金融机构贷款余额达到 217 亿元，比 2010 年增长 13.7%。

至 2011 年年底，全区有中等教育学校 57 所，拥有在校生 59633 人。其中，普通高中在校生 9838 人,初中在校生 19787 人。中等职业中学 9 所，在校生 30008 人。小学 106 所，在校生 38093 人。幼儿园 188 所，在园幼儿 24794 人。教育质量稳居远郊区县前列。义务教育阶段入学率、巩固率和完成率全部保持在 99.9%以上,高中阶段普及率达到 98%。2011 年实施新课程改革,高考取得优异成绩,高考升学率 92.7%。

2011 年，围绕优化经济结构、促进重点产业升级、推进沟域经济建设、节能减排等方面，确立并组织实施了 61 项科技计划项目。其中，列入国家级、市级科技项目 24 项，区级科技计划项目 37 项（社会发展 5 项、科技致富 5 项、星火计划 13 项、科技成果推广 7 项、科研试验示范 7 项）。

全力打造群众文化活动品牌，丰富文化活动内容和形式，不断满足群众文化需求。启动区群众文化活动中心和 5 个乡镇文体活动中心建设，建立城乡数字广播信息平台，实现了数字影院、益民书屋、农村文化活动室、文化资源共享工程全覆盖，广播节目全覆盖。建成档案馆新馆，档案资源服务经济社会发展的功能日益突出。文化活动丰富多彩，成功举办了 2011 年新年音乐会、正月十五花会汇演等 14 场大型文化活动，继续开展“文化周末大舞台”“周末金曲大家唱”“文化周末大戏台”“文化周末大课堂”系列活动，共计 113 场，服务群众 20 余万人次。组织“文化下乡”1360 场，观众人数近 52 万人次。

2011 年，全区网吧经营场所 51 家，歌舞娱乐场所 44 家，电子游艺厅 1 家，电影放映经营单位 3 家，文艺表演团体 17 个，印刷企业 60 家，出版物零售经营场所 71 家，音像制品零售经营场所店 34 家，广播电视许可单位 44 家。

2011 年，全年广播电台播出总时长为 6570 小时,其中,新闻资讯类总时长为 121.7 小时,专题服务类节目总时长为 1825 小时,综艺类节目总时长为 2494.2 小时，广播剧节目总时长 2129.2 小时。全年电视台播出总时长为 8650.3 小时，其中，新闻资讯类总时长 1825 小时，专题服务类节目总时长 1034.3 小时，综艺益智类节目总时长为 2500 小时。

积极开展“走基层、转作风、改文风”活动，深入“三化两区”建设一线，采编、播发了大量生动感人、文风朴实的新闻作品，并推出了一系列民生类、服务类专题节目；大力宣传“十一五”时期取得的辉煌成就，深入解读“十二五”规划，制作播出《我说这五年》《跨越“十一五”》等挂牌节目；以“三化两区”“一区一城”建设为宣传重点，推出“三敢精神助力三化两区”“记者园区行”“城市化经济发展战略”一系列主题报道和访谈报道；以建党 90 周年为宣传契机，推出《身边的感动》《光辉的记忆》，策划推出了“90.90!”“红色飘扬”等一批反映房山区在党的领导下取得辉煌业绩的成就性宣传报道，进一步激发全区广大党员群众坚定不移走新型城市化道路，开创“三化两区”建设新局面的决心和信心。

至 2011 年底，全区医疗卫生机构达到 1008 个；卫生技术人员 7660 人，比 2010

年增加611人；实有床位6171张，分别比2010年增加94张。新型农村合作医疗参合农民达40.64万人，参合率连续四年达到100%。

积极组织承办北京市第七届农民运动会游泳比赛、2011中国房山长阳业余高尔夫球冠军赛、第二届青龙湖自行车比赛、“九九重阳”北京市第二届登山大会房山会场暨十渡登山活动、房山区汽车摩托车运动协会成立暨“天下第一坡”挑战赛等重要赛事活动。全民健身活动不断升温，推动了我区群众体育的深入开展。良乡体育中心一期投入运营，全民健身工程全覆盖，经常参加体育锻炼人口占全区总人口的比重达到45.5%。到2011年年底，全区共有体育场馆27个，全区行政村健身设施配建率达到100%。全民健身工程达到946套，全区人均公共体育场地面积达1.53平方米。全区有等级体育运动员284人，其中年内新增加41人。2011年，参加市级竞技比赛获得金牌103枚、银牌82枚、铜牌89枚。

大事记

1月

5日，中国社会科学院研究生院良乡校区启用。

5日至7日，区政协六届六次全会在昊天假日酒店召开。

6日至9日，区六届人大六次会议在韩村河山庄会议中心召开。

21日，房山区举行公开选拔非中共领导干部任职仪式。

24日，区综合行政服务中心正式对外办公。

同日，举行房山区限价商品住房摇号配售仪式。

2月

16日，举行北京房开控股集团有限公司揭牌仪式。

是月，房山区6个国土资源所成立并举行揭牌仪式。

3月

3日，由房山区委、区政府批准，成立中国北京农业生态谷建设管理委员会。

同日，房山区第一个城管社区工作站在琉璃河镇成立。

13日，北京市副市长苟仲文代表北京市人民政府与中国北方机车车辆工业集团公司（简称中国北车集团）签署《战略框架合作协议》。市经信委、房山区、丰台区与中国北车股份有限公司领导共同签署了《项目合作协议》。

25日，中国食用菌协会(房山)基地揭牌仪式在房山区举行。

31日，房山区启动农村集体资产清产核资试点工作。

4月

1日，《没有共产党就没有新中国》纪念馆入选全国红色旅游经典景区第二批名录。

11日，中共中央政治局委员、北京市委书记刘淇就“创新社会管理服务，推进首都社会建设”到房山区调研。

同日开始，利用1个多月时间完成20个乡镇、3个街道领导班子和领导干部的考察工作。

12日，区法院举行未成年人审判庭成立。

15日，以“颂祖国 唱红歌 咏家乡”为主题的房山区2011年文化周末大舞台系列文化活动启动仪式在府前广场举办。

18日，房山区深入推进创先争优活动大会在区会议中心召开。

20日，京冀渔政拒马河水生野生动物保

护联合执法启动仪式在房山区十渡镇举行。

22日，房山区获亚太旅游联合会、国际度假联盟组织、中华生态旅游促进会联合授予的中国最具投资价值旅游区称号。

5月

4日，北京市首例“危险驾驶罪”移送房山检察院审查起诉，5月9日，区法院依法判处被告人郭某犯危险驾驶罪，拘役4个月，并处罚金人民币2000元。此案为北京市首例宣判的“醉驾入刑”案件。

10日，北京云居寺文化景区项目建设全面启动。

11日，中国致公党北京市房山区支部委员会成立大会在区会议中心召开。

14日，2011春季北京国际长走大会暨第十七届房山旅游文化节系列活动在长沟镇中国房山世界地质公园博物馆前举行。来自全国各地的15000余名长走爱好者参加了活动。

16日，房山区“三敢”精神大讨论活动动员会在区会议中心召开。

22日，在霞云岭乡堂上村《没有共产党就没有新中国》纪念馆党旗广场，房山区举行“红歌唱响的地方”——纪念中国共产党成立90周年大型红歌主题演出活动。

25日，青龙湖镇晓幼营村被市社会主义新农村建设领导小组综合办公室确定为10个新型农村社区试点单位之一。

6月

20日，“圣地赞歌”——庆祝中国共产党成立90周年群众合唱汇演在《没有共产党就没有新中国》词曲创作地——北京市房山区霞云岭乡堂上村举行。

24日，中共中央政治局委员、北京市委书记刘淇就“加强基层党建工作，推动重大项目建设”到房山区霞云岭乡堂上村调研。

同日，中国北车轨道交通装备产业园项目在北京高端现代制造业（房山）基地举行奠基仪式。

27日，房山区庆祝中国共产党成立90周年大会在区会议中心召开。

27日至7月19日，区档案局、区委组织部、区委宣传部联合举办的“光辉90年——房山区纪念中国共产党成立90周年大型成就展”在区会议中心和霞云岭乡堂上村“没有共产党就没有新中国”纪念馆举办。

是月，区委组织部、区史志办、区档案局（馆）编纂的《中国共产党北京市组织史资料房山卷（1987—2010）》由中央文献出版社公开出版。

7月

15日，十渡镇被住房和城乡建设部、国家旅游局评为全国特色景观旅游名镇。

20日，区委召开创建学习型先进区动员会。

23日，房山区开通3条北京旅游集散中心至房山北线景区为主的“一日游”专线。

28日，区政府与中粮集团入园企业签字仪式在生态谷项目管委会举行。

是月，按照市委统一部署，市委考察组对房山区四套领导班子及班子成员、法院院长和检察院检察长进行考察。

是月至9月，按照市委组织部、市委农工委的部署，全区20个乡镇党委完成换届选举工作。

8月

2日，北京四中房山分校在加州水郡举行奠基仪式。

3日，房山区召开创建学习型乡镇（行政村）启动会。

9日，根据房编字（2011）86号，房山区维稳中心由房山区机构编制委员会办公室批复成立。

19日，北京华嬉数字文化产业功能区暨

国际青少年环保艺术培训基地启动仪式在长沟镇隆重举行。

26日至28日，由中央休闲购物区管理委员会主办的2011长阳音乐节在万亩滨河公园上演。

30日，北京市基层组织次序动员机制现场推进会在房山区召开。

同日，北京第一实验小学房山分校——良乡四小揭牌成立。

是月，北京市房山区良乡高教园区管理委员会(简称高教园区管委会)成立，为区政府派出机构。

是月，北京高端制造业（房山）基地管理委员会(简称高端制造业基地管委会)成立，为区政府派出机构。

是月，北京石化新材料科技产业基地管理委员会(简称石化新材料基地管委会)成立，为区政府派出机构。

9月

14日，经六届区政府第85次专题会议讨论通过，成立“房山区重大项目前期推进工作办公室”。

22日，房山经济信息港启动仪式在长阳CSD商务广场举行。

24日，第二届北京青龙湖国际红酒城自行车邀请赛在青龙湖镇举行。

29日，“北京（房山）柿子季”在丰台区小屯路城乡超市广场开季，本次柿子季活动开展了京郊柿乡行乡村旅游、摄影、征文比赛系列活动。

10月

12日，中国草本咖啡示范基地在南窖乡中窖村启动。

21日，房山区首批定向安置房进行摇号配售。

22日，房山区举办大安山乡区域品牌推介暨挑战“天下第一坡”活动。

22日至25日，房山区首届武林大会暨房山区第一届武术文化节举行。

25日，房山区在区会议中心召开“道德模范”表彰大会。

30日，北京中医药大学良乡校区奠基仪式在良乡高教园区举行。

31日，房山区举行山区人口迁移首批安置房入住仪式。

11月

12日，房山区举行城西集中供热厂运行启动仪式，区内首座集中供热厂建成投入使用。

16日，房山区召开“五五”普法总结暨“六五”普法启动大会。

是月，区编办制定房山区基层林业站改革方案，成立房山区林业工作站，为区园林绿化局所属相当正科级全额拨款事业单位。

是月，全区20个乡镇完成党委、政府换届工作。

12月

1日，房山区成立全市首家涉未案件调查中心。

6日至8日，中国共产党北京市房山区第七次代表大会在韩村河山庄会议中心召开。

8日，中共北京市房山区第七届委员会第一次全体会议在韩村河山庄会议中心召开。

12日，北京房安出租汽车有限责任公司召开第一届股东大会。

13日至16日，区政协七届一次全会在昊天假日酒店召开。

14日至17日，房山区第七届人民代表大会第一次会议在韩村河山庄会议中心召开。

19日，北京高端制造业（房山）基地在河北省保定市举行百亿投资签约仪式。

30 日，首届长阳冰雪节在万亩滨河公园开幕。

31 日，地铁房山线与 9 号线正式贯通运营。

是月，北京市房山区燕山文化活动中心成立，为燕山办事处所属相当副处级全额拨款事业单位。

是年，房山区进行区、乡镇两级人大代表换届选举，选举产生了房山区第七届人民代表大会代表 271 名，新一届乡镇人大代表 1142 名。

是年，房山区完成 20 个乡镇的机构改革工作。

是年，窦店镇窦店村二农场 278.2 亩小麦平均亩产 580.5 公斤，在全市高产创建竞赛中名列第一。

政　治

中国共产党北京市房山区委员会

【概述】　2011年，房山区深入贯彻落实中共十七届五中全会和市委十届八次全会精神，以科学发展为主题，以加快转变经济发展方式为主线，以加强党的领导为保障，坚定不移地走新型城市化道路，落实“十二五”规划，全力打造首都高端制造业新区和现代生态休闲新城，努力推动区域经济社会发展实现新突破，开创了“三化两区”建设新局面：综合实力大幅提升、产业结构全面转型、新城面貌焕然一新、民生持续改善、社会和谐稳定。主要经济指标继续保持平稳快速增长，地区生产总值、一般预算收入、税收、全社会固定资产投资、城镇居民人均可支配收入、农村居民人均纯收入同比分别增长12%、23.6%、3%、18.7%、13.4%和13.5%。

加强基础建设，加速融入市区，“两轴三带五园区”发展格局全面铺开。“两轴”作用日趋明显。充分依托京港澳高速和地铁房山线及西延线两条发展轴，着力打破融入市区的交通瓶颈，京石二高速、京良快速路等重要通道建设快速推进，房山融入市区、借势发展的步伐不断加快，高端要素加速涌入，城市化进程明显提速，城市化率达到69%。“三带”发展各具特色。东部永定河绿色生态发展带，成为首都西南最具活力的黄金板块，以长阳半岛为核心的世界城市示范区建设成果初显。中部平原发展带发展迅猛，一批重点项目加速落地，拉动了地区城市化进程。西部山区发展带克服重重困难，基本完成传统资源型产业退出任务，生态涵养功能进一步增强，山区人口迁移集中安置项目首批入住479户、1660人。“五园区”建设初具规模。中央休闲购物区（CSD）建设全面展开，“俏江南”“苏宁电器”等九大商业品牌签约入驻长阳半岛，中核东方自控产业化项目开工建设。北京高端制造业（房山）基地挂牌成立，北京京西重工有限公司房山工厂进入试生产调试阶段。北控绿色科技产业园取得建设所有规划条件。中国北京农业生态谷建设管理委员会成立，举行房山区政府与北京中源粮科建设投资有限公司入园企业签字仪式。北京石化新材料科技产业基地，中国石油化工集团公司三菱化学年产6万吨聚碳酸酯项目建成投产。中国房山世界地质公园举办房山旅游品牌发布会暨世界地质公园重点项目推介会，公园建设正在全面推进。

深入探索，总结规律，初步形成房山发

展模式。经过努力，逐步探索出了由政府统筹，以大企业为动力，以功能区为载体，以小城镇建设为突破口，以实现城乡一体化发展为目标的房山发展模式。率先形成了“大项目带动小城镇”的发展态势。根据各乡镇的区位条件和资源优势，创新招商引资方式，初步形成了琉璃河镇与中粮集团、河北镇与北京京煤集团、大石窝镇与温德拉集团等各具特色的合作方式，有力推动了镇域经济发展和城乡一体化进程。

坚持民生优先，不断开创社会和谐新局面。按照以人为本、执政为民的理念，把发展成果真正体现在富民、安民、惠民上，每年投入民生事业的资金以 47.5%的速度递增。千方百计促进群众就业，保持了“零就业家庭”动态为零，积极解决关矿地区劳动力转移就业问题，全区就业形势保持平稳；大力改善办学条件，引进了北京四中等市区优质教育资源，教育综合实力跃居郊区前列；卫生服务水平不断提升，新型农村合作医疗始终走在全国前列；广泛开展了文化下乡、周末大舞台等文化惠民活动，公共文化服务网络基本形成；深入开展精神文明创建活动，涌现出了全国道德模范厉莉等先进典型，城市文明程度和群众文明素质显著提升。

围绕发展抓党建，不断提高党建科学化水平。坚持以改革创新精神全面推进党的建设，深入开展创先争优活动，在全市率先开展了“三敢”（敢于负责、敢于碰硬、敢于创新）精神大讨论，扎实推进学习型党组织建设，广大党员干部领导科学发展的自觉性、主动性明显增强。深入开展“三级联创”，总结推广农村基层组织“次序动员”机制，各级党组织战斗堡垒作用和广大党员先锋模范作用得到充分发挥。

（董刚）

【六届区委常委会第 152 次会议】 3 月 7 日，六届区委常委会在区委 434 会议室召开第 152 次会议。区委书记刘伟主持。会议原则通过了《房山区旅游业“十二五”发展规划》和《关于进一步加快发展旅游业的意见》。会议决定：区旅游局根据常委会意见，对《房山区旅游业“十二五”发展规划》作进一步修改。修改后，区政府办公室负责以区政府名义发文。会议听取了区市政市容委关于良乡老城区交通疏堵工程的汇报并原则通过了《“十二五”期间良乡老城区交通疏堵实施方案》及 2011 年工作重点。会议原则通过了《房山区重大事项社会稳定风险评估机制实施细则》，会议决定:区法制办根据常委会意见，对《房山区重大事项社会稳定风险评估机制实施细则》进行修改后，区委办公室负责以区委、区政府名义印发试行。会议原则通过了《区委区政府理论学习中心组 2011 年学习计划》《关于做好 2011 年乡镇领导班子换届工作的意见》和《关于乡镇领导班子及领导干部换届考察工作的实施方案》。会议要求：要高度重视，扎实做好乡镇领导班子换届工作，切实通过换届进一步优化乡镇领导班子结构。选配“80后”副处实职干部，要面向全市，优中选优，尤其是要注重从首都各大高校选拔优秀年轻干部。会议通报了 2011 年 3 月 5 日全国“两会”（全国人民代表大会、中国人民政治协商会议）维稳安保每日会商会议精神等情况。

（毕胜）

【六届区委常委会第 154 次会议】 3 月 28 日，六届区委常委会在区委 434 会议室召开第 154 次会议。区委书记刘伟主持。会议原则通过了《关于深化本区乡镇机构改革的意见》，会议决定：区编办根据常委会意见，对《关于深化本区乡镇机构改革的意见》进行修改后，区委办公室负责以区委办、区政府办名义发文。会议原则通过了《绿色北京，快乐房山——2011 春季北京国际长走大会暨第十七届房山旅游文化节系列活动方案》，会议决定：5月14日在长沟镇凯旋大街举行2011春季北京国际长走大会暨第十七届房山旅游文化节开幕式。区委宣传部牵头，区委办、区政府办、团区委、区文化委、区旅游局、长沟镇等单位配合，精心组织，认真做好相关工作。会议原则通过了《关于2011年房山区调查研究工作的安排意见》。会议决定：区研究室根据常委会意见，对《关于2011年房山区调查研究工作的安排意见》进行修改后，区委办公室负责以区委办、区政府办、区研究室名义发文。会议原则通过了《关于在部分区政府工作部门分设党政正职的实施意见》。会议决定：区委组织部根据常委会意见，对《关于在部分区政府工作部门分设党政正职的实施意见》进行修改后，区委办公室负责以区委名义印发试行。会议传达了《中共中央办公厅关于做好全国市、县、乡人大、政府和市、县政协换届选举有关工作的通知》精神等情况。

（毕胜）

【六届区委常委会第155次会议】 4月6日，六届区委常委会在区委434会议室召开第155次会议。区委书记刘伟主持。会议听取了北京石化新材料科技产业基地、中国房山世界地质公园、中国北京农业生态谷、中央休闲购物区（CSD）、窦店高端现代制造业产业基地、高端葡萄酒产业集群项目等重点功能区建设进展情况汇报，会议要求：各重点功能区都要明确年度工作目标。北京石化新材料科技产业基地前朱各庄、后朱各庄拆迁要完成，项目要落地，7个"厂中村"要上楼，属地纳税要办成，甲醇制烯烃项目要有实质性进展，轨道交通燕房线建设要按时进行；中国房山世界地质公园温德拉项目要开工；中国北京农业生态谷一期要争取上半年开工；中央休闲购物区（CSD）二季度的供地要抓紧，房地产项目要加快，中核东方自控产业化、港中旅温泉城项目要开工，芭蕾雨•奥特莱斯项目要开业，城市的形象要发生大的改观；窦店高端现代制造业产业基地中国北车轨道交通装备产业园项目、北控绿色科技产业园项目上半年要开工；高端葡萄酒产业集群项目青龙湖核心区要开工，各葡萄酒庄要加快土地流转和葡萄栽植。要转变思路，先干起来。各功能区建设前期都要尽快稳定规划，稳定规划后要尽快开工建设。要深入研究功能区在起步阶段其他区域的管控问题，找出一套有效的管控办法。要认真研究和梳理功能区建设过程中拆迁、资金、手续办理等方面遇到的突出问题，4月集中力量进行协调解决。会议原则通过了《关于进一步深入开展创先争优活动，组织动员全区各级党组织和党员干部全面推进"十二五"时期房山科学发展的意见》。会议决定：区委组织部根据常委会意见，对《关于进一步深入开展创先争优活动，组织动员全区各级党组织和党员干部全面推进"十二五"时期房山科学发展的意见》进行修改后，负责以区委创先争优活动领导小组名义印发。尽快组织召开房山区深入推进创先争优活动大会，认真学习贯彻市委书记刘淇在全市深入推进创先争优活动大会上的重要讲话精神，创造性地开展创先争优活动。会议听取了区委组织部关于推荐上报全国和市级先进基层党组织、优秀共产党员和优秀党务工作者有关情况的汇报，原则通过了全国和市级先进基层党组织、优秀共产党员和优秀党务工作者推荐名单及相关事迹材料。会议决定：区委组织部按程序上报。会议通报了2010年干部选拔任用"一报告两评议"和全国组织工作满意度调查结果等情况。

（毕胜）

【六届区委常委会第159次会议】 5月3日，六届区委常委会在区委434会议室召开第159次会议。区委书记刘伟主持。会议原则通过了《关于开展清理和规范庆典、研讨会、论坛活动工作的实施意见》和《房山区开展党政机关公务用车问题专项治理工作的实施方案》，会议决定：区委办公室、区纪委根据常委会意见，分别对《关于开展清理和规范庆典、研讨会、论坛活动工作的实施意见》和《房山区开展党政机关公务用车问题专项治理工作的实施方案》进行修改后，区委办公室负责以区委办、区政府办名义发文。5月6日在区政府东二楼报告厅召开房山区开展清理和规范庆典、研讨会、论坛活动工作及党政机关公务用车问题专项治理工作会议。会议听取了周口店镇关于周口店世界文化传承示范区项目情况的汇报。会议决定：赵佳琛牵头负责此项目推进工作。会议听取了区委组织部关于人才工作有关情况的汇报并原则通过了《房山区中长期人才发展规划纲要（2011—2020）》《房山区"十二五"时期人才事业发展规划》《关于进一步加强党管人才工作的实施意见》和《房山区突出贡献人才奖评选办法》。会议决定：区委组织部根据常委会意见，对《房山区中长期人才发展规划纲要（2011—2020）》和《房山区"十二五"时期人才事业发展规划》进行修改后，负责以区人才工作领导小组办公室名义印发。区委组织部根据常委会意见，对《关于进一步加强党管人才工作的实施意见》进行修改后，区委办公室负责以区委办名义发文。区委组织部根据常委会意见，对《房山区突出贡献人才奖评选办法》进行修改后，区委办公室负责以区委、区政府名义发文。初定5月中旬召开房山区人才工作会议。会议原则同意成立中国致公党北京市房山区支部委员会并研究了第一届主委、副主委候选人建议人选。

（毕胜）

【六届区委常委会第160次会议】 5月9日，六届区委常委会在区委434会议室召开第160次会议。区委书记刘伟主持。会议听取了集聚区办公室关于《房山区"十二五"文化创意产业发展规划》编制情况的汇报，并原则通过了《房山区"十二五"文化创意产业发展规划》。会议决定：集聚区办公室负责协调区有关部门和策划编制单位，根据常委会意见，对《房山区"十二五"文化创意产业发展规划》作进一步修改。会议听取了区文明办关于推荐第三批全国文明城区、文明村镇和文明单位情况的汇报，原则通过了推荐名单，会议决定：积极申报全国文明城区提名资格，并认真组织申报方案，专题向区政府汇报。区文明办根据常委会意见，对有关推荐名单进行调整后按程序上报。会议听取了窦店高端现代制造业产业基地管委会关于北京高端制造业新区品牌战略策划情况的汇报，原则通过了北京高端制造业新区品牌标识 Funmade（FMD）。会议听取了史家营乡重点项目和经济社会发展情况的汇报。会议听取了区委组织部关于开展"三敢"精神大讨论活动有关情况的汇报，原则通过了《关于在创先争优活动中开展"三敢"精神大讨论活动的通知》，会议决定：区委组织部根据常委会意见，对《关于在创先争优活动中开展"三敢"精神大讨论活动的通知》进行修改后，负责以区委创先争优活动领导小组名义印发。尽快组织召开会议，对开展"三敢"精神大讨论活动进行动员部署。会议研究了干部任免事项。

（毕胜）

【六届区委常委会第163次会议】 6月13日，六届区委常委会在区委434会议室召开第163次会议。区委书记刘伟主持。会议听取了区教委关于争创北京市学习型区县先进区的情况汇报并原则通过了《房山区学习型区县先进区创建迎评工作方案》。会议要求：要对照学习型区县先进区的标准，统筹安排，精心组织，高标准做好各项评估验收的准备工作，确保2012年底前通过评估验收，成为北京市学习型区县先进区。会议听取了北京石化新材料科技产业基地、房山世界地质公园、中国北京农业生态谷、中央休闲购物区（CSD）长阳核心区、窦店高端现代制造业产业基地、高端葡萄酒产业集群项目、河北镇棚户区改造项目和石花洞梦幻乐园项目等重点功能区、重大项目建设进展情况汇报并提出要求。会议研究了干部任免事项。

（毕胜）

【六届区委常委会第 171 次会议】 8 月 8 日，六届区委常委会在区委 434 会议室召开第 171 次会议。区委书记刘伟主持。会议听取了区财政局关于调整 2011 年一般预算收入目标情况和区发改委关于重大项目进展情况的汇报，原则通过了《区财政局关于调整 2011 年一般预算收入目标的建议》。会议决定：区纪委（监察局）会同区委组织部、区编办、区财政局根据常委会意见，对《关于建立联合派驻纪检组的工作意见》进行修改后，区委办公室负责以区委办名义转发。会议听取了区委组织部关于召开中共北京市房山区第七次代表大会有关情况的汇报，原则通过了《关于召开中共北京市房山区第七次代表大会的建议方案》《关于做好出席中共北京市房山区第七次代表大会代表选举工作的通知》《关于召开中共北京市房山区第七次代表大会的决议（草案）》，会议决定：区委组织部按规定向市委报送筹备召开中共北京市房山区第七次代表大会的请示。区委组织部根据常委会意见，对《关于做好出席中共北京市房山区第七次代表大会代表选举工作的通知》进行修改后，区委办公室负责以区委名义发文。初定于 2011 年 12 月在韩村河山庄会议中心召开中共北京市房山区第七次代表大会。会议听取了区旅游局关于北京华嬉数字文化主题乐园奠基仪式有关情况的汇报，会议决定：8 月 19 日在房山世界地质公园博物馆南侧举行北京华嬉数字文化主题乐园奠基仪式。会议传达了 8 月 8 日北京市高尔夫球场清理调查情况通报会议精神。

（毕胜）

【六届区委常委会第 177 次会议】 9 月 30 日，六届区委常委会在区委 434 会议室召开第 177 次（扩大）会议。区委书记刘伟主持。会议受市委组织部委托，宣布了市委关于房山区领导干部的调整决定。会议传达了中共中央政治局常委、中央政法委书记、中央社会治安综合治理委员会主任周永康在 9 月 28 日全国加强和创新社会管理工作电视电话会议上的讲话精神以及市委书记刘淇在全国加强和创新社会管理工作电视电话会议后的讲话精神。会议原则通过了《房山区处级党政领导班子议事规则（试行）》《房山区处级领导班子党政正职选拔任用初始提名暂行办法（试行）》《中共北京市房山区委管理干部任前公示办法（试行）》《中共北京市房山区委关于处级党政正职拟任人选和推荐人选实行全委会投票表决和全委会闭会期间征求全委会成员意见的办法（试行）》，会议决定：区委组织部根据常委会意见，对《房山区处级党政领导班子议事规则（试行）》《房山区处级领导班子党政正职选拔任用初始提名暂行办法（试行）》《中共北京市房山区委管理干部任前公示办法（试行）》进行修改后，以区委组织部名义印发试行。区委组织部根据常委会意见，对《中共北京市房山区委关于处级党政正职拟任人选和推荐人选实行全委会投票表决和全委会闭会期间征求全委会成员意见的办法（试行）》进行修改后，区委办公室负责以区委名义印发试行。

（毕胜）

【六届区委常委会第 179 次会议】 10 月 17 日，六届区委常委会在区委 434 会议室召开第 179 次会议。区委书记刘伟主持。会议听取了区文明办关于在全区开展向厉莉学习活动有关情况的汇报并原则通过了《关于开展向“全国道德模范”厉莉同志学习的决定》。会议决定：区文明办根据常委会意见，对《关于开展向“全国道德模范”厉莉同志学习的决定》进行修改并报送区委宣传部把关后，区委办公室负责以区委、区政府名义发文。尽快组织召开会议，表彰先进，安排部署向厉莉学习活动。会议通报了各政党、人民团体提名推荐区第七届人大代表候选人情况。会议研究并通过了房山区四大部门领导班子以及区纪委领导班子、法检“两长”换届人事调整建议方案，会议决定：区委组织部按要求上报。

（毕胜）

【七届区委常委会第1次会议】 12月21日，七届区委常委会在区委434会议室召开第1次会议。区委书记刘伟主持会议。会议审议并通过了七届区委常委工作分工。会议审议并通过了区人大、区政府、区政协党组人员组成情况，任命张祝华为区委政法委书记、鹿进宝为房山公安分局党委书记，免去刘欣国区委政法委书记、李福田区人大党组副书记、王聚成房山公安分局党委书记职务。会议传达了中央经济工作会议和市委十届十次会议精神。

（毕胜）

【刘淇就“创新社会管理服务，推进首都社会建设”到房山区调研】 4月11日，中共中央政治局委员、北京市委书记刘淇就“创新社会管理服务，推进首都社会建设”到房山区调研。市委副书记，市政协党组书记、主席，市委政法委书记王安顺等市领导及区委书记刘伟，区委副书记、区长祁红等陪同调研。刘淇实地查看了良乡医院、区人力资源管理服务中心和山区人员迁移安置保障房项目现场，听取了相关工作汇报，充分肯定了房山区的工作。刘淇强调：要高度重视社会管理服务，做好双向转诊、四种慢病防治等工作，为群众提供高质量的医疗卫生服务；要摸清待业人员总量和可安置就业的岗位总量，抓好就业培训，前置就业服务关口，保障群众充分就业；市有关部门要把山区人员迁移安置保障房项目纳入棚户区改造范畴，做好学校、医院、商场、社保、就业等公共服务配套建设，使山区迁移人员搬得出、稳得住，促进社会和谐。

（于晓强）

【召开深入推进创先争优活动大会】 4月18日，房山区深入推进创先争优活动大会在区会议中心召开。区委常委、组织部部长、统战部部长孙强对全区创先争优活动进行了简要总结，对下一阶段工作进行了安排部署。区住房城乡建设委执法队、窦店镇窦店村、拱辰街道工委负责人在会上作表态发言。会议要求全区各级党组织要按照中央和市委精神，实施领导干部“领航工程”、基层党组织“聚力工程”和共产党员“先锋工程”。深入推进领航工程，就是要求全区各级领导班子和领导干部努力提高领导科学发展、驾驭复杂局势、做好群众工作和抓好自身建设的能力，通过理念领航、实践直航、创新起航、职责护航、信念巡航，在推动“十二五”时期房山科学发展中充分发挥引领带动作用；深入推进“聚力工程”，就是要求全区各级基层党组织按照“五个好”要求，创新活动载体，发挥组织优势，把广大党员群众充分有效的组织起来，聚发展之力、创新之力、人才之力、民生之力、和谐之力，把服务全区科学发展的各方力量最大限度的凝聚起来，在推动“十二五”时期房山科学发展的实践中切实发挥战斗堡垒作用；深入推进“先锋工程”，就是要求广大共产党员按照“五带头”要求，坚持围绕中心、服务群众、立足本职、践行宗旨，在日常工作生活和重大活动、关键时刻彰显党员先进性，争做新区新城建设先锋、爱岗敬业履职先锋、兴村富民创业先锋、和谐社区创建先锋、社会稳定执法先锋、民生保障服务先锋、社会工作开拓先锋、党性品行表率先锋。会议由区委副书记张祝华主持，区四大部门主要领导，区直各委办局、乡镇街道等部门的主要领导200多人参加大会。

（于晓强）

【推进创先争优活动】 按照中央和市委统一部署，全区各级党组织和广大党员认真践行“推动科学发展、促进社会和谐、服务人民群众、加强基层组织”的总体要求，4月18日，区委召开深入推进创先争优活动大会。5月16日，区委召开深入开展“三敢”精神大讨论活动动员大会，在全区部署以“敢于负责、敢于碰硬、敢于创新”为主要内容的“三敢”精神大讨论活动，为实现房山跨越发展激发新的活力。据统计，全区各单位共开展“三敢”精神集中学习420余次，全区980名处级以上领导干部，4.9万余名党员干部撰写了学习体会。9月15日，区委召开全区窗口单位和服务行业深入开展为民服务创先争优工作部署会，围绕增加服务意识、改进服务作风、提升服务能力、解决突出问题的目标，启动“创服务品牌、树党员形象”“三亮三比三评”（即：“亮标准、亮身份、亮承诺”，“比技能、比作风、比业绩”，“群众评议、党员互评、领导点评”）、区直机关领导干部下基层、创建“为民服务创先争优示范单位”等实践活动。印发《关于组织做好创先争优理论征文工作的通知》，围绕“一区一城”（首都高端制造业新区和现代生态休闲新城）新定位，在全区开展理论征文活动，共收集征文135篇，向市委推荐上报18篇。此外，结合实际开展了妇联系统和信访系统创先争优活动。总结上报4个党建创新项目，全部被评为北京市优秀党建创新项目。组织开展2011年度群众评议创先争优活动，全区共有68个党（工）委，50230名党员参加评议。其中群众对党（工）委的平均满意率为99.6%，对全区党员的评议平均满意率为91.7%。2011年，全区共印发区委创先争优活动领导小组文件14个，区委创先争优活动简报36期，市委简报刊登房山区专刊信息14篇。其中，市委常委、宣传部部长，市政府副市长鲁炜对市委简报第279期《房山区“三敢”精神大讨论活动为载体进一步助推创先争优活动深入开展》作出重要批示。

（杨兆军 赵高元）

【召开领导干部大会】 4月29日，房山区领导干部大会在区会议中心召开。区委常委、政法委书记刘欣国传达了市委副书记，市政协党组书记、主席，市委政法委书记王安顺在区县委书记会议上的讲话精神。区委副书记、区长祁红传达了中共中央政治局委员、北京市委书记刘淇在区县委书记会议上的讲话精神。会上，安排部署了房山区安全稳定工作，并与乡镇（街道）主要领导签订了《房山区坚决制止违法建设和非法生产经营消除安全隐患责任书》。区委书记刘伟强调：一要认真贯彻落实全市区县委书记会议精神，充分认识当前安全稳定工作的复杂性、严峻性和紧迫性。要认识到当前正处于特殊的发展阶段，面临着特殊的环境，安全事件时有发生，必须高度重视安全稳定工作，杜绝麻痹大意。二要全力以赴，强化落实，做好安全稳定各项工作。要密切关注政治性聚集事件，杜绝在房山区出现；要密切关注群体性事件，杜绝出现罢工、罢课等现象；要密切关注安全生产，加强易燃易爆物品管理，杜绝火灾、重大交通事故及其他安全事故；要落实相关政策，坚决拆除违法建设，打好攻坚战；要密切关注“五一”期间交通、旅游、食品安全，确保平安无事。三要加强领导，全面落实安全稳定工作责任。要落实领导责任，层层签订责任书，明确各乡镇（街道）、各部门“一把手”为第一责任人，对组织领导不力、工作措施落实不到位、情况上报不及时等情况，要坚决追究有关领导和人员责任；要加强协调配合，整合资源，认真研究、解决相关问题，形成齐抓共管的工作合力，杜绝出现推诿扯皮现象；要狠抓工作细节的落实，把问题想全面、估计充分，完善预案，杜绝出现“最后一公里”现象，同时要加大情报信息收集力度，有效控制不稳定因素。

（于晓强）

【召开“三敢”精神大讨论动员会】 5月16日，房山区“三敢”精神大讨论活动动员会在区会议中心召开。区四大部门主要领导出席会议。区委副书记、区长祁红主持会议。区委常委、组织部部长、统战部部长孙强对全区开展“三敢”精神大讨论活动进行安排部署。十渡镇、窦店高端现代制造业产业基地和城关街道分别作了表态发言。此次“三敢”精神大讨论活动，从5月中旬开始，到12月底结束，共分为学习思考、研讨交流和整改提高三个阶段。大讨论活动分别有三个方面的讨论主题：一是“三敢”精神的内涵是什么？落实“三敢”精神的评价标准是什么？二是站在全区的高度，紧密结合本单位及本职工作，重点围绕推进重点功能区和新城建设，围绕破解拆迁、手续、资金等难题，认真分析查找与“三敢”精神要求不相符合的问题。三是在今后的工作中，如何结合“三敢”精神推进各项工作，如何与其他部门形成工作合力。会议要求各单位在组织讨论中，要以这三个主题为重点，结合各自实际，特别是本单位在落实“三敢”精神中存在的一些突出问题，确定更具本单位特色和特点的讨论主题，认真组织开展好讨论活动。区委书记刘伟强调：一要充分认识开展“三敢”精神大讨论活动的重要意义。二要明确如何开展“三敢”精神大讨论活动。三要在全区迅速掀起开展“三敢”精神大讨论活动的高潮。

（于晓强）

【刘淇就“加强基层党建工作，推动重大项目建设”到房山区调研】 6月24日，中共中央政治局委员、北京市委书记刘淇就“加强基层党建工作，推动重大项目建设”到房山区霞云岭乡堂上村调研。市领导和市有关部门领导及房山区四大部门主要领导陪同调研。刘淇强调：要认真总结并大力推广堂上村党支部“党员干部群众次序动员管理办法”，在抢险救灾等工作面前，先发动党员干部再发动群众，在涉及福利分配等利益面前，优先安排群众再安排党员干部，进一步增强基层党组织的凝聚力和战斗力；要高度关注传统资源型产业退出后的发展问题，充分整合资源优势，建设好生态环境，积极发展红色旅游和沟域经济，安置群众就业，使群众过上幸福生活；要加强与央企的合作与服务，加快有关行政审批和重大项目建设，增强区域发展实力。

（于晓强）

【召开房山区庆祝中国共产党成立90周年大会】 6月27日，房山区庆祝中国共产党成立90周年大会在区会议中心召开。与会人员观看了专题片《破冰》，共同回顾了房山经济社会发展取得的突出成就，展望了房山科学发展的前景。会上，宣读了区委表彰决定，对70个先进基层党组织、260名优秀共产党员、50名优秀党务工作者和60名农村党组织书记“领头雁”进行了表彰。大会号召全区广大党员群众，弘扬“三敢”精神，开拓进取，扎实工作，为加快推进“一区一城”建设作出更大贡献。区委副书记、区长祁红主持会议。参加会议的人员有区四大部门主要领导；新中国成立前老党员代表；参加过抗日战争、解放战争的老战士代表和部分全国劳模、全国优秀共产党员；各乡镇（街道）党政正职、专职副书记、纪委书记、组织委员、宣传委员等500多人。

（杨兆军　郭璟　于晓强）

【召开创建学习型先进区动员会】 7月20日，区委召开创建学习型先进区动员会。刘伟、史全富、唐淑荣等区四大部门领导出席会议。区委副书记、区长祁红主持会议。区委副书记张祝华做《创建学习型先进区 助推三化两区建设》动员报告。北京市管理科学院院长、研究员马仲良做建设学习型房山专题辅导报告。区委书记刘伟强调：一要认清形势，切实提高对创建学习型先进区重要性的认识。二要突出重点，努力在学习型区县建设方面紧跟全市步伐。三要加强领导，广泛动员，确保创建学习型先进区工作落到实处。

（于晓强）

【中国共产党北京市房山区第七次代表大会】　12月6日至8日，中国共产党北京市房山区第七次代表大会在韩村河山庄会议中心召开。大会应到代表330人，实到代表322人，列席代表47人。会上，区委书记刘伟代表中共房山区第六届委员会作《大力弘扬“三敢”精神 为全面建设首都高端制造业新区和现代生态休闲新城而努力奋斗》工作报告。区委常委、区纪委书记王智慧代表中共房山区第六届纪律检查委员会作《弘扬“三敢”精神 服务“三化两区” 不断开创党风廉政建设和反腐败工作新局面》报告。会议选举产生了37名中共房山区第七届委员会委员、8名第七届委员会候补委员和29名第七届纪律检查委员会委员。审议通过了《中国共产党北京市房山区第七次代表大会关于中国共产党北京市房山区第六届委员会报告的决议》《中国共产党北京市房山区第七次代表大会关于中国共产党北京市房山区第六届纪律检查委员会报告的决议》。

（杨兆军　郭珺　于晓强）

【中共北京市房山区第七届委员会举行第一次全体会议】　12月8日，中共北京市房山区第七届委员会第一次全体会议在韩村河山庄会议中心召开。全会选举了七届区委常务委员会委员和区委书记、副书记，审议并通过了七届区纪委第一次全体会议选举结果。会议以无记名投票的方式，选举刘伟、祁红、张祝华、王智慧、李江、赵佳琛、鹿进宝、韩裕、孙强、赵军、吴会杰为七届区委常委；选举刘伟为七届区委书记，祁红、张祝华为区委副书记。

（于晓强）

组织工作

【概况】　2011年，全区组织工作在领导班子和干部人才队伍建设、基层党组织和党员队伍建设等方面取得新进展。配合市委组织部完成区级领导班子换届考察工作，完成乡镇换届工作。开展严肃换届纪律学习教育活动，采取编印发放严肃换届纪律宣传卡、宣传漫画，发送严肃换届纪律监督工作信息，在《房山报》、房山信息网开辟“严肃换届纪律，营造风清气正换届环境”专栏等宣传活动，加大严肃换届纪律宣传教育力度。建立换届风气监督联席会、监督预警和“三员”（换届风气巡视员、换届政策宣讲员、换届风气监督员）工作制度。优化处级领导班子和干部队伍，全年调整处级干部329人，从中直机关、重点院校和大型国企选调22名优秀年轻干部到各乡镇、街道任职。深化干部人事制度改革，树立正确用人导向，制定《关于处级党政正职拟任人选和推荐人选实行全委会投票表决和全委会闭会期间征求全委会成员意见的办法（试行）》《房山区处级领导班子党政正职选拔任用初始提名暂行办法（试行）》等文件，提高干部工作民主化程度。制定《关于在部分区政府工作部门分设党政正职的实施意见》《房山区处级党政领导班子议事规则（试行）》，促进领导班子决策的民主化和科学化。组建五大功能区管委会，建立并实施项目专员制度。

健全完善《房山区街道、乡镇领导班子综合考评办法（试行）》《房山区区直部门领导班子综合考评办法（试行）》和《房山区处级领导干部年度考核办法（试行）》，为合理调整使用干部提供科学依据。坚持干部选拔任用全程记实制度，新提拔的98名处级领导干部均通过市委组织部“干部选拔任用记实监督系统”审核。开展组织工作满意度调查和干部选拔任用“一报告两评议”（地方党委每年向全委会专题报告年度干部选拔任用工作情况，接受对本级党委干部选拔任用工作和新选拔任用领导干部的民主评议）工作，查找工作不足，加大工作整改落实力度，推动干部工作整体水平提升。制定《房山区处级干部教育培训工作若干规定（试行）》，对处级干部教育培训的工作方式和组织落实程序进行规范。举办区直机关干部素质提升大讲堂，全年举办7期，培训干部2480人次，其中处级干部840人次、科级干部1550人次、大学生村官90人次。2011年，房山区参加干部在线学习总人数达到2284人，全区所有参学人员全部完成60学时的学习任务。

深入开展创先争优活动，在全区部署开展“三敢”精神大讨论活动，启动以“领五航、聚五力、争作八个先锋”为主要内容的“五五八”活动。开展窗口单位和服务行业以及妇联系统和信访系统创先争优活动，激发党组织和党员干部的争创活力。开展庆祝建党90周年活动，组织召开房山区庆祝建党90周年大会，举办“光辉90年——房山区纪念中国共产党成立90周年大型成就展”，组织党员干部群众参观全市纪念建党90周年展览等活动。开展区四大部门领导走访慰问和“共产党员献爱心”活动，在全区范围内实行农村基层组织“次序动员”机制，得到中央组织部、市委领导的肯定。以党建创新“项目式管理”为抓手，加强对基层党建工作创新的指导和管理，全区各党（工）委共上报基层党建创新项目53个，其中4个党建创新项目被评为北京市优秀党建创新项目。探索加强党员队伍教育管理的有效方式，加强党员队伍建设，制定《房山区2011—2015年发展党员工作规划》《房山区流动人员入党若干规定》和《关于加强党员经常性教育的意见》等，全年批复64个党（工）委的1393名发展党员计划，调整区委组织员12名，依托党员信息库规范党费收缴和党组织关系转接工作。制作完成大型文献纪录片《破冰》，指导基层单位完成并上报电视专题片15部，DV作品6部。推进远程教育站点拓展工作，规范党代表任期制工作。推进党务公开，加强对党务公开落实情况的监督检查，对村“两委”（村级党组织委员会和村民委员会）班子和村级干部工作进行民主评议。研究制定《房山区中长期人才发展规划纲要》《房山区“十二五”人才事业发展规划》《关于进一步加强党管人才工作的实施意见》，谋划并规范人才工作体制机制。建立大学毕业生就创业引导机制，绘制大学毕业生就业创业引导路线图，集成11个就业渠道和5个创业环节的近100条相关政策。印发《房山区突出贡献人才奖评选办法》，开展高层次人才“特别关爱”、区级优秀人才培养项目资助等活动，累计投入专项经费200多万元。开展农村实用人才结对培养工作，下发《关于进一步做好农村实用人才开发培养工作的通知》，签订帮带培养协议753份，实施农村实用人才“飞跃计划”。协助中组部、农业部举办3期全国大学生村官培训班、3期农村实用人才带头人培训班，共培训多省市大学生村官、农村实用人才700余人次。投资200余万元开展区级农村实用人才示范实训基地评选资助工作，筛选10个基地作为典型培养链进行重点资助。制定《房山区组织系统信息化建设三年发展规划》，完成“房山区组织工作网”的改版升级，启动“房山区组织系统协同工作平台”建设，制定《信息化工作岗位职责》，举办全区组织系统信息化建设培训班。开展学习型组织部门和群团组织创建活动。在《中国组织人事报》《北京日报》等市级以上媒体刊发文章40余篇。编写《党建探索与创新——房山区优秀党建调研成果选编（第二辑）》，组织编写《中国共产党北京市组织史资料房山卷（1987—2010）》。抓好房山区党的建设研究会规范化建设，建立健全党建研究课题项目式管理、会员单位分组活动等工作制度，刊发会刊《房山党建研究》6期。

（梁志）

【**建立社区工作指导员制度**】 年初，根据区委组织部、区委社工委和区委老干部局联合印发《关于选派社区工作指导员的意见》《房山区社区工作指导员管理办法（试行）》，以退休处级以上老干部和非实职处级领导干部为对象，向社区选派指导员，协调、指导和服务基层社区建设工作。7月，聘任62人作为第一批社区工作指导员，派驻到67个社区开展工作。

（徐学刚）

【**开展走访慰问办实事活动**】 1月20日开始，开展元旦、春节期间走访慰问办实事活动。慰问对象包括城乡低保户、孤残等各类困难群体，全国和市级劳模等各类先进模范人物，无党派及民族宗教界人士等社会各界人士，现役军人家属、残疾军人等退伍军人及家属，老干部、老党员和生活困难党员。全区参加走访慰问办实事活动的单位126个。其中，乡镇（街道）25个，区直机关101个。参与走访慰问活动的区四大部门领导，乡镇、街道和区直机关干部共走访慰问帮扶对象31279户，包括困难群体26143户，各类先进模范人物293户，社会各届人士136户，现役军人家属及退伍军人1376户，老干部、老党员、困难党员3331户。投入慰问帮扶资金共1548.7万元。

（杨兆军 郭珺）

【**评选表彰优秀基层党建创新项目**】 1月，区委组织部印发《关于表彰奖励2010年度基层党建优秀创新项目及做好2011年度项目申报工作的通知》。评选出28个项目作为全区2010年度优秀基层党建创新项目进行表彰，其中一类项目6个、二类项目9个、三类项目13个。至12月底，全区各党（工）委共上报2011年度基层党建创新项目53个，其中基层组织建设创新项目18项、干部工作创新项目4项、党员教育管理创新项目18项、人才队伍建设创新项目3项、基层民主建设创新项目10项。

（徐学刚）

【**举办组织和群团干部培训班**】 2月23日至24日，区委组织部在云泽山庄会议中心举办2011年房山区组织和群团干部培训班。培训班主要采取集中授课、分组研讨、大会发言等形式进行。各乡镇（街道）副书记、组织部长，部分区直机关党（工）委主管领导，区委统战部、区委老干部局、团区委、区妇联、区总工会等群团组织主要领导，区委组织部机关全体干部共计150余人参加。

（梁义国 王娜）

【**建立区党代表大会代表活动组和活动日制度**】 2月，根据《关于建立房山区党代表大会代表活动组、活动日制度的通知》精神，区委组织部将区第六次党代会代表以街道和乡镇为单位划分为14个活动组。在此基础上，全区建立区党代表活动日制度，各活动组定期组织本组成员开展活动，原则定于每季度最后一个月进行，具体日期由各代表活动组自行确定。活动形式包括集中开展视察、座谈、调研等。至9月底，全区共开展三次党代表活动日活动，党代表参与率达到90%。

（徐学刚）

【**调整部分单位党组织建制**】 根据基层工作实际，区委组织部对部分单位党组织建制进行调整。2月，批准成立中共北京市房山区律师协会总支部委员会，由区委政法委归口管理；6月，批准成立中共北京房开控股集团有限公司委员会，由区国资委党委归口管理；10月，批准撤销由燕山工委归口管理的北京西南运通客运有限公司党委，批准将中共北京燕化东方工贸有限公司党委调整为中共北京燕化东方工贸有限公司支部委员会，由燕山向阳街道工委管理。

（徐学刚）

【建立区党代表大会代表分组活动和提案、提议制度】 2 月，为确保党代表履行职责，正常参加活动，有效开展工作，按照《北京市房山区党代表大会代表提案、提议办理办法》有关要求，区委建立并实行党代表分组活动和提案、提议制度。主要是以党代表分组和活动日的形式，为代表发挥作用建立一个载体，提高区党代表视察调研活动和提案、提议质量。该文件规定区党代表大会闭会期间，按照以各乡镇（街道）为单位的原则，将区党代表划分为若干活动组。各代表活动组根据相关规定或区委安排，组织本组成员开展活动。区党代表活动日每年 4 次，原则定于每季度最后一个月进行，具体日期由各代表活动组自行确定，届时区党代表以活动组为单位，在本地区或相应区属单位集中开展视察、座谈、调研等活动。至 11 月，区委组织部共收到党代表提议 4 件。

（徐学刚）

【启动创建学习型组织部活动】 为加强组织部门和组工干部自身建设，建设模范部门和过硬干部队伍，2 月，区委组织部制定《关于进一步加强自身建设的意见》和《关于开展创建学习型组织部活动的实施方案》，启动学习型组织部创建活动，力争用两年左右时间，把组织部建成“勤学、善学、精学、深学”的“四学”模范表率部门，把组工干部打造成“有韧劲、有思路、有激情、有贡献”的“四有”过硬干部队伍。

（梁义国）

【研究制定组织系统信息化三年发展规划】 按照中组部和市委组织部对信息化建设的要求，3 月，区委组织部结合全区组织系统信息化建设成果和在建业务系统的建设方案，编制《房山区组织系统信息化建设工程规划（2011—2013）》，确定打造“两个平台、三个体系、四类应用”（即组织工作网络平台和组工业务应用支撑平台；信息安全体系、运行管理体系和信息资源体系；干部管理类应用、党内管理类应用、人才管理类应用和综合管理类应用）的工作重点，明确信息化建设发展目标，预计投入资金 1771.97 万元，包括平台及体系建设、应用系统建设、软硬件购置、系统集成、运行管理体系建设、机房改造等。

（李冰）

【制定《房山区规范私营企业主入党程序若干规定（试行）》】 3 月，为规范私营企业主党员发展工作，区委组织部制定《房山区规范私营企业主入党程序若干规定（试行）》。该规定明确了私营企业主的入党条件、发展程序、培养管理等相关内容，为积极引导和培养私营企业主等社会各阶层、各行业中的优秀分子加入党的组织提供制度保证。至 12 月底，全区共发展私营企业主党员 21 名。

（杨兆军　郭珺）

【完成乡镇换届考察工作】 3 月，根据市委组织部要求，区委组织部印发《关于做好 2011 年乡镇领导班子换届工作的意见》和《关于对乡镇领导班子和领导干部进行换届考察工作的通知》，抽调 36 人组成 6 个乡镇换届考察组。4 月 7 日，召开房山区 2011 年乡镇领导班子换届工作动员会。从 4 月 11 日开始，利用 1 个多月时间完成 20 个乡镇、3 个街道领导班子和领导干部的考察工作。23 个乡镇、街道共有 2364 人参加民主测评、民主评议和民主推荐，1309 人参加个别谈话。

（耿庆华　吴广先）

【推进干部人事制度改革】 3 月，区委组织部继续推进干部人事制度改革，不断解决干部人事制度改革中的重点难点问题，制定《关于在部分区政府工作部门分设党政正职的实施意见》，对 25 个政府部门试行党政正职分设；10 月，印发《关于处级党政正职拟任人选和推荐人选实行全委会投票表决和全委会闭会期间征求全委会成员意见的办法（试行）》《房山区处级领导班子党政正职选拔任用初始提名暂行办法（试行）》和《房山区处级党政领导班子议事规则（试行）》等文件，扩大干部工作民主化程度，促进领导班子决策的民主化和科学化。此外，区委组织部统筹全区干部资源组建五大功能区管委会，理顺管理体制。并根据园区建设需要，建立实施了项目专员制度。

（耿庆华 吴广先）

【创作"三化两区"建设文献纪录片《破冰》】 3月至6月，为迎接中国共产党建党90周年，区委组织部经过近4个月的筹备和拍摄，完成了《破冰》的摄制工作。本片以房山区跨越式发展为背景，以窦店、长阳等地区的城市化发展为典型案例，通过客观翔实的记录，较为全面的展示了房山区 "三化两区"建设的思想发展脉络，试图揭示城市化发展进程中的动力所在，达到破除发展中的思想桎梏，进一步统一思想，凝聚全区人民在"十二五"期间创造更大成就的目的。此片为大型文献纪录片，于"七一"期间在房山电视台播出。

（隗功博）

【参加市农村实用人才创业成果展示推介会】 4月，区委组织部组织区内企业的50多项产品参加全市农村实用人才创业成果暨乡村旅游产品（手工艺品）展示推介会。通过展览展销、现场制作、论坛交流等多种形式，展示了房山区农村实用人才的创业成果、手工技艺和精神风采。经评比，房山区获推介活动最高奖项——最佳组织奖，北京巧姑靓嫂旅游工艺品有限公司的钩编获最受欢迎产品奖，京绣产品获最具现场人气奖，汉白玉石雕获最佳礼品奖；北京得立青农业科技有限公司的冰柿获最受欢迎产品奖；区食用菌协会的小宝塔（灵芝工艺品）获最佳创意奖，灵芝孢子粉礼盒获最佳创意奖；北京韦老表食品有限公司的韦老表桃酥王获最受欢迎产品奖。

（李海燕 刘佳）

【组织开展"共产党员献爱心"捐献活动】 6月20日，根据市委纪念建党90周年活动统一部署，区委组织部、区委宣传部和区慈善协会共同组织召开房山区 2011 年度"共产党员献爱心"捐献活动工作部署会，印发《房山区2011年"共产党员献爱心"捐献活动工作方案》，对全区开展"共产党员献爱心"活动进行统一部署。活动到 7 月 8 日结束，分为动员部署、集中捐献和公示3个阶段。全区共有68个党（工）委的53412名党员参加捐献活动，共捐款226余万元。

（杨兆军 郭珺）

【开展"百万党员寄心语"活动】 从6月中旬开始，根据市委组织部、市委宣传部统一部署，区委组织部、区委宣传部联合印发《关于开展"向党说句心里话——百万党员寄心语"活动的通知》，号召全区广大党员通过邮寄明信片、拨打热线电话、邮寄信函、发送手机短信、发送电子邮件、网络留言等方式，向党述说最能表达自己心意的一句话，抒发广大党员知党、爱党、颂党的真情实感。活动至9月上旬结束，共有3万余名党员参与活动。

（杨兆军 郭珺）

【组织区四大部门领导开展"七一"走访慰问活动】 6月22日至30日，由区委组织部牵头，组织区四大部门领导开展"七一"走访慰问活动。全区共有 23 名区领导参加走访慰问活动，共慰问优秀党员、新中国成立前老党员和生活困难党员 69 户，投入慰问资金22.8万元。

（杨兆军 郭珺）

【开发建设房山区干部监督评议网站】 6月，区委组织部结合干部监督管理工作，开发建设房山区干部监督评议网。网站共分为

“工作动态”“政策解读”“简讯简报”等12个栏目，主要为干部监督工作宣传、网上公示、网上评议处级领导干部、开展网上民主测评以及开通网上监督信箱，统计、分析、展现评议结果等工作提供服务。

（李冰）

【推荐上报全国及北京市先进基层党组织、优秀共产党员和优秀党务工作者】 6月，按照市委组织部有关要求，区委组织部组织开展了全国及市级先进基层党组织、优秀共产党员和优秀党务工作者的评选推荐工作。通过推荐，在征求区纪委、区委政法委、房山公安分局、区检察院、区法院、区计生委和区信访办等部门意见的基础上，共推荐全国先进基层党组织、优秀共产党员和优秀党务工作者候选对象各1名，推荐北京市先进基层党组织1个，北京市优秀共产党员和优秀党务工作者各3名。

（杨兆军　郭珺）

【制作电视系列片《光辉的旗帜》】 上半年，为庆祝中国共产党建党90周年，区委组织部在全区征集105条先进基层党组织和优秀共产党员先进事迹拍摄线索，经整理筛选，拍摄完成了《浓浓豆浆情》等11部《光辉的旗帜》电视系列片，并于“七一”期间在房山电视台播出。

（隗功博）

【开展“在党的指引下”——房山区主题党日活动】 7月19日，按照市委纪念建党90周年活动统一部署，区委组织部在中华世纪坛举办“在党的指引下”——房山区纪念建党90周年主题党日活动。活动以舞蹈、合唱和现场讲述等多种形式表演了《东方红》《赞歌来自我家乡》《和谐靓丽新房山》等节目。市委副秘书长、市创先争优领导小组办公室主任张建明，区委常委、宣传部部长赵佳琛，区委常委、组织部部长孙强，各乡镇（街道）党员群众代表共200多人参加活动。

（杨兆军　郭珺）

【完成区级领导班子换届考察】 7月，按照市委统一部署，市委考察组对房山区四套领导班子及班子成员、法院院长和检察院检察长进行考察。7月7日，召开全区领导干部大会，对区级领导班子及领导干部进行民主评议。7月8日，召开市、区两级党代表、人大代表、政协委员、基层群众共200人参加的民意调查会。配合市委考察组完成民主评议表、民主测评表、民主推荐表、民意调查表、严肃换届纪律调查问卷等“四表一卷”考察工作。7月25日至26日，市委考察组对5名拟新提拔进班子人选考察对象进行延伸考察。7月27日，组织区级以上党代表、人大代表、政协委员和5名考察对象所在单位的一般工作人员、基层代表216人对拟新提拔进班子人选考察对象进行了民意调查。

（吴广先　白钰）

【编印完成《他山之石——外派挂职干部访谈录选编（第二集）》】 7月，为提高干部挂职工作的针对性和实效性，区委组织部编印完成《他山之石——外派挂职干部访谈录选编（第二集）》，全书共23.8万字。该书通过采访者与区委外派的192名挂职干部中的部分干部访谈的形式，再现了挂职干部们外出取经学“他山之石”，学成归来谋“攻玉之策”。

（张伟）

【推广实施农村基层组织“次序动员”机制】 7月和9月，中央政治局委员、中央书记处书记、中央组织部部长李源潮和中央政治局委员、市委书记刘淇分别对房山区“次序动员”机制做出重要批示。为贯彻落实中央、市委精神，区委组织部在全区深入推广“次序动员”，7月至10月，房山区共接待国家行政学院、中国社科院、中国人民大学、北京市委党校、市创先争优领导小组、《前线》杂志社等单位20余名专家调研“次序动员”。通过走访、座谈等方式，进一步丰富了“次序动员”理论内涵，为继续深入开展“次序动员”奠定了理论和实践基础。8月，市委在房山召开北京市基层组织“次序动员”机制现场推进会，房山区将“次序动员”机制开展情况进行了汇报，并同其他区县进行经验交流，将“次序动员”在全市各区县、各系统、各单位进行推广。9月，区委组织部召开深化基层组织“次序动员”机制座谈会，号召全区各党（工）委深刻领会“次序动员”机制的核心精神，深入总结推广“次序动员”机制。

（陈谦）

【完成乡镇党委换届选举工作】 7月至9月，按照市委组织部、市委农工委的部署，全区20个乡镇党委完成换届选举工作。各乡镇本级代表的选举，均以基层支部召开党员大会采取无记名投票的方式进行，保证了代表的先进性和广泛性，改善了代表结构。20个乡镇共选出本级党代表2731人，占乡镇党员总数的9.77%。其中，村级以上领导干部代表1474人，占54%；生产、工作一线代表980人，占35.9%；先进模范人物代表277人，占10.1%。在代表中，大学生村官代表8人，占0.3%；妇女代表828人，占30.3%；少数民族代表84人，占3.1%；35岁以下代表242人，占8.9%；36岁至50岁代表1494人，占54.7%；51岁以上的代表995人，占36.4%。在选举本级党代表和酝酿提名乡镇党委委员、纪委委员的过程中，全区农村党员的参与率达到90%以上。全区所有乡镇党委委员和纪委委员的选举全部采取直接差额选举的办法进行，共提名党委委员候选人236名，其中差额46名、实际当选190名。提名纪委委员候选人106名，其中差额20名、实际当选86名。党委书记、副书记，纪委书记、副书记的选举均采取等额选举的办法进行，共选举产生新一届党委书记20名，党委副书记40名，纪委书记、纪委副书记各20名。新一届党委委员中，女委员43人，占22.6%；少数民族委员4人，占2.1%；具有研究生以上学历的62人，占32.6%；大学学历的116人，占61.1%；大专学历的12人，占6.3%；年龄在35岁以下的23人，占12.1%；36岁至50岁的160人，占84.2%；51岁以上的7人，占3.7%。新一届纪委委员中，女委员31人，占36%；少数民族委员2人，占2.3%；具有研究生以上学历的5人，占5.8%；大学学历的65人，占75.6%；大专学历的14人，占16.3%；高中、中专及以下学历的2人，占2.3%；年龄在35岁以下的9人，占10.4%；36岁至50岁的73人，占84.9%；51岁以上的4人，占4.7%。

（杨兆军　郭珺）

【举办新型城市化建设境外培训班】 8月21日至9月10日，为进一步提高党政领导干部城市化建设管理的能力和水平，推进“三化两区”新房山建设，区委组织部首次自主举办新型城市化建设境外培训班，赴美国旧金山、华盛顿、纽约和洛杉矶共4个城市进行学习考察。此次培训班学员共16人，由8个区直单位和8个乡镇街道的人员组织。

（褚萌）

【开展“关于房山区高端制造业产业人才集群化发展的调研”】 8月，为进一步促进房山区高端制造业产业人才集群化发展，区委组织部开展促进人才集群化发展课题调研工作。调研以北京高端制造业（房山）基地和北京石化新材料产业基地中的11家企业为对象，通过召开座谈会、发放调查问卷及数据统计分析等形式，了解高端制造业产业人才队伍的基本情况，发展中存在的问题，及企业对人才发展环境的意见建议，形成专题调研报告，为进一步做好功能区引才、育才、聚才、用才工作奠定基础。

（李海燕　刘佳）

【制定《房山区2011—2015年发展党员工作规划》】 8月，根据《北京市2011—2015

年发展党员工作规划》，区委组织部结合全区实际，研究制定《房山区 2011—2015 年发展党员工作规划》，《房山区 2011—2015 年发展党员工作规划》围绕“十二五”时期工作大局，规定了 2011 年至 2015 年全区党员发展工作目标、基本要求、工作重点等，明确全区发展党员工作的目标任务，为房山区“十二五”期间发展党员工作提供良好制度保障。

（杨兆军　郭珺）

【编辑印发《房山区村级干部履职手册》】 8 月，区委组织部编辑的《房山区村级干部履职手册》出版。该书由两部分内容：一是政策文件，收录了《房山区村级干部履职手册》使用管理办法及《房山区农村基层组织工作规范》《房山区农村基层组织次序动员管理办法（试行）》等村级工作规范化文件；二是各类登记表、记录表，用于记录和反映村干部基本信息、岗位职责、民主评议、联系群众和任期履职等情况。截至年底，手册下发到 461 个村“两委”班子成员。

（张凤保）

【开展优秀人才培养项目资助工作】 为做好优秀人才培养项目资助工作，区委组织部完善《房山区优秀人才集体项目和个人项目资助办法（试行）》，提高了申报项目标准和资助金额。9 月 20 日，召开房山区优秀人才培养项目资助工作会，总结房山区开展优秀人才项目培养资助工作的做法及成效，向获得 2011 年房山区优秀人才培养项目 12 个集体项目、28 个个人项目发放奖金 164 万元。同时，有 3 个个人项目获市委组织部培养资助 10.5 万元。

（李海燕　刘佳）

【规范流动人员入党程序】 9 月，区委组织部印发《房山区流动人员入党若干规定（试行）》，该规定主要内容有建立流动人员入党定期通报制度、异地公示制度及档案审核制度，明确人员界定、发展程序、公示通报、档案管理等各项工作，规范了全区流动人员入党程序。

（杨兆军　赵高元）

【20 个乡镇完成党委、政府换届选举】 9 月至 11 月，全区 20 个乡镇完成党委、政府换届工作，共选举产生新一届乡镇党委班子成员 190 人，政府班子成员 110 人，人大主席、副主席 35 人。本次乡镇换届工作呈现出新当选领导班子成员得票率高、代表参与度高、换届风气满意度高等特点。

（解美玲　王宁宁）

【举办房山区第一期组织系统信息化建设培训班】 10 月，区委组织部举办房山区第一期组织系统信息化建设培训班，培训班采取集中授课、上机操作和上机考试相结合的方式，对全区组织人事部门主管领导及干部、党员信息库管理员等 450 余人进行培训。

（李冰　向高操）

【开展农村实用人才示范实训基地评定工作】 12 月，区委组织部以打造一批能够体现房山特色、标准较高、规模适度、产业优势明显、培训功能齐全、带动辐射作用强的示范实训基地为目标，以重点资助与普通资助相结合的方式，开展 2011 年度农村实用人才示范实训基地评定工作。经筛选、审核，确定重点资助和普通资助基地名单。其中重点资助基地以琉璃河镇的北京三江宏利牧业有限公司、西潞街道的北京巧姑靓嫂旅游工艺品有限公司为代表的 10 个基地，资助标准为 8 万元；普通资助基地以石楼镇的北京紫竹苗木有限公司、长沟镇的北京德润德龙虫业有限公司为代表的 13 个基地，资助标准为 5 万元。共计投入资金 145 万元。

（李海燕　刘佳）

【规范完善发展党员“双线接收”制度】 12 月，区委组织部在总结基层党（工）委发展党员“双线接收”的经验基础上，印发《房山区党（工）委受理入党申请若干规定（试行）》。规定党员在符合相关条件下，可向工作（或居住地）党组织，以及上级党组织提出入党申请，进一步规范和完善了发展党员“双线接收”的工作程序，拓宽了全区发展党员渠道。

（杨兆军 赵高元）

【《王老师》获市党员电教片评比一等奖】 年内，在北京市第十届党员电教片观摩评比活动中，房山区选送的电教片《王老师》获一等奖，并被北京市委组织部推荐参加全国优秀党员电视教育片观摩交流评比活动。该片讲述了良乡二中王冬梅在岗位上默默奉献，兢兢业业，用朴素而真诚的爱滋润着每一位学生，为教育事业贡献着自己的青春和热血，用感人的故事给人以强烈的震撼。

（葛大鹏）

【推进政工职评工作】 年内，区委组织部按照市政工职评办公室的统一部署，组织申报人员进行辅导考试，通过专业课、计算机、英语考试，有 79 人获政工专业职务申报资格，其中高级 12 人、中级 52 人、初级 15 人。经过各级评委会推荐评审，共有 62 人取得政工专业职务任职资格，其中高级政工师 3 人、政工师 44 人、助理政工师 15 人。

（褚萌）

【建立民主评议社区“两委”班子和社区工作者制度】 为加强社区建设和管理工作，发挥社区党组织的领导核心作用，充分调动社区“两委”班子和社区专职工作者开展工作的积极性和主动性，2011 年，区委组织部与区委社会工委联合印发《房山区民主评议社区“两委”班子和社区工作者工作意见》，在全区开展民主评议社区“两委”班子和社区专职工作者工作。全区共有 118 个社区、1044 名社区工作者参加民主评议。在参评的社区“两委”班子中，全部被评为优秀等级，占参评总数的 100%。在参与评议的社区工作者中，有 1008 人被评为“优秀”等级，占 96.55%；有 33 人被评为“称职”等级，占 3.16%；有 2 人被评为“基本称职”等级，占 0.19%；有 1 人被评为“不称职”，占 0.1%。

（徐学刚）

【完善民主评议农村“两委”班子和村干部制度】 根据新修订的《中华人民共和国村民委员会组织法》有关规定，2011 年，区委组织部将全区民主评议村“两委”班子和村级干部工作由每年一次改为每年两次，分别于年中和年底进行。12 月，全区共有 457 个村、2034 名村干部参加民主评议，分别占应参评总数的 99.13%和 99.46%。据统计，参评的 457 个村“两委”班子中，有 434 个被评为“优秀”等级，占参评总数的 94.97%；被评为“满意”和“基本满意”的有 23 个村，占 5.03%。在参评的 2034 名村“两委”干部中，有 1797 人被评为“优秀”等级，占 88.35%；有 149 人被评为“称职”等级，占 7.33%；有 77 人被评为“基本称职”等级，占 3.79%；有 11 人被评为“不称职”等级，占 0.53%。

（徐学刚）

【选优配强区二级领导班子】 为优化全区二级领导班子和处级干部队伍结构，在坚持岗能匹配、优化结构，群众公认、实绩突出，加强交流、合理流动，严格标准、依法办事的基础上，2011 年，区委共调整处级干部 329 人，其中提拔 98 人（含交流提拔 46 人）、交流 106 人、轮岗 38 人、改任非领导职务 46 人、兼职等其他情况调整 41 人。在新提拔的干部中，正处级干部 13 人，占 13.27%；女干部 32 人，占 32.65%；少数民族干部 6 人，占 6.12%；非中共干部 15 人，占 15.31%。乡镇新提拔干部都是长期工作在基层一线，得到了大部分群众认可，民主推荐率都排名靠前且超过半数；干部轮岗和交流比例达到 43.8%。

（解美玲 王宁宁）

【选拔年轻干部和基层干部】 2011 年，按照市委组织部工作要求，区委组织部加大选拔年轻干部和基层干部工作力度。在选拔年轻干部方面，研究制定《房山区街道、乡镇领导班子配备 80 后干部工作方案》，协调市直有关部门，开展“首都高校团委书记房山行”活动，从中直机关、重点院校和大型国企成功选调 22 名优秀年轻干部到各乡镇、街道任职。在选拔基层干部方面，从长期工作在乡镇基层一线、成绩比较突出、群众认可度高的干部中提拔 29 名干部，充实到乡镇、街道领导班子。

（耿庆华　王宁宁）

【加大干部交流力度】 2011 年，区委组织部以换届为契机，加大干部交流力度，对在同一职位任职时间较长和需要任职回避的进行计划性交流；对发展潜力大、任职经历单一、缺少基层一线工作经历的年轻干部进行锻炼性交流；对改善领导班子结构、利于发挥干部特长的进行结构性交流；对重点发展地区、生态涵养地区以及旅游发展重点地区进行工作性交流。全年共交流干部 144 名，占调整干部总数的 43.8%。

（耿庆华　解美玲）

【推行科级领导职位竞争上岗】 年内，按照区委组织部《关于房山区党政机关科级领导职务实行竞争上岗的实施意见（试行）》，区委组织部、区人力社保局在坚持民主推荐、组织考察的基础上，大力推行科级领导职位竞争上岗工作，全年共有 172 人通过竞争上岗担任了科级领导职务。

（耿庆华　解美玲）

【营造风清气正换届氛围】 2011 年，按照中央、市委关于严肃换届纪律的工作要求，区委组织部印发《关于严肃乡镇领导班子换届纪律的通知》《关于开展“我为换届风气满意度加 1 分”系列活动的通知》《关于努力营造风清气正换届环境建立“三员”工作制度的通知》等系列文件，利用广播、电视、网络等新闻媒体，开展严肃换届纪律宣传教育活动，向干部群众发放《严肃换届纪律读本》3500 余册、《宣传卡》2.5 万余册、《宣传册》1 万余册，将中央提出的“5 个严禁、17 个不准和 5 个一律”纪律要求发送到干部群众手中，扩大严肃换届纪律宣传覆盖面。同时，结合创先争优活动在全区开展“我为换届风气满意度加 1 分”主体系列活动，在单位和干部中开展换届纪律承诺，乡镇党委书记“公开承诺”、领导干部“认领承诺”、区直部门“个性承诺”，营造风清气正换届氛围。协调区广电中心拍摄严肃换届纪律宣传片《承诺》，被中组部严肃换届纪律总结片采用。

（吴广先　赵建新）

【建立严肃换届纪律监督检查机制】 2011 年，区委组织部以区、乡两级换届为契机，建立严肃换届纪律监督检查机制，把干部监督工作贯穿到换届工作全过程。一是建立“三员”工作制度。选聘 10 名工作经验丰富、责任心强的区直部门负责人担任换届风气巡视员，聘请各乡镇党委副书记、纪委书记、组织委员、宣传委员担任换届政策宣讲员，聘请 84 名区乡“两代表一委员”担任换届风气监督员。二是建立换届风气监督联席会制度。定期召开会议，通报换届风气情况，对信访举报进行认真分析，做到早发现、早预防、早处理，将违反换届纪律行为消灭在萌芽期。三是建立监督预警制度。完善电话、信访和网络“三位一体”的监督举报平台，充分发挥“12380”监督举报电话、干部监督短信平台作用，及时准确发现违反换届纪律行为，遏制各种违反换届纪律行为发生。

（韩振路　赵建新）

【加大干部选拔任用工作监督力度】 2011 年，区委组织部以《干部选拔任用条例》和《四项监督制度》为重点，加大对干部选拔任用工作的监督力度。一是坚持干部选拔任用全程记实制度，新提拔的 98 名处级领导干部都填写了《干部提拔任职流程登记册》，由于把关严格，任免过程严谨规范，所有提拔的干部均通过市委组织部“干部选拔任用记实监督系统”审核；二是加强对“一把手”的监督，对 19 名处级班子党政正职进行了离任检查，对 6 个区直部门领导班子进行了巡视；三是认真执行任前公示、试用期、述职述廉、诫勉函询等制度，所有提拔的干部都进行任前公示，根据群众反映的问题，全年共对 7 名处级领导干部进行函询。

（吴广先　赵建新）

【建立农村党员干部现代远程教育技术服务队】　年内，为加强和完善农村党员干部现代远程教育管理工作，做好各远程教育站点设备维护和技术服务，保障站点正常运行，区委组织部依托各乡镇、街道党员服务中心组建农村党员干部现代远程教育技术服务队。服务队由大学生村官 3 人至 8 人组成，乡镇（街道）党（工）委组织委员为第一责任人。

（隗功博　葛大鹏）

【开展“推动科学发展、促进社会和谐”主题党建调研活动】　2011 年，按照组织工作“围绕中心、服务大局”的要求，区委组织部在全区范围内开展“推动科学发展、促进社会和谐”主题党建调研活动，共收到全区 47 个单位的 112 篇调研文章。

（沈健）

【推进党员干部现代远程教育站点进社区】　2011 年，根据市委组织部要求，按照房山区《关于全面推进党员干部现代远程教育进社区工作的通知》安排，房山区要完成 122 个社区政务网络介入和终端站点建设工程，总投资 196.42 万元。至 12 月底，共建成社区党员干部现代远程教育站点 93 个，其余 29 个社区将逐步予以解决。

（葛大鹏）

【推进干部教育培训工作】　2011 年，区委组织部举办各类主体班 8 个，培训干部 3880 人次，培训总学时达到 133186 学时。3 月，举办房山区第 20 期中青年干部培训班，培训时间 3 个月，培训 49 人。6 月和 9 月，分两期举办处级领导干部轮训班，每期培训时间一个月，培训总人数 112 人。8 月 21 日至 9 月 10 日，第一次举办新型城市化建设境外培训班，培训时间 21 天，培训干部 16 人。此外，举办专题培训班次 24 期，与区国资委联合举办企业经营者管理培训班，与区直机关工委联合举办区直机关党支部书记培训班。

（褚萌）

【建立大学毕业生就业创业引导机制】　2011 年，房山区制定《关于进一步做好促进大学毕业生就业创业工作的意见》和《大学毕业生就业创业路线图》，建立大学毕业生就业创业引导机制。该意见从充分认识做好此项工作的意义、完善工作职责体系、搭建政策支撑体系、建立信息服务体系、健全制度措施体系和保障各项政策措施落实 6 个方面出发，构建促进大学毕业生就业创业的绿色通道。

（李海燕　刘佳）

宣传思想文化工作

【概况】　全区宣传思想文化战线全面贯彻区委决策部署，助推首都高端制造业新区和现代生态休闲新城建设，解放思想、开拓创新、整合资源，抓形象、抓民心、抓基础，创造性地推进各项工作，为房山区经济社会发展营造了良好的氛围。提升房山区对外影响力，以“FUNHILL 房山　FUN 动世界城市梦想”为主题，利用中央媒体、市属媒体、境外媒体和新媒体，开展“FUNMADE”“FUNDASHING”系列整体形象宣传工作，努力打造城市新名片。北京广播电台平均每天 42 次传播“房山声音”；新华社对 700 余家国内平面媒体、300 余家境内外大型网站的重点监测显示，全年有效新闻报道 6941

篇，总量在 16 个区县中排名第四，在新华社《国内动态清样》上发表了反映房山区基层党组织“次序动员”机制的文章，引起中央领导关注并做了重要批示。以大型活动为载体，扩大对外影响。充分发挥大型活动树形象、造声势、扩影响的作用，举办了“2011长阳音乐节”“‘圣地赞歌’大型群众合唱汇演”“天下第一坡”挑战活动等 8 场大型主题宣传活动，引发千余家媒体的聚焦和报道，集中展示了房山区产业友好、生态宜居的崭新形象。有效化解舆论危机，掌握舆论主导权。科学做好重大突发事件的新闻报道，成功处置了“良乡新城水源地水质恶化”“数十名登山爱好者被困周口店猫耳山”等多起引发媒体关注事件，有效维护了区委、区政府为民务实的良好形象。开展纪念建党 90 周年系列活动，以“没有共产党就没有新中国”为主题，组织了“光辉 90 年”成就展、“党在百姓心中”宣讲活动等 7 大类 16 项区级活动，带动全区开展各类活动 300 余项。扎实推进学习型党组织建设，树立了房山工商分局、大石窝镇两个市级学习型党组织建设示范点，举办了“基层学习型党组织建设房山现场经验交流会”。房山区百姓宣讲团整建制选入全市宣讲团，在全市进行巡讲，推出了《山窝窝飞出不朽的歌》为代表的一批宣讲作品，囊括了市级百姓宣讲活动的所有奖项。精神文明创建和思想道德建设成效显著。以弘扬践行北京精神为契机，开展“做文明有礼的北京人”“展房山风采、做文明新人”文明创建活动，涌现出了全国道德模范厉莉、首都道德模范赵国强等一批先进典型。群众思想政治工作不断改进。发挥区属媒体桥梁纽带作用，第一时间传递区委、区政府声音，及时反映群众呼声，特别是针对“拆违”、拆迁、就业等群众关心的热点难点问题，积极做好解疑释惑、理顺情绪、化解矛盾工作。壮大发展文化事业和文化创意产业。实现了数字影院、益民书屋、农村文化活动室和文化资源共享工程等文化设施的“全覆盖”；全年累计开展 20 余场区级、3000 余场基层文化活动；“农村文艺演出星火工程”和“农村电影放映工程”等文化惠民项目，全年累计开展近 2 万余场次，丰富了城乡群众的精神文化生活。文化创意产业不断发展壮大，重大项目建设实现突破，加速推进云居寺文化景区、北京文化硅谷等产业项目。积极探索文化与城市共同繁荣发展的全新模式，拍摄制作了全市首部乡村题材数字电影《花开白草畔》；启动了京郊首部大型历史记录片《幽燕房山》的拍摄工作；出版了《中共北京市组织史资料（房山卷）》、大型报告文学集《破冰》、文学集《扬帆》、大型诗词书画作品集《锤镰颂歌》。2011 年，共组织区委区政府理论中心组学习集体学习 15 次，带动全区各单位中心组学习辅导报告会 200 余场次。

（白江　王海林）

【召开房山作家书库工程启动仪式】 4 月 21 日，由区委宣传部、区文化委、区文联共同主办的“故乡的记忆”——房山作家书库工程启动仪式在区文化馆举行。区委常委、宣传部部长赵佳琛，区人大常委会副主任刘顺林，市读书益民工程办公室、区委宣传部、区文化委、区史志办等单位领导参加。房山作家书库工程通过全区 496 个益民书屋征集房山本土作家编著出版的有关文学、历史、地理、旅游、党建等方面的书籍，设立书屋的作家书库，搭建起房山作家与城乡居民的沟通桥梁。区作协 25 名作家代表向全区益民书屋代表捐赠 2 万余册文学史志等书籍。

（张淑娟　徐成凤）

【房山区第 16 个“世界读书日”咏诗会】 4 月 23 日，在第 16 个世界读书日来临之际，房山区举行“我和我的祖国”——房山区第 16 个“世界读书日”咏诗会活动，市委宣传部副部长傅华，市新闻出版局副局长杨静慧，区委常委、宣传部部长赵佳琛等领导出席活动。咏诗会分为东方的神奇、伟大的旅程、腾飞的巨龙、和谐的家园4个篇章。来自良乡小学、北师大良乡附中、北京工商大学、驻区某部队等5000余名学生代表、驻区部队官兵和社区群众诵读了《驶向金色彼岸的大船》《祖国啊我亲爱的祖国》《房山在祖国的怀抱中》等诗篇。大合唱《没有共产党就没有新中国》把咏诗会推向高潮，营造了崇尚科学、读书求知的浓厚氛围。

（张淑娟）

【开展理论宣讲工作】 5月，组建由区内相关部门领导10人担任主讲人的形势政策报告团，举办形势政策教育报告会10场。全面深入宣传“十一五”时期全区经济社会发展取得的巨大成就和重要经验及“十二五”时期的目标任务和重大举措，增进了政府民生部门和百姓之间的沟通与理解。全年结合“两会”、胡锦涛总书记“七一”重要讲话和中共十七届六中全会精神，组织并带动基层开展理论宣讲300余场。

（常莉丽）

【组织百姓宣讲活动】 7月，各行各业的普通党员群众代表20人组成房山区百姓宣讲团，组织开展了近半年的“党在百姓心中”百姓宣讲活动。区内外巡讲50余场，听众万余人。房山百姓宣讲团被评为北京市优秀宣讲团，整建制被选入全市宣讲团，到全市进行巡讲，并囊括了市级百姓宣讲活动的所有奖项。《山窝窝飞出不朽的歌》被选入全市第一分团作品，参加了全市多场巡回宣讲，并到人民大会堂和全国各地宣讲。编辑印发了百姓宣讲画册及宣讲作品光盘，提升了房山的知名度、美誉度。

（常莉丽）

【举办2011春季北京国际长走大会暨第十七届房山旅游文化节开幕式】 5月14日，2011春季北京国际长走大会暨第十七届房山旅游文化节系列活动在长沟镇中国房山世界地质公园博物馆前举行。此次活动以“绿色北京 快乐房山”为主题，以1项主体活动和第二届长沟花田音乐节等11项支撑活动为载体，倡导绿色出行、绿色生活理念，通过活动使广大长走爱好者在近距离欣赏房山的青山碧水同时，展示房山风光秀美、宜居宜憩、低碳生态的“现代生态休闲新城”的形象。此次长走大会为满足不同层次长走爱好者的需求，共设了两条路线，两条路线的起点和终点都设在长沟镇凯旋大街中国房山世界地质公园博物馆东侧。第一条路线全长16.5公里；第二条路线全程21公里，在原有线路的16.5公里路线上，新增路线长4.5公里。市委常委、常务副市长吉林，市委常委、市总工会主席梁伟，团市委书记王少峰，市委宣传部副部长、首都文明办主任陈冬，中国移动北京公司党委书记田利民，区四大部门主要领导等出席活动，区委常委、宣传部部长赵佳琛主持开幕式，来自全国各地的15000余名长走爱好者参加了活动。

（张淑娟）

【举行纪念中国共产党成立90周年大型红歌主题演出活动】 5月22日，在霞云岭乡堂上村《没有共产党就没有新中国》纪念馆党旗广场，房山区举行“红歌唱响的地方”——纪念中国共产党成立90周年大型红歌主题演出活动。整场演出分两个舞台，分别以巨幅党旗和《没有共产党就没有新中国》纪念馆为背景。以歌曲《没有共产党就没有新中国》诞生的故事为主线，由战友交响乐团、天津少儿合唱团、房山合唱团等多家专业合唱团800多名演员，著名歌唱家李谷一、吴雁泽等现场演唱，整场演出21个节目，历时90分钟。通过独唱、合唱、联唱、拉歌及多声部演唱等多种演出形式，演绎《映山红》《十送红军》《解放区的天》等一首首深受人民群众喜爱的革命经典歌曲。市委宣传部副部长傅华，区委副书记、区长祁红等领导出席活动。

（张淑娟 史长恒）

【举办纪念中国共产党成立 90 周年群众合唱汇演系列活动】 5月至7月1日，房山区举办“圣地赞歌”——纪念中国共产党成立90周年群众合唱汇演系列活动，开展比赛、展演和汇演等各项活动20余场。开展了各乡镇、街道广泛参与的红歌选拔比赛活动，25支合唱团、3000余名基层党员群众参赛。邀请了江西省井冈山、贵州省遵义、陕西省延安、河北省西柏坡等革命老区以及中宣部、北京市各区县的20支优秀合唱团，在房山区举行展演10余场。7月1日，全国10个省市革命老区、北京市各区县以及房山区的近40支合唱团，齐聚《没有共产党就没有新中国》词曲创作地房山区霞云岭乡堂上村，同近5000名群众组成的大型合唱方阵，抒发了对党的由衷热爱。区四大部门主要领导出席活动。

（张淑娟）

【2011 长阳音乐节】 8月26日至28日，由中央休闲购物区管理委员会主办的2011长阳音乐节在万亩滨河公园上演，音乐节以“北京范儿”为主题，设置了演出、露营和创意市集等11个主题区域。音乐节期间，有50余支乐队或歌手参加演出，观看观众近10万人次，活动组委会及各保障单位共安排工作人员近8000人次，动用各种保障车辆1.2万台次。视讯中国手机直播、网聚房山图文直播、96.9电台直播及新浪微博直播等媒体同时开设直播，还吸引了近300家境内外媒体的聚焦。

（张淑娟）

【举办 2011 年房山区重阳节群众系列文化活动】 9月28日，2011年房山区重阳节群众系列文化活动在城关街道八十亩地村雾岚山下拉开序幕。在登山比赛进行同时，由房山区老年书画家协会会员以赞美家乡，赞美美好生活为主题，现场创作了书法作品并绘制了百米书画长卷。区委宣传部、区文化委、区老龄办、区文联、区委老干部局、区信息中心、城关街道办事处的领导出席了活动。

（张淑娟）

【举办挑战“天下第一坡”活动】 10月22日，房山区举办大安山乡区域品牌推介暨挑战“天下第一坡”活动。“天下第一坡”位于大安山乡原东矿区一条全长3公里的山谷里，地形地貌复杂，地势起伏，山形陡峻，峰回路险。中国原子能科学研究院党委书记张昌明，京煤集团总经理阚兴，区委书记刘伟，区委副书记、区长祁红，区人大常委会主任史全富为“Fum Dashing国家全山地运动度假公园”揭幕；刘伟宣布挑战“天下第一坡”活动正式开始；祁红致辞；区委常委、区纪委书记王智慧为越野e族北京基地授旗；区委常委、组织部部长、统战部部长孙强为房山区汽车摩托车运动协会授牌；区委常委、区委办主任赵军为“当代飞车王”黄凤革颁发“天下第一坡”形象大使聘书。区委常委、宣传部部长赵佳琛主持活动。随后，300多名赛车爱好者驾车挑战了“天下第一坡”。

（张淑娟　加培培）

【北京市第二十二届农民艺术节开幕式在房山区举行】 10月28日，北京市第二十二届农民艺术节开幕式暨“美丽乡村 文化之旅”大型系列电视报道活动启动仪式在房山区府前广场周末大舞台举行。农民艺术节由市委宣传部、市委农工委、首都文明办、市农委、市文化局共同主办。开幕式上，房山打响了北京市第二十二届农民艺术节首场“乡村大舞台”擂台赛，长期活跃在房山区基层的职业剧团和业余演艺团体，将配乐口技、“绝活儿”表演、音乐快板、双排键表演、民族舞蹈等一些具有房山区域特点和为群众喜闻乐见的优秀作品搬上了舞台。

（张淑娟）

【推进学习型党组织建设】 12月，房山工商分局党组和大石窝镇党委被评为北京市学习型党组织建设示范点，并分别在全市经验交流会上作典型发言。北京市思想政治工作研究会在房山区召开全市“基层学习型党组织建设房山现场经验交流会”，房山区做主题发言，并将房山区 33 个典型经验制作一期图文并茂的专刊在全市发放，《北京日报》等市级主流媒体都进行了专题报道，多家官方网站进行转载，引起了较大反响。

（常莉丽）

【做好两级中心组理论学习工作】 年内，区委宣传部在统一提供区级中心组、处级中心组学习资料的基础上，还提供个性化学习资料的服务。平均为每位中心组成员提供各类资料达 25 类，近 300 份，特别是为区级中心组订阅了新华社的 10 份权威刊物。为全区处级单位党政正职全部征订了《首都参考》。认真实施《中心组成员个人自学每月预告制度》《专责联络员制度》，每月初将当月自学内容以“自学提示单”的形式通过专责联络员呈报给区级中心组成员，为区领导自学做好提示服务。同时，创新学习形式，请普通党员群众为全区两级中心组领导干部上党课；组织中心组成员参观第六届文博会；创建区域内二级班子中心组“互动联学”学习新模式。对全区二级班子中心组学习情况进行检查并下发检查结果通报，有效督促了二级班子中心组的学习。

（常莉丽）

【编制配发学习资料】 年内，为处级单位领导班子成员及全区各单位基层党组织编发《理论教育大讲堂》《大众学习》共 10 期 1.1 万册。将中央、市委各级领导关于开展学习型党组织建设的重要讲话和《人民日报》发表，整理编印成《建设学习型党组织学习资料汇编》，面向全区所有党支部发放 2500 册。结合胡锦涛总书记“七一”重要讲话，配发《从怎么看到怎么办——理论热点面对面》《“六个”为什么》等书籍，并组织开展党员干部读书活动。坚持每季度向基层推荐优秀书目，全年共推荐 32 种，累计购买配发学习资料近 2.1 万册。

（常莉丽）

【建立外宣合作长效机制】 2011 年，区委宣传部主动加强和主流媒体的沟通和联系，先后邀请了新华社、北京电视台等媒体到房山采访、调研，建立长期合作关系。与新华社北京分社签订了战略合作协议，对于进一步增强房山区的软实力，扩大房山开放度，加快科技发展和文化发展，具有重要的意义。新华社在国内动态清样上刊登了房山区《遇困难让党员先上 有实惠让群众先得——北京房山区创建农村基层“次序动员”机制》的文章，引起了中央领导的关注，并做了重要批示。

（郝金英）

新闻宣传

【概况】 房山区新闻中心以加快“三化两区”建设，构建“两轴三带五园区”产业发展格局为宣传主线，主动服务好全区发展大局，为全区实现新跨越提供了舆论支持和精神动力。全年《房山报》出刊 93 期，刊登反映全区重大事件的时政新闻 800 多篇。“以五大功能园区”为重点，集中力量、版面，进行全方位、多角度的宣传报道。报导了五大功能园区建设的意义，阐明政府决策将给地区群众带来的实惠；全程跟踪报道了市、区领导历次调研五大功能园区，历次专题会议等时政新闻。加大对全区“三敢”精神大讨论活动的报道；加大对全区违法建设行为的曝光，提高舆论引导能力，为全区重点工程、重大项目的顺利实施提供了强大的舆论支持。加大民生工程报道力度。重点报道了区委、区政府为民办的 30 件实事工程及其进展。围绕民生工程推出了《124 家养老餐桌获奖励》《赛纳园整体改造有望成为全区首个精品公园》等与百姓息息相关的民生专题新闻 120 多篇。开展“纪念建党 90 周年”宣传报道。在《房山报》开辟《红色记忆》专栏，推出了《红歌唱响的地方唱响红歌》《红色符号亮相红歌圣地》《区直机关纪念中国共产党成立 90 周年大型红歌演唱活动》等系列报道。

（张晶）

【报道“三敢”精神大讨论活动】 6 月，按照全区开展“三敢”精神大讨论的安排部署，《房山报》加大了对活动的报道力度，在《房山报》一版开辟了《创先争优专栏》，专栏对全区各单位、各乡镇、各部门结合本单位、本职工作开展的“三敢”精神大讨论和涌现出来的典型进行了全方位、多角度的报道。截至 2011 年，共刊登稿件 60 多篇。

（张晶）

【建党 90 周年系列报道】 在建党 90 周年之际，区新闻中心在《房山报》开辟了《红色记忆》专栏，刊登《抗日模范村——十渡马安村》《平西抗日根据地》《房山地区四个第一》《霞云岭乡堂上村——红歌诞生的地方》等系列专题文章，推出了《红歌唱响的地方唱响红歌》《红色符号亮相红歌圣地》和《区直机关纪念中国共产党成立 90 周年大型红歌演唱活动》等系列报道。

（张晶）

【民生工程报道】 2011 年，区新闻中心把关注民生报道作为宣传工作的重点，报道了区委、区政府为民办的 30 件实事工程及其进展情况，推出了《124 家养老餐桌获奖励》《赛纳园整体改造有望成为全区首个精品公园》《老年居民每周五可免费检测血压计》《食品安全专家组成立》《5 场招聘会提供岗位近 8000 个》等系列与百姓相关的民生专题新闻 120 多篇。

（张晶）

【宣传报道全区重点工程和阶段性重点任务】 年内，区新闻中心围绕“三化两区”建设确定的全区重点工程、重大项目和阶段性重点任务进行报道。在一版时政要闻版推出《37 项重大项目计划于本季度开工》《京石二通道征地拆迁清登工作完成》《云居寺文化景区建设全面启动》《房山第三次举办春季北京国际长走大会》和《今年全区计划完成资产投资 450 亿元》等。在宣传上重点做到大活动做好策划和深度报道，一般活动做好常规报道，为重点工程的开展营造良好的舆论氛围。

（张晶）

【宣传报道“三化两区”建设】 年内，区新闻中心把“三化两区”建设的宣传作为全年宣传的主线，制定了策划、宣传方案和措施。北京高端制造业（房山）基地、北京石化新材料科技产业基地、中央休闲购物区（CSD）、房山世界地质公园、中国北京农业生态谷“五大功能园区”作为全区实施“三化两区”战略任务的主战场，《房山报》派出 5 名记者负责“五大功能园区”的报道工作。在《房山报》一版时政要闻版，报道“五大功能园区”建设的意义；跟踪报道了市、区领导历次调研“五大功能园区”，历次专题会议等时政新闻；跟踪报道了“五大功能园区”项目进展、拆迁、厂房建设进展等。刊登了《打造高端现代制造业航母》《CSD 长阳核心区规划设计成果发布》《京西重工房山工厂减震器项目试投产》等动态新闻 600 多篇。在一版开辟了《“三化两区”建设进行时》专栏和《聚集五大功能园区》特别专题报道，其中以整版推出《北京高端制造业基地蓄势启航》《北京高端制造业基地强势崛起》《打造中国北京农业生态谷侧记》等多篇反映“三化两区”建设的文章。

（张晶）

【加大违法建设行为曝光力度】 随着全区重点项目、重点工程的推进，违法建设行为时有发生。按照区委宣传部的统一部署，区新闻中心加大对全区违法建设行为的曝光力度，提高舆论引导能力。先后在一版刊登了《有关部门依法拆除窦店基地内违法建设及京石二通道规划线由上违法建设》《做好违建拆除工作确保“一区一城”建设顺利进行》《如此栽树为哪般》等专题报导及新闻时评，为全区重点工程、重大项目的顺利实施提供了舆论支持。

（张晶）

调研工作

【概况】 2011年，区研究室围绕建设“三化两区”和打造“一区一城”新房山建设，发扬“三敢”精神，突出重点，主动服务，完成区第七次党代会报告及相关材料的起草工作，报告体现了区委发展思路的连续性，提出了切实可行的具体措施。完成了区委书记、区长的讲话等重要材料。围绕功能区建设等重要问题进行调研，完成了《以胡锦涛总书记重要讲话精神为指导，全力推进首都高端制造业新区和现代生态休闲新城建设》《践行“三敢”精神，成就“窦店速度”》《“窦店基地”更名为“北京高端制造业基地”引发的思考》等文稿的起草工作。围绕新城示范区建设等问题进行专题调研，牵头起草了《长阳镇全力打造新城示范区，将CSD核心区建设全面对接首都标准》《关于琉璃河镇域经济转型升级的几点思考》《城关街道永安西里社区创建国家文明社区的材料》等调研报告，在加快新城建设，争取上级相关政策和资金支持方面发挥了重要作用。围绕山区产业转型、山区人口迁移等重点问题展开专项调研，提出了加快生态涵养区建设发展的相关建议，参与完成了《房山区乡镇域功能定位》《房山区旅游产业发展的实施意见》等文稿的起草工作，加大了对山区的政策支持力度，促进了山区的发展。年内，加大调研成果转化力度，将调查报告的转化程度与年底区直单位和乡镇创建考核打分联系起来，激发调研转化的积极性，编印《房山区优秀调研成果汇编（2010年度）》，刊登区领导和区二级班子的调研报告67篇。在《决策参考》上选登了一批优秀调研报告，及时将一部分重点调研课题转化成为各单位和各部门的决策和工作思路。完善《房山调研》和《决策参考》办刊机制，进一步优化选题，共刊发《房山调研》113期，《决策参考》46期。组织完成两个市级重点调研课题。

（肖剑峰）

【起草完成区第七次党代会报告】 11月，区研究室起草完成中共北京市房山区第七次代表大会报告《大力弘扬“三敢”精神为全面建设首都高端制造业新区和现代生态休闲新城而努力奋斗》。报告主要内容包括过去5年工作的回顾、当前面临的形式和任务、今后5年主要工作以及提高党的建设科学化水平等内容。

（王鹏华）

【全区调查研究工作】 年内，区研究室围绕全区中心工作，研究制定了《2011年房山区调查研究工作安排意见》，确定区四大部门重点调研课题29个，区二级班子领导调研课题158个。通过定期召开工作片会，加强同基层单位的交流和沟通，对各重点课题的开展、完成情况进行跟踪指导和督办催办，确保了二级班子重点调研课题按计划高质量完成。同时，完善调研评优办法，将调研成果转化为重要指标纳入调研评优体系，提升了全区调研工作水平。全年共完成调研课题365个，其中区四大部门领导完成23个、二级班子领导完成342个。

（王鹏华）

【加强基层调研队伍建设】 年内，充分发挥区研究室调研干部培训基地作用，安排区直综合经济部门和各乡镇（街道）的年轻干部20多人（次），有计划地到区研究室锻炼学习，提高了调研人员的思维能力和文字水平，壮大了基层专兼职调研人员队伍。同时，积极帮助重点委办局成立调研室（综合科），21个乡镇、街道成立调研室。

（王鹏华）

【《决策参考》《房山调研》两刊发行情况】 2011年，区研究室围绕全区中心工作，深入调研，通过完善交流沟通机制、调研网络建设、督促检查机制，强化了调研协作基础、基层调研队伍建设和调研工作的落实。以文稿、考评、刊物和活动等方式促进调研成果的转化。全年共刊发《房山调研》113期，《决策参考》46期，领导批示58条。

（王鹏华）

【完成两个市级重点调研课题】 年内，区研究室完成区委书记刘伟“关于‘两个率先’的实践与思考”和区委副书记、区长祁红“关于打造首都高端制造业新区和现代生态休闲新城的思考”两个市级重点调研课题任务。两个课题在《北京调研》等市级刊物发表。

（王鹏华）

精神文明建设

【概况】 2011年，房山区精神文明建设工作以纪念建党90周年和“做文明有礼的北京人”主题宣传实践活动为载体，围绕文明素质和文明形象两个提升，开展了“五到位、五提升”（和谐正气进村镇创建到位，提升农民素质和农村文化水平；文明礼仪进社区参与到位，提升城市文明程度；勤廉公正进机关服务到位，提升全区行政效能；爱岗奉献进行业发展到位，提升发展质量和持续能力；德才养成进校园基础到位，提升青少年道德水平和整体素质）。创建工作、加强“爱心传递”思想道德建设，全区精神文明建设工作取得了较好成绩。房山区有1人获全国第三届道德模范称号，1人获全国第三届道德模范提名奖，15人获“首都精神文明建设奖”称号。年内评选出首都级文明乡镇（街道）16个、文明单位标兵23个、文明单位55个、文明村59个、文明社区33个、文明景区13个。区级文明乡镇（街道）18个、文明单位标兵105个、文明单位150个、文明社区30个、文明村标兵76个、文明村128个、房山区精神文明建设突出贡献奖16个、文明市民109个。

（郭世卿）

【开展文明交通行动启动日活动】 2月28日，为倡导文明交通新风尚，提高人民群众的文明交通意识。房山区开展文明交通行动启动日宣传活动，区委常委、政法委书记刘欣国，区委常委、宣传部部长赵佳琛等出席活动，相关委办局领导、社区居民、公共文明引导员、交通协管员共1000多人参加活动。活动现场，发放文明交通行动宣传材料2000多份，在房山客运站、北关站等13个文明乘车站点悬挂“做文明有礼的北京人——绿色出行文明交通从我做起”宣传横幅26条，组织41名文明引导员在宣传站点引导市民路口让行、排队乘车、礼让老幼。

（郭世卿）

【驻区某部队与北师大良乡附中举行共建签字仪式】 4月8日，按照首都军（警）民共建工作指导小组要求，为推进军（警）民共建工作，房山区驻区某部队与北京师范大学良乡附中结成共建对子，在某部队举行共建签字仪式。双方以“共同学习，互相促进”为原则，把开展道德素质提升工程、精神文明创建工程、先进文化建设工程和国防事业发展工程作为支撑点，在国防、理想信念教育，文化建设、文体活动，军地双项服务等方面开展共建活动，不断丰富共建内容、提高共建质量。

（郭世卿）

【召开2011年精神文明建设委员会全体（扩大）会议】 4月20日，房山区精神文明建设委员会全体（扩大）会议暨房山区关心下一代工作委员会成立大会在区政府东二楼报告厅召开。大会的主要任务是：部署“十二五”期间全区精神文明建设工作和安排各类先进创建评比工作，成立房山区关心下一代工作委员会（以下简称“关工委”）。会议由区委副书记、区长、区文明委第一副主任祁红主持。市委宣传部副部长、首都文明办主任陈冬，区委书记刘伟、区政协主席唐淑荣等领导出席会议，区关心下一代工作委员会成员，区直有关部门领导，各街道、乡镇主要负责人及社区工作者代表等参加会议。会上，区委常委、宣传部部长、区文明委常务副主任赵佳琛作《振奋精神狠抓落实 全力推进我区精神文明建设和未成年人思想道德建设》的工作报告。区委副书记张祝华宣读《关于成立房山区关心下一代工作委员会的通知》，并就关工委的工作做进一步说明。拱辰街道工委和区教委领导就未成年人工作作典型发言。

（郭世卿）

【北京市“党在百姓心中”百姓宣讲团到房山区作宣讲报告】 6月7日，由市委宣传部、首都文明办、市委讲师团联合组织的北京市纪念中国共产党成立90周年“党在百姓心中”百姓宣讲团第一分团9人，到房山区作宣讲报告。该宣讲团成员由工人、农民、知识分子、机关干部、民营企业家、大学生等不同行业的普通代表组成，以亲历、亲闻、亲为的生动故事，讲述党的辉煌历程和丰功伟绩。全区各部委办局领导和部分党员代表500余人参加报告会。

（郭世卿）

【北京市“再生资源回收日”进农村宣传活动启动仪式在房山区举行】 6月25日，北京市“再生资源回收日”进农村宣传活动启动仪式在良乡镇后石羊村举行。区委常委、副区长李江出席启动仪式并讲话。市、区相关部门负责人、良乡镇主要领导及村民代表百余人参加了启动仪式。良乡镇西石羊村、南刘庄村等16个村的再生资源回收站点参与了此次“再生资源回收日”宣传活动。通过“再生资源回收日”宣传活动，促进农村回收站点建设，增强农民环保意识。

（郭世卿）

【开展“就业服务进军营”活动】 7月24日，房山区在驻区某工兵团举行房山区“就业服务进军营”活动。中国地震局办公室、应急救援司领导和区委副书记、区长祁红，区委常委、副区长李江，区委常委、区人武部政委韩裕等领导参加活动。此次招聘会有区教委、区市政市容委、区园林绿化局、北京燕山石油化工公司、中粮五谷道场食品有限公司等20余家单位参加，提供质量检验、收费核算、石油化工、财务等岗位350多个。区人力社保局挑选20个创业项目、5家职业技能培训机构，设立2个政策咨询台，为军属提供创业选择、职业指导、政策咨询、培训信息等全方位的就业服务。

（郭世卿）

【开展驻区部队“社会一日”活动】 7月25日，房山区开展驻区部队“社会一日”活动，区委副书记张祝华，区委常委、副区长李江，区委常委、区人武部政委韩裕，驻区团以上部队的政委、政治部（处）主任、保卫科科长、双拥干事和某独立营级单位的教导员等近200人参加活动。驻区部队官兵观看了多媒体汇报片，了解房山总体发展情况，实地参观长阳半岛高端住宅区和北京高端制造业（房山）基地建设情况。

（郭世卿）

【举行“文明交通路口畅行月”启动仪式】 9月1日，区文明办、区委政法委、房山交通支队在良乡政通路口举行“文明交通路口畅行月”启动仪式活动。活动期间，向行人发放“做文明有礼北京人手册”270册、“共建和谐交通环境倡议书”500余份、“绿色出行文明交通”宣传材料330份，摆放交通文明展板 8 块，悬挂横幅 2 条。

（郭世卿）

【召开房山区道德模范表彰大会】　10月25日，房山区在区会议中心召开“道德模范”表彰大会。大会对获全国道德模范称号的厉莉、第三届全国道德模范提名奖和首都道德模范获奖者及15名首都精神文明建设奖获得者进行表彰，分别授予“房山区精神文明建设突出贡献奖”荣誉称号，颁发了“房山区精神文明建设突出贡献奖”奖杯。会上，区委常委、宣传部部长赵佳琛作了关于《以厉莉同志为榜样 全面提升思想道德建设水平》的报告。区委常委、政法委书记刘欣国宣读《房山区委 区政府关于开展向“全国道德模范”厉莉同志学习的决定》。区人民法院民二庭庭长助理厉莉、阎村镇镇长张杰和城关街道永安西里社区居委会主任李春艳作典型发言。区文明委成员，区直机关部门领导，驻区部队、中央市属单位，各街道乡镇主要负责人及机关干部、公共文明引导员、社区工作者代表等近 600 人参加表彰大会。

（郭世卿）

【慰问全国道德模范获奖者和全国道德模范提名奖获得者】　12 月 5 日，为贯彻落实中央文明办《关于开展帮扶生活困难道德模范活动的通知》和首都文明办要求，房山区组织开展对全国道德模范及提名奖获得者走访慰问系列活动。区委常委、宣传部部长赵佳琛代表区委、区政府走访慰问了全国道德模范，并为全国道德模范厉莉和全国道德模范提名奖获得者赵国强分别送去 5 万元和 3 万元慰问金。

（郭世卿）

【召开区关心下一代工作委员会座谈会】12 月 7 日，区关心下一代工作委员会座谈会在区会议中心召开，区委常委、宣传部部长赵佳琛出席会议。区关工委顾问和全体成员参加座谈会。会议对全区未成年思想道德建设工作进行了总结，对下一步工作进行了安排部署，区教委关工委、区少年宫、西潞街道等单位作典型发言。

（郭世卿）

【开展公共文明引导员巡讲活动】　12 月9 日至年底，为了保障文明乘车，上下车有序，提高公共文明引导员专业技能和整体素质。房山区组织 41 名文明引导员在区内开展巡讲报告活动。共组织巡讲报告、文明上岗、文明引导各类培训活动 15 次，文明引导员近 600 人次参加活动。

（郭世卿）

【开展和谐正气进村镇创建活动】　年内，全区着力加强乡风文明建设，在农村倡导“三无”（无刑事案件、无封建迷信、无群体访事件）新风，大力倡导邻里之间文明礼貌、和睦友善、守望相助的文明新风，引导广大农民崇尚科学、抵制迷信、破除陋习，养成科学健康的生活方式。组织对农民进行思想教育、文明素质教育和文化技术培训 300 多期，近 5 万名农民接受培训。

（郭世卿）

政法　综合治理

【概况】　2011 年，房山区政法工作坚持把维护稳定放在首要位置，以服务全区经济发展为中心，充分发挥政法职能，有效维护辖区政治安定和社会稳定，面对复杂的维稳形势，区委政法委积极协调、整合资源、有效防范、科学应对，始终保持对严重刑事犯罪的严打态势。积极预防和有效化解各类矛盾纠纷。巩固完善社会稳定风险评估机制，集中各方面力量，有效协调解决复杂疑难问题。加大司法服务力度，有效化解和处置各类矛盾纠纷，政法各部门全年共妥善处置各类群体访 490 批 18330 人次；个体访 396 批581 人次；全区各级人民调解组织共调处矛盾纠纷1.42万件，调解成功率98%；协调处理静安公墓、关闭煤矿矿工尘肺病等遗留难点问题，维护了全区的社会稳定。面对新形势，政法各部门坚持重心前移，深入群众，积极协调有关部门进行政策宣讲，全程协助党委政府和相关部门做好重点工程、重点项目的拆迁工作和突发事件的处置工作。同时，依法打击各类涉及拆迁的违法犯罪活动，保障了重点工程和项目拆迁工作的有效进行。深入开展社会治安综合治理，推进“平安房山”建设，加强对各类重点人的管控工作，对各类重点人进行了重新分类和评估，按照“1+X”的模式配备监控力量，稳控各类重点人员883人；发挥阳光中途之家、帮教安置基地作用，累计接收社区服刑人员3353人，管理帮教在册刑释解教人员2658人，实现了在重大活动和敏感时期无重点人员闹访滋事；村庄社区化建设工作稳步推进，签订了《村庄社区化建设任务书》，启动城乡结合部地区30个村的社区化建设工作。重点地区排查整治工作深入开展，治安秩序和生活环境得到有效改善；流动人口和出租房屋服务管理工作进一步规范，严查黄赌毒和各类危险物品，加强特殊行业的管理。

（王怀建）

【召开全区政法工作会】 1月11日，全区政法工作会在区政府东二楼报告厅召开。区委副书记、区长祁红主持会议，会上，区委常委、政法委书记刘欣国作政法工作报告，分析了维护社会稳定和服务发展工作面临的新形势，部署了2011年的政法稳定工作，明确了政法工作指导思想。区四大部门领导、区委政法委委员、全区各乡镇、街道党工委书记等310人参加会议。

（王怀建）

【召开打击私挖盗采现场会】 1月24日，针对1月19日史家营乡大村涧村灰清涧一偷挖盗采点发生塌方事故，房山区在史家营乡大村涧召开依法打击偷挖盗采现场会。会上，传达了1月20日全区打击私挖盗采紧急会议精神，部署打击偷挖盗采和清理外来务工人口工作。区委常委、政法委书记刘欣国，区委常委、区纪委书记王智慧，区委常委、组织部部长、统战部部长孙强，区委常委、副区长李江参加会议，区流管办、区安监局、区城管大队、史家营乡等单位共200余人参加。

（王怀建 姜山）

【全国“两会”维稳安保工作】 2月20日，房山区全国“两会”维稳指挥部成立。区委常委、政法委书记刘欣国为总指挥，指挥部下设办公室，办公地点在区维稳办，领导小组下发了《房山区全国“两会”维稳工作方案》，抽调区信访办、区司法局等单位主管领导组建8个督导组，包片对全区各乡镇街道和重点单位部门进行安保检查。2月21日起，启动每日维稳情报会商研判机制。区维稳办牵头，重点单位对当天情况及时汇总，督导组通报当日督查情况，指挥部就“两会”安保维稳、信访、社会面防控、各类重点人、重点部位、重点矛盾纠纷及隐患进行汇总，分析形势，制定措施，落实有效手段，确保实现“五个”不发生（不发生暴力恐怖活动，不发生危害国家安全和社会稳定的重大政治事件，不发生民族宗教问题引发的重大敏感事件，不发生大规模群体性事件，不发生重大安全生产事故和重大刑事、治安事件），为“两会”营造稳定的社会环境和良好的治安秩序。

（王怀建）

【中央政法委到房山调研】 3月8日，中央政法委机关党委副书记、中央综治办督导室主任胡增印，中央政法委机关办公室主任王晓光，中央政法委巡视员王霖霖等领导到房山区调研。中央政法委领导、区相关部门领导到大石窝镇南河村与村民代表、村调解组织成员座谈，参观“平安家庭户”，并向南河村图书室捐赠综治工作图书。随后，到西潞街道参观综治维稳中心建设及中心平台运行情况。区委书记刘伟，区委副书记张祝华，区委常委、政法委书记刘欣国，区委常委、常务副区长高言杰等领导陪同调研。

（王怀建）

【妥善处置民族大学一名藏族学生死亡事件】 3月6日，北京民族大学一名藏族学生因煤气中毒在出租屋内死亡。房山区全国“两会”维稳指挥部立即成立善后处置小组，启动突发事件应急预案，由区委政法委和房山公安分局牵头协调区委宣传部、区民政局、区卫生局、区教委、阎村镇、窦店镇等部门积极做好校园及校园周边的稳控并密切关注事态的发展，北京市教委及北京民族大学积极配合稳控。各部门统一思想，从顾大局、保稳定的政治高度研究善后工作的各项措施。经过耐心工作，死者到京家属与北京民族大学签订和解协议，处理善后事宜离京。妥善化解了“两会”期间可能因该事件引发的不稳定隐患。

（王怀建）

【召开区委政法委第一次全体（扩大）会】 3月28日，区委政法委第一次全体（扩大）会议在第三办公区（CSD商务广场）三层多功能厅召开。会议由区委常委、副区长李江主持。区委常委、政法委书记刘欣国分析了房山区拆迁工作面临的新形势，部署了政法系统创新服务、保障全年重点工程项目和功能园区建设的拆迁任务。区委书记刘伟，区委常委、区委办主任赵军，区政协常务副主席高维魁出席会议，区委政法委委员，区直有关单位正职及主管副职，涉及拆迁任务的有关乡镇（街道）党（工）委书记和主管副职等共200人参加会议。

（王怀建）

【招考80名流管员】 3月，房山区在全区范围内公开招考流动人口和出租房屋管理员（简称“流管员”）。有1092人参加报考，经过笔试、面试、体检各项程序后，录取符合条件的80名流管员。新入职流管员统一参加培训，就流动人口数据登记、出租房屋管理、基本税收等知识进行了学习，了解了基本工作，培训后，充实到全区有关乡镇、街道工作。

（王怀建　姜山）

【召开区委政法委书记(扩大)会议】 5月24日，区委政法委书记(扩大)会议在十渡镇笔架山庄召开，区委常委、政法委书记刘欣国出席，区流管办、区综治办等领导列席会议。会议通报了当前维稳工作形势，全区村庄社区化建设工作开展情况；举办全区流动人口和出租房屋管理员培训班的工作情况。会议对维稳工作、村庄社区化建设等工作进行了全面部署。会议提出了房山区做好敏感时段期间维稳工作的意见，通过了《关于在区委政法委机关开展“发扬‘三敢’精神，提高服务水平”大讨论活动的实施方案》《关于进一步加强全区政法信息调研工作的意见》《关于“颂歌献给党”区委政法委系统纪念中国共产党成立90周年红歌演唱会活动方案》。

（王怀建）

【推进村庄社区化建设工作】 从5月开始，房山区争取经费推进网格化社会面防控和村庄社区化建设。区委政法委、区综治办牵头组织召开了推进村庄社区化建设动员大会，与拱辰街道、西潞街道、良乡镇等8个乡镇、街道签订了《村庄社区化建设任务书》。截至年底，城乡结合部地区30个村庄社区化建设全部通过验收，投入正常使用，发挥了基层综治维稳工作参与社会管理创新的积极作用。

（王怀建）

【“鹰目2011”空中禁毒启动仪式在房山区举行】 6月11日，北京市“鹰目2011”空中禁毒启动仪式在房山区青龙湖水上公园举行，启动仪式现场开展了空中直升机勘察、禁毒志愿者宣传活动。会前，副市长刘敬民在区政府434会议室听取了区教委、市禁毒总队的禁毒工作汇报，之后到青龙湖水上公园活动现场慰问了空中勘察直升机机组成员，并与50名禁毒志愿者进行了宣传互动、发放禁毒宣传手册等活动。

（王怀建）

【召开涉疆维稳紧急会】 8月5日，涉疆维稳紧急会在区委434会议室召开，区委政法委领导传达了市委政法委半年工作会主要内容，通报北京市维护稳定领导小组专题会会议精神，分析研判区涉疆、涉藏少数民族外来流动人口形势，研究部署做好区维稳安保工作。全区涉及14个乡镇、街道的主管副职和流管办主任、综治办主任，区教委、房山公安分局、区高教园区、区司法局主管领导参加会议。

（王怀建）

【房山区维稳中心成立】 8月9日，根据房编字〔2011〕86号，房山区维稳中心由房山区机构编制委员会办公室批复成立。房山区维稳中心为房山区维护稳定领导小组办公室所属相当正科级全额拨款事业单位，核定维稳中心全额拨款事业编制4名，其中相当科级领导1人。维稳中心的主要职责是：协调指导全区各街道、乡镇维稳基础工作，搜集研判维稳情报信息，协助处理涉稳重大事件、帮教管理各类重点人等工作。

（王怀建）

【重点矛盾纠纷排查化解工作】 年内，区委政法委、区维稳办指导全区开展矛盾隐患全面排查共14次，排查出重点集体访149件，重点个体访497件。对全部重点信访案件建立台账、制定方案，实行领导包案，落实化解责任。各相关部门单位全力开展化解稳控工作，通过采取接访、约访、下访、思想疏导、解决实际困难等方式，稳控化解了静安墓园案等一批疑难重点群体性上访案件。使用维稳资金415万元和专项资金1149万元，化解重点信访积案297件，确保了全区社会稳定。

（王怀建）

【化解挂账涉法涉诉案件】 年内，政法系统通过开展“重点案件评查和长期未结诉讼案件专项清理”活动，快速推进涉诉信访积案清理化解工作。对69起涉法、涉诉信访重点案件，使用244万元维稳资金和专项资金473万元进行了有效化解，确保了重点时期涉法涉诉非正常上访“零指标”；对中央、市共四批“挂账”（指未办结）督办115件涉法、涉诉信访“骨头案”“钉子案”，攻坚克难，全力工作。截至2011年年底，全部化解。

（王怀建）

【完成流动人口和出租房屋登记】 2011年，全区累计登记流动人口238195人、出租房屋18548户，流动人口总数约占全市流动人口总数的3.2%。新登记流动人口105493人、核销98724人；新登记出租房屋5969户、注销13871户。

（王怀建　刘雁飞）

机关党建工作

【概况】 区直机关工委以庆祝建党90周年纪念活动为主线，在提高党员干部素质、改进机关工作作风、加强基层组织建设，开展了富有成效的活动，举办了区直机关党支部书记和入党积极分子、预备党员培训班。举办“我心中的歌”区直机关工委庆祝中国共产党成立90周年大型红歌演唱比赛和“党在我心中”演讲活动。加强纪检监察工作，不断健全和完善监管制度。抓文化建设，机关文化团队的品牌意识得到提升。举办了第八套广播操大赛、区直机关篮球比赛。召开创建学习型机关经验交流暨工作推进会，对区直近 80 个单位的创建情况进行了检查。发挥群团作用，召开了弘扬“五四”精神区直机关青年“‘三化两区’建设先锋行动”推进大会，为“三化两区”建设不断注入新的力量。

（王占荣）

【举行迎新春团拜会及先进表彰会】 1月20 日，区直机关工委系统在福源蕙业举行2011 年新春团拜及先进表彰大会。区领导唐淑荣、张祝华、刘欣国、王智慧、赵佳琛出席团拜会。会上，区直机关工委领导致新春贺词，区直机关工委全体委员向区直机关干部拜年并致以新春的祝福。57 个先进党总支（党支部）、177 名优秀共产党员、238 名先进工作者受到表彰。

（王占荣）

【举办入党积极分子和预备党员培训班】 3 月 2 日至 5 日，区直机关工委在区会议中心举办预备党员和入党积极分子培训班。区委常委、区委办主任赵军为培训班作区情教育报告。区直机关工委系统入党积极分子和预备党员 302 人参加培训，并进行了结业考试。122 名预备党员面向党旗庄严宣誓，向党作出庄严承诺。

（王占荣）

【举办房山区直机关工委系统党支部书记培训班】 4 月 7 日至 8 日，区直机关党支部书记培训班在东方地球物理职工培训中心举办。区直机关工委系统 76 个单位的主管党务工作领导、党总支书记、党支部书记参加培训。培训班上，区直机关工委领导作开班动员。清华大学、市委党校的教授，区委常委、区委办主任赵军分别就领导力、基层党建等方面内容进行了授课。

（王占荣）

【举办区第八套广播操大赛】 4 月 19 日，由区直机关工委承办的区第八套广播操大赛在房山体育场举行。全区区直机关、乡镇、街道、部分企业共70个单位的63支代表队、2600 多人参加了比赛。区总工会主席李忠致开幕词，副区长卢国懿讲话。区委办、区政府办联合队，区交通局等 12 个单位获一等奖；区财政局、区教委等 20 个单位获二等奖；良乡镇、区国税局等 31 个单位获三等奖。

（王占荣）

【召开“‘三化两区’建设先锋行动”推进会】 4 月 28 日，区直机关团工委召开弘扬“五四”精神区直机关青年“‘三化两区’建设先锋行动”推进会。团区委、区直机关工委系统各青年团主管领导、团支部书记、委员 40 多人参加。会上对区文化委等 11 个先进团组织、16 名优秀团干部、16 名优秀团员进行了表彰。区文化委团支部书记、区广电中心优秀团员代表发言。区委常委、区委办主任赵军为区直机关青年“‘三化两区’先锋行动”授旗，并号召全体团员青年向他们学习。

（王占荣）

【举办庆祝中国共产党成立 90 周年大型红歌演唱比赛】 5 月 16 日至 17 日，由区委宣传部主办，区直机关工委、区文化委承办的“我心中的歌”区直机关庆祝中国共产党成立 90 周年大型红歌演唱比赛活动在良乡影剧院举行。区直 47 个单位、42 支合唱团的 2100 多人参加活动，区委常委、区委办主任赵军，区人大常委会副主任刘顺林出席并讲话。5 月 29 日，在燕山体育馆举行“我心中的歌”红歌演唱会。区直 19 个单位、16 支合唱团的 1000 多人演唱，中直机关工委副书记赵凯，区委书记刘伟，区委副书记、区长祁红，区人大常委会主任史全富，区政协主席唐淑荣等领导以及全市各区县直机关工委书记出席了活动。

（王占荣）

【举行“党在我心中”演讲比赛】 6 月，区直机关工委举行“党在我心中”庆祝中国共产党成立 90 周年演讲比赛。区直机关工委系统的 60 名选手参加了分组比赛。经比赛，有 4 名选手获最佳口才奖、4 名选手获最佳风采奖、4 名选手获最佳文才奖、1 名选手获冠军。

（王占荣）

【举办庆祝建党 90 周年周末大舞台演出活动】 7月1日至2日，由区直机关工委、区文化委主办的区直机关庆祝建党 90 周年周末大舞台演出活动在府前广场举行，区市政市容委、区检察院、区国资委、区体育局等 13 个区直单位表演了大合唱。

（王占荣）

【开办区直机关青年军校】 7月21日，为庆祝中国人民解放军建军 84 周年，区直机关团工委组织 30 多名团员到怀柔红螺基地，开展青年军校三期活动。在组织进行真人 CS 和险滩漂流项目中，团员们发扬机智勇敢、团结协作、互帮互助的精神，凭借组织性和纪律性，认真打好每一场“战役”，真切感受了战场生活，体验了勇敢者运动。

（王占荣）

【举行区直机关篮球赛】 9月 19 日至 27 日，举行区直机关篮球赛。共有 25 支男子代表队、2 支女子代表队参加比赛。本次比赛男子组根据往年比赛成绩分为甲、乙两个组别，采取分组循环和交叉淘汰的赛制进行。最后，区市政市容委、区人力社保局、区工业总公司代表队获男子甲组冠、亚、季军。区燃气中心、区机关服务中心、区园林绿化局代表队获男子乙组冠、亚、季军。区卫生局代表队、区体育局获女子组冠、亚军。

（王占荣）

【召开创建学习型机关经验交流会】 9月 20 日，房山区召开创建学习型机关经验交流暨工作推进会。区直机关各单位主管领导及部分团支部书记共计 120 人参加会议。区委常委、区委办主任、学习型房山建设工作领导小组副组长赵军，学习型房山建设工作领导小等成员出席会议。房山工商分局、区国税局、区检察院分别围绕学习型机关建设工作介绍了经验。区市政市容委、房山药监分局就学习型机关建设进行了材料交流。会后，与会人员参观了以上 5 个单位在学习型机关创建工作方面的资料展示。

（王占荣）

社会工委

【概况】 区委社会工委（区社会办）以社会领域党建为核心，以社区规范化建设为重点，推进各项工作。做好党建工作，努力实现党组织和党的工作全覆盖。在全区 28 个街道（乡镇）成立了社会工作党委，规范了工作运行机制；成立了天庆房地产开发有限公司、凯利门商务楼宇等 4 家中共党组织，全区规模以上非公企业中共党组织覆盖率达到 80%；制定《关于选派社区工作指导员的意见》和《房山区社区指导员管理办法（试行）》，选聘 62 名退休和改任非领导职务的处级干部担任社区工作指导员，充分发挥“协调联络员、指导参谋员、服务助理员”作用，积极探索解决社区突出问题与干部人才资源有效结合的新途径。加快推进社区规范化建设，明确了社区建设模式，重点探索“村转居”新型社区工作运行机制，并制定了实施方案。按照每户 50 元的新标准重新核定办公经费，为达标社区配备了办公设备。新开工建设 8 个社区办公用房建设，启动了区域性社区服务活动中心建设项目。第二批 83 个社区用房项目得到市发改委的批复，批复资金 5.1 亿元。出台《房山区社区基本公共服务指导目录》，协调指导地税、民防、药监、工商、商务、城管、成教等 15 个区直部门公共服务进社区。建立了商业便民“1+X”房山模式，确定了以西潞街道为试点的 10 个区级、4 个市级“一刻钟社区服务圈”建设，有效提升了房山区城市化建设水平。全力打造专业化、职业化社工队伍。按照“以人才培养为基础，以人才使用为根本，以人才评价激励为重点，以政策制度建设为保障”的理念，2011年新招录大学生社工138名，全区社工队伍平均年龄降低10岁。增设社工绩效工资，建立了职称教育培训补贴机制，进一步规范稳定了社工队伍。全面推进社会领域信息化建设，利用媒体搭建方便快捷的信息平台，成立了信息化办公室，建立了专项资金，为122个社区铺设了光纤，为达标社区配备了办公设备等；依托房山社会领域信息建设网、《房山区社会服务管理创新专刊》等载体，初步构建了区、街道、社区、组织、百姓五方联动的信息化服务管理格局。

（张家榕）

【召开区社会服务管理创新试点工作会】 3月2日，房山区社会服务管理创新试点工作会在区会议中心召开，全区各乡镇（街道）党（工）委书记、部分社会建设领导小组成员单位主管领导50余人参加了会议。会议印发了《房山区社会服务管理创新试点工作指导意见》，东风街道、西潞街道、长阳镇和窦店镇4个试点街道（乡镇）就如何开展社会服务管理创新工作做了发言。

（张家榕）

【成立城管社区工作站】 3月3日，房山区第一个城管社区工作站在琉璃河镇成立。其主要职责是负责所联系社区的日常巡查、受理投诉和维护环境秩序工作。推行城管队员定期到社区挂牌现场办公。建立了统一挂牌、统一设置诉求建议箱等“十个统一”工作制度，建立了社区、物业负责人等基础信息台账。

（张家榕）

【召开社区工作指导员试点工作推进会】 5月12日，房山区召开社区工作指导员试点工作推进会，区委老干部局、区直机关工委、燕山工委组织部、区民政局主要领导，部分街道（乡镇）社工委书记、社区党组织书记和退休及转任非领导职务的处级干部代表14人参加了会议，区委组织部汇报了关于选派社区指导员的意见和管理办法。会议听取了街道（乡镇）、社区、退休及转任非领导职务的处级干部代表对社区指导员试点工作的意见和建议。

（尹畅）

【召开区社会建设大会】 7月19日，房山区社会建设大会在区会议中心召开。市委常委、市总工会主席梁伟及区四大部门领导，区直各部委办局，各乡镇（街道）社区和部分非公企业、社会组织、社工和志愿者代表等500余人参加大会。会议由区委副书记、区长祁红主持，区委副书记张祝华就《关于加强和创新社会管理全面推进社会建设的实施意见》进行说明。区委常委、副区长李江代表区委宣读了选派社区工作指导员的决定，并向第一批62名社区工作指导员颁发聘书。

（刘佳）

【开展社区规范化建设大检查活动】 10月11日至18日，区委社会工委（区社会办）社区规范化建设大检查工作组对全区社区规范化建设情况进行检查。检查的内容包括社区服务站建设、社区工作职能、社区运行机制等9个方面，经检查共评出北关东路社区、文化路社区、永安西里社区、北潞园社区、西潞园社区、西路大街社区、碧桂园社区、金巢社区、星城街道第七社区、建材学校社区为“十佳”社区。

（张家榕）

老干部工作

【概况】 年内，召开离退休干部新春茶话会、中秋座谈会和党群工作会，部署老干部工作，邀请老干部代表参加区委全会和人代会，参加区委中心组理论学习，认真倾听老干部对全区经济社会发展的意见和建议，共同谋划老干部工作的发展大计。将离退休干部工作列入了全区党群干部培训内容，强化了基层干部的责任意识。认真开展走访慰问工作。在元旦、春节期间和“七一”前夕，区四大部门和各单位领导分别带队走访慰问离休干部和困难党员，表达党和政府对老干部的关怀和尊重。同时，区委老干部局对50名特困离休干部、老党支部书记、43名家住农村的离休干部进行了走访慰问，为家住外区县的24户离休干部寄送了“爱心邮包”，及时把党和政府的温暖送到了老干部家中。完善离退休干部思想政治建设。利用老干部大学、老干部党校、老干部活动中心和社区课堂等，认真坚持老干部学习日制度，积极组织离退休干部开展丰富多彩的学习活动，进一步提高了离退休干部思想政治建设水平。结合创先争优活动的开展，建立与区委社会工委和西潞等相关街道的联动机制，在离退休干部居住较为集中的西潞园社区建立离退休干部党支部20个，为离退休干部在社区开展组织活动搭建了一个良好的平台。同时，评选出了10个“五好”离退休干部党支部，提升了社区离退休干部党建工作水平。完善社区课堂建设。在原有13个社区课堂基础上，又相继开设了长虹小区、海逸半岛小区等8个老干部党校社区课堂，配备了教学设备和器材，使全区老干部社区课堂总数达到了21个，基本实现了有10名以上离退休干部居住的社区课堂全覆盖。健全离休干部帮扶长效机制。爱心帮扶卡消费近300多人次，使用率达到90%。形成了一个以志愿者“一帮一”服务、送医上门、夕阳情聊天为主体，爱心帮扶卡服务为补充的离休干部帮扶体系。共开展理论辅导、生活照料、精神慰藉、医疗服务、信息联络等“五进家”活动4100余人次，其中，开展“夕阳情”聊天会活动200余次，实施“一帮一”结对帮扶服务350人次，开展送医上门服务1000多人次。老干部在社区生活更加和谐、温馨、幸福。提高离休干部生活待遇。为200多名离休干部配备了“小帮手”电子服务器，方便了老干部的生活。为150多名去世离休干部无工作配偶办理了参加城镇居民基本医疗保险或新型农村合作医疗个人费用免缴手续，发放了生活困难补助费，及时核拨了企业老干部经费和去世离休干部抚恤金。开展了离退休干部体检工作，组织114名离休干部和局级以上退休干部参加了身体检查，为老干部健康生活提供了保障。发挥离退休干部作用。在社区设置了一批适合老干部特点的公益性岗位。主要有治安巡逻岗、矛盾调解岗、卫生监督岗、建言献策岗、教育后代岗、技术咨询岗、廉政监督岗、文明指导岗共8个岗位。建立了社区工作指导员制度，选聘了60名退休和非领导职务的领导干部担任社区指导员，在加强社区党建、整合社区资源、加强社会组织管理、完善社区体制机制建设等方面给予指导和帮助，基本实现每个社区有一名社区指导员的目标。

（梁会金　李辉）

【完成《北京支部生活——北京老干部》征订工作】 区委老干部局为退休人员精神文化生活增添新的内容，提高离退休干部政治待遇，年内，为2788名离退休老干部订阅《北京支部生活——北京老干部》杂志，其中离休干部304人、处级以上含处级退休干部1036人、科以下退休干部1088人、工作人员360人。

（梁会金　李辉）

【举行离退休干部纪念建党90周年专题报告会】 “七一”前夕，区委老干部局在北方温泉会议中心，举行离退休干部纪念建党90周年专题报告会。区委常委、组织部部长、统战部部长孙强等领导出席会议，全区200余名离退休干部和工作人员参加报告会。报告会邀请了首都师范大学马克思主义教育学院院长李松林作《辉煌的历史征程——纪念建党90周年》为主题的党史报告。报告从党的发展历程和改革开放以来取得的巨大成果，以及在各个历史时期，中国经济、社会、文化领域的深刻变革，展现了党在时代发展、社会变革、实现共同富裕过程中的重要作用，揭示了只有中国共产党才能救中国，只有社会主义才能发展中国的深刻内涵。

（梁会金　李辉）

【史建被评为全国先进老干部工作者】 9月5日，中央组织部、人力资源和社会保障部授予区委组织部副部长、老干部局局长史建"全国先进老干部工作者"称号。史建在老干部工作中，主动适应老干部队伍发展变化的新要求和老干部工作面临的新形势新任务，锐意进取、开拓创新，全面贯彻落实党的老干部工作方针政策，着力加强离退休干部党支部建设和思想政治建设。努力为老干部做好事、办实事、解难事，引导广大老干部在推动科学发展、促进社会和谐中发挥积极作用，得到了各级领导充分肯定。

（梁会金　李辉）

【"无欠费协议"确保企业离休干部各项待遇有效落实】 年底，全区基层企业单位离休干部及离休干部遗属全部移交所属区直企业管理，各转制、破产企业离休干部及离休干部遗属全部移交区国资委老干部服务管理中心，实行集中管理。区委组织部、区委老干部局及相关单位对移交工作实行了全程监督，清查了各项待遇落实情况，并与老干部签订了"无欠费协议"，确保无债务交接，真正做到企业老干部与行政、事业单位老干部同管理、同服务。

（梁会金　李辉）

统战工作

【概况】 统战工作在推进民主政治建设中，加强各民主党派组织建设工作，政治和生活上关心各民主党派成员，为房山区7个民主党派争取资金30万元，用于租赁办公场所。举办党外代表人士培训班，推荐参加市委组织的党外干部高级研修班学习。加强对宗教活动依法管理。加强宗教活动场所建设，提高宗教教职人员整体素质。做好传统节日期间各宗教活动安全稳定工作。完善三级宗教管理网络和乡村两级宗教工作责任制，三级宗教工作管理网络实现了全覆盖。深层次、多渠道开展对台交流、交往工作，全年走访台资企业16家，接待台湾客人82人次。审核并经市台办批准赴台人员共37批，143人（次），比2010年增加11批，82人（次）。组织"中国心、两岸行"主题摄影展活动，联合区教委召开青少年涉台教育基地协调会，成立房山区涉台教育基地领导小组，先后组织了2批共15名中小学校长赴台交流考察。全年开展赴台教育26次。为归国华侨人员办实事、做好事、解难事，共办理相关事件4起。

（张放）

【中国致公党房山区支部委员会成立】 5月11日，中国致公党北京市房山区支部委员会成立大会在区会议中心召开。区委书记刘伟，区委常委、组织部部长、统战部部长孙强等领导出席。会议选举产生了致公党房山区第一届支部委员会。副区长、致公党北京市委专委会顾问卢国懿当选为支部主任委员；房山区法院副院长、致公党北京市委法律工作委员会副主任廖春迎，房山区旅游局副局长、致公党北京市委外联络工作委员会委员赵圳当选为支部副主任委员。致公党北京市各区级组织代表、房山区各民主党派代表及房山区全体致公党员 30 多人参加会议。

（张放）

【中央统战部领导到房山区调研】 7 月 29 日至 30 日，中央统战部二局局长赵学义率调研组到房山区对民族宗教工作进行调研。调研组听取了区统战系统民族宗教工作汇报，到河北镇、霞云岭乡对“治理乱建寺庙和露天宗教造像”专项工作进行了检查，没有发现问题。

（朱松宏）

【中央统战部到房山区调研新农村建设】 10 月 22 日至 23 日，中央统战部副部长黄跃金率考察团一行 50 人到房山区张坊镇、周口店镇调研新农村建设。中央统战部领导肯定了房山区在打造“首都高端制造业新区”和“现代生态休闲新城”跨越式发展取得的成绩。市委统战部常务副部长闵克、区委书记刘伟等陪同调研。

（朱松宏）

游子联络工作

【概况】 房山区游子联络工作加强基础性工作，开展了游子信息资源调查活动，获得了最新的游子资源信息。采取书信联络、专刊、参观考察、项目推介会、座谈交流等活动形式，举办项目推介 3 次，参观考察 3 次，发放资料 500 多份，书信联络 4000 多件次。年内，走访游子 15 人，接待游子 20 人次。游子联络站获 ISO 9001 管理体系证书。

（李中华）

【完成房山游子信息资源调查活动】 3 月至 6 月，在全区开展房山游子信息资源调查活动。经过动员、宣传、巡回指导、查漏补缺、复核、汇总等多环节工作，在区教委和各乡镇、街道的积极支持配合下，完成 2213 名房山游子信息资源调查，其中复核原游子 1612 人、新增游子 601 人。同时使重点掌握的游子人数增加到 306 名。

（李中华）

【区游子联络站获 ISO 9001 管理体系认证】 6 月 30 日，区游子联络站通过北京万丰伟业质量认证咨询有限公司专业咨询与认证，获 ISO 9001 管理体系证书。区游子联络站进行科学规范管理，制定了《管理手册》，完善了工作目标、工作定位、工作思路，健全了“三大规则”（办文规则、办会规则、办事规则）、“八项制度”（考勤管理制度、学习管理制度、考核管理制度、印章管理制度、财务管理制度、档案管理制度、值班管理制度、车辆管理制度），规范工作行为，内设了工作机构，提高了工作效率。

（李中华）

【召开在京房山游子老干部座谈会】 9 月 29 日，区游子联络站在北京圆山大酒店召开“在京房山游子老干部座谈会”，20 名房山游子参加。会上，区游子联络站负责人向房山游子代表们介绍了房山游子工作开展情况，并征求意见。房山游子积极发言，讨论热烈，在充分肯定全区游子工作基础上提出了很好的建议和意见。

（李中华）

【房山区游子联络站网站开通】 11 月，在区信息中心和歌华公司等单位的配合支持下，区游子联络站网站开通。该网站分为联络站概括、工作动态、在线留言、联系我们四大板块，包括区游子联络站简介、领导介绍、组织结构介绍、科室职责介绍、游子促进会介绍、以及政策法规、联络站工作、游子综合情况、游子心声等小板块。

（李中华）

中国共产党北京市房山区纪律检查委员会

【概述】 2011年，房山区党风廉政建设和反腐败工作以完善惩治和预防腐败体系为重点，以保障全区经济社会科学发展为目标，不断提高反腐倡廉建设科学化水平。围绕全区经济社会发展的中心工作和区委、区政府关注的焦点、热点问题开展立项监察。围绕禁止违法占地违法建设开展立项监察，印发了《房山区禁止违法占地违法建设纪律保障若干规定（试行）》《关于严肃查处违法建设工作的实施意见》。围绕打击偷挖盗采开展立项监察，加大查办案件工作力度。探索建立“3+X”联合监察、督查工作机制和“3+X”联合办案机制。以工程建设领域突出问题专项治理为重点开展监督检查。通过召开会议、现场督办、信息通报等方式，确保工程治理工作扎实有效。认真落实党风廉政建设责任制，区纪委牵头组织区党风监督员对落实党风廉政建设责任制、廉政风险防范管理及贯彻执行廉政准则等工作情况进行了重点抽查。探索实施农村“三资”监管新模式，围绕农村“三资”监管工作的机构设置、人员配备、工作职责及工作措施广泛征求意见和建议，确保房山区农村“三资”委托监管工作的科学性、实效性和规范性。健全完善勤政保障体系，打造廉洁高效的服务型政府。区行政投诉中心共受理各类投诉281件（次），同比增长24%，群众满意率达90%以上。推进信息化监察工作，成立了电子监察中心，以电子监察系统建设为载体，探索建立了《效能监察项目书》制度。继续深化政风行风热线工作。加强日常督办，创办了热点聚焦视频栏目，扩大政风行风热线知晓率。开展民主评议政风行风工作，做到点面结合。深化反腐倡廉宣传教育。在全区党员领导干部中开展“讲党性修养、树良好作风，促廉洁自律”主题教育活动。推进党政机关、事业单位、社会团体和国有企业的“小金库”专项治理工作和开展党政机关公务用车专项治理工作，严肃乡镇党委换届纪律，加强对乡镇党委换届纪律执行情况的监督检查，营造风清气正的换届环境。做好案件查办和信访排查工作，促进社会和谐稳定。加强案件线索统一管理，建立了全区案件线索管理库和办案人才库，继续通过联合办案加大案件查处力度。以控制信访总量，降低集体访、越级访和重复访为主要目标，加强重点矛盾纠纷排查、严格落实领导干部信访包案责任，大力查办信访案件。

（费鹏）

【开展民主评议政风行风工作】 5月，区纪委为深入开展民主评议政风行风工作，做到点面结合，向全区下发了《2011年房山区民主评议基层站所（服务窗口）工作实施方案》，对全区民主评议的对象、范围、内容标准、工作步骤、时间安排等进行了详细安排部署，确定房山公安分局、区城管大队等19个行政系统及中国移动房山分公司、歌华有线房山分公司等9个公共服务行业和各部门驻区综合行政服务中心的窗口作为重点评议单位，进行针对性指导和督促。

（费鹏）

【创办政风行风热线《热点聚焦》栏目】 6月28日，为进一步深化政风行风热线工作，扩大政风行风热线知晓率，房山区政风行风热线《热点聚焦》栏目正式在房山电视台、房山信息网及房山区纪检监察网播出。

（费鹏）

【完成巡视工作】　年内，区委巡视组配合区委组织部，对全区各乡镇进行了换届考察工作。6月至7月，区委巡视组分别对区财政局、区司法局、区园林绿化局进行了巡视。9月至10月，区委巡视组分别对区体育局、区环保局、区人口计生委进行了巡视。向区委提交的巡视报告中提出改进的意见和建议。此外，不断完善巡视工作制度，建立健全了巡视情况提前介入工作机制、巡视中联合监督机制、巡视反馈回查工作机制，督促被巡视单位高效履职。

（费鹏）

【实施农村“三资”委托监管新模式】　为探索实施农村“三资”（资源、资产、资金）委托监管新模式，确保房山区农村“三资”委托监管工作的科学性、实效性和规范性。7月，区纪委制定了《关于实施农村“三资”委托监管的工作意见》《房山区村级“三资”委托监管暂行办法》等文件，并牵头运作，组织推进各乡镇农村集体资产监管服务中心的建立，解决存在的问题。各乡镇（街道）“三资”监管中心全面建立。

（费鹏）

【深化反腐倡廉宣传教育】　区纪委以庆祝建党90周年为契机，在全区党员领导干部中开展“讲党性修养、树良好作风，促廉洁自律”主题教育活动。举办“房山区预防工程建设领域职务犯罪展览”，组织全区科级以上干部和农村党支部书记、村主任3000余人参观展览。开展了领导干部讲廉政党课暨优秀党课教案评选活动，有9600名党员干部接受党课教育；在领导干部中开展了“学准则、防风险、守纪律、作表率”主题征文活动，560名处级领导干部撰写了征文。对新任处级领导干部进行廉政谈话，签订廉洁从政承诺书，提升了领导干部廉洁从政的意识。继续巩固廉政文化建设成果，开展了“房山区‘播廉洁种子、育四好少年’青少年书画大赛”“房山区家庭助廉教育知识竞赛”等系列活动。发挥宣传作用，在区内媒体上播出新闻专题200篇次，在《中国纪检监察报》《是与非》杂志和《廉政北京》上刊发新闻15篇，扩大了房山区反腐倡廉工作的影响力。

（费鹏）

【推进电子监察平台建设】　10月10日，区纪委按照“制度+科技”要求，深入推进信息化监察工作，成立了电子监察中心。以电子监察系统建设为载体，制定《效能监察项目书》制度，将全区76个单位的297项重点工程、重点工作划分为A、B、C三类进行督查考核。其中A类114项（区政府确定的65项折子工程和30项为人民群众拟办的重要实事）、B类25项（各单位各部门承担的其他市区重点工程、重点项目）、C类158项（本部门制定的重点工作任务）。此外，通过各种形式对入驻房山区综合行政服务中心的38家具有行政许可、审批等职能的单位进行实时、同步监察，对超时办理行政审批手续的单位制发督查通知，督促各部门认真履行职责、提高办事效率。

（费鹏）

【开展焦点热点问题监督检查】　年内，区纪委围绕禁止违法占地违法建设开展立项监察，印发了《房山区禁止违法占地违法建设纪律保障若干规定（试行）》，对各级领导干部、机关工作人员和全体党员提出了“九禁止”（禁止散布占地、拆迁等虚假信息；向有关部门或人员打招呼、递条子，为违法者提供保护；索要或接受当事人礼品馈赠、有价证券或宴请等）的纪律要求；起草了《关于严肃查处违法建设工作的实施意见》。围绕打击偷挖盗采开展立项监察，以查处偷挖盗采煤炭引发的伤亡事故和偷挖盗采存煤被盗案件为契机，加大查办案件工作力度，成立专门调查组对2起事故、1起煤炭被盗案件进行调查，以案件查处震慑偷挖盗采行为，以案件查处遏制偷挖盗采现象的发生。

（费鹏）

【**建立联合监督平台**】 年内，区纪委探索建立“3+X”联合监察、督查工作机制和“3+X”联合办案机制。“3”是指区纪委监察局联合区委督查室、区政府督查室，“X”是根据具体工作需要，联合相关区直主要责任部门进行立项监察、立项督查，充分发挥各自优势，形成多部门齐抓共管的监督合力。通过健全完善“首办”责任制度、月报制度、约谈制度和责任追究制度等，督促各相关部门和单位认真履行工作职责，保证了“3+X”联合监督平台的运转，提高了监督检查工作效果。

（费鹏）

【**开展监督检查**】 年内，区纪委为做好新增建设项目的申报、自查、排查工作，通过召开会议、现场督办、信息通报等方式，确保工程治理工作扎实有效。全年，共排查出问题项目116个，问题219个，完成问题项目整改115个，整改处理问题210个，整改完成率达到95.89%。

（费鹏）

【**开展行政投诉工作**】 年内，区纪委制发《关于对区综合行政服务中心服务大厅监督检查办法（试行）》，组织区委督查室、区委党风监督员对具有行政审批职能的窗口单位及其工作人员就政务公开、服务态度、工作效率等开展暗访检查活动。根据检查情况，向被访单位制发《暗访情况反馈通知书》，督促存在问题的相关部门制定整改措施、健全完善工作机制和便民措施。全年，区行政投诉中心共受理各类投诉281件次，同比增长24%，群众满意率达90%以上。

（费鹏）

【**严格执行领导干部廉洁自律规定**】 区纪委在学习贯彻廉政准则各项规定及认真落实民主生活会、领导干部廉政谈话、领导干部收入申报等制度的同时，还开展了推进党政机关、事业单位、社会团体和国有企业的“小金库”专项治理工作，全区各处级单位进行了复查，复查面达到100%。开展党政机关公务用车专项治理工作，5月制发《房山区开展党政机关公务用车问题专项治理工作的实施方案》，召开全区动员大会，采取自查登记、审查核实、监督检查等方式督促落实，确保治理各阶段任务的顺利完成。严肃乡镇党委换届纪律，3月区纪委与区委组织部联合制发了《关于严肃乡镇领导班子换届纪律的通知》。

（费鹏）

【**做好案件查办和信访排查工作**】 区纪委为加强案件线索统一管理，建立案件线索管理库和办案人才库，通过联合办案加大案件查处力度。2011年，全区初核案件线索47件，立案25件，其中直查案件21件。共受理群众信访举报658件次，其中集体访19批119人次，与2010年相比呈下降趋势，集体访大幅下降。

（费鹏）

【**成立联合派驻纪检组**】 区纪委为加强全区纪检监察组织建设，按照分步实施、稳妥推进的原则，结合区纪检监察机构以及纪检监察干部队伍的实际情况，8月初，区委下发了《房山区关于建立联合派驻纪检组的工作意见》。从乡镇领导班子成员中选拔基层工作经验丰富、纪检监察业务精通、组织协调能力较强的4名领导干部组建联合派驻纪检组。主要职责监督检查各驻在单位及所属党政领导班子落实科学发展观、维护党的政治纪律、贯彻执行民主集中制、落实“三重一大”（重大决策、重要干部任免、重大项目安排、大额度资金的使用）制度等情况，进一步强化对领导班子和领导干部的监督。加强对各驻在单位及所属系统重要岗位和关键环节的监督。围绕中心工作开展专项治理和执法监察，切实加强政风行风建设，督促各驻在单位及所属系统的党员干部正确履职，依法行政，廉洁从政等7项。9月初，联合派驻纪检组正式进驻派驻单位开展工作。

（费鹏）

【完成区第七届纪律检查委员会选举工作】 12月8日，中共北京市房山区第七届纪律检查委员会第一次会议在韩村河山庄会议中心召开。第七届纪律检查委员会委员应到29人，实到28人。会议采取无记名投票的方式差额选举产生了中共北京市房山区第七届纪律检查委员会常委9人；等额选举产生了中共北京市房山区第七届纪律检查委员会书记王智慧，副书记王永年、李学、汤连成。

（费鹏）

【纠正各种损害群众利益的不正之风】 年内，区纪委对政风行风热线上群众反映强烈的问题进行督办、联办和跟踪回访，及时发现问题，随时纠错整改。扩大上线单位范围，吸纳全区具有行政管理和公共服务职能的企事业单位上线，加大解决问题力度，受到社会各界的好评。全年共受理10316件，受理量同比增长17.9%。深入开展民主评议政风行风工作，做到点面结合，一方面在全区下发了《2011年房山区民主评议基层站所（服务窗口）工作实施方案》，对全区民主评议的对象、范围、内容标准、工作步骤、时间安排等进行了详细安排部署；另一方面，确定了19个行政系统及9个公共服务行业和各部门驻区综合行政服务中心的窗口作为重点评议单位，进行针对性指导和督促。

（费鹏）

【深化廉政风险防范管理工作】 年内，区纪委深入推进廉政风险防范管理工作，着力推进风险防范管理工作制度化。按照市委和市纪委的工作要求，扎实开展廉政风险防范管理“回头看”活动，制定下发了《在全区开展廉政风险防范管理“回头看”活动，进一步深化廉政风险防范管理工作的实施意见》，全区各单位按照要求对几年来开展风险防范管理工作情况进行全面总结回顾，及时查漏补缺、修订完善，建立健全风险防控长效机制。抓延伸，大力推进风险防范管理工作向纵深发展。以“三重一大”决策的风险防范为重点，深化向上延伸。以典型引路的方式，全面推进向下延伸，通过狠抓两个延伸，风险防范管理工作实现了全区覆盖。抓提升，不断提高廉政风险防范管理的科学化水平。全区局、处两级的班子成员全部实施向项目化管理拓展和科技防控拓展。各单位基本形成了以“领导带头、权力公开、流程监管、节点控制、制度规范、动态管理”为主要内容的风险防控长效机制，全区反腐倡廉建设取得新的明显成效。

（费鹏）

北京市房山区人民代表大会常务委员会

【概述】 区六届人大常委会围绕中心服务大局，创新工作、依法作为，为推进全区经济快速增长、民生持续改善、社会和谐稳定做出了积极贡献。

依法督办议案建议。为提高议案、建议的办理质量和代表满意率，采取多种方式进行督办。一是主动沟通协调。坚持提前介入，加强与“一府两院”（一府指人民政府，两院指人民法院、人民检察院）及承办部门的联系，适时召开会议，听取办理情况汇报，协调处理办理过程中遇到的问题。二是创新督办机制。建立健全了议案办理任务书制度，向承办单位下达目标明确、责任清晰、要求具体的任务书，避免了办理过程中出现的推诿扯皮现象。三是强化跟踪督办。进行事前、事中、事后的全程跟踪督办，特别是对一些具有一定社会影响，办理难度大、周期长的议案和重点建议，进行跟踪和跨年度连续追踪，对办理结果不满意的，责成相关部门进行复查补办。针对群众关注的保障性住房建设、农村基础设施建设、就业平台建设等议案，常委会领导亲临一线了解办理情况，促进并解决了一大批人民群众最关心、最直接、最现实的利益问题。

依法完成区乡镇人大代表换届选举工作。2011 年进行的区、乡镇两级人大代表换届选举，是选举法修订后首次实行的城乡同比例选举。在区委的领导下，区人大常委会坚持依法按程序办事，认真组织实施换届选举工作。

大力推进功能区建设。为加快功能区建设，区人大常委会采取多项措施监督推进。常委会领导多次带队深入到北京石化新材料科技产业基地、北京高端制造业（房山）基地、中央休闲购物区（CSD）、中国北京农业生态谷、中国房山世界地质公园五大功能区进行调研，协调有关部门合力攻关，破解制约发展的突出问题。听取房山区工业发展情况的汇报，组织代表对重点项目和重大投资项目进行视察，提出了政府各职能部门要高效发挥作用、认真抓好前期手续办理和市政配套设施建设、建立投资项目的双向约束机制、及时化解拆迁矛盾等建议。

大力推进城市化进程。区人大常委会把推进城市化进程作为重要工作来抓，对《关于加强新城建设管理的决议》执行情况进行连续跟踪督查，提高了新城建设管理水平。组织代表对地铁房山线、京石第二高速、京石客运专线等交通基础设施及拱辰街道一街至五街、城关街道楮榆树街拆迁改造等工程项目进行视察，提出了有针对性的意见建议。

大力推进民生改善。加强对教育发展和文化建设情况的监督，听取审议教育均衡发展情况、学前教育工作情况等报告，针对适龄儿童入园难、师资队伍建设难、民办园管理难的“三难”问题提出了有针对性的意见建议。连续两年跟踪中小学标准化建设情况，推进了办学条件的改善。听取审议区政府关于农村文化设施建设工作报告，针对代表提出的文化设施利用率低、基层文化经费缺乏保障等问题，区政府加大投入，强化管理，落实责任，健全队伍，进一步丰富了农村文化生活。加强对医疗卫生和食品安全情况的监督。连续对社区卫生基础设施建设情况进行视察，对食品生产企业、建筑工地食堂和便民超市进行执法检查，对中小餐馆进行随机抽查和暗访，确保了人民群众饮食安全。听取审议食品安全监管工作报告，制发审议意见书，区政府据此制定了食品安全工作意见和应急措施，从源头上强化了食品安全监管。

抓住经济发展的重大事项行使决定权。区人大常委会先后对重点功能区、市政基础设施以及交通工程等建设情况进行视察检查，同时，作为常委会重要议题听取相关工作汇报并进行审议，加快推进了项目建设进程。为保障和促进全区经济健康运行，审查批准了区政府年度预决算、预算调整方案，听取审议了预算执行情况报告和审计工作报告，重点加强对财政资金使用的绩效监督，针对管理中存在的薄弱环节，建议区政府强化预算管理，建立财政支出绩效评价机制，提高财政资金使用绩效。

抓住法制建设中的重点行使决定权。专题听取“五五”法制宣传教育工作实施情况及“六五”普法规划制定情况的报告，作出了《关于贯彻实施法制宣传教育第六个五年规划的决议》，特别强调要区别不同对象，注重法制宣传教育的针对性和实效性，着力提高全民法律素质，加强对法制宣传教育的监督检查，不断提高全社会法制化管理水平，确保“六五”普法规划的有效落实。

积极提供服务保障，增强代表履职能力。一是加强代表培训。完善代表培训制度，引导和帮助代表提高思想政治素质和履职能力。在对代表进行普遍培训的基础上，分层分类举办了农村代表和企业代表培训班，邀请专家教授进行专题讲座。举办代表履职经验交流会和座谈研讨会，提高了代表素质。二是保障代表知情知政。每年年中组织代表听取“一府两院”半年工作情况通报，及时将人大信息、有关文件和学习材料寄发代表，让代表更多地了解市情、区情和社情，拓宽了代表视野。

（佟国荣 吴永锋）

【区六届人大六次会议】 1月6日至9日，区六届人大六次会议在韩村河山庄会议中心召开。应到代表269人，实到251人。会议听取和审议了政府工作报告；听取房山区国民经济和社会发展第十二个五年规划纲要（草案）的说明；审议了房山区国民经济和社会发展第十二个五年规划纲要（草案）；审查和批准了房山区国民经济和社会发展第十二个五年规划纲要；审议了关于房山区2010年国民经济和社会发展计划执行情况与2011年国民经济和社会发展计划（草案）的报告；审查和批准了房山区2010年国民经济和社会发展计划执行情况的报告及2011年国民经济和社会发展计划；审议了房山区2010年财政预算执行情况和2011年财政预算（草案）的报告；审查和批准了房山区2010年财政预算执行情况的报告和2011年财政预算；听取和审议了房山区人民代表大会常务委员会工作报告；听取和审议了房山区人民法院工作报告；听取和审议了房山区人民检察院工作报告。会议补选苗宗启为房山区人大常委会副主任、王建平为房山区人民检察院检察长。会议期间，人大代表围绕推进科学发展和民生改善等方面提出并列入了大会议案3项6件，建议、批评和意见72件。大会预备会上，对评选出的2010年度“十佳区人大代表”和议案建议办理工作先进单位进行了表彰。

（佟国荣 吴永锋）

【房山团市人大代表举行会前活动】 1月9日，房山代表团举行市十三届人大四次会议会前活动，区人大常委会主任史全富、市人大教科文卫体委委员郭先英、区人大常委会常务副主任李福田参加活动。会议推选了市十三届人大四次会议房山代表团团长、副团长，成立了临时党支部；讨论了北京市第十三届人民代表大会第四次会议议程（草案），大会主席团和秘书长名单（草案），议案审查委员会主任委员、副主任委员、委员名单（草案）；初审了市政府工作报告（征求意见稿）等6个报告；通报了市人代会准备工作会议对代表提出的注意事项，市经信委对代表进行了人代会网上视频操作相关知识的培训。

（佟国荣 吴永锋）

【召开人大代表议案建议交办会】 2月24日，区政府召开办理人大代表议案建议、政协委员提案工作会议，区委常委、常务副区长高言杰，区人大常委会常务副主任李福田，区政协副主席周文海出席会议，区直有关委、办、局、乡镇（街道）主要负责人参加会议。会上，区住房城乡建设委和区市政市容委分别做了2010年议案建议和提案办理工作典型发言。

（佟国荣 吴永锋）

【区人大常委会与“一府两院”召开工作联席会】 3月11日，区人大常委会与“一府两院”在区人大264会议室召开工作联席会。会议由区人大常委会主任史全富主持。会上，常务副主任李福田通报了区人大常委会2011年工作安排。“一府两院”领导对区人大常委会工作安排给予了高度评价，认为思路清晰、重点突出、可操作性强。同时，结合工作实际，就全区经济形势、功能区建设、京石二高速、轨道交通(房山线)西延线、社会矛盾化解、旧城改造和民主法制建设等方面进行了沟通。区委副书记、区长祁红希望区人大常委会充分发挥人民代表大会制度的优势，根据经济发展形势，继续关注功能区项目建设、重点工程建设和固定资产投资等重大事项，监督推进相关工作深入开展。区人大常委会主任史全富指出，召开区人大常委会与“一府两院”工作联席会就是为了把人大常委会工作重点与政府和“两院”的工作衔接好、沟通好，形成一种在监督中体现支持的良好氛围。

（佟国荣　吴永锋）

【召开区六届人大六次会议三项议案办理工作汇报会】 4月19日，区六届人大六次会议三项议案办理工作汇报会召开。区人大常委会主任史全富，区委常委、常务副区长高言杰，区人大常委会常务副主任李福田及区直有关部门负责人和部分人大代表参加了会议。座谈会上，区人力社保局就“加强就业服务平台建设，强化就业指导和培训，有效促进城乡劳动力实现就业”议案；区综治办就“加大安防、技防设施建设力度，提高老旧小区和行政村科技治安防范水平”议案；区广电中心就“加快城乡数字信息平台建设，增强公共服务和社会管理能力”议案分别进行了汇报，与会人大代表在充分肯定区政府工作的基础上，就三项议案办理进展情况提出了意见和建议。

（佟国荣　吴永锋）

【区委人大工作会议召开】 4月21日，区委第三次人大工作会议召开，区领导刘伟、祁红、史全富、唐淑荣、张祝华、韩裕、孙强、李福田、刘顺林、段维鹏、苗宗启、王淑红、高维魁、周文海出席会议。会议由区委副书记、区长祁红主持。会上，区人大常委会主任史全富作关于《中共房山区人大常委会党组关于进一步做好人大工作的若干意见》的说明。意见着重解决3个问题：第一，深化对人民代表大会制度和人大工作的认识，认清人大及其常委会在坚持和完善人民代表大会制度中肩负的责任，紧紧围绕“三化两区”建设发挥人民代表大会制度的优势，发挥好人大及其常委会的职能作用。第二，围绕提高工作质量和实效，按照依法有效履行职能的要求，着力完善工作方式，推进具体工作制度、工作机制和工作方法的创新，改进各方面的工作，不断开创人大工作新局面。第三，加强常委会自身建设和常委会机关建设，提高履职能力和服务保障水平。区委书记刘伟在讲话中对人大常委会的工作给予充分的肯定，要求为人大常委会履职创造更好的条件，以更好地发挥区人大的职能作用。

（佟国荣　吴永锋）

【区六届人大常委会第32次会议】 4月28日，区六届人大常委会第32次会议召开，会议听取了行政审判工作情况的报告，区人大常委会内司委领导作了关于行政审判工作情况的调查报告。会议建议：要以“案结事了”为目标，妥善化解行政争议，进一步发挥行政审判服务经济社会大局的作用。要进一步做好与行政机关的沟通协调，增强矛盾化解工作的预见性和有效性，构建审判机关与行政机关的良性互动机制。要加大非诉行政案件的执行力度，对合法有效的具体行政行为要穷尽执行手段予以执结。要提高行政审判工作水平，规范行政审判行为，提高法官沟通协调、化解矛盾和解决实际问题的能力。

（佟国荣　吴永锋）

【市区人大代表视察交通运输基础设施建设情况】 5月5日，区人大常委会主任史全富，副主任刘顺林、段维鹏及部分市区人大代表察看了阎仙垡客运站、长阳治超站和凯捷风公交客运公司等，听取了区交通局相关工作汇报。代表们就道路养护、方便群众出行和科学规划方面提出了建议。

（佟国荣　吴永锋）

【部分市区人大代表视察无障碍设施建设情况】 6月1日，区人大常委会副主任段维鹏及部分市、区人大代表对残疾人无障碍设施建设情况进行了视察，察看了良乡医院门急诊大厅、北潞园社区居家养老定点服务单位、路边盲道等无障碍设施建设情况，听取了相关工作汇报。代表们就无障碍设施建设与管理、维护和尊重残疾人合法权益、加大《中华人民共和国残疾人保障法》宣传力度等方面提出了建议。

（佟国荣 吴永锋）

【对食品卫生法实施情况进行执法检查】 6月21日，区人大常委会副主任刘顺林，部分市、区人大代表和区人大常委会科教文卫委委员对房山区《中华人民共和国食品卫生法》情况进行执法检查。代表们察看了晋面香、红色龙乡、宝宇花园等餐饮场所的食品操作间和餐饮大厅，重点检查了餐饮设备设施的清洗、消毒、食品加工情况和原料采购渠道的安全性等，听取了区卫生局关于餐饮服务环节食品安全管理工作的汇报。代表们针对检查中发现的问题提出了意见和建议。

（佟国荣 吴永锋）

【部分市人大代表就加快推进“加强国家文化中心建设”议案办理到房山区调研】 6月29日，市人大常委会委员、市人大教科文卫体委员会主任委员孙世超及部分市人大代表考察了琉璃河西周燕都遗址现场，听取了区文化委关于筹建琉璃河西周燕都遗址公园工作情况、房山规划分局关于琉璃河西周燕都遗址公园规划的编制情况，以及琉璃河镇关于遗址保护区基本情况的汇报，并进行了座谈。代表们希望有关部门认真研究制定科学合理、操作性强的规划建设方案，明确责任，突出重点，加大工作力度，在推进遗址保护和建设过程中，把文物保护与开发利用、改善民生、促进区域发展以及社会和谐稳定有机结合起来，切实把西周燕都遗址公园保护好、建设好、利用好。

（佟国荣 吴永锋）

【区六届人大常委会第33次会议】 7月7日，区六届人大常委会第33次会议召开。会议听取了2010年度房山区财政预算执行及其他财政收支情况的审计工作报告。会议建议：区审计部门要建立和完善财政资金使用预警监控体系，及早防范化解财政风险。对审计中屡次出现的问题，要督促相关部门切实负起责任，采取有力措施，切实抓好整改，严肃财经纪律。区政府要加强债务管理，完善政府融资管理监督机制，严格规范政府投资项目建设程序，并加大跟踪检查力度，确保财政资金安全有效使用。

（佟国荣 吴永锋）

【市区人大代表视察山区沟域经济发展情况】 7月14日，区人大常委会主任史全富，副主任刘顺林、苗宗启及部分市区人大代表实地察看了仙栖谷沟域瓦沟文化科普园、金鸡岭生态观光园、月亮湖工程和仙栖谷休闲驿站建设情况，听取了区农委关于山区沟域经济发展情况的汇报和张坊镇的相关工作汇报。代表们建议区有关部门要高起点规划山区发展，加大基础设施投入力度，全面加快山区建设与发展步伐。

（佟国荣 吴永锋）

【部分市区人大代表视察区农村文化设施建设情况】 7月15日，区人大常委会主任史全富，副主任刘顺林、段维鹏、苗宗启及部分市区人大代表实地察看了河北镇磁家务村文化大院、拱辰街道梅花庄文化大院文化设施建设情况，听取了区文化委关于农村文化设施建设情况的工作汇报。代表们围绕建立文化设施管护长效机制、提高文化设施利用率和充分挖掘基层文化资源等方面提出了建议。

（佟国荣 吴永锋）

【部分市区人大代表视察区六届人大六次会议议案办理情况】 7月26日，为了解六届人大六次会议议案办理情况，区人大常委会主任史全富，常务副主任李福田，副主任刘顺林、段维鹏、苗宗启及部分市区人大代表察看了窦店镇白草洼村就业服务站、北京高端制造业基地就业服务中心、阎村镇数字广播信息平台和张庄村安防技防等设施建设情况。听取了区政府关于区六届人大六次会议3项议案及建议、批评、意见办理情况的报告以及区人力社保局、区综治办、区广电中心等议案承办单位议案办理情况汇报。代表们围绕设施利用、工作宣传和建立长期管护机制方面提出了意见建议。

（佟国荣　吴永锋）

【区六届人大常委会第34次会议】　8月25日，区六届人大常委会第34次会议召开。会议通过了关于区、乡镇两级人大换届选举有关事项的决定（草案）、关于设立房山区选举委员会的决定（草案）、关于任命各乡镇选举委员会组成人员的决定（草案）、关于区、乡镇两级人大换届选举工作的实施意见（草案）。区人大常委会主任史全富就做好全区、乡镇两级人大换届选举工作作了讲话。

（佟国荣　吴永锋）

【部分区人大代表视察区重大项目建设情况】　10月11日，区人大常委会主任史全富，常务副主任李福田，副主任刘顺林、段维鹏、王淑红及部分区人大代表实地察看了北京石化新材料科技产业基地、城关西里集中供热项目、山区人口迁移基础设施工程和新城滨河森林公园以及路网建设情况，听取了关于全区重大项目建设情况的工作汇报。代表们围绕基础设施投资、中小企业发展等方面提出了意见和建议。

（佟国荣　吴永锋）

【区六届人大常委会第35次会议】　10月20日，区六届人大常委会第35次会议召开。会议听取和审议了房山区重大项目建设情况的报告，区人大财经委领导作了关于对全区重大项目建设进展情况的调查报告，部门委员和列席代表进行了审议发言。会议建议：突出重点，增加生产性项目投资比重。要在保障民生重点工程和基础设施项目建设的基础上，积极打造新型支柱产业，增加生产经营性项目投资，增强造血功能和发展后劲。建立健全投资项目的双向约束机制，实现共同发展。要建立健全重大项目投资管理机制，切实做好项目的评审论证及金融评价等工作，严把项目准入关，提高科学决策水平，促进全区经济社会健康持续发展。加强项目的建设与管理，切实提高投资效益。要加大统筹协调力度，科学有序的安排投资项目建设，按照量入为出和集中财力办大事的原则，把有限的资金用在刀刃上，切实发挥资金的最大效益。优化投资环境，关注中小项目建设，妥善解决中小项目后期资金拖欠问题，促进中小项目建设。

（佟国荣　吴永锋）

【举办区第七届人民代表大会代表培训班】　12月2日，区人大常委会举办区第七届人民代表大会代表培训班，区人大常委会主任史全富，常务副主任李福田，副主任刘顺林、段维鹏、苗宗启、王淑红参加了培训班。培训班上，李福田作了动员讲话，市人大代表联络室原主任吴世荣围绕人民代表大会制度、《中华人民共和国全国人民代表大会和地方各级人民代表大会代表法》的主要内容以及人大代表如何履职等内容做了专题辅导讲座。史全富就代表的重要性以及如何履职和发挥作用等方面进行了讲解。

（佟国荣　吴永锋）

【房山区第七届人民代表大会第一次会议】　12月14日至17日，房山区第七届人民代表大会第一次会议在韩村河山庄会议中心召开。会议审议通过了区政府工作报告、计划报告、财政报告、区人大常委会工作报告、区法院工作报告、区检察院工作报告，并作出了相应决议。会议依法选举产生了区人大常委会和“一府两院”领导班子，祁红当选为房山区人民政府区长，李江、吴会杰、卢国懿、马继业、曹蕾、吕守军当选为房山区人民政府副区长；史全富当选为房山区人大常委会主任，刘欣国、刘顺林、段维鹏、苗宗启、王淑红当选为房山区人大常委会副主任；蔡慧永当选为房山人民法院院长；王建平当选为房山区人民检察院检察长。会议期间，人大代表围绕推进科学发展和民生改善等方面提出并列入了大会议案 2 项 21 件，作为建议、批评和意见的 82 件。

（佟国荣　吴永锋）

【完成区乡镇人大代表换届选举】 2011 年，房山区进行区、乡镇两级人大代表换届选举，选举产生了房山区第七届人民代表大会代表 271 名，新一届乡镇人大代表 1142 名。在当选的区人大代表中，基层代表和妇女代表比例分别为 68.6%和 35.1%，比上届分别提高 1.8%和 4.1%；党政干部代表比例为 21.0%，比上一届降低 3%。

（佟国荣　吴永锋）

北京市房山区人民政府

【概述】 2011 年，房山区认真落实区委六届九次全会和区人大六届六次会议精神，完成了既定发展目标。地区生产总值实现 416 亿元，比 2010 年增长 12%。全区财政收入完成 117.5 亿元。其中，一般预算收入完成 34.8 亿元，同比增长 23.6%。区域税收完成 187.2 亿元，同比增长 3%。全社会固定资产投资完成 454.5 亿元，同比增长 18.7%。城镇居民人均可支配收入和农村居民人均纯收入同比分别增长 13.4%和 13.5%。城镇登记失业率为 3.51%。

全力打造产业功能区。北京石化新材料科技产业基地优质资产顺利实现属地纳税，成为全国首批新型工业化示范基地。北京高端制造业（房山）基地相继引进北京京西重工有限公司、北京长安汽车公司、北京北控新能源科技发展有限公司、北京二七轨道交通装备有限责任公司等一批大企业，高端制造业成为区域经济新的引擎。中央休闲购物区（CSD）列入北京现代服务业试验区，奥特莱斯旗舰中心即将投入运营。中国房山世界地质公园顺利通过中期评估，中国房山世界地质公园博物馆、北京西南旅游集散中心相继建成，云居寺文化景区等重点工程有序推进。中核北京科技园开工建设东方自控产业化项目。北京良乡高教园区按规划基本建成，完成规划区内行政村征地拆迁，启动了安置房建设。随着北京中医药大学的开工建设，入驻大学达到 6 所。切实抓好节能减排，万元地区生产总值能耗下降近一半。

积极培育新的经济增长点。大力发展战略性新兴产业，引入了整车制造、光伏发电等高端、高效、高辐射力项目，加速了产业结构优化升级步伐。加强创新驱动，高新技术企业达到 43 家，重点功能区核心产业用地纳入中关村自主创新示范区扩区规划。良乡经济技术开发区和房山工业园区对经济增长的贡献不断提高，良乡物流基地建设有序推进。工业运行质量和效益不断提升，年产值突破 1000 亿元，税收逾 100 亿元，带动就业 10 万人。建筑建材房地产业实力进一步增强。生产性服务业发展取得突破，北京石油交易所运营态势良好，引进国债结算中心。商贸流通业繁荣活跃，社会消费品零售额突破 150 亿元大关。整合旅游资源，加强品牌推广，实施重点景区环境治理及疏堵优化工程，推出圣莲山老子文化园、五渡汽车露营地等新项目，游客接待人数和旅游综合收入保持快速增长。积极发展文化创意产业，华嬉数字文化产业项目、历史文化旅游集聚区建设取得新成果。

新城面貌焕然一新。建成区面积大幅增加，城市化率达到69%。高标准建设世界城市示范区。20多个精品开发项目同步推进，独具特色的建筑群落和城市景观拔地而起，永定河绿色生态走廊和新城滨河森林公园建设快速推进，各项配套设施进一步完善。下大力量改造老城区。良乡组团全面推进拱辰街道一街至五街拆迁改造，建设回迁安置房24.9万平方米，618户居民回迁入住。燕房组团大力推进槠榆树街改造，启动洪寺村拆迁，建成燕和园。基础设施不断健全。京昆高速等连接市区的大通道建设稳步推进。实施了新城建成区道路疏堵工程，城市微循环系统进一步畅通。高效推进了一批水、电、气、热等市政基础设施建设工程。新城环境持续改善，城市绿化覆盖率达到45.1%，人均公共绿地面积达到12.73平方米，生活垃圾无害化处理率达到94%。空气质量二级以上天数比重达到71%。

农村和山区实现转型发展。社会主义新农村建设成效显著，提前两年实现新农村建设“5+3”工程行政村全覆盖，农村面貌焕然一新，农民生产生活方式发生深刻变化。大力发展都市型现代农业，农业企业达到285家，设施农业达到3.5万亩，都市型现代农业体系不断完善。着力提升农民组织化程度，农民专业合作社基本覆盖从事一产的大户。着力解决农民后顾之忧，新型农村合作医疗、农民养老保险、农民四种慢病免费干预基本实现全覆盖。山区进入绿色发展新阶段，生态屏障和生态服务功能大幅提升。建成一批山区乡镇联络线，为资本进山打下了坚实基础。山区人口迁移工程首批479个自愿申请搬迁家庭入住新居，累计完成山区险户搬迁1899户。引进高端要素，重构山区产业支撑，青龙湖国际红酒城、中国美丽谷、国家全山地运动度假公园等一批大项目建设稳步推进。大力培育沟域经济，形成了冷凉经济、九九桃王、红歌绿海、养老养生、户外运动等产业亮点。始终保持打击偷挖盗采的高压态势，有力巩固了关矿成果。切实解决好低端产业退出后尘肺病待遇等问题，山区总体保持了和谐稳定。

人民生活持续改善。就业社保工作稳步推进。落实就业政策，完善服务体系，创新服务手段，加强就业帮扶，城乡劳动力实现稳定就业。覆盖城乡的社会保障体系进一步完善，城乡人员全部实现应保尽保。社会救助、社会养老、残疾人帮扶体系不断完善。加强住房保障工作，政策性住房建设项目共有23个，住宅总建筑面积达269.6万平方米，在全国率先采取“限房价、竞地价”方式推出限价商品房。各项社会事业蓬勃发展。继续实施办学条件标准化建设，大力推进校舍抗震加固工程，引入北海幼儿园等优质教育资源，教育综合实力跃居郊区前列。燕山地区教育设施不断完善。加强卫生基础设施建设，建成妇幼保健院门诊病房楼和一批社区卫生服务机构，引入武警总医院。低生育水平保持稳定。文化体育事业繁荣发展，文化体育活动丰富多彩。办成一批群众关心的重要实事。

社会建设和管理不断加强。持续开展精神文明创建活动，涌现出了全国道德模范厉莉等先进典型。积极开展国防教育和双拥共建活动，促进了军地双方融合发展。社区建设和管理水平不断提高，完成60个社区办公用房规范化建设。提升社工队伍专业化水平，加强志愿者队伍建设，大学生进社区工作取得显著成效。推进社会组织建设，初步形成“枢纽型”社会组织工作体系。积极开展“六五”普法工作，全民法制意识明显提高。切实保障少数民族群众权益，全区民族团结、宗教和睦。落实安全生产责任制，加强高危行业监管，安全生产形势总体稳定。加强食品药品和生活必需品监管，城市运行平稳有序。建立健全“一案三制”，应急处置能力大幅提升。重点围绕建设领域矛盾纠纷开展专项排查，全力做好矛盾化解和信访风险评估。实施重点村排查整治，流动人口管理工作进一步加强。依法打击各类违法犯罪活动，社会局面稳定可控。完成中国共产党建党 90 周年等重大庆典活动服务保障工作，全区政治安定、社会稳定。

（付旭英）

【六届区政府第 51 次常务会议】 3 月 2 日，六届区政府第 51 次常务会议在区政府 426 会议室召开，区委副书记、区长祁红主持。会议讨论并原则同意区法制办提出的《房山区重大事项社会稳定风险评估机制实施细则（草案）》，由其会同区政府办公室根据会议意见进一步修改完善，经区委常委、常务副区长高言杰把关后，报区委常委会审议。会议讨论并原则通过区水务局组织编制的《北京市房山区“十二五”水务发展规划》，由其按照会议要求，抓紧落实各项工作。会议讨论并原则同意区旅游局组织编制的《房山区旅游业“十二五”发展规划》和《进一步加快旅游业发展的意见》，由其根据会议意见进一步修改完善后，报区委常委会审议。

（李朋）

【六届区政府第 52 次常务会议】 4 月 13 日，六届区政府第 52 次常务会议在区政府 426 会议室召开，区委副书记、区长祁红主持。会议讨论并原则同意区教委提出的《房山区学前教育三年行动计划（2011—2013）》，以区政府名义下发落实。会议通报了市政府对房山区土地利用总体规划批复情况。会议讨论了房山区 2011 年度土地利用及耕地占补平衡工作，要求：要积极与市级部门沟通协调，继续争取相关优惠政策和平衡指标的支持。各平原乡镇（街道）及各园区，在上大项目，实现大发展的同时，为山区乡镇发展提供必要的支持。会议讨论了关于房山区第一季度经济运行情况。

（李朋）

【六届区政府第 53 次常务会议】 4 月 27 日，六届区政府第 53 次常务会议在区政府 426 会议室召开，区委副书记、区长祁红主持。会议讨论并原则同意区法制办提出的《行政规范性文件清理结果》，并决定以区政府通告形式印发全区执行。会议讨论了《北京市房山区“十二五”时期工业发展规划》，并决定：由区经信委负责，按照会议所提意见做进一步修改后报区政府。会议讨论并原则同意区发改委提出的《加快西部地区转型发展 2011 年房山区行动计划》，由区委督查室、区政府督查室负责跟踪督办。会议讨论了关于国土资源部卫片先期核查情况，并要求：全区各部门、各乡镇（街道）要提高认识，明确职责；摸清底数，落实责任；采取措施，立即行动；强化纪律，依法问责。区委、区政府督查部门全程跟踪督办。

（付旭英）

【六届区政府第 54 次常务会议】 5 月 12 日，六届区政府第 54 次常务会议在区政府应急指挥大厅召开，区委副书记、区长祁红主持。会议听取并原则同意区统计局提出的《房山区第六次全国人口普查情况报告》，提交区委常委会审议。会议讨论并原则同意区发改委提出的《房山区 2011 年节能减排行动计划》，各相关部门、各乡镇（街道）要按照任务分工，明确专人抓落实，区政府将分阶段进行检查。会议讨论并原则同意区发改委提出的《房山区 2011 年北部山区发展绿色行动计划》，以区政府办公室名义转发，各部门、各乡镇（街道）要认真组织实施。会议要求：由区政府督查室负责，根据计划安排跟踪督办。区发改委负责每月向区政府报告一次工作进度，由区委常委、常务副区长高言杰负责召开会议，专题研究解决相关问题。

（李朋）

【六届区政府第 55 次常务会议】 5 月 18 日，六届区政府第 55 次常务会议在区政府 426 会议室召开，区委副书记、区长祁红主持。会议讨论并原则同意区商务委组织编制的《房山区商贸服务业发展规划（2011—2020）》，由其按照会议所提意见进一步修改完善后，报区领导审阅。会议决定：由区委常委、副区长李江牵头，区商务委负责，区发改委等相关部门参与，继续深入分析研究。会议原则同意区经信委提出的《房山区关于淘汰落后产能工作的实施意见》，由其按照会议所提意见进一步修改后，报区委常委会各常委。会议讨论并原则同意区发改委提出的关于落实《北京市深化医药卫生体制改革 2011 年主要工作任务责任书》及任务分解的意见。会议要求：要高度重视，按照市政府与房山区签订的责任书要求，认真落实房山区深化医药卫生体制改革 2011 年各项主要工作任务，积极稳妥、扎扎实实地推进深化全区医药卫生体制改革工作。

（付旭英）

【六届区政府第 57 次常务会议】 6 月 1 日，六届区政府第 57 次常务会议在区政府 426 会议室召开，区委副书记、区长祁红主持。会议讨论并原则同意了区人力社保局提出的《关于进一步加强基层就业管理服务平台建设意见》，会议要求：由区委常委、常务副区长高言杰牵头，区人力社保局具体负责组织抓好具体的贯彻落实工作。会议原则同意区环保局提出的《关于落实〈北京市清洁空气行动计划（2011—2015 年大气污染控制措施）〉的实施意见》及《房山区落实〈北京市清洁空气行动计划（2011 年大气污染控制措施）〉任务分解表》，由其按照会议所提要求修改完善，报区委常委会各常委传阅后，以区政府名义印发全区贯彻落实。会议听取并原则同意区城乡环境办提出的《关于进一步做好良乡建成区环境秩序管控的工作意见》，由其按照会议所提要求进一步修改完善后印发实施。会议讨论了关于《进一步加强对房山区拆迁服务机构管理的意见》，会议决定：标题修改为《房山区进一步加强拆迁管理的若干意见》（以下简称《意见》）；由区住房城乡建设委负责，按照会议所提要求对《意见》中提出的保证金、禁止规则及法律依据等方面进一步修改、补充完善，斟酌文字；以区政府名义印发《房山区进一步加强拆迁管理的若干意见》，先行试行，在实施过程中不断完善。会议听取并原则同意区查违办提出的《房山区查处乡村违法建设程序的实施意见》，由其按照会议所提要求进一步修改完善，经区法制办再行把关后，以区政府名义印发全区贯彻落实。

（付旭英）

【六届区政府第 58 次常务会议】 6 月 15 日，六届区政府第 58 次常务会议在区政府 426 会议室召开，区委副书记、区长祁红主持。会议讨论并原则同意区经管站提出的《房山区实施农村资产、资金、资源委托监管工作的意见》，由其按照会议所提意见进一步修改完善后，报区委常委会议研究。会议讨论并原则同意区城管大队提出的《房山区查处城镇违法建设实施意见》，由其按照会议所提意见进一步修改完善，以区政府名义印发全区贯彻落实。会议讨论并原则同意房山规划分局提出的《关于数字房山空间地理信息系统建设方案》，由其按照会议所提要求抓紧组织开展相关工作。各部门、各乡镇（街道）要积极配合。区财政局安排资金给予支持。会议讨论并原则同意区邮政局提出的《房山区进一步提升邮政普遍服务水平的意见》，由其按照会议所提要求进一步修改完善后实施。会议讨论了有关人事任免事项。

（付旭英）

【六届区政府第 61 次常务会议】 7月20日，六届区政府第 61 次常务会议在区政府 426 会议室召开，区委副书记、区长祁红主持。会议讨论并原则同意区环保局提出的《房山区“十二五”期间环境保护与建设规划（送审稿）》，由其按照会议所提意见，就规划中相关的问题再讨论、再强化，对规划文字再斟酌、再细化。全区各部门、各乡镇（街道）要高度重视，继续关注此项工作，深入研究，积极提出建设性意见，为下一个五年规划打好基础。会议讨论并原则同意区民防局提出的《关于开展全区地下空间综合整治工作实施方案》，由其按照会议所提要求进一步修改完善后，以区政府办公室名义印发。会议讨论并原则同意区文化委组织编制的《房山云居寺塔及石经文物保护规划》，由其按照相关规定抓紧时间上报北京市文物局。

（付旭英）

【在全市率先完成文档一体化智能交换系统升级改造】 7月，区政府办公室在全市 16 个区县率先完成文档一体化智能交换系统升级改造，共投资 88 万元。该系统利用计算机网络技术、数据库技术、条码识别、IC 卡身份识别和智能交换箱等高新技术，实现公文网上快捷处理、系统识别与监控，通过电子交换箱收发和交换文件等功能，解决公文流转工作量大、效率低、环节多和安全性差的问题。

（孟芳）

【六届区政府第 62 次常务会议】 8月3日，六届区政府第 62 次常务会议在区政府 426 会议室召开，区委副书记、区长祁红主持。会议讨论并原则同意区农委提出的《房山区促进农民增收工作实施意见（送审稿）》，由其按照会议所提意见进一步修改完善后，以区政府名义印发。会议讨论并原则同意区水务局、区环保局、区农业局提出的关于《房山区加强区级饮用水水源地保护管理实施方案（送审稿）》，由其按照会议所提意见进一步修改完善后，以区政府名义印发。会议讨论并原则同意区新农村办提出的《房山区开展新型农村社区试点建设意 见（送审稿）》，由其按照会议所提意见进一步修改完善后，以区政府名义印发。会议通报了全区 7 月财政收入情况。会议要求：即日起，全区各部门、各乡镇（街道）要迅速落实上半年全区经济形势分析会精神，党政正职都要动脑筋、想办法，全面推进项目建设。各部门要通力协作，加快项目手续的办理。对于项目推进中遇到的困难与问题，要及时上报，并积极与上级部门沟通，协调解决。同时，要加大对重点项目进展的督查、督办力度。区财政、发改等部门要科学合理调整主要经济指标，保证超收目标切实可行。配套出台激励政策，调动各方面积极性和主动性。各部门、各乡镇（街道）要充分认识主要经济指标调整的重要性和必要性，认真研究各个领域的经济增长点，深度挖掘财政增收潜力。会议讨论了有关人事任免事项。

（付旭英）

【六届区政府第 65 次常务会议】 9月28日，六届区政府第 65 次常务会议在区政府应急指挥大厅召开，区委副书记、区长祁红主持。会议听取了区食品办关于房山区食品安全行动计划（2011—2015 年）及房山区食品安全工作机构调整情况的汇报。会议决定：原则同意区食品办提出的《房山区食品安全行动计划（2011—2015 年）》。各部门、各乡镇（街道）要按照要求，认真组织实施；原则同意参照市食品安全委员会设置原则，对房山区食品安全工作机构及人员进行调整；原则同意将食品安全工作经费纳入区年度财政预算，保障全区食品安全工作顺利开展。

（付旭英）

【六届区政府第 66 次常务会议】 10月12日，六届区政府第 66 次常务会议在区政府426会议室召开，区委副书记、区长祁红主持。会议讨论并原则同意区发改委提出的《房山区政府投资项目管理补充意见》，由其按照会议所提意见进一步修改完善后，以区政府名义印发全区贯彻执行。会议讨论并原则同意区财政局组织编制的《房山区“十二五”时期公共财政发展规划》，由其按照会议所提意见进一步修改完善后，区政府发布实施。会议讨论并原则同意区法制办提出的《征地拆迁行政规范性文件清理结果》，以区政府名义印发全区执行。同意保留符合上位法规定，需要继续执行的4件、废止的2件、征地拆迁行政规范性文件；由于上位法规定变化需修改的1件征地拆迁行政规范性文件。安排部署征兵工作事宜。

（付旭英）

【六届区政府第68次常务会议】 11月16日，六届区政府第68次常务会议在区政府426会议室召开，区委副书记、区长祁红主持。会议讨论并原则同意区财政局提出的《房山区2011年财政预算执行及2012年财政预算（草案）报告（讨论稿）》和区发改委提出的《房山区2011年经济运行基本情况和2012年经济社会发展工作安排意见》，分别由其按照会议所提意见改完善后，与《政府工作报告》一并报区政府后提交区委常委会审议。会议讨论了关于《2011年房山区全社会固定资产投资完成情况和2012年投资计划安排建议》。会议讨论了关于《房山区“增收入、降价格”工作综合实施意见》。会议讨论了关于成立房山区旅游发展委员会相关事宜。会议决定：同意成立房山区旅游发展委员会筹备工作领导小组，加快各项具体工作方案的研究；由区编办牵头，抓紧编制房山区旅游发展委员会“三定”方案，并就相关事项及时向市有关部门提出申请；区发改委、区人力社保局等部门要积极配合开展相关工作。

（付旭英）

新农村建设

【总结宣传新农村建设5年成果】 2月，区新农村办制作完成《绽放心中的梦想》电视宣传片，以纪实手法记录了房山区2005年8月开展新农村建设以来的成果和经验。该片通过网络视频方式在央视网《区域博览》频道中播出。《北京房山：重科学 谋发展》《科学的实践 深刻的变化》分别在《中国信息报》《房山报》刊登。出版《新农村新变化新发展——房山区社会主义新农村建设五年回顾》一书和《新农村》画册。

（曹义　邱晖）

【晓幼营村被确定为市级新型农村社区试点单位】 5月25日，青龙湖镇晓幼营村被市社会主义新农村建设领导小组综合办公室确定为10个新型农村社区试点单位之一。晓幼营村利用2年时间，改善村民的生产生活条件。该村在原址进行改建，对使用的土地进行规划，实施新型农村社区建设与产业发展同步进行。第一步实施村民回迁安置房建设、红酒庄园及养老产业的发展；第二步推进租赁性住房建设、物流园区及会务酒店建设。截至年底，完成2万平方米村民回迁楼内外装修，对拟建高层住宅部分场地进行了平整。

（曹义　邱晖）

【全区选派646名村邮员】 10月18日，区新农村办协调区财政、邮政等有关部门完善村邮站建设，出台了《关于房山区村邮员队伍建设工作的实施办法》（以下简称《办法》），《办法》规定：以区政府主导，邮政局配合，乡镇(街道)、村委会管理为原则，以保证农村居民通信权利，解决邮件、报刊投递到户为目标，在全区各村原有设施设备的基础上，建立村邮员队伍。明确村邮员建设工作领导小组的组织机构、村邮员的配备标准、选派标准、录用程序、工作职责及村邮站的管理、村邮员的考核制度。补贴以区邮政局制发的《关于进一步提升房山区邮政普遍服务水平的意见》为标准。全区462个村共选派646名村邮员。

（曹义 邱晖）

【农民住宅抗震节能改造工程取得阶段性成果】 根据市新农村办、市住房城乡建设委、市财政局关于《北京市农民住宅抗震节能工作实施方案》，房山区2011年至2012年实施“农民住宅抗震节能改造工程”，完成全区29377农户的抗震节能型农民住宅建设和既有农民住宅节能改造工作。截至2011年年底，全区完成农民住宅抗震节能改造15835户，其中新建翻建7403户、综合改造50户、单项改造8382户，改造完成的农户住房均达到抗震节能标准或节能保温标准。

（曹义 邱晖）

【生态创建工作情况】 年内，经过自愿申报、区县审核、专家验收和社会公示4个环节，市生态示范创建领导小组授予张坊镇“北京郊区环境优美乡镇”称号。验收内容包括：地表水环境质量、空气环境质量、声环境质量、生活垃圾无害化处理、清洁能源普及率等多项指标。通过创建，区域环境得到改善。据环境现状监测结果统计，区域内大气总悬浮颗粒（TSP）、可吸入颗粒物（PM10）日均浓度和氮氧化物、二氧化硫日均浓度、小时浓度均达到国家标准。参与创建的单位在噪声、清洁能源使用率、重点污染企业工业废水排放、生活垃圾无害化处理等方面均达到国家相应标准。授予青龙湖镇马家沟村、常乐寺村等37个村“北京郊区生态村”称号。市级生态村创建标准包括基本条件和指标体系两部分内容。基本条件：基本达到郊区环境整治示范村和首都文明村标准、近3年内未发生环境污染事故或生态破坏事件、农民人均纯收入不低于本区县当年平均水平、环境质量达到环境功能区要求等项内容。指标体系：村庄建设、资源的合理利用与保护、农产品安全等内容。截至年底，张坊镇、长沟镇、长阳镇、蒲洼乡、十渡镇、窦店镇、阎村镇、韩村河镇、琉璃河镇 9个乡镇、168个村通过生态创建验收。

（曹义 邱晖）

【全区“农转非”9794人】 2011年，根据市新农村办《关于加快推进本市农转非工作的通知》，区新农村办会同房山公安分局、区人力社保局、房山国土分局等7个单位，做好全区“农转非”工作的统筹协调、指导督查等工作。建立月报制度，摸清底数，及时通报督促。重点解决“农转非”工作中涉及征地转非遗留问题、2010年遗留应转未转情况、新批复指标进展情况、新发生大、中专学生转非进展情况等难点问题。截至年底，全区9794人“农转非”，其中征地转非6886人、学生转非2224人、投靠亲属转非526人、农民城镇购房转非61人及其他转非97人。

（曹义 邱晖）

计划 统计

【概况】 2011年，区发改委完成《北京市房山区国民经济和社会发展第十二个五年规划纲要》任务分解和年度计划工作，组织相关部门编制配套的50个专项规划。加强宏观经济预警预测，对2012年经济发展形势提出5个方面建议。2011年，房山区列入北京市城南重点推进项目39项，总投资530亿元，占全市的30%，年度计划投资150亿元，占全市的35%。年内完工1项，开工20项，办理前期项目18项，完成投资36亿元。成立房山区重大项目前期推进工作办公室，带领和协助项目单位办理前期手续，推进重大项目办理速度。推进南城发展计划，加快实施通道工程、新城路网、环境建设及水资源工程、山区人口搬迁。重点功能区建设按计划推进，做到底数清、情况明，全方位、动态掌控。区发改委拓宽投融资渠道，争取市政府投资16亿元，为59个重大项目提供了资金支持。固定资产投资实现既定目标。制定《房山区2011年节能减排行动计划》，统筹推进全区节能减排工作。市医改考核小组对全区医改工作给予充分肯定和高度评价。8项民生工程获市发改委批复。“12358”价格举报热线受理各类价格举报141件、价格咨询182件，为消费者挽回经济损失33万元。举报办结率、回复率、满意率均达到100%。加强价格监督检查，有效地保障了市场物价稳定。

2011年，区统计局完成第六次全国人口普查工作。区人普办开展人口普查后期工作，普查长表进行光电录入、手工核实，达到了数据质量无差错，行职业编码严格复查审核，实现零差错；向区委、区政府和第六次全国人口普查领导小组汇报人口普查整体工作和主要数据结果，向社会发布人口普查主要数据公报，从人口总量、结构、素质、居住条件等7个方面开展人口普查后期资料开发，做到了人普成果的社会共享；全面解读全区人口规模、结构和变化特点。区人口普查办分别获国家级和市级先进集体称号。加强统计基层基础工作。稳步推进与“四大工程”的衔接工作，加强名录库管理，开展“一套表”试点，为促进统计工作“三个提高”创造了必要条件。普法执法实施“两手抓”，全面启动“六五”普法宣传，执法检查任务超额完成，统计法制保障切实增强。信息化建设取得新进展，全面启动历史数据整理，新版统计信息网上线运行。发挥统计职能，服务经济社会发展。围绕房山“一区一城”的功能定位，建立“五大功能园区”统计监测报表制度，持续跟踪园区动态发展情况，全面反映强区战略中经济增长点的进展、成效和问题。

（张进海　宗志民）

【确保鲜活农产品“绿色通道”畅通】 为确保鲜活农产品“绿色通道”畅通无阻，区物价检查所制定3项措施：一是收费站点树立绿色通道标牌，公示免收路桥费政策、监督举报电话；二是马铃薯、甘薯、鲜玉米、鲜花生列入绿色通道品种目录；三是整车合法装卸鲜活农产品的车辆在收费公路免收通行费。为稳定全区农产品价格，1月1日至2月8日，区物价检查所对京港澳高速房山区域内的琉璃河、窦店等7个收费站点进行检查，均符合以上3项措施的要求。

（高坡）

【绿色行动计划促进山区发展】 5月，区发改委制定的《房山区2011年山区发展绿色行动计划》正式发布实施。该计划明确了以科学发展、建设绿色山区为主题，突出优化深山与浅山之间的梯度产业发展，以巩固资源型产业退出成果为重点，实施淘汰落后产能、推动环境整治、发展绿色替代产业、建设山区旅游路网、实施人口迁移工程、推动山区百姓用能项目建设6大任务，59项工程，年度总投资102亿元。

（张旭）

【制定节能减排行动计划】 2011年初，区发改委制定《房山区2011年节能减排行动计划》（简称《行动计划》），统筹推进全区节能减排工作。《行动计划》结合区情，以重点行业、重点领域为工作着力点。建立形成以政策为撬动点，以科技为支撑点，以推进重点工程建设为重点，以目标责任制为工作节点，形成政府主导、社会参与、市场运作、部门联动、合力助推的绿色发展新机制。

（钟名）

【市发改委批复8项民生工程】 年内，市发改委批复房山区2011年8项民生工程，批复项目包括：窦店镇、韩村河镇、周口店镇、琉璃河镇4所幼儿园新建工程；房山区疾病预防及卫生监督所业务用房建设工程；

周口店遗址重点保护范围界桩及安全防范设施工程；房山区重点镇文体活动中心标准化建设工程；房山区群众文化活动中心建设工程；良乡体育中心二期建设工程；2010年社区用房规范化建设工程；城关、西潞、拱辰、琉璃河4个社区卫生服务中心用房建设工程。

（董金乔）

【落实“一房一价”政策】 5月1日至7月30日，区发改委开展商品房销售明码标价检查。通过媒体加强对商品房销售明码标价有关内容进行宣传，营造落实“一房一价”政策的舆论氛围。召开27家房地产开发企业和房屋中介公司参加的政策提醒告诫会，要求销售房屋时，要在交易场所的醒目位置放置标价牌或张贴价目表，为消费者提供价格手册，一次性公开全部预售房源，“一套一标”价，代收代办服务自愿选择，公示价格监督举报电话等内容；监督检查。对中铁嘉业（北京）投资有限公司和北京中粮万科房地产开发有限公司等38家房地产开发企业和房屋中介公司就政策落实情况进行检查监督，各种收费项目、收费标准均上墙公示，明码标价政策执行情况较好。对个别企业价格手册项目不全、没有标示服务监督电话和“12358”价格举报电话等问题进行纠正。

（高坡）

【开展“爱心包裹”红色助学活动】 7月，区对口支援工作领导小组办公室（设在区发改委）向全区发起纪念建党90周年，“爱心包裹”红色助学活动的倡议。共接收捐赠“爱心包裹”1227个，其中百元学生型“爱心包裹”1159个、千元学校型“爱心包裹”68个，合计价款18.39万元，全部送到贫困地区及对口帮扶地区。

（石树怀）

【成立重大项目前期推进工作办公室】 9月14日，经六届区政府第85次专题会议讨论通过，成立“房山区重大项目前期推进工作办公室”。其职责是：围绕区政府确定的18项重点项目，按照“上下对接、左右协调、分工负责、重点领办”的工作定位，向区领导提供18个专刊材料，提出工作建议。搭建工作平台。年内，两次召开区重大项目前期推进工作领导小组会议，并带领和协助项目单位办理前期手续，推进重大项目办理速度。

（续学健）

【加强价格监管】 年内，为了稳定市场物价管理，区发改委加强价格监管：一是加强市场价格监测。重点对农贸市场、大型超市粮油肉蛋菜等10大类246个品种进行价格监测，准确把握市场价格变动情况，及时掌握分析市场价格动态。二是价格监督检查。重点开展涉农、涉企、教育、房地产、药品和医疗服务、交通运输价格等专项检查，开展重大节日期间市场检查，依法严肃查处价格违法行为，规范市场价格秩序。三是加强“12358”价格举报电话值班工作，认真受理群众对价格、收费问题的投诉举报，耐心解答群众咨询，及时查处价格举报案件，化解价格矛盾。全年受理各类价格举报141件、价格咨询182件，为消费者挽回经济损失33万元。

（郭顺永）

【出版4本手册】 年内，区发改委出版4本手册。《发展改革工作常用经济指标手册》内容涉及国民经济核算、人口、投资、民生等22个大类471个名词概念，新增PMI、基尼系数等热门词汇；《经济社会发展新名词新概念手册》收录文化旅游、信息和通信产业等14个大类382个新名词新概念，重点收录房山区正在着力培育和发展的光伏新能源、云计算等有关名词概念，以及总悬浮颗粒物、PM2.5等广为关注的新名词新概念；《金融知识手册》通俗介绍银行、证券等11个大类166个金融名词；《基本建设审

批流程 行政事项办理工作手册》详细阐述投资工作中涉及的重点名词及各类项目和各项工作的办理流程。

（游美兰）

【投资带动战略稳固投资工作】 年内，区发改委继续坚持投资带动战略。一是加强对固定资产投资项目的动态监测，对纳入市政府扩大内需重大项目绿色审批通道 209 项、市重点工程 42 项和纳入区域固定资产投资计划的 470 项实施半月跟踪制度；二是重点项目逐项明确牵头领导、牵头单位和协办单位，按照项目建设关键环节，细化时间节点和任务目标，明确任务，落实责任；三是通过专题调度会、城南例会、新城会等例会机制，多层面及时协调解决项目推进中的难点问题；四是组建重大项目推进办公室，会同区直有关部门共同研究和推进项目前期审批手续，重点做好与市级审批部门的纵向对接，加快项目落地；五是加强项目管理，确保政府资金安全。同时，进一步深入开展工程建设领域专项治理，按照“谁建设、谁负责，谁主管、谁负责，谁审批、谁负责”的原则，协调各部门对 334 个项目进行排查，及时下发整改通知书，纠正违规行为，有效提高了全区项目管理水平。

（李军丽）

【制定西部转型行动计划】 年内，区发改委制定了《关于加快西部地区转型发展 2011 年房山区行动计划》。主要内容：明确提出以转变发展方式为主线，着力推进生态环境、重点功能区、产业升级、品牌工程、基础设施、民生保障和政策利用 7 大工程，按照竣工一批、开工建设一批、规划储备一批的工作目标，推动 67 项重点项目建设实现转型发展。

（郭建俊）

【完成劳动力调查村级样本核实工作】 4 月，为加强月度劳动力调查数据的可靠性，区统计局调查队扩大调查样本。此次样本核实工作涉及到全区 119 个居委会和 462 个村委会，共计 581 个村级样本。核实内容包括社区名称、社区代码和城乡属性三项基本信息以及登记失业人数、外来人口水平、社区环境条件、社区住宅主体特征、社区主体类型、社区地理位置特征和社区面积等 8 项社区属性信息。

（尹寒雪）

【建立“五大功能区”统计监测制度】 6 月，区统计局调查队建立了统计监测指标体系，对“五大功能区”中央休闲购物区、北京石化新材料科技产业基地、北京窦店高端现代制造业产业基地、中国北京农业生态谷、中国房山世界地质公园）实施动态统计监测。该监测为季度统计，重点对财政收入、税收、固定资产投资等核心经济指标继续加强统计监测，准确把握全区宏观经济形势走向，对城市化、工业化发展中存在的突出问题进行深入分析，提供有价值的参考意见和解决方案。充实统计监测内容，完善统计监测指标体系，持续跟踪监测“五大功能区”的动态发展情况，将固定资产投资完成情况、重大项目落地情况、土地储备情况、总体发展情况等呈报区领导，并分析出“五大功能园区”建设对全区经济的贡献效果和拉动作用，全面反映强区战略中经济增长点的进展、成效和问题。加强对淘汰落后产能效果及影响的统计监测。监测淘汰落后产能对经济社会发展所产生的政策效果和积极影响，高度关注工业产值、城乡居民收入等统计指标的变化情况，同时深入研究新的产业发展路径为房山区稳妥有序地推进落后产业的关停并转和规范整合提供依据。

（宗志民　朱振东）

【完成对全区 10 家工业企业生产状况调研】 8 月 18 日至 10 月 18 日，区统计局、调查队采用电话、走访、发函为主的多种调查方式对全区各类型的 10 家工业企业进行了关于工业总产值数据采集方法改革及当前工业经济热议问题的调研，调研涉及到的10家企业来自房山区9个行业大类和10个行业小类，涵盖了国有、私人、港澳台地区及外商等多种控股情况，工业总产值比重占全区的86.3%，基本上覆盖了房山区全部类型的工业企业，具备较为科学的代表性，能够真实反映全区工业发展状况。

（刘蕊）

【完成组工满意度调查】 为了达到“让全党满意、让人民满意”的目标，切实加强和改进组织部门的各项工作，8月22日至30日，区统计局、调查队受中组部委托，在房山区开展2011年组织工作满意度民意调查。调查的主要目的是深入了解和把握干部群众对组织工作和组工干部的真实看法和意见。本次调查涉及到31家单位，回收问卷140份。在调查中，区统计局、调查队采取“四个统一”的工作方法：统一思想认识，确保方向正确；统一技能培训，确保质量合格；统一工作流程，确保方法得当；统一督导检查，确保数据真实。按照要求，每个调查组要有一位督导员对整个工作过程进行督导，认真开展调查，保证调查工作的严谨和调查数据的真实。

（王振坤）

【完成全区固定资产投资停滞项目筛查工作】 9月15日至10月18日，区统计局、调查队通过会议、电话等形式对全区固定资产投资停滞项目进行全面筛查，就项目停滞原因、投资计划变动及复开时间等各方面情况进行调查研究。此次筛查涉及全区33个固定资产投资项目（11个乡镇街道和10个区直机关、事业单位）。其中亿元以上项目11个。筛查过程中，在布置、查找和汇总三个阶段严格按照制度要求核实情况。一是认真布置。9月15日召开了区直单位和乡镇统计所投资工作会，下发了停滞项目清单，并要求按期反馈相关资料。二是严肃追查。布置会结束后，对尚未及时反馈的单位进行了电话询问，详细记录投资项目的停滞原因和特殊情况，并要求填报单位随时关注和反馈相关项目情况。三是仔细汇总。在完成对全部停滞项目情况的调查后仔细对调查结果进行了汇总，将项目分单位的进行排列，撰写了详细的原因、情况说明，并对部分项目的复工情况作了简要介绍。

（李维）

【完成能源人才资源调查工作】 6月7日至24日，为摸清全区能源人才的规模、素质、结构及分布情况，区统计局、调查队采取“双线结合”（乡镇统计所、委办局相结合）、双重审核的工作方法，完成能源人才资源统计调查工作。此次能源人才调查工作涉及区内规模以上、规模以下的工业和服务业单位共52家，由乡镇统计所经过培训、审核、录入统计调查表后，报区县复审，涉及政府能源管理部门的委办局等相关单位共16家，由区统计局负责培训、收集、录入、审核汇总。

（董宇）

【区人普办获国家级先进集体称号】 7月，区人口普查办公室获国务院第六次全国人口普查领导小组办公室、国家统计局颁发的第六次全国人口普查先进集体称号。房山区第六次全国人口普查工作坚持科学普查、依法普查，实现了区不漏房、房不漏户、户不漏人、人不漏项，高质量地完成了普查阶段性工作人口普查，查清了人口总量、基本结构、迁移流动、居住条件等状况，为全区各项事业的发展提供了科学可靠的信息支撑，对于制定经济社会发展战略、规划和政策，推进重大民生工程，都具有重要意义。

（周英华）

【完成新能源与可再生能源调查工作】 8月4日至9月15日，区统计局、调查队完成了新能源与可再生能源利用统计调查工作。此次调查共采集全区426个行政村及68个企、事业单位可再生能源利用项目的调查数据，对评价全区可再生能源发展水平以及对可再生能源发展的监测、评价和考核具有重要意义。

（董宇）

【开展行政机关专项执法检查】 年内，区统计局、调查队改变以往统计执法检查主要面向企业的执法方向，对行政机关开展专项检查。对行政机关进行统计执法检查，主要是为了提高机关单位统计人员的统计法律意识，增强统计人员依法统计的自觉性，进一步规范统计基础工作，提高统计数据质量，提升统计工作地位，更好地为区委、区政府提供宏观决策服务。在百余家行政机关单位中抽选 15 个有代表性的单位作为执法检查对象。在执法检查过程中，执法人员严格按照执法检查程序，对行政机关单位的统计基础工作全面检查，对统计数据质量重点检查，并针对易错指标进行询问核查，同时针对检查的行业、存在的问题等，告知其行之有效的解决方案，以规范行政机关单位的统计工作。在检查过程中，执法人员结合单位提供的原始资料，仔细核对报表各项指标，针对数据有疑问的单位进行重点检查。同时，局队坚持以执法检查为手段，服务单位为目标，对调整统计人员的单位现场辅导，解释指标含义，指导网上直报流程。在检查的过程中宣传统计法制知识，进一步提高统计数据的科学性、及时性和权威性，增强了被查单位领导和统计人员对统计工作的重视程度，切实解决虚报、瞒报、漏报、迟报等问题。检查结果：4 家单位聘请、任用未取得统计从业资格证书的统计人员从事统计工作，5 家单位存在统计数据差错。

（司维）

【推进旅游综合统计工作】 年内，区统计局采取 3 项措施推进旅游综合统计工作。一是加强学习，深入领会新方案。加强对新修订的《北京市区县旅游业综合统计方案》的学习，深入理解新方案的要求，以旅游综合收入测算为重点，进一步加强与区旅游部门的联系，并会同“三农”调查科监测旅游景点及乡村旅游基本情况。二是加强宣传，督导检查验质量。一方面与区旅游局共同召开旅游统计工作情况汇报会，在与有关乡镇分管统计和旅游工作的主管领导及旅游景点负责人开展座谈的过程中，宣传新方案的修订内容，督促其抓好源头数据；另一方面通过督导检查，到企业查看基础报表，了解实际经营情况，确保数据质量。三是加强交流，深入基层摸情况。主动加强与旅游部门的沟通，把握全区旅游业现状及新动态，对旅游配建设施、红色旅游、采摘节等特色旅游、假日旅游等情况进行细致了解；深入乡镇走访，与基层旅游部门及景点统计人员交流，掌握基层活情况，摸清底数，要求基层统计人员严格按照统计方法制度，做到应统尽统。

（李会炜）

【提高民间投资统计力度】 年内，区统计局采取 3 项措施提高民间投资统计力度。一是委派专人负责对民营投资活动的监管，不断提高数据真实性和及时性。二是积极展开对乡镇投资统计人员的培训工作，从乡镇统计所入手加强针对乡镇直管的民营投资的统计力度，做到不重不漏。三是努力做好后期数据整理汇总工作，定期整理汇总民营投资数据并以信息、分析的形式及时反馈投资情况。继续加强统计和监测分析，积极研究加大民间投资的统计力度，完善统计渠道，提高数据质量，及时准确反映民间投资动态。

（任秋丽）

财政　税收

【概况】 2011 年，房山区财政收入完成 117.5 亿元，同比下降 30.3%。其中：一般预算收入完成 34.8 亿元，同比增长 23.6%；基金预算收入完成 82.66 亿元，同比下降 41.1%。财政收入总量在全市排名第八位；

全区财政支出225.39亿元，同比增长2.6%。其中：一般预算支出完成116.91亿元，同比增长46.3%；基金预算支出完成108.48亿元，同比下降22.81%。全年市财政共下达项目资金37.49亿元，同比增加1.52亿元，增幅4.2%，其中旅游产业发展资金、校舍安全建设资金、社会保障资金，比2010年分别增加0.24亿元、2.69亿元和1.46亿元。区财政局对重点乡镇、企业、开发区的税源实施动态监控；利用“纵横结合”（纵与市财政局、各乡镇，横与各委办局间的沟通协调）的组收联动会议制度，加强与房山财政、燕山财政、房山国税、房山地税、燕山国税、燕山地税间的沟通协调，通过收入分析预测，完善涉税信息共享制度，发现财政组收新的增长点；严格落实预算外收入纳入预算管理，做到大税小税两手抓；规范市级项目包装，加大争取市级专项资金力度；加快资金拨付进度，严格部门预算执行，优化资金支出结构。年内，区财政局加大财政支出力度，保障各项事业发展。投入13.4亿元，重点支持基层政法队伍建设及旅游产业的发展；投入18.28亿元，完善社会保障体系建设，加大社会救助力度；拨付教育资金20.3亿元，支持校舍抗震加固工程及“两免一补”(免教科书费、免住宿费、助学补助、伙食补助)资金等各项政策，促进教科文事业发展；投入81.21亿元，发展公共交通及城市基础设施建设；投入14.43亿元，促进都市型现代农业、生态建设、农村改革等事业的发展；投入10.08亿元，培养龙头企业，助推企业上市步伐。完善财政管理体系，健全国库集中支付系统，实行账户动态管理；建立财政投资评审三级沟通例会制度，依托财政信息网络，严把事前预算、事中跟踪、事后决算关。年内，完成评审项目310项，送审金额49.71亿元。审定金额35.87亿元，审减金额11.6亿元；审查工程建设领域资金、区级专项资金项目141个；完善绩效考评以绩效考评机制，确定绩效考评项目17个，涉及考评金额7491.34万元；实行政府采购项目140项，项目预算金额4亿元，节约资金1500万元，资金节约率为7%。

2011年，房山区国税局把握税收新增长点，加强预测分析和调研，全面增强组收工作主动性。共组织各项税收收入25.26亿元，同比增加2.6亿元，增长11.47%。为区财政组收3.38亿元，同比增加3883万元，增长12.97%。把握治税新手段，紧抓“抓税负、带增幅、保总量”的基本局策，深入挖掘增值税税负管理，自主研发增值税税负综合分析查询系统，利用税负预警值筛选户数进行评估，新增入库税款1203万元，使税负比年初提高0.3个百分点。加强税收分析，取得税收质量新提升。以税收分析策划组收规划方案；利用“税负中位值”、所得税辅助管理等系统，进行数据真实性分析，稳步提高申报质量，增值税申报率达99.87%，同比增长0.03个百分点。所得税申报率同比增长0.54个百分点。帮扶企业发展，送政策下企业，提供高端服务，落实优惠减免。全年办理增值税退税2.34亿元，减免所得税1.29亿元。实现征管资源新整合，探索专业化管理新模式：税源“治散”，清理漏征漏管户、“低零”申报户，全面提高有税率，全年增值税有税率为57.26%，10元以下申报户占有税户的2.81%，同比减少34.81%；审批“精简”，梳理、整合和优化涉税事项，减少环节，提高效率，依申请涉税事项减少30项，即办事项增加21项，即办事项占涉税事项比例提高到48.15%；职能“重组”，重划征管查三方职能，剥离事务性与业务性工作，解放一线征管人力资源。深化纳税评估，构建纳税评估新模式，发挥评估所引领示范作用，使纳税评估精细化、常态化，建立分行业数据采集模板，形成丰富详实的动态数据库、评估知识库；开展优秀评估案例评比，形成互学互鉴的交流平台，全年共评估453

户，有问题 297 户，补缴税款 5832 万元。强化税务稽查，在全市国税“一级稽查”模式下，优化资源，创新取证，提升能力，改善执行。专项检查、行业专项整治和大要案查处有效打击了涉税违法行为，规范了纳税人依法诚信纳税行为，净化了纳税环境，使违法分子得到法律制裁。全年已结案件 60 件，查补税款 1498 万元。纳税服务体系建设实现新超越。规范问询语言，统一三大办公区办税标识，深入开展民主评议基层科所（办税窗口）工作，推进行风政风建设。网络服务体系得以加强，“纳税人之家”网络博客，所得税汇算清缴网络课堂，即时通讯的“税企通”平台，多种媒体与纳税人互动，实现无障碍前端服务交流。“让纳税人花最少的时间办结最多的业务，让税务机关花最少的时间处理最多的事宜”，实现“两个最大化”目标。定期召开“税政企”座谈会，评定纳税信用等级。税收宣传进福利企业、进边远山区，让纳税服务超越语言、空间的界限。

2011 年，区地税局收入 46.44 亿元，同比增加 10.43 亿元，增长 29%。其中完成地方一般预算收入 39.76 亿元，同比增加 9.1 亿元，增长 29.7%。完善和强化机制，坚持“抓住大户，管住有问题户，打击涉税违法行为，强化税政管理，强化执法监督”的科学组收工作思路，确保各项工作顺利开展。加强重点税源监控，税收持续稳定增长，充分挖掘组收潜力，落实市、区、所三级联动机制，合理分配收入计划，加大计划执行监控力度。提高税收分析预测水平，全年预测准确率达 95%以上。加大专题分析的力度，提高税收分析水平，全年撰写分析 55 篇，把抓住大户作为贯穿始终的组收主线，积极强化各项组收措施。2011 年，仅占总体税源 3%的三级重点户实现收入 39.51 亿元，占总收入的 85.1%。有效抓住了收入的主体，确保了税收的增长。积极探索税源专业化管理，强化评估，征管质量持续提高，登记率保持在 100%，平均申报率、入库率分别为 99.87% 和 99.65%，比 2010 年分别提高 0.01 和 0.14 个百分点。全面推进业务流程的应用，各环节责任更加明确，业务事项办理时限、标准、提交资料在全局进一步统一、规范。加强稽查检查各环节管理，建立充实案源库 2412 户，通过全面使用稽查工作底稿，检查实现了全过程监控，提高了案件查办水平和工作效率，全年共检查 255 户，查补收入 2550.44 万元。严厉打击发票违法犯罪活动，做到查账必查票，打击了涉税违法行为，维护了辖区良好的税收秩序。大力落实税收政策，税收职能作用充分发挥，积极开展税收政策培训辅导，对内开展了 12 次干部培训会，统一税收政策执行口径，为税收政策贯彻落实打好基础，对外组织纳税人税收政策培训宣传会 41 次，涉及 5100 余人次。

（李会庆　孙立军　胡博　张丽莉）

【预算外资金管理的收入纳入预算内管理】 区财政局根据《北京市财政局关于将预算外资金管理的收入纳入预算管理的通知》规定，自 1 月 1 日起，按预算外资金管理的收入（不含教育收入、彩票发行机构和彩票销售机构的业务费等）全部纳入预算管理。

（李会庆　孙立军）

【清理整顿 38 个区本级财政专户】 3 月 21 日至 10 月 10 日，区财政根据《北京市财政局关于转发财政部进一步加强和规范财政资金管理的通知》和《北京市财政局关于转发财政部清理整顿地方财政专户的通知》，召开房山区清理整顿财政专户工作会议，安排部署全区 38 个区本级财政专户清理整顿工作。通过对资金情况和文件依据进行核实、确认，确定对一年内没有发生资金往来业务、核算资金性质相似或没有有效文件依据的 19 个账户进行撤并，撤并率为 50%。对 23 个乡镇的 123 个财政专户进行核查，确定撤并账户 22 个，撤并率 18%。

（李会庆　孙立军）

【完成财政票据网络申购试点工作】 5月4日至8月17日，区财政局票据中心根据《北京市财政局关于财政票据网络申购试点工作的通知》，对财政票据网络申购进行试点工作。财政票据网络申购指通过电脑网络技术与现代物流管理方法相结合，使票据的申购、审批、配送在统一的网络平台运行，形成一个高效、便捷的票据申购业务模式。区县票据管理机构通过网络完成票据购领，有效节约交通和时间成本，提高工作效率，促进财政票据管理工作的电子化、网络化的发展。在博思软件公司的协助下，经过半年实践获得成功，并在全市16个区县推广。

（李会庆 孙立军）

【幼儿园收费纳入一般预算管理】 7月14日，区财政局向全区印发《房山区财政局关于将预算外资金管理的收入纳入预算管理的通知》，通知规定：自1月1日起，幼儿园收费、学前保育费、托儿补助费等上缴区级国库，纳入一般预算管理。

（李会庆 孙立军）

【试行会计从业资格证书无纸化考试】 8月6日至7日，全区683名考生进行会计从业资格证书无纸化考试（以财政部印发《会计从业资格考试大纲》为依据，以优化的题库资源为基础，以现代信息技术为手段，通过随机试卷生成无纸化试卷进行考试，并及时升成考试成绩及报名试卷升成上机考试、阅卷、成绩升成为一体的多元化新型的会计从业资格管理模式），考试地点设在北京经贸高级技术学校。

（李会庆 孙立军）

【5家单位纳入国库集中支付系统】 12月12日，区财政局把区妇女儿童活动中心、中国房山世界地质公园管理处、石花洞风景名胜区管理处、区整规办、区医疗保险事务管理中心5家单位纳入国库集中支付系统，实行账户的动态管理，确保资金拨付的安全畅通。区集中支付制度改革范围的单位扩大到102家，其中一级预算单位68家、二级预算单位34家。

（李会庆 孙立军）

【完成“金财工程”应用支撑平台建设】 4月，区财政局开始建设“金财工程”应用支撑平台。9月，完成系统安装及数据整理。10月完成接入开发与联调工作。12月，区财政局在全市率先完成“金财工程”应用支撑平台建设工作。该平台具有数据标准化处理和信息互通共享等功能，实现了对财政项目申报、项目评审、财政数据分析的图形化数据支持。财政内部各业务系统间、财政与外部单位间、上下级财政部门间的贯通及预算执行、指标管理、集中支付、总会计4个系统改造后的平台接入，增强了基础支撑环境的管理。

（李会庆 孙立军）

【公共卫生与基层医疗卫生事业单位实施绩效工资】 年内，根据《房山区公共卫生与基层单位实施绩效工资方案（试行）的通知》，房山区公共卫生与基层医疗卫生事业单位实施绩效工资。区财政局对实施绩效工资的20所乡镇社区卫生服务中心、区卫生局血站、区精神卫生保健院、区疾控中心的人员、工资标准进行核定。共为1499人发放绩效工资9837.75万元。

（李会庆 孙立军）

【建立教育资金从土地出让收益中计提制度】 年内，根据《北京市财政局、北京市教委关于从土地出让收益中计提教育资金有关事项的通知》要求，区财政局自2011年起，从土地出让收益中按照10%的比例提取教育资金。教育资金重点用于农村（含县镇）学前教育、义务教育和高中阶段学校的校舍建设和维修改造、教学设备购置等项目支出。

（李会庆 孙立军）

【落实校舍抗震加固资金】 年内，全区校舍抗震加固资金落实到位。完成20所学校 14 万平方米加固工程、78 所学校 19 万平方米翻扩建工程，市、区两级财政投入资金 5.82 亿元。2009 年至 2011 年，市、区两级财政 3 年累计投入校舍安全工程资金 8.7 亿元，其中市级 4.35 亿元、区财政 4.35 亿元。

（李会庆　孙立军）

【落实义务教育阶段免补资金】 年内，全区财政落实九年义务制教育阶段免教科书费、免住宿费、宏志班四免一补（免学费、住宿费、教材费、社会实践费，伙食补助）、民办校学生免杂费及中等职业学校低收入家庭和涉农专业免学费、中等职业学校学生享受奖助学金等政策，共计 7.5 万人次，享受市、区两级财政教育减免政策资金 1800 万元。

（李会庆　孙立军）

【开设“12366”远程坐席服务热线】 1 月，根据市国税局在各区县开通纳税服务“12366”远程坐席，为纳税人解答涉及辖区内的具体办税流程及其他指引性服务的统一部署，区国税局指派专人坐席接听，保证全日全时接通率 100%。同时，延伸建立“12366”服务热线与基层税务所、业务科室之间信息联动、快速处理机制，把纳税人反映的问题及时报与具体责任人，并根据服务热线接听情况，推出“12366”热点问题日报制度，把热线中纳税人咨询、反映较多的问题每日整理并发布至局域信息网，使全局干部能够及时、准确地了解税收热点问题及解答方法。

（胡博）

【评定 62 家纳税信用 A 级企业】 3 月，根据《北京市国家税务局、北京市地方税务局关于联合开展 2011—2012 年度纳税信用等级评定工作的通知》，区国税局与区地税局联合成立纳税人信用等级评定委员会，经过初审、初评、联合评定、公示等程序，62 家企业获信用 A 级企业称号。

（胡博）

【开辟“税校企”教育培训新模式】 年内，区国税局开辟青年干部“税校企”（国税局、学校、企业）互动税收教育培训新模式，在区成教中心、北京琉璃河水泥有限公司、北京煤矿机械厂等国有大中型企业设立税收教育培训实践基地。每月定期组织青年干部深入企业，观摩、学习企业账务处理流程，由企业财会人员采取一对一、一带一的形式讲解财务知识，税务干部亲身演练记账、制作申报表等日常财务工作。通过学与问、思与练，使青年干部所学知识从理论到实践实现更好的对接。为落实培训效果，制定系统化考评机制，采取期考（业务考试）、期评（由企业财务负责人或“老师”针对学员表现做出评价）、期述（由学员写实践活动心得）、年终总评（针对学员的日常学习、实践表现、统考情况做出综合评价，并建议作为年终评优的重要指标）的形式。全年共举办培训 6 期，每期 4 天，每期 4 人在税收教育培训实践基地接受培训。

（胡博）

【创新社会公信力评价调查工作】 年内，区国税局在原有社会公信力评价调查的基础上，修改评分标准形式，创新调查选样方法，针对不同的调查人群分别设置更具倾向性的问题。对政府机关设有“党团建设”“党组诚信”“地区政务影响力”“税收任务实现力”等问题；对社会市民设有“群众参与度”“群众满意度”等问题；对纳税人设有“涉税处理”“纳税咨询”等有特定指向的问题。评分标准由单一分数改为具体词汇描述，“非常遵守”“能够遵守”“不能遵守”等，使被调查者更加清晰地了解分数的等级标准，有助于调查结果的真实和公平。在问卷发放上，创新制作在线电子调查问卷，利用“纳税人之家”网络博客，实现随答随保存、随时统计分析的功能，节约时间，提升效率。共向纳税人、区政府机关及社会公众发放问卷共计 1366 份，社会公信力评价得分为 95.2

分，其中纳税人问卷94.29分、政府问卷98.95分、社会问卷92.36分。

（胡博）

【首次举行税务行政处罚听证会】 11月10日，区国税局首次举行税务行政处罚听证会，区国税局执法检查人员、当事人及有关人员20余人参加听证会。听证会是应房山区某制冷设备安装有限公司提出的听证申请而举行的。行政处罚当事人接到《税务行政处罚事项告知书》后，对补缴税款的计算方法等提出疑义，并在法定期限内提出听证申请。听证会上，案件调查人员就当事人的违法行为阐述调查意见并举证，提出了拟税务行政处罚建议。当事人对其违法事实以及相关问题发表了陈述意见并质证。

（胡博）

【协查榆林专案告破】 2009年11月2日，区国税局接到市国税局转来公安部、国家税务总局“关于对陕西省榆林市洁振、锦源公司虚开增值税专用发票进行协查取证的通知”，即抽调税务稽查业务骨干与公安部门组成联合专案组，展开协查取证工作。经查，北京市京西油制品加工有限公司涉嫌虚开增值税发票75份，金额合计748余万元，价税合计870余万元，给国家造成税款损失127余万元。2010年1月20日，公安机关以涉嫌虚开增值税专用发票罪将该企业法人史某某刑事拘留，立案侦察。2011年7月，经市中级人民法院一审判决，北京市京西油制品加工有限公司虚开增值税专用发票被处罚金10万元，被告人史某某犯虚开增值税专用发票罪被依法判处有期徒刑10年，剥夺政治权利2年；在案扣押款50万元予以没收，上缴国库。

（胡博）

【简化审批流程】 年内，区国税局按照“依法、精简、效能”的原则，梳理、整合和优化涉税事项，减少审核环节，提高办结效率。精简涉税资料，将原有138项纳税人依申请办理涉税事项整合为108项，全面清理并取消纳税人办理涉税事项重复报送的各类资料，做到了凡法律法规及上级机关规定要求报送的资料外，不再要求纳税人额外报送，减轻纳税人办税负担。缩短办结时限，按照“窗口受理，内部流转，限时办结，窗口出件”的模式，将即办事项由31项增加到52项，当场受理当场办结。在依法行政、不影响工作质量的前提下，适当减少审核审批环节，下放审核审批权限至各税务所。

（胡博）

【研发增值税税负综合查询分析系统】 年内，区国税局自主研发了“增值税税负综合查询分析系统”。该系统具有税负平均值和中位值查询、税负预警指标查询和评估案例库三大功能，把税负管理、行业管理、风险管理的理念蕴含其中，支持多角度、多维度、多层次查询功能，使数据分析无需再经过复杂的导出、比对和加工，即可对所需数据“信手拈来”，对风险预警“一目了然”，实现数据应用“傻瓜化”。通过利用税负平均值和中位值，与纳税评估相结合，作为评估户数筛选的重要指标展开评估，使评估户数筛选准确率提高20%左右。新增入库税款1203万元。

（胡博）

【推进税源专业化管理业务流程】 年内，区地税局建立完善纳税评估制度，全面推行专项评估底稿制度和落实检查通报制度。针对所有已结案评估案卷进行审核通报，纠正有问题案卷284份，完成纳税评估4768户次，评估有问题3125户次，评估有问题率为65.54%，评估补税2072.88万元。

（张丽莉）

【开展打击发票违法行为专项整治行动】 2011年，区地税局在检查实施环节实行“查账必查票”，对所查处的违规发票，一律不得税前扣除。通过整治行动，补交税款377.11万元、罚款102.55万元、加收滞纳金78.25万元。同时配合房山区和朝阳区警方开展了关于“5·18”发票案的外调协查工作，核实一起通过购买违规发票偷税的事实。

（张丽莉）

【第一税务所迁址】 1月24日，区地税局第一税务所迁址区政府第三办公区，并调整了办税服务厅功能，完善了办税服务厅软硬件建设。在硬件建设方面，大厅内设有功能区引导牌、叫号机、满意度评价器、自助上网机、触摸屏、监控设备、办税宣传资料索取区、饮水设备、咨询引导区等设施，增设争议调解办公室，及时处理突发事件和有争议事件，化解征纳纠纷，降低执法风险。在软件环境建设方面，从完善制度，树立榜样，做好各方面工作协调等方面着手，一是在制度方面，按照国家税务总局关于服务厅需要制定各项制度的要求，区地税局办税服务厅制定了《房山区办税服务厅纳税服务管理办法（试行）》《首问责任制》《限时服务制》《咨询辅导制》《预约服务制》《应急服务制》《业务学习制度》等11项制度。二是将办税服务厅规范化建设与公开工作相结合，做好事前辅导、咨询。在将纳税人发起的185项办税事项的程序、手续、条件和时限与纳税服务承诺同步公开的基础上，以全功能、标准化办税服务厅咨询辅导为平台，印制《税收业务流程指导手册》《纳税人常用文书填写范本》，供纳税人和工作人员使用。

（张丽莉）

【开发预约服务系统】 3月，区地税局为拓宽办税服务渠道、提高办税效率，自行研发预约服务系统。历经6个多月时间，预约服务系统经过多次完善通过测试，于10月7日进入试运行阶段。纳税人可以通过网络、短信和电话3种方式实现对发票购领、发票兑奖、IC卡授权、代开普通发票、购买印花税票、缴纳零散税款6项日常业务的提前预约。该系统能够满足纳税人10个工作日内的预约服务，预约成功后，系统会自动提示办理相关业务所需材料等注意事项。

（张丽莉）

【重新启动移动办税车服务】 区地税局第一税务所迁址区政府第三办公区后，集中受理房山区域内的税务登记、发票、零散税源征收、二手房交易契税、私车征收等事项。为解决纳税人往返第一税务所办理业务路途遥远的困难，区地税局重新启动新的移动办税双轨运行模式，分别在十渡地质博物馆、张坊税务所、长沟税务所、琉璃河税务所、开发区税务所（位于阎村镇）、河北税务所、房山税务所（位于城关街道）7个地点，覆盖全区20个乡镇、街道办事处，开展移动办税车服务。区地税局为移动办税业务配备办税车2台、工作人员4名。移动办税业务涉及纳税咨询、零散税源税款征税、印花税票销售、发票发售、发票兑奖、IC卡授权、表票供应、预约服务8项涉税业务。全年办理涉税事宜1.1万户次。

（张丽莉）

【推进新税收法规贯彻落实】 年内，针对个人所得税法、车船税法、地方教育附加以及房地产调控等税收新政策的施行，统一税收政策执行口径，为税收政策贯彻落实打好基础，区地税局开展了12次干部培训会，组织纳税人税收政策培训宣传会41次，涉及5100人次。年内，查找土地增值税税收执行政策过程中存在疑点4514户次，经核实发现有问题3523户次，补缴税款及滞纳金833.18万元。

（张丽莉）

审 计

【概况】 2011年，房山区审计工作紧紧围绕全区发展战略、目标和任务，突出对重点领域、重点资金、重点项目的审计监督。全年组织完成审计项目 39 个，审计资金量 329 亿元，查出管理不规范金额 5.6 亿元，查出损失浪费金额 2455 万元，查出违规资金 115 万元，审减工程款 1.61 亿元，工程核减率 12.4%，连续 5 年工程建设项目审减额超亿元。发挥审计“免疫系统”的功能，客观反映经济社会发展过程中存在的突出问题，深入分析产生的原因，提出解决问题的建议。全年编写《审计信息》45 期，提交审计调研报告和研讨论文 8 篇，被区委、区政府和市审计局及有关刊物采用 24 篇（次），为区领导宏观决策提供依据。

（张凤荣）

【加强政府性资金的审计监督】 2011 年，区审计局加强对政府性资金的审计监督，审计资金量 258 亿元，涉及预算执行、政府债务、税收征管和教育、农业等专项资金。通过审计全面反映、总体评价了预算执行和其他财政收支情况，客观分析全区的支柱企业税收完成情况，揭示了财政资金管理和使用过程中存在体制、机制、制度和政策层面的矛盾和问题，提出的意见和建议，得到了区委区政府领导和有关部门的高度重视。相关部门按照审计意见和建议，积极进行整改，健全完善了管理制度。

（张凤荣）

【配合完成政府性债务审计】 3 月 1 日至 4 月 14 日，根据国务院《关于做好地方政府性债务审计工作的通知》和审计署的工作部署，区审计局参与了市审计局对房山区起始年、1997 年、1998 年、2002 年、2007 年至 2010年共8个年度的政府性债务情况进行了审计。通过审计全面摸清了房山区政府债务规模、结构及增减变化情况，分析了债务偿还能力，揭示了存在的风险隐患，并提出了有效防范和化解潜在风险的意见和建议，得到区领导的高度重视，为完善政府债务管理监控体系起到了促进作用。

（张凤荣）

【完成政府投资审计】 2011 年，区审计局加大对政府重大投资项目、重点投资领域和民生工程的审计监督力度，重点对土地储备开发、轨道交通拆迁、京石二通道、中小学校安工程、保障性住房等项目进行了审计。聘用 14 家具有甲级资质的社会中介机构，参与政府投资基建项目审计。在审计工作中，坚持监督与服务并重的原则，以防范风险、促进管理为目标，强化审计实施方案的科学制定、强化审计项目复核审理、强化对聘用中介机构业务管理、强化与相关部门的沟通协调、强化审计整改建议的落实、强化协调员业务管理素质的提升。全年审结 14 项，其中决算审计 8 项、跟踪审计 6 项；在审 36 项。审计资金量 45.27 亿元，审减工程款 1.61 亿元。

（张凤荣）

【完成处级领导干部经济责任审计】 年内，区审计局完成处级领导干部经济责任审计 16 项，在审 4 项，审计资金量 36.35 亿元，查出违规金额 106.47 万元，查出管理不规范金额 5.4 亿元，查出损失浪费金额 2454.97 万元，提出审计建议 25 条，被审计单位已全部整改落实。

（张凤荣）

【领导干部经济责任审计纳入党内巡视】 为完善全区领导干部经济责任审计制度，强化对权力的监督制约，区审计局与区纪委、区监察局联合印发了《关于加强协调配合的工作机制》。同时，将领导干部经济责任审计纳入党内巡视，发挥了组织监督、纪检监督、审计监督的综合作用，提高了领导干部责任意识和法制意识。

（张凤荣）

【完成涉农资金审计】 2011 年，区审计局完成对京津风沙源治理工程、国家农业综合开发项目、新农村“五项基础设施建设”、园林绿化专项资金审计。审计资金量 13.85 亿元，查出管理不规范资金 467.38 万元。参加市区联审项目，配合市审计局完成了对房山区“十一五”期间市级农村产业资金投入、农村产业政策执行和产业发展现状的审计调查。在对新农村“五项基础设施建设”审计过程中，对10个主管部门、17个乡镇、39个重点村进行了审计。针对审计中发现的突出问题，区审计局举办了“区农业专项资金审计培训班”和加强审计监督预防职务犯罪座谈会，提高了涉农部门领导干部防腐、反腐的思想意识，促进了涉农资金管理与制度控制，扩大了审计整改工作的执行力和影响力。

（张凤荣）

【推进内审指导工作】 房山区内审指导工作坚持“扩大影响、强化队伍、分类指导、注重实效”的工作方针，贯彻落实《房山区内部审计工作暂行规定》，以优秀审计项目评选为抓手，狠抓内审机构建设和内审队伍建设。由于思路清晰，措施有力，成效显著，得到审计署、市内审协会领导的充分肯定，经审计署推荐其工作经验被《中国内部审计》2011年第5期刊登，在全国范围推广。房山区内审协会被评为2008—2010年北京市内部审计工作先进集体，是全市16个区县审计局中唯一获奖单位。截至2011年年底，全区专兼职内审机构发展到73个，配备专兼职内审人员497人。

（张凤荣）

国有资产管理

【概况】 2011年，区国资监管工作实现了国有资产保值增值的目标，各项工作取得了较好成绩。区国资委系统拥有资产总额187.5亿元，同比增长11%；所有者权益41.3亿元，同比增长44%；全年实现营业收入13.2亿元，同比增长30%；同口径利润总额为6222万元，同比增长65%；缴纳税金10828万元，同比增长34%。为推进国有企业承担的市区重点工程和重大项目建设，组织召开专题协调会，帮助企业协调解决项目推进中遇到的困难与问题。南水北调巡线路、京西重工减震器、北京海聚工程高科技产业园等项目，取得实质性进展。出台了“十二五”国有经济发展规划，提出到2015年打造四大板块、培育上市公司、资产总量达到300亿元的目标。投融资业、建筑房地产业、新型工业、流通服务业四大板块雏形初步形成。3家小额贷款公司为全区农业企业、中小型企业和个体农户发放贷款440笔，金额4.4亿元。资产经营公司代表区国资委向重点领域投资4.7亿元。国资系统3家房地产企业稳步发展。以京房国鑫为龙头的流通服务业当年建设当年见效。建立北京京房国鑫钢材物流中心，引进入驻企业8家，销售收入1.2亿元。区工业总公司作为新型工业的支柱企业，与央企、市企合作，盘活存量资源，使一批新型高端项目落户房山区。良工工业园区引进企业59家，注册资金1.1亿元。区国资委将工艺油厂、育龙学校、残疾人福利中心3家小型企业划归区工业总公司管理。完成北京良乡高教园区建设发展公司移交房山区龙华建筑工程公司管理工作。加大国资监管力度，严格执行各项管理制度，加强业绩考核，完善国资监管体系，起草了《房山区国资委出资企业董事长（总）经理工作报告制度》。核定18家监管企业负责人经营业绩考核指标，签订经营业绩考核责任书。完成区工业总公司、北京人公司经济责任审计工作。在推进城市化进程、职工就业、为民办实事、维护稳定方面，新增加劳动力就业400余人；年内，托管中心新接收5家破产、转制企业退休职工420名。截至12月底，共接管离退休人员近700人；区燃气中心完成新老小区燃气入户1.6万户，超额完成年计划的105%。

（朱继军）

【京房国鑫钢材物流中心投入使用】 2月，北京京房国鑫物资有限责任公司建设北京京房国鑫钢材物流中心。该中心位于京港澳高速公路阎村出口 100 米处，占地 200 亩，投资 2000 余万元，是集仓储、装卸、加工、配送、信息服务、商驻服务等多功能于一体的综合性钢材交易中心。于 3 月底投入使用，供应各种螺纹钢、线材、热轧卷板、开平板、花纹板、中厚板、H 形钢、角钢、槽钢、工字钢、圆钢等建筑、工业用钢材。截至年底，北京京房国鑫钢材物流中心引进入驻企业 8 家，销售钢材 4.1 万吨，销售金额 1.2 亿元。

（朱继军）

【举办“绘‘十二五’国资蓝图、展国企巾帼英姿”活动】 3 月 5 日，区国资委、区妇联共同举办“绘‘十二五’国资蓝图、展国企巾帼英姿”活动，对“十一五”期间在国企改革发展中做出贡献的 18 名国资系统优秀女干部进行表彰。市妇联领导，区领导唐淑荣、赵佳琛、马丽英、李惠英、肖武及部分区直单位女干部和国资系统女干部 80 余人参加活动。

（朱继军）

【中源粮科建设投资有限公司成立】 4月，区国资委出资成立中源粮科建设投资有限公司，注册资金 5000 万元。公司注册地址：房山区琉璃河镇兴礼村村委会东南 300 米，该公司为国有独资公司，主要是作为中国北京农业生态谷项目土地一级开发主体。

（朱继军）

【举办企业经营管理者培训班】 7 月 18 日至 22 日，区委组织部、区委党校、区国资委共同举办第 5 期企业经营管理者培训班。此次培训主要采取集中辅导、研讨交流、参观考察等方式，聘请中央党校教授杨秋宝、国家行政学院教授王建、北京师范大学教授杨世文，围绕“加快转变经济发展方式”“企业资本经营与风险控制”“董事会和董事能力开发和绩效评价”等内容进行授课。区国资委系统 90 余名企业经营管理人员参加了培训。区委组织部领导参加动员会并讲话。

（朱继军）

【上调 11 家企业考核指标】 8 月，区国资委对良乡经济开发区、北京昊远隆基房地产开发总公司、区燃气中心、区粮油贸易总公司、区工业总公司、北京龙华建筑公司、北京京房国鑫物资有限责任公司、区外贸公司、区供销总社、北京人投资发展公司和宏达永顺市场中心等 11 家企业的主营业务收入、利润总额等经营业绩考核指标上调 10%。

（朱继军）

【房山国土分局收购七渡财会培训中心】 9 月 27 日，区政府批准北京市国土资源局房山分局收购区国资委监管企业房山区财政局七渡财会培训中心。12 月 1 日，区国资委与区国土分局签订整体资产转让协议（包括全资子公司北京龙锐旅游度假山庄有限责任公司），转让金额 11162.13 万元。

（朱继军）

【制定出资企业董事长（总）经理工作报告制度】 10 月 8 日，区国资委制定《房山区国资委出资企业董事长（总）经理工作报告制度》。适用范围为国有独资企业、国有独资公司、控股公司、参股公司及集体企（事）业单位。报送时间为年底前或季度末。报送内容为涉及董事会、（总）经理办公会组织建设、制度建设及运转情况、企业发展情况、国有资产保值和生产经营指标完成情况及其分析等 11 项内容的年度或季度工作报告。

（朱继军）

【北京龙盛源小额贷款有限公司注册资本达到 1 亿元】 10 月 19 日，北京龙盛源小额贷款有限公司增加注册资本金 5000 万元，使注册资本金达到 1 亿元。其中，房山区资产经营公司出资额从 1250 万元增加到 3000

万元，占总股本的30%，是北京龙盛源小额贷款有限公司第一大股东。

（朱继军）

【举办卓越领导力高级研修班】 10月24日至28日，区国资委卓越领导力高级研修班在北京英杰培训中心举办，研修班采取集中授课、综合考核等方式，围绕“团队领导力”“创新管理与创新实践”“当前世界经济形势与科技革命”“高级成本管理”等内容进行培训。区国资委系统重点企业领导、优秀中青年后备干部及新任领导干部45人参加培训。

（朱继军）

【召开房安出租汽车公司第一届股东大会】 12月12日，北京房安出租汽车有限责任公司召开第一届股东大会，会议审议通过了公司发起协议书、公司章程，并选举产生第一届董事会、监事会组成人员、董事长、监事会主席。会议决定：北京房安出租汽车有限责任公司由4家股东组成，注册资本金2000万元，其中：北京房山国有资产经营有限责任公司代表区政府出资620万元，占总股本的31%；重庆长安汽车股份有限公司出资600万元，占总股本的30%；北京万建出租汽车有限责任公司出资580万元，占总股本的29%；北京市电力公司出资200万元，占总股本的10%。公司经营范围为区域出租汽车客运。

（朱继军）

【政府采购节约资金1023.42万元】 截至12月，区采购中心完成政府采购61次，其中公开招标6次、竞争性谈判9次、单一来源4次、询价11次、协议供货31次。61次采购预算资金12995.81万元，实际采购金额为11972.39万元，节约资金1023.42万元，节约率为7.87%。

（朱继军）

【3家小贷公司放贷4.44亿元】 年内，北京大方小额贷款有限公司、北京龙盛源小额贷款有限公司、北京中金福小额贷款有限责任公司为房山区农业企业、中小型企业和个体农户发放贷款440笔、4.44亿元，累计发放贷款846笔、8.09亿元。

（朱继军）

外　事

【概况】 2011年，全区接待外宾7批、138人次。为配合北京市民讲外语组委会外语游园会活动，在燕山文化广场举办博睿智杯中小学生英语风采大赛，并推荐燕山博睿智培训学校参加北京市民讲外语活动网络评选，获全市优秀团体第一名。启动APEC商务旅行卡办理工作，为3家民营企业管理人员申办APEC商务旅行卡。

（殷兆伟）

【外宾接待工作】 6月9日，区外事办陪同塔吉克斯坦人民民主党考察团一行11人参观考察窦店泰华芦村种植专业合作社和长阳恒源众泽园林绿化有限责任公司。6月21日，陪同印民文化旅游部旅游目的地发展司一行12人参观周口店北京人遗址博物馆和房山区世界地质公园博物馆。7月12日，陪同发展中国家政府官员汉语研修班41人参观韩村河村。8月24日，加拿大国际友好人士文忠志一行16人参观窦店村。10月31日，陪同尼泊尔非政府组织研修班一行15人参观韩村河村，了解基层民主建设和社会主义新农村建设。

（殷兆伟）

【启动APEC商务旅行卡办理工作】 11月10日，房山区出台《房山区企业人员申办APEC商务旅行卡实施细则》，在全市率先启动APEC商务旅行卡办理工作。外交部为服务中国企业管理人员出境从事商务谈判活动，在全国推广商务旅行卡。持商务旅行卡，无需办理签证，可随时出入18个APEC

经济体。截至12月31日，为3家民营企业管理人员申请办理APEC商务旅行卡。

（殷兆伟）

法　制

【概况】 2011年，区法制办加强法制服务，保障市、区重点工程建设顺利进行，制定了《房山区2011年依法行政工作要点》。针对国务院《国有土地上房屋征收与补偿条例》出台，就全区拆迁工作向区政府提出了5条意见及建议。清理区内涉及征地拆迁的行政规范性文件88件，依法废止2件，修改1件，为拆迁工作顺利进行提供了法制保障。认真做好区政府规范性、政策性文件草案审核工作，审核各类文件草案70件。清理不利于民间投资发展政策文件、涉及征地拆迁和行政强制的行政规范性文件91件，参与起草了《房山区关于进一步鼓励和引导民间投资健康发展的实施意见》。行政处罚案卷评查工作中，在全市排名第一。认真履行执法职责，组织全区行政执法部门查处各类违法案件16.4万起，罚款6723.09万元，受理申报许可事项37.9万件。依法审核拆除违法建设27件，拆除违法面积59447.14平方米。对行政执法部门负责法制工作的主管副职、法制科长及执法科、所、队长共120人，举办了为期两天的行政执法干部培训班。年内，收到各类行政复议申请108件，其中案前有效化解39件、告知途径37件、立案审查32件，经审理的复议案件正确率100%。接到投诉请求317件，立案受理56件，案前化解261件，结案复查案件全部符合市政府要求。

启动房山区“六五”普法工作，制定全区“六五”普法工作规划和实施方案。全区各级人民调解组织共排查调处民间矛盾纠纷14166件，调解成功13813件，调解成功率98%；防止矛盾激化和群体性上访76件343人，有7名调解员、13个集体获司法部、市司法局先进个人、先进集体称号。举办“人民调解进万家”主题宣传活动，为各调解委员会订制了《中华人民共和国人民调解法》及释义，统一配发了调解员徽章、调委会标识等，实行挂牌上岗。与区人民检察院联合起草了《关于建立检调对接工作机制的实施办法》；与交通支队联合成立了道路交通事故人民调解委员会，专职调解员和相关经费已经到位。全区基层法律服务所共解答法律咨询3017件，调解各类纠纷1336件，代写法律文书206件，起草各类协议55份，参与法制宣传活动511次、10.16万人，进行法律讲座培训32次。全区470个法律服务室共调解纠纷1340件，解答法律咨询2181人次，举办法律知识讲座384次，法制宣传339场次，受教育人数10.14万人。区司法局成立了安保指挥协调小组，研究制定了各个时段安保工作方案和处置突发事件工作预案。由局长与主管局长签订“维护房山安全，实现两会安全”的责任书，与驻区狱警签订了《两会安保工作承诺书》《两会安保工作警令状》。与涞水、涿州相关部门联合印发了“房涞涿护城河工程两会安保工作方案”。区法律援助中心共接待来电、来访2504人次，共承办各类法律援助案件371件，其中民事案件320件，刑事案件51件。全区27个乡镇、街道、工、青、妇、老、残五大社团以及良乡监狱和部队建立了34个法律援助工作站，在全区582个村庄和社区建立了法律援助联络点，修订法律援助工作制度和流程；完善妇女儿童、农民工、残疾人维权绿色通道；加大点援制、一站式服务力度，创新服务方式，健全了工作机制。律师法律服务覆盖全区582个村庄和社区。积极担任妇联、残联等单位的法律顾问，认真办理法律援助案件。律师共参与区领导信访接待61次，接待来访群众217批3383人次，参与区领导研究重大疑难涉法问题 4 件，10 家律师事务所共担任法律顾问 127 家，办理各类法律事务 17208 件，其中，办理各类案件 1250 件，代写法律文书 3341 件，解答法律咨询 9234 人次，共挽回避免经济损失 14842 万元。办理法律事务 24949 件，办理各类公证 6011 件，解答法律咨询 18393 人次，代写法律文书 545 件。开展公证服务"进社区进村庄进企业"活动。北京市恒信公证处、北京市嘉诚公证处依托社区、村庄法律服务室，建立公证服务联系点，开展讲座，进行宣传咨询，向群众免费发放公证服务联系卡和《公证导航》等宣传资料。北京市恒信公证处先后参与重点工程建设强制拆迁、处理抢栽、抢种、抢建、强制拆除违法建设协调会 18 次，现场监督指导 16 次。

（徐伟　霍言）

【依法行政考核通过市政府检查】 2011 年是市政府对区县政府依法行政考核检查的第 2 年，区法制办牵头制定了《房山区 2011 年依法行政考核指标分解》，对列入考核范围的 9 大类 108 项内容逐项进行分工部署。12 月 15 日，北京市政府依法行政领导小组对房山区进行检查，通过平常抽查、实地考查的方式，认为房山区领导高度重视依法行政、制度完善、工作成效显著，给予充分肯定。

（徐伟）

【设立文件审核"绿色通道"】 年内，区法制办设立文件审核"绿色通道"，对重大行政决策实行跟进，提供法律支持。全年审核各类规范性文件草案 70 件，同比增长 33%，其中涉及全区重点工程建设的 51 件，占 72.9%。审核全区重点工程建设的合同、协议 16 件，涉及投资总额 231.8 亿元。

（徐伟）

【为拆违工作提供法律支持】 年内，区法制办为配合拆除违法建设行动，审核《北京市房山区人民政府关于查处违法建设违规行为的通告》《北京市房山区人民政府关于加强法治政府建设的实施意见》等规范性文件，依法审核拆除违法建设案件 27 件，涉及拆迁面积 59447.14 平方米，其中超过 1000 平方米的案件 11 件、超过 5000 平方米的案件 3 件。

（徐伟）

【完成行政执法证件发放工作】 年内，为加强行政执法人员资格管理，结合市政府统一申领执法证件工作要求，区法制办通过公共法律知识培训考核、登记等基础工作，为全区 14 个执法单位的 207 人办理了行政执法证件。通过申领新证工作，加强了对行政执法证件的使用监督，有效规范了执法人员执法证件的使用管理，促进了行政执法人员严格执法和依法行政。

（徐伟）

【行政复议案件办理工作】 年内，区法制办接到各类行政复议申请 108 件，比 2010 年增加 21 件，增长 30%。其中案前有效化解 39 件、告知途径 37 件、立案审查 32 件（拆违类 7 件、信息公开类 7 件、拆迁类 7 件、治安管理类 5 件、人口管理类 3 件、劳动保障类 2 件、公安交通类 1 件）。立案数量比 2010 年增加 7 件，增长 28%。已审结 28 件，其中维持原审 21 件、终止审理 7 件，正在审理 4 件，经审理的复议案件正确率为 100%。

（徐伟）

【信访复查案件办理工作】 年内，区法制办接到投诉请求 317 件，案前化解 261 件，立案受理 56 件。立案受理的复查案件涉及 13 个乡镇（街道、地区）、6 个行政机关，案情案由主要集中在土地争议和社会保障。其中：土地争议类案件共计 27 件，占全部案件的 48%；取暖保障案件 15 件，占 27%；其他各类案件相对均匀。土地争议案件中涉及各类重点工程的案件 16 件，占该类案件总量的 59%。其中：涉及轨道交通工程案件 10 件，占重点工程案件的 62.5%；涉及房山新城窦店工业基地建设工程1件，占重点工程案件的6.3%；涉及长阳土地储备项目工程2件，占重点工程案件的12.5%；其他重点工程拆迁案件3件，占18.7%。结案55件，结案率98.2%，法定期限内结案率100%，结案复查率100%。

（徐伟）

【开展法律援助宣传月活动】 3月1日至31日，房山区法律援助中心开展以“开展法律援助，建设世界城市”为主题的宣传月活动，以满足困难群众法律援助需求为主线，以法律援助“进企业、进社区、进村庄”为宣传重点，宣传《北京市法律援助条例》实施两周年所取得的工作成效，营造良好的社会氛围。组织律师等法律服务人员深入企业、社区、村庄、工地、农贸市场等场所进行法律援助宣传，面对面为企业困难职工、农民工等困难群众提供法律援助，增强其依法维权意识。围绕与经济困难群众利益密切相关的热点、难点问题组织宣传，加强对《北京市法律援助条例》有关申请、指派等工作程序的宣传。加强对各级领导的宣传，争取政策支持，保障工作顺利开展。加大对先进人物和典型案例的宣传，展示新时期法律援助人员“服务为民”的良好形象和精神风貌。

（霍言）

【中共房山区律师协会总支委员会成立】 4月9日，召开中共房山区律师协会党总支委员会成立大会，大会通过《中共北京市房山区律师协会党总支委员会选举办法》，并以无记名投票方式选举产生了第一届党总支委员会，选举党总支书记1名、副书记1名、委员7名，全区律师中共有22名中共党员。

（霍言）

【启动法律服务进社区工作】 4月12日，区司法局在北潞园社区举行法律服务进社区活动启动仪式。仪式上，为法律服务进社区北潞园联络点授牌，北京市恒信公证处、北京博维律师所为北潞园社区及居民提供公益性质的法律服务。区法律援助中心、北京市恒信息公证处、北京博维律师事务所、西潞街道、北潞园社区等单位100人参加启动仪式。

（霍言）

【举办司法行政开放日活动】 4月15日，区司法局举办“阳光司法惠民，给力房山发展”开放日活动。邀请了区人大代表、区政协委员、区司法局政风行风监督员和社区群众代表40人参加此次活动。同时，在室外设立主开放点，邀请2名律师、2名公证人员、2名公职律师现场法律咨询。开放日期间，展出展板18块，发放宣传材料5000份、宣传物品2万份。

（霍言）

【举办“法律援助，爱心助残，奉献青春”主题活动】 5月9日，区司法局、区残联举办“法律援助，爱心助残，奉献青春”主题活动。活动中，区司法局向西潞街道温馨家园赠送了与残疾人权益保护有关的法律书籍，北京隗有宝律师事务所律师就残疾人如何维权进行了讲解，活动还以诗朗诵、歌曲和双簧等形式的文艺表演，区法律援助中心、西潞街道残联、西潞街道温馨家园等部门参加此次活动。

（霍言）

【开展司法行政系统“公正廉洁执法”警示教育活动】 9月15日，区司法局司法行政系统“公正廉洁执法”警示教育活动动员大会，全体机关干部、全体监狱干警、基层司法所所长、各公证处、律师所主任参加动员大会。

（霍言）

【启动“六五”普法工作】 11月16日，房山区召开“五五”普法总结暨“六五”普法启动大会。会上，区委常委、政法委书记、依法治区领导小组组长刘欣国作了题为《房山区关于“五五”普法实施情况和开展法制宣传教育第六个五年规划》的工作报告，区委常委、区纪委书记王智慧宣读了《关于表彰房山区 2006—2010 年法制宣传教育先进集体、先进个人的决定》，市司法局领导与区委书记刘伟为房山区“六五”普法标识揭牌，区人大常委会主任史全富分别为区法制宣传志愿者队伍和“六五”普法讲师团授旗。全国道德模范、房山区普法志愿者形象大使、区法院法官厉莉代表全区法制宣传志愿者进行表态发言。全区各有关单位、部门400余人参加启动仪式。

（霍言）

【成立全市首家涉未案件调查中心】 12月1日，房山区涉未案件调查中心在区法院举行成立仪式，市司法局领导，区委常委、政法委书记刘欣国出席活动并为涉未案件调查中心揭牌。该中心设在区司法局，主要职责：受公、检、法等机关委托，开展未成年人刑事案件的社会调查工作。调查内容：对涉案的未成年人的成长经历、家庭氛围、在校表现、性格特点及是否具备有效监护条件等情况。调查方式：走访、电话访谈、查阅文件等。调查时限：本市户籍的涉案未成年人的社会调查应在7天内完成，外地户籍的应在 15 天内完成。完成调查后，根据实际情况撰写社会调查报告，该报告将作为公、检、法等机关立案、批捕及审判工作的重要依据，确保涉案未成年人的合法权益。共有6名专职社会调查员负责未成年人刑事案件的社会调查工作。该涉未案件调查中心在全市尚属首家。

（霍言　王怀建）

【开展“12•4”全国法制宣传日系列活动】 12月4日，房山区在昊天广场开展以“弘扬法治文化，共建法治房山”为主题的“12•4”全国法制宣传日活动。全区 13 家执法单位参与了此次活动，各乡镇、街道设立了分会场。活动中，区依法治区领导小组办公室主任、区司法局局长就全区“12•4”全国法制宣传日活动作了介绍，区人大常委会副主任段维鹏为房山区“农民工法律援助团”授旗，区委常委、区政法委书记、区依法治区领导小组组长刘欣国出席活动。活动中，悬挂横幅 20 条，发放各类宣传材料 2 万余份，“农民工法律援助团”律师接受群众咨询 200 余人次。

（霍言）

【启动“温暖冬天”律师法律服务活动】 12月 11 日，区律师协会在拱辰街道昊天广场 举行“温暖冬天”律师法律服务系列活动启动仪式。北京市太行律师事务所、智远律师事务所、博维律师事务所等 10 家律师事务所律师 30 余人参加启动仪式。现场解答法律咨询 200 余人次，发放宣传资料 3000 余份。

（霍言）

人事　编制

【概况】 2011 年，新录用公务员 133 人；281 名公务员参加初任、任职等专题培训班；妥善安置 298 名合同期满大学生村官，新招聘 272 名，保持了村官队伍动态平衡；引进外埠高级人才 23 人；引进外埠应届大学毕业生 225 人，其中硕士以上学位 161 人；为 93 名人才办理了“工作居住证”；完成了 12 次事业单位公开招聘工作，计划招聘 782 人，实际聘用 445 人；人事考试逐步实现规范化、科学化管理，共组织笔试 22 次、27923 人次、962 场次，面试 16 次、943 人次、75 场次。

2011 年，区编办围绕中心服务大局，为全区经济社会发展提供机构编制保障。在市编办支持下，全区共申请成立副处级以上机构 9 家，争取处级领导职数 15 名。转变乡镇政府职能，进一步优化、规范乡镇机构设置，完成全区乡镇机构改革。推进事业单位清理规范工作，起草完成《关于房山区事业单位清理规范的意见》,清理12个事业单位，收回全额拨款事业编制246名，核减自收自支事业编制230名。转发市委组织部、市编办等4部门的《关于进一步严格本市机关后勤机构编制管理的通知》，下发《关于党政机关事业单位补充人员程序规定的通知》，把机关后勤机构及人员的严格管理工作和党政机关事业单位补充人员工作的程序规范落到了实处。规范和创新机构编制管理，推进机构编制管理信息化建设，率先在北京市16个区县中安装了机构编制数据库管理系统，并完成数据录入工作。组织开展区政府30个工作部门机构改革评估工作，形成《房山区人民政府2009年机构改革自评工作报告》。

（李岩峰）

【制定党政机关事业单位编内补充人员程序规定】 3月2日，为严格机构编制和人员管理，落实编制管理实名制，以区编委会名义向全区印发了《关于党政机关事业单位编内补充人员程序规定的通知》，通知规定：区属党政机关和事业单位在定编限额内需要补充人员时，须向区编办提出编制使用申请，申请内容主要包括：本单位人员编制现状，拟补充人员的数量和拟使用编制用途，经核准后，由区编办向用人单位出具《人员编制使用核准通知单》（以下简称《通知单》），区人力社保局根据《通知单》，按照相关规定，对用人单位补充工作人员进行审批。用人单位凭区人力社保局出具的补充人员名单，到区编办办理列编人员实名备案手续。年内，区编办为全区72个部门核准使用行政、事业编制共923名。

（王久岚）

【北京市房山区良乡高教园区管理委员会成立】 3月，根据市编办《关于成立北京市房山区良乡高教园区管理委员会的函》和区编委会《关于调整良乡高教园区管理委员会机构设置的通知》，成立北京市房山区良乡高教园区管理委员会(简称高教园区管委会),为区政府派出机构,机构规格为正处级，核定处级领导职数1正2副。主要职责是：根据区政府授权，负责良乡高教园区规划范围内的建设、管理等组织协调工作。

（侯伟莲）

【规范机构设置】 3月，根据市编办关于调整北京市房山区整顿和规范矿产资源开发秩序工作领导小组办公室机构设置的通知》和区政府《关于房山国土分局接管区整规办及组建区矿山巡查大队工作会议纪要》，经编委会议批准，北京市房山区整顿和规范矿产资源开发秩序工作领导小组办公室（区整规办）由区整顿和规范矿产资源开发秩序工作领导小组的办事机构调整为区政府派出机构，并更名为北京市房山区人民政府整顿和规范矿产资源开发秩序工作办公室，挂靠房山国土分局。

（侯伟莲）

【建立全区机构编制信息平台】 4月，房山区作为市编办指定的信息平台工作试点单位，率先在16个区县安装了机构编制数据库管理系统，上传全区党政机关、事业单位机构成立和调整的批复件，录入机构数、编制数（行政编制、事业编制、执法专项编制）及实有在编人员，经过半年多数据的录入和效验工作，完成系统测试及上线前的各项准备工作。信息平台的建立，使原始的手工台账管理形式得到改善，进一步完善了实名制管理，形成了区编办内部管理与外部沟通的综合性信息服务体系。

（李岩峰）

【区民族宗教事务委员会增加专职副主任职数】 7月，根据市编办《关于调整房山区民政局（区民族宗教委）领导职数的批复》和区编办《关于调整区民政局（区民族宗教委）领导职数的通知》，为区民政局（区民族宗教委）增加民族宗教委专职副主任1名（副处级），负责全区民族宗教及侨务工作。

（侯伟莲）

【区政协机关增加内设机构】 7月，根据市编办《关于同意政协北京市房山区委员会机关增设内设机构的批复》和区编办《关于政协机关增加内设机构的批复》政协机关增设专委会工作五室、专委会工作六室，机构规格均为正处级，各核定正处级领导职数1名。

（侯伟莲）

【事业单位清理规范工作】 8月4日至12月20日，区编办开展了房山区事业单位清理规范工作。清理范围：各区直机关、乡镇（街道）所属事业单位、群团机关及其他组织所属事业单位。清理内容：对机构设置和实际运行存在突出问题的事业单位予以撤销或整合；在规范机构设置的基础上对事业单位编制使用情况进行清理。历时5个月，清理规范了12个事业单位，收回全额拨款事业编制246名，核减自收自支事业编制230名。

（王久岚）

【燕山人民法庭机构规格调整为副处级】 8月，根据市编办《关于明确房山区人民法院燕山人民法庭机构规格的批复》和区编办《关于明确燕山人民法庭机构规格的通知》，明确北京市房山区人民法院燕山人民法庭机构规格为副处级，核定副处级职数1名。

（侯伟莲）

【北京高端制造业（房山）基地管理委员会成立】 8月，根据市编办《关于设立北京高端制造业（房山）基地管理委员会的批复》和区编委《关于成立北京高端制造业（房山）基地管理委员会的通知》，成立北京高端制造业（房山）基地管理委员会(简称：高端制造业基地管委会)，为区政府派出机构，机构规格为正处级，核定处级领导职数1正2副。主要职责是：根据区政府授权，负责北京高端制造业（房山）基地的规划、建设、管理等组织协调工作。

（侯伟莲）

【北京石化新材料科技产业基地管理委员会成立】 8月，根据市编办《关于设立北京石化新材料科技产业基地管理委员会的批复》和区编委《关于成立北京石化新材料科技产业基地管理委员会的通知》，成立北京石化新材料科技产业基地管理委员会(简称石化新材料基地管委会)，为区政府派出机构，机构规格为正处级，核定处级领导职数1正2副。主要职责是：根据区政府授权，负责石化新材料科技产业基地的规划、建设、管理等组织协调工作。

（侯伟莲）

【区住房城乡建设委加挂区房屋征收办牌子】 9月，根据市编办《关于同意房山区住房和城乡建设委员会加挂牌子的批复》和区编委《关于北京市房山区住房和城乡建设委员会加挂北京市房山区人民政府房屋征收办公室牌子的通知》，北京市房山区住房和城乡建设委员会加挂北京市房山区人民政府房屋征收办公室（简称区房屋征收办）牌子。主要职责是：负责组织实施全区房屋征收与补偿工作。

（侯伟莲）

【北京市房山区房屋征收事务中心成立】 11月，根据市编办《关于同意设立北京市房山区房屋征收事务中心的批复》和区编办《关于调整区房屋征收事务中心机构设置的批复》，区住房城乡建设委所属房屋征收事务中心由相当正科级调整为相当副处级，核定相当副处级领导职数1名。主要职责是：根据区房屋征收办的委托，承担区内房屋征收与补偿的具体实施工作。

（侯伟莲）

【完成基层林业工作站改革】 11月，区编办制定房山区基层林业站改革方案，成立房山区林业工作站，为区园林绿化局所属相当正科级全额拨款事业单位，核定编制5名。主要职责是：林业重点工程的实施和技术指导；负责林果新技术、新品种的引进、实验、示范、推广；负责乡镇林业工作站的管理和技术指导；组织开展对乡镇林业技术人员的培训和技术交流、林果技术服务。为全区21个乡镇、街道（不含拱辰、西路街道办事处）农业技术综合服务中心加挂林业站牌子，分别核增相当副科级领导职数1名，专门负责各乡镇、街道林业站工作。各乡镇、街道根据林业工作任务量明确1名至2名工作人员。

（侯伟莲）

【燕山文化活动中心成立】 12月，根据市编办《关于同意设立北京市房山区燕山文化活动中心的函》和区编办《关于成立北京市房山区燕山文化活动中心的批复》，成立北京市房山区燕山文化活动中心，为燕山办事处所属相当副处级全额拨款事业单位，主要职责是：承担燕山地区文化活动的策划、组织等工作；组织开展文化艺术活动，进行民间民俗文化的搜集、整理；负责文化活动场馆管理工作；协助有关部门推进地区文化产业发展。

（侯伟莲）

【完成乡镇机构改革工作】 年内，房山区完成20个乡镇的机构改革工作。此次改革，根据地域特点、产业结构、城镇化发展水平，撤销职能萎缩或弱化的机构，合并职能相同或者相近的机构，重点加强社会管理、公共服务等机构建设。党政机构设置上：20个乡镇均独立设置了社会治安综合治理办公室（流动人口和出租房屋管理办公室）、财政科、社会事务管理科、教科文体办公室、农业发展办公室、经济发展办公室。事业单位设置上：20个乡镇统一设置机关事务服务中心、农业技术综合服务中心、社会保障事务所、文化体育服务中心。

（侯伟莲）

【新录用公务员133人】 年内，按照“公开、平等、竞争、择优”的原则，经过资格审查、笔试、面试、考核、体检、公示等程序，区委组织部、区人力社保局为49个单位录用公务员133人，比2010年减少28人，其中：男64人，占招考人数的48%；女69人，占52%。

（唐志成）

【引进硕士以上学历毕业生161人】 年内，房山区引进外埠应届大学毕业生225人，其中硕士以上学位161人，所占比例达到71.6%，具有博士学位的9人。

（唐志成）

【公开招聘事业单位工作人员445人】 年内，根据《北京市事业单位公开招聘工作人员实施办法》有关规定，按照“公开、平等、竞争、择优”的原则，区人力社保局共完成12次事业单位公开招聘工作，计划招聘782人，实际聘用445人。

（唐志成）

信 访

【概况】 2011年，全区受理群众信访28785件次。区信访办受理群众信访总量9886件次，同比减少8.2%，其中：来访1495批8523人次，同比批次增长17.5%，人次减少10.2%；来信1363封，同比增长6.7%；联名信39件，同比减少59.4%。反映问题主要集中在劳资福利（以拖欠民工工资为主）、占地拆迁、农村干群矛盾、各种(经济、医患、权属、邻里、其他)纠纷方面，共8472件次，占信访总量的85.7%。重访149批2193人次，同比批次增长18.7%，人次减少2.8%。因全区集中拆迁拆违，反映拆迁拆违方面问题突出。区信访办起草了《“十二五”时期信访工作规划》及《房山区关于用群众工作统揽信访工作的实施意见（征求意见稿）》。抓好领导干部接访、信访积案化解、体制机制创新三项重点工作。落实领导干部接访，加大矛盾排查化解工作。探索实践体制机制创新，推进群众工作统揽信访工作。在全区462个村和120个社区建立了连民心恳谈室和矛盾调解工作站，设信息员2352名。开展信访风险评估，针对功能区、京石二通道占地拆迁和山区人口迁移等重点工作，制定化解方案。拓展源头预防措施。区委组织部在全区实行了村级重大事务民主决策票决制，全区各村成立村级监督委员会，监管农村集体“三资”（资金、资产、资源）。发挥协调督办作用，主要采取区主要领导调度、包案区领导落实化解责任、争取上级支持、联动化解等方法，化解突出矛盾和信访积案。在全国“两会”等各重要敏时期，实施进京劝返、情报会商、开展巡查三项措施，实现进京访“三零”指标，确保“五大园区”及重点工程项目的顺利推进。

（陈加普）

【举办信访知识竞赛活动】 2月25日，西潞街道举办“保稳定 促和谐”信访知识竞赛活动。此次竞赛以基层支部为单位，围绕国务院《信访条例》和《北京市信访条例》等相关内容，设置必答、抢答和选答3个环节。共有6个村、11个社区和信访干部100余人参加竞赛。通过角逐，夏庄社区获一等奖，北潞园、苏庄三里社区分获二等奖，西潞园、太平庄西里社区、安庄村分获三等奖。此活动是房山区首次以信访知识为题开展的知识竞赛活动。

（陈加普）

【召开信访维稳工作会】 2月26日，房山区在区会议中心召开2011年信访维稳工作会。会议传达了全市领导干部会议精神，区委常委、政法委书记刘欣国作题为《认清形势，创新工作，努力开创全区信访维稳工作新局面》工作报告，并安排部署2011年房山区信访维稳工作。区委书记刘伟，区委副书记、区长祁红分别与乡镇和区直单位代表签订《2011年度房山区信访工作目标管理责任书》。

（陈加普）

【召开化解重点矛盾纠纷专题会】 为加大区级重点矛盾纠纷化解力度，营造和谐稳定的社会环境，房山区分别于3月5日、5月12日、9月29日，在区政府426会议室召开化解重点矛盾纠纷专题会。会议通报了各阶段区级重点矛盾纠纷的办理情况，听取了有关单位的重点矛盾纠纷情况汇报。区委书记刘伟出席专题会。

（陈加普）

【推行全国信访信息系统建设】 4月，区信访办在全区推行全国信访信息系统。在24个街道乡镇和76个区直单位实行网上办公，方便群众诉求，提高工作效能。此套系统从网上能够直接转办、交办重点信访案件及领导批办件，信访人从互联网直接申请注册，即可反映诉求、查询答复意见等。

（陈加普）

【总结“三三”工作模式经验】 年内，为妥善解决群众合理诉求，实现矛盾不积累、不上行、不激化，区信访办在工作实践中总结出领导干部接访“三三” 工作模式，即：三项基础、三个原则、三个强化。抓好“三项基础”（一个方案、一本台账、一套制度），确保领导干部接访工作扎实推进。坚持“三个原则”（属地管理、案结事了、协调联动），加大领导干部接访化解矛盾力度。做到“三个强化”（思想认识、接访协调、督查督办），提高领导干部接访工作落实质量。

（陈加普）

公共安全

【概况】 2011年，区保密局进一步强化保密工作管理职能，依法开展各项保密业务管理和保密督促检查工作。对区内定点造纸厂、印刷厂、旧货市场和废品回收站进行全面检查，确保了涉密文件、资料、器材在印制、销毁、淘汰过程中的安全。会同区教委、房山公安分局等单位研究部署高、中考期间保密工作，加大监督检查力度，确保高、中考工作的顺利进行。开展形式多样的宣传教育活动，针对领导干部、涉密干部、各级专兼职保密干部、网管员，采取现场宣传、课程培训、会议座谈等多种方式进行宣传。开展无线电管理宣传月活动，通过现场咨询、发放宣传材料、专题展板、悬挂横幅、报纸专版等多种方式进行宣传。继续加强在区内登记注册开设无线电台站的管理，分两次对4个单位的设备使用情况进行监督检查，能够及时掌握无线电设备变化情况。提高内部人员素质，强化政治理论、科学文化、业务知识的学习，进一步提高了保密队伍的建设。

2011年，完善房山区应急体系，重新修订发布了《北京市房山区突发事件信息管理办法》《北京市房山区突发事件应急委员会工作规则》。组织协调公安、消防、旅游等相关单位制订下发了《预防和应对登山爱好者攀爬野山迷路事件工作方案》，并建立部门联动机制，有效处置攀爬野山迷路、遇险类事件。2011年完成《北京市房山区烟花爆竹生产安全事故应急预案》《北京市房山区雪天交通保障应急预案》《北京市房山区食品安全突发事件应急预案》等各类应急预案6个。各专项应急指挥部办公室和有关单位根据房山区可能发生的突发事件的特点和时间，组织区级综合应急演练10次、专项应急演练14次。加强对“值守应急系统”“IP视频会议系统”“应急指挥车”“800M无线数字集群”和“IP电话”等应急通信装备的日常维护管理，使各种应急通信装备始终处于良好运行状态。完成了指挥平台电源系统更新、房山公安分局视频图像资源升级改造接入区应急指挥中心、区电力事故应急指挥部和区交通安全应急指挥部IP视频会议系统的开通工作。做好元旦、春节、“五一”“十一”等重点时期应急通信保障任务和2011年春节期间“禁改限”等活动的图像传输工作。全年组织、保障市、区各类视频会议110余次，充分发挥应急指挥平台功能。全区应急系统落实365天24小时值守应急和敏感时期、预警期加强值班和信息报送工作要求。每周一开通市区专项、乡镇IP视频会议系统，参与全市交接班工作。全年向市应急办及时、准确报送工作动态信息近300条，被市应急办采用刊登53条。

2011年，房山公安分局积极推进创新型警务建设，完成专项维稳、建党90周年安保等工作任务。组织开展维稳控制实兵演练，抽调35名女警成立女警应急处置队，确保房山区未发生各类非法聚集活动。房山公安分局全年协助相关部门妥善处置群体访562批17692人次、个体访439批646人次。依法处理非法上访人员43人，其中刑事拘留18人、治安拘留25人。立足“打击破案总量同比增长8%”目标，组织开展“强化打击刑事犯罪40天专项行动”和打击破案“铁拳行动”等一系列专项行动，有效推动了全局破案总量的稳步增长。全年共立刑事案件6277起，破刑事案件2448起，同比上升12%，其中，破现案1052起，同比上升14.8%；刑事拘留1282人；抓获网上逃犯185名。全年共打掉22个涉黑涉恶团伙，抓获团伙成员108名，破获刑事案件35起。破获系列侵财案件69串、867起。社区民警“驻区制”成效显现。在城关、良乡、北潞园派出所辖区55个社区推行单警驻区制警务模式，在其他112个社区全范围推行流动警务驻区制模式。创新开展巡逻工作。在城关、良乡、北潞园、长阳4个派出所辖区设立5个巡逻警务工作站，落实“站巡制”；组建30人的专职巡逻队、20人的领导干部轮值轮训队；不断推进执法规范化建设。23

个执法办案场所全部完成功能分区设置。全方面引导，群众观念深入警心。专门成立群众工作办公室，举办“平安房山之星”颁奖活动，大力宣传先进典型。全年走访群众12万余户，召开警民座谈会670次，征求各类意见建议4000余条，采纳整改3500余条；所有对外窗口单位取消站席，使群众享受周到服务。发放爱民联系卡30万张，方便群众监督求助；全年受理信访投诉和“110”投诉共138件，同比下降54.8%。其中“110”投诉同比下降67.1%。在区纠风办组织的窗口单位民主测评中，群众对房山公安分局的满意率达96.2%，名列榜首。全年查处治安案件8148起，同比上升27.3%，治安拘留1102人。截至12月31日，牵头组织相关部门，共出动各类力量3285人次，检查各类场所4400余家，取缔177家，破获案件4起，刑事拘留20人，行政告诫326次，罚没款12余万元。深入开展火灾隐患攻坚整治。全年共检查单位7731个次，发现和督促整改火灾隐患1841处，督促整改火灾隐患或违法行为1700处，下发责令改正通知书1193份。全区共发生火灾229起。严格落实安全监管措施。全年查处非法开采人员220人，其中刑事拘留55人、治安拘留165人，查扣非法运输煤炭570吨。队伍管理更加精细化。起草了《基层政委手册》，将队伍管理工作进行量化；根据岗位职能和警务需要，调配警力71人，从机关业务处室抽调30名警力补充到重点派出所。积极推进爱警工作。制发《2011年爱警工作账单》，定期为民警进行体检。全年办理维权案件13起，刑事拘留21人、行政拘留3人。进一步完善队伍监督机制。建立纪检监督干部联系机关处室和派出所工作制度，制定落实热点岗位交流工作实施意见，重新修订房山公安分局领导干部责任追究制度，严抓队伍的教育管理。全年共行政告诫民警16人，辞退1人。

2011年，燕山公安分局破获各类刑事案件102起，同比上升79%，其中，现案68起，同比上升61.9%，实现了打击破案总量增长8%的目标。依法打击处理288人，其中刑事拘留72人、行政拘留64人、逮捕53人、移送起诉52人、其他47人。检察院批准逮捕率达到93.1%，检察院起诉率达到100%，实现执法零诉讼、复议零差错。抓获违法犯罪嫌疑人134人，同比上升4.7%，实现打击破案的全面提升。燕山公安分局构建了覆盖燕山各领域的人力情报体系，组建人力情报力量1247人，全面、及时、准确地掌握各类不稳定因素，在处置重大敏感事件中，做到未动先知、防范在前、稳妥处置。社区民警走访驻区居民8000余户，1.9万余人，为群众办好事、实事230件，排查解决各类隐患350件。社区可防性案件26起，盗窃电动自行车案件同比下降55%，继续保持低位态势。

2011年，房山交通支队接警56998起，回访56998起，群众满意率100%；利用电视监控系统直接发现问题3090起，其中事故1324起、车辆故障1299起、拥堵467起；各级领导上路指挥3410人次，发布指挥调度指令4.1万余次，上报路况信息1.4万余次。共处罚各种交通违法行为422482起，同比增加24.26%，其中利用科技手段非现场执法249760笔，同比增长92.12%。开展动、静态交通秩序整顿136次，查处无证驾驶1159起、酒后驾车1554起、闯红灯19911起，暂扣各种车辆4050辆，依法拘留1100人。管界共发生交通事故14594次，伤353人、死亡99人，同比事故次数增加956起，伤、亡人数分别减少33人和4人，死亡人数比控制指标少死8人；在交通事故总数中，快速处理14266起，占97.8%，一般程序处理328起，占2.2 %；发生交通安全宣传事故33次，伤15人，死亡38人，同比事故起数下降9起、伤人数下降20人、死亡人数减少8人,死亡人数比控制指标减少8人。完成交通保卫任务162次，出动警力2179人次、警车1056辆次。管界道路共增设各类交通标志838面，交通标线9.57万米，增设各类道路护栏7806米,路侧防撞钢板2156米，新增路口信号灯5处，优化渠化路口12处，治理危险点段48处，下发监管通知书36件;对外办公窗口共办理驾驶证审验手续109242件，换证29756个。答复人大、政协、行风热线378件；路口信号灯及监控设备报修114次；拆除道路上违法设置的广告牌、指路牌79面。组织开展交通安全各类宣传活动1700次，受教育群众32万余人；在广播、报刊、电视等新闻媒体上播发新闻稿件220余篇。

2011年，区地震局向全区下发了《北京市房山区人民政府关于贯彻落实北京市防震减灾工作会议精神的意见》,完成《房山区“十二五”时期防震减灾发展规划》，修订《房山区地震应急预案》。做好地震监测预报工作，完成2011年及2012年度地震趋势会商报告，落实异常5起。做好防震减灾宣传教育工作。启用防震减灾新标志，制作展板40块、编印手册2本、刻制光盘1张，在《房山报》开辟专版，完善地震信息网。开展广泛宣传，加大“六进”(进机关、进学校、进企业、进社区、进农村、进家庭)工作力度。利用媒体，扩大社会影响。在《中国档案报》、市地震局、房山电视台、《房山报》、房山信息网、房山地震信息网等媒体刊登信息近200条。依法加强地震灾害防御管理，受理抗震设防要求审查申请9件。继续加强地震应急救援工作体系建设。做好震情值班和地震应急值守，组织学校开展地震应急疏散演练等项工作。区地震局获2011年度北京市防震减灾科普宣传先进奖、被评为2011年度全市地震系统政务信息工作先进集体。

(丁建新　史玉琦　崔凤华　石建忠　郭佩真　赵婷婷　李然　王春景)

【加强中、高考保密管理工作】　6月，根据北京市统一部署，按照国家教育考试考务安全保密工作要求，区保密局成立国家考试保密工作领导小组，组织执法人员就国家教育考试考务安全保密工作现状、考试过程中各环节保密工作的标准和检查方法进行培训。对区考试中心进行检查5次，在高考试卷到达前，对试卷保密室硬件设施的工作状态进行检查，在试卷保管期间，对试卷保密室每半天检查一次，详细察看值班巡逻记录和设备工作情况。

(郭佩真　赵婷婷)

【开展无线电管理宣传月活动】　9月，为纪念《中华人民共和国无线电管理条例》颁布18周年，普及无线电管理法律法规和无线电科普知识，区保密局开展无线电管理宣传月活动。在《房山报》刊登《中华人民共和国无线电管理条例》《北京市无线电管理办法》进行专版宣传。9月11日，在良乡昊天广场开展无线电宣传月活动，制作宣传展板20块，发放《无线电管理宣传手册》等各类宣传资料和宣传纪念品3000余份，现场接受百姓咨询，答疑解惑。在重要街道、过街天桥悬挂宣传标语20余幅。

(郭佩真　赵婷婷)

【开展保密法宣传教育】　年内，区保密局进一步加强保密法的宣传，采取多途径进行宣传教育，一是现场宣传。通过制作展板、发放宣传画册、现场检查中答疑解惑的方式进行宣传。二是重点检查。每逢重大节假日前，派专人对区属重点单位进行检查，强调保密工作的重要性及防范对策。三是授课培训。在房山区公务员初任培训班上，设置保密教育专题课程。四是签定责任书。各单位的涉密人员自行签订离岗保密承诺书。

(郭佩真　赵婷婷)

【39名登山爱好者获救】　4月3日19时50分，区政府办公室接房山公安分局报：北京理工大学“风信子”登山社团39人，其

中教师1名、学生37名、公司职员1名，到周口店镇猫耳山登山。10名师生先期下山，其他29人因体力不支等原因走散，迷失方向。接报后，区委副书记、区长祁红指示：要全力营救，保证被困人员安全，做好宣传报导工作。20时30分，成立以副区长卢国懿为指挥，区政府办、区应急办、房山公安分局、房山消防支队、区卫生局、区新闻办及周口店镇等相关部门领导为成员的现场搜救指挥部，立即展开搜救。救援警方和消防官兵组成10支队伍，并协同7名当地向导带领搜救人员上山搜救被困人员。3日23时30分至4日零时30分，27人相继被救下山，仍有2人下落不明。4日6时30分，派出搜救直升机参与救援，8时许，在半山腰发现2名被困者，8时15分救援直升机将2人安全带下山。救援历经13个小时，动用各种救援力量300余人、警用直升机2架、搜救犬10条。

（石建忠　崔凤华）

【打掉抢劫“黑出租车”犯罪团伙】 年初，房山区发生多起团伙抢劫“黑出租车”案件，作案手段均为嫌疑人事先锁定目标，随后由两人打车，行至半路第三名嫌疑人上车，待车辆行驶至偏僻地段，3名犯罪嫌疑人使用暴力将出租车抢走。案件引起房山公安分局和刑侦支队领导的高度重视。4月13日，专案组在城关街道西街小桥附近将鹿某某（男，1988年5月16日出生）、田某某（男，1992年10月18日出生）、张某某（男，1991年2月6日出生）3名犯罪嫌疑人抓获，3人均为河北省保定市定兴县人。经讯问，3人对结伙抢劫“黑出租车”的犯罪事实供认不讳，3人被依法刑事拘留。

（崔凤华）

【端掉一假冒注册商标团伙】 1月13日，房山刑侦支队经侦大队在长阳派出所的密切配合下，根据情报线索，将胡某某（男，1968年12月2日出生，河南省人）、胡某某（男，1985年8月8日出生，湖北省人）、徐某某（男，1963年2月10日出生，湖北省人）、陈某某（男，1957年5月27日出生，河南省人）4名犯罪嫌疑人全部抓获，当场起获假冒黄金酒共计963瓶、假冒商标1万余枚，假冒包装1000余套。4名犯罪嫌疑人被刑事拘留。

（崔凤华）

【启动打击私挖盗采仪式】 1月24日，为遏制私挖盗采开始蔓延的势头，按照市委、市政府的统一部署，房山区打击私挖盗采专项行动启动仪式在史家营乡灰青涧举行。区委常委、政法委书记刘欣国，区委常委、区纪委书记王智慧，区委常委、副区长李江，房山国土分局、区安监局、区城管大队、房山公安分局、区法院、区检察院及各产煤乡镇等领导参加启动仪式。房山区对非法开采采取零容忍，对非法开采的黑窑口坚决进行炸封，严厉查处非法开采人员，严厉打击非法开采的幕后黑窑主，严厉打击涉爆违法犯罪，严厉打击涉黑涉恶违法犯罪，加大检查站执法力度，配合有关部门防止非法煤炭外运，按照区政府公告，3月31日以后，贾峪口检查站实行全副武装设卡，不让一两煤炭外运，彻底斩断非法开采的获利链条。全年查处非法开采人员220人，其中刑事拘留55人、治安拘留165人，查扣非法运输煤炭570吨。

（崔凤华）

【举行派出所社区民警驻区制工作启动仪式】 1月27日，为贯彻落实北京市公安局“12•24”会议精神，房山公安分局举行了派出所社区民警驻区制工作启动仪式。市局领导，区委常委、政法委书记刘欣国，区综治办房山公安分局领导，局属各单位正职、驻区民警及区属新闻媒体记者等共计80余人参加启动仪式。启动仪式上，房山公安分局领导就驻区制警务模式启动后的后续推进工作，分别围绕把握时间节点、明确工作部署，把握职责任务、明确工作重点，把握驻区现状、明确保障要求等 3 个方面进行了部署。随后，北潞园派出所、良乡派出所民警分别做表态发言。房山电视台对此次活动进行全程采访报道。在城关、良乡、北潞园派出所辖区中的 55 个社区推行单警驻区制警务模式，在其他 112 个社区全范围推行流动警务驻区制模式，全年驻区民警共解决矛盾纠纷及群众困难 1600 余起，排查发现各类不稳定因素 1700 余起，配合或提供线索抓获各类违法犯罪嫌疑人 600 余人。

（崔凤华）

【27 小时破获“2·9”抢劫杀害“黑出租车”司机案】 2 月 10 日，在市公安局刑侦总队及有关部门的配合下，房山公安分局于案发 27 小时内破获一起抢劫杀害“黑出租车”司机案，将顾某某等 3 名犯罪嫌疑人一举抓获归案。2 月 9 日 7 时 24 分，房山公安分局接许某（男，28 岁，房山区人）报案称：其在上班途中经过韩村河镇岳各庄路口时，看见路边停放一辆白色富康轿车，车窗上有大量血迹，车内一名男子已经死亡，脖子上有刀伤。接报案后，市局刑侦总队有关人员会同分局刑侦支队组成专案组共同开展工作。经初步调查及现场勘查查明：死者王某（男，29 岁，山东省日照市人，暂住北京市海淀区），为北京海国投资物业管理有限公司保安，平时利用下班时间驾驶自己的白色富康轿车载客“拉黑活”。案发现场位于韩村河镇岳各庄村房易路公交车站南侧，经初步分析，专案组认定此案为一起抢劫杀害“黑出租车”司机案。专案组通过工作很快锁定嫌疑人，并连夜开展抓捕工作。2 月 10 日 11 时许，专案组在河北省保定市西大园村宜宾旅馆内将犯罪嫌疑人顾某某（男，1990 年 1 月 2 日出生，安徽省颍上县人）、沈某某（男，1985 年 4 月 23 日出生，河北省鹿泉市人）、龙某某（男，1987 年 11 月 25 日出生，四川省平昌县人）抓获。经讯问，3 名犯罪嫌疑人供述因经济拮据，遂合谋抢劫“黑出租车”司机。2011 年 2 月 8 日晚，3 人搭乘死者的“黑出租车”称前往房山区岳各庄，当车辆行至房易路公交车站附近时，3 人用预先准备好的水果刀威逼死者索要钱财。死者极力反抗，后 3 人共同持刀将其扎死并抢走死者 100 余元现金后逃走。

（崔凤华）

【破获“2·28”故意杀人案】 2 月 28 日，城关街道南街二条 106 号理发店内发生一起故意杀人案。理发店“老板”肖某某（女，30 岁，湖南省长沙市人）被人杀死在理发店内，经法医初步鉴定系机械性窒息死亡。此案发生后，专案组经过近一个月的缜密侦查，于 3 月 31 日在燕山设计院 917 路公交车站将犯罪嫌疑人刘某（男，1980 年 6 月 12 日出生，黑龙江省大兴安岭地区人）抓获。经工作查明，刘某曾因故意伤害、盗窃多次被判处徒刑，现在燕山六角楼迪厅工作，暂住燕山迎风街道出租平房。经讯问，犯罪嫌疑人刘某交待：2 月 27 日，其到城关街道保健路肖某某经营的发廊内嫖娼，后因嫖资纠纷与肖某某发生争执，遂用吹风机电源线将肖勒死，并抢走肖某某的手机逃跑。

（崔凤华）

【举行警营开放日活动】 4 月 15 日，为深入推进“大走访”开门评警活动，增进社会各界对公安工作的理解，切实做好新时期群众工作，按照市局党委、区委政法委、分局党委要求，在全局集中开展警营开放日活动。区委常委、副区长李江，区委政法委、房山公安分局领导，拱辰街道、西路街道、长阳镇 300 余名群众在房山公安分局主开放点参加活动。此次活动分为工作职能介绍、警用装备展示、安全防范宣传、法律法规咨询和群众意见收集等 5 个环节。在民警的讲解和带领下，区领导和群众分别参观了房山公安分局户政大厅和全程代理大厅，全面的了解了分局信访、户政、出入境、治安管理、经济侦查等多个岗位的工作职能和相关业务的办理流程。在装备展示区，展示了社区警务宣传车、特警装甲运兵车、云梯消防救援车、通讯指挥车，群众在特警队员的指导下亲身体验了特警测距望远镜、警用钢叉等装备的各项功能；消防官兵展示了用于应急救援的液压钳、扩张器等一些看似沉重的“大家伙”，也亮出了热成像仪等救援利器。

（崔凤华）

【破获系列抢劫“黑出租车”案】 4月17日、19日，房山公安分局连续接报两起两名男子持械抢劫黑出租车案。4月17日22时许，“黑车”司机王某某（男，45岁，房山区霞云岭乡人）驾驶香槟色奇瑞轿车从良乡西门拉载两名男子，当车行至良乡镇南刘庄村时，坐在副驾驶座的男子突然拉起手刹，坐在驾驶座后座的男子持刀锁住其颈部欲实施抢劫，后王某某极力反抗，两名嫌疑人逃跑，车未被抢走。4月19日23时许，“黑车”司机张某（男，33岁，房山区良乡镇人）在良乡昊天嘉园附近拉载两名男子，当车行至青龙湖镇沙窝村时，两名男子持铁锤和斧头将张某头部砸伤，并将其驾驶的白色捷达轿车抢走。两起案件发生后，房山公安分局刑侦支队立即成立专案组开展工作，于4月24日早晨在良乡镇邢家坞村一私人汽修厂前，发现了事主张某被抢的白色捷达轿车。根据汽修厂提供的修车人情况，专案组于4月24日13时许在该修理厂附近将马某（男，1990年5月19日出生，陕西省商洛市人）、闫某（男，1978年1月12日，房山区青龙湖镇人）两名犯罪嫌疑人抓获。经讯问，两名嫌疑人对4月17日、19日持刀、铁锤、斧头等工具抢劫黑出租车的犯罪实施供认不讳。同时，二人交待了抢劫捷达车后，因没钱给车加油又盗窃路边停放的摩托车一辆并销赃的犯罪事实。马某、闫某两名犯罪嫌疑人被依法刑事拘留。

（崔凤华）

【破获“4·30”杀人碎尸案】 4月30日10时许，房山公安分局刑侦支队接报：有群众在阎村镇张庄村村东污水处理池内发现一透明塑料袋包裹的尸块。接报后，房山公安分局与市公安局共同到现场开展工作。经法医检验，现场尸块为年轻女性，死亡时间大约一周左右。由此判定，此案系一起杀人碎尸案，通过DNA比对，于5月1日确定死者为宋某某（女，27岁，大石窝镇人，于4月22日早晨在上班途中失踪），并很快查明其前男友周某某（男，1975年1月6日出生，大石窝镇高庄村人，住西潞街道圣景苑小区）有重大作案嫌疑。5月3日晚，专案组锁定了一辆行踪非常可疑的银灰色面包车，22时许，侦查员将该车车主高某某（男，1964年10月2日出生，大石窝镇镇江营村人）抓获。经讯问，高某某交待了4月22日7时许，伙同周某某驾驶自己的面包车到宋某某上班途中将其劫持的犯罪事实。5月5日，专案组获取了周某某在大石窝镇活动的线索，专案组与大石窝派出所配合，于11时许将周某某抓获归案。经讯问，犯罪嫌疑人周某某交待了因感情纠纷劫持杀害宋某某，并分尸、抛尸的犯罪事实。专案组于当日下午将被害人宋某某的其他尸块全部找到。

（崔凤华）

【房山区看守所被评为管理机制创新示范单位】 4月，房山看守所被公安部监所管理局评为全国看守所管理机制创新示范单位。房山看守所按照公安部《关于推进看守所管理机制创新的通知》要求，结合工作实际，在安全管理、人权保障、服务诉讼、监督制约4个机制建设方面不断创新，建立危重病情告知和救治机制、变更强制措施协作机制、在押人员动态安全风险评估机制、特困被监管人员家属帮扶机制，改革了在押人员一日生活制度，规范了监区文化建设。房山看守所通过不断创新监所管理机制，提升了执法和管理水平，切实维护了在押人员的合法权益，保障了刑事诉讼活动顺利进行，确保了监所安全稳定。

（崔凤华）

【破获巨额诈骗系列案】 6月14日，刑侦支队良乡队接马某某、罗某某、陈某某3名事主报案：2011年以来，被霍某某（男，1976年10月7日出生，房山区韩村河镇人）、王某某（女，1975年10月8日出生，房山区韩村河镇人）夫妇以承包山地及投资买地盖房可获高额补偿款为由，骗取总计350万元。经工作，侦查员于6月15日将王某某抓获，霍某某潜逃。7月9日，刑侦支队接到线索：霍某某在河北省保定市雄县一带。刑侦支队前往保定地区在当地公安部门的配合下，于7月10日晚成功将霍某某抓获。经连夜突审，霍某某交代：其虚构承包韩村河镇圣水峪山、倒柴油及办学校等事实，先后骗取32名事主共计约2500万元。

（崔凤华）

【破获一起信用卡诈骗案】 2010年9月27日，经侦大队接市公安局经侦总队移交韩某某涉嫌信用卡恶意透支犯罪线索。经查，2008年5月9日，韩某某（男，1980年3月2日出生，陕西省渭南市临渭区人）冒用韩某某名义，在广东发展银行股份有限公司北京分公司申办了一张信用卡，截至2010年4月6日，透支本金、利息及相关费用共计5.8万元。广发银行多次进行电话、信函和上门催收，但持卡人始终未还款。2011年7月25日，韩某某在北京市怀柔区庙城镇肖两河村内被怀柔公安分局庙城派出所民警抓获。经讯问，其对恶意透支的犯罪事实供认不讳。

（崔凤华）

【举办民警子女进警营主题日活动】 8月13日，房山公安分局举办“印象警营•感悟担当”民警子女进警营主题日活动。房山公安分局机关和一线民警的子女组成的30人夏令营队伍参加了体验活动。活动中，30位小营员先后观看了消防、特警、巡警的装备展示和特色表演，参观了分局“110”接处警大厅、看守所和刑侦支队技术队。通过民警子女进警营主题日活动，让孩子们了解了公安工作，体会了警察父母的辛苦和工作的不易，对于加强与孩子之间的相互理解，以及对孩子们的学习和生活起到积极的促进作用。

（崔凤华）

【破获“8•19”入室抢劫杀人案】 8月19日12时10分，家住良乡文化路邢某拨打“110”报案称：其在回家上楼的时候看见自家楼301室住户的防盗门虚掩着，屋内地面上有血，一名女子躺在地上。接报案后，民警立即赶赴现场开展工作。经现场勘查，301室防盗门未锁，客厅地面上仰卧一名女子，身着睡衣，颈部、胸腹部有多处刺创，已死亡。死者名叫朱某某（女，47岁，内蒙古人，为301室住户）。通过工作，专案组发现曾经两次给死者送过保健品货物的刘某某（男，35岁，辽宁省沈阳市人，暂住丰台区王佐乡）有重大作案嫌疑。专案组于8月20日凌晨2时许，在丰台区长辛店北侧京周路旁将刘某某抓获。经讯问，刘某某供述了因手头拮据，遂于8月19日11时许窜至房山区良乡文化路朱某某的住处，以借用卫生间为名进入室内持刀预对朱进行抢劫，遭到朱反抗后用刀将其杀死的犯罪事实。

（崔凤华）

【开展“打四黑除四害”专项行动】 8月22日，市公安局召开电视电话会议部署“打四黑除四害”专项行动后，房山公安分局迅速行动，于8月23日查处一起生产、销售伪劣商品案件，抓获犯罪嫌疑人3名。房山公安分局治安支队根据线索得知，在窦店镇西安庄村一厂房内有人制造假涂料。掌握线索后，治安支队立即开展工作，于8月23日22时许，在窦店镇西安庄村村一厂房内，当场将正在制假的王某某（男，1954年9月28日出生，河北省保定市博野县人）、邓某某（男，1960 年 3 月 10 日出生，河北省保定市博野县人）抓获，当场查获立邦牌涂料 35 桶、立邦牌涂料空桶 855 个，多乐士牌涂料 132 桶，销售账本 1 册以及生产设备、原料。经初步询问后，治安支队民警又立即赶往丰台区，于 24 日 2 时许在丰台区马家楼京开建材市场库房内，将老板王某某（男，1981 年 10 月 11 日出生，河北省保定市博野县人）抓获归案。经工作查明，自 2010 年 7 月开始，王某某伙同其父亲王某某、工人邓某某在无任何合法手续的情况下，在房山区窦店镇西安庄村一租用的厂房内生产假立邦牌、多乐士牌涂料，并销往丰台区马家楼京开建材市场、十里河建材街等地。民警又从王某某在上述两个建材市场的仓库内查获立邦牌涂料 627 桶、立邦牌涂料空桶 295 个，多乐士牌涂料 62 桶，多乐士牌涂料空桶 130 个，销售账本 2 册以及周转资金 17 万元。以上涂料经厂家认定均为假冒产品。经讯问，3 名嫌疑人对其违法犯罪事实供认不讳。

（崔凤华）

【打掉一制售假酒网络团伙】 10月初，房山公安分局经侦大队得到线索：以沈某、沈某某为首的一湖北籍制售假酒犯罪团伙在房山区长阳、琉璃河、良乡、官道等地活动，并形成制售假酒的网络，遍及全市多个区县。公安部将此案列为决战“亮剑”督办案件。房山公安分局成立专案组展开工作，经过 1 个月的侦查工作，专案组逐渐摸清了该团伙的相关情况，及时汇总，并将工作进展向市公安局作专题汇报。按照公安部和市公安局统一部署，于 11 月 15 日采取统一行动，赴嫌疑人的制假窝点进行抓捕，将 15 名犯罪嫌疑人抓获归案，捣毁制售假酒窝点 1 个，扣押包装好的假“茅台”“五粮液”“洋河经典系列”等各类假酒 1400 余瓶，各类商标标识 2000 余枚，制售假酒机器 5 台及其大量制假工具。经讯问，犯罪嫌疑人沈某（女，1970 年 2 月 28 日出生，湖北省随州市人）等人供述，自 2008 年以来，其伙同他人分别向制销假酒的刘某、杨某、董某、胡某、王某等人提供假的注册商标标识与包装，刘某等人再以绵竹大曲、迎宾酒灌装假冒“五粮液”“茅台”“洋河经典系列”等高档名酒进行销售，非法获利 10 余万元。15 名犯罪犯罪嫌疑人其中的 9 人因涉嫌非法制造、销售非法制造的注册商标标识罪、假冒注册商标罪被分局依法刑事拘留，3 人被取保候审，另外 3 名因证据不足被释放。

（崔凤华）

【房山看守所被评为全国公安监管部门信息技术应用先进单位】 12月2日，房山看守所被公安部监所管理局授予第三批“全国公安监管部门信息技术应用先进单位”荣誉称号。房山看守所深入贯彻落实公安部党委关于“三项建设”的工作部署、《公安部关于进一步加强和改进公安监管工作的意见》，按照《全国公安监管部门信息技术应用深化普及工作方案》，围绕打造“数字监管”，提高监所工作科学管理水平和服务公安中心工作能力，结合本单位实际，加大资金、技术投入，培养信息化建设专门人才，深化普及所内信息技术建设与应用，促进监所管理创新、执法规范化建设、强化重点人员动态管控。看守所在信息技术应用深化普及工作中，取得了积极成果，

（崔凤华）

【开展清网行动】 年内，燕山公安分局实行清网行动，抽调 20 人专司追逃，转战全国 10 个省市，行程 5 万公里，投入资金 30 余万元，抓获逃犯 19 名，清网率 70.4%。

（丁建新　史玉琦）

【部门联动保燕化安全生产】 年内，燕山公安分局与北京燕山石油化工总公司保卫部门配合，针对北京燕山石油化工总公司 18 个要害部位，查找消除各类安全隐患 23 处，收缴子弹 35 发、管制刀具 32 把。

（丁建新　史玉琦）

【排查整治消防隐患】 年内，燕山公安分局开展消防安全“大排查、大整治、大宣传、大培训、大练兵”活动，检查1379家单位，处罚98起，“三停”（ 停产、停业、停止使用）12起，查封10起，拘留5人，罚款51.6万元，地区火灾事故同比下降38.9%，火灾伤亡事故实现零指标。

（丁建新 史玉琦）

【创新群众工作方法】 年内，燕山公安分局组织开展“大走访”开门评警活动，走访群众3.2万户，清理化解各类矛盾纠纷150余起，帮扶困难家庭30户，出台便民利民措施19项。民调进所工作，推广市民劝导队工作，总结推出社会矛盾化解、矛盾调处具体工作方法。

（丁建新 史玉琦）

【巡逻民警实施“站巡制”】 年内，按照“两个固化”和巡逻警力占30%的要求，燕山公安分局实施领导干部一线值勤、视频巡控、携犬巡逻，组建了73人的专业巡逻队伍。依托燕山外围8个巡逻岗站，全年核录3.3万人，通过设卡盘查直接抓获作治安拘留以上处理的嫌疑人19名，设卡盘查、街面巡逻、校园安保有机统一，强化社会面24小时巡逻控制。确保燕山地区治安态势平稳低位发展

（丁建新 史玉琦）

【推进社区民警“驻区制”】 年内，燕山公安分局选调17名社区民警驻区开展工作。在燕山办事处和北京燕山石油化工总公司的支持下，燕山公安分局主要领导、主管领导亲自推动，增加驻区协警60名，解决驻区民警生活用房4套，投入18万元改造社区警务室。

（丁建新 史玉琦）

【妥善处置不稳定因素】 年内，燕山公安分局坚持关口前移、措施前置，运用“依靠党政、整合资源、情报先行、稳控疏导、依法处置、化解矛盾”的工作方法，妥善处置了燕运龙客运退市、迎风六里市场火灾、向阳里拆迁、燕房路拆迁及前朱各庄、后朱各庄村民上访、凤凰亭村雨水倒灌、柯露利华水站停水重大不稳定因素。全年依法处置各类群体访117批3364人次，个人访374人次，组织集中劝返11次，劝返上访人员330人次，消除了燕山地区社会不稳定的事端。

（丁建新 史玉琦）

【创新打击破案工作机制】 年内，燕山公安分局把具有打击职责的11个单位全部纳入评价范围，出台专门意见加强打击破案督导工作，同时强化刑事警情日常研判和“宣、查、巡、堵、蹲”技战法运用，建立完善了打击破案评价机制、研判机制、督导机制和联合作战机制。6月1日至20日，组织开展了打击破案专项会战，破获刑事案件21起，抓获违法犯罪嫌疑人13人。

（丁建新 史玉琦）

【加强社会面治安秩序治理】 年内，燕山公安分局加强对旅馆、娱乐业、发廊足疗等重点场所的控制，取缔无证、无照经营旅馆1家，查获赌博机30台。坚持“局内整合、多警联动，局外协作、捆绑执法”的工作模式，组织开展了“街面重点地区排查整治”“城市秩序百日整治”“打四黑除四害”“学校周边秩序整治”“露天餐饮场所治理”等专项行动，查处各类违法人员102人，其中刑事拘留2人，治安拘留5人，罚款22人，警告73人，燕山地区社会治安秩序状况良好。

（丁建新 史玉琦）

【改善执法办案条件】 年内，燕山公安分局投资300余万元建设 “三室”（侯问室、讯问室、询问室）17间，使执法办案场所硬件提升到一级标准。将“三室”视频监控联至燕山公安分局纪委，建成调解室3间、物证室6间、信息采集室4间。完成燕山公安分局各办案单位办案区、办公区、接待区、

生活区物理隔离工作，未发生一起执法办案安全事故。为一线执勤民警配发规范执法通230部。

（丁建新　史玉琦）

【成立群众工作组】　年内，燕山公安分局成立群众工作领导小组，设立群众工作办公室，统筹推进燕山公安分局群众工作。整合“110 ”投诉、“纪检监察信访举报”“来信来访”“居民群众反映”“网络平台”“人大代表政协委员建议”“政风行风热线”7条民意沟通渠道，构建二级民意库，按月做好民意分析研判。全年接受各类咨询、求助等信息1086件。

（丁建新　史玉琦）

【破获蓝腾购物中心伤害致死案】　1月23日，燕山公安分局接到报案：被害人尹某到燕山迎风蓝腾购物中心购物，被他人用刀刺伤，经抢救无效死亡。燕山公安分局刑侦大队立即组织警力赶赴现场开展调查，经工作，最终确定导购员周某及其电话招来的男子齐某（男，1978年9月出生，北京市房山区人）具有重大嫌疑。24日，犯罪嫌疑人周某、齐某投案自首，历时时27小时侦破此案。

（丁建新　史玉琦）

【破获盗窃地下室财物系列案】　4月9日，星城派出所抓获一名可疑人员王某某（男，1973年5月出生，湖北省大悟县人），其经常昼伏夜出，进行盗窃活动。经审问，其交代了2月至4月间，在燕山星城、红塔地区及房山地区连续盗窃地下室、办公室14起的犯罪事实。收缴作案车辆1部，追缴涉案赃物现金4900元、笔记本电脑1部等物品。

（丁建新　史玉琦）

【破获蒙面入室抢劫案】　6月27日12时20分，学生张某在返回燕化星城家中时，3名蒙面歹徒从楼道内窜出，持刀威胁其进入室内，抢走1万元、笔记本电脑1台、“ipad”手机1个、DV摄像机1台、香烟40余条及金银首饰等物品。案发后，经工作，燕山公安分局于28日15时，抓获犯罪嫌疑人王某某（男，1994年7月出生，吉林省吉林市龙潭区人）等3人。历时27小时案件告破。

（丁建新　史玉琦）

【破获系列电动自行车被盗案】　7月，燕山地区连续发生6起电动自行车被盗案。经工作，燕山公安分局在北京丰台地区抓获犯罪嫌疑人王某某（男，1969年12月出生，河南省信阳市人）等人，打掉盗窃电动自行车犯罪团伙。犯罪嫌疑人交代了多次在燕山、房山、大兴、朝阳等地区，盗窃15辆电动自行车的犯罪事实。

（丁建新　史玉琦）

【破获燕昌石化公司办公室被盗案】　7月7日，北京燕昌石化制品有限公司办公室被盗，丢失电脑、彩电、烟酒等物品，价值3万元。经工作，于11月13日，打掉了以郭某某（男，1980年10月出生，湖北省襄樊市南漳县人）为首的6人犯罪团伙，该团伙成员交代了在燕山地区连续作案14起的犯罪事实。

（丁建新　史玉琦）

【做好示范公路创建工作】　在2010年创建交通秩序示范公路的基础上，房山交通支队结合“文明交通行动”深化落实2011年文明交通示范公路的各项措施，并以创建活动为契机，在创新公路交通管理、改善通行秩序、减少交通事故、规范执勤执法、完善交通设施等方面实现新突破。通过集中整治严重交通违法行为，治理交通秩序混乱、遏制交通事故、缓解交通拥堵，消除安全隐患，切实提高管理服务水平，全力将京港澳高速打造为全国交通秩序示范公路。

（王连兴）

【加强交通科技建设】　年内，针对机动车不遵守交通信号、交通管理禁限规定、路口闯红灯、路段超速行驶等交通违法行为，房山交通支队协调有关部门，分别在管界京港澳高速公路、六环路、京保路、房易路、大件路等国、市道，及良乡城区主要路口、路段新增闯红灯检测设备9套、路段超速监测设备6套。

（张学俊）

【治理完成交通安全隐患】 年内，交通支队加大隐患排查力度，专门成立隐患治理工作领导小组，对北京市安委会、北京市安委会办公室挂账督办的12处交通安全隐患，逐项进行研究，落实责任，落实资金，限期治理。在治理过程中，12处道路隐患全部提前治理完成，并治理完毕排查出的61处路口交通安全隐患。

（许伟）

【坚持严格安监执法】 年内，房山交通支队坚持严格安监执法，共追查严重违法及违法超标单位1521家，下发限改通知1492份，下发禁止机动车上路行驶通知书1203份，停车2003辆，向16家有严重交通安全隐患单位下发“交通安全重大隐患单位”通知书，举办各类违法驾驶人培训班15次，培训违法驾驶员2214人，责令辞退驾驶员87人。

（张立）

【开展交通安全活动】 5月14日，房山交通支队在2011春季北京国际长走大会上，开展多项文明交通宣传活动：发放印有“绿色出行、文明交通”内容的胸贴、胸牌，发放《致驾驶员一封信》、宣传手册、扇子、《网聚房山》特色宣传卡、签字板、签字簿等各种宣传品5万余件，发放宣传材料4万余份。

（于洪全）

【加挂应急救援科牌子】 2月15日，依据区编办《关于区地震局增设应急救援科的批复》，区地震局在震害防御科加挂应急救援科的牌子，增加副科级领导职数1名。应急救援科主要职责是：负责全区地震应急救援工作体系建设；负责《房山区地震应急预案》的编制、修订、组织实施并指导、检查区属有关部门的地震应急预案；负责建立房山区灾情速报网及地震应急数据库，宣传普及应急救援知识；会同、协助有关部门建设地震应急避险场所和地震应急救援物资储备系统。

（王春景）

【制定房山区“十二五”防震减灾发展专项规划】 2月，区地震局制定《房山区防震减灾“十二五”发展专项规划》（以下简称《规划》）。《规划》涉及规划背景、指导思想和发展目标、主要任务、重点项目、实施防震减灾规划的保障措施等内容。《规划》作为区政府统一部署全区防震减灾工作的指导性文件，首次被纳入房山区国民经济和社会发展第十二个五年规划体系。

（王春景）

【地震局启用新局标】 3月，区地震局启用新局标。标志左侧为“FUNHILL”标志，一只抽象的凤凰，象征房山要打造一个现代化新城，展翅高飞，创造新的辉煌；右侧为抽象的地球上产生的地震波纹，代表地震部门的核心工作内容。两部分组合在一起，预示房山区防震减灾事业像只飞舞的凤凰，展翅高飞、蒸蒸日上。

（王春景）

【防震减灾宣传进高校】 4月11日，房山区防震减灾知识进高校活动在北京理工大学北校区报告厅举行。中国地震局研究员、原中国国际救援队领队为大学生们做了如何科学应对地震灾害的报告，并互动交流。北京良乡高教园区管委会、区应急办、区地震局等相关部门领导及北京理工大学素质拓展中心等学生团体代表、北京工商大学及首都师范大学的学生代表300余人参加活动。

（王春景）

【举办“4·14”玉树地震一周年宣传活动】 4月14日，纪念“4·14”玉树地震一周年宣传活动在城关街道洪寺社区健身广场举行。

活动也是区防震减灾知识进社区的一项活动。活动通过悬挂横幅、科普展板、发放宣传资料和现场咨询的形式，向社区居民开展了自救互救、应急避险、震害防御等地震科普知识的宣传，发放《公众地震应急避险要诀》、防震减灾知识扑克牌等材料1000余份，参与群众400余人。

（王春景）

【举办地震应急疏散演练】 5月6日，地震应急疏散演练在良乡六中举行。应急疏散演练由区政府主办，区应急办、区地震局、区教委、区民防局、区民政局、区红十字会共同承办。活动分为避震疏散演练、防灾减灾宣传周系列活动启动、急救情景剧表演和救援科目展示四部分。副区长卢国懿、区应急委各成员单位主管领导、各乡镇街道主管领导及全区普教系统各学校主管安全副校长、良乡六中学生参加了活动。

（王春景）

【防震减灾知识纳入"大讲堂"】 5月12日，区地震局依托区直机关干部素质提升大讲堂，邀请中国地震局研究员、原中国国际救援队领队做题为《不畏天灾 科学应对——基于政府层面的地震灾害防御及应急管理》的专题讲座。区直机关各单位处级领导、实职科长、第二十期中青年干部培训班全体学员及大学生村官代表共计450人参加了该活动。活动现场还展出防震减灾工作及法律知识展板23块，发放《防震减灾实用知识手册》450本。

（王春景）

【排除地震宏观异常现象】 5月16日，区地震局接大安山乡政府反映：5月9日至11日，在红大路距108国道上行6公里处路面有蛇出现，数量最多达百余条，发生了小范围的要发生地震或洪水的谣传。区地震局即邀请市地震局科监处副处长，北京市动物园副园长、爬行馆馆长及工程师实地考察，现场发现野生蛇类及残骸4种80余条，均为红纹滞卵蛇、乌梢蛇、赤链蛇及赤链华游蛇无毒蛇。经北京市动物园专家现场认定：几种蛇为亲水性蛇类，喜食鱼、蛙。在北京境内有分布，因当地环境属山区丘陵地带，非几种蛇的原生环境，故在房山境内无大量集中分布。现场发现了用于播放佛教音乐的电子装置。经综合分析判断：红大路出现大量蛇聚集现象为人为放生，与地震无关。

（王春景　加培培）

【举办防震减灾知识展览】 10月16日，区地震局利用"档案馆日"平台，与区档案局联合举办了防震减灾知识展览。在区委党校、区政府大楼一层大厅、区政府第三办公区、区档案馆展出《防震减灾法律知识》《防震减灾工作》《地震基本知识》《应急避险知识》宣传展板40块。共接待社区群众、高校大学生300余人，发放宣传材料1300余份。就社会公众普遍关心的热点问题，提供现场咨询服务。

（王春景）

【新增6处动物宏观观测点】 11月24日，区地震局新增6处动物宏观观测点。分别是：区地震局科普教育基地、石楼陈利养殖场、孤山口龙泉养殖场、北京中科锌地种植场、吉羊养鱼场、丽宏富民香猪专业合作社。截至12月底，房山区共有动物宏观观测点16处。新增观测点于2012年进行正式观测。

（王春景）

【北京人遗址防震减灾科普教育基地被命名为北京市科普教育基地】 11月，北京人遗址防震减灾科普教育基地被市科委、市科协命名为北京市科普教育基地。北京人遗址防震减灾科普教育基地自2006年5月创建后，以增加和提高公众的防震减灾知识、应急避险能力为宗旨，通过完善设施、丰富科普教育内容、规范讲解词、增加地震互动项目等措施，增强防震减灾宣传、教育活动的趣味性，发挥了防震减灾宣传主窗口的作用。该基地年承接观众达 10 万余人。

（王春景）

【实现中小学校地震应急预案全覆盖】年内，全区 346 所中、小学校成立地震应急工作领导小组，组织编写《地震应急预案》《地震应急演练方案》，明确人员疏散和应急避难、自救互救与突发事件应对、地震应急演练等制度程序。实现了全区中、小学校地震应急预案全覆盖。

（王春景）

中国人民政治协商会议北京市房山区委员会

【概述】　2011 年，全区政协工作按照区政协六届六次全体会议确定的工作思路和“六围绕六促进”（围绕“十二五”规划实施协商议政，促进全区可持续发展；围绕推动功能区建设和重点工作的落实献计出力，促进全区经济发展方式转变；围绕城市化建设建言献策，促进城乡一体化进程不断加快；围绕改善民生建言出力，促进全区社会和谐稳定；围绕山区建设出谋划策，促进生态涵养发展区建设；围绕贯彻北京市第三次政协工作会议精神，促进政协工作再上新台阶）的工作重点，认真履行职能，抓好各项工作的落实，开展多种形式的协商，发挥协商议政职能。认真听取并讨论《政府工作报告》，围绕“十二五”规划纲要和重大问题以及涉及民生的重要问题积极开展协商议政活动，提出了工业、农业、生态、旅游和功能区建设等方面的意见建议 20 多项。开展日常视察考察，对全区重点工作进行协商和建言，助推经济社会发展。组织部分政协委员对区水资源开发利用与保护情况进行了视察。在对新城基础设施建设、国际红酒城规划等情况进行视察，提出切合实际的意见建议，促进了相关工作的开展。

民主监督工作取得明显成效。组织政协常委和经科委及 56 名委员对房山区“十二五”规划编制、重点工作、重大项目推进情况进行民主评议。评议中，委员们集中听取了区发改委总体工作情况汇报和专项情况汇报，查阅了相关档案资料，实地考察了东环路路网建设、新城集中供热工程等项目建设情况。组织有部分区直单位和乡镇主管领导以及部分企业代表参加的座谈会，广泛听取意见建议。并组织了通报交流和综合测评，测评满意和基本满意率达 100%。区政协各专委会、各民主党派、人民团体和各界委员围绕全区中心工作，开展 20 次不同形式的民主监督活动，参加活动的委员 300 多人次。到区法院、区水务局、房山职业学校、拱辰街道等单位，通过考察、座谈等形式广泛开展监督活动，促进了相关工作的进一步改进和提高。

积极履职，政协委员参政议政水平有新提高。突出调查研究在履行职能中的重要基础作用，深入扎实开展调研工作。研究确定了“关于做大做强我区旅游产业的思考”“关于提高房山区水资源利用效率的调查”等 26 个调研课题，委员和各课题组通过多种形式开展调研 40 余次。切实加强提案征集和办理。一是做好提案的征集和撰写工作。组织委员听取区情和重点工作情况通报，通过电视、报刊等媒体面向社会广泛征集提案线索，编发《提案征集通知》和《提案参考目录》。二是抓好提案各项工作的落实。《关于全面加快中国房山世界地质公园建设进程的建议》《关于统筹规划沟域经济发展的建议》和《关于建立大学生就业安置路径的建议》等 7 件重点提案，分别由主席、副主席牵头，带领提出提案的委员深入承办单位进行督办。六届六次会议期间共收到委员提案 184 件，经过各承办部门的积极努力，

171 件已全部办理完毕，委员满意和基本满意率达到 100%。三是表彰先进，激发委员撰写提案的积极性。按照“公平、公正、公开”的原则，以“百姓、民生、幸福”为主题，从六届区政协以来的 902 件立案件中评选出“十佳”提案，进行了表彰。

关注民生，构建和谐，政协委员山区行活动扎实推进。区政协发挥“智囊团”作用，深入推进“政协委员山区行”活动。集中组织 30 多名委员深入山区开展调研视察，围绕煤矿和非煤矿山关闭后山区替代产业培育、沟域经济发展、生态环境保护、百姓就业增收等问题把脉诊断，为培育新兴产业、加快经济发展提供信息服务与智力支持；以惠民利民为落脚点，为山区群众送健康、送文化、送知识，并捐款扶贫，为山区群众献了爱心、办了实事。

（谢春华）

【区政协六届六次全会】 1 月 5 日至 7 日，区政协六届六次全会在昊天假日酒店召开。会议听取并审议了区政协六届常务委员会工作报告，听取并讨论了《政府工作报告》及其他重要报告，审议通过了区政协六届委员会第六次会议关于常务委员会工作报告的决议和区政协六届委员会第六次会议政治决议。会议围绕房山区“十二五”规划发展和功能区建设等重要问题进行了讨论协商；围绕全区山区建设与发展组织了专题座谈会，提出了各项意见和建议；组织收看了《把握机遇，跨越发展》电视专题片。市政协副主席蔡国雄、区委书记刘伟，区委副书记、区长祁红，区人大常委会主任史全富等市区四大部门领导出席会议。237 名委员参加会议。

（谢春华）

【区政协六届常委会第 19 次会议】 3 月 4 日，区政协六届常委会第 19 次会议在区政协 202 会议室召开。会议由常务副主席高维魁主持。会议审议通过了关于增补委员的决定（草案）和关于补选秘书长的建议（草案）。增补游来清为六届区政协委员，同意李金田辞去政协北京市房山区第六届委员会秘书长职务，同意游来清为秘书长候选人，在全体会议召开之前，代理秘书长职务。审议通过了区政协常务委员会 2011 年工作要点（草案）。37 人出席会议。

（谢春华）

【学习全国“两会”精神报告会】 3 月 28 日，区政协在区政府东二楼报告厅举办学习全国“两会”精神报告会。报告会由副主席李惠英主持。全国政协委员、中国社科院教授刘树成重点围绕《2011 年政府工作报告》起草过程，就提高收入、城镇化、物价、房价、改善民生行动计划等五大热点问题及“十二五”时期中国经济走势作了分析讲解。区政协委员、各民主党派、工商联、人民团体负责人，西潞、拱辰街道社区干部 200 余人参加报告会。

（谢春华）

【举办“十佳”提案评选活动】 4 月 22 日，为了激发政协委员撰写提案的积极性，区政协开展了“十佳”提案评选活动。按照“公平、公正、公开”的原则，以“百姓、民生、幸福”为主题，对区政协六届一次会议以来共提交提案 1276 件，进行了评选。其中《关于改造我区老旧小区的建议》《关于加大我区公共交通管理力度的提案》《关于健全我区居家养老服务体系的提案》《关于促进教育工作（加强公办幼儿园建设及解决昊天学校道路问题）的提案》《关于进一步强化房山区社区卫生服务体系的提案》《关于健全我区城市雨污水排放设施，加快刺猬河治理的提案》《关于扶持养蜂业发展的提案》《关于坚持规划先行推进新农村建设的提案》《关于加快推进民营企业创新发展的提案》《关于加快推进市公交线路进燕山的提案》获六届区政协“十佳”提案。

（谢春华）

【区政协委员视察水资源开发利用与保护情况】 5月5日，区政协常委及部分农村委委员视察水资源开发利用与保护情况，实地视察了祁家坡水厂、滨河森林公园工程建设情况，听取了区水务局关于全区水资源开发利用与保护情况的汇报。区政协主席唐淑荣、常务副主席高维魁，副主席李惠英、周文海、万金峰、赵润东、肖武出席活动。

（谢春华）

【民主评议区发展改革工作】 6月2日至21日，区政协分3个评议小组对全区发展改革工作进行集中评议。评议小组分别对区“十二五”规划编制、重点工作、重大项目推进情况听取了专项汇报，并查阅了相关档案资料。实地视察了东环路道路工程、城关城东集中供热工程、山区人口搬迁工程、体育中心4项重点工作、重大项目进展情况。其间，召开了委办局、乡镇和企业两个座谈会，征求有关单位对全区发展改革工作的意见建议。区有关委办、局、街道、乡镇、企业20多家单位负责人参加。6月21日召开评议总结汇报会，与会的56名政协常委及委员对区发改委工作填写了测评表，满意率和基本满意率为100%。评议结束后，向区委报送了《政协北京市房山区委员会关于民主评议全区发展改革工作情况的报告》。

（谢春华）

【区政协六届常委会第20次会议】 7月25日，区政协六届常委会第20次会议。会议由常务副主席高维魁主持。会议听取了区委常委、常务副区长高言杰关于2011年上半年全区经济运行情况的通报；听取了区纪委领导关于全区2011年上半年党风廉政建设和反腐败工作情况的通报；听取了区政府关于区政协六届六次会议以来提案办理情况的通报。区政协六届六次会议以来，区政协转区政府办理的175件提案全部办复，实现办复率、见面率、满意率均为100%；审议通过了区政协常委会2011年上半年工作总结（草案）、听取提案委2011年上半年提案工作情况的报告。37人出席会议。

（谢春华）

【区政协常委视察北京高端制造业（房山）基地】 9月27日，区政协常委视察了京西重工减震器车间、长安汽车北京基地新能源车间、基地回迁楼建设项目，听取了基地管委会关于基地建设情况的汇报。常委们针对失地农民就业，充分争取资金，加快基础设施建设，加快基地建设等提出了意见建议。

（谢春华）

【“革命老区光明行——走进房山活动”启动】 11月16日，市政协委员、同仁堂集团联合开展的“革命老区光明行——走进房山”活动在北京同仁堂中医医院举行。市政协副主席沈宝昌、秘书长闫仲秋，区政协主席唐淑荣等领导出席启动仪式。市政协委员、北京同仁堂集团党组书记、董事长殷顺海代表同仁堂集团向房山区革命老区捐赠50万元，用于白内障患者复明手术。

（谢春华）

【区政协六届常委会第21次会议】 12月1日，区政协六届常委会第21次会议召开。会议由常务副主席高维魁主持。会议审议并原则通过了中国人民政治协商会议北京市房山区第六届委员会常务委员会工作报告（草案）和关于提案工作情况的报告（草案）。审议通过了关于中国人民政治协商会议北京市房山区第七届委员会委员的决定（草案）；审议通过了关于中国人民政治协商会议北京市房山区第七届委员会第一次全会主席团人选名单（草案）、秘书长人选名单（草案）；会议同意区政协七届一次会议于2011年12月13日至16日召开。并通过了七届一次会议议程、日程、决议起草委员会、提案审查委员会名单以及关于主席、副主席、秘书长、常务委员的选举办法（草案）。36人出席会议。

（谢春华）

【区政协七届一次全会】 12月13日至16日，区政协七届一次全会昊天假日酒店召开。会议听取并审议了区政协六届常务委员会工作报告和关于提案工作情况的报告，审议通过了区政协七届一次会议主席团成员、秘书长名单、议程、日程、决议起草委员会名单、提案审查委员会名单、主席团常务主席和常务主席会议主持人名单、副秘书长名单、委员分组办法和各组召集人名单、大会提案截止时间、主席团执行主席分组名单、各次全体会议主持人名单、选举办法(草案)，听取并讨论了联合建议书，审议通过了七届区政协主席、副主席、秘书长、常务委员人选的建议（草案）。听取并讨论了《政府工作报告》及其他重要报告，审议通过了区政协七届委员会第一次会议关于常务委员会工作报告的决议和区政协七届委员会第一次会议政治决议。会议围绕推进“一区一城”（打造首都高端制造业新区和现代生态休闲新城）新房山建设和经济社会发展，组织了大会发言，提出了多项建设性意见和建议。市政协副主席沈宝昌，区委书记刘伟，区委副书记、区长祁红，区人大常委会主任史全富等区四大部门领导出席会议。247名委员出席会议。

（谢春华）

【《房山文史资料》第25辑编印完成】 12月，《房山文史资料》第25辑内部编印完成。主编唐淑荣。全书设“经济史话”“军政往事”“文卫史料”“人物春秋”“胜迹寻踪”5个栏目。全书共20万余字，刊发文章41篇，照片20幅。

（谢春华）

【开展“政协委员山区行”活动】 年内，区政协开展系列“政协委员山区行”活动。3月30日，房山区“政协委员山区行”公益活动惠山区捐赠仪式在大安山乡礼堂举行。捐赠仪式由副主席李惠英主持。区政协领导和30多名委员向贫困家庭的老人和学生捐款10.6万元。4月20日，在南窖乡开展“政协委员山区行”送文化、卫生下乡活动。组织区卫生局、房山疾控中心、房山区第一医院和区书画家协会为南窖乡群众义诊百余人次、现场书画数十幅，发放健康资料600多份。9月26日，房山区扶贫助残基地资金发放仪式在十渡镇平峪村扶贫助残基地举行，市残联领导和区领导分别为11个新建基地发放认定标识和新建基地发放扶持资金747.7万元；区科委、区科协和民革房山总支、民进房山支部为扶贫助残基地赠送农业科技图书2200册、星火科技光盘30多套。12月22日，区政协、区委统战部、团区委、区青联在大安山乡政府共同举办了“献智沟域经济发展，助力生态新城建设”房山区政协委员、青联委员山区行活动，并开展了文艺汇演、卫生义诊、“与梦想同行”主题座谈会等公益活动。团区委、区青联通过团中央“红领巾梦想助推计划”为大安山乡学校捐赠了10台教学电脑，为大安山乡青少年颁发了1.5万元“房山区爱心助学基金”。

（谢春华）

检　察

【概述】 2011年，区检察院受理侦查机关提请审查逮捕案件705件951人，批准逮捕551件924人，受理侦查机关移送审查起诉案件768件1035人，提起公诉718件969人。查办贪污贿赂犯罪26件32人，立案侦查21件27人，抓获在逃犯2名。查办渎职侵权犯罪7件8人，立案1件2人，为国家挽回经济损失322.05万元。强化刑事立案和侦查活动监督，受理立案监督案件31件，依法监督立案3件3人，纠正漏捕25人，纠正漏诉32人，纠正遗漏起诉罪行130件，发出《纠正违法通知书》5份。全年为自侦部门提供技术协助82件，出具证据材料14份，送检14件。协助其他检察院开展心理测试5次。全年提押犯罪嫌疑人1302次，无出现自伤、自残、逃跑等重大安全事故。拘传7次7人，换押7次15人，搜查6次，处置群众上访突发事件6次，送达卷宗2614册，行车40余万公里。全年接收赃物693件，依法处理519件。

（李锦阳）

【制定服务拆迁工作意见】 3月16日，为继续加大服务全区拆迁工作力度，充分发挥检察职能优势，加强各项服务措施的针对性，保障房山区基础建设的顺利开展，区检察院制定《北京市房山区人民检察院服务拆迁工作意见》，主要内容是：坚决查处阻碍拆迁的各类刑事犯罪，确保拆迁工作顺利进行；加强与国土、城建、规划等部门的联系，建立行政执法与刑事执法相衔接机制，依法治理违规占地、私搭乱建行为；坚决查处拆迁领域职务犯罪案件；同拆迁地区纪检、信访、司法部门建立应急联动机制，妥善处理群体性事件；充分发挥乡镇检察联络室沟通作用，加强与基层政府的沟通交流；配合基层政府查找廉政风险点，会同相关部门签署廉政协议，加强行业指导和专业部署；同区纪委等有关部门协调配合，加强对拆迁补偿专项资金的监督管理。

（高文远）

【举行廉政承诺书签订仪式】 3月18日，为深入推进检察机关自身反腐倡廉建设，明确廉政建设责任，强化内部监督，区检察院举行廉政承诺仪式，院党组书记、检察长与其他院党组成员、党组成员与所分管的中层正职代表分别签订廉政承诺书，主管检察长和处室负责人、处室负责人和干警逐层签订廉政承诺书。

（李雪　王新芳）

【召开电子证据取证研讨会】 4月8日，房山检察院邀请美国资深电脑法证专家Ron R.Hansen先生到院交流研讨，全市各检察院30余名技术人员参会。会上，Ron R.Hansen先生围绕计算机和电子证据概况、规则程序展开介绍，并结合案例分析了计算机取证、移动电话取证、网络取证方法及应用。各技术人员就电子证据取证的前沿发展情况，电子证据如何准确定位、如何获取以及可采性、证明力等问题进行了交流研讨。

（闫潇潇）

【举办预防工程建设领域职务犯罪展览】 4月25日至29日，房山区预防工程建设领域职务犯罪展览在区成教中心举行。该展览由区纪委、区检察院、区监察局、区治理工程建设领域突出问题工作领导小组办公室联合举办，区检察院抽调专人组成讲解团队。以房山区、北京市以及其他省市工程建设领域典型案例为展览的主要内容，分为决策与审批环节、招投标环节、征地拆迁环节、资金使用与物资采购环节、工程建设实施环节5部分，展板共108块。本次展览共接待5000人次参观。

（张立新　高文远　李雪）

【电子物证实验室建设工程完成】 4月，区检察院电子物证实验室建设工程全部完成。实验室划分为预检获取、手机取证、数据分析、数据克隆、数据销毁、数据存储等专门工作区域，并配以相应设备。

（闫潇潇）

【北京市首例危险驾驶案起诉】 5月4日，北京市首例“危险驾驶罪”移送房山检察院审查起诉，房山检察院于次日向房山区人民法院提起公诉，并获法院判决支持。现场多家媒体对该案件审判情况进行直播报道。

（李莉）

【制定《信访挂账案件检察长包案制度》】 5月18日，区检察院制定《信访挂账案件检察长包案制度》，该制度从包案的主体、包案的范围、包案的原则、包案的工作内容及包案的责任追究等方面对检察长包案进行了详细的分工与界定，并就包案工作办案期限进行了明确规定，为处理和解决涉检上访问题提供制度保障。

（周继梅）

【加强检察委员会建设】 5月，区检察院加强检察委员会建设，修订了《房山区人民检察院检察委员会议事规则》，制定了《房山区人民检察院检察委员会专职委员工作规定（试行）》，成立检察委员会审前咨询评议小组，完善了检察委员会决定执行情况报告机制。

（李锦阳）

【开展“青年检察官校园行”活动】 6月2日，区检察院开展“青年检察官校园行”活动，20余名青年干警到窦店中心小学宣讲法律知识，与师生共庆“六一”；11月24日，区检察院20余名青年检察官到窦店中心小学，为学生上法制课。活动中，青年检察官结合办案实例，向学生讲授从小养成良好行为习惯、遵规守纪的重要性，并教育孩子们在日常的生活中进行自我保护，免受伤害。讲座结束后，青年检察官们作为法制辅导员走进班级与小学生近距离沟通，就孩子们感兴趣的各类法律问题进行了交流。

（黄旭卉　张红星）

【保障在押人员合法权益】 6月14日，为维护患病在押人员合法权益，合理协调看守所、办案单位以及监督机关的工作，对患病在押人员依法变更强制措施，提高监管质量和监督实效，区检察院、房山公安分局、区法院共同签署《关于依法对患病在押人员变更强制措施的工作意见》（简称《工作意见》）。《工作意见》规定了看守所、侦查机关、检察机关各自应履行的职责共12条，加强了公、检、法各相关部门间的密切配合，相互作用，工作中有章可循，及时正确应对看守所在押人员患病的各种情况，在整个诉讼过程中最大限度的维护在押人员合法权益。

（杨丹）

【检察长接受首都政法网访谈】 6月20日，为了更好地宣传房山人民检察院发挥检察职能、服务“十二五”规划实施的措施和做法，区检察院党组书记、检察长王建平做客首都政法网，在直播间内进行网络访谈，并与网友进行在线交流。

（刘博洋）

【启动“检调对接”工作机制】 6月23日，区检察院与区司法局“检调对接”工作机制会签仪式在区检察院举行。“检调对接”是指检察机关在办理案件和处理信访等检察工作中，将有关社会矛盾纠纷移送人民调解委员会，在人民调解委员会主持和检察机关的参与下，通过调解方式化解纠纷，使遭受破坏的社会关系得以修复的工作机制。“检调对接”推动了检察环节和解与人民调解、专业组织调解的联动和对接，在大调解机制中不断发挥检察职能作用，为纠纷各方构建了合作、协调的纠纷解决平台，切实将检察环节调解纳入社会大调解工作格局。

（景宏晨）

【驻所检察室被评为二级规范化检察室】 6月，区检察院派驻房山区的两个看守所检察室通过北京市第三届规范化检察室等级考核评定，被评为二级规范化检察室。

（杨丹）

【技能比武获佳绩】 6月至11月，区检察院在北京市检察机关第四届检察业务各项技能比武中获佳绩，在全部16项比武中，6名干警在各自的比武项目中闯入全市前十名，获“十佳”称号。干警陈鑫获公诉技能比武第5名，获全市“十佳公诉人”称号，实现了房山检察院在全市“十佳公诉人”、优秀公诉人评比活动中零的突破；干警李雪强获反贪侦查技能比武第6名，获全市“十佳反贪污贿赂侦查员”称号；干警王春梅获反渎侦查技能比武第6名，获全市“十佳反渎职侵权侦查员”称号；

干警肖红获技术组全市第5名，获全市“十佳电子证据取证能手”称号；干警张晋霞获书记员组全市第1名，获全市“十佳检察书记员”称号；干警孙梦婕取得英语比赛第9名，获全市“十佳英语能手”称号。

（陈鑫 张晋霞）

【举行“关爱下一代”工作新闻发布会】 8月30日，区检察院举行“关爱下一代”工作新闻发布会，针对未成年人犯罪的趋势、特点、原因、对策及房山检察院在关心下一代工作方面的做法及机制进行了介绍。发布会上还介绍了全国关心下一代工作先进工作者隗永贵帮扶、关心未成年犯罪嫌疑人及受害人的感人事迹。

（刘博洋）

【开展送法进社区活动】 9月14日，区检察院燕山检察处启动送法进社区巡回讲座活动。此后，燕山检察处在燕山地区4个街道巡回开展了以继承、婚姻、房产等为主题的法律讲座，并为居民提供法律咨询。共有340人参加讲座，为居民提供法律咨询120人次。

（熊敏）

【送法下乡服务换届选举】 10月，为确保房山区人大换届选举工作依法有序进行，区检察院派出干警分别到西潞街道、新镇街道、窦店镇、韩村河镇进行换届选举法律知识宣传，发放《服务换届选举法律》宣传手册1000份，就检察官联络室及检察联络员如何服务乡镇换届选举工作进行了沟通，交换了意见。

（黄娟）

【试行《房山区未成年人刑事案件社会调查实施办法》】 12月1日，区检察院与区社会治安综合治理委员会办公室、区人民法院、房山公安分局、区司法局共同签署《北京市房山区未成年人刑事案件社会调查实施办法（试行）》（以下简称《实施办法》），是房山区首次出台关于对涉案未成年人展开社会调查的规范性文件。该《实施办法》明确规定了社会调查的负责单位、调查原则、程序和形式、社会调查报告的内容以及社会调查员的出庭作证义务等内容。

（熊敏）

【举办检察开放日】 12月5日，区检察院以“人民利益高于一切”为主题，举办2011年检察开放日活动。市、区两级人大代表、政协委员、人民监督员、中铁建工集团职工、琉璃河镇干部等近百人参加活动，参观了区检察院检务公开法制宣传教育基地，并参加“2011年房山检察院为民服务工作情况”新闻发布会，了解了区检察院为民服务，化解矛盾工作进展情况，与检察官面对面互动和交流。10余家中央、市、区媒体对活动进行了报道。

（黄旭卉 张红星）

【调研文集《龙乡检察知与行》出版】 12月，区检察院调研文集《龙乡检察知与行》由中国检察出版社出版发行。该书由王建平主编，共计100余万字，收入了区检察院干警两年来撰写的优秀调研成果100余篇，分为检察热点聚焦、检察业务探讨、刑事法律探微、犯罪调查分析、罪名适用界说、刑事司法救济、工作机制研究等7个专题。

（张繁荣）

审 判

【概述】 2011年，区法院共受理案件18803件（含旧存492件），审结18348件，结案率为97.6%，调撤率为66.7%，服判息诉率为91.8%。发挥刑事审判的打击犯罪职能，加大对扰乱社会治安、侵害群众利益等犯罪的打击力度，依法审理宋某等7人聚众冲击国家机关扰乱选举秩序案、张某等6人聚众扰乱交通秩序案、疾病预防控制中心郭某受贿案及北京市首例醉酒驾驶引发的安全驾驶案等重大刑事案件。发挥民商事审判的调节职能，加强与区委政法委、区妇联、各乡镇司法所的联系，建立婚姻、继承等类型化纠纷解决机制，婚姻家庭类案件调撤率达73.7%；加强与区农委、房山工商分局、区经管站等部门合作，推行经济纠纷联动调处机制，“两会”前夕联动调解了38户农户诉保险公司合同纠纷案，当庭执行；建立与区总工会、区人力社保局、区司法局、街道乡镇劳动争议调解组织间的工作联动机制，就10余起案件进行联合调处；妥善审理60余起涉及区域重大项目和重大工程的拆迁安置补偿合同纠纷案，保障基础设施建设。充分发挥行政审判的监督协调职能，妥善审结区发改委、区住房城乡建设委、房山规划分局作为应诉主体的11件涉园区建设的重点案件。加大诉前化解力度，有效避免涉京石二高速工程纠纷成诉；加大行政和解力度，协调解决高某诉区民政局确认见义勇为案；依法保障工人权益，协调解决5起矽肺矿工诉区人力社保局工伤认定案。充分发挥信访化解的救济职能，推行案件立案筛查源头预防、信访风险评估提前预警、信访化解通报全程跟踪、信访稳控承诺联动处置等专项工作制度，全年信访案件总数同比大幅下降50%，成功化解重点信访积案51件。2011年，区法院执行局创设“阳光+强制”执行机制，发放法官联系卡，启动电子互动平台，启用阳光执行大厅，强化审执衔接举措，让当事人充分了解执行工作进程。出台限制高消费、悬赏执行等相关制度，让当事人享受执行工作成果。全年执结案件3891件，实结率为73%，执结标的额3.7亿元。启动“春风行动”专项遏制反规避执行行为，加大对涉民生类案件、涉园区建设类案件的执行力度，专项行动结案1225件。成立未成年人审判庭，截至年底，审结案件156件。

（刘书涵）

【审结郭某受贿案】 2007年，个体药商王某向时任房山区疾病预防控制中心结核病防治科科长的被告人郭某推销药物结核丸。后被告人郭某向房山区疾病预防控制中心申请购入结核丸，获得批准。2007年2月至2009年6月23日，房山区疾病预防控制中心共购入结核丸95件（每件120瓶）另100瓶。被告人郭某按每瓶8元的比例，收取王某给予的83件另100瓶结核丸回扣人民币80980元（含500元过节费）。2009年7月至2010年4月，房山区疾病预防控制中心购入结核丸48件，被告人郭某按每瓶6元的比例，收取王某给予的结核丸回扣34560元。2010年5月11日，被告人郭某被抓获归案。2011年4月1日，区法院判决被告人郭某犯受贿罪，判处有期徒刑10年。追缴被告人郭某犯罪所得115540元，予以没收，上缴国库。

（刘书涵）

【审结宋某等聚众冲击国家机关扰乱选举秩序案】 2010年3月至4月，宋某纠集马某等多名饶乐府村村民，以反映问题为名到城关街道办事处聚集，围堵机关大门口10余次，占据机关服务大厅20余次，严重影响了城关街道办事处的工作秩序。2011年8月2日，区法院依法判处被告人宋某等7人犯聚众冲击国家机关罪，并根据情节判处相应有期徒刑。

（刘书涵）

【成立未成年人审判庭】 4月12日，区法院举行未成年人审判庭成立暨揭牌仪式。最高人民法院领导为未成年人审判庭揭牌。未成年人审判庭有法官4人、法官助理2人，承办各类涉及未成年人的刑民事案件。截至年底，审结案件156件。注重庭审教育，在审理网瘾少年李某、陈某盗窃等类型案件中，引导他们走出网瘾误区；注重民事调解，附带民事赔偿调解率达 100%；注重成长保护，为刑事被告人苏某争取到保留学籍、继续就读的机会；注重心理疏导，吸收专业群体参与，共对 11 名涉案未成年人进行心理疏导。持续开展“送法进校园”系列活动，与 9 所中学结成法制共建单位。

（刘书涵）

【开展反规避执行专项活动“春风行动”】 4 月 12 日至 6 月 30 日，区法院开展反规避执行专项活动“春风行动”。针对被执行人推、赖、躲的规避执行行为和涉及农民工工资、人身损害赔偿、赡养费等民生类案件，以被执行人财产申报制度和财产调查制度的完善为着力点，集中行动，实现工作时间常态执行与夜间执行无缝对接，加大执行力度，打击各种规避执行行为，通过“高效、规范、透明”的执行，共结案 1225 件，最大限度实现当事人的合法权益。

（刘书涵）

【审结北京市首例醉酒驾驶案件】 5 月 2 日，被告人郭某饮酒后驾驶“金杯”牌普通客车由北向南行至房山区京周路“碧桂园”小区路口时，“金杯”牌普通客车撞在前方一辆等候放行的小客车尾部，致使小客车又与前方一辆货车相撞，造成 3 车损坏。经北京市公安交通司法鉴定中心鉴定，郭某血液内酒精含量为 153.2 毫克/100 毫升。区法院认为，被告人无视法律规定，在道路上醉酒驾驶机动车，其行为已构成危险驾驶罪，依法应予惩处。但鉴于被告认罪态度好，酌予对其从轻处罚。5 月 9 日，区法院依法判处被告人郭某犯危险驾驶罪，拘役 4 个月，并处罚金人民币 2000 元。此案为北京市首例宣判的“醉驾入刑”案件，引起媒体广泛关注。中央电视台、中央人民广播电台、北京电视台新闻中心、北京人民广播电台、《人民法院报》《中国日报》《北京日报》《北京晚报》《北京晨报》《法制晚报》等 30 余家媒体、近百名记者报道了案件的庭审情况。中国网络电视台对此案进行了同步网络视频直播。

（刘书涵）

【启动“五个一”工程强化司法能力】 5 月，区法院出台了《房山区人民法院“五个一”工程实施方案》，启动“五个一”工程，即在一线审判法官中开展“开一个示范庭，写一篇精品调研报告，拟一份优秀裁判文书，写一篇典型案例分析，提一条有价值的司法建议”活动。“五个一”工程采用按年度、分类别评审的方式，每年产生十大示范庭审、十大精品调研成果、十大优秀裁判文书、十大典型案例分析、十大最具价值司法建议。通过开展“五个一”工程，提升司法业务能力，营造业务专研氛围，评选“审判业务标兵”。

（刘书涵）

【与北京大学法学院建立共建合作关系】 6 月 29 日，区法院与北京大学法学院签订《法•学共建框架协议》。协议约定双方立足各自职能优势和独特资源，通过双向交流、合作共建，共同培养适合时代发展需要的高素质法官队伍和复合型高校人才。借力北京大学法学院的优势学府资源推动房山区人民法院持续发展，通过在人才培养、理论科研、审判实务各方面广泛交流，实现互惠共赢，为共同持续发展注入动力。年内北京大学法学院多次邀请法院干警到学校开展学术讲座。

（刘书涵）

【启动青年干警成长路径培养方案】 7 月，区法院举行青年干警成长路径启动仪式，青年干警成长路径是区法院人才培养的一次探索与突破。在前期深度调研和反复论证的基础上，区法院提出“三步走”的青年法官培养模式，通过“下基层、接地气——社会当老师”“走一线、交民心——群众当严师”“进庭室、练业务——法官当导师”3 个阶段的训练培养，解决了青年干警成长方向的问题，有助于尽快提高青年干警社会责任感、法律正义感及优秀法院人才应具备的各种能力，确保青年干警在今后的工作生涯中，扎实、稳健发展，同时使考核模式更加动态化、个性化。这种做法得到了广泛认可，《人民法院报——法周刊》综合版对这种培养新模式进行了专题报道。

（刘书涵）

【完善立案诉讼服务改革】 年内，区法院发挥立案诉讼服务诉前化解功能，设置资深法官，专人负责接待当事人，提供诉讼风险提示、诉前调解、立案指导释明等多项服务。设立3个专业调解组，分别处理不同类型的民商事案件，实现案件类型化、专业化调解。各专业调解组通过分流、送达、调解、速裁等工作环节缩短案件办理流程，促成大量纠纷在立案审查阶段得到快速化解，使当事人通过较低的诉讼成本及时解决实际问题，避免社会矛盾的进一步激化。全年超过1/3的民商事纠纷在立案阶段得以化解，其中调撤案件3017件。

（刘书涵）

【开展“您身边的贴心好法官”系列普法活动】 年内，区法院开展“您身边的贴心好法官”系列普法活动，发放“诉讼风险须知”及法律常识材料上万份，就劳动合同、婚姻家庭、拆迁补偿等法律需求讲授法制课。为1.25万人次提供司法服务，接待查询15230人次，开展巡回审判137次，方便当事人诉讼。

（刘书涵）

人民武装

【概述】 2011年，在卫戍区党委和房山区委、区政府的正确领导下，区人武部坚持以邓小平理论和“三个代表”重要思想为指导，全面贯彻落实科学发展观，按照“抓中心、保安全、强素质、树形象、创先进”的工作思路，着眼提高党委班子领导单位全面建设和解决自身问题能力，积极加强和改进自身建设，切实提高党委班子的凝聚力、战斗力；始终把思想政治工作贯穿于各项工作的始终，大力加强思想政治工作，努力夯实单位全面建设基础；着眼房山区民兵担负的任务特点，通过“对口带训、聘请帮训、联训联演”等形式，狠抓军事训练工作落实，努力提高民兵队伍完成多样化军事任务和“双应”能力；根据新颁发的《共同条令》和北京军区《八个方面安全基本工作规范》，坚持以正规化管理为抓手，不断提高人武部安全建设水平；着眼使命任务，坚持打牢组织基础，突出战备工作落实，完善动员机制，扎实推进国防动员各项准备工作；坚持以管理出效益，着眼提高综合保障能力，全面加强后勤装备管理工作；充分发挥桥梁纽带作用，积极发动广大民兵和驻区部队官兵，为房山“三化两区”建设作贡献，协调开展双拥共建活动，为部队建设和各项任务完成提供有力服务保障，有力推动和谐社会和国防建设。经过全体干部、战士、职工和广大基层专武干部共同努力，单位科学发展、安全发展水平有了新的提高。被北京市人民政府、北京卫戍区评为“先进武装部”，被北京市征兵办公室评为“征兵工作先进单位”，被北京军区评为“国防动员工作先进单位”。

2011年，预备役开展“加强党性修养、锤炼思想作风”教育整顿，在全团官兵中有序开展“坚定理想信念、忠实履行使命”专题教育，在现役战士中开展“警卫战士忠于党”系统教育，在预任官兵中开展性质宗旨、战斗精神、职能使命和党史军史系列教育。开展“学法规、用法规、守法规”活动。在师组织的“条令知识竞赛”中获团体第2名。建立健全了安全工作领导小组，制定了包括分工协作、检查督导、责任追究、考评奖惩为主要内容的规章制度，坚持完善了党委议训、议教、议管和思想形势分析会、安全形势分析制度，有效预防了各种安全隐患和事故苗头的发生。出动车辆70余台次，组织现役和预备役官兵，参加首都生态环境治理和社会治安巡逻等任务。出动车辆260余台次，安全行车10万多公里，门诊800人次，组织体检2次，遵循建设现代化后勤标准，高质量地保障了训练、办公和官兵生活需求。完成高炮专业训练、07式预备役军服换发仪式保障等任务。做好春、秋两季装备换季保养工作，落实每周车炮场日，确保装备良好的技战术水平，完好率达到了100%。在新营房建设上，确定营建地址，协调落实土地使用和城市建设用地指标，完成“项目实施方案”的拟定和“营建项目总体规划平面图”的设计。全年转业复员干部6名，提拔使用干部8名，选转套改士官8名，送学培训干部2名，办理家属随军5名，救助困难家庭4户，评选各类先进18名，使用经费200余万元。

2011年，房山区民防局投资700余万元建设琉璃河镇绿色公园和西潞街道北潞园健身广场2处应急避难场所，建设集防空防灾应急指挥、公共安全教育培训、社区居民文体活动、应急物资储备等功能于一体的北潞园民防应急指挥宣教中心，利用人防工程为市民提供1016个停车位。实现与各乡镇指挥平台视频会议系统互联互通。新建人防警报3台，区政府和主要乡镇（街道）政府所在地、人员密集区的警报音响覆盖率达100%，完好率100%。全区各类学校组织应急安全教育演练18次，组织各类企业演练活动13次，利用社区、农村现有设施建设各类宣教场所22个，在200个重点村和社区的健身广场设置宣传栏、宣传墙。开展“国际民防日”“防灾减灾日”、纪念《中华人民共和国人民防空法》颁布15周年宣传活动，举行长阳组团公园应急避难场所指挥中心揭牌仪式，向群众发放宣传材料1万余份，环保袋、围裙等宣传品1500件。面向社会公开招募团员7人，使团员总数达到了86人，制定完善应急救援响应机制和预案，与区政府非紧急救助服务中心建立了联动机制，与中国壹基金志愿救援联盟、绿野救援队等社会救援组织建立合作互动机制。完成了1355名乡镇基层志愿者注册工作。

（施吉成 张艳艳）

【组织基层专武干部培训】 3月25日至3月30日，组织全区专武干部在密云县华电培训中心进行全封闭训练，重点学习新颁布的《民兵政治工作规定》和《民兵军事训练及考核大纲》，进行了军事基础训练和考核。通过学习训练，进一步提高了全区专武干部的业务能力和军事素质，强化了国防意识和纪律观念。

（施吉成）

【组织民兵高炮专业分队比武竞赛】 6月2日，区人武部组织民兵高炮营参加卫戍区的民兵高炮专业比武竞赛，取得综合第一名成绩。

（施吉成）

【协调开展就业进军营活动】 7月24日，区人武部协调区人力资源和社会保障局，在驻区66150部队举行了“房山区就业服务进军营活动启动仪式”，区委副书记、区长祁红参加了活动。通过活动，对做好新形势下随军军属就业工作起到了积极的推动作用，进一步密切了军政、军民关系，受到了广大驻区部队官兵的热烈欢迎。

（施吉成）

【区四大部门领导参加“军营一日”活动】 7月27日，区人武部组织区四大部门领导到驻区92117部队参加“军营一日”活动。活动中，区领导参观了部队营房，听取了海军专家的报告，并与部队官兵共同会餐庆祝建军节。通过活动，区领导体验了部队生活，了解了海军发展战略，进一步增强了国防意识。

（施吉成）

【组织部队官兵“社会一日”活动】 7月29日，区人武部组织驻区部队官兵220人参观北京高端制造业（房山）基地和长阳半岛。通过活动，部队广大官兵进一步了解了地方经济建设的辉煌成就，增强了保家卫国的信心和动力。

（施吉成）

【北京卫戍区人武部正规化管理与安全建设现场观摩会在房山区召开】 10月12日，北京卫戍区人武部正规化管理与安全建设现场观摩会在房山区人武部召开，市委常委、北京卫戍区司令员郑传福，区委书记刘伟到会进行观摩指导。北京市16个区县人武部领导参加会议，会上，区人武部部长郝恭平作了经验发言。

（施吉成）

【召开全区冬季征兵工作动员大会】 10月27日，区人武部在区政府第三办公区召开"房山区2011年冬季征兵工作动员大会"。会议总结了2010年全区征兵工作情况，部署了2011年冬季征兵任务，针对房山区2011年首次承担进西藏新兵的征集任务，明确了对进藏新兵的优惠政策。同时，对2010年度征兵工作先进单位和先进个人进行了表彰。区委副书记、区长祁红参加会议，对2011年征兵工作提出了明确要求。

（施吉成）

【举行进藏新兵欢送仪式】 11月20日，房山区首次进西藏新兵欢送仪式在区人武部举行。2011年，房山区首次承担进西藏新兵的征集任务。区人武部在区委、区政府的关心和各职能部门的大力支持下，加强了征兵宣传力度，出台了有关进藏兵优惠政策，有力调动了广大适龄青年到祖国边疆去、到艰苦地区去尽义务的积极性，确保了征集任务的圆满完成。

（施吉成）

【开展冬季适应性训练】 12月13日至17日，预备役团组织现役和预任官兵，围绕快速动员演练背景，徒步行军136公里，摩托化机动350公里，完成指挥所开设、反恐演练等12个课题的冬季适应性训练。

（刘解祥）

【成立应急救援小分队】 3月30日，区民防志愿救援团通过面试、操作器材技能等考核方式，从全团选拔出15人组建应急救援小分队。邀请参与过汶川、玉树地震等救援工作的北京市红十字会培训专家赵晨为应急救援小分队进行灾后救援业务培训。全程讲解了突发灾害现场个人防护、被困人员搜救、创伤救护、心肺复苏等技能。

（张艳艳）

【长阳组团公园应急避难场所投入使用】 5月9日，举行长阳组团公园应急避难场揭牌仪式。该应急避难场所位于长阳镇军留庄村，由区民防局和长阳镇共同出资1600万元建设，总占地面积11.3万平方米，可紧急容纳灾民2万人。内设应急指挥中心、应急物资库、应急供水供电等11项配套设施。其中应急避难指挥中心建筑面积5000平方米，内设指挥、监控、广播、通信等设备；应急物资库配备了棉衣、棉被、行军床等大量应急物资。

（张艳艳）

【开展人防工程打击非法使用专项整治行动】 5月11日至7月10日，房山区召开启动人防工程打击非法使用专项整治行动，分为动员部署、自查整改、集中检查、总结上报4个阶段，对未经批准擅自使用、不符合市政府152号令和人防工程安全使用管理规范要求的、存在重大隐患的人防工程立即关停；对未按安监、消防、卫生等行政主管部门相关规定违法使用人防工程的要依法处理；对未办理相关审批手续，违反合同或协议转租他人的人防工程立即暂停使用。专项整治行动累计出动检查60余人次，检查在用地下空间63处，挂账整治工程1处，查处侵占人防工程案件1处，关停1处，罚款1万元。

（张艳艳）

【采取措施确保人防工程安全度汛】 5月至9月，区民防局采取5项措施确保人防工程安全度汛：一是成立人防工程防汛工作领导小组，制定并完善《房山区人防工程防汛应急预案》，并上报到区政府和市民防局备案；二是召开重点乡镇、街道办事处及人防工程管理使用单位人防工程安全管理工作会议，安排部署人防工程防汛工作，并与人防工程管理使用单位签订《防汛责任书》，采取属地自查、联合检查和整改回查措施，加强人防工程监管；三是分别在拱辰、西潞、城关、琉璃河地区组建4支共160人的人防工程防汛抢险专业队，签订《防汛抢险责任书》，足额储备防汛物资；四是加强防汛演练，组织一次大型人防工程防汛抢险演练，提高防汛专业队和人防工程管理使用人员防汛救援能力；五是加强防汛宣传教育，通过以会代训、以查代训方式，提高从业人员防灾意识和救护技能，同时，加强信息报送，确保全区人防工程安全无事故。

（张艳艳）

【深入企业宣传普及公共安全知识】 6月15日，区民防志愿救援团应邀到金隅集团北京市琉璃河水泥有限公司，开展“普及应急救援知识和提高自救互救技能”宣传普及培训活动。培训涉及地震避险、触电事故、意外伤害及心肺复苏等科目，琉璃河水泥有限公司200余名干部、职工参加培训，活动中发放公共安全宣传材料1000余册。

（张艳艳）

【开展专业技能及团队拓展培训】 7月22日至23日，区民防志愿救援团联合北京市志愿者联合会综合应急服务总队，在昌平奥特世纪教育咨询中心开展专业技能及团队拓展培训。邀请国家地震救援队培训教官作指导，就如何操作专业搜救设备、了解国际最新救援体系框架、如何发挥救援队整体救援能力等课程进行培训。

（张艳艳）

【3项区级民防重点工程竣工】 11月18日，区民防局承办的2011年区级重点工程——1处民防应急指挥宣教中心、2处应急避难场所和300个社区停车位3项区级重点工程竣工。西潞街道民防应急指挥宣教中心总投资近200万元，建筑面积近2000平方米，是集应急指挥、宣教娱乐和物资储备“三位一体”的区级民防应急指挥宣传中心，为应对自然灾害及突发事件提供物资保障。琉璃河绿色公园和北潞园健身公园2处应急避难场所总投资700多万元，规划总面积300亩，设计疏散安置居民3万人，设有应急指挥、医疗救护、物资供应、应急供水供电等11项应急避难功能，为政府应对地震、火灾等重大突发性公共安全事件能够有效保护人民生命财产安全提供保障。利用人防工程新建的社区停车位共计1016个，包括瑞雪春堂K5地下车库148个，加州水郡小区4号地下车库363个，金花大厦地下车库164个，绿城百合公寓22、23号地下车库240个，水墨林溪B区地下车库101个，有效缓解了居民的停车难题。

（张艳艳）

人民团体

房山区总工会

【概况】 2011年，区总工会推进落实《首都职工素质建设工程五年规划》各项任务，通过公益大讲堂，知识竞赛等形式，开展以社会主义核心价值体系为主要内容的职工主题教育活动。举办了首届职工文化艺术节、职工技能大赛，争创创新工作室等活动，200多家单位数万名职工参与。在全区开展了以一线工人的名字命名的争创职工创新工作室活动。对特困职工进行摸底调查，多方筹措慰问款物157.84万元。向困难职工和待岗失业人员提供政策宣传1827人次，帮助符合条件的困难职工落实相关惠民政策630人次，为待岗失业人员提供就业岗位770人次，为困难职工提供生活救助1200人次，为困难职工提供医疗救助150人次。为困难职工提供法律援助200人次，协助政府有关部门帮助1220名农民工追讨欠薪3150.75万元，帮助农民工平安返乡70人次。全年职工互助保险新增会员4477人，保费收入133.7万元，同比增长56%。各险种慰问理赔职工344人，理赔、慰问总金额47万元。逐步完善三级服务体系，充实京卡互助服务卡的服务内容。组织全区25个工会服务站工作人员进行会员信息采集的培训，并通过考试招录专职工会社会工作者。全区有专职工会社会工作者70人，其中66人通过资格考试。建立实名制会员信息数据库，加强对会员信息的统计分析，为有针对性的开展工会工作提供了依据。累计采集会员信息6.6万人、办理京卡27699张。律师团队提供法律服务504人次。

（焦宇尘）

【区总工会召开五届四次委员（扩大）会】1月21日，区总工会召开五届四次委员（扩大）会，区总工会全面总结2010年工会工作，对2011年重点工作进行部署。大会对获2010年度工会工作创新奖、优秀单位、先进单位进行了表彰；对区人民法院工会委员会等13个“房山区先进职工之家”、区卫生局房山第一医院普外科工会小组等18个“房山区先进职工小家”进行了表彰。燕山工会，委、局、公司及直属基层工会，乡镇、街道办事处总工会，各外商投资企业、私营企业、高等院校工会，良乡工业开发区工会共80多人参加会议。

（焦宇尘）

【举行“功德福杯”职工书画大赛颁奖暨房山区职工书画协会成立大会】　2月22日，“功德福杯”职工书画大赛颁奖暨房山区职工书画协会成立大会在西路街道功德福莜面村举行。“功德福杯”职工书画大赛颁奖仪式大赛由房山区总工会主办，功德福餐饮有限公司、区书法美术家协会承办，书画家和书画爱好者以“新北京、新房山、新职工”为主题，围绕房山“三化两区”发展战略开展创作。大赛于2010年8月1日开始征集作品，截至2010年11月31日收到50人100余幅作品。共评出一等奖2名、二等奖4名、三等奖6名和优秀奖8名。会上，为获大赛一、二、三等奖和优秀奖的20名职工颁奖。区总工会、区委宣传部领导为房山区职工书画协会揭牌，并向聘请的名誉会长、理事颁发聘书。

（焦宇尘　徐成凤）

【开展社会保险法知识宣传日活动】5月22日，区总工会分别在拱辰街道、城关街道、燕山地区对即将实施的《中华人民共和国社会保险法》进行宣传。通过悬挂宣传标语、展板、现场咨询等形式，使群众深入了解《中华人民共和国社会保险法》的主要内容、被保险对象的范围、实施时间。宣传活动向群众发放各种相关资料5200余份，悬挂横幅20余条，现场解答300余人次。

（焦宇尘）

【举办声乐比赛】　6月22日，区总工会在良乡影剧院举办“歌声飞过90年”庆祝建党90周年职工合唱、声乐比赛决赛。19家单位合唱团和33名个人选手近千人参加此次决赛。歌手们以饱满的热情，嘹亮的歌声，热情讴歌了中国共产党的丰功伟绩，表达了对党对祖国的无比热爱和深深的祝福。经过角逐，阎村镇总工会、房山区国税局、河北镇檀木港村3个单位获得合唱1等奖，罗洋洋等10名选手获得十佳歌手奖。

（焦宇尘）

【5名工资集体协商专业指导员上岗】 8月1日，5名市级工资集体协商专业指导员通过工资集体协商的基础知识、相关法律法规、企业经营财务知识、协商技巧等专业技能培训，正式持证上岗。工资集体协商指导员主要职责是推动房山区工资集体协商机制建设；指导帮助基层工会组织开展工资集体协商；直接参与重点企业、行业和区域的工资集体协商工作；提供工资集体协商咨询服务和专业培训；完成区总工会制定的工作目标和考核指标。

（焦宇尘）

【举办第二届职工技能大赛】 11月3日，区总工会举行第二届房山区职工职业技能大赛闭幕暨总结表彰大会。大赛举办了中式烹调、餐厅服务员、护士护理技能、公园讲解员、中小学生课件制作5个职业（工种）的大赛，65家基层单位的4500多名职工参与大赛。经过6个月的比拼，有12名选手在5个职业（工种）中分获一、二、三等奖，35名选手晋级职业技术等级；3名选手取得技师资格；6名选手取得高级工资格；17名选手取得中级工资格；9名选手取得初级工资格；26名选手获本次大赛优胜选手奖；功德福餐饮有限责任公司等10家单位获本次大赛“优秀组织奖”。

（焦宇尘）

【举办首届职工文化艺术节】 11月29日，区总工会举办的房山区第一届职工文化艺术节闭幕式暨颁奖晚会在区广电中心演播厅举行。职工文化艺术节历时9个月，区总工会分别与区直机关工委联合举办“风采2011”全区职工广播操比赛；与团区委联合举办庆祝建党90周年“永远跟党走”大型文艺演出；举办“歌声飞过90年”庆祝建党90周年职工合唱、声乐比赛；“迎国庆”全区职工乒乓球比赛；庆祝建党90周年房山区职工“美术、书法、摄影、手工艺制作”大赛等多种形式的活动，有200多家基层单位的数万名职工参与活动。由房山区选拔推荐的12名歌手，在全市职工声乐比赛中获2块金牌、3块银牌、3块铜牌。

（焦宇尘）

【基层工会主席培训】 11月30日，由区委组织部、区总工会、区委党校共同举办的房山区工会主席培训班开班，全区80多名工会主席参加培训。培训为期3天，采取集中辅导的方式。邀请市委党校、市总工会7位教授、专家授课。培训内容主要包括：认真贯彻落实“两个普遍”，大力推动企业依法普遍建立工会组织、依法普遍开展工资集体协商相关知识，工会三级服务体系建设，当前工会工作面临的形势与任务，工会经费税务代收工作等。

（焦宇尘）

【完成101家5类重点企业集体协商工作】 年内，房山区101家5类重点企业工资集体协商工作，经过区、乡镇（街道）两级工会主动向企业方要约、协商和调解完成。其中开展协商签订工资专项协议的企业78家，涉及职工3864人；因劳动报酬引发劳资突出，职工诉求强烈的，经过人力资源和社会保障局与劳动争议调解中心裁决、调解成功的企业7家，涉及职工52人；经确认不列入协商范围的关停、搬迁企业和农村经济组织有16家，涉及职工819人。

（焦宇尘）

【开展争创职工创新工作室活动】 年内，区总工会在全区开展以一线工人的名字命名的争创职工创新工作室活动。燕化正邦公司肖涤创新工作室，完成了螺旋曝气装置、型煤自动除渣系统等专利项目，这些项目为公司每年节约用电43万千瓦小时，提高了检修维修技术水平。城关燕山开关厂张志军创新工作室，带领由35名技能能手组成的技能团队，针对配电行业存在的难点问题进行攻关，共取得8项计算机软件著作权，实现成果转化20余个，为企业直接创收近千万元。区粮油贸易总公司窦店收储库谷亚军创新工作室，通过试验，将谷物的储存年限2年延长至3年。全年共评选出北京燕化正邦设备检修有限公司等10个不同行业的区级创新工作室，并给予共计10万元的奖励经费。

（焦宇尘）

共青团房山区委员会

【概况】 2011年，团区委以“青春温暖龙乡•暖冬行动”为主题，在10余个重点项目和40余个一般项目站点开展“两节送温暖”志愿服务活动，筹集捐款和物资价值合计82.3万元，被帮扶和慰问的青少年群体达3800余人。承接2011年长走大会组织工作，在沿途21公里提供全程服务，服务长走爱好者1.5万人；组织300余名志愿者参与长阳音乐节志愿者服务工作。以“弘扬雷锋精神 服务三化两区 房山青年志愿者在行动”为主题，开展青年健康使者火炬行动暨共青团员学雷锋行动。共发放物品500余份，受益500余人。发挥共青团“枢纽型”社会组织作用，联系和培育青年自组织12个。举办“集聚高校人才 智汇三化两区”驻区高校大学生社会实践团岗前培训活，惠及118名大学生。结合全市乡镇领导班子配备“80后”领导干部工作，开展全市高校团干部房山行活动，让各界团干部了解房山、走进房山。组织“走进云居景区 给力房山发展”等活动，吸纳“80后”乡镇干部进入青联组织，促成经济金融组同旅游名镇十渡镇结对发展。参与华嬉数字文化主题乐园建设，与团中央进行沟通，为建设青少年医术教育培训基地和数字体验基地做好服务工作。在服务青年方面，在创建青年创业园的基础上，建立健全20个“青年创业就业实践基地”，安排实习青年180余人；组织绿地•启航社杯青年创业大赛，设立37万元的创业资金，引导青年锻炼和强化创新意识及能力；联合邮储银行房山支行，共同推动“贷动青春”小额贷款项目，为房山青年创业提供小额贷款累计达384万元。争取团市委资助款物90余万元，帮助全区家庭暂时困难青少年2000余人次。在维护青少年权益方面，创新未成年保护品牌，推出“云呵护”工作项目。全年就重点、难点工作形成调研8篇。推举全国级典型1人、市级7人，全区新建团组织150家。

（王宁　张谨）

【成立房山区首批大学生寒假社会实践团】 1月19日，团区委在北京工商大学良乡校区举行驻区高校大学生社会实践团岗前培训活动。团区委领导为大学生志愿者就在实习过程中可能遇到的诸如办公室实务等内容进行岗前培训。此次活动以整合高校人才资源，引导驻区高校学生积极参与“三化两区”新房山建设为出发点，成立与区企事业单位进行对接，开展社会实践活动，锻炼青年学生的就业技能和就业竞争力。活动涉及区统计局、区档案局等6家单位40个岗位。

（王宁　张谨）

【开展“两节送温暖”志愿服务活动】 1月，团区委启动“青春温暖龙乡•暖冬行动”——房山共青团2011年“两节送温暖”系列活动。利用筹集价值合计82.3万元的捐款和物资，帮扶和慰问工作在一线的青年工作者、外来务工青年、打工子弟学生、贫困残疾儿童家庭、社区工作者等多个青少年群体共计3800余人。

（王宁　张谨）

【举行“党团队旗飘起来”主题团队日活动】 2月21日，团区委、区教委、区少工委在良乡第三小学举办“党团队旗飘起来”主题团队日活动。全区1000多名师生参加活动。活动中，举行了升国旗仪式和出党、团、队旗仪式，学校校长代表讲话；优秀党员、团员、少先队员代表向全区的青少年发出“永远跟党走”的倡议。

（王宁　张谨）

【开展关爱农民工子女志愿服务活动】 3月30日，由团区委、北京工商大学青年志愿者协会组织志愿者，到房山区希望小学开展关爱农民工子女志愿服务活动。此次活动的授课内容主要依据《中华人文精神课外读本》进行。课堂上，志愿者们通过扩展阅读材料，将收集的案例贯穿整个课堂的教学，使课堂氛围活跃与轻松，调动了全校100多名学生学习的积极性。

（王宁　张谨）

【举行儿童节主题队会活动】 5月31日，区妇儿工委、区少工委、区妇联、团区委、区教委联合举办房山区庆祝建党90周年“童心向党、快乐六一”主题队会活动。大会表彰了“2010年度房山区十佳少先队员、红旗大队”，全区近3000名少年儿童表演了“英雄少年”少儿红歌联唱、“阳光少年”少儿集体舞、“四好少年”七色光鼓乐管乐队演奏等节目。

（王宁　张谨）

【举办“爱心法官厉莉校园行”活动】 6月15日至25日，由团区委、区人民法院、区红十字会联合举办的“爱心法官厉莉校园行”活动，分别在北京大学、中国政法大学、北京工商大学和北京理工大学举行。活动分为舞台剧《爱在天地间》、厉莉宣讲、提问互动三个环节，厉莉用生活化的语言，讲述了自己的所思、所行，以她对人生、对理想、对职业的思考，为大学生树立了一个有血有肉的年轻爱心法官形象。

（王宁　张谨　刘书涵）

【“云呵护”房山区未成年人保护项目启动】 9月24日，房山区未成年人保护委员会、团区委启动“云呵护”房山未成年人保护项目。在“云呵护”启动仪式上，区司法局为13家市级优秀“青少年维权岗”授牌，为“云呵护”青年志愿服务队授旗，并为10名“云呵护”公益律师颁发聘书。“云呵护”房山未成年人保护项目由“云呵护”未成年人自护教育、“云呵护”未成年人公益服务、“云呵护”未成年人维权服务、“云呵护”未成年人成长环境4部分组成，区未成年人保护委员会协调公安、检察、法院、司法、教委、卫生、工商等多单位对未成年人成长进行多领域全方位的呵护。通过“云呵护”项目整合房山区保护未成年人的相关单位的力量，依托“龙乡青春自护行动”“法制校长”“青春卫士”“青少年维权岗”等多载体进行未成年人保护行动。

（王宁　张谨　霍言）

【举办2011房山区青年风尚节暨青年风采大赛】 11月25日，在区广播电视台演播厅，团区委举行2011房山区青年风尚节闭幕式暨青年风采大赛。青年风采大赛作为2011房山青年风尚节的一部分旨在搭建青年互动桥梁，彰显青春魅力，为青年提供一个交流和相互学习的舞台。张坊中学的向正东、云居寺文物管理处的王晓宁、城关街道办事处的吴超、燕山向阳中学的蒲肃、燕山星城二小的张可获2011房山青春风采大赛的优秀奖，蒲肃获“最佳形象奖”，吴超、张可获“最佳才艺奖”，房山公安分局的曲强格、区广电中心的李雯婷、区检察院的刘宏分获冠、亚、季军。

（王宁　张谨）

【举行第一届少年先锋团校开学典礼】 12月9日，团区委、区教委、区教工委联合举行第一届少年先锋团校开学典礼。该少年先锋团校是北京市第一家区级少年先锋团校，首先举行了少年先锋团校成立揭牌仪式。宣布了房山区少年先锋团校的领导机构，第一届少先先锋团校校长肖丹致辞。与会领导为团校讲师颁发了聘书，向团校学员赠送了图书，向少年先锋团校志愿服务小队授旗。全区300多名少先队员代表参加此次开学典礼。

（王宁　张谨）

房山区妇女联合会

【概况】 按照“龙乡女”行动计划，区乡两级妇联举办农村女性实用人才培训班、家政服务员培训班，以及手工编织、堆绣、插花等手工技能培训班200余期，培训各级女干部、示范基地带头人及农村妇女2万余人次。新增市级“双学双比”示范基地5个，市级重点项目2个，市级协会组织1个，共争取扶持资金150万元。市区两级妇联组织共筹集扶持资金11万元，启动“困难母亲创业就业援助项目”和“女大学生创业援助项目”。开展“巾帼文明岗”和“巾帼建功标兵”评选活动，召开了纪念“巾帼建功”活动20周年大会。拍摄“巾帼建功二十载，靓丽风景别样红”系列专题片，在房山电视台新闻时段播放。与区总工会等单位联合举办房山区第二届房山区职工职业技能大赛，并对9名获奖女性授予房山区“巾帼建功标兵”称号。在霞云岭乡堂上村“没有共产党就没有新中国”纪念馆举办了首都各界妇女纪念建党90周年暨庆祝“三八”国际劳动妇女节群众歌咏活动启动式。开展“聚焦三化两区，彰显女性风采”的征文活动。举办“多彩房山、魅力女性”摄影大赛。与区民政局等单位联合录制《和谐婚姻与家庭访谈录》，在房山电视台播出。创办《房山女性》杂志，年内出版3期。制定并实施《房山区“和谐家庭”行动计划》，制定房山区“和谐家庭”评价指标体系。表彰全区522户“和谐家庭”。举办各类讲座19场，发放宣传品及书籍2.43万份，制作宣传展板30块，横幅28条，受益群众达到6000余人。全年共接待来信来访79件，均通过不同渠道予以解决。开展健康教育大讲堂，受益家庭近2000个，受益人群近6000人次。以“健康与膳食平衡”为主题，举办了女性·家庭大讲堂——和谐家庭宣讲月活动，以“孩子入学早知道”“怎样培养优秀的孩子”等为主题，在韩村河镇、石楼镇、区人力社保局等地进行家庭教育知识分类指导培训，直接受益家庭1000多个。启动荷润助学奖学行动计划，对200名14周岁以下的山区困难儿童，连续3年给予每人每年800元的资助。对考入大学本科的困难家庭女生、单亲家庭女生、孤儿等给予一次性奖励2000元，3年共计资助60名。

（刘晓晨）

【开展走访慰问送温暖活动】 年初，区妇联通过北京妇女儿童发展基金会共计投入资金21.52万元和价值35余万元的物资，重点慰问老妇救会主任、生活困难的“三八”红旗奖章获得者、单亲贫困母亲、边远山区贫困家庭、纯老年人贫困妇女、边缘贫困妇女以及两癌筛查中发现的癌症患者以及部分“三八”红旗手、妇联干部及贫困儿童等近240人。为区妇幼保健院捐赠一辆价值30万元的妇女儿童健康快车；为石楼中心幼儿园和燕山星城幼儿园捐赠价值8000元的玩具；为阎村中心小学、青龙湖中心小学、南窖乡中心小学、琉璃河镇中心小学各捐赠2000册儿童书籍。组织“爱心妈妈”编织爱心毛衣100余件，捐给区福利院及全区的孤残儿童。

（刘晓晨）

【举办庆祝“三八”国际劳动妇女节群众歌咏活动】 3月7日，首都各界妇女纪念建党90周年暨庆祝“三八”国际劳动妇女节群众歌咏活动启动式在霞云岭乡堂上村“没有共产党就没有新中国”纪念馆举办。由女劳模合唱团、社区女性艺术团等各行业和基层妇女组成的200人的合唱队伍，演唱《你是灯塔》《党啊 亲爱的妈妈》等不同时期的经典红歌。由200名霞云岭乡妇女组成的霸王鞭表演队重现了《没有共产党就没有新中国》这首歌最初的传播形式。采取女声合唱、领唱和歌伴舞、道具配合等不同表演形式歌颂中国共产党，歌颂社会主义祖国，各级领导同各行业及基层妇女代表600多人参加活动。

（刘晓晨）

【贫困妇女数据库建成】 3月22日，房山区贫困妇女儿童数据库建成。区妇联对全区单亲贫困母亲、贫困儿童进行了摸底调查，详细了解他们的基本信息、家庭状况等。全区共有1276名单亲贫困母亲、914名儿童列入数据库。

（刘晓晨）

【举办家政服务员培训班】 4月25日，区妇联家政服务员培训班在韩村河镇开班。培训分为3个班，每班为期15天，由北京今日东方劳务派遣公司的培训教师授课。培训内容包括家政服务员职业道德、家居保洁、新生儿护理、老年护理、家庭营养配餐制作等方面知识。233人参加培训，其中96人取得家政服务资格证书，推荐就业36人。

（刘晓晨）

【举办民俗游豆制食品特色菜培训班】 5月31日，区妇联在十渡镇举办民俗游豆制食品特色菜培训班，邀请北京凯达恒业公司技术人员就豆制食物的加工、营养搭配、食物制作的方法进行讲解，并进行现场演示。

（刘晓晨）

【举办“多彩房山、魅力女性”摄影大赛】 2010年11月至2011年6月，区妇联与区文化委、区文联联合举办“多彩房山、魅力女性”摄影大赛，收到全市范围内广大摄影爱好者摄影作品315幅。评选出一等奖3名、二等奖6名、三等奖9名、纪念奖36名。

（刘晓晨）

【举行“荷润助学奖学”三年行动计划启动仪式】 9月6日，区妇联在河北镇中心校举行“齐心浇灌荷花，共同润育新苗”——困难儿童“荷润助学奖学”三年（2011—2013）行动计划启动仪式。行动计划旨在帮助全区困难家庭学生改善生活与学习环境，让孩子快乐健康成长。9月6日，为第一批受助儿童代表发放2011年度助学金，并为第一批受助女大学生代表发放奖学金。

（刘晓晨）

【举办房山区农村女性实用人才培训班】 9月27日，区妇联在北京农业职业学院举办房山区农村女性实用人才培训班。培训班邀请北京农业职业学院的农业专家、教授授课。主要围绕农业经济产业发展讲授农业产业开发与农产品营销策略、文化创新与企业发展、形象礼仪、电子商务、食品安全等内容。100多名乡镇街道妇联主席、女支部书记、女村委会主任或村级妇代会主任（居委会主任）、市区级“双学双比”示范基地或妇字号基地负责人参加培训。

（刘晓晨）

【召开纪念“巾帼建功”活动20周年大会】 9月29日，房山区妇联召开纪念“巾帼建功”活动20周年大会。区妇联领导代表区“巾帼建功”活动协调领导小组做题为《认真贯彻落实科学发展观，推动“巾帼建功”活动创新发展》的工作报告。与会领导为获得房山区“巾帼文明岗”“巾帼建功标兵”称号的代表颁奖。期间，播放了《巾帼建功二十载，亮丽风景别样红》系列宣传片，宣传报道具有代表性的巾帼建功标兵的先进事迹。

（刘晓晨）

【开展“送儿童光彩明天”项目】 10月17日至11月21日，区妇联开展“送儿童光彩明天”项目，为青龙湖镇、河北镇、韩村河镇、石楼镇、拱辰街道、琉璃河镇、张坊镇、窦店镇的中心幼儿园共1136名小朋友检查视力，并为3人免费治疗弱视。

（刘晓晨）

【举办婚姻法司法解释(三)专题讲座】 12月2日，区妇联举办《中华人民共和国婚姻法》司法解释（三）专题讲座。讲座由区法院法官结合司法案例对离婚后的财产分割、亲子鉴定等热门话题进行层层剖析。乡镇、街道妇联主席，妇联干部和村（社区）居委会主任共300余人参加了培训。

（刘晓晨）

【举办家庭助廉教育知识竞赛】 12月30日，区妇联与区纪委、区委宣传部、区委组织部在北京凯悦莱温泉会议中心联合举办廉政文化进家庭工作推进会暨家庭助廉教育知识竞赛颁奖仪式，总结了廉政文化进家庭工作，对获得2011年房山区家庭助廉教育知识竞赛的35名先进个人和10个单位进行表彰，对房山区廉政文化进家庭工作进行了部署。区国税局、拱辰街道办事处分别作题为《春风化雨润心田、家庭助廉促平安》《发挥家庭助廉作用、促进党风廉政建设》交流发言。各乡镇（街道），区直各部委办局，区级国家机关，各人民团体，各总公司和高等院校纪委（纪工委）书记、纪检组长，妇联主席、妇委会主任共160人参加了会议。

（刘晓晨）

房山区科学技术协会

【概况】 2011年，区科学技术协会及所属区直学（协）会、乡镇科协以“科普之春”科技周、“全国科普日”为契机，举办大型科普宣传活动50多次，其中送科技下乡20多次、受益群众4万多人次。举办科普展览8次，科技报告会20多次，科普讲座近100次，科普知识竞赛10次，播放科普电影50场，参加人数近3万人次。开展健康义诊20次，受益群众近3000人次。发送科技图书6万多册，科普挂图3000多张，科普光盘3000多张，科普资料近50万份。区科协实施“科普惠农兴村计划”“社区科普益民计划”、农村科普“一站、一栏、一员”工程，实施社区科普“一室、一廊、一组”工程，新增和完善科普活动室、图书室9个，新建科普画廊360延米。围绕培养青少年科技创新精神和动手实践能力，通过组织青少年参加科技创新大赛、金鹏科技论坛、青少年机器人竞赛等活动，培养青少年学科学、用科学、爱科学的兴趣和动手操作的能力，开展多项活动，并取得优异成绩。

(游良宇)

【房山区首家户外科普园地落成】 1月14日，区科协投资近40万元的房山区户外科普园地在良乡体育中心广场内建成并投入使用。房山区户外科普园地共建设科普画廊200延米，设立了20个橱窗，宣传内容涉及全区重点项目、五大园区介绍、环保知识以及生活保健常识等。画廊作为科普宣传的重要窗口，为宣传科学思想，普及科学知识，提升广大公众科学文化素质发挥着积极作用。广场周边有北潞园、西潞园、渔儿沟、幸福家园等6个社区的近6万名居民，每天有3000人次在此开展各项健身、娱乐活动。让居民在休闲中体会科普，在互动中感受知识，知有所用。

（闫洋）

【在第31届北京青少年科技创新大赛中获奖】 3月27日，第31届“安捷伦”北京青少年科技创新大赛在门头沟区大峪中学闭幕。经过决赛阶段的项目展示、答辩、专家评审，角逐出13类学科的科技创新项目奖次。全区共39个项目分获一、二、三等奖，良乡三小等4所学校获“十佳科技实践活动奖”，北师大良乡附中吴大勇老师被评为“十佳优秀科技辅导员”，区科协获“优秀组织奖”。

（苏春林）

【科技大讲堂开讲】 10月28日，房山区科技大讲堂在房山世界地质公园博物馆开讲，大讲堂的主题为“学习诺贝尔精神，创造诺贝尔成果”，特邀国新办舆情所教授李森授课，介绍了诺贝尔奖的起源与背景，以及诺贝尔精神所传达的精神即“原始创新，造福人类”，与大家分享了诺贝尔奖获得者在发明创造中的科研经历，告之人们灵感并非凭空，它偏爱勤于思考的人，为科学工作者揭晓众多奥秘的答案，启发公众从生活中发现科学的真相，培养与训练创造性思维，让创新成为一种习惯。长沟中学的200名师生以及区内30名科技人员参加讲座。

（陈双）

【创新与发展主题巡展（房山）开幕式在房山区举行】 10月28日，由北京市科学技术协会、房山区人民政府主办，北京科技咨询中心、区科学技术协会、区旅游局、区教育委员会、长沟镇人民政府承办的2011诺贝尔奖获得者北京论坛——创新与发展主题巡展（房山）开幕式在房山世界地质公园博物馆举行。展览分为序篇“诺贝尔与诺贝尔奖”及“好奇与兴趣”“想象与灵感”“质疑与探索”“勤奋与坚持”“责任与使命”5个篇章，每个主题展区都各具特色，分别以故事、互动、体验、交流的方式，让观众细细品读科学家们的创新故事，了解科学家们获得诺贝尔奖幕后的动人故事。通过平面演示、多媒体演示、实物与模型等形式，回顾了百年来生命科学领域的发展历程和重大突破。此次巡展在京郊尚属首次。

（陈双）

【举办科技专家进校园活动】 12月21日，区科协举办的历时一个月的2011年房山区中小学生“大手拉小手”科技专家进校园活动结束。区科协特邀中国科学院关秀清、林元章、林云芳等10位科技专家分别到城关街道长育中心校、青龙湖中心校、河北中心校、房山五中、良乡二中等10所学校作了生命与环境、走进太阳系——日食和月食、地震的成因及地震分布特征、百慕大三角之谜等专题讲座，近万名中小学师生听取了科普报告。

（闫洋）

房山区文学艺术界联合会

【概况】 2011年，区文联以文艺的手段和方式，在营造房山文化环境、提高软实力、彰显人文精神、提升城市品质等方面取得新进展。加强重大主题文艺创作，服务全区中心工作。举办“锤镰颂歌”大型主题书画展，展示房山党建伟绩，庆祝建党90周年；创作爱国主义主题史诗，举办“我和我的祖国”咏诗会；开展“三化两区”主题创作活动，推出报告文学集《破冰》，解读和展示房山建设阶段成绩。提高文艺服务工作水平，推动房山文化发展。成立佛子庄文联分会，繁荣当地文化事业和文学创作；调动全区文艺工作者，利用编刊出书、文艺包装的优势，协助区政协做好换届工作，推动区纪委廉政文化建设等，助力区直部门及基层单位文化建设。实施文化挖潜工程，丰富地区文化内涵。启动房山作家书库工程，搭建起房山本土作家与城乡居民的沟通桥梁；举办京西隗氏文化研讨会，弘扬房山区乡土文化。加强文艺交流与合作，助推首都文艺繁荣。邀请密云县文联及作家代表团到房山座谈，推进郊区县深度交流与合作；会同中国人民大学、北京鲁迅博物馆在房山举办了“人间鲁迅”生平展，把文化大师从殿堂引入民间，引进房山。

（徐成凤）

【举办“我看‘三化两区’”主题征文活动】 2010年9月开始，区委宣传部、区文联联合举办“我看‘三化两区’”主题征文活动，截至2011年1月，共征集400多篇稿件，评选出一、二、三等奖36个，组织奖8个。其中94篇作品收入《扬帆——我看“三化两区”主题征文获奖作品集》，于2月出版，全书25万字，分为崛起城南、发展印迹、时代放歌三个部分，生动再现房山区“三化两区”建设两年来艰巨的“破冰”历程和丰硕成果。

（徐成凤）

【房山文联佛子庄分会成立】 4月19日，房山区文学艺术界联合会佛子庄分会第一次代表大会在佛子庄乡召开，佛子庄乡文艺界47名代表参加会议。会议听取并审议了房山文联佛子庄分会工作报告，推选出由17人组成的房山文联佛子庄分会第一届理事会，选举孙玉军为佛子庄分会文联主席，马志江为秘书长。

（徐成凤　马志江）

【《燕都》杂志第二次改版】 4月28日，由区委宣传部、区文联联合主编的综合文化类期刊《燕都》杂志改版。杂志内页由黑白印刷改为三色印刷，开本改为16开异形本，内文字号、字体因文章的体裁不同有所变化，适当地增加了艺术插图，整体显得更为美观时尚、精致高雅。

（徐成凤）

【出版报告文学集《破冰》】 6月27日，区委宣传部、区文联联合策划的大型报告文学集《破冰》出版。本书收录《房山，扬起城市化的征帆》《房山开启CSD新幸福时代》《伟业如歌》《崛起的世界城市新高地》《魅力房山舒展新画卷》等7篇文章，反映房山“三化两区”建设的历程和成果，全书计13万字。

（徐成凤）

【举办《锤镰颂歌》大型书画展】 6月29日，锤镰颂歌——房山区庆祝建党90周年书画展在阎村镇龙乡书画苑开幕。书画展是区委部署的纪念建党90周年重要活动之一，由区委宣传部、区总工会、区文联、区文化委共同主办，区美术书法家协会、区文联阎村镇分会、区文化馆协办。参展作品130幅，其中书法作品72幅、美术作品58幅，书画展为期两周，作品主要反映广大人民群众拥党爱党敬党心声。

（徐成凤）

【诗词集和书画集《锤镰颂歌》出版】 7月10日，由区文联编辑的诗词集和书画集《锤镰颂歌》出版。诗词集收入32名区诗词学会和诗词爱好者创作的119首作品；书画集收入区书画协会会员和书画爱好者创作的138幅作品。

（徐成凤）

【长篇小说《平西线上》出版】 7月，卢祥之、关永礼、张昊（房山籍作家，张东升笔名）所著22万字长篇小说《平西线上》，由福建少年儿童出版社出版。该书以抗日、谍战为题材，内容丰富厚实，情节波澜起伏。小说以中共地下党员及游击队员翁双南、张静雯等人在北平至延安这条地下交通线和敌后抗日战线上，开展形式多样、卓有成效的抗日斗争，小说分《紧急护送》《克敌制胜》《僧戏日酋》《紫晔晨曦》等10章。

（徐成凤）

【《玄武》入选茅盾文学奖入选作品名单】 8月18日，第八届茅盾文学奖评奖办公室在《文艺报》发表茅盾文学奖入选篇目公告，凸凹（史长义笔名）创作的长篇小说《玄武》被列入第八届茅盾文学奖81部入选作品名单，按得票排列第48名。

（徐成凤）

【举办珂勒惠支版画展】 9月17日至10月17日，区文联会同北京鲁迅博物馆、中国人民大学文学院联合在北京鲁迅博物馆举办凯绥·珂勒惠支版画展，纪念鲁迅诞辰130周年及中国新兴版画运动兴起80周年。展览共展出日本佐喜真美术馆珍藏的58幅凯绥·珂勒惠支的版画作品。

（徐成凤）

【举办“人间鲁迅”生平展】 10月19日，为纪念鲁迅诞辰130周年，在鲁迅逝世75周年纪念日，区文联会同北京鲁迅博物馆、中国人民大学文学院，在阎村镇龙乡书画苑举办“人间鲁迅”生平展。展览以60个展板300多幅图片全面展示了鲁迅丰富多彩的一生。11月至12月中旬，“人间鲁迅”生平展在北师大良乡附中、良乡中学、房山中学等12所学校巡回展出，展期17天，近万名师生观看展览。

（徐成凤）

【短篇小说《残墙》获奖】 11月16日，区作协主席刘泽林创作的短篇小说获《小说选刊》举办的“第二届全国小说笔会”二等奖，并入选《小说选刊·第二届全国小说笔会获奖作品集》。小说以“文化大革命”做背景，描述了一个小城里的一段奇特又传统的情感故事，通过回望一段小城的历史，感悟大的历史背景下人生事件的偶然性。

（徐成凤）

【区文联主席参加中国作协第八次代表大会】 11月22日至25日，区文联主席史长义作为北京区县代表参加了中国文联第九次全国代表大会、中国作协第八次全国代表大会。北京地区共有23名作家代表参加大会。

（徐成凤）

【举办文艺新人作品研讨会】 12月28日，区文联、区作协组织召开孟丽君作品研讨会。孟丽君是房山“80后”文坛新秀，自中学开始写作，大学期间公开发表作品，创作散文、小说、诗歌文字达40万字。2011年4月和10月，《燕都》杂志连续2期在《文坛新锐》栏目推出其散文专辑，其散文创作具有思想流动性强、语言现代感强、写作状态率性自由的特点。研讨会对于发现文学创作新人，续接房山文学创作事业有重大意义。

（徐成凤）

房山区工商业联合会

【概况】 2011年，区工商联做好常规的政策宣传、牵线搭桥、法律援助和科技咨询等综合服务工作，为非公企业吸纳人才搭建平台，为社会人员建立求职通道。开展“2011年北京市民营企业招聘周”活动，举办招聘会6场。针对非公企业的不同需求，有重点有针对性的开展企业管理及专业技术培训、竞赛活动。向区人大常委会提交建议5件；向区政协提交提案54件，提交的提案占区政协立案总数的31%。完成换届工作，选举产生68名执委，平均年龄45岁，比上届降低2岁，其中，非公经济代表人士61人，占89.7%，高于上届4.6个百分点；具有大专以上学历的64人，占94.1%，高于上届18.2个百分点；发展企业会员30个。

（景然）

【举办“2011年北京市民营企业招聘周”活动】 5月，区工商联会同区人力社保局、区总工会等单位，在房山区公共就业服务中心开展全区范围的“2011年北京市民营企业招聘周”活动。先后举办招聘会6场，并在拱辰街道设立了分会场。招聘周期间共有92家企业、2900余名大学毕业生及社会求职人员参会，各类企业提供就业岗位信息1378条，达成就业意向（协议）441人。

（景然）

【区工商联第十次会员代表大会召开】 9月28日，房山区工商联第十次会员代表大会暨区民间商会成立大会召开。会议听取并审议通过题为《发挥职能作用，坚持服务立会，合力共建“三化两区”新房山》的工作报告。会议选举产生由68名执委组成的区工商联第十届执行委员会。聘请12个区直单位的领导为工商联特邀（席位制）顾问，并颁发了证书。在区工商联第十届执行委员会第一次全体会议上，选举产生由35名常委组成的区工商联第十届常务委员会，选举产生房山区工商联和区民间商会领导班子。

（景然）

【举行会员企业示范基地揭牌仪式】 11月11日，住房和城乡建设部建筑节能新材料产业化示范基地落成揭牌仪式在北京恒通创新赛木科技有限公司举行。该企业为房山区工商联会员企业，2011年向哈萨克斯坦出口建造别墅的木塑板材500套，计20万平方米。

（景然）

房山区残疾人联合会

【概况】 2011年，房山区残联抓好各级残联组织建设，以设施建设为重点，推进全区残疾人工作。以实现“人人享有康复服务”为目标，抓好康复工作。抓好就业、扶贫和职业培训，提高残疾人的生活条件和水平。抓好无障碍环境建设。在7个没有专职理事长的山区乡镇各聘用1名残联专职工作者。为达到50名残疾人以上的24个社区，各选派1名大学生社会工作者担任专职委员，专职从事社区残疾人工作。完成全区村级残协的换届工作。新建温馨家园和职康站5处，扶残助残基地11处。全区31个职康站安排749名残疾人进行职业康复劳动。对4215名残疾人进行种养殖技术和职业技能培训。组织开展自强与助残评比活动，评出10名自强模范和30个助残先进集体。

（张静）

【举行个人风采展示活动】 1月20日，区残疾人职业康复中心开展以“我参与、我努力、我能行”为主题的残疾人个人风采展示活动。残疾人朋友们表演了手语舞蹈、三句半、诗朗诵、小合唱等精心安排的节目。25名残疾人参加了活动。

（张静）

【完成村级残协换届】 4月，房山区村级残协换届工作完成，选出专职委员533人，比换届前增加45人，专职委员平均年龄43.2岁，比换届前年龄下降4.3岁。高中以上文化程度222人，占总数的42%，比换届前增加116人，其中大专以上学历37人。

（张静）

【开展助残活动】 5月9日，区残联和区司法局在西潞街道温馨家园开展“法律援助爱心助残　奉献青春”主题助残活动。活动中，区司法局向温馨家园赠送图书100册。残疾人和志愿者们互动，共同制作手工丝网花。律师事务所的律师为与会人员讲解如何正确的用法律手段来保护残疾人的合法权益等知识。40人参加了活动。

（张静）

【果各庄村被确定为全国残疾人辅助器具配发评估试点村】 7月27日，中国残联在青龙湖镇举行“辅助器具服务零距离适配活动”启动仪式，并确定果各庄村为房山区首个全国残疾人辅助器具配发评估试点村。中国残疾人辅助器具中心为果各庄村52名残疾人免费发放了残疾车、助行器、电子助视器、拐杖等100余件辅助器具，并就器具的使用进行现场指导。

（张静　樊玉博　李涛）

【举办2011年残疾人大学生就业专场招聘会】 9月21日，区残联、区人力社保局、区民政局3家单位联合组织举办残疾人大学毕业生专场招聘洽谈会。本次专场招聘会依托区公共就业服务中心职介服务平台，联系区内6家用人单位参加此次招聘洽谈会，为残疾人应届大学毕业生提供适合就业的63个岗位，涉及计算机操作员、电工、设备调试员等工种。活动当天，发放政策宣传小册子百余份，对援助对象进行政策宣讲，使求职者和用工单位进一步了解全市促进残疾人就业的一系列政策。

（张静）

【举办盲人电脑读屏软件培训班】 11月10日，区残联对视力残疾人朋友进行电脑读屏软件使用方法的培训。聘请曾经参加全国盲人计算机应用软件设计大赛获奖的门头沟区盲人协会主席于世祥主讲，12名视力残疾人学员参加培训。经过7天的学习，考试合格，向他们赠送电脑读屏软件。经过培训的视力残疾人基本能够掌握计算机的基础知识，实现上网“浏览”网页、进行网上学习、网上交流等。

（许蕾）

房山区红十字会

【概况】 2011年，区红十字会举办初级急救员培训班96期、7238人，全部取得初级急救员证书。举办普及知识讲座345期，为68424人普及急救、避险逃生、自救互救等知识。全年募集款物268万元，发放救助款物234万元，救助贫困家庭8710户。招募造血干细胞志愿者534名。招募登记6支志愿者队伍，1280人报名参加，并为志愿者配发T恤衫、马夹、帽子和急救包。建立5家红十字社区服务站，举办第二期红十字青少年拓展夏令营活动。为了加大造血干细胞捐献知识的宣传力度，提高社会各界对捐献造血干细胞意义的认知度和参与度，与房山电视台制作一期《午后真谈》访谈节目。

（刘春艳）

【举办红十字青少年拓展夏令营】 7月6日至8日，区红十字会在怀柔生存岛举行第二期拓展夏令营活动，全区10所红十字学校的50名优秀青少年会员参加。围绕“红十字在我心中”主题，安排了传播红十字运动基本知识、普及应急救护知识、拓展训练3方面的内容。

（刘春艳）

【招募造血干细胞捐献志愿者534人】 房山区造血干细胞工作站负责采集血样，招募造血干细胞捐献志愿者，并在全市率先申请专项经费、车辆。全年招募造血干细胞捐献志愿者534人，超额78%完成工作任务。11月26日，房山区红十字会造血干细胞工作站被北京市红十字会、中华骨髓库北京分库授予北京市造血干细胞捐献组织奖。

（刘春艳）

【建立5家红十字社区服务站】 年内，区红十字会在夏庄、西潞园、北潞园、苏庄一里和月华5个社区建立了红十字社区服务站，并分别配发了电视、DVD、体重秤、拐杖、轮椅、血压仪和红十字相关知识宣传材料。区红十字会社区服务站工作职责：开展经常性、临时指定性募捐活动，或组织开展互助捐献活动，将募捐的款物合理用于救助社区孤老病残、特困户、受灾户、失学儿童等，帮助他们走出困境；在社区组织开展院前救护、家庭安全等群众性的应急救护培训，使社区居民增强自我保健知识，掌握自救互救技能；开展健康教育活动，教育人们树立健康意识、促使居民改变不健康的行为，养成良好的生活方式，提高身心健康水平和生活质量；招募造血干细胞捐献志愿者，宣传无偿献血知识；采取多种形式，宣传红十字基本知识，传播“人道、博爱、奉献”的红十字精神，不断扩大红十字会的社会影响力，提高红十字会的知晓率，动员社会各界关心和支持红十字事业；以社区为基地积极开展养老助残、环境保护等适合青少年特点的红十字活动，为青少年志愿者提供实践红十字精神的社会平台；组织志愿者在社区开展符合红十字宗旨的便民、利民、助民的志愿服务活动，充分发挥红十字志愿者的作用，帮助社区居民解决日常生活中的困难。

（刘春艳）

5月，靠山居苹果园公园建成

经 济

综合经济管理

工商行政管理

【概况】 2011年，房山工商分局查处一般程序案件506件，罚没款423.5万元。开展联合执法行动326次，出动执法人员1695人次。驱散到辖区内进行非法传销洗脑、讲课、培训7起，涉及参加人员140余人次。开展“农村消费维权服务日”活动85场次，发放各类宣传材料20万份。商品质量与食品安全监控分中心抽检样品661个，完成全市烟花爆竹抽检任务的2/3。“12315”投诉举报系统共处理各类信息11081件；区消协系统受理解决消费者投诉172件，共为消费者挽回损失64647元。受理调解经济合同争议78件，争议金额519.55万元；办理动产抵押登记16件，主债权数额42890万元，抵押物总价值74860万元。新增“恰莲及图”“多维及图”2件全国驰名商标。建立健全食品安全长效监管机制，提升食品安全工作水平。创新社会管理和服务方式，促进服务效能的进一步提升。将工商职能纳入社工委社会管理系统。履行合同管理职能，深化多元化经济合同争议调解。成立全市首个学雷锋基金，为辖区非公企业履行社会责任搭建平台。

（周琳）

【开展旅游合同检查】 春节前夕，房山工商分局对北京爱江山旅行社等10余家旅行社的旅游合同进行检查。重点对旅游合同中的游览项目、出行时间、线路、购物次数、停留时间等容易引发纠纷的条款开展行政提示，促进规范经营。

（周琳）

【区食品办开展年夜饭检查】 1月，房山区食品办成立年夜饭监督管理工作领导小组，开展年夜饭监督检查。经调查摸底，群众预订年夜饭主要集中在29家餐饮单位，共预定年夜饭1078桌，就餐人数1万余人。截至1月30日，区食品办累计出动执法158人次，执法车辆59台次，检查各类餐饮服务单位269户次。此项检查为情况摸查，进行行政提示，督导规范经营。

（周琳）

【建立“学雷锋爱心基金”】 2月25日，良乡个体工商户“学雷锋爱心基金”建立。

基金主要用于良乡地区个体工商户学雷锋小组从事学雷锋事业的各项开支。基金来源主要有社会上热心公益的爱心人士个人捐款、社会上热心公益的企事业单位捐助、围绕学雷锋而开展募捐等活动所筹集的善款。基金设立严格的监管使用体制，确保基金专款专用。房山区私营个体经济协会、房山区私营个体经济精神文明建设委员会向全体会员发出爱心捐款倡议，号召全体会员模范带头向学雷锋基金捐款。2月25日收到各类捐款20万元。

（周琳）

【举办房山区消费教育百村行活动】 3月4日，房山区消费教育百村行活动启动。启动仪式由房山工商分局、房山区消协与中国移动通信集团北京有限公司房山分公司在西潞街道办事处安庄村文化广场共同举办。区消协、11个工商所、消协分会、11家农村投诉举报站、移动房山分公司的工作人员、安庄村村民代表90余人参加活动。房山区“消费教育百村行”活动，目的是维护全区广大农民的合法权益、帮助农民树立良好的消费观念和消费信心。活动内容有：对农村消费者最关心、最直接、最现实的消费问题，通过消费教育树立正确消费观，改善消费结构，促进经济发展；针对消费领域存在的侵害消费者合法权益的行为，及时发布消费提示预警信息，提示广大消费者远离消费陷阱，增强消费者的法律意识和自我保护意识，有效降低消费纠纷的发生；依法全面履行消费者权益保护职能，有效化解消费纠纷，全心全意为农村消费者服务，当好广大消费者合法权益的“守护人”，为房山区市场经济发展提供稳固支撑。

（周琳）

【房山区食品安全专家组成立】 3月7日，房山区食品安全委员会成立房山区食品安全专家组。食品安全专家组由区内农业、质监、工商、卫生等方面的专家组成。主要职能是：参与全区重大食品安全事故的鉴定、处理等工作，参与重大食品安全事故现场诊断调查；对重大食品安全事故应急工作提出咨询和建议，进行技术指导；参与制订、修订重大食品安全事故应急预案和技术方案；对重大食品安全事故应急工作终止、后期评估提出咨询意见；预警全区食品安全形势，为区政府预防和控制突发食品安全事件提供咨询和技术指导；分析国内外食品安全领域的最新动态，及时向区食品安全委员会及其成员单位提供相关信息和工作建议；对食品安全监测与监督抽查结果、消费者申诉举报数据以及突发食品安全事件的起因、危害程度和影响等进行分析评估。

（周琳）

【开展驰、著名商标问卷调查】 “4•26”知识产权保护日前夕，为普及注册商标专用权保护知识，扎实推进全区商标战略的实施，房山工商分局积极开展驰、著名商标问卷调查活动。活动中，根据市局会议精神，对辖区驰名商标、著名商标、地理标志、老字号商标进行全面的摸底调查，通过电话联系、发送电子邮件、实地走访企业等形式，发放驰、著名企业调查问卷22份，地理标志商标调查问卷1份，调查问卷有效率达到100%。对辖区市场主体商标获权、培育、运用和管理能力、商标发展对经济增长的作用、商标战略实施情况、商标执法环境的现状、商标行政职能的履行情况、“商标富农”工作成果等方面进行全面调查。调查结果显示，房山区驰、著名商标与全市加快转变经济发展方式的要求相比、与增强企业核心竞争力的迫切需要相比，还有一定差距，如自主商标拥有率偏低，高知名度商标数量不多，商标培育保护力度不够，商标在提升企业、产业和区域核心竞争力中的作用有待进一步发挥。

（周琳）

【区私个协召开第五届会员代表大会】 5月12日，房山区私营个体经济协会召开第五届会员代表大会，房山区非公经济联席办33家成员单位、区直有关部门16家特邀单位、6家合作单位的领导以及162名会员代表参加会议。会上，宣读了关于修改《北京市房山区私营个体经济协会章程》的说明、第五届会员代表大会选举办法和第五届理事会理事、监事会候选人建议名单，通过了新一届理事会54名理事、监事会7名监事名单。新一届的理事会、监事会召开了房山区私营个体经济协会第五届会员代表大会第一次理事会、监事会会议。选举张玉河为会长、王全河为常务副会长兼秘书长、王文为副秘书长，选出常务理事38名、副会长22名。

（周琳）

【成立房山区合同格式条款专家评审委员会】 6月14日，房山区合同格式条款专家评审委员会成立仪式在房山工商分局举行，专家评审委员会委员、合同专管员70余人参加启动仪式。专家评审委员会的职责：负责对辖区内存在重大争议和疑难的以及社会重点关注的合同格式条款进行定期综合评审，也可根据需要临时进行评审；负责格式条款提供方对工商部门规范意见有异议而提出陈述申辩或者听证要求的，提供论证支持；负责对社会反映集中、影响强烈、涉及面广的利用合同格式条款侵害消费者的案件进行评审；负责对制定本辖区内推荐性合同文本提供评估支持；负责对辖区内合同格式条款的制订、使用工作进行指导监督；每季度将评审结果以期刊的方式汇总，并向社会公开。房山工商分局合同格式条款专家评审委员会下设办公室，办公室设在房山工商分局，负责对社会影响较大、涉及面较广，公众反映强烈、投诉举报较为集中，以及工作中有较大争议的特殊、疑难合同格式条款进行收集，并形成初审意见，报房山工商分局合同格式条款专家评审委员会评审。

（周琳）

【新增两件全国驰名商标】 7月15日，国家工商行政管理总局商标局下发商标驰字〔2011〕第264号、第265号文件，房山区新增两件全国驰名商标。北京多维联合轻钢板材（集团）有限公司使用在商标注册用商品和服务国际分类第6类建筑用金属板商品上的“多维及图”注册商标和北京怡莲礼业科技发展有限公司使用在商标注册用商品和服务国际分类第24类被子商品上的“怡莲及图”注册商标被认定为全国驰名商标。

（周琳）

【打击润滑油制假、售假违法行为】 9月21日至28日，为深入开展“打四黑、除四害”（群众反映强烈的制假售假、收赃销赃、涉黄涉赌涉毒等违法犯罪活动，俗称“黑作坊”“黑工厂”“黑市场”“黑窝点”；“害百姓、害家庭、害社会、害国家”）专项行动，严厉打击侵犯知识产权行为，维护消费者合法权益，房山工商分局联合中国石油化工股份有限公司壳牌国际石油有限公司（英国）等厂家对房山地区从事润滑油生产、销售的市场主体进行拉网式检查。此次检查共出动执法人员32人次、执法车辆14车次，对大南郊、张庄、十三里、琉璃河、城关等地区105家从事润滑油生产、销售的主体进行了检查，经随行的厂家技术人员现场鉴定，发现1家加工生产侵犯知识产权润滑油和1家销售假冒润滑油行为，共查获侵权润滑油80余桶。

（周琳）

【国能科技创新有限公司落户房山区】 国能科技创新有限公司是一家主要从事“节能环保技术推广、技术开发、技术咨询”的大型企业，注册资本5000万元。该企业由于自身发展需要，申请将企业住所由“北京市平谷区峪口镇峪蔡路8号”变更至“北京市房山区窦店镇交道东大街5号”。房山工商分局在全面了解企业的发展情况和变更需求后，对该企业变更登记提供全方位的工商准入服务，在规范各项登记材料格式、材料的正确填写等准备工作方面给予及时有力的前期指导，缩短了办理周期，为企业提供最便捷的登记服务。10 月 14 日，该企业领取了变更后的营业执照，正式落户房山区。

（周琳）

【“学雷锋”行动获北京市第一届社会组织公益服务 10 大品牌称号】 10月18日，北京市社会建设工作领导小组办公室召开全市加强党的建设推动社会组织服务管理创新工作会。会上，市社会办领导宣读了《北京市社会建设工作领导小组办公室关于表彰第一届社会组织公益服务 10 大品牌及有关奖项的决定》，房山区私个协“学雷锋”行动获北京市第一届社会组织公益服务 10 大品牌称号，良乡学雷锋小组组长罗建军作为代表上台领奖。“学雷锋”行动是由房山区私营个体经济协会发起、开展的一项继承“学雷锋”光荣传统、以义务帮助他人和奉献社会为主要内容的公益服务品牌。据初步统计，先后有 156 名个体工商户参加学雷锋小组，累计服务 37.3 万余人次，各项支出费用计 120 余万元。

（周琳）

【发放首份新版个体工商户营业执照】 辖区居民张树影向青龙湖工商所申请办理个体工商户营业执照，从事婚庆服务经营。青龙湖工商所受理申请后，按照新版《个体工商户条例》的相关规定，做好登记审查工作，并以新版《个体工商户条例》实施为契机，缩短办照期限，用最快的速度为其办理了登记手续，11 月 1 日为其发放房山区首份新版个体工商户营业执照。

（周琳）

【打击违法建筑内无证照经营】 为有效防范和坚决遏制违法建筑内无证照经营违法行为，房山工商分局科学统筹执法力量，周密进行安排部署，全力打击违法建筑内无照经营违法行为。全年查实无照经营户 2048 户，其中取缔 371 户、引导办照 547 户、移转相关部门 356 户、行政告诫 592 户、立案查处 182 起，罚没款 108.61 万元。

（周琳）

质量技术监督

【概况】 2011 年，房山区质量技术监督局深入落实“抓质量、保安全、促发展、强质检”十二字工作方针，努力提升适应市场经济体制的监管把关和技术服务能力，切实增强质监工作对经济社会发展的有效性，各项质监事业获得健康发展，充分发挥质监工作在经济社会发展中的保障作用。全年出动执法人员 3643 次，组织执法活动 1408 起，罚没款 427738.1 元。结案案件 110 起，办理立案处罚案件 70 件，办理现场案件 40 件。受理投诉、咨询、举报 80 件，办结、回复率 100%。抓好食品和特种设备“两大安全”，保障民生，深入开展计量监管与服务，积极推进标准化战略。深入开展执法打假，打害除黑。搭建公共服务平台，服务地方经济发展。组织 63 家企业 126 人次参加北京质量检验认证协会举办的“免费质量课堂”培训，督促企业进一步落实食品安全主体责任和质量管理水平。完成检测、检验任务。全年强检计量器具 12105 台件。检测特种设备 2300 台（件）。产品质量检验 4 类 5 种产品 550 组样品。

（徐铁波）

【开展供暖锅炉安全检查】 1 月 8 日至 10 日，区质监局联合区供暖办对辖区内的主要供暖单位开展冬季锅炉安全大检查，检查涉及良乡、窦店、韩村河等 8 个乡镇 20 个锅炉房的 25 台锅炉。检查重点内容：一是各单位是否按规定配备持证上岗司炉人员、锅炉管理人员，各类证件是否在有效期内；二是在用锅炉是否注册登记，档案管理是否完善，各项管理制度是否健全，是否制定应急救援预案；三是在用锅炉是否进行定期检验，安全阀、压力表是否经过定期检验并在有效期内。同时，加大对锅炉使用单位和操作人员的宣传力度，提高他们对故障或事故的紧急处理能力，确保锅炉的安全运行。在检查中，大部分单位均能严格执行各项相关规定，管理、登记制度完善，锅炉运行状况良好，个别单位存在司炉工未携带证件上岗现象，监察人员责令其立即整改。

（徐铁波）

【开展节前食品安全大检查】 1月21日，区质监局启动节前食品安全专项整治行动，全面构筑春节期间食品安全防线。一是对节日热点食品、肉制品、糕点、豆制品、食用植物油等生产企业进行执法检查。重点检查食品生产和操作人员个人卫生、原料采购、仓储条件以及进出货查验登记制度等细节。二是对不进商场、超市，主要在集市、农贸市场销售的食品加工小作坊的加工场所及原辅料等进行检查，严格从源头上把好食品卫生和质量关口。三是向食品生产企业及加工单位宣传相关法律法规和食品质量安全知识，提高企业负责人的安全意识，落实食品质量安全主体责任，确保食品安全。检查食品生产企业10家、小作坊20家。除3家企业停产外，其他均生产正常，未发现使用非食品原料生产、滥用食品添加剂等违法违规行为。个别小作坊加工场所卫生状况较差，执法人员责令其立即整改，并进行复查。

（徐铁波）

【开展节前超市计量监督检查】 1月30日，区质监局执法人员对城关、拱辰、西潞街道部分大型超市开展计量监督检查。一是重点检查在用计量器具电子秤、条码秤等是否按周期检测并在有效期内使用；二是检查预先包装商品净含量是否亏重，并进行现场抽查。出动执法人员33人次，检查超市10家，计量器具167台，抽查预先包装商品4大类51种，260余件。各超市均能按周期对计量器具进行检测，预先包装商品净含量的抽查合格率保持在较高水平。对检查中发现公平秤摆放位置不明显、计量器具管理台账未能定期更新等问题，执法人员现场要求超市限期整改。

（徐铁波）

【开展计量专项执法监督检查和为农贸市场免费检测计价秤活动】 年初至3月5日，区质监局开展“维护市场计量秩序、保障物价稳定”计量专项执法监督检查和为农贸市场免费检测计价秤活动。一是开展与群众生活密切相关的食品类商品销售市场的专项执法检查。重点检查集贸市场、超市、批发市场、食品店等场所使用的计量器具是否符合法律法规要求；是否经检定合格；是否在检定周期之内；是否建立和完善计量管理制度；是否按照《零售商品称重计量监督管理办法》等规定要求进行秤量；是否有缺斤短两的不诚信行为。检查19家单位、计量器具274台（件）。经查，计量器具都在检定有效期内，无计量违法问题。二是开展农贸市场农副产品的在用计价秤和市场公平秤实行免费检测活动。组织计量检测人员深入到农副产品批发和零售市场，现场开展检测服务，检测各式电子台秤、电子秤、案秤395台，减免检测费5783元。

（徐铁波）

【为全区60岁以上居民免费检测血压计（表）】 3月11日，区质监局在北潞园小区举行为60岁以上居民免费检测血压计（表）启动仪式，现场免费检测和维修。区质监局开展每周五对外检测服务，对于行动不便的老人可以委托其子女亲属前来办理，对山区和边远乡镇采取上门服务的形式现场集中检测。

（徐铁波）

【严查“瘦肉精”】 4月5日，区质监局积极落实市质监局紧急通知要求，严格开展执法检查，防止含“瘦肉精”原料肉（猪肉、牛羊肉及肝脏）进入食品生产加工环节。对辖区内6家肉制品生产企业进行监督检查。重点检查原料肉的来源、进货查验记录、检验检疫合格证明文件等。查看原料肉是否来自定点屠宰厂(场)，是否能够提供相关主管部门出具的检验检疫合格证明，是否存在使用来历不明、未经动物卫生监督机构检验检疫或检验检疫不合格的肉类进行生产等违法行为。同时，要求企业加强针对“瘦肉精”从原料进厂、生产过程到成品出厂的防控措施，并督促其认真落实食品安全主体责任。经查，6家肉制品生产加工企业，有2家未生产，4家在生产中，所使用的原料肉从辽宁省唐人神农牧有限公司和北京第五肉联厂购进，生产正常，未发现从江苏、河南等地购入原料肉及来历不明等不合格肉类原料情况。

（徐铁波）

【开展游乐设施及客运索道安全检查】 5月5日，区质监局开展游乐设施及客运索道安全检查工作。一是梳理分析2011年以来，特别是重大节日、旅游季节期间，游乐设施和客运索道安全运行状况，有针对性地明确下一步检查的重点。二是召开所有涉及游乐设施和客运索道企业法人和主管领导会议，传达贯彻市质监局会议精神，对安全检查进行动员部署，督促企业对近期的突发事故引起警觉，认真落实安全主体责任。三是主管领导带领特设监察人员到重要和热门景点突击检查客运索道，检查有关安全制度运行情况。四是部署企业开展自查。以全面分析制度运行状况为主线，检查设备是否存在安全隐患，关健部件是否超过设计使用寿命；救援设备和应急物品是否充足；安全组织机构、各项规章制度及应急预案是否健全；管理和操作人员是否持证上岗、按章操作；突发事件上报是否按相关规定执行。经检查，未发现区内游乐设施及客运索道存在安全隐患。

（徐铁波）

【开展自动扶梯和自动人行道安全大检查】 7月6日，区质监局针对地铁动物园站自动扶梯事故，落实市质监局紧急通知精神，区质监局在全区范围开展自动扶梯和自动人行道专项检查行动，排查安全隐患，督促加强管理。检查内容包括：自动扶梯和自动人行道的维修保养单位是否按相关要求进行维修保养，特别是对主机运转和链条工作情况是否侧重检查，使用单位是否按要求进行了定期检验，并督促其完善应急救援预案和落实应急措施。检查在用自动扶梯和自动人行道39台，未发现安全隐患。

（徐铁波）

【检查集中供热工程大型特种设备】 8月25日，区质监局与区市政市容委联合对城关永安西里集中供热改造工程锅炉安装现场进行督查检查。此项工程是房山区落实城南发展行动的基础工程建设的项目之一，监察、检验人员现场检查了水压试验。在安装现场，检验人员对锅炉的水压试验进行监检，监察人员对检验过程进行了监督检查，整个检验过程符合相关技术规范要求。锅炉试水成功。听取了建设单位、安装施工单位、监理单位的情况汇报，审查相关资料，指出了存在的问题。要求各单位加强合作，落实主体责任，把第一个供热工程建成示范工程，确保工程和安装质量，确保锅炉供热质量和安全。

（徐铁波）

【举办乡镇街道特种设备安全管理人员培训班】 9月6日，区质监局举办乡镇街道特种设备安全管理人员培训班。全区24个乡镇和街道办事处的特种设备安全管理人员共计50人参加培训。培训由区安监局、质监局的行政和专业技术人员结合日常工作实际，讲解安全生产注意事项、《特种设备安全监察条例》、承压类设备安全管理、机电类设备安全管理的知识及特种设备事故案例解析，并详细讲解了特种设备现场安全检查要点和程序。

（徐铁波）

【开展食品质量安全宣传进乡村和校园活动】 9月16日，区质监局开展食品质量安全进乡村和校园活动，分别在青龙湖镇和良乡小学进行食品安全知识现场宣传和咨询。在活动现场，宣传人员向百姓和校园师生宣传、讲解了食品质量安全和食品添加剂使用以及食品安全监管工作等知识。发放《质量安全知识手册》《食品安全知识手册》、质监知识宣传扑克牌、质量宣传漫画等宣传材料500余份，师生现场填写食品安全知识调查问卷100份。对食品质量安全、消费者维权等问题进行了现场解答。

（徐铁波）

【开展特种设备安全检查】 9月28日，房山区质监局开展特种设备的安全检查。将旅游景区景点、商场、交通枢纽、危化行业列入重点检查对象，部署企业开展自查，并对设备进行全面维护，消除安全隐患。开展监督检查，采取与行业管理部门联合、领导带队等多种方式，检查景区的客运索道和大型游乐设施、大型商场超市及液化气充装站。检查过程中，听取了企业负责人关于特种设备日常使用、节日期间安全保障、落实企业主体责任等内容的汇报。同时要求各单位节日期间必须提高安全意识，落实主体责任，充分准备应急救援措施，发现问题及时整改，确保节日期间安全、稳定。共检查客运索道2条、游乐设施6台套、电梯38台、压力容器8台，各项记录完整，设备运行正常。

（徐铁波）

【联合检查危险化学品安全】 10月26日，区质监局联合区安委会、房山工商分局、房山消防支队及街道乡镇等单位对危险化学品企业进行专项监督检查，严厉打击非法生产、运输、储存危险化学品行为。检查企业是否存在无证生产、超出许可范围生产的行为，生产控制用仪器、仪表和检验计量设备是否在检定有效期内；重点查看特种设备的使用运行情况，包括注册登记及检验、作业人员持证、应急预案及演练记录等；检查企业是否存在故意生产假冒伪劣产品行为，产品标识标注是否符合规定；检查危险源监控管理、人员教育培训情况，对隐患进行全程跟踪、全程指导、全程督查，督促企业加大投入、落实责任、标本兼治，确保隐患整改到位。出动特种设备安全监察人员12人次，检查危险化学品单位6家，特种设备19台套，各单位的特种设备运行情况良好，符合安全技术规范要求，未发现问题。

（徐铁波）

【国家级农业标准化示范区检查组到房山区检查】 11月23日，第七批国家级农业标准化示范区检查组就农业标准化示范区建设情况到房山区北京波龙堡酒业有限公司进行检查。检查组首先听取了示范区年度工作汇报，随后查看相关材料及对实地进行了检查。对照《国家农业标准化示范区任务书》，检查示范区建设进度和第一年年度计划任务完成情况，按照《国家农业标准化示范区项目目标考核评价表》进行打分。检查组对北京波龙堡酒业有限公司的示范建设情况给予了高度评价，同时，也指出了需要注意的问题。希望在现有的基础上把以后两年示范区建设工作做好，为通过第七批国家级农业标准化示范区评审打下基础。

（徐铁波）

药品管理

【概况】 2011年，房山药监分局保障全区百姓用药安全有效，强化专项整治和技术监督，稽查严格执法。严厉打击食品非法添加和滥用食品添加剂、侵犯知识产权及制售假冒伪劣商品违法行为。开展了基本药物监管、中药饮片、第一类医疗器械以及定制式义齿产品等专项检查。受理各类举报投诉94件，查办行政处罚案件42起，罚没款60044.24元，没收药械货值金额66.2万元。公开销毁假冒伪劣、过期失效药品及不合格医疗器械共计6吨。抽验药品645件、医疗器械14件、药包材7件、保健食品23件、化妆品40件，抽验地区覆盖全部乡镇，发现不合格药品5件、医疗器械1件、保健食品1件、化妆品4件，均已立案进行查处。推进“药品安全百千万工程”。继续依法高效推进行政许可工作，推进行政审批一站式办结，提高工作效率和服务质量。通过民主评议基层站所工作，加强对全程办事服务受理室的监督考核。

（邵婷）

【严查奥露娜牌左旋肉碱银杏胶囊】 2月，房山药监分局在辖区内开展了针对批号为100809的“奥露娜牌左旋肉碱银杏胶囊”保健食品的专项检查。该产品在北京市药品监督管理局的市场监督抽检中，被发现违禁物质“西布曲明”“酚酞”呈阳性，且肉碱的含量不合格。房山药监分局以辖区内规模较大药店为主要检查对象，实地检查企业经营情况，共检查商场、超市及药店8家，未发现违法产品。

（邵婷）

【开展第一类医疗器械生产企业专项检查】 2月至4月，房山药监分局经过部署动员、企业自查、现场检查、总结处理4个阶段，完成辖区第一类医疗器械生产企业专项检查工作。对12家第一类医疗器械生产企业进行现场检查，出动检查人员30人次，并要求存在问题的企业进行整改。通过专项检查，重新梳理了辖区内第一类医疗器械生产企业基本信息，做到底数清、情况明。

（邵婷）

【开展中药饮片经营管理专项整治】 2月至12月，房山药监分局开展中药饮片经营管理专项整治。房山区有46家药品零售企业经营中药饮片，现场重点检查中药饮片的购进、储存、销售等环节的质量管理过程，核实中药饮片购进票据的真实性，供货单位资质的合法性。对部分企业经营的中药饮片进行抽样检验，共抽取中药饮片60个批次，其中不合格3个批次，不合格率为5%。对出现不合格的药品经营企业，依法进行查处。未发现利用非法渠道购进中药饮片情况。

（邵婷）

【取缔1家无证生产义齿黑窝点】 3月4日，房山药监分局根据群众举报，取缔了位于窦店镇于庄的无证生产义齿的黑窝点。现场发现，被举报企业名称为北京丹拓斯科技有限公司，已取得营业执照，但未取得“医疗器械生产企业许可证”。生产车间内工人正在加工义齿。车间和库房堆积了大量包埋料、树脂粉等加工义齿的原材料。义齿是缺失牙齿的代替物，属于医疗器械。该企业未取得“医疗器械生产企业许可证”生产义齿的行为，违反了《医疗器械监督管理条例》第20条、《医疗器械生产监督管理办法》第53条第1款的规定。执法人员当场责令其立即停止加工义齿的行为，并将其原料、账本等相关证据予以查封扣押。

（邵婷）

【开展隐形眼镜及护理液市场专项检查】 4月18日至5月31日，房山药监分局对辖区内隐形眼镜市场开展专项检查。围绕企业是否存在无证经营行为，是否存在销售无证、过期的产品行为，产品进货渠道是否合法、验配人员资质、设备运转情况是否符合要求等方面进行全面检查。检查企业18家，出动执法人员54人次，5家企业因对供货方资质索取不及时，产品购销记录项目不齐全，书写不规范被限期整改。

（邵婷）

【开展打击保健食品非法添加及滥用食品添加剂专项整治】 4月至12月，房山药监分局开展打击保健食品非法添加及滥用食品添加剂专项整治。专项整治分自查、整治、总结3个阶段，整治重点为严厉打击保健食品非法添加非申报成分和滥用食品添加剂行为、清查原料及食品添加剂购进渠道、进货查验、检验记录和索证索票情况等。对房山区17家保健食品生产企业全部实施现场检查，共检查保健食品生产企业38家次，未发现有企业存在非法添加和滥用食品添加剂行为。

（邵婷）

【紧急排查阿莫西林克拉维酸钾干混悬剂】 6月20日至21日，房山药监分局对辖区药品经营、使用单位紧急排查标示为葛兰素史克公司生产的阿莫西林克拉维酸钾干混悬剂。经查，未发现经营、使用葛兰素史克公司生产的阿莫西林克拉维酸钾干混悬剂行为。

（邵婷）

【举办安全用药大型主题宣传活动】 8月2日，房山药监分局联合区委社会工委（区社会办）在北潞园社区广场举办“药监社工手拉手，安全用药进万家”大型宣传活动。全区社区居委会主任、社区工作者和居民代表共计200余人参加活动。将药品安全宣传工作全面深入社区、家庭，开展社区居民免费体检活动，设立安全用药知识大讲堂，开展药监法制宣传，设立社区药品安全宣传橱窗，开设过期药品回收点，设定兼职药品安全员。

（邵婷）

【开展心脏植介入类产品医疗器械经营企业专项检查】 8月，房山药监分局在辖区开展心脏植介入类产品医疗器械经营企业专项检查。检查涉及的企业为北京市纳入统一招标、集中采购范畴的心脏植介入类产品北京市配送企业。检查的主要内容包括：企业是否擅自降低、变更经营存储条件，企业经营产品的购进渠道是否规范，企业产品销售、库存的记录是否完整，企业是否建立、执行了产品追溯制度等。专项检查分为动员部署、企业自查、现场检查和总结分析4个阶段。房山药监分局检查了2家企业，未发现违法行为。

（邵婷）

【市评审工作组到房山区评审验收】 9月26日、10月13日至14日，市药监局药品安全“百千万”工程示范乡镇（街道）评审组，对房山区6个申报乡镇（街道）进行现场评审验收。房山药监分局主要领导、房山区创建工作领导小组成员单位主管领导陪同检查。接受现场检查的单位包括西潞街道、城关街道、拱辰街道、长阳镇、青龙湖镇和琉璃河镇。检查组认真听取了各乡镇（街道）创建工作汇报，仔细查阅有关文件、记录，向50名群众开展了药品安全满意度问卷调查，并召开居民代表座谈会，详细询问大家对药品安全和创建工作的认识，并对政府、监管部门、药品安全员履职情况向代表们征求意见和建议。6个街道、乡镇成为房山区首批北京市药品安全示范街道（乡镇）。

（邵婷）

【举办医疗器械不良事件监测和再评价培训会】 12月1日，房山药监分局举办医疗器械不良事件监测和再评价培训会，辖区医疗器械生产企业和一级以上医疗机构医疗器械使用单位负责人及主管监测人员100余人参加培训。市不良反应中心工作人员就开展医疗器械不良事件监测的目的、如何开展、目前国内外及本市的现状及发展和规化等方面进行深入细致的讲解。

（邵婷）

【集中销毁过期失效及假劣药品】 12月，房山药监分局在位于昌平区的环保处理公司，集中销毁了2011年房山区收缴的过期失效及假劣药品。此次销毁的药品品种近千种，总金额达58万元。

（邵婷）

烟草管理

【概况】 2011年，房山烟草专卖局（公司）销售卷烟45348箱，同比增长1.66%；实现利税14658万元，同比增长15.7%；查处各类涉烟违法案件163起，查获涉案卷烟286.2万支，案值213.64万元，行政处罚罚没款共计7.96万元。

（李春平）

【收缴伪包装卷烟2.4万支】 1月23日，房山烟草专卖局（公司）联合公安部门在城关街道北市村一出租房内，收缴以药品包装箱进行伪包装的卷烟中华（软）、中华（硬），共计2个品种120条2.4万支，案值6万元。

（李春平）

【查获一起涉嫌无证运输卷烟案】 9月29日，房山烟草专卖局（公司）执法人员在长阳镇夏场查获一起涉嫌无证运输卷烟案，查获违法卷烟中华（软）、中华（硬）等3个品种119条2.38万支，案值5.8万元。

（李春平）

安全生产管理

【概况】 2011年，全区生产安全事故指标连续3年下降，发生事故3起，死亡4人。同比事故起数减少1起，下降25%；同比死亡人数减少1人，下降20%。继续保持2006年以来无重大生产安全事故、烟花爆竹“禁”改“限”连续7年“零”事故的工作目标。全年检查企业3928家，查处隐患5015项，完成整改4967项，下达责令改正指令书1314份，强制措施决定书20份，行政处罚143起，处罚款156万元，吊销营业执照1个。

（任国鹏）

【启动派驻重点乡镇集中执法工作】 3月29日，区安全监管局派驻重点乡镇集中执法工作正式启动。集中执法工作上、下半年各1次，为期1个月，共分为10个检查组，派驻13个重点乡镇，派驻人员与乡镇执法人员同检查、同执法、同负责，检查重点为派驻区域内重点企业、工程项目等。对检查中存在的问题及时整改，并协调各乡镇有关部门，帮助企业及时消除重大隐患，确保安全生产。会议结束后，全部派驻执法人员已到各乡镇报到，并立即开展工作。

（李杰）

【对大型活动舞台搭建进行安全检查】 5月18日，根据房山区《“红歌唱响的地方”迎接中国共产党成立90周年大型红歌主题演出活动方案》要求，区安全监管局工作人员会同霞云岭乡综治办相关工作人员，对霞云岭乡堂上村“红歌唱响的地方系列活动”举办地的施工现场进行安全生产检查。根据实际情况，对施工单位提出具体要求，并要求霞云岭乡综治办相关人员加强检查，全程跟踪，及时反馈信息，确保舞台搭建安全。

（陈莉莉）

【举办安全标准化专业培训】 5月23日至31日，区安全监管局分3期对全区25个乡镇安全管理人员、危险化学品从业企业的主要负责人、安全管理员进行为期2天的安全标准化专业培训。培训包括《危险化学品从业单位安全标准化通用规范指导》和《危险化学品重大危险源备案管理工作》，重点讲解安全标准化《工作方案》《评审标准》及《通用规范》和重大危险源《工作实施方案》《安全管理办法》，使危险化学品企业主要负责人、管理人员和从业人员正确理解开展标准化工作和重大危险源备案工作的重要意义、程序和方法，提高开展标准化工作的积极性和主动性，有效提高重大危险源的辨识、审查和备案工作。300余人参加培训。

（马振）

【开展安全月咨询日活动】 6月12日，区安全监管局在拱辰街道昊天广场以“落实企业主体责任，保障生产安全”为主题，开展安全生产月咨询日活动，全区25个乡镇、28个安委会成员单位及130家企业结合自身实际，分别开展了内容丰富、形式多样、特色鲜明的各项安全生产宣传活动。区四大部门领导参加了咨询日活动。此次咨询日活动共设咨询点160个，参加人数28万人，悬挂条幅2810幅，设立展板3605块，发放各种宣传资料3.8万份。

（郝维）

【开展社会旅馆行业专项检查】 7月中旬，区安全监管局对辖区内社会旅馆行业开展了为期两周的专项检查。本次共检查社会旅馆40家，出动80人次、车辆30台次，下达限期整改指令书27份，现场检查记录40份，查出各类安全隐患180余条。执法人员对重点单位、重点部位存在的安全隐患，及时下达整改指令书，同时加强跟踪监管，直至隐患消除。对安全违法行为严重的单位进行立案调查。

（马志建）

【开展有限空间安全生产检查】 9月1日至30日，区安全监管局和区农业局组成联合检查组，对全区畜禽养殖企业沼气站进行有限空间安全生产检查。检查畜禽养殖企业和沼气工程粪污处理设施设备、水、电、气改造、防火设施和有限操作空间等安全情况；检查安全生产责任制、安全生产操作规程、事故应急救援预案、作业审批制度等建立落实情况；检查强制通风设备、气体检测设备、呼吸防护器具、安全绳、安全梯等设备设施配备情况；检查作业负责人员、作业者和监护者安全教育培训情况；检查生产经营单位发包时，是否与承包单位签订专门的安全生产管理协议，或在承发包合同中约定各自的安全生产管理职责；检查安全生产监护人员配备情况、警示标志设置情况及作业程序是否符合安全要求。由于沼气站均属村办企业，无营业执照，无法下达整改指令书，针对存在的问题，现场对村领导及相关人员提出了整改要求。

（杨雪峰）

【开展安全生产交换执法大检查】 9月5日至9日，区安全监管局与丰台区安全监管局开展安全生产交换执法大检查，在5天的交换检查中对丰台区的加油站、三级以下储存油库及乙证带储存的单位进行检查，房山区安全监管局出动检查人员6人，车辆2台，检查生产经营单位50家，其中加油站42家、乙证带储存单位8家，发现安全隐患8条，责成丰台区安全监管局下达责令改正指令书5份。

（马振）

【召开《北京市安全生产条例》宣传贯彻工作会】 9月13日，为号召全区开展新修订的《北京市安全生产条例》宣传贯彻工作，进一步强化企业从业人员和社会公众的安全意识，区安全监管局在区成教中心召开《北京市安全生产条例》宣传贯彻工作会。28个安委会成员单位及乡镇、街道主管领导共100余人参加会议。会上，市安全监管局法制处负责人详细解读了新修订的条例内容。进一步提升了条例的社会知晓度和影响力，在全区营造了强大的安全氛围。

（任国鹏）

【开展节前综合检查】 9月22日起，为保障国庆节期间安全生产稳定，区安全监管局与房山消防支队、韩村河镇综治办、信访室、区城管驻镇支队、长沟工商所等部门对韩村河镇内30余家企业开展安全生产综合执法检查。区安全监管局在检查中根据职责，对不符合安全条件的企业下达了限期整改指令书，要求企业及时整改，消除安全隐患。

（刘景山）

【配合相关部门开展打非活动】 年内，由于受利益驱动，区内非法开采行为局部地区比较猖獗，为维护全区矿山开采的正常秩序，保护人民群众的生命财产安全，按照区政府的统一部署，区安全监管局配合国土、公安等有关部门，对南窖乡、史家营乡、青龙湖镇等非法开采严重地区联合执法6次，出动20余人次。

（魏绪星）

【配合相关部门做好淘汰落后产能工作】年内，为实现建设世界城市、打造首都高端制造业新区和现代生态休闲新城的目标。按照全区总体要求，统一安排部署，认真做好落后产能的关闭退出、打非取缔和规范整合工作。区安全监管局协同区查违办研究制定《打非取缔工作方案》。按照实施方案组织各乡镇（街道）认真落实，并对工作成果进行监督检查，防止反弹。

（魏绪星）

农　业

综　述

2011年，全区农林牧渔业总产值实现45亿元，同比增长5.6%；农民人均纯收入13527元，同比增长13.5%。新一轮新农村建设顺利展开。青龙湖镇晓幼营村为市级新型农村社区建设试点，完成社区建设规划方案，5栋200户回迁楼工程全部竣工。稳步推进农村产权制度改革。全年288个村完成改革，累计完成363个村，集体林权制度主体改革基本完成。园区农业扎实起步，中国北京农业生态谷建设加快，与内蒙古蒙牛乳业（集团）股份有限公司签署了入园协议。国际高端葡萄酒庄完成总体规划方案，签订酒庄建设协议16项，签约总面积1.6万亩。长阳镇莱恩堡酒庄正式投产。全区食用菌栽培面积1379万平方米，产量达6.79万吨，实现产值6亿元。房山区被评为全国食用菌文化产业建设先进县。中国食用菌协会（房山）基地在西潞街道安庄村开工建设，与18家食用菌生产厂家达成合作协议。农业生产能力稳步提升。全年完成粮食播种面积41.6万亩，粮食总产达14.8万吨。全区农业企业达到320家，资产总额58.8亿元，产值41.5亿元，带动劳动力就业13460人。全区农民专业合作社总数达到530多家，成员20户以上的规模合作社81家，入社成员10960人。5家合作社被评为市级示范社。全年累计举办培训班1570期，培训农民6万人次。品牌建设加快推进。全区“三品一标”认证数量达到172家，认证产品497个，认证数量和覆盖率全市第一。建成北京市首家区级农产品质量安全检测站，并在全国率先通过计量认证和资质认证。成功举办2011北京（房山）柿子季活动和“农业品牌战略研讨会”暨农产品品牌包装设计大赛，全区农产品市场影响力稳步增强。实施困难地造林、国家级京津风沙源治理等10项重点工程，完成绿化造林面积4.85万亩，栽植各类苗木134万株，造林面积和造林质量居全市之首。完成万亩滨水森林公园、刺猬河综合治理工程（二期）等10项水务重点工程建设。推进沟域经济建设，南窖沟域建设全面启动，引进北京金杏湾、中国绿色食品实业有限公司等5家大型企业落户沟域，启动“中国草本咖啡示范基地”建设。高标准完成张坊镇千东绿色生态谷、史家营圣莲花谷两个沟域的国际招标。各项惠农政策有效落实，政策性农业保险有效降低了农户的经营风险，全年6949户次农户因灾得到2251万元赔付，完成543户1618人山区险户搬迁年度任务。

（张萌）

【启动新型农民培养暨“技能+基础”培训】 3月23日，举行新型农民培养暨“技能+基础”培训启动仪式。根据农民实际需求，面向农村青年农民、一产农民、有意愿转移就业的农民、农业企业经营管理者和农民专业合作组织负责人、公益性岗位就业的生态林管护员、农村管水员和拆迁转居人员等群体，坚持分类培养模式。截至年底，完成新型农民培养5.2万人次。

（张萌）

【房山区参加2011年中国乡镇企业对俄名优商品（绥芬河）推介会】 7月29日至7月31日，2011年中国乡镇企业对俄名优商品（绥芬河）推介会在黑龙江省绥芬河市世茂国际商展中心举办，房山区组团参加了此次推介会。推介会设立4个展区，全国15个省、市、自治区的437家企业参展，俄罗斯阿穆尔州、哈巴罗夫斯克边疆区等地也设立了展台。房山区乡镇企业：北京凯达恒业农业技术开发有限公司、北京仁和酒业有限责任公司、北京得立青农业科技有限公司、北京利民恒华农业科技有限公司代表北京市参加了此次展示和推介，4家公司选送的“脆脆乐”“平汤叶”系列产品、“菊花白”“南路烧”系列产品、“张坊冰柿”“乐乐菇”系列产品受到中外客商的青睐。北京凯达恒业农业技术开发有限公司与俄罗斯商超集团达成合作意向。

（张萌）

【创建学习型乡镇（行政村）启动】 8月3日，房山区召开创建学习型乡镇（行政村）启动会。此次创建学习型乡镇（行政村）工作，按照“全面启动，整体推进，把握重点，突出特色，坚持标准，保证质量”的要求，分为启动、推进和评估3个阶段，在全区20个乡镇、411个行政村和31个社区中开展，11月底完成创建工作。

（张萌）

【北京（房山）柿子季开季】 9月29日，北京（房山）柿子季在丰台区小屯路城乡超市广场开季，市委农工委、市农委、市园林绿化局、市商务委、市财政局、市农业局、市水务局、北京农学院、北京农产品中央批发市场管委会、北京市郊区旅游实业开发公司、中粮集团、首农集团领导，区领导刘伟、祁红、赵军、苗宗启、马丽英、高维魁出席仪式。北京物美集团、华堂集团、沃尔玛超市、北京城乡超市有限公司、北京京客隆集团6家超市参加活动。启动仪式上，副区长马丽英介绍了房山区柿子产业发展情况，张坊镇大峪沟村的小学生为与会嘉宾现场讲述“柿树封侯”的故事，为城乡集团、华堂商场、物美超市、沃尔玛、超市发、京客隆超市6家企业颁发房山磨盘柿直销店标牌，张坊镇与6家企业签订了磨盘柿直采基地协议。本次柿子季活动，组织开展京郊柿乡行乡村旅游、摄影、征文比赛系列活动。

（李然）

【房山区农产品参加第九届农交会】 10月30日，第九届中国国际农产品交易会在四川省成都市举行。房山区4家企业（北京凯达恒业农业技术开发有限公司、北京得立青农业科技有限公司、北京利民恒华农业科技有限公司、北京德蜂堂健康科技有限公司）选送了食用菌深加工产品、蜂产品、冰柿、果蔬脆脆乐等农产品参加北京团展示。吸引了展团、采购商、媒体和消费者的关注，累计交易额93万元，协议交易金额达到1.3亿元。

（张萌）

【举办农业品牌战略研讨会暨农产品品牌包装设计大赛】 11月29日，房山区举办农业品牌战略研讨会暨农产品品牌包装设计大赛，全区23个乡镇77家农业企业的196个产品包装参赛。张坊镇农业综合服务中心的磨盘柿产品系列礼盒包装、京之源（北京）

农业有限公司的龙乡杂粮系列礼盒包装、北京波龙堡葡萄酒业有限公司的系列礼盒包装获得包装设计大赛一等奖。

（张萌）

【完成沟域经济规划设计方案国际招标】 2011年，全区有2条沟域实施规划设计方案国际招标，分别是张坊千东绿色生态谷沟域和史家营圣莲花谷沟域。经过遴选，国家林业局调查规划设计院等6家具有国家部委颁发甲(A)级资质的规划设计单位入围初步设计。通过评标，确定了美国铭聿景观设计有限公司与城市建设研究院联合体、北京腾远建筑设计有限公司的规划方案中标。2家公司按照综合修改意见对规划设计方案进行完善，规划设计方案已经完成。

（张萌）

【完成农村集体经济产权制度改革任务】 年内，全区有350个村启动农村集体经济产权制度改革，其中288个村完成农村集体经济产权制度改革，超出年度任务51个村，累计完成改革数量达到363个村，占全区农村集体经济组织总数的77.9%。石楼镇、琉璃河镇、良乡镇、蒲洼乡、大安山乡、南窖乡、张坊镇、河北镇、霞云岭乡、长阳镇10个乡镇完成改革任务。

（张萌）

气　象

【气候评价】 2011年，房山区平原地区的平均气温（以房山气象站为参考站）为12.0℃，接近常年，比2010年偏高0.5℃。西部山区的平均气温（以霞云岭气象站为参考站）为10.4℃，接近常年，比2010年偏高0.5℃。从平原地区各月平均气温及2010年和常年同期比较，1月、9月、10月、12月平均气温低于常年同期，2月气温与常年同期持平，其余月份月平均气温高于常年同期。3月和11月气温显著偏高，1月显著偏低，9月偏低，其他各月正常。西部山区各月平均气温及2010年和常年同期比较，3月、6月、8月、11月平均气温高于常年同期，其余月份月平均气温均低于常年同期。从各月平均气温异常指标评价看，11月偏高，1月异常偏低，9月和12月偏低，其他各月正常。平原地区年内极端最高气温为35.1℃，出现在6月20日；极端最低气温为-15.3℃，出现在1月16日。西部山区年内极端最高气温为34.7℃，出现在6月7日；极端最低气温为-15.9℃，出现在1月18日。平原地区冬季（2010年12月至2011年2月）平均气温为-3.4℃，比常年同期偏低0.6℃，比2010年同期偏高0.5℃。春季（2011年3月至5月）平均气温为13.9℃，比常年偏高0.7℃，比2010年同期偏高2.0℃。夏季（2011年6月至8月）平均气温为25.5℃，较常年同期偏高0.5℃，比2010年同期偏低0.2℃。秋季（2011年9月至11月）平均气温为12.2℃，接近常年同期12.1℃和2010年同期12.0℃。西部山区冬季平均气温为-4.5℃，比常年同期偏低1.3℃，比2010年同期偏高0.6℃。春季平均气温为11.9℃，比常年同期偏低0.3℃，比2010年同期偏高1.9℃。夏季平均气温为23.6℃，比常年同期偏高0.3℃，比2010年同期偏高0.1℃。秋季平均气温为10.8℃，与常年同期持平，比2010年同期偏高0.3℃。平原地区的降水量为632.8毫米，比常年偏多8.6%，比2010年偏多57.1%。西部山区的降水量为475.7毫米，比常年偏少25.7%，比2010年偏少6.6%。平原地区2月、6月、7月、9月、11月降水量较常年同期偏多，其他各月降水均偏少。其中2月和11月降水异常偏多，1月和3月降水异常偏少。西部山区2月、4月、6月、11月降水量比常年同期偏多，其他各月降水均偏少。其中1月和3月降水异常偏少。平原地区日最大降水量为54.2毫米，出现在

8月15日。日降水量超过25.0毫米天数为9天，超过50.0毫米天数为2天。最长连续降水日数为5天（8月14日至18日），降水量共105.0毫米。最长连续无降水日数为108天（2010年10月25日至2011年2月9日）。西部山区日最大降水量为39.7毫米，出现在6月23日。日降水量超过25.0毫米天数为6天。最长连续降水日数为7天（7月15至21日），降水量共94.3毫米。最长连续无降水日数为108天（10月25日至2011年2月9日）。平原地区冬季降水接近常年。2010年12月和2011年1月无降水；2011年2月10日、13日、26日和27日出现降雪天气过程，降水量为9.1毫米。春季降水量为44.3毫米，比常年同期偏少3成，比2010年同期偏少3成。夏季降水量为486.9毫米，比常年同期偏多1成，比2010年同期偏多1.4倍。秋季降水量为90.9毫米，比常年同期偏多1成多，比2010年同期偏少2成。西部山区冬季降水接近常年。2010年12月和2011年1月无降水；2011年2月10日、13日、26和27日出现降雪天气过程，降水量为7.9毫米。春季降水量为56毫米，比常年同期值偏少2成，比2010年同期值偏少近5成。夏季降水量为357.3毫米，比常年同期偏少2成多，比2010年同期偏多3成多。秋季降水量为53.9毫米，比常年同期偏少近4成，比2010年同期偏少5成多。夏季降水天气过程较多、局地雨强较大。2011年6月至8月共出现8次明显的强降水天气过程，其中有4次达到大到暴雨以上量级，并且有2次强降水过程的最大雨量超过50毫米/小时。其中，6月23日至24日的降水过程是2011年最大降水过程，全区平均降水量为81.2毫米，其中，良乡自动站的降水量最大，为114.2毫米。平原地区年日照时数为2260.5小时，比2010年偏多140.7小时，年平均日照时数百分率为51%。西部山区年日照时数为2141.0小时，比2010年偏多106.6小时，年平均日照时数百分率为48%。平原地区夏季风向多为西南风，冬季风向多为东北风，与常年一致。全年出现3次大风（瞬时风速≥每秒17米）天气过程，其中6月11日的极大风速达到每秒17.6米。西部山区全年都以南风为主，与常年一致。全年出现6次大风天气过程，其中4月17日和30日的极大风速达到每秒18.8米。平原地区年蒸发量为1421.0毫米，比2010年偏多32.2毫米。西部山区年蒸发量为1533.1毫米，比2010年偏多210.4毫米。平原地区雷暴日数为33天，比2010年（19天）明显偏多。西部山区雷暴日数为30天，比2010年（24天）偏多。平原地区无霜期为202天，比2010年（210天）略偏少。西部山区无霜期为202天，比2010年（174天）偏多。平原地区观测到大雾的日数为4天，主要出现在2011年12月（3天）。观测到霾的日数为56天，比2010年（67天）偏少。西部山区没有观测到大雾和霾。（注：文中常年值为1971年至2000年平均值）

（宋歌）

【人工影响天气作业】 5月24日，房山区人工影响天气工作正式开展。根据《人工影响天气管理条例》规定和实际工作需要，人工影响天气工作由房山区人民政府和北京市气象局共同领导，由北京市人工影响天气办公室负责业务管理，区气象局负责区内3个人工影响天气试验基地日常管理、人员技能培训、空域协调和人工影响天气作业指挥，设有人工影响天气试验基地的3个镇人民政府负责人工影响天气试验基地从业人员的组织、政审、管理和库房安全工作。此外，房山区还设有4个高山地基增雨（雪）基地，使用3台自动、1台人工碘化银烟炉在非汛期开展高山地基增雨（雪）作业工作。5月至9月，开展了高炮、火箭人工增雨防雹工作，分别进行防雹作业5轮次，增雨作业20轮次。10月至12月，共进行增雪作业

20轮次。

（卓连根）

【气候对农作物的影响】 2011年，房山区农业气象条件的主要特点是：热量条件接近常年，水分条件接近常年，光照条件略差。冬季（2010年12月至2011年2月）气温偏低，降水接近常年，日照略偏多。连续108天无有效降水，使部分浇灌不足的地块出现明显旱情。随后的降雪天气过程，对改善土壤墒情和净化空气有利。雪后降温持续时间短，温度回升较快，对于越冬作物没有明显影响。春季气温偏高，降水偏少，日照略偏多。充足的热量与光照，加上及时有效地水肥管理，对冬小麦的生长十分有利。4月下旬至5月上旬，出现的连续降雨过程，满足了春玉米播种对土壤水分的需求，使得大部分地块春玉米出苗整齐，同时也满足了冬小麦抽穗生长所需的水分。夏季气温偏高，降水偏多，日照偏少。季内气温偏高，墒情良好，对作物生长起到促进作用。6月上旬的降水过程，对冬小麦后期灌浆成熟有利，也促进了春玉米出苗后的正常生长。下旬大范围的降水过程，对夏玉米的播种、出苗和苗期生长非常有利。7月充足的降水促进了春玉米的成熟和夏玉米的生长。秋季气温接近常年，降水偏多，日照偏少。9月上旬后期到中旬前期出现一段低温寡照，对于灌浆末期的春玉米影响不大，但延缓了夏玉米的灌浆。9月下旬气温偏高，对夏玉米后期灌浆成熟及收获晾晒有利。10月上旬降水天气少，使得秋播顺利进行，减少了农耗。（注：文中常年值为1971年至2000年平均值）

（张薇）

农村经济管理

【概况】 2011年，全区288个村完成产权制度改革，超出计划任务51个村，完成改革村数占全市计划完成数的23.4%，是全市年内完成改革村数比例最大的区县。启动农村集体“三资”委托监管工作，全区23个乡镇建立了农村集体资产监管服务中心，160余人经培训考核正式上岗。农村集体资产监管工作步入新阶段，开展清产核资工作。大石窝镇作为清产核资试点单位，取得良好成效。此次清产核资工作，在于找出资产及合同管理存在的问题，并深挖问题存在的根源。完成服务器、扫瞄仪等硬件设备及软件的安装，对审计人员进行了应用培训，为审计工作实现新跨越做好准备，“在线审计”系统已具备全面开通试运行的条件。首次对新型集体经济组织进行年度审计，强化了对新型集体经济组织的监督管理。确权确利权益费兑现率连续8年实现100%，未发生权益费兑现争议。为红酒城建设、山区人口迁移、北京石化新材料科技产业基地、北京高端制造业（房山）基地、中国北京农业生态谷、长阳土地储备、区查违办提供政策咨询或派出人员全程跟进服务。全年受理土地承包纠纷124起，其中仲裁裁决47起、调解77起；参与、指导乡镇土地纠纷调解办公室受理土地纠纷168起，纠纷案件结案率达到100%；接待群众来电来访224起，500余人次；复查信访案件14起，完成“12345”非紧急救助转来信访案件10起。通过部门合作、专家指导，高标准完成区级示范社评选工作，评选出36家示范单位，其中5家合作社成为市级示范社，提升了合作社规范运行层级和运营质量。“网上联合社”会员发展到130家，累计实现交易2227次，创收4258万元，社均增收33万元，社员通过网络平台交易人均增收5000元。网站总访问量已突破10万次，发布信息2000条，产品展示达千余种。启动了2011年农村管理信息化数据更新工作，390个村实现了四级网络联通，累计145个村使用触摸屏公开村务、财务，构筑了建设数字新农村的必要条件。按时完成收益分配统计、20086户低收入农户监测和70个农产品成本核算单位的成本效益监测工作。2011年，全区村账乡审1964村次，审计金额112.58亿元，促进增收节支18万元。

（马连杰）

【首次开展新型集体经济组织审计】 1月1日至3月1日，区经管站首次对新型集体经济组织进行年度审计，对13个乡镇2010年75个新型集体经济组织进行年度审计，审计总收入13629.6万元，总支出12634.5万元，净利润995.1万元；总资产307744.4万元，比2009年177705万元增加130039.4万元，增长73.18%。总负债59772.1万元，比2009年59434.2万元增加337.9万元，增长0.57%。资产负债率为19.42%，比2009年的33.45%减少14.03个百分点。

（马连杰）

【启动农村集体资产清产核资试点工作】 3月31日，房山区启动农村集体资产清产核资试点工作。按照北京市农村集体资产清产核资试点工作动员大会的要求，房山区选取大石窝镇为清产核资的试点乡镇。大石窝镇农村集体“三资”清产核资工作的基准日为2011年3月31日。清产核资工作的对象为大石窝镇资产经营公司、24个村集体经济组织及其所属5个村集体企业。清产核资工作的范围：属于大石窝镇村集体经济组织所有的资金、资产和资源。本次农村集体“三资”清产核资工作以清查农村集体资金、资产、资源为主，辅查集体所有的各种流动资产、债权债务、工程建设管理等情况，采取账内账外清查相结合的方法，防止漏清漏登漏报，摸清全部“家底”。村集体资产严格按照经营性、非经营性和资源性三大类进行划分。集体所有的货币资金、应收账款、商铺、厂房、机械设备等属经营性资产；办公楼、学校、硬化村道等属非经营性资产；土地、林木、滩涂、水面等属资源性资产。主要对村集体债权、债务进行清理、确认，对坏账依法进行核销。对清产核资中暴露出的问题，充分发挥村民自治作用，通过村民代表会议妥善解决，并按有关规定进行账务处理。本次清查镇村集体经济资产总额账面数为30564.4万元，清查数为30481.5万元，集体经济资产总额调减82.9万元。村集体经济负债总额账面数为10576.2万元，清查数为10579.9万元，集体经济负债总额调增3.7万元。村集体经济所有者权益总额账面数为19988.1万元，清查数为19901.5万元，集体经济所有者权益调减86.6万元。清理镇、村两级集体经济组织的经营合同共计774份，其中集体农用地（林地）租赁合同234份、集体建设用地租赁合同83份、四荒用地租赁合同127份、建设工程施工合同14份、集体房屋及场地租赁合同222份、集体企业承包经营合同25份、其他经济合同69份。

（马连杰）

【开展春季农民负担执法检查】 4月1日至5月30日，区经管站按照市农村负担监督管理办公室《关于开展2011年春季农民负担执法检查的通知》要求，开展春季农民负担执法检查。经查：2010年度村级公益事业补助资金使用合规；2011年度村级公益事业专项补助资金全部足额拨付到村，未发现截留挪用情况。2010年有少数村存在村集体承担一部分基础设施建设费用的情况；2011年全区限额标准为160.3万元，村级报刊订阅费用共计154.19万元，低于限额标准6.11万元。

（马连杰）

【首次组织合作社实地参观交流活动】 4月至6月，区经管站组织5期交流活动，全区23个乡镇、20家合作社共121人次，到北京仙栖谷柴鸡生态养殖专业合作社、北京泰华芦村种植专业合作社、北京长阳百家乐葡萄种植专业合作社、北京绿绮花卉合作社4家市、区级示范社进行参观学习，直观地了解合作社规范的运营管理模式、盈余分配机制、制度建设、财务管理、档案管理及社员受益情况，提高了乡镇和合作社工作人员的业务指导与实际操作技能。

（马连杰）

【全面启动在线审计推广项目】 5月，房山区被市农研中心、市经管站列为北京市农村经济在线审计推广区县，建立在线审计系统。区经管站成立项目领导小组，制定了全区“在线审计”项目推广方案，对各乡镇的软硬件设备逐一进行调试；组织了两次在线审计培训，培训基层人员413人；下发了统一会计科目和核算方法的通知，将会计科目统一到三级，并规范了核算内容和账务处理方法。7月开始，各乡镇陆续将原始凭证扫描并添加进村管系统。截至年底，21个乡镇试用“在线审计”系统，51个村级组织完成财务收支审计。

（马连杰）

【农村集体经济产权制度改革工作】 7月29日，房山区召开农村集体经济产权制度改革工作会，对2011年3月31日以前完成改革的85个村进行表彰。区农委、区财政局、区经管站等相关单位主要领导出席会议。截至年底，全区共启动农村集体经济产权制度改革村数量350个，与年初改革村启动数255个相比，增加近百个；2011年完成改革288个村，是以前年度改革总数的近4倍；累计完成改革村数量达到363个，占全区村集体经济组织总数的77.9%，比2010年增长61.8%。在改革乡镇中石楼镇、琉璃河镇、良乡镇、蒲洼乡、大安山乡、南窖乡、张坊镇、河北镇、霞云岭乡、长阳镇完成改革任务。已完成改革的363个村中，属于社区股份合作制改造的有59个，占完成村数的16.3%；属于土地股份合作制的共计1个村，占完成村数的0.3%；探索形成的经营机制改革完成数量有303个，占完成村数的83.5%。经营机制改革成为全区完成改革村的主体模式，剩余试点村选择的改革模式以经营机制改革为主体。产权制度改革主体程序经过民主决策启动改革、提出申请、乡镇批复、发布公告、制定方案、区乡审核、入户宣传、民主决策通过方案、清产核资、人员统计和成员界定、制定并通过章程、成立机构、登记注册、发放证书等10余项程序，开展社区股份合作制改造的村还要经过资产评估、资产处置、股权量化环节。

（马连杰）

【开展向村级组织收费专项清理整顿活动】 8月12日至10月31日，按照北京市农村工作委员会、北京市纠正行业不正之风办公室《关于开展向村级组织收费专项清理整顿活动的通知》要求，房山区开展向村级组织收费专项清理整顿活动。未发现向村级组织收取各种费用的行为。全区462个村应收村级组织正常运转专项补助资金7848.98万元。各项补助资金全部专款专用，未发现违规使用现象。

（马连杰）

【举办农村集体“三资”监管员培训班】 9月19日至29日，区经管站在十渡金马台山庄举办两期农村集体“三资”监管员培训班，培训的主要对象是各乡镇（街道）经管科科长、农村集体资产监管服务中心主任、农村集体资产监管服务中心拟录用人员及业务工作人员，共238人。培训班有针对性的对农村财务、资源及资产的发包、集体经济合同签订及重大事项招投标等，从制度上、程序上和业务操作上进行了全方位的专题辅导。

（马连杰）

【召开农村集体“三资”监管工作现场会】 11月17日，全区农村集体“三资”监管工作现场会在琉璃河镇召开。市农研中心领导，区委常委、区纪委书记王智慧，副区长曹蕾，区委组织部、区农委、区经管站、区财政局、区信息中心等区“三资”监管工作领导小组成员单位的主要领导参加会议。各乡镇了解了琉璃河镇农村集体“三资”监管的运行情况，听取了琉璃河镇推进“三资”监管工作的经验做法。

（马连杰）

【5家合作社被评为市级示范社】 11月24日，市农村工作委员会、市发改委、市科委、市商务委、市财政局、市工商行政管理局、中国银行业监督管理委员会北京监管局联合发布2011年度市级示范社名单，北京琉璃河宏利肉鸭专业合作社、北京长阳阳兴樱桃种植专业合作社、北京韩继养殖专业合作社、北京开晟鑫农副产品专业合作社、北京市丽宏富民香猪专业合作社5家合作社入选。

（马连杰）

【开展“三资”监管工作大检查】 11月28日至12月2日，房山区实施农村集体资金、资产、资源委托监管领导小组成员会同区党风廉政建设监察员分4组对全区23个乡镇开展“三资”监管工作进行检查，并对乡镇领导班子落实农村集体“三资”监管情况进行了考核评分。通过检查与考核，全区23个乡镇“三资”监管工作落实到位，均取得满分。

（马连杰）

【完成农村土地确权权益费兑现工作】 2011年，全区共有280个村涉及确权确地土地18.4万亩，向农户兑现权益费8407.9万元，同比增长13.3%；2011年权益费亩均456元，同比增长19.1%。

（马连杰）

种植业

【概况】 2011年，全区粮食播种面积41.6万亩，总产量为14.8万吨，平均亩产355公斤，同比分别增长9%和18.5%。其中，小麦播种面积14.4万亩，总产4.83万吨，亩产334.9公斤；玉米播种面积24.9万亩，总产9.64万吨，亩产386.8公斤。食用菌栽培面积4442亩，总产量15759.4吨。蔬菜播种面积7.31万亩，蔬菜产量186084吨。农机总动力37.74万千瓦，同比下降5.9%。完成4000盏太阳能照明灯的安装和300户生物质地采暖搭建等农村新能源工程建设。全年共培训农民3.27万人次。发放粮食补贴资金4629.9万元，保鲜库补贴资金821万元，国补机具93台。房山区被中国食用菌协会评为“全国食用菌文化产业建设先进县”。

（姚凯）

【开展早春植物检疫执法宣传培训】 2月15日，区植物保护站在房山区良种服务中心种子工作培训会上，开展早春植物检疫执法宣传培训。包括良种良法、早春小麦病虫害发生趋势与防治、植物检疫执法，对全区80多户种子经营单位法人进行现场培训，发放宣传材料100份，现场答疑20人次。

（赵娜）

【葡萄酒庄产业化发展配套适用机械研发成功】 2月，为配合全区5万亩葡萄酒庄产业带发展，区种植业服务中心成立了“农机化创新提升工程”专项课题组，就葡萄专用植保弥雾机的研制及葡萄越冬覆土埋藤机的完善改进，与中国农机研究院、中国农业大学、波龙堡葡萄种植基地等相关技术专家研究机具完善改进方案，并进行了零部件材料选择、样机加工图纸等技术准备工作，完成了葡萄越冬覆土埋藤机第三代样机的技术改造工作，将带式纵向输送机构改为滚筒式抛送机构，有效地解决了葡萄埋藤机故障率高和使用寿命短问题。5月，区种植业服务中心研制成功葡萄专用植保弥雾机第三代样机1台。

（赵娜）

【完成食用菌产业抽样调查】 2月至10月，房山区种子管理站对全区食用菌生产经营状况及菌种使用情况进行了抽样调查，调查涉及23个乡镇、70家食用菌生产基地，食用菌种植面积1238.7亩，涵盖了大型工厂化企业、中型基地、小型个体种植户 3 种种植管理模式。调查内容主要包括食用菌生产基地规模、经营种植模式、菌种使用、用工情况等。调查结果显示，房山区食用菌菌种使用及质量控制状况基本安全。食用菌产业呈现出快速化、稳定化、多样化的良好发展局面。生产品种繁多，主要包括平菇、香菇、白灵菇、杏鲍菇、蟹味菇等，极大的丰富了市民餐桌。此次调查为开展房山区食用菌菌种管理工作提供了数据支持。

（赵娜）

【开展春季农作物种子及农业转基因标识联合执法检查】 3 月 18 日，房山工商分局、区农业局、区种植中心、区质监局等 9 家单位，联合开展房山区 2011 年春季农作物种子及农业转基因标识联合执法检查活动。此次联合执法检查突出三项重点：一是紧抓重点销售季节、重点销售企业，以农作物种子、农业转基因标识检查为重点。二是加强种子经销档案监查力度，对农作物种子经营单位逐一进行经销档案的建立和完善情况检查，全面掌握农作物种子的进货、销售、包装、质量检测等状况。三是加大农作物种子新品种保护力度，对正在销售的玉米杂交种的保护品种逐一登记、核实，保护植物新品种权。出动执法人员 28 人次，检查农作物种子经营单位 2 家，食用油销售、分装企业 2 个。检查涉及玉米杂交种 20 个品种 1.05 万公斤、包装转基因食用油 8 个品牌 1928 桶、散装转基因食用油 1 个品牌 16 吨。检查中未发现种子违法行为，转基因食用油标识规范。

（赵娜）

【举行中国食用菌协会（房山）基地揭牌仪式】 3 月 25 日，中国食用菌协会(房山)基地揭牌仪式在房山区举行。中华供销合作社、中国食用菌协会、区农委、区种植中心等单位领导参加揭牌仪式。中国食用菌协会（房山）基地位于北京福满堂农业发展有限公司，该基地是全国首个行业组织与地方政府联合主办的精品示范基地。

（赵娜）

【小麦生长后期“一喷三防”防控】 4 月 1 日至 5 月 25 日，房山区植物保护站开展“一喷三防”（将杀虫剂、杀菌剂及微肥等混合后兑水喷雾，通过一次施药达到防治病害、防治虫害、防早衰等多重目的）工作，累计防治小麦白粉病 10 万亩、麦蚜 12 万亩、增施叶面肥 12 万亩。

（赵娜）

【开展“两虫”防治】 4 月 15 日至 25 日，房山区植物保护站免费发放 3%辛硫磷颗粒剂 53 吨，配发到 12 个乡镇，带动农户开展“两虫”（小麦吸浆虫和地下害虫）统防统治，全区防治“两虫”4 万亩。防治效果 85%以上。

（赵娜）

【第二季度农作物种子联合执法检查】 5 月 24 日，区农业局组织区法制办、区种植中心、房山工商分局、区质监局等 10 个单位，开展第二季度农作物种子联合执法检查活动，对辖区部分农作物种子经营单位进行了抽查。此次联合检查共出动执法人员 27 人次。检查发现，被抽查企业的农作物种子品种合格、标签规范、票证齐全、档案健全。

（赵娜）

【召开小麦新品种观摩会】 6 月 10 日，房山区种子管理站召开 2011 年小麦新品种观摩会，区种植中心、区植保站有关领导和专家参加，组织区良种服务中心等 5 家小麦种子生产企业和部分种植大户代表 50 余人参加此次活动。与会人员考察了改良轮选 987、京冬 22、中优 629 等 5 个品种及 32 个小麦新品种，栽培技术人员对展示的小麦新品种特征特性、栽培管理措施进行了现场讲解，活动中向农户发放了小麦新品种宣传材料 100 余份。

（赵娜）

【2011 年全国园艺作物标准园产品质量可追溯制度建设培训班在房山区举办】 6 月

28 日至 29 日，农业部优质农产品开发服务中心在房山区举办“2011 年全国园艺作物标准园产品质量可追溯制度建设培训班”。农业部优质农产品开发服务中心、农业部种植业管理司经作处、北京市农业局领导出席培训班。全国 28 个省市的 110 名代表参加培训。培训主要是以农业标准园全程质量控制为核心，以种植业产品质量可追溯制度建设为纽带进行了相关管理与技术应用培训，并组织参会代表现场观摩了房山区农产品质量安全追溯信息监管平台、房山区农产品质量安全检测站和北京泰华芦村种植专业合作社、北京乐义食用菌种植专业合作社 2 个园艺作物标准园。农业部领导对房山区蔬菜标准园可追溯制度建设“三级推进”模式给予高度评价。

（赵娜）

【引进示范推广玉米等离子种子处理技术】 6 月 29 日，区种植中心完成“等离子种子处理技术”玉米保护性耕作播种试验，在窦店镇窦店村、阎村镇大紫草坞村播种玉米 1000 亩。9 月中旬，农业部农机化司、市农机试验鉴定推广站领导就“玉米等离子种子处理技术示范推广项目”玉米出苗情况到窦店镇、阎村镇进行实地查看，对出苗情况比较满意，肯定试验示范效果。

（赵娜）

【筹措物资防控蜗牛危害】 7 月，石楼镇双柳树村和坨头村 1 万亩玉米发生蜗牛轻危害，蜗牛啃食玉米叶肉和雌穗花丝，造成玉米叶片缺刻，局部严重呈条带状，影响玉米授粉及植物的光合作用。8 月 17 日开始，房山区植物保护站筹措物资并开展一系列蜗牛防治技术宣传培训，发放技术宣传材料 3000 份。9 月 30 日，房山区植物保护站为石楼镇农民配发防治蜗牛药剂蚁蜗净 5 吨。

（赵娜）

【抗番茄黄化曲叶病毒病综合防控试验见成效】 8 月至 11 月，房山区植物保护站在大石窝镇南尚乐村进行抗番茄黄化曲叶病毒病（简称 TY）综合防控试验，该试验棚于 8 月 7 日定植，采取清洁田园、种植屏障作物、双网覆盖（防虫网+遮阳网）、黄板诱杀、设置缓冲间及药剂防治等技术加强田间管理指导，经调查，试验棚病株率 0.6%，TY 显症植株为 21 株，对照棚病株率 85%，约是试验棚的 142 倍，对照棚在防治烟粉虱及病毒毒方面的农药投入也远远高于试验棚，TY 防控效果明显。

（赵娜）

【召开新品种示范观摩会】 9 月 21 日，召开“房山区种子管理站 2011 年新品种示范观摩会”。此次观摩地点在石楼镇坨头村的“房山区农作物新品种展示基地”。参加观摩活动的有国家食用豆产业技术体系首席科学家程须珍，中国农科院作物科学研究所研究员常汝镇，全国农技推广中心研究员廖琴，北京市种子管理站部分专家，房山区种植中心领导，房山区种植中心系统各相关单位，及乡镇农发办主任、种子企业代表和部分种植大户，共计 100 余人。与会代表参观了基地展示的大豆、谷子、小豆、绿豆、玉米等 6 种农作物 188 个品种。

（赵娜）

【泰国、日本农业专家到房山参观】 10 月 10 日，泰国、日本农业专家到房山区种子管理站农作物新品种展示基地参观，现场考察了食用豆（杂豆）品种展示。来访的外籍专家有亚洲蔬菜研究中心专家、泰国农业大学博士生导师及日本农业生物资源研究博士等。国家食用豆产业技术体系首席科学家程须珍、河北省农科院田静研究员、江苏省农科院陈新研究员等陪同考察。专家们对房山区种子管理站开展的农作物新品种试验示范工作给予了高度肯定，并就试验管理进行了经验交流。房山区种子管理站多年来与国家食用豆产业技术体系首席专家紧密合作，筛选出一批杂粮优秀品种，如黑绿豆、白小豆、网纹黑小豆、红大豆等。

（赵娜）

【举行房山区农产品质量检测机构考核合格授牌仪式】　10月24日，市农业局授予房山区农业环境和生产检测站“农产品质量检测机构考核合格单位”，授牌仪式在北京凯悦莱温泉会议中心举行。农业部农产品质量安全监管局、北京市农业局领导，副区长卢国懿，区发改委、区财政局、区农业局和各郊区县农业局相关领导参加，区种植中心领导就房山区农产品质量安全检测站的工作开展情况做了简要介绍。

（赵娜）

【举办北京市葡萄埋藤机械化技术现场演示会】　11月8日，由市农机试验鉴定推广站、中国农机研究院、房山农机研究所联合举办的“北京市葡萄埋藤机械化技术现场演示会”在房山区波龙堡葡萄酒庄产业基地举行。葡萄埋藤实现机械化，可以提高葡萄生产埋藤作业环节机械化水平，降低人工劳动强度，符合房山区葡萄酒庄产业发展战略目标，为葡萄酒庄主导产业关键机械化技术做好全方位服务跟进。市农机管理处、市农机试验鉴定推广站领导在区科委、区种植中心领导的陪同下进行实地观摩，北京市各区县农机研究所、农机推广站等领导同步进行了工作指导。

（赵娜）

【房山区国家农业综合开发设施蔬菜项目通过验收】　11月23日，房山区2011年国家农业综合开发设施蔬菜项目完成建设任务并通过市级验收。该项目总投资2.58亿元，其中市、区财政拨付资金10249万元，涉及窦店、长阳等8个乡镇17个村，市级批复建设面积1952亩，涉及园区面积3514亩，建设主体为农业产业化龙头企业、农民专业合作社和其他企业，建设内容为中高档日光温室且建成后均用于蔬菜生产。

（孟立新）

【推进都市农业新品种四百千万展示工程】2009年开始，为促进房山区都市农业发展，区种子管理站参加了北京市种子管理系统“都市农业新品种四百千万展示工程”，为实现“北京市四季周年展示农作物新品种、每种作物展示品种数百个、每年推介品种一千个、每年展示品种总数达到一万个（次）”的目标开展了大量工作。2011年，区种子管理站安排展示示范秋冬季食用菌品种50个，推广示范香菇、平菇优良品种6个，面积300亩；引进彩色大豆品种60个筛选种植，展示杂粮豆类品种140个，在窦店、阎村、琉璃河等乡镇建立优秀品种丰产方19个地点1600亩、建立优秀品种示范田1.6万亩。

（赵娜）

【窦店村亩产全市第一】　在2011年全市高产创建竞赛中，窦店镇窦店村二农场278.2亩小麦平均亩产580.5公斤，在全市参赛的100个种植户中名列第一。七农场300亩小麦平均亩产560.0公斤，二农场、七农场同时获北京市小麦高产竞赛一等奖。

（赵娜）

养殖业

【概况】　2011年，全区牧业产值22.7亿元，同比增长9.2%；渔业产值0.98亿元，同比增长5.7%。在产业发展上，价格上涨和规模化养殖程度不断提高，养殖业生产基本稳定，全年生猪、肉牛、禽蛋、商品鱼出栏及产量同比分别增长6%、20.5%、7.7%和2%。完成了10个规模畜禽场、1个肉鸭出口备案场、4个渔场的升级改造，全面提升畜禽产业水平和市场供给能力。对13家规模猪场实施了粪污治理工程；在区内6000亩天然水域开展鱼类生物净水工程，共投放苗种92.6万尾、中华鳖1000只。全区第一个原种猪场引进北京六马华多种猪有限公司，新增美国优良种猪600头，并通过市农业局验收。全年鲟鱼苗种孵化量达到2000万尾，排名全市首位。全年出动执法人员6783人次，行政处罚立案85起，罚没款10.46万元，依法取缔泔水猪2.2万头，抽样检测农产品样本总量5107个，抽检合格率100%；全区认证基地数量增至165家、认证产品数量增至470个，认证规模及认证覆盖率均位列全市第一。农技推广体系建设方面，全年共开办114所农民田间学校，在校农民学员共3135名；按照“一村一员”设置，配备176名全科农技员；田间学校、创新团队累计开班741期，培训农民2万余人次。

（张山 郑宇）

【开展重大动物疫情应急演练活动】 2月21日，房山区动物卫生监督所在青龙湖镇上万村开展重大动物疫情应急演练活动。模拟实战情况，成立前线指挥和后勤保障两个分队，下设11个小组，演练内容包括紧急防控部署、扑杀动物、无害化处理和环境消毒。各小组能够在指挥长的安排和部署下，密切配合，有序行动，在规定的时间内采取有效的应急措施，完成指定任务。

（郁建伟）

【开展清理“垃圾猪”专项整治行动】 2月22日，房山区在青龙湖镇开展清理“垃圾猪”专项整治行动，拉开了房山区全面清理“垃圾猪”行动的序幕。为确保整治行动取得实效，成立了以副区长马丽英为组长，农业、市政、工商、卫生、质监、城管、环保、商务、规划、公安等部门参加的房山区泔水、垃圾喂猪专项整治工作领导小组。有关部门对青龙湖镇的“垃圾猪”养殖点进行依法取缔，并对猪舍进行了拆除、清理及防疫消毒。共出动装载机8台、挖掘机1台、消毒车辆1台。按照属地管理的原则，各乡（镇）、街道办事处负责辖区内垃圾喂猪清理工作，并于2月16日至2月25日开展重点排查和集中整治。

（郁建伟）

【开展水产品质量安全快速检测】 3月3日至10日，区渔政监督管理站和水产技术推广站联合对全区水产养殖场和永安批发市场水产品进行快速检测。主要检测孔雀石绿、氯霉素药物残留及养殖水环境指标，共抽检鲟鱼、虹鳟、鲤鱼、草鱼等水产品样品78个，检测水质指标155个，检测结果全部合格。

（郁建伟）

【完成2011年饲料生产企业备案审查工作】 3月31日，区农业局依据国务院颁布的《饲料和饲料添加剂管理条例》和农业部制定的《饲料生产企业审查办法》等相关法律法规的规定，对全区22家饲料生产企业进行现场检查，19家企业通过备案审查，对生产地址变更、无生产条件的3家饲料生产企业不予备案，并上报注销饲料企业生产许可证。

（郑宇）

【举行锦鲤专场拍卖会】 4月3日，房山区红运锦鲤养殖中心举办锦鲤专场拍卖会，山东、河北、上海、广东等10余个省市和房山区养殖场的100余人参加此次拍卖会。市农业局、市水产技术推广站、区农业局有关领导到现场观看了拍卖活动。此次拍卖的锦鲤包括红白、大正三色、昭和三色3个品种，现场共拍卖成交86尾，总成交额85.5万元。其中全场拍卖的最高价达到5.1万元。

（郁建伟）

【京冀渔政启动拒马河水生野生动物保护联合执法】 4月20日，京冀渔政拒马河水生野生动物保护联合执法启动仪式在房山区十渡镇举行。中国渔政指挥中心、北京市农业局、河北省农业厅水产局领导，房山区人大常委会副主任苗宗启出席启动仪式，市渔政站、河北省渔政处，区农工委、区农业局、区水务局、房山公安分局、十渡镇、张坊镇领导参加启动仪式。启动仪式上，市渔政站与河北省渔政处签署了《京冀渔政关于共同保护拒马河水生生物资源的协定》，房山区渔政站与河北省涞水县渔政站签署了《关于拒马河水生野生动物保护的协定》。随后与会领导观看了渔政部门现场销毁查获的禁用渔具、网具，并参观了渔政执法成果展板。

（郁建伟）

【完成2011年春季增殖放流工作】 5月6日，区养殖中心在刺猬河畔举行增殖放流活动，区水务局、西潞街道办事处相关领导参加了放流活动；现场投放鲢鱼、鳙鱼、红鲫鱼苗种共3万尾。至此，为期1个月的春季增殖放流工作结束。全区春季增殖放流水域包括崇青水库、龙泉湖、龙门口水库等9处水域，近6000亩水面，共投放优质苗种鲢鱼47.5万尾、鳙鱼13.25万尾、草鱼2.25万尾、红鲫鱼28万尾、兴国红鲤1.5万尾、中华鳖1000只，成活率达到99%以上。

（郑宇）

【外调动物及动物产品全部启用新版检疫证章】 6月开始，按照农业部统一部署，通过开展集中培训等前期准备工作，房山区调往外地的动物及动物产品全面启用新版检疫证明、检疫标志，并做到了填写内容详实、规范、准确。新版“动物检疫合格证明”详细载明了货主及承运人联系电话、生产单位名称、地址等可追溯信息，是推进动物及动物产品安全监管的一项重要举措。

（郑宇）

【开展水上花卉试验示范活动】 6月8日，区农业局在青龙湖镇崇青水库进行水上花卉试验示范活动，共在水面投放浮床50个，约40平方米，种植美人蕉、花叶芦竹、干取菜、旱伞草等品种花卉800余株。应用浮床在水面种植适于水中生长的花卉，通过植物吸收水中多余的营养物质，降低水体的富营养化程度，有效改良水质，改善鱼类生存环境。技术人员将浮床拼装成“FUNHILL”造型，通过摆放水上花卉，发挥其景观和宣传功能，增加水库景区观赏性和旅游效益。

（郑宇）

【开展全科农技员岗前技能测试】 6月10日，2011年拟推荐的90名全科农技员岗前技能测试在区成教中心举行，北京市农业局领导到现场指导测试工作。报考者在经过笔试测验后，由市农业局、区农业局、区种植业服务中心、区农科所、区植保站等相关单位的专家分别进行面试，通过测试筛选出76名村级全科农技员。

（郑宇）

【举办第二届肉品分割技能大赛】 8月3日，由区动物卫生监督所主办的第二届肉品分割技能大赛在华冠购物中心举行。此项赛事是房山区“百姓放心肉工程”系列推广活动的重要组成部分，其目的是为了宣传肉品安全知识，引导消费者理性消费。参加比赛的选手来自华冠46家分店的肉品分割工作人员，经过初赛、复赛后有10名选手进入决赛，并评选出一、二、三等奖及优秀奖。活动中，区动监所以展板及现场讲解的形式，为群众讲解了食品安全知识，并发放《如何购买放心肉》《病害肉鉴别》《购买动物产品须知》等宣传材料2000余份。

（郑宇）

【引进细鳞斜颌鲴苗种1.5万尾】 8月30日，区水产技术推广站从湖南省国家级鲴鱼原种场引进细鳞斜颌鲴苗种1.5万尾，在阎村镇、石楼镇、琉璃河镇4家养殖场进行套养试验，套养面积50亩，平均每亩套养300尾。细鳞斜颌鲴不仅形体美观、肉嫩味美、营养丰富，而且生长快、抗病力强、饲养简便，以水底的腐殖质、水生高等植物枝叶、硅藻和丝状藻类等为主要食物，与现有主要养殖的鲤鱼、草鱼等不争食，可以与这些鱼类混养，并能充分利用水体饵料生物资源，起到清除残食、净化水质等作用，因此享有“环保鱼”的美称。

（郑宇）

【房山区在 2011 北京·金鱼锦鲤大赛中获奖】 9月30日，由北京市农业局、全国水产技术推广总站、北京市水产科学研究所等单位举办的“2011 北京·金鱼锦鲤大赛”在北京朝阳公园开幕，共有来自全国的 34 个代表团近千尾金鱼、锦鲤参赛。经过专家评委组的评选，来自房山区北京红运锦鲤养殖中心的昭和三色锦鲤获得锦鲤组全场总冠军，红运锦鲤养殖中心继 2010 年夺魁之后再次获得该项大奖。

（郁建伟）

【4 家渔业高产高效生产基地建设通过验收】 10月28日，市农业局专家组对房山区4家渔业高产高效生产基地建设进行工程验收。专家组听取了房山区工程实施情况的汇报，查阅了有关资料，并通过面积测量、工程质量勘察等方式进行了现场勘验，对房山区渔业高产高效生产基地建设给予充分肯定。2011年，房山区渔业高产高效生产基地建设单位涉及3个乡镇的4家渔场（池塘标准化建设 2 家、温室循环水养殖建设 2 家），涉及养殖水面155.72亩，总投资474.66万元。建设内容包括池塘护坡、池底防渗、道路硬化、房屋修缮、绿化美化等。基地建成后，养殖场用水量明显减少，养殖用水实现零排放，单产水平明显提高，农民收入显著增加，并进一步提高了水产品质量安全水平。同时，渔业养殖条件、卫生环境得到极大改善。

（郑宇）

【全区农业标准化基地达到 204 家】 12月，房山区有 20 家农业标准化基地通过区农业局、区质监局、区园林绿化局、区种植中心等相关单位的验收。至此，全区农业标准化基地达到204家（市级62家，区级142家），其中粮经类12家、蔬菜类45家、畜禽水产类77家、林果花卉类70家。

（孟立新）

【开展畜牧农民田间学校培训工作】 2011年，全区共有畜牧农民田间学校 49 所（续建 37 所，新建 12 所），其中生猪田间学校26所、肉鸡田间学校3所、肉鸭田间学校4所、柴鸡田间学校 15 所、肉鸽田间学校 1 所。通过交流讨论、讲座、演示试验等多种方法教学，推广猪人工授精、前腔静脉采血、仔猪双切口去势术、仔猪早期断奶、柴鸡冬季呼吸道疾病的防治等技术。全年举办农民活动日980期，培训1.96万人次，其中培训新型农民学员1225人。

（郑宇）

水 务

【概况】 2011年，房山区水务局加快循环水务现代化建设步伐，以服务重点功能区建设为中心，及时跟进重大产业项目，为项目开工建设提供全程水务服务，高标准完成了崇青水库补水工程和青龙湖国际葡萄酒庄节水灌溉工程及长阳第一和第二水厂改扩建、长阳第三供水厂新建等安全供水工程，启动了北京高端制造业（房山）基地供水厂、再生水厂等工程。以解决群众的水务问题为目标，完成承办的为民办实事工程，推动民生水务工作的有序开展。实施应急抗旱水源、农业节水灌溉、小流域综合治理、雨洪利用等工程助推沟域经济发展。完善群测群防体系，提高险情预警时效。以推进“大美房山、绿美房山”建设为主题，精心筹备大石河流域绿色水岸和大石河（大件路—东沙河河口）环境治理、刺猬河（三期）治理等工程，重点推进房山新城滨水森林公园项目。以保障城市运行能力，精心筹备房山地区再生水替代燕化工业新鲜水工程、积极推动城关再生水厂及回用管网等工程，有效地缓解了城市供水压力。

（郑坤玮）

【祁家坡水厂改扩建工程完工】 4月，祁家坡水厂改扩建工程完工，向城关地区增加日供水量2.5万吨，解决了房山城关地区、周口店和石楼地区11.5万人的安全饮水问题。该工程是2011年区政府为民办理的实事之一，也是区水务局2011年重点惠民工程。采用地下水、地表水双水源供水，设计供水能力4万立方米/日。水厂内主要建有清水池4座，总容积1.1万立方米，地表水水处理设备1套。

（郑坤玮）

【生态清洁小流域综合治理工程全面开工】 4月至6月，房山区生态清洁小流域综合治理工程陆续开工。工程共治理中山、二道沟、议合、南泉水河4条小流域，治理面积35平方公里，涉及大石窝、大安山、佛子庄、蒲洼4个乡镇的水头、下庄、水峪、贾峪口、议合5个行政村，总投资1750万元。

（郑坤玮）

【联合执法确保滨河公园建设】 5月12日，区水务局联合区政法委、区城管大队、房山公安分局以及长阳镇政府400余人联合执法，出动挖掘机5辆、铲车7辆，拆除滨河公园项目区内河道两侧违法建筑2万余平方米，伐树100余株，保障了万亩滨河公园建设的安全进行。

（续晓璐）

【举办山区防汛避险转移演练】 5月13日，房山区在南窖乡水峪村举办山区防汛避险转移演练。市防汛指挥部、市应急办、市财政局、市农委、市国土局领导以及区农委、区财政局、房山国土分局、区气象局和山区乡镇的主管领导共100人现场观摩。整个演练过程长10分钟，组织山洪危险区内的40户共100名群众安全撤离，演练过程反映迅速、措施果断、行动有序。

（郑坤玮　续晓璐）

【入汛首场强降雨】 6月23日17时至24日7时，各乡镇普降大到暴雨，局部地区降大暴雨。据全区35处自动雨量观测站数据统计，全区平均降雨83毫米，降雨量超过100毫米的有5个站，其中拱辰街道、南窖乡降雨量最大，均为114毫米，上英水降雨量为109毫米，十渡、漫水河降雨均为100毫米。区水务局采取多种措积极应对降雨，确保市民出行安全。

（郑坤玮　续晓璐）

【加强饮用水水源地保护】 6月29日，房山区召开区级饮用水水源地保护管理实施方案部署会。区委常委、常务副区长高言杰，副区长马丽英以及25个区直委、办、局和有关乡镇负责人参加会议。为切实保障居民饮水安全，房山区加强组织领导，为饮用水源地保护提供组织保障、重新划定饮用水水源保护区范围、清除水源地保护区内的污染源、完善水源地保护制度，加强水源地监管、强化科学保护，建立水源地保护长效机制。

（郑坤玮　续晓璐）

【房山区水务工作会召开】 8月5日，房山区水务工作会召开。会议提出，深入贯彻落实中央水利工作会和北京市水务改革发展工作会议精神，全面开创全区水务改革发展新局面。市水务局领导，区领导刘伟、祁红、史全富、唐淑荣、张祝华、刘欣国、王智慧、韩裕、孙强、赵军、马丽英出席会议。

（郑坤玮）

【房山区“盗采砂石、非指定区域游泳和钓鱼、非法洗车百日整治行动”结束】 截至9月30日，为期100天的“盗采砂石、非指定区域游泳和钓鱼、非法洗车百日整治行动”结束。活动期间，区水务局水政监察大队出动执法人员2000余人次，执法车辆1200余辆次，与公安部门联合执法51次，查处盗采砂石违法案件410起，非指定区域游泳和钓鱼劝阻520人次，没收渔具等300余套，处理各类水事案件150起。

（郑坤玮）

【良乡水源地水质改造】 9月，良乡水源地水质改造工程验收合格后开始试运营，10月正式使用。工程主要供给良乡城区城南部分，在水源地安装水处理设施3套，在原有供水量每日0.5万立方米的基础上，增加到每日1.5万立方米。

（续晓璐）

【举办长阳第三供水厂投用仪式】 12月12日，举行长阳第三供水厂投用仪式。市水务局领导，区领导刘伟、祁红、史全富、唐淑荣、赵军、曹蕾出席仪式，副区长吴会杰主持仪式。长阳第三供水厂是房山区第一家“双水源、双管路、双处理工艺并实施全过程在线自动化控制”的供水厂，设计规模为日供水5万立方米，占地2.3公顷，配套输水管线11.75公里，总投资1.4亿元。长阳第三供水厂为良乡组团及中央休闲购物区（CSD）供水能力由每日2.8万立方米，提高到每日10.5万立方米。

（郑坤玮 续晓璐）

【小苑水厂输水干线扩建工程建成通水】 2010年11月11日，小苑水厂输水干线扩建工程开工。该工程作为2011年区政府重点工程，于2011年12月建成通水。该工程从良坨路南侧绿化带至京周路（北璐园小区东南角）新铺设供水管线8900米，并与城市供水管线联通。将原有的小苑水厂至良乡城区供水管线作为备用供水管线，形成双路供水。

（郑坤玮）

【9个单位、3个社区通过节水创建验收】 年内，西潞街道办事处、拱辰街道办事处、城关街道办事处、区环保局、区成教中心、房山国土分局、区地税局、区文化委、区广电中心9家单位，北关东路居委会、苏庄二里小区、北京电力设备总厂社区居委会3个社区通过市水务局节水创建验收小组验收。

（郑坤玮）

林 业

【概况】 2011年，房山区完成靠山居苹果园公园、云居寺静琬广场等公园绿地建设，新增城市绿化面积358.62万平方米、改造42.8万平方米，人均公共绿地面积12.73平方米。实施了困难地造林、国家级京津风沙源治理等10项重点工程，完成绿化造林4.85万亩，栽植各类苗木134.4万株。青龙湖镇园林小城镇以及全区10个绿色村庄、20个花园式单位、2个花园式社区的各项建设指标基本达到创建标准。全区有31万人以不同方式履行了植树义务，新植苗木27万株，多种形式折合植树66万株。新发展果树面积1.14万亩，推广有机化栽培2.38万亩。生产各类造林苗木350万株、培育营养杯苗50万盆。生产各类高档盆花150万盆，百合、红掌鲜切花100万支，普通草花1500万盆。发展林下经济2920亩，新增蜂群1万群。新建瞭望塔4座、检查站10处，新修防火巡护道路15公里。全年未发生森林火灾，房山区被市森林防火指挥部评为“2011年度森林防火工作先进区县”。全年完成防治作业105.6万亩，其中飞防214架次12.84万亩。集体林权制度主体改革基本完成，完成勘界156万亩，界定参改户数11.5万户26.5万人。完善绿色审批通道建设，全年批准林木伐移565件，伐移树木17.98万株，保障了市区重点工程的开工建设。收回良乡高教园区、加州水郡等代征绿地10块，面积2469亩。实施科技项目16项，完成农民培训53期4193人次。

（杨娟）

【京、冀联合开展打击非法出售野生动物及其制品专项行动】 1月18日，在京港澳高速进京方向的河北省涿州市与房山区交汇处，京、冀两地联合开展打击非法出售野生动物及其制品专项行动。参与行动的执法民警、协警共 37 名，收缴野生动物 45 只。

（李京辉）

【在全市率先制定并实施《森林火灾隐患的认定标准》】 1 月，区园林绿化局结合房山区气候特点、林木资源分布状况，社会人员活动情况和森林火灾发生规律，在全市率先制定并实施《森林火灾隐患的认定标准》，作为认定森林火灾隐患的依据，使森林火灾防控工作有的放矢，执法工作有据可循。该认定标准共 18 条，被市森林防火指挥部高度肯定，并以此为依据编制了《北京市森林火灾隐患认定手册》在全市推广。

（李京辉）

【首次引入社会资金建设公园绿地】 3 月 7 日，靠山居苹果园公园开工建设，是房山区首次采取引进社会资金参与公园绿地建设、经营管理，开创了"企业投资、整体打造、利益共享"建设公园的新模式。该公园位于长周路的东侧、靠山居艺墅小区南侧，占地 43655 平方米。工程建设全部由北京靠山居投资管理集团出资，工程于 5 月 30 日竣工，成为长阳北部一个集健身、娱乐、休闲为一体的全开放式生态公园。

（王宏智）

【完成云居寺静琬广场绿化工程】 静琬广场位于云居寺东侧、周张公路北侧，广场总面积 81223 平方米。静琬广场绿化工程于 3 月 27 日开工，5 月 8 日全面竣工，总投资 700 余万元。绿化总面积 7.32 万平方米，共栽植国槐、银杏、白皮松等高大乔木 20 余种 900 株，灌木 100 株，竹子 2200 株，铺草坪 7.3 万平方米。

（张大同）

【召开万亩梨示范园病虫害防控现场会】 4 月 13 日，国家梨产业体系北京试验站岗位专家及房山区农村科技服务专家在琉璃河镇贾河村京白梨大家族主题公园示范园召开梨害虫防控现场会。共有 120 多名果农参加现场会，会上专家们就梨树病虫害进行了详细讲解，并为果农们发放了黄板 1500 张、梨小食心虫诱芯 5000 个、《梨树病虫害防治图谱》等书籍 70 册。广大果农学会了最新的病虫害防控知识和技术。

（王乔）

【房山区六环路重点绿色通道工程完工】 5 月 6 日，房山区六环路重点绿色通道工程完工，栽植各类苗木 14.6 万余株，铺植地被 16.4 万平方米。该工程为市级重点项目，涉及长阳、拱辰、良乡、阎村、西潞、青龙湖 6 个乡镇、街道办事处。绿化总长度 21.3 公里，绿化总面积 4312.8 亩。

（王思思）

【首都绿色村庄、园林小城镇创建工作推进会在房山区召开】 6 月 24 日，首都绿化委员会办公室在房山区长沟镇北正村桃苑沟山庄召开了首都绿化美化园林小城镇、首都绿色村庄创建工作推进会。市园林绿化局、首都绿化委员会办公室、市农委领导，房山区副区长、区绿化委员会副主任马丽英出席会议。各区县园林绿化局局长、绿化办主任、绿化办主管主任、科长等 260 人参加会议。参会人员现场参观长沟镇园林小城镇绿化美化建设情况，听取房山区创建工作的汇报，对区的创建工作给予充分肯定。

（李萍）

【房山区 2010 年太行山绿化工程通过验收】 7 月 18 日至 22 日，由国家林业局调查规划设计院和市园林绿化局相关专家组成的核查小组，对房山区 2010 年太行山绿化工程进行核查验收。通过对随机抽选地块的严格核查，核查组对房山区太行山绿化工程的造林成果给予肯定，认为此项工程严格按照作业设计进行施工，造林面积、成活率等各项指标达到验收标准。

（王思思）

【启动生态效益补偿资金发放工作】 9 月 14 日，长沟镇完成 3 个村生态效益补偿资金的发放工作，是房山区第一个完成生态效益补偿资金发放工作的乡镇。长沟镇涉及林改的生态公益林面积6909亩，发放2010年度、2011年度补偿资金共计33.16万元，有1227户、4017人领取生态效益补偿资金，年人均41.28元。

（刘士河）

【2011年发放蜂具5000套】 10月12日，区政协、区财政局、区农委、区园林绿化局和乡镇、蜂农代表在房山区园林绿化局林果科技服务中心举行“落实政协提案 发展养蜂产业——房山区 2011 年度蜂具发放仪式”。南窖、蒲洼、十渡、周口店等13个乡镇参加发放仪式。5000套配套蜂具陆续分发到全区蜂农手中，用于扩大养蜂数量。

（王乔　曹海英）

【创新义务植树管理模式】 2011年，全区155家区直机关、企事业单位有125家以“以资代劳”形式完成植树任务，缴纳以资代劳费65.9万元，全部用于云居寺后主山绿化。这种形式属于全市首创，得到了首绿办领导的肯定。

（李萍）

【创新林木有害生物防治工作】 年内，区园林绿化局不断创新防治工作机制，充分依靠政策引导，资金扶持，引导、鼓励和支持不同所有制形式和组织、公司参与林木有害生物防治，推进防治工作的社会化、多元化。大石窝镇成立由全科农技员组成的监测普查防治多功能队伍，负责辖区的防控工作。拱辰街道创新防治工作机制，将全年监测、普查、防治等防控工作委托北京世纪商贸绿化公司，并签订防控责任书，乡镇负责检查验收工作。西潞街道成立2支专业防控队，一组负责监测普查，另一组负责普防与除治。韩村河、长沟、张坊等乡镇充分利用镇扑火队完成全年的防治工作任务。河北镇组建一支专业防治队伍——金河天诚绿化工程有限公司，配备打药机、农药等防治物资，负责主干线路的防治；各村由护林员成立防治队伍，负责本村的防治工作。

（周晓然）

【冬季防寒工作完工】 为做好园林植物冬季防寒工作，区园林绿化局提早动手开展冬季树木的管理和养护。园林职工根据植物不同的生长特点主要采取树干缠草绳、根部培土、做防寒板、搭设风障、浇防冻水等措施，为植物过冬提供有力保障。截至12月20日，防寒工作完工，设常绿树风障1506个、花灌木树干缠草绳 12431 株、色带绿篱做防寒板108107平方米、根部培土防寒1975平方米，并安排专人在各绿地进行巡查，发现防寒破损情况及时修补，以保证植物安全越冬。

（张大同）

附：

2010年度首都绿化美化先进集体、积极分子名单

首都全民义务植树先进单位

中共房山区委办公室、长阳镇人民政府、北京市公安局公安交通管理局房山交通支队、北京市琉璃河水泥有限公司

首都绿化美化花园式社区

燕山地区星城社区、韩村河镇大自然新城社区

首都绿化美化花园式单位

北方温泉会议中心、西潞街道南尚岗村金鸽园小区、燕山石化富燕新村、华北电网有限公司培训中心家属区、韩村河镇天开完全小学、北京经贸职业学院、良乡卫星城污水处理厂、矿机居住小区、窦店供水厂、良乡镇福港老年服务中心、中国原子能科学研究院幼儿园、霞云岭乡卫生院、韩村河镇宝健希望小学、窦店镇芦村完全小学、城关镇永安西里居住小区、良乡镇后石羊村委会、北京燕顺实业有限责任公司、城关镇万宁桥居住小区、北京京良东方工贸有限公司、燕山养老院

首都绿化美化园林小城镇

房山区城关镇

首都绿色村庄

窦店镇北柳村、琉璃河镇北洛村、南窖乡水峪村、青龙湖镇南观村、十渡镇北石门村、大石窝镇下滩村、青龙湖镇焦各庄村、周口店镇南韩继村、大安山乡寺尚村、韩村河镇西南章村、史家营乡柳林水村、长阳镇西场村、张坊镇大峪沟村

首都绿化美化先进单位

房山区人民政府办公室、大石窝镇人民政府、窦店镇人民政府

首都绿化美化积极分子

张海生、李光明、胡建光、孙建华、李更宇、陈兴柱、隗永龙、田立侠、王福顺、王　强、赵晓宁、燕学理、康军民、李晓梅、康海剑、李雪红、董永娟、张东生、张来喜、李小娟、闫启勇、刘志刚、赵海旺、柴　钢、陈曦鹏、陈　城、许京超、隗合银、隗永成、李庆军

（颁奖单位：北京市人民政府、首都绿化委员会；颁奖时间：2011 年 2 月）

工　业

【概述】 2011 年，房山区工业以转变经济增长方式为主线，以新型工业化为目标，以保增长为重要砝码，主动加大产业结构调整力度，强化重点功能区建设，狠抓重大项目入区，着力化解经济运行中突出的矛盾和问题，确保工业经济持续、稳定、健康发展。区域工业实现产值 1051.6 亿元，同比增长 8.8%。工业税收达到 120 亿元，占全区税收总数的 60%。工业企业发展到 3131 家，职工达 9.8 万人。规模以上工业企业达 166 家，实现产值 1014 亿元，同比增长 9.1%。销售收入达到 1 亿元以上的企业 55 家、10 亿元以上的 5 家、50 亿元以上的 1 家、100 亿元以上的 1 家。

（孙学东）

【首创担保入股燕鸿担保公司】 1 月 12 日，北京市财政局、房山区政府、北京首创担保公司、房山区信用担保资金管理中心四方签署北京燕鸿投资担保有限责任公司股权转让协议。协议签署后，北京燕鸿投资担保有限责任公司获得北京市财政局 5400 万元资金注入，由首创担保公司代持股收购房山区信用担保资金管理中心持有的北京燕鸿投资担保有限责任公司 49%股权，并由首创担保公司代持股 49%向北京燕鸿投资担保公司投资，引入现代企业管理理念与专业化运营模式，增加北京燕鸿投资担保有限责任公司的担保金数额，提高担保能力。这种全新的市、区联手合作模式使房山区担保平台在担保能力、风险控制能力上得到提升。

（孙学东）

【国家考核组检查房山区淘汰落后产能情况】 4 月 15 日，国家能源局煤炭司副司长严天科率国家能源局、工信部、质检总局联合考核组到房山区就水泥、煤矿行业淘汰落后产能情况进行现场检查。市经信委领导、副区长马继业陪同检查。国家考核组到琉璃河镇、南窖乡实地查看北京市琉璃河水泥有限公司、北京如兴水泥厂、北京现代亚新水泥厂和北京众福煤矿关闭情况，对房山区淘汰落后产能工作表示肯定。2010 年，房山区按照《国务院关于进一步加强淘汰落后产能工作的通知》《北京市人民政府关于进一步加强淘汰落后产能工作的实施意见》，坚决贯彻落实国家、北京市淘汰落后产能要求，全力推进煤矿、水泥行业退出，按照计划完成了

18 家煤矿关闭、9 家水泥企业关停工作。

（孙学东）

【签署“无线城市”建设框架合作协议】 5 月 30 日，区经信委与中国移动北京分公司在长阳 CSD 商务广场签署“无线城市”建设框架合作协议，进一步加强战略合作，推进“智慧房山”信息化进程。副区长马继业、中国移动北京公司领导出席签约仪式。区经信委、中国移动北京公司房山分公司领导分别代表双方签订协议。此次双方签署的协议内容主要包括 5 个方面：第一，房山区经信委和中国移动北京公司确定建立长期合作伙伴关系。第二，中国移动北京公司依托 TD-SCDMA 等技术和丰富的频谱资源，积极推动房山的“无线城市”建设，采用 TD+WLAN 互为补充的建设模式实现基础网络覆盖，满足城市无线网络高速接入需求。房山区经信委支持将 TD-SCDMA 建设纳入房山区域信息化建设整体规划，推动 TD-SCDMA 在公众、政府和企业的应用。第三，中国移动北京公司在房山区稳步落实北京市人民政府和中国移动通信集团公司于 2009 年 5 月签署的战略合作框架协议的内容和精神，加快在房山区实现 TD-SCDMA 网络基础设施覆盖工程，并针对房山区的信息化建设项目，进行优先试点、重点保障。房山区经信委积极支持中国移动北京公司在房山区建设 TD-SCDMA 网络并开展相关业务，积极协调解决 TD-SCDMA 建设中遇到的问题，协助中国移动北京公司解决在基站选址、市政规划、管道建设、电力引入、城铁覆盖等方面的实际困难。第四，中国移动北京公司通过先进的信息化手段和丰富的信息化经验，助力政府实现“强政、兴业、惠民”的信息化目标，并结合房山区政府各项“保增长、保民生、保稳定”的措施，助力房山区政府打造一个移动政务平台。第五，中国移动北京公司利用 GPRS、EDGE、TD 有线传输等技术，整合行业信息化应用解决方案，利用信息化手段在政府管理、旅游、教育、医疗卫生、新农村建设等五大方面协助房山区政府提升电子政务应用水平和民生服务满意度。房山区经信委支持以 TD-SCDMA 网络标准促进房山区重点区域的无线网络建设。牵头推动在政府管理、旅游、教育、医疗卫生、涉农信息等领域的移动信息化项目，优先采用 TD-SCDMA 网络技术；推动房山区政府和各委、办、局及各乡镇已有的移动办公、移动执法、城市管理等系统升级至 TD-SCDMA 网络。积极协助中国移动推进“无线城市”“电子政务”“无线新农村”的建设。

（孙学东）

【北京安龙科技集团、北京永康药业有限公司签约落户房山】 5 月 30 日，举行北京安龙科技集团、北京永康药业有限公司落户房山工业园区签约仪式。北京安龙科技集团投资 3.54 亿元建设特种材料国家工程中心，该集团是集科、工、贸为一体的民营高科技综合性企业，项目占地面积 2.2 万平方米，生产特警车辆、防弹、防爆系列和其他安防产品。北京永康药业有限公司投资 1.02 亿元建设医药产销基地，该公司为北京市中关村科技园区高新技术企业，于 2002 年通过国家 GMP 认证。项目占地 40 亩，生产盐酸川芎嗪、盐酸洛贝林、布美他尼、三磷酸胞苷二钠(CTP)、盐酸纳洛酮、更昔洛韦、盐酸二甲双胍、肌醇酯片等 60 多个品种的片、针剂产品。

（孙学东）

【举办大型企业经验交流会】 7 月 24 日，由区政府主办，区经信委、区广电中心承办的“追求企业卓越，绘就工业宏图”大型企业经验交流会在长阳 CSD 商务广场举行。100 余位优秀企业家代表和区直有关部门及各乡镇主管工业的领导参加交流会。会上，北京燕山和成橡塑新材料有限公司从新建项目落地建设方面、北京恒通创新赛木科技股份有限公司从科技创新方面、北京博源包装制品有限公司从担保融资方面、北京欣博通能科传动技术股份有限公司从人才队伍建设方面、碧生源控股有限公司就企业上市方面分别介绍了各自的经验和成就。

（孙学东）

【启动房山经济信息港】 9月22日，房山经济信息港启动仪式在长阳CSD商务广场举行。工信部、中国信息协会、北京市经信委、中国移动北京分公司领导出席会议，房山区领导祁红、刘顺林、高维魁、周文海出席启动仪式，区直各单位、各乡镇和100余家重点企业领导参加活动。房山经济信息港是房山区经信委以“无线物联房山，云聚感知龙乡”为理念，历经一年的时间，精心筹划、设计、打造的精品工程，获得中国信息协会颁发的“2011中国城市化管理创新奖”。它利用房山区在电子政务信息化建设中取得的成功经验和丰硕成果，通过物联网技术手段，按照基础设施、支撑平台、业务应用三个层次，以促进“两化融合”为目的，构建公共服务展示平台与企业协作体系；以整合政府职能与资源，为企业提供高质高效服务为目的，构建企业服务体系；以展示经济运行情况，服务招商引资，提供决策依据为目的，构建招商平台与经济运行指标评价体系。

（孙学东）

【北京房工兴业机械制造有限公司开工】 4月12日，举行北京房工兴业机械制造有限公司开工仪式。该公司由房山区工业总公司与中煤北京煤矿机械有限责任公司合作成立，注册资金为1000万元，厂址位于房山区大石河靠山居路原房山区物资总公司院内，该项目总投资2500万元，建设1.5万平方米至2万平方米的钢结构厂房及附属设施，年产煤矿液压支架结构件约2万吨。

（郝亚丽）

【4家单位整体划转区工业总公司管理】 5月17日，按照区国资委“十二五”规划部署及整体要求，加大企业产业结构调整和资源整合，经区政府批准，北京市房山工艺油实验厂、房山区煤炭工业公司运销经理部、北京市房山橡胶塑料厂、北京市育龙技术学校4家单位整体划转房山区工业总公司管理。区工业总公司对4家单位分别进行清产核资，摸清家底，重新制定发展规划。11月10日，鉴于房山区煤炭工业公司运销经理部的特殊情况，将其划归区国资委管理。

（郝亚丽）

【金太阳公司新建两条药芯焊丝生产线】 7月20日，北京金太阳药芯焊丝有限公司新建的两条药芯焊丝生产线经过多次调试投入生产。年内，生产特种焊丝44吨，收入213万元，利润40万元，利税10万元。

（郝亚丽）

五大园区建设

北京石化新材料科技产业基地

【“厂中村”专项补助资金获批复】 1月，市财政局按照市政府决定，对燕化“厂中村”专项补助资金予以批复。批复决定对燕化公司内7个“厂中村”搬迁改造所需资金（初步测算15.3亿元）给予补助，由市区两级分担，其中市财政承担70%，区财政承担30%。

（杨林）

【中石化三菱化学年产6万吨聚碳酸酯项目建成投产】 2月17日，中石化三菱化学年产6万吨聚碳酸酯装置产出聚碳酸酯（PC）产品，实现一次开车成功。这标志着北京石化新材料科技产业基地重大项目推进取得重大突破。年产6万吨聚碳酸酯项目由中国石化与日本三菱化学合资建设，是中国石化引进的第一套聚碳酸酯生产装置，也是北京石化新材料科技产业基地重点高附加值产业项目。该项目于2010年5月12日开工建设，2011年9月实现中交。2月15日正式投料生产，2月17日产出合格产品。该项目运转平稳，单条生产线加工量已达到设计负荷的80%，日产量可达到72吨。

（邢海洋）

【北京燕山石化橡塑化工有限责任公司注册成功】 9月1日，北京燕山石化橡塑化工有限责任公司在北京市工商局燕山分局注册成功。公司注册资本5000万元，生产销售顺丁橡胶、丁基/溴化丁基橡胶等石化新材料产品。

（阮健）

【市委副书记、市政协主席王安顺到石化新材料基地调研指导工作】 9月6日，市委副书记、市政协主席、市推进燕房合作协调小组组长王安顺到北京石化新材料科技产业基地调研指导工作。房山区领导刘伟、史全富、唐淑荣、张祝华、刘欣国、高言杰、赵军、段维鹏、马继业、李惠英等陪同调研。王安顺首先到北京石化新材料科技产业基地建设管理委员会参观基地沙盘，听取石化新材料基地2011年燕房合作和基地建设工作情况的汇报。详细了解在建项目、基础设施、服务配套设施建设进展情况汇报。王安顺对燕房合作和石化新材料基地建设取得的成绩给予了充分肯定。

（荆昕会）

【参加第一届新材料产业博览会】 9月6日至8日，北京石化新材料基地作为全市唯一一家新材料产业园区代表参加了第一届中国国际新材料产业博览会。展览期间，重点宣传了三菱化学聚碳酸酯、华美聚合物、威立雅等16家基地企业，有针对性地参观了上海、天津、重庆、大连等省市的展馆，参加了新材料产业“十二五”发展规划解读等主题活动，与部分化工新材料园区的同行进行了探讨和交流。

（杨龙 阮健）

【召开推进燕房合作第9次协调小组会】 10月26日，在市政府5号楼会议室，市委副书记、市政协主席、市推进燕房合作协调小组组长王安顺主持召开推进燕房合作第9次协调小组会。副市长苟仲文，市政协副主席熊大新，中石化集团公司总经理、股份公司总裁王天普，中石化股份公司副总裁雷典武等领导出席会议，市推进燕房合作各成员单位领导，房山区和燕山石化领导刘伟、王永健、祁红、史全富、赵军、段维鹏、翟东、线长安等参加会议。会议听取了各单位2011年工作进展情况汇报，研究解决燕房合作和北京石化新材料科技产业基地建设中的重点难点问题，要求各有关方面不断把燕房合作和石化新材料基地建设推向前进。会上，副市长苟仲文宣读了《关于调整推进燕房合作协调小组成员的通知》，中石化股份有限公司副总裁雷典武介绍了落实北京市与中石化战略合作框架协议的情况，市经信委领导汇报了协调小组办公室开展的有关工作，房山区领导刘伟、祁红、史全富，北京燕山石油化工总公司领导王永健就北京石化新材料科技产业基地和北京燕山石油化工总公司建设发展情况和需要协调小组协助解决的问题进行了汇报。市各有关部门、房山区和燕山石化认真落实《2011年推进燕房合作重点任务分解》，加强协调、密切配合、齐抓共管，燕房合作和石化新材料基地建设继续保持良好的发展势头。

（邢海洋）

【北京石化新材料科技产业基地全年工业销售收入934亿元】 2011年，北京石化新材料科技产业基地核心区主要经济指标继续保持高位强势增长。全年完成工业销售收入934亿元，实现工业总产值834亿元，同比分别增长21%和14.2%；完成区域税收115.5亿元；实现地方财政收入8.45亿元，同比增长29%，各项指标再创历史新高。基地形成投产一批、在建一批、储备一批、洽谈一批的发展格局。截至2011年年底，中石化投资燕山石化项目达到66项、总投资240.8亿元。另外，中石化其他投资和社会投资方面，已有13家企业25个项目确定入驻基地，投资总额约49.6亿元。其中和成新材料、八亿时空液晶材料、迅邦润泽物流等项目正在建设，中石化润滑油、系列催化剂等一批重点项目正在开展落地准备工作。

（孟祥）

北京高端制造业（房山）基地

【京西重工进入试生产阶段】 1月12日，京西重工房山工厂在北京窦店高端现代制造业产业基地举行减震器样件生产启动仪式，标志着京西重工正式进入试生产阶段。1月24日，京西重工生产出第一批合格减震器样件。

（李沛鸽）

【北京市政府与中国北车集团签署战略框架合作协议】 3月13日，北京市副市长苟仲文代表北京市人民政府与中国北方机车车辆工业集团公司（简称中国北车集团）签署《战略框架合作协议》。市经信委、房山区、丰台区与中国北车股份有限公司领导共同签署了《项目合作协议》。中国北车集团在北京窦店高端现代制造业产业基地内发展中低速磁悬浮列车、高端城市轨道交通车辆、高端城际轨道交通车辆、轨道养护机械、大功率交流传动机车、高速动车组及城轨车辆关键核心部件、风电装备和战略新兴产业七大项目。市政府副秘书长戴卫，中国北车股份有限公司总裁奚国华，市经信委主任朱炎，丰台区委书记李超钢、区长崔鹏，房山区领导刘伟、祁红、高言杰、赵军、马继业、周文海出席签约仪式。

（李沛鸽）

【中国北车北京轨道交通装备产业园（一期）开工】 6月24日，中国北车轨道交通装备产业园项目在北京窦店高端现代制造业产业基地举行奠基仪式。中国北车在基地发展高端城市轨道交通车辆、高端城际列车、大型养路机械、大功率机车、中低速磁悬浮列车、高速动车组和城轨车辆核心部件以及战略新兴产业等项目，建设专业化、规模化的高端装备制造和战略新兴产业基地。北京市副市长苟仲文，中国北车集团党委书记、中国北车股份有限公司总裁奚国华，市经济和信息化委员会领导，房山区领导史全富、唐淑荣、张祝华、吴会杰、马继业、周文海出席奠基仪式。9月28日，中国北车北京轨道交通装备产业园(一期)开工仪式在北京高端制造业（房山）基地举行。开工仪式的举行标志着产业园正式开始建设。区政协副主席、北京高端制造业（房山）基地管委会主任周文海出席开工仪式，窦店镇、区经信委、中国北车集团等单位领导参加活动。

（李沛鸽）

【北京窦店高端现代制造业产业基地再生水厂一期开工】 6月8日，北京窦店高端现代制造业产业基地再生水厂一期工程开工。再生水厂项目由北京排水集团有限公司采用BOT模式建设，总占地6.6公顷，总投资8979.22万元，建成后处理规模将达到2.6万立方米/天。其中，一期工程占地3公顷，建筑面积2466平方米，处理能力0.6万立方米/天。

（李沛鸽）

【北京窦店高端现代制造业产业基地举行03街区评估工作动员大会】 6月10日，北京窦店高端现代制造业产业基地03街区评估工作动员大会在基地管委会召开。此次评估工作于6月10日开始，评估总面积

2180.92亩。其中望楚村461.6亩、大高舍村1253.5亩、小高舍357.7亩、二街村5.91亩、镇资产经营公司集体土地102.21亩。此项工作的评估单位为北京瑞欧房地产评估有限公司，测绘单位为北京天地鸿图测绘有限公司。6月15日，评估工作完成。

（李沛鸽）

【长安汽车公司首招工人60名】 6月17日，窦店高端制造业产业基地北京长安汽车公司从房山区首批招工60人。此次招工为检验工及装配工两类工种，根据北京长安汽车公司的具体用工需求，经一个半月的培训、考试后，成绩排在前60名的人员被长安汽车公司录用。

（殷金玉）

【北控绿色科技产业园项目开工】 6月24日，北控绿色科技产业园项目在北京高端现代制造业产业基地举行开工仪式。北控绿色科技产业园项目总占地面积402亩，投资约20亿元，生产CPV核心产品——化合物多结芯片与接收器、高倍聚光透镜和聚光模组，集成追日装置、逆变器等配套系统，以及CPV产品检测系统。产业园全部建成后将形成160兆瓦芯片、760兆瓦模组生产能力，达产后年销售收入约为36亿元。北京市副市长苟仲文，北京北控绿色科技产业有限公司、市经济和信息化委员会领导，区领导史全富、唐淑荣、张祝华、吴会杰、马继业、周文海出席开工仪式。

（李沛鸽）

【举行北京高端制造业（房山）基地签约仪式】 7月24日，北京高端制造业（房山）基地签约仪式暨品牌推介会在北京市环球贸易中心举行。北京市副市长苟仲文、国家工信部装备司司长张相木，市政府副秘书长戴卫、朱炎，区领导刘伟、祁红、史全富、唐淑荣、张祝华、高言杰、赵佳琛、赵军、马继业、周文海出席活动。北京高端制造业（房山）基地是北京市唯一的市级规划基地。推介会上，京城机电高端装备制造工业园项目、北京长安汽车工程技术研究院项目、国能创新项目、瑞好汽车事业部中国市场奔驰项目、五轴联动电火花加工技术项目分别与基地签署框架合作协议，成为新一批计划进驻的高端制造业项目，总投资额突破百亿元大关。区委常委、宣传部部长赵佳琛首次公布了“北京高端制造业（房山）基地”品牌F.M.D（Funmade），这是继CSD（中央购物区）、“穿越之城幸福之山”（旅游品牌）品牌后在制造业领域推出的新的区域经济品牌。

（李沛鸽）

【举行北京高端制造业（房山）基地揭牌仪式】 8月18日，北京高端制造业（房山）基地在房山区窦店镇举行揭牌仪式。北京高端制造业（房山）基地是房山区五大功能区之一，北京长安有限责任公司、京西重工有限公司、北控绿色科技产业园、北车轨道交通装备产业园4个项目入驻基地。区领导祁红、唐淑荣、马继业、周文海出席揭牌仪式。

（李沛鸽）

【举行中日科技合作项目签约仪式】 9月26日，北京高端制造业（房山）基地中日科技合作项目签约仪式在北京饭店举行。市委常委、常务副市长吉林，副市长苟仲文，区领导刘伟、祁红、张祝华、周文海出席签约仪式。根据协议，房山区与国能电力集团在北京高端制造业基地合作建立中日友好绿色产业园。园区占地600亩，投资总额20亿元，年产值200亿元，纳税28亿元，解决就业2000人。产业园项目一期主要发展全球最领先的三维锂电池、LED节能产品、碳铝合金、生物质高纯度甲醛制造设备、纳米管系列产品6项核心技术产品，同时建设先进的研发中心。

（李沛鸽）

【北京高端制造业（房山）基地就业服务中心挂牌】 11月14日，北京高端制造业（房山）基地就业服务中心举行揭牌仪式。北京高端制造业（房山）基地就业服务中心位于窦店镇鑫湖苑院内，其职能是宣传、贯彻人力资源和社会保障相关法律法规；为入驻企业提供技能人才培训、人员招聘、劳务派遣等用工服务；帮助企业做好签订劳动合同、参加社会保险等工作；帮助企业引进非北京生源高校毕业生以及各种急需的高端人才；帮助企业申请、落实相关政策。服务中心办公面积300平方米，设置了综合、信息、自助、就业4个服务区和7个服务窗口。

（李沛鸽）

【北京高端制造业（房山）基地举行百亿投资签约仪式】 12月19日，北京高端制造业（房山）基地在河北省保定市举行百亿投资签约仪式。副区长马继业代表区政府分别与北京矿冶研究总院副院长于月光、商联德国际投资有限公司副总经理陈洁、中投汇豪(控股)集团董事长孙杰、北京长久物流股份有限公司副总裁李涛、北京矿大节能科技有限公司董事长王建学签署战略合作框架协议。

（李沛鸽）

中央休闲购物区（CSD）

【举行2011北京国际房车露营展览会】 3月25日至27日，2011北京国际房车露营展览会在长阳镇大宁山庄北京房车博览中心举行。该展览会由中国房车露营联盟、中央休闲购物区（长阳核心区）管理委员会、房山区旅游局主办，北京房车博览中心承办，是国内首个以房车、露营为主题的大型专业展览会。中誉房车等房车公司近30款60余辆房车及户外露营产品参加展会，集中展示房车、房车零配件、户外露营用品装备及自驾车露营地景区等。吸引房车爱好者近5000余人参观，实现销售额近千万元。

（苏雷）

【9家商业企业进驻长阳半岛】 4月17日，中粮万科·长阳半岛拉开FUN MIX商业配套引进活动序幕，肯德基、麦当劳、必胜客、俏江南、万宁个人护理药妆店、永辉超市、苏宁电器、星美国际影城、乐高教育9家商业企业达成入驻中央休闲购物区（CSD）协议，涵盖了餐饮、购物、休闲等生活各方面，标志着长阳中心区22万平方米全年龄层的体验型特色娱乐业态的郊区型购物中心Power Center——FUN MIX建设的正式开启。北京中粮万科房地产开发有限公司、万科集团、北京万科领导，九大品牌商家负责人及长阳镇领导出席签约仪式。

（苏雷）

【中核东方自控产业化项目开工建设】 4月29日，中核东方自控产业化项目开工建设。该项目总投资5亿元，总建筑面积11万平方米，位于地铁房山线理工大学站4号地，以核工程数字化仪表控制系统和相关DCS平台、专用仪控系统等研发和生产为主。

（苏雷）

【芭蕾雨·奥特莱斯广场封顶】 4月29日，芭蕾雨·奥特莱斯广场封顶。芭蕾雨·奥特莱斯广场为华北地区最大的奥特莱斯购物中心，吸纳了200家国际品牌。该项目地下1层、地上2层、局部3层，位于长阳西站1、2号地，占地面积20.69万平方米，建筑面积10.8万平方米，总投资28亿元。

（苏雷）

【房山区与武警总医院签署合作协议】 6月10日，房山区与武警总医院就国际救援医院建设项目签署合作协议。协议规定：武警总医院在中央休闲购物区CSD核心区长阳镇建设国际救援医院。该项目一期建筑面积20万平方米，床位1500张。

（苏雷）

【中央国债登记结算有限责任公司同城备份中心落户房山区】 6月22日，房山区政府与中央国债登记结算有限责任公司举行签约仪式。双方约定：同城备份中心项目位于中央休闲购物区（CSD）商务广场，使用面积2万余平方米，项目包括灾备中心、培训中心、信息中心。中心建成后为全国金融服务机构提供安全、稳定和可持续性的支持与保障。

（苏雷）

【2011 中国房车露营大会在长阳镇举办】 8月4日至7日，2011中国房车露营大会暨北京国际房车露营展览会在长阳镇大宁山庄举办。此次活动是由北京市旅游发展委员会、北京市房山区人民政府、中国房车露营联盟联合主办；北京房山长阳CSD管理委员会、北京市房山区旅游局、北京房车博览中心承办；北京房建集团、世界房车露营协会、美国房车工业协会、欧洲房车工业协会、日本房车工业协会、澳大利亚房车协会、南非房车协会支持举办。展会上，国内21个省市、80辆房车以及50辆汽车参展，北京国际房车露营展览会有60个厂家，100辆房车以及摩托艇、ATV、直升飞机等近千种户外露营装备与户外用品参展。登记参加露营车友达200余人。众多厂家对各自的新款房车进行首发式。展会期间，开展2011中国房车露营旅游发展论坛、2011中国房车露营大会畅游北京活动、2011中国房车露营大会沙龙、2011中国房车露营大会多彩之夜等活动。

（苏雷）

【举办2011中国房山·长阳业余高尔夫冠军赛】 10月14日至16日，2011中国房山·长阳业余高尔夫球冠军赛在加州水郡高尔夫俱乐部举行。该冠军赛由国家体育总局小球运动管理中心、中国高尔夫协会主办，市体育局、中央休闲购物区（CSD）管理委员会、房山区体育总会、房山区高尔夫球协会协办，深圳市同哲体育赛事管理有限公司、北京加州水郡高尔夫俱乐部承办。共有6个国家144名队员参加比赛。经过角逐，中国国家队球员李源获男子组冠军，北京选手王梓漪获得亚军，冠军赛发起人李小双为获奖选手颁奖。国家体育总局、中国高尔夫球协会有关领导及副区长卢国懿出席颁奖典礼。

（苏雷）

【首届长阳冰雪文化节开幕】 12月30日，由CSD管委会主办，区委宣传部、区文化委、区体育局、区旅游局、长阳镇人民政府协办，北京龙运祥有限责任公司承办的首届长阳冰雪节在万亩滨河公园开幕。市文化局、市旅游委、市体育局、北京银行房山支行领导，区领导刘伟、祁红、史全富、唐淑荣、赵佳琛、赵军、吴会杰、段维鹏、曹蕾出席开幕式。区委常委、宣传部部长赵佳琛代表区委、区政府致开幕词。随后，各位领导共同按下按钮，首届长阳冰雪文化节开幕。本届长阳冰雪文化节造雪面积近20万平方米，冰雕面积4万平方米，现场为游客提供200米长冰滑梯等10余个雪上娱乐项目，历时近70天，成为北京最大的冰雕、冰灯游园会。

（苏雷）

【中央休闲购物区（CSD）建设】 年内，中央休闲购物区（CSD）推进奥特莱斯华北旗舰中心建设，商城一期10.8万平方米主体工程竣工，室内外装修及配套工程建设进入扫尾阶段；招商工作实现签约国际一线品牌100余家。启动长阳万科商业项目建设，一期商业占地9万平方米，与星美国际影城、永辉超市正式签约；并与肯德基、麦当劳、必胜客、俏江南、苏宁电器、乐高教育等商业品牌达成入驻意向。有序推进广阳CD项目，商业金融用地开工16万平方米，商超部分与沃尔玛、英国乐购集团等进行深入对接。CSD商务广场、首开商业项目、华冠长阳店、国泰2店等一批大中型商业设施均在建设之中，提升了中央休闲购物区的现代商业发展环境。

（张国庆）

中国房山世界地质公园

【云居寺文化景区建设全面启动】 5月10日，以“弘石经文化，筑传世盛景”为主题的北京云居寺文化景区项目建设全面启动。全国政协副主席张梅颖，国家文物局局长单霁翔，中共北京市委常委、宣传部部长、市政府副市长鲁炜等相关领导出席项目启动仪式。届时，石经碑林静琬广场落成，并进行了石经博物馆、村民回迁楼及舍利金刚宝塔奠基。

（王艳华）

【举办房山旅游品牌发布暨世界地质公园重点项目推介会】 6月25日，房山区在中国大饭店举办房山旅游品牌发布暨世界地质公园重点项目推介会。中国烹饪协会、市旅游委、共青团北京市委、市财政局、市投资促进局、市农委、市国土资源局、市青联、市园林绿化局领导，以及区领导祁红、史全富、唐淑荣、赵佳琛、吴会杰等出席活动。旅游品牌推介会统筹策划了招商项目29个，总投资895亿元。涉及全区19个乡镇，分为四大类：休闲度假类项目9个，文化创意类项目9个，生态旅游类项目6个，乡村旅游类项目5个。其中周口店镇世界文化传承示范区、韩村河镇上方山国际生态度假区、长沟镇北京多维经济试验区、青龙湖镇国际红酒城、河北镇“中国美丽谷”5个区域项目作为“穿越之城，幸福之山”首批重点品牌项目进行了推介。房山以“穿越之城，幸福之山”为旅游品牌形象，以穿越为行为、幸福为标准，徽章收集式数据管理为支撑，开创一种以幸福生活体验为目标的休闲旅游新模式。副区长吴会杰代表房山区政府与中国烹饪协会签署战略合作协议。

（隗功霞）

【《石花洞风景名胜区详细规划》获批准】 7月19日，中华人民共和国住房和城乡建设部审核批准《石花洞风景名胜区详细规划》。规划起草历时3年，规划期限25年，投资200万元，由中国城市建设研究院与石花洞风景名胜区管理处合作，在《石花洞风景名胜区总体规划》的基础上编制完成。按照石花洞风景名胜区内资源特点、地理位置等情况，在空间布局上新划分了以溶洞观光、科普与探险为主，以特色农业展示与体验、养生为辅的——石花景区；以溶洞观光和传统文化、自然风光为主要内容，以传统民居聚落为主要表现形式的银狐——北窖景区；以岩溶峰、自然景观为主，科普教育为辅的将军坨——铁泉峰景区；以展示自然景观以及独特的沟峪空间格局为主要内容，以工矿遗址为辅的连泉景区；以特色风景小镇为表现形式，以民俗、宗教、科普教育、山水格局为辅助内容的大石河乡镇景观带，即“一带四区”新格局。

（管志龙）

【举办旅游安全培训会】 9月22日，石花洞风景名胜区管理处举办旅游安全培训会，景区内各景点、宾馆、饭店、培训中心、民俗村相关工作人员参加培训。区安监局和区消防支队相关负责人通过引用大量的案例就安全生产管理条例、安全生产管理体系建设和消防安全基础知识进行了详细的讲解。

（管志龙）

中国北京农业生态谷

【中国北京农业生态谷建设管理委员会成立】 3月3日，由房山区委、区政府批准，成立中国北京农业生态谷建设管理委员会。为非常设机构，承担议事协调职责，负责加强中国北京农业生态谷（琉璃河地区现代农业核心区）的统筹协调工作；负责中国北京农业生态谷重大项目研究、政策扶持及建设实施；负责中国北京农业生态谷的管理工作，制定管理办法并组织实施。

（宋维新）

【北京中源粮科建设投资有限公司成立】 4月14日，北京中源粮科建设投资有限公司成立，该公司作为中国北京农业生态谷项目的开发建设主体，负责组织实施土地一级开发工作。该公司为国有公司，注册资金为5000万元。

（宋维新）

【举行入园企业签字仪式】 7月28日，区政府与中粮集团入园企业签字仪式在生态谷项目管委会举行。副区长马丽英代表区政府与中粮集团置地有限公司签署了中粮集团有限公司《关于“中国北京农业生态谷资金补助”专项协议》，中国北京农业生态谷管委会与蒙牛乳业（集团）股份有限公司签订了入园协议。协议规定：蒙牛乳业集团有限公司投资4亿元，在中国北京农业生态谷项目区建设占地150亩至200亩，日产600吨、年产18万吨高端纯奶和果酸乳饮料的常温工厂，项目投产后可实现年销售收入10亿元，税金4000万元。可直接就业500人左右，间接就业1万人以上。签字仪式结束后，史焯炜、祁红等领导还分别为中国北京农业生态谷管委会和中粮（北京）农业生态谷发展有限公司进行揭牌。

（宋维新 祝文亮）

商业 贸易

【概述】 2011年，全区商务工作在产业规模和档次提升、市场秩序的维护、便民利民、居民生活便利化提高等方面都有较快的发展。全区社会消费品零售额达到156.7亿元，同比增长16.5%，比全市平均增速高6.5%，获全市促销费突出贡献奖。实际利用外资大幅增长，完成6195万美元，完成全年任务的1.6倍；外贸出口总额保持稳步增长态势，完成3.7亿美元，同比增长13.9%。产业税收和带动就业势头强劲。全区批发零售业、服务业（不含金融、保险、交通运输、仓储、邮政、电信等行业）、限额以上三资企业税收合计完成24亿元，同比增长10.3%，占区域税收总额的12.8%。北京石油交易所被纳入北京市千亿元规模大宗商品交易市场重点培育企业；原油、成品油、化工产品、燃料油、润滑油五大类交易业务全年实现交易额650亿元。万科商业一期、广阳CD、首发物流、华冠物流、“一刻钟生活服务圈”等一批商业和现代服务业重点项目均处在快速、有序的建设推进之中。2011年，新增小麦储备1.3万吨、面粉300吨、大米50吨，全区粮食储备供给能力进一步增强。

（张国庆）

【华冠物流配送中心开工建设】 3月，华冠物流配送中心（位于良乡镇小营村）开工建设，一期总投资1亿元，建设生鲜库1万平方米和常温库2.4万平方米，12月完成仓库设施框架主体工程建设。

（张国庆）

【华龙农产品批发市场迁建工程完成】 7月，华龙农产品批发市场迁建工程完成，位于西潞街道安庄村，总投资1亿元，总建筑面积7万平方米，建设完成4个营业大厅、450间商业用房及其他附属工程，年交易额2亿元。

（张国庆）

【房山区嘉禾一品被评为“早餐经营示范店”】 10月，嘉禾一品良乡西潞店通过市商务委、市餐饮协会的验收，被评为“早餐经营示范店”。至此，房山区有15家早餐经营企业被评为“早餐经营示范店”。

（张国庆）

【中央休闲购物区被设立为市级商贸服务产业试验区】 11月7日，市商务委复函房山区政府，同意将北京房山中央休闲购物区（CSD长阳核心区）设立为市级商贸服务产业试验区。

（张国庆）

【5家集贸市场通过市联合小组验收】 11月26日，市商务委、市财政、市应急储备中心对周口店大韩继农贸市场、石楼镇吉羊农贸市场、河北镇河南村农贸市场、霞云岭乡下石堡农贸市场和史家营农贸市场进行联合验收，并全部通过验收。

（张国庆）

【北京石油交易所成为全市首家市级国有资本与央企共同参与的商品类交易平台】 2011年，北京石油交易所（位于城关街道办事处）成为全市首家市级国有资本与央企共同参与的商品类交易平台，并被纳入北京市千亿元规模大宗商品交易市场重点培育企业。北京石油交易所招收驻场会员256家、网络会员2600余家。

（张国庆）

【家电下乡销售突破亿元】 2011年，全区共销售冰箱、洗衣机、空调、彩电、手机、计算机、热水器、微波炉、电磁炉等家电下乡产品5.5万件，销售金额1.4亿元。其中，农户实际购买家电下乡产品4.7万件，销售金额1.14亿元，补贴金额1396.3万元。

（张国庆）

【新建7家市场】 年内，新建周口店镇大韩继、河北镇河南、石楼镇吉羊、史家营乡杨林水、霞云岭乡下石堡5家农村集贸市场和燕山羊耳峪、西潞街道华龙2家规范化社区菜市场，总占地面积5.3万平方米，新增摊位870余个，周边受益群众达到3万人。

（张国庆）

【实行蔬菜流通新模式】 年内，以西潞街道为试点，引入2家便民蔬菜直通车和3家连锁社区便民菜店，蔬果经营品种达到60种；引导、支持“华冠”连锁超市实施“农超对接”工程，与区内外33家农产品生产基地、产销专业合作社建立合作关系，在所有门店内增设“农超对接”蔬菜销售区域，减少蔬菜流通环节，降低蔬菜流通成本和销售价格。

（张国庆）

【完成黄标车淘汰工作】 房山区黄标车淘汰工作自2009年1月12日起至2011年1月31日，共办理淘汰黄标车2974辆。其中大客228辆、重货132辆、中型客（货）车483辆、小型客（货）车138辆、微型客货1993辆。汽车以旧换新共淘汰978辆，补贴资金1006.1万元。

（张国庆）

【城关供销社日用品配送中心投入使用】 9月，城关供销社改建石楼收购站，投资180万元，完成3300平方米日用品配送中心建设项目。该配送中心以配送豆浆机、饮水机等小家电为主，配送范围覆盖全市所有家乐福、华冠超市门店。年收益由6000元提高到20万元。

（张健）

【京西河北供销社翻建河北圣泉饭店】 11月，京西河北供销社投资60万元，整体翻建了河北圣泉饭店470平方米，可同时接待300人用餐。获得河北镇唯一一家食品卫生等级B级单位，成为当地一流接待旅游团队饭店。

（张健）

【实施8个重点项目建设】 年内，房山区供销总社共实施8个重点项目，其中朝晖物业公司南院合作开发置换项目、城关供销社日用品配送中心建设项目、良乡供销社仓储用房建设项目、京西河北供销社翻建河北圣泉饭店项目、城关供销社与洪寺村廉租房置换项目5个项目竣工；张坊供销社新建商业设施项目、良乡供销社参与开发拱辰街道一至五街改造项目、良乡供销社冠香楼参与开发的“宝丽城”项目3个项目在建。重点项目建成后，新增建筑面积2.2万平方米，新增固定资产价值3亿元,新增赢利能力1000万元以上。

（张健）

【禾农生资公司连锁店销售额达到1800万元】 2011年，房山区供销总社禾农生资公司连锁店为农民供应各类农资8500吨，销售总额达到1800万元。举办冬小麦管理现场咨询3次，参与农民500多人，发放宣传图册500多册。

（张健）

【奥登堡酒庄正式营业】 8月16日，房山区对外贸易公司奥登堡酒庄正式营业。投资20余万元，建筑面积200平方米。该酒庄位于良乡长虹东路，销售法国、澳大利亚、德国、西班牙、葡萄牙、智利、南非7个国家60余款原装进口红酒。截至年底，销售红酒200箱，实现销售收入10万元。

（王爱薪）

【区综合行政服务中心正式对外办公】 1月24日，区综合行政服务中心（以下简称中心）正式对外办公。中心自2010年3月开始筹建，总面积2万余平方米，入驻单位38家，涉及行政许可、审批、服务事项428项，其中行政许可260项、服务168项。入驻工作台位143个,进驻工作人员达221人。中心正式对外办公第一天各窗口业务受理量642件。

（王晔）

【参加第三届投资北京洽谈会】 8月29日，以“高端引领 创新驱动 绿色发展”为主题的第三届投资北京洽谈会在北京国际饭店举行。区委常委、副区长李江出席洽谈会并进行区情推介，向与会的国内外知名企业以及新闻媒体介绍了房山——首都唯一具备城市发展新区和生态涵养区双重定位的特殊区域的基本情况。推介会上，房山区政府就“粤海高科低碳产业基地”项目与粤海光电技术有限公司达成合作意向，并在会上签订了合作协议。活动中，房山区接待咨询企业100余个，发放《房山投资指南》《CSD长阳半岛招商指南》《北京高端制造业（房山）基地战略与发展》等宣传资料100余份。有百余家企业就房山区投资环境和具体项目进行了深入了解，近10家企业表达了合作意愿。

（周晶晶）

【参加第十五届中国国际投资贸易洽谈会】 9月7日，第十五届中国国际投资贸易洽谈会（以下简称投洽会）在厦门开幕，区委常委、副区长李江率团参加投洽会。在推介会上，李江向与会国内外企业和新闻媒体，介绍了房山区“首都高端制造业新区和现代生态休闲新城”的新定位和“两轴三带五园区”的发展格局，以及区位、资源、宜居、政策、土地等发展优势，重点推介了北京石化新材料科技产业基地、北京高端制造业（房山）基地、中央休闲购物区（CSD）、中国房山世界地质公园和中国北京农业生态谷5个重点功能区，并向与会企业发出诚挚邀请，希望更多的朋友到房山考察旅游、投资兴业。除现场推介外，房山区还积极参与了首次亮相投洽会的一大亮点——“中欧投资合作项目恳谈会”。恳谈会上，房山区领导与逾百家中欧企业进行了沟通和洽谈。参会期间，房山区通过展板展示形式向与会企业宣传了房山的整体投资环境和优势产业。此外，还组织了网上推介会,发布项目105个,涉及化工新材料、都市农业、文化创意、现代制造、高端旅游、生态农业、现代物流和土地一级开发等方面。

（周晶晶）

【参加第十五届北京·香港经济合作研讨洽谈会】 10月20日至21日，第十五届北京·香港经济合作研讨洽谈会在北京饭店开幕。区委副书记、区长祁红，区委常委、副区长李江率区发改委、区投资促进局、区经济信息委、北京高端制造业（房山）基地等 13 家单位及园区组成的代表团参加洽谈会。洽谈会上，房山代表团为香港各界人士带来了包括长阳半岛开发建设项目、北京北控绿产聚光型光伏发电（CPV）芯片及模组生产线项目、良乡高教园区“智汇城”建设项目等 32 个推介项目，涉及化工新材料、都市农业、文化创意、现代制造、高端旅游、生态农业、现代物流和土地一级开发等方面，展示了房山区准确的产业定位、突出的发展优势、广阔的合作空间和优惠的扶持政策。会议期间，房山区代表团参加了“中国（北京）国际服务贸易交易会（京交会）推介暨京港品牌对接交流会”，与众多香港工商界、科技界、金融界、地产界高层会晤，并进行了富有实效性的沟通和洽谈。区委常委、副区长李江与香港鹰富控股有限公司执行董事赵敏就“高科 1 号影视基地”项目签订了合作框架协议。该项目是亚洲首家以 3D 多维技术为核心的科技型多媒体影视基地，项目建成后将聚集大量相关电影业的高端企业，以创意、科技、研发、环保等理念将其打造成为“亚洲的电影硅谷”。该项目签约金额达 100 亿元。

（周晶晶）

【A-015、A-019 等地块取得交通影响评价报告】 4 月 25 日，北京西南良乡物流基地 A-015、A-019 等地块项目取得交通影响评价报告评议意见的复函。A-015、A-019 等地块项目总用地面积 23.17 公顷，北起良园一路，南至良园二路，西起京港澳高速，东至银杏东街。

（李瑶瑶）

【签订“粤海高科低碳产业基地”项目协议书】 6 月 10 日，北京西南良乡物流基地管理委员会与深圳粤海光电技术有限公司签订“粤海高科低碳产业基地”项目协议书。该项目选址阎村镇元武屯村东，总投资 50 亿元，总用地面积约 800 亩。主要生产通信半导体晶体集成电路、平板电脑、LED 照明、高清播放器等高科技电子设备。

（李瑶瑶）

【翠柳南街取得建设用地规划许可证】 12 月 7 日，北京西南良乡物流基地管理委员会办公室取得房山规划分局批复的翠柳南街道路工程建设用地规划许可证。翠柳南街道路为城市支路，位于房山新城良乡组团西南，用地面积为 7078.06 平方米。该路段连接良园一路及良园二路，是物流基地内重点建设路段。

（李瑶瑶）

建筑　建材　房地产

【概述】 2011 年，全区建筑、建材、房地产业共上缴税金 34.14 亿元，同比增长 38.56%。其中：上缴国税 5.92 亿元，同比增长 41.53%，占国税总收入 23.43%；上缴地税 28.23 亿元，同比增长 37.95%，占地税总收入 60.77%。全区区域建筑业企业完成企业总产值 343.97 亿元，同比增长 11.2%；建筑业总产值 291.8 亿元，同比增长 12.2%；房屋施工面积完成 2374.8 万平方米，同比增长 14.5%；新开面积 528.9 万平方米，同比下降 37.1%；上缴税金 8.98 亿元，同比增长 39.3%。全区共有建筑企业 301 家，其中总包 71 家、专业承包 212 家、务分包 18 家，涉及专业 38 个。注册建造师共有 2083 人，其中一级建造师 945 人、二级建造师 1138 人。建筑节能改造工作 2011 年共完成既有建筑节能改造任务为63.27万平方米；完成既有农宅节能改造3500户；完成新建农宅节能墙改示范项目任务880户。

全区房地产工程投资完成53.5亿元，同比增长19.42%，完成年度任务的103%；开复工面积560万平方米，同比增长24.6%，其中：新开面积208.99万平方米，同比增长19.55%；实现地税收入20.25亿元，同比增长39.46%。截至2011年年底，商品房预售资金监管项目35个，入账资金85.36亿元，出账资金 54.1 亿元。全年办理预售许可证25个，批准商品房上市面积102.2万平方米，其中商品房住宅83.91万平方米。全区在售楼盘20个，全年新建商品房网上签约84.51万平方米，同比增长16.97%；期房住宅均价14238元/平方米，同比增长10.07%。办理房屋登记23999件，其中房屋所有权初始登记282件，涉及房屋面积124.64万平方米。新建和修改楼盘信息700栋。全年开工各类政策性住房9661套，完成任务指标119.2%；竣工各类政策性住房5816套，完成任务指标102.07%。2011年，公租房建设取得突破性进展，全区4个公租房项目建设破土动工，总建筑面积18.55万平方米。加强配租配售工作，全年举行限价房摇号3次，配售住房2910套；举行经济适用房选房1次，206户家庭选到了满意新房；举行廉租房选房1次，75户家庭住进了新居。保障房资格审核，全年审核备案经济适用房家庭800户、限价商品房3300户。全区建设工程劳务分包合同共计备案591项，备案人数30059人，备案金额14.1亿元。其中：区属企业备案163项，备案人数7688人，备案金额3.45亿元；区外企业备案316项，备案人数18689人，备案金额9.38亿元；市政及其他工程备案112项，备案人数3682人，备案金额1.27亿元。全年办理各类工程招投标98项，建筑面积158.64万平方米；建筑施工合同备案、变更、解锁145项。完成施工工程登记64项，开展评标服务143次，劳务分包工程交易126项，收取工程交易服务费440万元。全年核发房屋拆迁许可证13个，涉及住宅共2700个宅院，建筑面积98.98万平方米。完成拆迁面积78.55万平方米，其中拆迁住宅建筑面积20万平方米、涉及住户2330户。

（车娜）

【举行限价商品住房摇号配售仪式】 1月24日，举行房山区限价商品住房摇号配售仪式。此次限价商品住房摇号配售家庭为2011年1月13日前（含）按照“三级审核、两级公示”审核程序经市住房城乡建设委备案，且对本次摇号房源有购买意向并进行登记的限价商品住房申请家庭，有961户，房源为长阳起步区4号地限价商品住房项目，共计984套。本着公平、公正、公开的原则，在监督员的现场监督下，采取电脑随机摇号的方式进行，保证摇号配售仪式全程阳光操作。12月26日，2011年房山区第二次限价商品住房摇号配售仪式举行，参加此次限价商品住房摇号配售家庭共2387户。房源为长阳起步区，4号地等5个限价商品住房项目，共计1242套，其中长阳4号地14套、航天花园项目438套、阎村D地块项目198套、水碾屯改造一期项目430套、窦店聚豪苑项目162套。

（张玉萍）

【窦店产业基地回迁安置用房（一期）项目开工】 4月23日，窦店产业基地回迁安置用房（一期）项目开工建设。区领导祁红、唐淑荣、刘欣国、段维鹏、周文海出席开工仪式。项目位于窦店产业基地04-03、04-12地块内，规划总用地225.7亩（属于交道二街村、小高舍村集体土地），规划总建筑面积181313.09平方米，其中：地上住宅总面积151049.24平方米（板式小高层9幢），配套公建总面积4854.42平方米，配套幼儿园总面积3472.58平方米；地下建筑总面积21936.85平方米。由北京市房山城建集团有限公司承建，建成后可安置村民1494户3188人。

（殷金玉）

【举行两限房配售摇号活动】 6月17日，区住房城乡建设委举行房山区两限房配售摇号活动。为公平、公正、公开做好两限房配售摇号工作，摇号在人大代表、政协委员、监察局、公证处、申请家庭代表的监督下，采取电脑随机方式进行了公开摇号。此次摇号活动为长阳4号地（长阳镇军留庄村）项目，共有房源885套，摇出961户两限房申请家庭的选房顺序号。

（孟凡蕊）

【西城区定向安置用房项目开工】 7月中旬，西城区定向安置用房项目开工。项目位于长阳起步区7号地，南临京良公路，北至规划纬三路，西接规划滨河路，东至规划经一北路。项目总计46万平方米，包括18个住宅工程、4项公共设施、2个车库。年内，15项单体工程开工。

（王忻）

【房山区拆迁服务机构备选库成立】 8月5日至11日，为加强全区房屋拆迁服务机构管理，房山区拆迁服务机构备选库成立。房山区住房城乡建设委委托五岳山河工程咨询公司，进行了严格、仔细的审查，全市117家拆迁服务机构报名成功，其中拆迁服务公司16家、评估服务公司有39家、测绘服务公司12家、拆除服务公司50家。

（崔颢）

【周口店北京人遗址博物馆迁建工程开工】 9月中旬，周口店北京人遗址博物馆迁建工程开工，该工程建筑面积8093平方米，总造价16914万元，地上2层，地下1层。该工程由市建筑设计研究院设计、北京房建建筑股份有限公司承建、北京华清技科工程管理有限公司监理。

（祝丽娟）

【阎村公租房项目开工】 9月28日，阎村公租房项目在阎村镇施工现场举行开工仪式。阎村公租房项目位于阎村镇中心街区，项目建设用地面积105亩，总建筑面积14.76万平方米。规划住宅2292户。分6种户型，是北京市首次集中开工建设的一项规模较大的公租房项目。该项目由区公租中心主建，委托北京房开控股集团有限公司代建开发。

（赵娜）

【房山区首批定向安置房摇号配售】 10月21日，房山区首批定向安置房进行摇号配售，参加摇号房源为596套，其中大三居68套、小三居42套、大二居394套、小二居92套。参加本次摇号对象为佛子庄、南窖、大安山、霞云岭、蒲洼5个涉及迁移的乡，经乡镇确定且已签订搬迁协议的家庭，共计479户。安置房源596套，参加摇号家庭479户，房源大于配售家庭。

（孟凡蕊）

【完成保障房摇号工作】 2011年，房山区举行限价房摇号3次，配售住房2920套。第一次：1月20日，北京城建兴泰房地产开发有限公司配建的西悦雅居限价房项目进行公开摇号配售，这是房山区首次进行限价房摇号工作。本次配备了984套房源，共有961户家庭参加了本次摇号选房。第二次：6月17日，在房山区住房城乡建设委办公大厅，城建徜徉集西悦居的885套两居室两限房房源进行了公开摇号配售。这也是2011年内房山区的第二次限价房公开摇号，961户对本次摇号房源有购买意向并进行登记的申请家庭参加了配售摇号。第三次：12月26日，长阳起步区4号地项目、长阳水碾屯改造一期项目、良乡航天花园项目、阎村D地块项目、窦店聚豪苑项目限价商品住房房源进行了公开摇号配售。此次共有房源1242套，2387户申请家庭参加了配售摇号。此外，2011年房山区举行经济适用房选房1次，206户家庭选到了满意新房；举行廉租房选房1次，75户家庭住进新居。

（范丹微　刘显旭）

【举行山区人口迁移首批安置房入住仪式】10月31日，房山区举行山区人口迁移首批安置房入住仪式。区领导刘伟、祁红、史全富、赵军、高维魁等出席仪式。遵循公开、公平、公正的原则，通过资格审核、安置房分配、公开摇号、依次选房等入住程序后，479户、1660人入住万紫家园。

（范丹微 刘显旭）

【建筑节能新材料产业化示范基地揭牌】11月11日，住房和城乡建设部建筑节能新材料产业化示范基地揭牌仪式在房山区举行，示范基地位于长阳镇万兴路86-5号北京恒通创新赛木科技股份有限公司，公司注册资本金7300万元，总资产31482万元，年销售收入2亿元，年创利润4000万元，年上缴税金1000万元，占地面积150亩，公司是专业从事研发、生产、加工、销售建筑新材料的高新技术企业，通过ISO三标一体认证（ISO 9001质量管理体系、ISO 14001环境管理体系、OHSAS 18001职业健康安全管理体系），是北京市首批24家循环经济试点单位之一。公司有各类木塑生产线60余条，年生产能力达10万吨，年销售整体房屋100万平方米，在全国村镇住宅中首例成功应用以木塑复合材料为主体的绿色节能环保产品——赛木整体房屋。主要产品有墙体材料、建筑结构材料、建筑功能材料、建筑施工材料等四大类100多种赛木LuxWood材料制品。

（孟凡蕊）

【完成老旧小区环境改造】 4月，老旧小区环境改造工作启动。老旧小区环境改造工作于是房山区2011年为民办实事30项内容之一，工程投资1310万元，截至10月底完成宜春里社区、北关东里小区等19个小区的环境综合改造治理。并对全区1990年以前老旧小区进行全面排查，初步选定城关、拱辰、西潞地区10个老旧小区作为2012年综合整治计划，上报市住房城乡建设委。针对小区综合整治的抗震鉴定工作全面展开，完成3.5万平方米首批住宅鉴定，并出具鉴定报告。城关房管所、良乡房管所除完成区直管公房的综合管理工作，还承担全区老旧小区改造任务。

（车娜）

【开展地下空间与出租房屋清查工作】2011年，房山区普通地下室新增253处，28.27万平方米，总数达到582处，61.67万平方米。加强各类形式普通地下室安全生产检查，共组织大型联合检查4次，小型联合检查12次，共检查普通地下室356处，关闭普通地下室违规使用住人3处，清理违规居住房屋207间。

（车娜）

【北京房建建筑股份有限公司获“北京建设行业AAA信用企业”称号】 12月16日，由北京市建筑企业联合会举办的北京建设行业诚信体系建设工作会召开。会上，北京房建建筑股份有限公司（以下简称房建公司）获“北京建设行业AAA信用企业”称号，是首批获该称号的95家企业之一。房建公司连续20多年获由北京市工商局颁发的“重合同守信用企业”荣誉称号，2003年被评为全国500家重合同守信用企业之一。2006年起，北京市建筑业联合会在全市建筑行业开展“北京市建设行业诚信企业”评定活动，房建公司连续6年获此称号。在日常生产经营过程中，房建公司自觉依法签订和履行合同，在对外签订合同时，一律使用合同示范文本，同时对合同的签订、履行、变更、解除、授权委托及合同专用章的使用等每一个环节都做出了具体规定，并按照制度要求全面落实各项管理措施，确保100%履约。

（张林）

【城关西里锅炉房集中供热工程竣工】 房山区城关西里锅炉房集中供热工程是北京市重点工程，是北京市最后一批节能减排项目，由北京房建建筑股份有限公司承建，工程于2011年年初动工，总建筑面积1.2万平方米，其中建一个100米高的烟囱（构筑物），是北京西南地区最高的构筑物。整体全现浇需保持精确的垂直度，并进行内衬隔热层施工。11月5日，该工程主厂房、引风机间、脱硫辅助用房、机械化运煤除渣系统、综合楼、烟囱等全部完成施工，提前交付业主进行测试，点火运行。

（张林）

【龙建集团获全国“安康杯竞赛优胜企业”称号】 1月28日，龙建集团获全国“安康杯竞赛优胜企业”称号，龙建集团连续8年获此殊荣。中华全国总工会、国家安全生产监督管理总局联合开展的“安康杯竞赛活动”，其目的是在企业中开展群众性的安全生产活动，提高职工群众的安全意识。为此，龙建集团把此项活动作为一个从“上”到“下”，齐抓共管的系统工程。从“上”抓，即加强活动组织领导，建立领导机构。坚持安全工作值班制度，及时处理工作过程中遇到的问题，定期召开“安全生产形势分析会”，研究上月安全工作情况，部署下一阶段安全工作要点。从“下”抓，即抓基层、抓班组。为落实安全责任、强化过程控制和管理，集团细化安全责任目标，分别与基层单位签订安全生产责任书，层层分解安全指标，逐级落实安全责任，对安全运行全过程实施科学管理。

（李博语）

【龙建集团被评为全国工程建设QC小组活动优秀企业】 6月下旬，龙建集团研制的“地采暖厕浴间防水施工质量控制”QC成果，获2011年度北京市工程建设优秀管理小组一等奖，获中国建筑业协会颁发的全国工程建设全面质量管理小组优秀奖。龙建集团2011年被评为全国工程建设QC小组活动优秀企业称号。

（李博语）

【龙建集团承建的4项工程获结构长城杯银质奖】 7月，龙建集团承建的弘善家园危改工程商业办公楼19号楼及裙房配套工程，长阳张家场回迁安置用房1号至4号楼工程，水碾屯定向安置用房1号、3号住宅楼工程，水碾屯定向安置用房9号、10号楼工程，获北京市优质工程评审委员会颁发的北京市结构长城杯银质奖。

（李博语）

【“金贸中心”项目竣工】 2006年9月1日，北京韩建集团有限公司承建的具有国际甲级写字楼、CEO行政官邸、精装服务式公寓、高端商业和精品会所五大功能业态的酒店式公寓——金贸中心项目开工，2011年12月28日竣工。该项目位于北京市西城区西直门外大街18号，总建筑面积196274平方米，框架剪力墙结构。2011年7月，该项目获北京市优质工程评审委员会颁发的北京市结构长城杯金质奖。

（张维　沈美娟）

【良乡伟业嘉园经济适用房项目竣工】 2010年3月25日北京韩建集团有限公司承建的房山区重点保障房工程——良乡伟业嘉园经济适用房项目开工，2011年9月30日竣工。该项目是北京市2008年800万平方米保障性住房之一。位于拱辰街道东关村东侧，总建筑面积23.5万平方米。其中，廉租房3.9万平方米，剪力墙结构，地上10层，地下1层，抗震设防烈度8度，建筑耐火等级为二级。

（张维　沈美娟）

【预制外墙外侧保温节能装饰挂板施工工法获国家二级工法】 7月，北京韩建集团有限公司获中华人民共和国住房和城乡建设部颁发的“预制外墙外侧保温节能装饰挂板施工工法”国家二级工法证书。该工法应用于韩建集团承建的马连道C区公建工程。其采用的预制外墙外保温装饰挂板为盒型结构，用断桥螺栓通过粘、挂结合的方法安装，在有机保温材料四周填充无机保温材料，形成单元防火带，保温层不承重，提高了外墙外保温装饰挂板的安全性、耐久性和防火性。

（张维 沈美娟）

【马连道 C 区公建工程获北京市结构长城杯金质奖】 7 月，北京韩建集团有限公司承建的马连道C区公建工程获市优质工程评审委员会颁发的北京市结构长城杯金质奖。该工程建筑面积达 69520 平方米，地上 15 层，地下 3 层，框架剪力墙结构。

（张维 沈美娟）

【韩建集团获 7 项北京市结构长城杯银质奖】 7 月，由北京韩建集团有限公司承建的棉花片 B-3 项目 2 号、3 号楼，燕山石化富燕新村 1 区 22 号、23 号、24 号住宅，瑞雪春堂小区 E 区 30 号住宅楼，瑞雪春堂住宅小区 D 区 27 号楼共 7 个项目，通过北京市优质工程评审委员会评审，获北京市结构长城杯银质奖。

（沈美娟）

【北京高端制造业产业基地回迁楼项目开工】 4 月 23 日，北京市房山城建集团有限公司承建的窦店高端现代制造业产业基地回迁楼项目开工建设，为市属重点项目，该项目位于窦店镇交道二街村，总面积约为 180 万平方米。

（田兴安 张鹏里）

【房山城建集团 QC 小组新成果获奖】 7 月，北京市房山城建集团有限公司第四分公司 QC 小组研发的《窗框安装新工艺方法的探索》，被中国建筑业协会工程建设质量管理分会评为 2011 年度全国工程建设质量管理小组优秀奖。

（田兴安 张鹏里）

【房山城建集团3项工程获结构长城杯银质奖】 7 月，由北京市房山城建集团有限公司承建的泰华—龙旗广场 1 号酒店工程、2 号办公楼工程、房山区妇幼保健院门诊病房楼工程被北京市优质工程评审委员会评为结构长城杯银质奖。泰华—龙旗广场 1 号酒店工程为钢结构，建筑面积 70716 平方米，于 2009 年 10 月开工；泰华—龙旗广场 2 号办公楼工程为钢结构，建筑面积 50833 平方米，于 2009 年 8 月开工，2011 年 11 月竣工；房山区妇幼保健院门诊病房楼工程为框架剪力墙结构，建筑面积19988平方米，于2009年 9 月开工。

（田兴安 张鹏里）

【葫芦岛首创山水倾城一期工程获辽宁省优质主体结构工程奖】 12 月，由北京市房山城建集团有限公司承建的葫芦岛首创山水倾城一期 1 号、2 号、3 号、4 号、10 号、13 号、18 号、20 号楼工程被辽宁省建筑业协会评为 2010 年度辽宁省优质主体结构工程。工程均为全现浇结构，建筑面积共计 72689 平方米，于 2009 年 7 月开工，2010 年 7 月竣工。

（田兴安 张鹏里）

【“黄果树·瀑韵天城”项目获两项奖】 1 月 6 日，北京昊远隆基房地产开发总公司承建的“黄果树•瀑韵天城”项目获“2011（贵州）最具投资潜力商业项目”奖。此奖项由搜房网、贵州都市报在“与购房者共同成长——第四届中国购房者大会 2010 贵州地产人气榜颁奖盛典”颁发。8 月 22 日，“黄果树•瀑韵天城”项目获贵州省住房和城乡建设厅颁发的贵州省首批新型墙体材料应用与建筑节能示范工程称号。

（陈娇）

【房开控股集团成立】 2 月 16 日，北京房开控股集团有限公司揭牌仪式在北京凯悦莱温泉会议中心举行。区委书记刘伟，区委副书记、区长祁红为北京房开控股集团有限公司揭牌。北京房开控股集团有限公司是房山区委、区政府为加快房山新城发展步伐，进一步推进“三化两区”建设，优化整合国有资产，通过区国有资产经营管理公司、区燃气中心、韩建集团、龙建集团、泰华集团、昊远隆基总公司、鑫峰建设投资公司、城建集团、房山中央休闲购物区(CSD)、龙华公司 10 家企业共同出资成立的有限责任公司，注册资金 10 亿元，是房山区域内首期注册资本最多的房地产企业联合体，企业规模位居区域内综合性房地产开发企业前列。

（赵娜）

旅　游

【概述】 2011 年，全区接待游客 852.9 万人次，完成旅游综合收入 32.7 亿元，同比分别增长 7.9%和 18.8%。争取各级专项资金 2.7 亿元，启动实施河北美丽谷、史家营生态旅游区、霞云岭红歌绿海休闲区等项目。全区 25 个旅游重点项目，累计完成投资 9 亿元，同比增长 13.8%。各类旅游品牌不断深化拓展。新评定星级饭店 5 家，总数达到 32 家，居京郊第二；A 级及以上旅游区（点）19 家，居全市第二；市级民俗旅游村 30 个，市级民俗户 1387 户，均居全市第一。十渡镇被评为全国特色景观旅游名镇，《没有共产党就没有新中国》纪念馆被评为全国红色旅游经典景区。全区投入资金 2800 万元，组织策划了北京国际长走大会、老子文化节等 40 余项特色活动，制作旅游宣传专版、专栏 48 期，增强了房山旅游的影响力。全区累计投资 3700 万元，完成十渡旅游交通畅通工程，建立假日旅游视频指挥系统，安装电子监控和路面隔离设施，完善 12 个旅游咨询站的服务功能，新建旅游安全标识 3600 余块。加强了假日旅游综合协调，建立旅游执法联动机制，旅游安全和市场秩序实现常态化管理，不断优化全区旅游环境，综合服务水平明显提升。

（隗功霞）

【《没有共产党就没有新中国》纪念馆入选全国红色旅游经典景区第二批名录】 4 月 1 日，国家发改委、中宣部、国家旅游局等 14 个部、局联合下发文件，公布全国红色旅游经典景区第二批名录，房山区霞云岭乡堂上村《没有共产党就没有新中国》纪念馆入选。《没有共产党就没有新中国》纪念馆位于北京霞云岭国家森林公园西部，占地约 6000 平方米，其中展馆建筑面积 1800 平方米、传唱大舞台 4000 平方米。展馆分 3 个展区，展览内容运用文字、摄影、绘画、浮雕、蜡像、幻影成像等传统与现代相结合的艺术手段，展出照片 800 幅，油画 1 幅，浮雕 1 幅，蜡像 1 尊，幻影成像 1 部。2006 年正式对外开放。

（隗功霞）

【举办京津冀旅行社房山旅游推介会】 4 月 2 日，区旅游局在中国房山世界地质公园博物馆联合区内 19 家 A 级景区，共同举办京津冀旅行社房山旅游推介会。推介会上，中国房山世界地质公园博物馆推出了“免费参观团体游客接待办法”；周口店北京人遗址博物馆、十渡、石花洞、云居寺、圣莲山等景区推出了 2011 年特色旅游活动和精品旅游推荐线路，并与京津冀旅行社签订送团协议800余份，协议为房山旅游输入游客360余万人次。

（隗功霞）

【清明小长假成效显著】 清明小长假期间，全区共接待游客 11.52 万人次，同比增长 8.5%；实现旅游综合收入 1111.46 万元，同比增长 15.6%。“春游踏青、观光采摘、享受自然”成为广大市民“清明”假日休闲的主要方式。长阳、周口店、大石窝等乡镇的生态观光园和民俗村吸引了众多游客。节日期间，全区乡村旅游共接待游客 5.4 万人次，实现综合收入 545.3 万元，同比分别增长 6.6%和 12.8%，分别占全区接待总量的 46.9%和 49.1%。全区针对春季旅游策划推出了 21 项特色旅游活动，吸引众多游客到房山旅游休闲。节日期间共接待游客 9.2 万人次，实现旅游综合收入 901.7 万元，分别占接待总量的 79.9%和 81.1%。其中，体验森林氧吧、上方山健康游接待游客 2478 人次，实现旅游收入 8.64 万元；青龙湖水上游乐园踏青植树活动接待游客 2115 人次，实现旅游收入 4.5 万元。“清明”小长假期间，列入监测范围的 16 家 A 级旅游区（点）接待游客 5.8 万人次，实现旅游综合收入 493.5 万元，同比分别增长 8.7%和 15.4%。其中，石花洞风景区共接待游客 3593 人次，实现旅游收入 21.4 万元；周口店北京人遗址博物馆共接待游客 3531 人次，实现旅游收入 6.6 万元；云居寺文物管理处接待游客 2630 人次，实现旅游收入 8.2 万元。节日期间，全区无重大旅游安全责任事故和旅游投诉。

（隗功霞）

【房山区获中国最具投资价值旅游区称号】 4 月 22 日，在香港召开的中国旅游品牌世界之旅·香港峰会暨中国国际旅游投融资洽谈会上，房山区获亚太旅游联合会、国际度假联盟组织、中华生态旅游促进会联合授予的中国最具投资价值旅游区荣誉称号。

（隗功霞）

【举办第 42 个“世界地球日”主题宣传活动】 4 月 22 日，房山区在房山世界地质公园博物馆举办第 42 个世界地球日宣传活动。活动由市国土局主办、市地勘局及房山区政府承办，以“珍惜地球资源，转变发展方式”为活动主题，设立了展板宣传区、宣传品发放区、专家咨询区、公园宣传区四大区域，通过展板、奇石展示、专家咨询等形式，建立了地球日活动平台，为现场 500 余名群众介绍了中国房山世界地质公园和国土资源国情等内容。

（隗功霞）

【区政府与山东龙冈旅游集团签订合作项目框架协议】 5 月 15 日，区政府与山东龙冈旅游集团签订合作项目框架协议。全国政协委员、国家旅游局原副局长张希钦，山东省旅游局、北京市旅游委领导，区领导唐淑荣、孙强、苗宗启、吴会杰出席签约仪式。石花洞及石花洞梦幻乐园项目范围涉及石花洞旅游服务中心管理使用范围、半壁店村西和村南部以及南车营村和黄土坡村，总占地 2200 亩，总投资 30 亿元。依据石花洞风景名胜区总体规划以及中国房山世界地质公园、国家地质公园、自然保护区等相应规划，项目将以石花洞为中心，分三步实施整体旅游开发。第一步对石花洞已开发景观进行整体改造提升，第二步对石花洞 5 至 7 层进行深度开发，增加相应的参与性创意项目，第三步全力打造石花洞梦幻乐园。签约仪式上，副区长吴会杰与山东龙冈旅游集团董事长张善久签订合作项目框架协议，石花洞风景名胜区管理处与山东龙冈旅游集团签订了石花洞委托经营协议。

（隗功霞）

【参加 2011 第八届北京国际旅游博览会】 6 月 17 日，由市旅游委主办的第八届北京旅游博览会在国家会议中心开幕，房山区旅游局投资定制展位，搭建以“穿越之城 幸福之山——中国房山”为主题，以“北京之源、地学摇篮、神奇秀地、温泉之乡、休闲家园”为内容的房山旅游展台。同时，组织周口店北京人遗址、石花洞、云居寺等 22 家景区（点）进行宣传咨询，让众多参会者和观众领略了房山神奇秀美的旅游风光。6 月 19 日，2011 第八届北京国际旅游博览会历时三天圆满结束。在本届博览会上，房山展台共接待旅游咨询 2000 余人次，各景区发放旅游宣传资料 2 万余份，房山区旅游局获第八届北京国际旅游博览会“最佳设计奖”。

（隗功霞）

【十渡镇被批准为第二批全国特色景观旅游名镇示范单位】 7月15日，十渡镇被住房和城乡建设部、国家旅游局评为全国特色景观旅游名镇。为创建全国特色景观旅游名镇，十渡镇完成荒山造林、封山育林、中幼林抚育及景区园林绿化2000亩，实施拒马河水源保护区工程，构建拒马河美化带，实施滨水环境综合治理工程，启动十渡亲水生态休闲走廊工程，实施西北石门清洁小流域综合治理工程。十渡风景名胜区形成自然风光、会议休闲度假、民俗风情、地质科考、红色文化、农业观光等旅游精品体系。

（隗功霞）

【“十一”黄金周再创佳绩】 “十一”黄金周期间，全区接待游客70.1万人次，实现旅游综合收入7756.7万元，同比分别增长20.1%和27.1%，养生山吧、采摘篱园、休闲农庄、汽车营地等新型业态吸引广大游客。假日期间，全区乡村旅游接待游客39.41万人次，实现旅游综合收入3988.66万元，分别占全区接待总量的56.2%和51.4%。推出假日游园、登山健身、采摘观光、休闲娱乐、优惠酬宾等特色活动。“十一”期间，列入监测范围的18家景区接待游客29.56万人次，实现旅游综合收入3417.64万元，分别占全区接待总量的42.2%和44.1%，同比分别增长20%和20.7%。假日期间，以放松心情、享乐郊野为主的休闲度假游呈现上升趋势，十渡风景名胜区、拱辰、西路街道地区酒店客房入住率达到46.8%，比2010年提高5.1个百分点。“十一”期间，列入监测范围的32家星级饭店共接待游客10921人，实现旅游综合收入350.37万元，同比分别增长11.7%和12.5%。自驾出游形成主流。随着南北两线道路交通和服务设施的大力完善，进一步增强了全区旅游的通达性和便捷性，为自驾游、拼车游等个性化出游创造了条件。抽样调查显示，“十一”期间自驾车游客比2010年提高2个百分点，约占游客总量的89%。在客源结构上，北京市民仍占主导地位，约占游客总量的80%。此外，游客出游方式更加灵活，在时间和线路选择上更加理性。旅游市场安全有序。假日期间，全区启动社会面二级加强防控方案，制定交通疏导、咨询服务、安全检查、巡逻防控等一系列保障措施。各旅游道路通行顺畅，各旅游景区秩序井然，各宾馆、饭店、民俗村（户）依法经营，最大限度地满足游客需求，工作人员文明执勤、热情服务，赢得了广大游客的好评。“十一”期间，全区未发生重大旅游投诉和旅游安全事故。

（隗功霞）

【举行十渡火锅鱼宴授牌仪式】 11月11日，在十渡镇举行十渡火锅鱼宴授牌仪式。中国烹饪协会、区旅游局、区商务委、区农委领导为12家民俗户代表授牌。十渡火锅鱼宴将人工养殖的野生鲟鱼、虹鳟鱼、草鱼等 为食料，推出麻辣、、清汤、养生等多种口味的鱼火锅。

（隗功霞）

【一路风景•E路拍房山旅游摄影大赛揭晓】 12月8日，由区旅游局、区文联主办的“一路风景•E路拍”房山旅游摄影大赛评比结果揭晓。“一路风景•E路拍”房山旅游摄影大赛自5月10日开始，通过《北京日报》、搜狐网、乐途旅游网、房山电视台、《房山报》、房山信息网、房山旅游网等媒体面向社会广泛征集房山旅游摄影优秀作品。截至10月31日，收集到照片1183幅（含组图）1500张。经过初步筛选、中级筛选、最终评审3个阶段，将照片按照景区风光、采摘果品、民俗风情、旅游活动、城市风貌5类进行分组，邀请中国摄影家协会、《中国摄影报》、北京摄影家协会等摄影专家进行公开、公平、公正、专业评审。摄影作品《青山野渡》和《百花山掠景》（组图）获一等奖。

（隗功霞）

银行 保险

【概述】 2011年，全区各类金融机构人民币存款余额达到886亿元，比2010年增长13.7%；城乡居民储蓄余额476.5亿元，比2010年增长16.1%；全区各类金融机构贷款余额217亿元，比2010年增长13.7%。

2011年，人保财险房山支公司完成签单保费收入18780万元，同比减少512万元，下降2.7%。完成年计划的90.7%。实收保费完成18643万元，同比减少645万元，下降3.3%，完成年度计划指标的88.5%。

（王秀慧）

【对公不良贷款余额归“0”】 2011年，建行北京房山支行收回2户2笔共计800万元不良贷款，对公不良贷款余额和不良率双双归“0”。主要做法包括通过各种方式，收集借款人、保证人财产线索，加强与相关部门沟通联系，随时采取法律途径确保资金安全。主动与借款人上级主管部门联系，讲明利害关系，协助寻求解决办法。调整工作方向，积极向担保人宣讲信贷政策及诉讼后对企业信誉产生的不良后果，赢得保证人理解和支持。

（郭文晖）

【埃及发展及农业信贷银行董事长到农行房山支行访问】 1月20日，埃及发展及农业信贷银行董事长阿里•易司玛仪•施克尔等到农行房山支行访问，双方就农业银行涉农业务经验开展沟通交流。农行房山支行领导简要介绍了地区农业生产背景，并就农业银行涉农信贷产品的种类、覆盖范围、支农对象进行了讲解，随后施克尔一行参观了营业网点，对农业银行服务地区经济、服务“三农”过程中取得的发展成果表示钦佩。

（赵宏）

【开展打击经济犯罪宣传活动】 5月15日，农行房山支行与公安部门联合举办“打击防范经济犯罪 共建美好生活”宣传活动，房山农行派出业务骨干与公安干警一同走上街道，向群众宣传金融诈骗特点，普及防范金融诈骗知识，发放防诈骗宣传手册。

（赵宏）

【农行房山支行为驻区部队官兵服务】 “八一”建军节前夕，农行房山支行开展走访慰问部队客户系列活动，通过发放宣传资料、讲解理财知识、举办座谈会等形式，为部队官兵送去节日祝福，帮助部队官兵增进对金融产品的认识和了解，增强部队官兵的理财意识和风险防范意识。

（赵宏）

【房山农行长阳分理处营业】 9月23日，农行房山支行长阳分理处成立。该分理处是农行房山支行第16个营业网点，位于长周路1号博盛广场，营业厅内分为自助区、普通客户区、低柜区、贵宾客户理财区4个服务区域。

（赵宏 石晶）

【农行房山支行支持地区经济建设】 2011年，农行房山支行深入贯彻落实与房山区政府签订的战略合作框架协议，支持地区重点项目建设：发放“东羊庄”城乡一体化项目建设贷款1.78亿元，发放滨河公园项目城镇基础实施贷款5亿元，发放京西重工减震器一期工程项目贷款1.77亿元，择优支持发展13家中小企业资产业务。

（赵宏）

【做好农村基础设施中长期贷款的贷后管理工作】 截至12月，农发行房山支行农村基础设施中长期贷款余额为19950万元，均为政府融资平台贷款。按照银监会及总分行相关文件要求，农发行房山支行协调北京房山城市建设投资有限公司及房山区政府，为该笔贷款追加抵押担保，由北京海融德厚投资担保有限公司为其提供保证担保2亿元，降低了贷款风险。

（吴景温）

【做好粮食清仓查库工作】 从5月3日开始，农发行房山支行按照“有仓必到，有粮必查，有账必查，查必彻底”的原则，进行粮食清仓查库工作。以2011年4月30日为时点数，对大兴粮食收储库下属的青云店分库、礼贤分库、魏善庄分库共计85个货位点进行库存数量与库存金额进行核查，覆盖仓位达到100%。交叉检查工作得到了农发行大兴支行领导的充分肯定。农发行房山支行配合农发行门头沟支行对房山区粮食收储库的库存检查，做到了银行台账贷款余额、库存数量与贷款企业统计账、会计账的库存数量、库存值的“四相符”。

（吴景温）

【开展“送金融、防风险知识进万家”主题宣传活动】 5月21日，北京农商银行房山支行在青龙湖镇开展“送金融、防风险知识进万家”主题宣传活动。针对金融诈骗、电信诈骗频发的情况，为丰富广大市民的金融理财知识、增强其风险防范意识及能力，向公众普及金融理财知识，为公众讲解预防非法集资、识别金融诈骗等相关知识。本次活动发放宣传材料400余份，接待咨询公众200余人。

（梁淑敏）

【开展“绿色金融 低碳生活周”主题宣传活动】 6月21日，北京农商银行房山支行在所辖西潞分理处营业厅前开展“绿色金融低碳生活周”主题宣传活动。活动期间，宣传人员积极向办理业务的客户及过往群众发放“林业碳汇 应对全球气侯变暖”、电子银行等宣传折页，通过介绍“低碳”的重要意义和作用，号召广大市民为了应对气候变暖、减少气候灾害养成环保出行、低碳生活的良好习惯，倡导“绿色金融 低碳生活”的环保理念，提高广大市民的金融知识水平。

（孙亚微）

【做好“三信工程”评定工作】 为改善农村信用环境，农商行房山支行推进“三信工程”建设，并于7月末提前完成信用户评定工作，信用户评定面达到4101户，其中特级信用户461户、优秀信用户501户、良好信用户1088户、一般信用户2000户、不合格信用户51户，圆满完成全年“三信工程”评定任务。

（魏莎莎）

【开办农户小额贷款借意险】 为深化银保合作、提高农户贷款还款保障，农商行房山支行与平安养老保险北京分公司联合推出农户小额贷款借意险。作为4家前期试点支行之一，农商行房山支行组织人员参加总行举办的系列培训。同时，为保证借意险代理业务的推广，规范业务流程，联合平安养老保险北京分公司开展“平安——农商行”小额农贷借意险代理业务培训宣导会，进一步提高员工的实操能力。6月22日，成功批量办理了10笔61万元贷款的借意险，共计收取保费1977元。

（魏莎莎）

【累计开通自动取款机51台】 2011年，农商行房山支行结合房山地区经济发展状况及区域发展潜力，对辖区网点和重点地区自助机具情况进行深入调研，解决山区网点自助设备空白的局面，更换老旧机具以有效提高自助设备服务水平。同时对现有存量机具布放进行合理调整，提高自助机具使用率，有效缓解柜面压力。截至12月末，共开通自动取款机51台，存取款一体机19台，比年初增加6台；发展特约商户682户，其中本年新增82户；安装POS机1102台，其中2011年新增62台。

（魏莎莎）

【扩张非车险业务规模】 2011年，中国人民财产保险股份有限公司北京市房山支公司大力扩张非车险业务规模，提升赢利能力。在非车险承保方面，做好续保业务的同时，加大货运险业务的公关力度，力争在货运险业务规模上有所突破。货运险保费收入973万元，同比增加148万元，增长17.9%，保费占5.2%。

（王秀慧）

城乡建设

基础设施建设

【概况】 2011年，房山区各项市政基础设施完成固定资产投资40亿元。推进市政道路建设，投资4.4亿元，建成东环路、阳光大街北延线等12条道路，完工道路总长16公里。京石二通道、京良路、黄良路二期等5条道路征地拆迁工程完成投资21.9亿元。丁东路一期、石夏路东延线等服务功能区的道路前期手续取得进展。改造集中供热工程及供热设施，推进清洁、安全、高效城镇供热体系建设，城关西里集中供热工程建成投入使用；推进城关城中、良乡鸿顺园、吴店集中供热工程。投资7145万元，实施供热设施维修更新改造。完成公共机构热计量改革33家，实施二、三步节能居住建筑热计量改造22.7万平方米。改善环境卫生设施。加大硬环境建设力度，完善城市卫生基础设施；推进房山生活垃圾综合处理厂前期手续办理，非正规垃圾填埋场治理工作成效显著，加快改建公厕。依托北京市“三个百日”行动载体，实行部门联动执法，开展城乡环境“灭死角”、环境脏乱地区集中治理、施工围挡整治、秩序管控等专项行动。探索建立长效机制，部门联动、检查考核奖惩等机制，完善农村地区保洁员队伍资金保障机制。创建白杨东路、翠柳大街等精品大街10条，创建北京市环境优美居住小区4个，北京市环境优美街巷胡同2个，北京市健康教育示范村11个，居民生活环境得到明显提升。开展地铁房山线、京石高速等重要进京通道沿线、旅游沿线、重点地区环境整治，提升了景观效果。加大户外广告牌匾标识整治，拆除违规设置户外广告牌匾标识、标语宣传品3014处，72579.72平方米。城乡环境整治工作在全市郊区考核评价中保持前列，获北京市2011年度城市环境秩序百日整治工作机制创新奖。创新垃圾分类工作机制，在北京市率先实行企业化运作，完成拱辰、西潞、长阳地区的34个小区、3.11万户、9.39万人垃圾分类达标试点工作，2011年房山区生活垃圾无害化处理率达到94.47%，垃圾增长率低于8%，完成北京市各项指标任务。投资1696万元，实施农村改水工程10项，受益人口1.48万余人；实施京周公路阎村立交桥至房山东大桥照明工程，使房良连接线照明全线贯通；投资4634万元，完成良乡老城区交通疏堵一期工程，有效缓解了当地交通拥堵状况。在业务管理中推进精细化、现代化管理作业，主城区机动车道机械化清扫率达到100%，照明设施节能改造节能率达到50%，路灯亮灯率达到98%（北京市为96%），高质量的保证城市整洁、运转有序，多次为全区重大活动提供出色的城市运行和环境保障，2011年房山区被评为北京市郊区县环境卫生作业质量优秀单位。

（杨春柳）

【阳光大街北延线工程竣工】 3月20日，阳光大街北延线工程开工。工程北起长阳大街，南至辰光路，全长941米，为城市主干路，规划红线宽50米，该工程于9月竣工通车。

（杨春柳）

【10项农村地区群众安全饮水工程竣工】 10项农村地区群众安全饮水工程是2011年为民拟办实事工程，工程于3月开工、10月竣工。10项农村地区群众安全饮水工程包括区域优化供水厂1座、风险管理工程5项、水质处理工程4项，安装管网4.8万米，入户安装1800户，受益人口1.48万余人。

（杨春柳）

【良乡行宫西路太阳能路灯改造工程竣工】 良乡行宫西路太阳能路灯改造工程于3月18日开工，3月24日竣工。共拆除原有太阳能路灯9盏，新安装市电LED节能路灯12盏，铺设电缆500米。

（杨春柳）

【8项市政基础设施建设工程竣工】 年内，区市政市容委实施的8项市政基础设施建设工程竣工。一是良乡粪便消纳场场外道路。道路全长1.5公里，2010年4月开工，2011年4月竣工。二是长周路一标恢复工程。道路位于独义三路至京良路段，完成主路恢复3.3公里、将7公里城市段道路沿线路缘石、步道砖全部替换为花岗岩缘石、花岗岩步道， 2010年10月开工，2011年6月竣工。三是翠柳大街跨线桥和绿化工程。道路南起白杨路、北至长虹路，全长1528米，2010年10月开工，2011年6月竣工。四是良乡东区十六号路工程。道路西起良官大街、北至辰光路，全长5169.9米，2007年7月开工，2011年8月竣工。五是CSD排水工程。完成铺设雨水管线1275米、污水管线1300米、给水管线1300米、中水管线1300米，2010年9月开工，2011年8月竣工。六是合欢东街道路工程。道路北起合欢北二街、南至合欢北街，全长340米，2011年5月开工，2011年8月竣工。七是圣水大街元武屯村以北段道路工程。道路南起白杨路、北至长虹路，全长1650米，2009年7月开工，2011年8月竣工。八是拱辰西街道路工程。南起南关西路、北至北关西路，全长1057米，规划红线宽20米，为城市支路，2009年8月开工，良乡中路以北段于2011年10月竣工通车。

（杨春柳）

【京周公路阎村立交桥至房山东大桥路段照明路灯改造工程竣工】 京周公路阎村立交桥至房山东大桥路段照明路灯改造工程是2011年为民拟办实事工程。工程于2010年10月开工、2011年6月竣工。安装路灯368盏、高杆灯5根、100千伏安箱式变压器8台，在大石河桥区安装轮廓灯1840米，铺设电缆2万米。

（杨春柳）

【良乡东区雨水排水和阳光大街路面修复工程竣工】 良乡东区雨水排水和阳光大街路面修复工程于4月18日开工，9月8日竣工。改造、新建雨水方沟2893米，翻新改造道路路面2.1万余平方米，对相关地下管线进行了改移。

（杨春柳）

【举办“周四垃圾减量日暨绿色乡村月”主题宣传活动】 6月9日，做文明有礼的北京人——2011年“周四垃圾减量日暨绿色乡村月”主题宣传实践活动在琉璃河镇祖村举行。首都文明办、市市政市容委领导，区委常委、宣传部部长赵佳琛出席活动。活动中，琉璃河镇领导介绍开展垃圾减量垃圾分类工作经验和做法；琉璃河镇祖村村民代表发出垃圾减量、垃圾分类倡议；市区有关领导为琉璃河镇各村发放有关宣传材料。活动现场进行以垃圾减量垃圾分类为主题的文艺演出。

（杨春柳）

【集中整治户外广告牌匾】 房山区户外广告牌匾集中整治工作于7月20日开始，8月初结束，由区市政市容委牵头，联合公安、城管、工商等13个相关单位，对道路两侧违规设置的广告、牌匾、标语宣传品进行集中整治。共帮拆良乡建成区内违规广告牌匾、宣传品474处6370平方米，发放宣传材料620份，商户自拆违规广告牌匾42处1650平方米。

（杨春柳）

【开展"燃气安全进工地"主题宣传日活动】 8月7日，房山区开展"燃气安全进工地"主题宣传日活动。区市政市容委会同区燃气开发中心、大地华油燃气公司、中石化燕山燃气公司等燃气供应单位，针对附近较大的施工路段、工地现场燃气安全使用情况进行了宣传，共设置展板10余块、横幅20余条，向施工人员发放《北京市燃气管理条例》宣传手册、燃气防灾应急知识宣传手册、环保购物袋、围裙等各类宣传材料及宣传品6000份，现场解答咨询1000余人次。

（杨春柳）

【举办2011年集中供热项目培训班】 8月23日至31日，区市政市容委邀请南通万达锅炉房、哈尔滨锅炉房等专家教授采取集中授课的方式，对近百名集中供热工程建设项目管理、操作及维护人员进行集中供热项目培训。重点培训内容包括：工艺系统、除尘脱硫系统、脱硝系统、锅炉及辅机设备、鼓引风机、水处理、电气自控等10项内容。

（杨春柳）

【完成公共机构热计量改造工作】 9月13日，房山区召开公共机构热计量改造工作动员会，启动房山区公共机构热计量改造工作。涉及改造的公共机构40家，公共建筑114处77.6万平方米，供热单位16家，锅炉房22个。其中：市属公共机构6家，公共建筑10处2.9万平方米，供热单位3家，锅炉房6个；区属公共机构34家，公共建筑104处74.7万平方米，供热单位16家，锅炉房22个。2011年主要对区属34家公共机构实施供热计量改造，9月14日至10月31日，完成供热计量改造并通过竣工验收，2011年冬季供暖实行热计量收费。

（杨春柳）

【西潞大街改造工程完工】 良乡老城区交通疏堵工程——西潞大街改造工程是2011年为民拟办实事工程，该工程北起月华北大街、南至长虹西路，全长约2.2公里，红线宽53米。9月21日开工，12月4日完工，实现全线贯通。主要实施了路段改造、主要路口拓宽渠化改造、道路大修、整合公交车站增设公交港湾、路灯节能改造、绿化改造、完善交通信号等工程。

（杨春柳）

【城关北大寺街市政基础设施改造完工】 城关北大寺道路起点为北大街、终点为青年北路，全长330米。改造工程10月20日开工，10月31日竣工。完成主路机动车道路宽8.8米，人行步道宽1.5至3.8米，雨水口25座。

（杨春柳）

【城隍庙街道路市政基础设施改造完工】 城隍庙街道路起点房山北大街，终点为营房胡同。全长110米。改造工程10月20日开工，10月31日竣工。完成修建雨水口12座，主路机动车道路宽7米，人行步道宽2至5.4米。

（杨春柳）

【东环路建设工程京良路至长阳大街路段竣工】 10月26日，东环路建设工程京良路至长阳大街路段竣工通车。东环路是北京市重点工程，也是城南行动计划的重点建设项目，位于房山新城良乡组团，北起京良路、南至南六环，全长7.4公里，红线宽60米，为城市主干路。工程主要包括道路、排水、桥梁、铁路箱涵、泵站、给水、中水、交通、照明、绿化等。工程总投资为6.7亿元，建设单位为区市政市容委，由市区两级政府投资兴建。于2010年5月27日开工，主要实施了道路、排水、桥梁、铁路箱涵、泵站、给水、中水、交通、照明、绿化等工程。由中铁十八局集团第五工程有限公司施工。

（杨春柳）

【首座集中供热厂建成投入使用】 11月12日，房山区举行城西集中供热厂运行启动仪式，区内首座集中供热厂建成投入使用。城西集中供热厂为原址扩建，既是北京市重点工程和城南行动计划重点建设项目，又是房山区政府折子工程。总投资2.9亿元，占地面积4.86万平方米，建筑面积1.15万平方米。近期供热面积167.9万平方米，设置80吨燃煤锅炉2台，建设换热站9座，新建供热管网6.3公里；远期供热面积203万平方米，增建80吨、40吨燃煤锅炉各1台。工程主要采用大型高效锅炉、自控、除尘脱硫设备，以高点排放代替小锅炉的面源排放，运行中通过机械化、自动化控制提高供热效能和环保水平。经测算，年减排量标煤能达到1.2万吨、灰渣995吨、烟尘180吨、二氧化硫169吨、氮氧化合物235吨。供热厂的建成投入使用，减少了大气污染排放量，为城关万宁、永安西里等小区1.2万户、5.5万居民提供供热服务。

（杨春柳）

【整治地铁房山线长虹西路两侧环境】 11月底，地铁房山线长虹西路两侧环境整治结束，共清除渣土15824立方米，回填种植土22659立方米，平整土地12215平方米，修葺围墙650米，铺装道路3500平方米，粉刷沿线围墙11486平方米，修筑围挡2590延米，更换沿线广告牌匾486平方米，清洗沿线建筑外立面2万平方米，道路两侧种植苗木9972株。

（杨春柳）

【开展胡同街巷、老旧平房区环境整治】 年内，区市政市容管委开展房山区胡同街巷、老旧平房区环境整治。一是对华龙市场2号地环境进行整治，拆除违法建设2.3万平方米，清理建筑渣土3万余立方米，建围挡700余延米。二是对拱辰街道一街至五街进行改造，拆除房屋45万平方米，拆除违法建设3100平方米，铺设道路340米、雨污给中水管线2876.4米，清理建筑渣土、生活垃圾6850立方米。三是清理拱辰北大街、松林西路等9条胡同排水管线6820米，清除淤泥851立方米，翻建检查井12座，清掏雨水口32座。四是拆除良乡建成区范围内违规广告牌匾、宣传品516处8020平方米，发放宣传材料620份。五是对楸树街进行整体改造，整修道路3148平方米，铺设人行便道910平方米，改造各类管线900米，设置停车位90个，安装路灯10盏，拆除破旧房屋1000平方米，清理杂物500吨，整修围墙486平方米，拆除围墙540平方米，绿化补建250平方米。

（杨春柳）

【全区垃圾无害化处理率达到89%】 近3年来，房山区把垃圾减量、垃圾分类作为精神文明建设的重要突破口，贯彻到群众性精神文明创建活动的各个环节，广泛深入地开展“做文明有礼的北京人，垃圾减量、垃圾分类从我做起”系列宣传活动。农村地区垃圾分类共覆盖56万人，涵盖20个乡镇的413个行政村。在各乡镇都建立专业管理队伍，基本完成配套设施、设备建设，形成以“政府主导—专业管理—属地负责—社区（村庄）发动—居民参与”的垃圾分类模式，结合农村地区实际，将分类流程分为“源头分类、分类收集运输、中转储存、末端处置”四个环节，制定统一标准，由各乡镇集中购置户用分类桶、运输车等分类硬件设施，在乡镇建立垃圾分类指导员、回收员和运输队伍，在各村建设分类垃圾的储存站点。全区通过垃圾的源头分类和配套设施建设，解决农村垃圾分类投放、混装运输及处理的难题，实现垃圾分类、运输和处理环节的有效衔接，垃圾减量15%，垃圾无害化处理率达到89%。

（杨春柳）

【完成35千伏霞堂史T线路改造工程】 2011年，房山供电公司完成35千伏霞堂线路和霞堂史支线路挂二回线改造工程，工程投资6700万元，新建杆塔76基、线路29.18公里，实现同塔双回线路供电，提高山区供电可靠性和线路防雷能力。

（李威）

【完成35千伏良造线入地工程】 2011年，房山供电公司完成35千伏良造线入地工程，工程投资2980万元，新建电缆隧道945.5米、管井541.5米，新敷设电缆1487米，该项工程减少了架空线路给地区建设带来的影响。

（李威）

【琉璃河镇压缩天然气改造工程完工】 11月20日，琉璃河镇压缩天然气改造工程完工。区燃气中心对从民营公司手中接收的琉璃河镇三街、北洛两座压缩天然气站进行改造重建，彻底消除5个小区4300户居民及5家公服用户的安全隐患。

（化凤梅）

【举行英杰培训中心揭牌仪式】 10月24日，北京大学软件与微电子学院、房山区燃气开发中心合作成立英杰培训中心揭牌仪式暨房山区国资委首期卓越领导力高级研修班开学典礼在英杰培训中心举行。英杰培训中心是引入北大优秀师资力量，借助名校办学理念，进一步深化国企改革向文化教育领域转型的一次新的突破和尝试。北京大学软件与微电子学院领导，区委常委、副区长李江，区国资委、区燃气中心以及区国资委系统相关单位领导参加揭牌仪式。仪式由英杰培训中心校长赵洪元主持，李江和北京大学软件与微电子学院领导为英杰培训中心揭牌。

（化凤梅）

【新建天然气管线23.5公里】 2011年，房山区新建天然气主干网23.5公里，铺设中、低压管线38.3公里。其中：独义三路、规划一路、长阳大街等铺设中压天然气管线3公里；东环路（长于公路）京良路至长虹东路段中压管线5公里；燃气中心至阎村镇二合庄陕京三线接收门站之间高压B管线9公里；大件路（京石高速至阎东路段）及阎东路（大件路至中国原子能科学研究院生产区段）次高压A管线6.5公里。

（化凤梅）

【京石二通道工程进展情况】 2月19日，房山区召开京石二通道现场动员大会；3月15日，完成征地拆迁清登工作；截至4月17日，10个乡镇清理抢栽抢种树木633798棵，清理违法违规建设房屋37537.03平方米，清理违法建设大棚591194.15平方米；7月19日，京石二通道集体安置地选址方案初步确定。

（范丹微　刘显旭）

【缓解交通拥堵工作】 按照市委、市政府关于缓解交通拥堵工作的要求和部署，缓解交通拥堵工作列为2011年市政府重点督查专项。《缓解北京市区交通拥堵第八阶段（2011）工作方案》包括66项折子任务，涉及房山区工作任务20余项。6月8日，房山区召开缓解交通拥堵工作协调推进会。会上成立了房山区缓解交通拥堵工作推进小组办公室，办公室设在区新城办，并研究确定了全区缓解交通拥堵工作小组的责任分工、牵头单位及工作机制，同时就督查反馈工作进行了要求和部署。区政府督查室分别于6月、9月、12月定期向市政府上报全区缓解交通拥堵工作进展情况，拱辰街道、西路街道城区交通拥堵情况得到有效缓解。

（范丹微　刘显旭）

【启动农村道路认定工作】 10月，房山区启动农村道路认定工作。包括黄良路改建一期工程（永定河东堤—长韩公路段）、黄良路（长于路—长韩路）工程、108国道（河北镇—贾峪口）复线工程、岳李路道路改造工程、长周路、六石路改建工程、涞宝路三渡桥改建工程、涞宝路四渡桥改建工程、涞宝路五渡桥改建工程、涞宝路六渡桥改建工程、房郑路道路改造工程、京原铁路平改立工程（上万平改立）、顾八路道路工程、西外环线道路工程、环城西大街改造工程、涞宝路停车疏堵设施、白杨西路等道路工程。年内，部分道路工程已经进行了联审。

（范丹微　刘显旭）

【编制《房山区“十二五”时期城乡环境建设规划》】 11月28日，房山新城规划建设管理委员会第132次办公室主任会审议通过《房山区“十二五”时期城乡环境建设规划》。该规划对全区“十二五”期间环境建设的战略定位、规划原则、空间布局、发展目标等进行了研究，为房山区落实“城南行动计划”和“一区一城”新定位提供了环境保障。

（范丹微　刘显旭）

【推进房山区土地储备工作】 2011年，区新城办将土地储备有关问题列为常设议题，全年共协调解决相关问题184个，确保了全区土地储备工作顺利开展。2011年，全区新增储备开发总面积121公顷，完成开发面积218公顷，完成投资80亿元，完成供地395公顷，全市经营性用地供应量排名第二。

（范丹微　刘显旭）

【北部山区环境综合整治投入资金4.6亿元】 2011年，房山区北部山区8个乡镇环境综合整治工作共投入资金4.6亿元，投入人力8.8万人次，出动机动车辆9865台次，栽植苗木95万株，清理街巷道路1763条、垃圾1.2万吨、白色垃圾2130公斤、河道2万延米，拆除及美化残墙断壁3万延米。

（赵宁宁）

城乡规划

【概况】 2011年，房山规划分局围绕“高端制造业新区和现代生态休闲新城”的中心任务，积极开展规划工作。按照市规划委对房山区调整建设用地指标10平方公里的精神，整合空间发展布局，重点用于新兴产业项目。针对重大产业项目实施情况，做好前期规划工作。北京高端制造业（房山）基地扩区取得重大突破，市政府同意扩区6.5平方公里。做好“房山新城发展战略——燕房组团发展战略研究”工作，分析城市发展过程中的突出矛盾，积极探索城市规划发展新思路，进一步强化规划引导能力。“长阳备用地启动规划研究”和“燕房组团建设用地指标研究”编制完成并上报市规划委审查；云居寺文化景区项目建设控规得到市规划委批复，“房山区西潞废弃坑地改造研究试点项目”进入建设阶段。全力推进数字房山空间地理信息系统建设。项目设计书通过专家评审，三维系统建设已经开展。强化服务意识，稳步推进土地储备工作、绿通项目及保障性住房项目。积极与市规划委和区内相关部门进行沟通，加快协调全区土地储备项目规划条件的办理。纳入北京市绿色审批通道的项目42项，进入审批程序或取得批复文件的项目38项，占总审批量的90.5%。快速推进保障性住房项目，保证了居民顺利入住。积极主动协调，确保公益性设施建设及中央在京单位重点建设取得新进展。完成石经博物馆、房山区第一医院等19个公共服务设施的规划工作；积极主动为中核集团、京煤集团及燕化公司等中央在京单位做好服务。加强学习探索，重点推进村庄规划编制和审批工作。开展“房山区村庄规划建设现状及对策研究”，着手建立全区462个行政村的村庄规划建设基础资料库。提高审批效率，加大执法力度，保证城乡建设有序开展。以优质高效为工作目标，在确保审批质量的同时，努力加快审批速度，全年受理各类申办件521件。认真贯彻实施《北京市城乡规划条例》和新颁布实施的《北京市禁止违法建设若干规定》，不断加大规划执法力度，查处违法建设 61.6 万平方米，处罚违法建设 1.9 万平方米，罚没金额 1471 万元；进行城乡建设规划监督 377.9 万平方米。

（王学青）

【废弃坑地改造规划研究获批复】 3 月 10 日，“房山区西潞废弃坑地改造规划研究”获市政府批复。此次批复规划范围约 16.1 公顷。6.5 公顷农村集体产业用地用于发展养老设施产业用地，总建筑规模控制在 6.5 万平方米以内。其余用地用于生态恢复，作为生态绿地向社会开放。该项工作是探索平原地区废弃工矿用地利用问题的试点之一，在生态修复、产业转型和促进本地劳动力就业等方面具有重要的借鉴意义。

（王学青）

【核发北控绿色产业园项目建设规划】 4 月 25 日，房山规划分局核发北控绿色产业园建设项目地块土地储备供应规划。该项目位于窦店现代制造业产业基地 01 街区，东至规划纵二路中心线，西至京广铁路界址点边线，南至房黄亦联络线中心线，北至石夏路北红线。总用地面积 48.7 万平方米，其中建设用地面积 16.2 万平方米、代征道路用地面积 8.5 万平方米、代征绿化用地面积 24 万平方米。

（王学青）

【完成窦店特色民俗村城市设计编制工作】 4 月 27 日，房山规划分局完成窦店特色民俗村城市设计编制工作。此次城市设计从规划背景与现状分析、民族特色风貌研究、规划方案、城市设计导则等方面做深入研究。规划目标突出了城市空间格局、景观环境、历史文化特色、标志性建筑等。按照“一轴、一心、多片区”的城市结构进行规划构思（即：一轴：以窦大路为轴，一心：窦大路与房窑路交汇处为民族村中心，多片区：多个新建或改建具有民族特色居住区）。编制规划位于窦店镇镇区南部，面积共计 92.9 公顷。

（王学青）

【开展重点地区违法建设专线巡查工作】 5 月 20 日，房山规划分局对重点地区违法建设进行了专线巡查。窦店现代制造业产业基地：协助窦店镇人民政府认定 38 处违法建设，8.3 万平方米。长周路沿线：发现未经规划许可新建项目 19 处，涉及长阳、良乡、阎村、窦店、城关、石楼、周口店 7 个乡镇、街道办事处，建筑面积约 1.7 万平方米，并对未取得“建设工程规划许可证”的在建工程下发《责令停止建设通知书》10 件次，建筑面积 1.5 万平方米。城市环境综合整治工作：协助认定违法建设 29 处，1.8 万平方米。

（王学青）

【推广数字房山地理空间框架建设项目】 6 月 13 日，数字房山地理空间框架建设推广项目获国家测绘局批复。房山区被国家测绘地理信息局列为 2011 年数字城市地理空间框架建设推广城市，确立数字房山地理空间框架建设推广项目。主要建设目标：建立房山数字地理空间框架，形成权威的、唯一的和通用的地理信息公共平台，实现地理空间信息资源的开发利用与共建共享。主要建设内容：完善房山区基础地理信息数据；建设房山区基础地理信息数据库；构建房山区地理信息公共平台；开发不少于 5 个并包含公众服务的典型应用示范系统；建立共建共享、更新完善和运行维护的长效机制。该项目由国家测绘局、北京市规划委员会、房山区政府合作共建，建设成果三方共享。

（王学青）

【京石二通道道路工程初步设计获批复】 7 月 20 日，京石二通道（京昆高速公路大苑村—市界段）道路工程初步设计获北京市规划委批复。原则同意该工程的设计范围：该道路东起京良路，向西经西六环路、刺猬河、青龙河、阎崇路、规划紫十路、阎东路、良坨铁路、南水北调干渠后折向西南，沿大石河东岸布设，经大件路、京周路、长周路、大石河、规划刘夏路、马刨泉河、石夏路、周口店河、规划燕采路、房琉路、铁路联络线、岳窑路、顾郑路、夹括河、房易路、南水北调干渠、天开水库、龙下路、云居寺路、南泉水河、石水公路、房易路旧线、北拒马河、郑满路、义浪沟后，与河北段道路接顺，道路全长约51公里。设计标准为高速公路，设计时速120公里/小时，道路红线宽80米，机动车道三上三下。

（王学青）

【核发地铁房山线长阳站综合枢纽体选址意见书】 11月9日，房山规划分局核发地铁房山线长阳站综合枢纽体（房山线长阳站市政综合用房）项目选址意见书。该项目是集轨道交通、地面公交（市区公交和区内公交）、小汽车、出租车、自行车等交通方式于一体的综合客运交通换乘站。总用地面积约2.7万平方米，其中，建设用地面积约1.6万平方米，地下2层，地上9层。该项目规划设置市区公交线路3条，区内公交线路10条（近期6条，远期4条）。地面二层设置天桥分跨地铁房山线长阳站和京良路北侧地块，南侧社会停车场以及项目用地东、西地块连通，完成人流与长阳站、换乘站的无缝衔接。

（王学青）

【核发房山新城燕房地区东北环线道路工程建设用地规划许可证】 11月11日，房山规划分局核发房山新城燕房地区东北环线道路工程建设用地规划许可证。项目起点为大件路，终点至东万路，规划道路等级为城市次干路，规划红线宽25米，道路全长约5028米。该道路工程上跨京原铁路及燕化铁路专用线，共计3次与既有铁路交叉，是燕山地区南北向交通出行要道，对优化该地区路网结构具有积极意义。

（王学青）

【批复房山新城滨河森林公园规划方案】 11月28日，房山规划分局批复房山新城滨河森林公园规划方案。房山新城滨河森林公园位于新城良乡组团东北部，东接长阳镇中心区，南至长虹东路，北至规划长阳纬一路以南，东至小清河东岸滨河路以西，分为房山公园、湿地公园、小清河风光带三部分，规划总用地面积为516.02公顷。其中：房山公园是集休闲娱乐、文化展览、综合管理等配套的综合性公园；湿地公园及小清河风光带是以生态景观为核心，满足市民休闲需求的生态公园。

（王学青）

【市规划委核发陕京三线输气管线北京段选址意见书】 12月6日，市规划委核发陕京三线输气管线北京段（良乡分输站至王佐及北安河至西沙河段）选址意见书。陕京三线是保障首都供气安全稳定的重大基础设施工程，管道设计压力为10.0兆帕，管径为DN1000毫米，设计输气能力为150亿立方米/年。本段管线涉及房山主要为：自良乡分输站出线，沿创安路永中南35米向东至六环路，沿六环路永中西65至111米向北，穿越京周路后穿越六环路，沿六环路永中东65至115米向北，至后阎村紫草坞北桥以北向西穿越六环路，后沿六环路永中西65米至171米向北至丰台区王佐。长约2万米。

（王学青）

【推进五大功能区规划工作】 年内，房山规划分局积极推进五大功能区建设规划。审查通过北京石化新材料科技产业（房山）基地核心区（东区）市政管线项目综合及河道治理规划；核发东北环线道路工程选址意见书；形成配套电力方沟工程初步方案，开展了110千伏变电站工程规划研究工作。完成北京高端制造业（房山）基地北京长安汽车公司规划设计方案审查技术服务工作；审查通过市政专项规划及刘平庄沟河道治理规划；编制配套污水及再生水厂工程规划方案；对外交通要道石夏路规划设计方案已获批复；为解决近期用电拟实施的电力方沟工程完成初步选线方案。完成中央休闲购物区

（CSD）长阳镇起步区 3 号地南侧地块、长阳镇起步区 7 号地、长阳西站 3 号地建设用地规划许可工作；长阳起步区 1 号地、3 号地南、3 号地北、4 号地、5 号地、6 号地、8 号地，长阳西站 1、2 号地建设工程规划许可工作；完成京良路、黄良路、东环路、独义三路规划研究并核发规划行政许可；完成梅花桩 110 千伏输变电工程选址意见书。积极推进中国房山世界地质公园重要交通通道建设，石水路设计方案获专家评审意见、大堂路方案已获批复，云居寺路改造及南水北调巡线路线由已征求沿线乡镇意见，设计方案正在进一步完善。开展中国北京农业生态谷市政专项规划前期规划研究工作；完成琉璃河镇污水处理厂及配套管网工程规划许可。

（王学青）

【审批各类政策性住房建设 1.76 万套】 年内，房山规划分局审批政策性住房项目建筑总面积约 118.5 万平方米，共审批住宅总套数约 1.76 万套。其中：审批经济适用房项目 6 项，建筑面积约 29 万平方米，住宅套数约 3300 套，包括东关伟业嘉园、长阳北部组团、永安东里、长阳高佃三村、城关槠榆树小区项目、城关洪寺项目；审批限价房项目 5 项，建筑面积约 19.8 万平方米，住宅套数约 2300 套，包括窦店聚豪苑小区项目、长阳镇起步区 4 号地、城关农林路项目、良乡航天花园、水碾屯一期改造项目；审批公租房（廉租房）5 项，建筑面积约 25.6 万平方米，住宅套数约 4800 套，包括城关圣水嘉名项目，长阳广阳城项目，理工大学站 3、5 号地项目，高教园区公租房项目，阎村 04-0016、04-0033 地块项目；审批定向安置房项目 27 项，建筑面积约 44.1 万平方米，住宅套数约 7200 套，拱辰街道一街至五街项目、地铁房山线西潞段东沿村项目、长沟镇中心区改造项目、山区人口迁移项目、东羊庄项目、城关马各庄项目、京石客运专线张家场村项目、长阳 7 号地项目 8 个定向安置房项目已开工。

（王学青）

国土资源管理

【概况】 2011 年，房山国土分局积极贯彻落实国家和首都各项宏观调控政策要求，完成土地一级开发投资 60 亿元，完成开发面积约 172 公顷，实现土地储备供地 393 公顷。其中，经营性用地成交 10 宗，面积 82.3 公顷；工业用地成交 4 宗，面积 48.7 公顷。实现基金收入约 44.35 亿元（其中政府收益 20.75 亿元）。完成征地上报面积 1130 公顷，新增建设用地 660 公顷，农转用面积占到全市 1/6。办理征地结案 19 宗，涉及土地面积 187 公顷，7.9 亿元安置费用全部监管到账。完成总验收和申请总验收的开发整理项目新增耕地总面积达 10380 亩。完成“十一次”卫片执法检查任务，拆除违法建筑物 38 万平方米，恢复耕地 571 亩。经过查处整改，全区违法占用耕地比例由最初的 46.7%降低至 5.9%。组建了 40 人的矿山巡查大队，继续保持打非高压态势。完成非煤固体矿山的规范整合工作。

（胡舰波）

【成立 6 个国土资源所】 2 月，房山区 6 个国土资源所成立并举行揭牌仪式。第一国土资源管理所管辖长阳、拱辰、西潞、良乡 4 个乡镇、街道办事处；第二国土资源管理所管辖城关、周口店、石楼、燕山 4 个乡镇；第三国土资源管理所管辖窦店、琉璃河、韩村河 3 个乡镇；第四国土资源管理所管辖长沟、大石窝、张坊、十渡 4 个乡镇；第五国土资源管理所管辖青龙湖、阎村、河北、佛子庄 4 个乡镇；第六国土资源管理所管辖南窖、大安山、史家营、霞云岭、蒲洼 5 个乡镇。国土所的基本职责：负责辖区内的国土资源执法巡查、政策法规宣传、落实耕地保护责任、受理调查信访事项、化解宅基地纠纷等基础性事务工作。6个国土资源所编制48人，为全额拨款事业单位。

（胡舰波）

【召开贾峪口检查站工作布署调度会】 3月29日，房山区召开贾峪口检查站工作布署调度会，原则通过房山国土分局起草的《贾峪口综合检查站运行工作方案》。会议强调：从4月1日起，不让1吨煤运出。充分发挥宣传作用，加大宣传力度，做到家喻户晓，告知在前，执法在后。继续加大对外来人口的清理，把劳动力输送的链条切断。严禁矿用设备、设施等上山。保持打非的高压态势，炸封力度不减。

（胡舰波）

【房山区矿山巡查大队成立】 5月24日，房山区矿山巡查大队成立。共有队员43人，主要负责辖区内盗采易发区的巡查工作；督导、配合各乡镇矿山巡查队做好巡查打击工作；为区、乡两级打击非法开采工作提供人力保障。

（胡舰波）

【完成卫片拆除整改】 6月8日，房山区召开2010年度卫片拆除进展工作紧急专题会，区委书记刘伟主持，区领导祁红、张祝华、吴会杰参加会议。会议传达了市政府办公厅的相关文件，并听取了房山国土分局卫片拆除整改进度的汇报。2011年，房山区共拆除2010年度卫片执法检查违法建筑物38万平方米，恢复耕地571亩。对其中的117宗违法用地，以立案方式处理40宗（其中移送公安机关3起），以非立案方式处理77宗，对4个乡镇、64个村提出了处分建议并移送纪检监察部门。经过查处整改，全区违法占用耕地比例由最初的46.7%降低至5.9%。

（胡舰波）

【国家级地质环境治理项目开工】 6月15日，国家级地质环境治理项目开工，项目位于大石窝镇，总投资为2092.23万元，其中2000万元为中央财政补助资金、92.23万元为地方配套资金。通过该项目的实施，可恢复可利用土地88公顷。

（胡舰波）

【创新模式开展“6•25”全国土地日宣传】 6月25日，房山国土分局创新模式开展“6•25”土地日宣传，改变以往以房山国土分局为主体的宣传模式，变基层国土所为宣传主体，把辖区内的乡镇作为宣传点对国土资源管理政策法规进行宣传。全区共发放宣传品2万余份，悬挂横幅300余条，制作板报80多块。改善以往宣传内容单一的情况。此次宣传内容涉及了土地节约集约利用、打击非法开采、地质灾害防治、世界地质公园保护等内容，宣传内容更加丰富，活动更加深入人心。对宣传方式进行了创新。6月25日，除了各乡镇上街宣传、电视台报道、报纸宣传、有奖知识竞猜等形式外，房山国土分局和区委组织部联合采取用短信的形式，对土地管理政策法规进行为期一周的宣传。同时，房山国土分局联合房山区邮政局出专刊《关注》，庆祝“6•25”全国土地日，共向全区行政部门、企事业单位发放5000册。

（胡舰波）

【4个土地开发整理项目通过竣工总验收】 10月18日，市国土局专家验收组对房山区4个土地开发整理项目进行竣工总验收，4个项目包括：张坊镇大峪沟等两个村土地开发整理项目、蒲洼乡芦子水等4个村土地整理项目、大安山乡大安山等6个村土地开发整理项目、周口店镇娄子水等村基本农田整理项目。此次验收的项目均为市财政全成本投资土地开发整理项目，建设总规模13974.03亩，投资总额1.125亿元，总计新增耕地1973.88亩。4个项目均通过验收。

（胡舰波）

【国土资源部检查组到房山区检查验收“两整治一改革”专项行动工作】 11月2日，国土资源部“两整治一改革”（整治土地和矿业权交易市场存在的问题、整治干部队伍廉洁从政存在的问题，深化国土资源管理改革）检查组到房山国土分局检查验收“两整治一改革”专项行动工作。市国土局领导，区委常委、区纪委书记王智慧陪同检查。听取了房山国土分局“关于开展‘两整治一改革’工作的情况汇报”。房山区最终通过“两整治一改革”专项行动工作检查验收。

（胡舰波）

【佛子庄矿山地质环境治理项目通过竣工验收】 12月15日，佛子庄矿山地质环境治理项目通过市国土局组织的竣工验收。项目分别获中央财政补助资金690万元和市财政补助资金468.97万元，治理区面积58.65公顷。通过地形地貌整治、修建挡土墙、排水沟和联络线等工程，有效减轻了治理区内泥石流、不稳定边坡等地质灾害隐患，消除了废渣堆积和露天采坑等矿山地质环境问题；遏制了当地非法盗采矿产资源活动；通过治理，实现了矿山废弃土地的再利用，恢复可利用土地面积18.7公顷，对当地农村经济的转型具有积极地促进作用。

（胡舰波）

【加快推进土地储备开发】 年内，房山国土分局采取措施加快推进土地储备开发。加强组织领导。组织乡镇领导召开专题会议，提高各单位、各乡镇对土地一级开发的认识，要求主要领导亲自抓，对项目的落实切实负起责任。加快融资步伐。采取多种渠道加大融资的力度，确保土地一级开发顺利开展；落实倒排工期。继续沿用多年来在对储备工作中的好经验、好做法，对项目进行倒排工期，确保项目在年底前超额完成，加大协调督促力度。进一步做好项目跟踪服务，指导乡镇按照程序办理相关手续，为重大项目落地服好务。

（胡舰波）

【建立健全打击非法开采长效机制】 年内，房山国土分局建立健全打击非法开采长效机制。一是落实有奖举报制度。建立举报箱、公布举报电话，坚持有报必查，对群众举报的非法盗采行为，一经核实，按照举报非法盗采行为举报有奖的原则，及时兑现奖励，鼓励群众参与、监督打击非法开采。二是坚持打击偷挖盗采月例会制度。由房山国土分局牵头，定期召开打击偷挖盗采例会，通报乡镇、单位打击偷挖盗采的工作进展情况，研究下一步工作计划。三是实施巡查督促制度。深入有关乡镇，检查打击非法开采的质量和效果，督促乡镇查漏补缺，完善档案管理，落实监督责任。四是严格落实动态巡查制度。坚持执法人员24小时上山检查，做到及时发现及时制止。同时利用遥感等高科技手段及时制止私挖盗采行为。五是落实联合执法工作制度。由主要部门牵头，明确近期工作目标，责任到人，通过大量联合执法行动，打击非法盗采者的嚣张气焰。

（胡舰波）

【推进北京市资源二号卫星监测违法用地整改】 年内，房山国土分局采取措施推进北京市资源二号卫星监测违法用地整改。一是高度重视。区委、区政府召开专门工作会议研究部署，明确工作计划，确定整改时限。加大统筹协调力度。相关部门积极配合，建立执法联动机制，及时沟通解决在整改阶段出现的问题。加大执法巡查力度。抽调基层执法人员到执法队，深入到各乡镇进行执法检查，特别是对限期整改到位的项目，进行一对一排查。同时要求各乡镇土地巡查员加大巡查力度，防止新的违法违规现象发生。加大责任追究力度。对隐瞒不报、整改不到位、拒不整改的，视情节轻重，按照有关规定进行处理。加大宣传力度。采取培训、悬挂横幅、基层走访的形式加大对国家政策法规的宣传力度，提高群众依法用地的意识。

（胡舰波）

【加大对违法占地建设的拆除打击力度】 年内，房山国土分局加大了对违法占地建设的拆除打击力度。一是高度重视，召开全区专题大会，研究部署查处违法建设计划。研究制定违法建设的认定标准和整治的具体措施。二是成立组织，明确责任。区政府主管副区长牵头，抽调有关部门的人员成立房山区禁止违法建设办公室，将遏制违法建设作为工作的常态，确保取得实效。三是制定办法，追究责任。实行属地管理，乡镇主要领导为第一责任人，对工作不到位、打击不力的单位和个人进行责任倒查，严肃追究有关责任人的责任。

（胡舰波）

【应对汛期地质灾害】 年内，房山国土分局在2010年应急调查的基础上，对全区地质灾害隐患台账进行了更新，新增加险户632户、受威胁人数1726人。采取多项措施应对汛期地质灾害，一是高度重视。专题研究部署，制定工作计划，重点要求12个乡镇制定出应对地质灾害的具体工作措施。二是精心组织，周密排查。组织乡镇进行地质灾害隐患的再排查工作，对地质灾害易发区采取拉网式排查。三是加大宣传，完善制度。向险村险户发放“明白卡”，明确了防灾责任人和监测人。同时建立群测群防网络，建立地质灾害预报预警制度。四是强化值班。严格落实24小时值班制，24小时上山巡查，关注天气变化，遇到有雨情随时上报山区情况。

（胡舰波）

【保护耕地】 年内，房山区采取多种措施保护耕地，一是严格按照年度用地计划，对各类建设用地占用耕地按规定的程序和权限审查报批，严格执行占补平衡政策，截至7月底，补充耕地1219亩。二是在全区范围内划分基本农田保护区片，设立基本农田保护牌，做到界线清楚，责任明确。同时，着手建立基本农田远程动态监控系统，拟在全区基本农田重点保护区域安装电子探头49个，对违法用地行为实行实时监控。三是签订耕地保护目标管理责任书，使耕地保护工作落实到乡镇、村集体。四是从源头上挖掘新增耕地潜力，大力推进土地开发整理。

（胡舰波）

【对晓幼营村非法开采开展联合执法行动】 5月30日，房山国土分局、区整规办（区矿山巡查队）会同青龙湖镇政府对晓幼营村非法开采开展联合执法行动。此次行动共出动执法人员40余人，执法车辆9台，对晓幼营村吕峪沟5家板岩非法开采点进行了制止，现场下发《责令矿产资源违法行为通知书》5份，捣毁风压机1台，没收非法开采工具，并对外来务工人员进行劝返。

（林晓晶）

【打击非法开采、非法运煤专项行动】 11月9日，区整规办组织并开展了打击史家营和大安山地区非法开采、非法运煤专项行动。重点对大安山地区外来人员和非法盗运史家营乡金鸡台村瓦窑台沟煤炭的牲口集中进行清理。行动由区整规办牵头，区应急办协调指挥，房山公安分局、房山工商分局、区安监局、区流管办、区园林绿化局、史家营乡执法队和大安山乡执法队参加了专项行动。为保证专项行动的执法效果，从11月10日开始，区矿山巡查队、史家营乡巡查队和大安山乡巡查队，每天各派10人从7时至18时进行巡查看守。此次专项行动共出动人员134人，车辆50台。

（林晓晶）

城市管理

【概况】 2011年，房山区城市管理监察大队拆除违章建筑40余万平方米，查处施工工地1022个次，查处露天烧烤、非法大排档9个次，查处泄露遗撒等非法行为的运输车辆305起，查扣非法运营黑出租、黑摩的、残摩626辆，累计清理非法小广告2.7万余处，没收非法小广告100余万张，上报停机

3073条。全年完成行政处罚案件4494起，其中一般程序2733起、简易程序1761起。罚款共计1310910元。共受理“96310”城管热线、政风行风热线、“12345”非紧急救助热线等各种举报7088条，回复率达到100%。全年参加应急保障100余次，出动执法力量3000余人次。

（刘颖）

【依法强制拆除荣鹏花园小区北侧违法建设】 年初，荣鹏花园北侧新建12间平房，建筑面积400余平方米，未经规划主管部门审批，未取得建设工程规划许可证，同时存在着严重的安全隐患。区城管大队发布公告后，仍无法确定建设单位、所有人或管理人。6月19日，区城管大队在违法建设所在地下发《强制拆除公告》。9月2日，拱辰街道办事处牵头，区查违办、城管、公安、维稳办、卫生、交通、供电等部门联合依法对该处违法建设进行强制拆除。

（张麓）

【城管进社区工作】 1月至12月，区城管大队全面启动城管进社区工作。为规范城管进社区工作，制定社区办工作职责、城管社区工作站职责、驻社区队员工作职责、城管社区巡查制度、城管社区例会制度、城管社区考核细则等7个方面的城管社区工作规范，为城管进社区提供了强有力的制度保障。以琉璃河镇建材学校社区、北潞园社区为试点，建立城管社区工作站，并以工作站为依托大力开展法律进社区、服务进社区、宣传进社区、解困进社区活动，大力宣讲城管法规，引进“三修一配”、早餐车工程、便民蔬菜站等多项便民服务项目，在方便群众生活的同时，达到清理游商的目的。全年共建立城管社区工作站12个，受理并解决居民诉求举报190余条，《北京日报》《新京报》《北京青年报》、房山电视台等媒体多次报道房山城管进社区工作。

（张麓）

【开展3个“百日整治”行动】 3月至12月，区城管大队持续开展了“春风行动”“夏季攻势”“秋风行动”3个百日整治行动，促进了区域环境秩序总体提升，为建党90周年、国庆节等重大活动提供良好的环境秩序保障。共查处无照经营639起，非法运营32起，非法小广告732起，非法运营204起，露天烧烤、非法大排档9起，违规施工57起，拆除非法建筑28万余平方米，拆除违反规划设置的户外广告335块，没收灯箱100余个，累计罚款数额87.45万元；联合房山工商分局、房山公安分局等部门清理非法加工窝点、无证照经营户82户，机器476台，人员360多人。12月5日，房山区通过北京市“百日整治”检查组验收。

（张麓）

【引入便民早餐车】 4月，区城管大队正式启动城关地区的便民早餐工程。在城关街道办事处的支持下，引入首钢早餐公司、北京日月康盛早餐公司，设置便民早餐车21辆，品种涉及油条、包子、煎饼、烧饼等10余种。

（张麓）

公路 运输

【概况】 2011年，房山公路分局公路建设养护调整工程项目35项，年度完成总投资3亿元。其中：新改建工程5项，投资3538万元；提级改造工程1项，投资2342万元；大修工程16项，投资22382万元；旧桥改造工程4项，投资891万元；部队进出口道路工程2项，投资360万元；监护道口路面改造工程5项，投资268万元；灾害隐患防治工程2项，投资936万元。公路日常维护小修、指令性中修、交通工程、绿化工程和桥梁检测投资9406.31万元。全年完成乡村公路大修工程68.8公里，桥梁改造5座，危桥抢险14座，建养合计完成市、区两级补助资金 10300 万元，市局补助中央车购税 977 万元。加强路政管理，保障路产完好，路权不受侵犯。各类路政案件录入路政巡查子系统达 100%，路政案件结案率 100%，路政许可卷合格率 100%，路政处罚卷合格率 100%。

2011 年，房山区有郊区道路客运企业 1 家，运营线路 45 条，客运里程 2269 公里，车辆 477 辆，年客运量 5262 万人次。省际客运企业 1 家，车辆 36 辆，省际客运线路 16 条，线路长度 10635 公里，客运量 8.77 万人次；旅游客运企业 2 家，车辆 56 辆；出租汽车企业 6 家，个体出租 16 户，出租汽车 3631 辆；汽车租赁企业 11 家，车辆 94 辆；水运游船单位 23 家，船舶总数 1105 艘；普通货运业户 4357 家，车辆 12621 辆，总吨位 74099.112 吨；化危运输企业 33 家，车辆总数 410 辆，总吨位 4497.313 吨。货运场站经营企业 3 家，总经营面积 90781 平方米，库房 39781 平方米。汽车修理业户 329 家，其中一类企业 32 家、二类企业 154 家、三类企业 143 家。从事危险品货物运输车辆维修企业 5 家，诚信企业 11 家，4S 店 15 家。机动车综合性能检测站 2 家，全年共进行车辆等级评定 10128 台次，二级维护 9112 台次。有备案停车场 105 个，备案停车位 30887 个。其中：居住小区停车场 53 个，车位 24397 个；路外公共停车场 52 个，车位 6490 个。全年地铁房山线接待进出站总客流量 619 万人次，日平均接待进出站客流量为 1.70 万人次。房山区所辖 20 处监护道口共接送火车 69785 列，全年共防止避免重大事故 4 起。

（门洪娟　刘玉东）

【紫码路新建工程】　2010 年 10 月 2 日，紫码路新建工程开工，2011 年 7 月 25 日竣工。工程起点庄头村，终点西南召村，道路全长 4.22 公里，路基宽 7.5 米，路面宽 6.5 米。新建 13 米宽腹 T 梁小桥 1 座。总投资 10332662 元。建设单位为北京市交通委员会路政局房山公路分局。监督单位为北京市道路工程质量监督站。设计单位为江苏交通科学研究院股份有限公司。施工单位为北京市市政一建设工程有限责任公司。监理单位为北京正远监理咨询有限公司。

（门洪娟）

【紫码路大修工程】　4 月 1 日，紫码路大修工程开工，10 月 1 日完工。该工程全长 22.942 公里。分为两个标段：第一标段 K0+000—K11+020，第二标段 K11+020—K22+942，主要内容是对道路补强及病害维修处理，提高行车安全舒适性。等级为三级公路，设计速度为 40 公里/小时。路基宽为 8.5 米至 22 米，路面宽为 7 米至 16 米。总投资 54530157 元。建设单位为北京市交通委员会路政局房山公路分局。监督单位为北京市道路工程质量监督站。设计单位为北京市市政专业设计院有限责任公司。监理单位为北京顺通公路交通技术咨询有限公司。施工单位为北京鑫实路桥建设有限公司、北京路桥瑞通养护中心、北京路桥方舟交通科技发展有限公司。

（门洪娟）

【岳琉路大修工程】　3 月 16 日，岳琉路大修工程开工，5 月 15 日完工。该工程全长 7.22 公里，路基宽为 18 米至 37 米，路面宽为 16 米至 29 米，等级为二级公路，设计速度为 60 公里/小时，总投资 18770923 元。建设单位为北京市交通委员会路政局房山公路分局。监督单位为北京市道路工程质量监督站。设计单位为北京市市政专业设计院有限责任公司。施工单位为北京路桥瑞通养护中心。监理单位为北京逸群工程咨询有限公司。

（门洪娟）

【阎吕路大修工程】　3 月 25 日，阎吕路大修工程开工，12 月 16 日完工。该工程全长 15.37 公里。分为两个标段：第一标段 K0+000—K7+920，第二标段 K7+920—K15+370，等级为三级公路，设计速度为 40 公里/小时。路基宽为 8.5 米至 17 米，路面宽为 7 米至

12米。总投资38628882元。建设单位为北京市交通委员会路政局房山公路分局。监督单位为北京市道路工程质量监督站。设计单位为北京中领工程咨询有限责任公司。监理单位为北京市七环工程技术咨询有限公司。施工单位为北京路桥瑞通养护中心、北京城建远东建设投资集团有限公司、北京路安交通科技发展有限公司。

（门洪娟）

【路网情况】 2011年，房山区路网调整完毕之后，房山公路分局管养县级以上道路里程为921.98公里，桥梁315座，泵站8个。其中：国道2条，里程为138.3公里；市道11条，里程为197.47公里；县道57条，里程为586.21公里。

（门洪娟）

【全年查处路政案件726件】 2011年，房山公路分局查处路政案件726件，其中：行政处罚案件185件，罚款133.22万元；赔（补）偿案件54件，收取赔（补）偿费133586元；路政查处率100%，结案率100%。处理普通干线公路行政许可项目17件，收取补偿费217868.22元；处理高速公路行政许可项目7项；治理超限超载运输车辆路检256348辆次，其中卸载4040次，卸载122652.24吨。

（门洪娟）

【完成16项公路大修工程】 2011年，房山区完成16项公路大修工程，分别为：长韩路大修工程、窦公路大修工程、炒十路大修工程、阎吕路大修工程、紫码路大修工程、辛北路大修工程、良三路预防性养护工程、良坨路预防性养护工程、长阳路预防性养护工程、周胜路预防性养护工程、十大路预防性养护工程、涞宝路预防性养护工程、阎河路预防性养护工程、房易路预防性养护工程、房易路辅路大修工程、岳琉路大修工程。总投资22382万元。

（门洪娟）

【设立小客车指标申请窗口】 1月4日，区交通局在房山区综合行政服务大厅设立小客车指标申请窗口，为单位和个人办理北京市小客车指标申请有关事项。年内，受理小客车指标个人申请1112件，个人更新339件；单位申请84件，单位更新46件。

（刘玉东）

【开展停车资源调查】 1月至3月，区交通局完成全区停车资源调查工作，摸清了居民居住、出行停车资源状况，撰写了调查报告，并提出停车场建设意见。通过调查，了解到房山区非经营性停车设施所占比例远高于经营性停车设施。截至3月底，房山区共有经营性车位数14687个，非经营性车位数79336个，随意停放车位49276个，车位缺额7.67万个。

（刘玉东）

【开展“春风行动”】 3月1日至5月18日，房山区开展以交通环境综合治理为主题的“春风行动”。行动期间，出动执法人员300余人次，检查车辆30304台次，卸载514台次，卸载各类货物16015.21吨；查处非法改装车辆234起，罚款132.1万元；查处无证运营车辆33起，罚款16.3万元；查处道路扬撒车辆55起，罚款10.7万元。

（刘玉东）

【开展治超联合执法行动】 4月9日至5月8日，由区交通局牵头，房山交通支队、房山公安分局、房山公路分局、区城管大队、区环保局、长阳镇组成联合执法队，对中央休闲购物区（CSD）大货车超载超限和乱倒垃圾的违法行为进行重点整治。出动执法人员2100余人次，执法车辆480台次，检查过往车辆6000余台次，查处违章车辆285台次。

（刘玉东）

【打击交通运输行业非法违法生产经营活动】 5月13日至8月26日，房山区开展打击交通运输行业非法违法生产经营活动。活动期间，共查处非法违法生产经营408起，罚款 137.37 万元，出动执法人员 3649 人次。

（刘玉东）

【举办“共话交通汇聚民智给力房山”活动】 7月4日，由北京市交通委与房山区政府共同举办的论交通、聚民智、促发展北京交通系列主题活动之一——“共话交通汇聚民智 给力房山”在北京凯悦莱温泉会议中心举行。北京市交通委、房山区人民政府、北京市首度公路发展集团有限公司、北京市公联公路联络线有限责任公司等有关单位负责人和30多名房山区市民代表参加了活动。房山区市民代表全面了解了北京市公共交通开辟社区通勤快车、建设京通快速公交通勤走廊、推广袖珍公交等缓解交通拥堵措施和房山区经济社会发展形势、区域发展战略、交通基础设施重大工程实施情况等信息，并就自身关心的问题进行互动咨询。

（刘玉东）

【开通3条旅游专线】 7月23日，房山区开通3条北京旅游集散中心至房山北线景区为主的“一日游”专线，3条线路分别为石花洞—青龙湖水上游乐园一日游、圣莲山风景度假村一日游、百草畔自然风景区一日游专线。3条线路均从北京市旅游集散中心宣武门发车中心发车，采取散客组团的方式，旅游旺季根据客流情况发车。

（刘玉东）

【开展“百日治超”专项行动】 8月9日至11月16日，房山区开展“百日治超”专项行动，重点针对严重超限超载的砂石料大货车，特别是容易引发特大交通事故、突发性桥梁坍塌事故的百吨以上大货车进行治理。行动中，累计出动各类执法人员1.8万余人次，检查车辆57566台次（其中流动治超9956台次），查处超限超载车辆 957 台次（其中六轴以上75台次），卸载各类货物26204吨，查处其他违法违章运营234车次，罚款78万元。

（刘玉东）

【新增3006个停车位】 年内，房山区新增停车场12个，新增停车位3006个。其中：路外停车场3个，停车位505个；旅游景点停车场5个，停车位717个；居住小区停车场4个，停车位1784个。

（刘玉东）

【公交站亭、站牌建设】 年内，区交通局在张宝路、岳琉路、长虹路、西潞大街等地新建公交站亭 30 个，在京周公路、长阳大街等主要地区更换、新增公交站牌 83 个，在房山城关及良乡地区主要路段候车站亭安装护栏 72 处，累计 733 延米。

（刘玉东）

【新增6个公交一卡通充值点】 年内，区交通局在城关、张坊、琉璃河、阎仙垡、龙门口、佛子庄客运场（站）新增设6个一卡通充值点并投入使用。

（刘玉东）

【新增3家汽车租赁企业】 年内，房山区新增汽车租赁企业3家，分别是北京金路通达汽车租赁有限公司、北京中北杰珩汽车租赁服务有限公司、北京晓野汽车租赁有限公司。其中北京金路通达汽车租赁有限公司有租赁汽车 36 辆、北京中北杰珩汽车租赁服务有限公司有租赁汽车 18 辆。

（刘玉东）

【地铁房山线与9号线贯通】 12月31日，地铁房山线与9号线正式贯通运营，房山线大葆台站至郭公庄站之间区段与9号线南段同时开通。市民可乘坐房山线从西路街道办事处苏庄站抵达郭公庄站，同台换乘地铁 9号线郭公庄起点站，直达北京西站。

（郭立缦）

邮政　电信

【概况】 2011 年，房山区邮政局邮政业务总额完成 9868.6 万元，订销报纸杂志

2272.1 万份，出口函件 1045.2 万件，特快专递 16.6 万件。实现高效收入 9351.13 万元，同比增长 24.55%；实现收支差额 2948.97 万元，同比增长 116.22%；代理金融业务收入完成 5789.28 万元，同比增长 20.6%；实现函件收入 2052.05 万元，同比增长 47.57%；发行专业累计完成 696.94 万元，同比增长 14.6%；集邮专业完成 1146.78 万元，同比增长 30.28%；代理速物专业实现收入 254.27 万元，同比增长 44.9%；电子商务业务实现收入 240.96 万元，同比增长 33.45%。

2011 年，北京联通房山分公司服务网点 20 个；电话交换机总容量 272818 门，固定电话用户 26.2 万户，同比增加 3500 户，电话用户普及率达到 34%，同比提高 0.4 个百分点；移动电话用户 11.26 万户，同比增加 7.06 万户，移动电话普及率为 14.65%，同比提高 9.73 个百分点；光缆线路总长达 7235.84 千米，主干电缆达 297644.59 对千米，互联网端口总数 20.77 万个，其中占用端口总数 14.83 万个，宽带接入用户 14.83 万户，比 2010 年增加 1.49 万户。

（刘玮　白岩）

【开发《丰功伟业》定向邮册】 2 月，房山区邮政局与《没有共产党就没有新中国》纪念馆合作开发《丰功伟业》定向邮册 1000 册，收入 288 万元。

（刘玮）

【投递《青少年急救手册》】 4 月，房山区邮政局按时限完成 80698 万册《青少年急救手册》的投递工作，其中区内 2 所大学 6498 册、54 所中学 3.65 万册、115 所小学 3.77 万册。

（刘玮）

【开发《京城西南纵贯之旅》定向邮册】 6 月，房山区邮政局与房山区文化委员会合作开发《京城西南纵贯之旅》定向邮册 3000 册，形成收入 34.9 万元。

（刘玮）

【开发《圣宝石经》定向邮册】 8 月，房山区邮政局与云居寺文物管理处合作开发《圣宝石经》定向邮册 2000 册，形成收入 156 万元。

（刘玮）

【邮政所迁址开业】 10 月 18 日，原向阳邮政所迁至燕山办事处富燕新村，更名为富燕新村邮政所并正式开业。富燕新村邮政所建筑面积 304 平方米，服务范围：富燕新村小区及周边居民。

（刘玮）

【新开办代售火车票业务】 11 月 7 日，城关邮政支局设立火车票代售点正式开办代售火车票业务。11 月 17 日，西路邮政支局设立火车票代售点正式开办代售火车票业务。

（刘玮）

【完成村邮员培训工作】 11 月中旬、12 月底，房山区邮政局完成周口店镇、石楼镇、张坊镇、十渡镇、蒲洼乡 5 个试点乡镇和其他 18 个乡镇（街道）村邮员培训工作，全区 462 个村邮站 665 名村邮员取得上岗合格证。

（刘玮）

【房山区邮政局机构编制改革】 11 月 23 日，根据北京市邮政公司《关于房山区邮政局机构编制调整实施方案的通知》（京邮机编〔2011〕16 号），正式成立商函分局、报刊发行分局、代理业务分局、服务“三农”分局、集邮公司；原通信运营部改为监督检查与安全保障部。

（刘玮）

【开通全市首个全光纤化信息村】 北京联通房山区分公司响应政府号召，为实现“全民 20 兆”信息化建设，大规模推进宽带 20 兆升速改造工程。将丁各庄村列入光纤入户改造的首批计划，在前期开展了详细的数据摸底和改造设计，在村委会的大力支持下完成光缆的布放以及相关光通信设备的安装，4 月底完成 240 户语音用户的光纤入户割接工作，成为北京市首个全光化接入信息化村。解决了丁各庄村电话串广播的难题，提升了宽带接入能力，丁各庄村成为北京市第一个实现光纤入户的通信能力先进村。房山联通为村民安装宽带约90户，办理“沃家庭”业务10户，使村民切身体验清晰的语音通信、高速的上网速率以及实惠的资费政策。

（白岩）

【为全区大型活动提供通信保障】 5月14日至15日，北京联通房山区分公司为2011春季北京国际长走大会与第二届花田音乐节提供完备的通信保障并制定详细的应急保障预案。调派移动应急通信车参与长走大会现场通信保障，为此次活动布放光纤4公里，开通2条专线，为新浪微博、各广播电台以及30余家媒体、300余名记者提供现场新闻发布通信保障。

（白岩）

【房山区信息化水平提升】 北京联通房山区分公司通过现场办公和组织信息化推介会等方式，全年共发展信息化村101个，企业信息化42项，带动农村和企业宽带用户增长3535户，新增手机6715户，新增固定电话3725部。

（白岩）

【提升全区宽带和移动网络质量】 2011年，联通房山分公司重点推进20兆升速网络建设，继续加快实施光进铜退工程，完成9万户的覆盖建设工作和1.6万户的光纤入户改造工作。新开通移动基站170个，实现重点地区全覆盖。

（白岩）

文化事业

教　育

党校教育

【概况】 2011年，区委党校（区行政学校）坚持以人为本，注重发挥职能，加强协调沟通，严格内部管理，强化制度建设，使工作落到实处。培训渠道明显拓展，培训人数增加；提高了会议接待水平；教学教研、后勤工作均有新发展。年内，区委党校有502名大专和本科学员毕业，75名研究生学员毕业，15名学员取得天津大学硕士学位。参加全区纪念建党90周年群众演唱活动，取得总分第3名，并获一等奖。

（殷玉佳）

【教育培训工作】 2011年，区委党校完成19种类型26个班次6963人次的培训任务。其中，与区委组织部、区人力社保局、区国资委等部门联合举办处级干部轮训班、中青年干部培训班、公务员任职班和初任班、企业经营管理者培训班等5种类型6个班次413人次的培训、轮训；承办7期区直机关干部素质提升大讲堂培训；接待和协助区直机关工委、区委农工委、区委社会工委、区民政局、区地税局、工商银行房山支行等部门举办13种类型13个班次3041人次的培训、轮训。

（殷玉佳）

【会议接待工作】 2011年，区委党校完成221场次、24592人次的会议和4886人次住宿的接待任务。包括市委书记刘淇到房山区视察工作、市委换届考察组、柬埔寨诺罗敦·帕花黛薇公主参加的见证中柬友好人民公社成立40周年系列活动、俄罗斯国际讲团、区政府六届五次全会、房山纪念建党90周年图片展、首都道德模范故事会基层巡演等不同规模、不同层次的接待任务。

（殷玉佳）

【教学调研工作】 年内，区委党校教学方面，校内教师完成132学时的授课任务。其中，学历班次96学时，主体班次36学时。为房山公路分局公务员初任班授课24学时。调研方面，完成4项调研课题和2篇征文。其中，市级调研课题1项，区级调研课题2项，区直部门调研课题1项；市级征文和区级征文各1篇。

（殷玉佳）

学前教育

【概况】 2011年，房山区幼儿园所188所，其中教育部门办园37所、集体办园20所、其他部门办园3所、民办园128所。离园幼儿6430人，入园幼儿8344人，在园幼儿24794人，其中外省市幼儿3983人。全区幼儿园教职工3132人，其中专任教师1944人。学前三年儿童入园率95.89%。全区幼儿园中，市级示范幼儿园2所，一级一类幼儿园9所，市级早教基地22所。新建或改建岳各庄幼儿园、河北镇东庄子幼儿园等8所幼儿园，基本实现全区公办园的全覆盖；完成交道、长沟2所幼儿园升级升类工作，全区中心园中一级以上达到17所。全区各公办幼儿园扩班49个，增加幼儿园学位1206名，基本满足了农村幼儿入园需求，农村地区学前三年儿童入园率从94.85%增长到95.89%。出台《房山区学前教育三年行动计划2011—2013》。

（郭海涛）

【完成新教师培训工作】 8月至12月，区教委、区教师进修学校联合开展2011届新任学前教师培训工作。针对2011年幼儿园新任教师非师范毕业生比例大的特点，进行职前职业认知、专业技能的专项培训，坚持每月按计划完成分领域、分专题培训任务，179人通过考试合格结业。

（郭海涛）

【集中采访报导房山区学前教育】 10月13日，新华社、《光明日报》《中国教育报》《京华时报》《现代教育报》、北京教育杂志社、学前教育杂志社、中国教育电视台、北京教育新闻中心等媒体就房山区大力推进学前教育发展进行专题采访。到佛子庄中心幼儿园、阎村镇张庄幼儿园实地采访，并与区教委领导座谈，认为：房山区学前教育通过10年努力实现了城乡均衡发展、可持续发展、跨越式发展，以政府办园为主、财政投入为主、公办教师为主，注重发挥乡镇中心幼儿园的示范指导作用，优先加快农村学前教育的均衡发展与普及，为幼儿和家长提供方便就近、灵活多样的学前教育服务，成为一项群众满意的民心工程。

（郭海涛）

【民办幼儿园年度考核】 12月5日至17日，区教委组织区教师进修学校、区妇幼保健院的相关人员，从依法办园、幼儿园管理、办园条件、保教质量、卫生保健工作等方面，对全区的18所民办园进行年度考核，其中，17所幼儿园达到合格标准。

（郭海涛）

【学前教育实力增强】 2011年，全区以提高学前三年儿童覆盖率为重点，加强乡镇中心园和分园建设。23个乡镇、办事处全部建有中心园，有中心园27所、分园35所。为解决入园难的问题，全区18所公办园扩班49个，原西潞园幼儿园变更为公办幼儿园，即良乡第二幼儿园，接收幼儿增加到1406名。周口店镇、河北镇、韩村河镇、长沟镇和大石窝镇新建瓦井、东庄子、曹章、中院、南甘池、后石门6所分园，改造育新、立教2所分园，接收幼儿增加324人。年内，交道幼儿园晋升为一级二类园，长沟中心园晋升为一级一类园。12所幼儿园通过北京市社区儿童早期教育示范基地的验收。园长工作室开展系列培训5次。在北京市教委组织的第二批学前教育教师培训工作室中，9名骨干教师分别与5位名师进行不同领域的研究与学习。完成第5期80名转岗教师培训工作。

（郭海涛）

基础教育

【概况】 2011年，全区有小学106所，教学班1306个；毕业生6205人，招生7406人，在校生38093人（其中借读生11887人）；教职工3700人，其中专任教师3030人；小学入学率、巩固率、毕业及格率均为100%。有普通中学48所（其中普通高中15所，普通初中33所），教学班919个（普通初中645

个、普通高中274个），招生9293人（初中生6047人、高中生3246人），毕业9193人（初中6742人、高中2451人），在校生29625人（初中生19787人、高中生9838人），在校生中，借读生3188人；初中毕业合格率100%，普通高考录取率92.7%。教职工4787人，其中专任教师3169人。特殊教育班6个，招生4人，在校生41人。校外教育单位1家，教职工72人，其中专任教师57人。小学教师学历合格率99.97%，初中教师学历合格率99.95%，高中教师学历合格率99.47%。中小学教师获高级专业技术职称409人，其中，小学26人，初、高中383人。全年，教育经费投入19.6亿元，其中，国家拨款18.7亿元，自筹经费0.9亿元。2011年，全区教学工作继续以课程改革为主线，全面推进全程质量评价，加强教学质量评价队伍的培训与观摩，探索课堂教学质量评价的一般模式，推出一批高效课堂模式，加强教科研、考试评价研究和课堂管理，全区所有实施绩效工资的学校均实现全程质量评价与绩效工资有效对接。德育工作中，在学科德育、全员德育和校园文化基础上，出台《家长委员会的组织和管理办法》与《三个北京行动方案》，为德育八大领域全面展开做好准备工作。体育工作中推广“六大目标任务实施细则”和“大课间活动制度及方案”。体育工作规范化水平得到提升。市教科院基础教研中心60多名专家到房山区进行集体教学视导，随机听、评课228节，房山区课堂优秀率达到47.81%，优良率达到100%。2011年，在全市义务教育质量监控中，小学语文学科合格率高于全市24%；科学学科的平均学业水平达到全市郊区前列；高中阶段普及率达到98.5%，高考升学率达到92.7%。

（郭海涛）

【首都特级教师送教郊区行到房山】 3月30日，“首都特级教师送教郊区行”系列活动在房山区启动。北京市教育学会向房山区中学生赠送了学习卡和学习资料，特级教师做了“大规模考试命题技术及总复习教学策略”专题讲座，并以高考总复习策略为核心分学科进行专题讲座。市教委、市教育学会、房山区教委及崇文门中学的党员代表和房山区各中学的干部、教师、学生代表300余人参加仪式。

（郭海涛）

【落实新疆班接收工作】 3月，区教委稳妥落实新疆班接收工作。一是按照教育部、市政府要求，确定北京师范大学良乡附属中学为接收学校。自2012年起，接收新疆籍学生，每年招生2个班，学制4年，最终达到8个班，约350名学生。二是扩建原有校舍、购置相应教学设备。增加面积共计1.12万平方米，计划总投资4640万元。三是积极稳妥落实师资及教育资源，抽调骨干教师进行相关业务培训。四是落实新疆班办学工作方针、政策，制定相关措施，会同有关部门做好协调工作，确保新疆班办学工作健康发展。

（郭海涛）

【开展首次教师招聘工作】 4月2日，区教委首次开展面向北京生源应届毕业生招聘教师的业务考核和面试工作。招聘采用业务考核与面试统一形式，由骨干教师组成的考核组对应聘人员进行业务考核，成绩合格后，直接由招聘学校进行面试。共有43人参加应聘，38人与学校达成初步意向。经过考核、体检和资格复审后，确定35人为聘用人员，享受正式教师的待遇。

（郭海涛）

【完成首次骨干班主任评选】 4月至5月，房山区教委完成首次骨干班主任评选工作。通过评委会评审，区教委骨干班主任队伍建设领导小组审核、公示和复审，200名教师获区级骨干班主任称号。

（郭海涛）

【隗金枝班主任工作室成立】 5月17日，隗金枝班主任工作室在房山中学成立。首批吸纳16名中小学优秀班主任，其中小学7名、初中5名、高中4名。采取专家引领和自主研修相结合的方式，课程分6个阶段在3年内逐步推进。

（郭海涛）

【举行建党90周年文艺汇演】 7月1日，区教委举办“党在我心中”庆祝建党90周年文艺汇演。汇演以党的90年历史为主线，跨越党的90年历史长河，歌颂党的丰功伟绩，赞美新中国的辉煌成就。演出分为序曲《东方红》、第一乐章《难忘岁月》、第二乐章《春潮澎湃》、第三乐章《祖国万岁》、尾声《走向复兴》。全区教育系统党员干部2000多人参加活动。

（郭海涛）

【北京四中房山分校奠基】 8月2日，北京四中房山分校在加州水郡举行奠基仪式。北京四中房山分校是一所涵盖高中部和初中部的完全中学。学校由设计师李虎设计，万科企业股份有限公司承建，工程2013年竣工。市政协教文卫体委员会及西城区、房山区有关领导出席奠基仪式。

（郭海涛）

【北京第一实验小学房山分校揭牌成立】 8月30日，北京第一实验小学房山分校——良乡四小揭牌成立。该校作为房山区第一所名校办分校模式的小学，是区教委直属小学，位于良乡瑞雪春堂小区，总占地面积1.1万平方米，建筑面积5010平方米，6个教学班，学生120人，教职员工22人。

（郭海涛）

【宏志班招生40人】 8月，区宏志班招生40人。招生对象是有特殊生活困难、无继续升读高中的经济来源、具有房山区户口的初三应届毕业生，要求品学兼优，有成才愿望和发展潜力。学生在享受全市“四免一补”（即免学费、教材费、校服费、住宿费，补助伙食费）的基础上，还享受房山区特有的免社会实践费和区校骨干教师任教、专家定期讲座等待遇，每名学生每年的待遇价值超过6000元。

（郭海涛）

【举办中小学生武术比赛】 10月27日，区第十七届暨第九届“米兰杯”中小学生武术比赛在房山少年宫举行。有34支中小学代表队、782名运动员参加。218名运动员获单项奖，葫芦垡中学一队、公议庄少林武术队分获各项集体第1名，评出34名优秀教练员，韩村河小学等4所学校获精神文明代表队称号。

（郭海涛）

【举行全国新课程有效教学观摩研讨会】 10月28日，全国新课程有效教学观摩研讨会在韩村河会议中心举行，会议由区教委、周口店中心小学承办，旨在进一步总结和推广周口店中心校问题导学型课堂学习模式的成功经验。教育部中国教师发展基金会、中国关心下一代教育研究院、房山区政府、区教委领导及来自内蒙古、安徽、山东、河北等省市的教育部门负责人和教师共600多人参加会议。

（郭海涛）

【举行中小学生健美操比赛】 10月28日，区教委在房山少年宫举行第八届中小学生健美操比赛。有36所中小学的运动员参加了集体规定、集体自选、个人规定和自选动作4个大项的比赛。87名运动员获单项奖，张坊中学等4所学校获精神文明代表队称号。

（郭海涛）

【中、高考总结表彰会】 10月28日，区教委召开2011年中、高考工作总结表彰会。对北京师范大学良乡附属中学、良乡第二中学等44个先进集体，良乡中学理综组等61个优秀备课组，房山第二中学王宏健等96名优秀管理工作者，良乡第五中学陈红艳等268名优秀教师给予表彰。区教委领导、各中学校长和受表彰代表共150余人参会。

（郭海涛）

【举办世界遗产教育创新实践研讨会】 11月10日，区教委举办世界遗产教育创新实践研讨会。会上观看了周口店中学、小学的现场授课“学做小导游”和“保护北京人遗址之我行”，区教委和周口店北京人遗址博物馆负责人做关于房山区依托世界遗产创新实践的报告。与会专家、领导就依托周口店北京人遗址，探索世界遗产课程化实施策略进行点评和深入交流。座谈会后，专家、领导分组实地考察了周口店北京人遗址资源及综合实践活动实况。中国教科文全委会、文化部、北京市教育委员会相关方面的专家、学者及北京、山东、沈阳、苏州等地区教委、中小学校校长和教师500余人参加研讨会。

（郭海涛）

【举办中学学校文化建设论坛】 11月23日，区教委在房山二中举办以“大力推进学校文化建设，全面提升内涵发展水平”为主题的中学学校文化建设论坛。与会者参观了房山二中学校文化设施。良乡中学、南召中学、良乡二中、房山二中、张坊中学就学校文化建设作专题汇报。市德育研究中心专家做点评，参会人员进行理性探讨和深入交流。区教委及全区中学100多人参加论坛。

（郭海涛）

【召开区域教育创新发展理论研讨会】 12月3日，由人民日报社人民论坛杂志社和房山区教委主办的“区域教育创新发展理论研讨会”在房山区召开。会议系统总结、研究了10年来房山教育的发展策略及创新成功模式。媒体调研组一行先后到阎村镇中心幼儿园、阎村镇中心小学、良乡第五中学、房山第二职业高中、阎村镇社区成人职业学校、房山北京师范大学良乡附中实地参观考察，与房山区教委领导、各科室负责人和校长代表进行了探讨交流。调研组认为：房山教育发展重工作思想引领，在掌握教育发展规律的基础上改革创新教育管理模式，全面统筹区域内教育资源，通过调整结构、优化布局、整合资源，健全了幼、小、中、职、成终身教育体系，促进了内涵发展，实现了房山教育的科学化、均衡化、现代化的跨越性发展，具有前瞻性、创新性、系统性、理论性、实践性和普示性六大特性，对全国其他地区的教育发展有着较高的借鉴价值和深远意义。人民日报社人民论坛杂志社、新华社、《光明日报》《中国教育报》等多家媒体记者共60余人参加会议。

（郭海涛）

【召开小学学科实施德育现场观摩会】 12月7日，区教委在良乡三小召开小学学科实施德育现场观摩会。良乡三小教师做观摩课10节，主管教学校长、德育校长和学科教师代表分别就如何围绕岗位职责开展学科德育工作做汇报，区教师进修学校教研员对10节课分别进行学科实施德育点评。区教委，区教师进修学校教研、科研部门和全区小学主管教学校长、德育校长共计80余人参加。

（郭海涛）

【加强校车管理】 12月，区教委采取措施加强校班车管理工作。会同房山公安分局、房山交通支队、房山消防支队、区综治办等部门联合召开校园安全工作推进会，制定联防机制。明确学校负责人是学校车辆安全第一责任人，明确安全职责，层层签订安全责任书，责任到人。会同相关部门进行检查，凡车况不良的一律不准上路，认真核对校车的承载人数，杜绝超载现象。制定详细的校车运行方案，完善恶劣天气交通安全应急预案，净化校车驾驶员队伍。对师生开展交通安全专题教育，切实增强师生道路交通安全意识，防止交通事故发生。

（郭海涛）

【高考成绩创新高】 2011年，全区3267人参加全国普通高等学校招生统一考试，3029人被各高校录取，升学率为92.7%，比

2010年提高2.71%，连续8年超全市平均水平，居郊区前列。其中，本科录取1398人，本科录取率为50.22%，比2010年提高7.52个百分点，首次突破50%。535人参加单考高职和自主招生考试，升学人数为528人，升学率为98.69%。

（郭海涛）

【完成中小学校舍抗震加固工程】 2009年至2011年，房山区校舍计划加固、翻建43.8万平方米，投资8.69亿元。2011年，完成加固任务的33%，投资2.88亿元，涉及20所学校的48栋建筑，建筑面积14.4万平方米，主要工程全部完成。抗震加固和标准化建设并捆绑实施，目的在于进行校舍抗震加固的同时实施标准化建设，使校舍达到市颁办学条件标准。

（郭海涛）

【"四个规范"优化教育环境】 年内，区教委采取"四个规范"优化教育环境。一是规范教育收费。全面落实义务教育阶段中小学生免费政策，继续实行收费投诉和通报检查制度，及时查处群众反映的乱收费问题，加大从源头上治理乱收费的力度。二是规范教育经费管理。禁止任何单位或个人以任何理由截留、挤占、挪用、平调学校收费收入和教育经费，严禁设立小金库和账外账。三是规范学生教辅资料用书。在规范图书资料进校管理的基础上，严禁任何单位和个人以任何形式强迫学生在教学用书目录之外订购教学资料、报刊杂志，切实减轻学生负担。四是规范民主评议政风行风和学校民主评议活动。完善行风工作长效机制，坚持纠建并举，加大纠正不正之风工作力度，确保教育行风建设工作取得实效。

（郭海涛）

【多种教育模式助推全区城市化建设】 年内，区教委探索多种教育模式助推城市化建设。一是深化与市区的教育合作。深化与西城等市区的教育合作，采取合作办学、名校设立分校等形式，积极对接市区优质的教育资源，从增加合作办学项目向着力引进优质教育资源转变，全区32所中小学与西城区结成对口支援单位，教育教研与西城区开展同步合作。二是积极推动校企合作。深入开展形式多样的校企合作，鼓励企业在学校建立学生实训中心，并提供一批稳定且一定技术含量的实习实训岗位，北京印刷二厂、西南物流等企业已经成为房山区学生实习实训基地。三是扩大国际教育合作。进一步扩大与先进国家和地区的教育合作与交流，在远郊区县首先派出110名英语教师赴加拿大、英国等地进行语言深造，引进了王子岛幼儿园等优质民办外教资源。四是积极配合中粮万科房地产开发，主动与企业开展教育合作，支持企业引进市区名校，并做好相关基础工作。

（郭海涛）

职成教育

【概况】 2011年，全区有职业中学2所，开设专业15个，教学班98个。在校生4645人，招生1526人。教职工249人，其中，专任教师180人，专任教师学历合格率100%，具有高级专业技术职称36人。职业学校占地面积91538平方米，建筑面积40602平方米，固定资产总值84633万元。房山二职高和房山职业学校分别争创国家级和省部级重点职业学校，投入资金近1700万元，为2所学校建设实训基地及配备实训设备，使2所学校的硬件水平达到争创标准。推进校企合作，区教委与北京瑞鑫安泰文化产业有限公司，房山二职高与北京长安汽车有限公司、北京现代汽车有限公司签订合作协议；职业学校与中华女子学院联合举办的高职学前教育专业开学，近千名初中毕业生到校学习。各类成人学校4所，其中成人高校

（社区学院）1所，开设74个专业，招生1138人，毕业1712人，在校生4400人；教职工108人，其中专任教师62人。成人中等学校3所，开设21个专业，招生990人，毕业881人，在校生3359人；教职工67人，其中专任教师37人。全年培训18834人次。市民学校87所，全年培训19969人次。乡镇成人职业学校23所，乡村办成人学校（站）430所。成人学校教师学历合格率98%，具有高级专业技术职称45人。全区成人学校占地面积342793平方米，固定资产总值37450万元。完善《乡校管理规程》和各项规章制度，出台《乡校考核办法》，草拟《关于自编教材的管理意见》和《关于规范联合办学的意见》。窦店镇社区成人职业学校通过市级示范校验收，全区市级示范校增加到18所；23所村校被评定为市级示范村校，市级示范村校达到88所。全年，开展各级各类成人培训15.2万人次。

2011年，区成教中心启动首都新农村建设农民大学生培养工程，为农村“两委”干部开办农村行政管理专业大专班，招生500人。与区委社会工委联合开办社会工作者专业，培养具有专业知识技能的社会工作人才。与区残联联合举办残疾人技能专业学历培训，启动“圆梦教育”工程，招生91人。以电大房山分校为主体，在八十亩地村、窦店村建立实习实训基地，参训人员达到1000余人次。设置学历教育区域学习点3个、报名点5个。与区安监局共建安全生产培训基地，合作开展安全生产管理培训，培训400人。完成全国计算机等级考试、全国剑桥少儿英语统一考试、全国英语等级考试等7项国家级、市级考试报名、组考及证书发放工作。完成区人力社保局、区农业局等单位社会招考、岗前测试等重大考试。举办社区骨干师资培训、档案员培训等活动，完成社区各类人员培训8200人次。完成社区教育大讲堂33场次。完成乡校干部教师培训264人次。在霞云岭乡开展“霸王鞭”歌舞表演培训；为《没有共产党就没有新中国》词曲创作地纪念馆开设讲解员培训班；在史家营乡开展“山梆子”演出剧目培训。开办农民文艺中专班，招收学员263人。学历教育本、专科专业58个，大专以上学历招生2243人。开展农民实用技术培训24期、2836人；全年发放光盘2100份，赠送《农民科技培训杂志》《农业广播电视教育报》等报刊18576套。北京电大房山分校通过中央电大基层示范校评估检查。

（郭海涛　王淑红）

【自学考试组考工作】 1月6日至8日，房山区教育考试中心完成自学考试组考工作。房山考区开考30门课程，1196人报名，报考科次2018次，总场次53场。实考1324科次，实考率为65.6%，无考试违规。

（郭海涛）

【开展山区绿色产业培训】 3月15日，区成教中心在史家营乡举办“山葡萄栽培与病虫害防治”和“蜜蜂饲养与春季管理措施”培训班，史家营乡50余名从事葡萄种植、蜜蜂养殖人员参加培训。农广校和乡村职业学校根据学员的需求，深入实地跟进培训，全程参与种、养殖过程及销售环节，引领农民开辟致富新道路。

（郭海涛）

【“北京现代”助教捐车】 3月28日，房山第二职业高中与北京现代汽车有限公司举行助教捐车仪式。北京现代汽车有限公司将价值100多万元的整车4辆、发动机以及汽车核心零部件10台套，捐赠给房山第二职业高中，作为学校教学实训设备。房山第二职业高中作为北京地区接受捐赠院校中唯一一所职业高中，该校汽车专业为北京市、房山区特色专业。

（郭海涛）

【启动农民大学生培养工程】 4月19日，房山区正式启动北京电大“首都新农村建设农民大学生培养工程”。北京广播电视大学、区委组织部、区教委领导及学员400余人参加启动仪式。该工程首期开办农村行政管理专业大专班，学制3年，采取网络教育和自学相结合的方式，农村“两委”干部免费学习。开设京郊新农村建设政策解读、京郊发展历史与文化等课程。全区18个乡镇364名村干部、后备干部、农民参加学习。

（郭海涛　王淑红）

【举行联合共建主题党日活动】　6月17日，房山区农广校举行“中央人民广播电台、中央农广校、房山农广校联合共建主题党日活动”。活动中到石楼镇双柳树村和周口店镇黄山店村参观，向村委会赠送了科技光盘和书籍，了解“致富早班车”广播站的组织管理、设施运行等情况，与村民进行座谈。中央人民广播电台、央广新媒体公司、中央农广校、北京市农广校、房山区教委及石楼镇和周口店镇30余人参加活动。

（郭海涛）

【合作办学】　8月11日，房山职业学校与中华女子学院高职学院关于学前教育专业高职班合作办学正式签约，房山职业学校学前教育专业高职班首次录取92名新生。

（郭海涛）

【房山职业学校实训培训基地成立】　11月4日，区教委举行房山职业学校实训培训基地揭牌仪式暨新型农民中专班毕业典礼。培训基地位于河北镇河南村，占地49.7亩，总面积29214.72平方米，由撤并校河南中学改建，主要作为培养中职学生的教学实习基地，承担新型农民培养、绿色证书培训及各类农村富余劳动力转移培训。

（郭海涛）

【举办社区心理服务工作讲座】　11月23日，区成教中心举办社区心理服务工作网络推进行动讲座。北京社会生活心理卫生咨询服务中心心理教授张青之就社区心理服务主要内容和途径、北京社区心理服务领域及主要任务等进行讲授。部分社区主任、志愿者、民进房山支部成员和区成教中心全体教职工230人参加学习。

（王淑红）

【社区教育】　2011年，区成教中心组建7个社区教育宣传组，明确职责和任务。创办社区教育月刊，同时指导碧桂园等社区创办社区简报，多角度宣传成功社区的经验。举办社区骨干师资培训、档案员培训等活动，完成社区各类人员培训8200人次。为居民开设精品课程，举办社区教育大讲堂33场次。

（王淑红）

【区学习型组织创建宣讲团成立】　2011年，区成教中心成立房山区学习型组织创建宣讲团，成员55名，分为12个宣讲组。发挥学习型组织宣讲团职能，对房山区各类学习型组织进行理论宣讲及创建指导，开展普及学习型组织理论知识讲座20场次。

（王淑红）

高等教育

【概况】　2011年，良乡高教园区完善配套服务设施，启动公租房、教育实习基地、配套中小学、车站一体化等配套项目；推进经营性用地上市，集中满足金融、商业、餐饮、居住、写字楼、文化娱乐等服务设施的中央设施区建设全面启动。北京中医药大学和北京交通运输职业学院入驻，入驻高校数量达到6所。总面积为10111亩的征地任务全部完成。园区18个项目涉及拆迁74个村民宅院，拆迁面积28万平方米。

2011年，北京理工大学房山分校积极探索，大胆改革，鼓励教师开设内容丰富、形式灵活的选修课，不断推进网络课程建设，修订专业教学大纲，注重实验教学能力的培养，增加综合性、设计性实验的比重。重视和加强“双师型”教师队伍建设，采用向内引进、向外学习、横向交流等多种形式提高教师队伍的能力和学历。积极鼓励教师进修学习、提高学历，提高工作能力和综合素质。全年完成25个培训项目，培训学生998人次。为毕业生进行就业政策指导，联系用人单位，组织专场面试，累计参加面试学生达1300余人次。毕业生就业率达95.91%。

（孙静　何雪红　龚晓庆）

【中国社会科学院研究生院良乡校区启用】 1月5日，中国社会科学院研究生院良乡校区启用。中国社会科学院研究生院良乡校区南临多宝路，西临绿化景观区东边界线，北临高教园区1号路，建筑面积25.99万平方米。研究生院有一级学科博士学位授权点15个、硕士学位授权点17个，二级学科博士学位授权点90个、硕士学位授权点96个，自主设置博士学位授权点9个、硕士学位授权点15个，还有公共管理硕士、工商管理硕士、法律硕士、社会工作硕士、金融硕士、税务硕士、文物与博物馆硕士等7个专业学位授权点，在校生近2800人。

（孙静）

【公租房项目开工】 3月15日，北京良乡高教园区公租房建设项目开工。该项目建筑面积18万平方米，建设11栋单体建筑，由北京市公共租赁住房发展中心作为建设主体，授权北京房地集团有限公司代建。

（孙静）

【区政府与北京交通运输职业学院签订合作协议】 6月9日，在CSD商务广场举行房山区人民政府与北京交通运输职业学院合作签约仪式，北京交通运输职业学院入驻良乡高教园区。北京交通运输职业学院良乡校区位于北京良乡高教园区内，四至为东临高教园区12号路，南临多宝路，西临阳光大街，北临高教园区1号路。占地面积141.92亩，校园内建设规模6.89万平方米。

（孙静）

【举行北京中医药大学良乡校区奠基仪式】 10月30日，北京中医药大学良乡校区奠基仪式在良乡高教园区举行，共计约500余人出席典礼。北京中医药大学良乡校区位于北京良乡高教园区内。四至为东临园区14号路，南临白杨东路，西临揽秀大街和刺猬河，北临园区16号路。占地面积1433.31亩，校园内建设规模42.16万平方米。

（孙静）

【青年学生志愿者开展助教活动】 4月1日，北京理工大学房山分校组织开展志愿服务活动。11名学校青年志愿者协会成员手系绿色丝带走进博识打工子弟学校，进行志愿助教活动。

（何雪红　龚晓庆）

【28名毕业生升本】 4月25日，北京理工大学房山分校专接本录取工作完成。本次专接本共有117人报名，45人被推荐参加考试，28人被北京信息科技大学录取。

（何雪红　龚晓庆）

【举办歌咏比赛】 5月26日，北京理工大学房山分校举办永远跟党走——纪念中国共产党成立90周年暨五月鲜花歌咏比赛。9个进入决赛的班级通过歌声表达了对党、对社会主义伟大祖国的深情赞颂。

（何雪红　龚晓庆）

【参加全国大学生电子设计竞赛】 8月31日至9月3日，2011年全国大学生电子设计竞赛北京理工大学房山分校赛区在北京理工大学房山分校举行，北京理工大学房山分校12名选手首次参加电子类竞赛，经过4天的比赛，同学们完成开关电源模块并联供电系统、基于自由摆的平板控制系统、帆板控制系统、波形采集存储与回放系统4个题目的实物制作与设计报告。

（何雪红　龚晓庆）

【举行新生紧急疏散演练活动】 12月1日，北京理工大学房山分校举行新生紧急疏散演练。模拟男、女生宿舍楼同时出现火情，消防员发现火情，迅速报警并组织学生按照撤离路线有序疏散逃生，整个演练过程紧张有序。

（何雪红　龚晓庆）

科 技

【概述】 2011年，围绕优化经济结构、促进重点产业升级、推进沟域经济建设、节能减排等方面，确立并组织实施61项科技计划项目。其中，列入国家级、市级科技项目24项，区级科技计划项目37项。争取科技经费4655.45万元。组织实施《北京石化新材料科技产业基地科技促进项目——环保型印刷油墨树脂连接料关键技术研发及产业化示范》，建成年产6000吨油墨连接料生产线；《混杂废弃高聚物混容增强绿色建材技术开发》项目，建成年生产5万吨混杂废弃高聚物混容增强绿色建材制品生产线，销售收入8000万元，税收800万元。

（张潇）

【科技下乡主题示范活动】 1月18日，中宣部宣教局、科技部政策法规司、市科委和区政府在府前广场共同举办2011年科技下乡示范活动。以“依靠科技创新，引领绿色农业”为主题，是全国文化科技卫生“三下乡”活动的一项重要内容。活动围绕农村科技创业、绿色农业发展以及百姓的民生需求，精心组织专家讲座、技术培训及科技特派员巡讲、科技成果展示等科普活动。科技部向长阳镇赠送科技物资，向10名农村科技特派员代表赠送笔记本电脑。

（王文伟）

【《房山区“十二五”科技发展规划》编制完成】 2月，《房山区“十二五”科技发展规划》研究和编制工作完成。规划针对全区国民经济和社会发展全局性的重大战略问题，提出全区科技发展的指导思想战略目标、重点工作和主要措施，以更好的发挥科技对经济社会发展的支撑和引领作用。

（王文伟）

【“张坊柿子品种园科技示范”课题通过市科委验收】 3月23日，张坊镇承担的北京市科委籽种产业发展能力提升工程——2009年星火计划专项“张坊柿子品种园科技示范”课题通过市科委验收。该课题针对房山张坊磨盘柿产业提升与发展，科学规划设计、建设150亩磨盘柿品种展示、观光休闲示范区，引进和示范日本甜柿、次郎、富苹尖柿、阳丰、富有等15个柿子品种，实现柿子品种成熟期早、中、晚搭配；建成50亩柿树“V”字形网架栽培示范园；通过新品种嫁接、树体改造、有机栽培技术集成示范，柿子年产量达到36万公斤，产量提高12%，产值增长25%。

（王文伟）

【“樱桃谷祖代鸭产业技术开发”通过验收】 6月9日，北京龙建天鸿顺鸭业有限公司承担的国家级星火计划项目“樱桃谷祖代鸭产业技术开发”通过国家科技部验收。该项目经过2年的实施，建成1座标准化综合养殖基地，引进樱桃谷祖代种鸭1021个单元；年出栏父母代种鸭1233个单元，向养殖农户提供商品代鸭苗2277万羽。通过樱桃谷SM3祖代种鸭引进及配套繁育技术研发，使肉鸭的平均料肉达到2.26：1，年节约饲料费用222万元，增加销售收入2800万元；增加利润88万元，税金34万元，实现鸭产品出口300吨。形成祖代鸭管理技术规范、肉鸭养殖标准化技术规范和种蛋孵化技术规范各1套，取得种鸭场管理系统计算机软件著作权7个。该项目的实施，带动养殖农户2000余个，养殖户年均收入达到3.5万元以上，企业新增就业岗位159个，培训养殖农户2233人次，农村科技服务人员7人，基础科技管理人员7人，农民科技协调员技术骨干57人。

（王文伟）

【首都科技条件平台房山工作站成立】 2011年，市科委与区政府联合建设首都科技条件平台房山工作站，由区技术开发中心作为专业运营服务机构，联合区生产力促进中心共同负责房山工作站的日常管理、建设和运行。主要职能是聚集科技资源，开展科技对接服务。通过走访区内重点功能园区、重点乡镇和高新技术企业，开展企业创新需求挖掘、科技政策宣讲、科技成果推广转化等相关工作，实现开放科技资源的系统化整合。新发展成员单位32家；实验检测机构2家，面向社会开放的仪器设备57台套，价值346.39万元；聚集科技管理和技术专家21位；聚集科技服务需求105项，100%受理并答复各成员单位提出的科技服务需求。

（李晓明）

【技术合同成交总金额3.53亿元】 2011年，全区认定登记各类技术合同210项，其中技术开发合同68项、技术转让合同17项、技术咨询合同24项、技术服务合同101项。合同成交总金额3.53亿元。

（李鹏）

【专利授权量达380件】 2011年，全区专利申请量达到730件，其中发明专利316件、实用新型专利356件、外观设计专利58件。专利授权量达到380件，其中发明专利104件、实用新型专利222件、外观设计专利54件。

（李鹏）

【全区高新技术企业累计达到41家】 2011年，区科委指导、帮助23家企业向市科委申报高新技术企业认证申请材料，有12家企业取得高新技术企业认证证书。指导、帮助11家企业向市科委申报高新技术企业资格复审材料，有10家企业顺利通过复审。全区高新技术企业累计达到41家，比2010年增长近40%。行业分布：资源与环境技术6家、新材料技术9家、生物与新医药技术8家、电子信息技术2家、新能源及节能技术4家、高新技术改造传统产业9家、高技术服务业3家。隶属关系：中央、市属驻区企业3家，区属地方企业38家。所有制情况：国有企业3家，外商独资1家，合资2家，私营股份企业28家，其他有限责任公司7家。

（王茂东）

【韩村河村被列入市科委“北京市第五批创新型科普社区创建工作”计划】 年内，按照市科委“北京市第五批创新型科普社区创建工作”要求，区科委从加强社区科普能力建设，提升公众科学文化素质的角度出发，进一步整合科普资源、突出特色，在前期工作基础上，又成功申报了1家创新型科普社区——韩村河村，争取到市科委18万元经费支持。该村以旅游科普为核心特色、以旅游的创新发展为动力源泉，突出文化、突出科技，在形成旅游资源的同时搭建起科普知识宣传、推广示范的平台。截至12月，房山区累计有4家社区完成北京市创新型科普社区创建工作并挂牌。

（徐璐璐）

【开展“百家科普基地对接百家创新型科普社区”活动】 年内，“百家科普基地对接百家创新型科普社区”活动在全区开展。区科委积极推进“双百对接”活动，周口店北京人遗址博物馆和西周燕都遗址博物馆积极参与此项活动，分别与就近街道社区签订了《百家科普基地对接百家科普社区活动意向书》，基地和社区联手开展了科普咨询、科普讲座、流动科普展览等多形式活动。

（徐璐璐）

【周口店北京人遗址防震减灾科普教育基地被命名为北京市科普教育基地】 2011年，周口店北京人遗址防震减灾科普教育基地被市科委命名为北京市科普教育基地，至此，房山区共有北京市科普教育基地5家。

通过普及科学知识、传播科学思想、倡导科学方法、弘扬科学精神，进一步提高了全区居民科学文化素质。

（徐璐璐）

文化　文物

【概述】 2011年，房山区群众文化活动中心项目建设取得项目建议书、规划意见书、环境影响评估报告、地质灾害危险性评估报告、可行性研究报告和初步设计概算的批复，取得项目建设用地规划许可证，完成设计招投标和勘察招投标。启动韩村河、窦店、琉璃河、长沟、河北5个重点镇文化活动中心项目标准化建设，项目总建筑面积1.5万平方米，投资6235万元。大石窝镇石窝村、房山区拘留所、窦店职业学校等7个地点新建基层图书室，为每个图书室都配备新书，对图书管理员进行培训。完成67个行政村文化活动室建设，村级文化活动室的建成率达100%。

围绕庆祝建党90周年，举办“我心中的歌”——房山区区直机关纪念中国共产党成立90周年大型红歌演唱活动、“圣地赞歌”——房山区纪念中国共产党成立90周年群众合唱汇演系列活动、“庆祝中国共产党成立90周年——房山区老年书画家作品展”“红色追寻——纪念中国共产党建党90周年暨辛亥革命100年青少年网页制作比赛”。举办“北京阅读季”系列活动，包括红色经典诵读、纪念建党90周年红色知识竞赛、百姓读书大讲堂、“读书益民杯”有奖征文、“悦·读”风景摄影展等。全区共组织“文化下乡”演出1360场，送戏下乡1100多场，“周末场演出” 60场。开展文化周末大舞台、周末金曲大家唱、文化周末大戏台、文化周末大课堂系列活动，共计演出113场，演员20491人，观众20万余人次。其中主舞台演出场次29场、周末金曲大家唱演出28场、周末大戏台演出28场、周末大课堂28场。在全区初步选拔确定10支示范性社区文艺团队，10个示范性文化社区，100支村级示范性文艺团队和106个示范性文化村。年内，共组织送书下乡145次，送书10.91万册；办理读者证2894个，流通人次104754人，流通册次211753册；开展了“我最喜爱的图书”征集和“优秀少儿影片”展映、“玉兔送吉祥”儿童书画展、“情系农民工中秋共月圆”等活动。电影放映29395场次，流动放映2386场次，包括进福利院34场次，进军营19场次；固定放映为27009场次，观众达200多万人次。新创作了《绿色使命》《养儿方知父母恩》《北京真好》《拱辰放歌》《西潞康庄》等10余首歌曲。

2011年，对歌舞娱乐场所、网吧、演出团体、电影放映单位90多家娱乐场所经营单位进行换证工作；对印刷企业、出版物零售单位分别进行了年审、年检工作；建立并开展了电子游艺审批业务；开展知识产权宣传工作，发放宣传手册3000多份。先后查处“南召印刷厂接受非出版单位委托印刷出版物案”、红蜻蜓等3家网吧不按规定登记上网消费者有效身份证件案等案件。取缔黑电子游艺场所13家、黑网吧5家、黑歌厅1家。打掉了京良路永立桥销售卫星天线的游商，共收缴卫星天线78面、瓦楞纸板广告46块。共组织出动文化执法人员320余人次，检查各类文化场所487家次，受理各类举报35件，办结案件5起，罚款1.4万元。

2011年，完成《北京市房山区“十二五”时期文物、博物馆事业发展规划》。启动《琉璃河遗址保护规划及考古遗址公园专项规划》《金陵遗址保护规划》《十字寺遗址保护规划》《金陵、十字寺考古遗址公园规划》《万佛堂、孔水洞文物保护规划》的编制工作。对周口店镇及长阳镇两处工地进行了抢救性发掘工作，其中：周口店镇发现清代墓葬1处，出土墓志1盒，古钱币10枚；长阳镇发现汉代墓葬11处，出土铜镜3枚、带钩2件、完整陶罐3个及古钱币若干。配合市、区重点工程建设，完成北京高端制造业（房山）基地、华嬉数字文化体验中心、中央休闲购物区（CSD）等处的考古勘探工作。完成显圣寺、灵鹫禅寺一期、圆通殿抢救性修缮工程。对历年出土及征集的馆藏文物开展了系统的清库、鉴定、建档工作，对出土文物进行分类，对每件器物进行命名、测量、称重、照相、器形描述、填写卡片和建立档案，并上报市文物局备案。

2011年，云居寺文物管理处完成青铜佛像展实物换展工作。设计制作《云居寺认捐功德展》，认捐恢复香炉、功德天、释迦、毗卢殿的楹联、龙门等7件，总价值10万元。出版《云居寺老照片》，举办“我与云居寺”征文，开展“纪念房山石经发掘拓印55周年暨房山石经研讨会”活动，发放宣传资料1万余份，栽种绿化植物近千株。年接待游客10万人。

2011年，周口店北京人遗址博物馆完成迁建博物馆工程施工监理招投标，取得国家文物局《关于周口店北京人遗址博物馆迁建项目设计方案的批复》和建设工程规划许可证和开工证，确保新馆开工建设。完成周口店北京人遗址重点保护范围界桩及安全防范设施工程项目评审工作，取得立项批复、规划意见书，办理土地预审等手续，完成地质勘察和可行性研究报告，制定征地拆迁方案。启动《周口店国家考古遗址公园规划》编制，出版《周口店遗址植物》。全年发掘出土可鉴定标本2036件，编制猿人洞保护勘察设计立项并得到国家文物局批准。完成猿人洞保护设计地质勘察报告及初步设计文本。加强人防、技防、物防，采取多项措施做好安全工作，夯实藏品保管基础工作。对馆藏展品进行全面保养。在圆明园遗址举办 “历史的记忆 丢失的国宝”图片展，展期16天，接待观众4万余人次。

2011年，集聚区办公室加速项目推进，进一步发挥协调服务职能，努力抓好招商选资工作，积极推进集聚区建设，促进全区文化创意产业发展。区域发展环境进一步优化。编制完成《房山区“十二五”时期文化创意产业发展规划》；启动编制《集聚区重点产业发展规划》。开展房山区文化创意产业发展政策研究工作，相关内容纳入《房山区关于支持产业发展的实施意见》，为全区文化创意产业发展提供了政策保障，集聚区引领作用逐步彰显。完成固定资产投资10252万元，超额完成全年任务。周口店遗址博物馆开工建设，累计完成投资12478万元。云居寺文化景区建设全面启动。上方山国家森林公园基础设施改造和环境整治工程全部完成。改建游客服务中心、文物修复和保护用房、供电供水系统改造等17项已全部完工，景区环境和基础设施得到了极大改善。积极引进的华嬉园项目，在全国率先将物联网技术引入文化产业的示范园区，是继云居寺文化景区之后集聚区办公室引进的又一重大产业项目。举办“弘石经文化 筑传世盛景”——房山云居寺文化景区全面启动仪式、北京现代典藏美术馆开馆暨中国优秀艺术家作品展开展仪式、长走大会、花田音乐节、云居寺浴佛节等。与中央电视台共同完成“中国记忆”中国文化遗产日直播节目。首次参加第十六届澳门国际贸易投资洽谈会，连续4次参加文博会。以“梦想绽放未来 活力范动世界”为主题，打造了“独特的时空走廊、丰富的展陈内容”两大亮点。

（金超 武灵玉 王艳华）

【举办“房山区第十届青年歌手、票友大赛”颁奖典礼】 2月16日，“房山区第十届青年歌手、票友大赛”颁奖典礼在良乡影剧院举行，活动由北京市文化艺术活动中心、北京市音乐家协会、区委宣传部、区文化委、区文联、区广电中心、区音乐舞蹈协会联合主办，区文化馆承办。经过初赛、复赛和决赛，76名选手分别获各组的一、二、三等奖及优秀奖，区体育局、区工业总公司、阎村镇文体中心、韩村河镇文体中心等16家单位获组织奖。

（金超）

【首都妇女庆“三八”】 3月7日，由市委宣传部、市妇联主办，市总工会协办，区委宣传部、区妇联、区文化委、霞云岭乡承办的首都各界妇女纪念中国共产党成立90周年暨庆祝“三八”国际劳动妇女节群众歌咏活动启动仪式在霞云岭乡堂上村《没有共产党就没有新中国》词曲创作地纪念馆举行，首都各界妇女代表600多人参加活动。歌咏活动围绕“颂歌献给党”这一主题，采取女声、混声合唱、领唱和歌伴舞、道具配合的表演形式，通过不同时期的经典红歌，歌颂党，歌颂祖国，突出群众性和女性特色。伴随着《没有共产党就没有新中国》的歌声及200名群众的“霸王鞭”表演将活动推向高潮。

（金超）

【文化周末大舞台系列活动正式启动】 4月15日，以“颂祖国 唱红歌 咏家乡”为主题的房山区2011年文化周末大舞台系列文化活动启动仪式在府前广场举办。《魅力无限》拉开演出的序幕，传统戏曲连场《梨园风》，杂技《晃圈》，歌舞《走进春天》等节目，内容丰富多彩，给广大观众留下了深刻印象。

（金超）

【长阳镇体育公园发现汉代墓葬】 4月22日，在长阳镇体育公园南侧施工现场发现古墓葬。发掘墓葬5处，其中，1号墓葬保存较为完整，南北长7.4米，东西宽3.6米，南北朝向，为砖室双人墓，带有前厅。墓室全为乳钉纹砖砌成，砖长0.38米、宽0.19米、厚0.05米，在砖侧面均匀分布6颗乳钉。房山区首次发现乳钉纹砖，对其使用乳钉纹砖的葬制形式有待进一步研究，其余4处墓葬均为普通砖室墓。发掘出土铜钱若干，由于墓室的塌陷造成陶器全部破损，均为残片。从墓葬形式及出土器物上断定此墓葬为汉代墓葬。

（金超）

【举行“圣地赞歌”——庆祝中国共产党成立90周年群众合唱汇演】 6月20日，“圣地赞歌”——庆祝中国共产党成立90周年群众合唱汇演在《没有共产党就没有新中国》词曲创作地——北京市房山区霞云岭乡堂上村举行。活动由文化部社会文化司与北京市委宣传部、北京市文化局、中共房山区委、房山区人民政府主办，房山区委宣传部、房山区文化委员会协办。来自嘉兴、上海、井冈山、遵义、西柏坡等10个革命圣地的合唱团队，与北京市的合唱团队，以气势磅礴的大型合唱汇演，共同讴歌党的光辉伟绩、回顾伟大历程、唱响共和国美好未来。整场演出22首红色歌曲，包括《歌唱祖国》《绒花》《走向复兴》《爱我中华》等经典革命歌曲。

（王新赛）

【3首原创歌曲获奖】 8月25日，由市总工会、市委宣传部、首都文明办、市文化局、市国资委、市文联、市工商联联合举办的第八届首都职工文化艺术节“首都五一文学奖”暨“北京力量”原创歌曲创作比赛颁奖仪式在市文联剧场举办。经过评审，45首原创歌曲获奖。其中，陈光的原创歌曲《赞歌来自我家乡》获原创歌曲创作比赛一等奖、《父母的生日你还记得吗》获二等奖、《幸福在心里》获优秀奖。

（金超）

【开展“中华和谐盛世图走进云居寺”活动】 3月19日，云居寺文物管理处开展“中华和谐盛世图走进云居寺”活动。《中华和谐盛世图》画卷在中国传媒大学美术传播研究所的主持下，由全国60名画家共同创作完成，全长120米，展示了34个省级行政区的人文地理和60年来科学技术的发展成就。

（安江华）

【开展纪念房山石经开洞拓印55周年活动】 4月20日至22日，由房山区政府主办、区文化委和云居寺文物管理处共同承办的“房山石经开洞拓印55周年暨房山石经研讨会”在昊天假日酒店举行。国内外专家学者从不同角度、不同层面对房山石经的核心价值进行了研究和探讨，对房山石经的保存现状和未来的保护措施提出了意见和建议。从不同视角挖掘房山石经的文物、文化、版本、艺术等特殊价值，形成18篇、20万字论文。

（安江华）

【举办《我与云居寺》征文活动】 6月11日，云居寺文物管理处举行“热烈庆祝文化遗产日暨《我与云居寺》征文颁奖仪式”。整个活动围绕“文化遗产与美好生活”的主题展开，向游客发放宣传资料2000余份，回答游客咨询百余次。《我与云居寺》征文活动是云居寺文物管理处为了纪念云居寺成为全国重点文物保护单位50周年而推出的，收到征文稿件117篇。作品题材丰富，有散文、诗歌、纪实、游记等，稿件文字达到10万余字。大家以“亲见、亲闻、亲历、亲感”的视角，以《我与云居寺》为主题，从参观感受、参与建设、文物研究等多侧面、多角度，丰富展示了房山石经的旷古魅力和云居寺巨大的发展变化。

（安江华）

【云居寺文物保护管理用房投入使用】 云居寺文物管理处原文物保护管理用房建于20世纪50年代末，已属危房。云居寺文物管理处从2010年8月22日开始对原文物保管用房进行落架大修。工程投资500多万元，2011年10月15日竣工。

（安江华）

【社会各界人士向云居寺捐赠馆藏品】 年内，云居寺获社会人士捐赠多件馆藏珍品。涿洲市4名居士向云居寺捐赠18件石刻佛教器物，有佛头3尊、佛手4件、童子像3尊、造像1躯、石龟2件、石狮麒麟1件、石香炉2件和石动物2件。申宏捐赠精装版《洪武南藏》一套，该书为原版印影，16开本，242册。崔恒喜向云居捐赠香樟木千手观音像一尊。潘虹、陈恩广出资4万元恢复云居寺毗卢殿和释迦殿的古楹联。陈彩虹出资3.3万元更新云居寺舍利馆龙门、认捐二十四诸天一尊。李路出资13万元捐赠高3.09米、重8吨的汉白玉舍利塔。

（安江华）

【庆祝文化遗产日】 6月11日，是中国第六个文化遗产日。周口店北京人遗址管理处围绕文化遗产日主题，举办庆祝活动。与中央电视台共同完成“中国记忆”中国文化遗产日直播节目。直播节目分为文化遗产与探寻、文化遗产与体验、文化遗产与传承、文化遗产与保护、文化遗产与参与5个部分，周口店北京人遗址管理处作为节目直播点之一，重点介绍周口店遗址的发现、研究、保护，寻找丢失“北京人”头盖骨化石、猿人洞保护性清理发掘等内容。举办“人脑演化历程”展览。展览分为6个部分，采用展板、实物、电子触摸屏等形式展示。悬挂主题横幅“文化遗产与美好生活”，向观众进行文化遗产日的宣传，发放简介、《北京人》杂志等宣传材料300余册，纪念品1200余份。

（武灵玉）

【周口店遗址入选“人文北京新八景”】 8月18日，由北京市人民政府新闻办公室、香港《文汇报》主办，北京市旅游发展委员会、海外华人媒体合作组织、香港旅游发展局、香港旅游业协会协办的“2011海外华人眼中的新北京新八景征集活动揭晓仪式暨京港旅游合作交流会”在香港举行。周口店遗址入选“人文北京新八景”之列。

（武灵玉）

【周口店遗址通过AAAA级旅游景区复核】 11月3日，北京市旅游景区质量等级复核领导小组到周口店遗址对AAAA级旅游景区工作进行检查，周口店北京人遗址管理处领导从环境、设施、安全、旅游产品宣传、科普资源展示、管理体系标准、人员培训、新馆建设、保护方案规划、考古遗址公园建设等方面向复核小组做了详细的汇报。复核小组实地查看了博物馆、遗址、监控室、游客中心、标识牌、卫生间等，周口店遗址通过AAAA级旅游景区复核。

（武灵玉）

【完善互动项目】 2011年，周口店北京人遗址管理处策划“公众考古发掘”“夏令营”“科普知识竞赛”“小讲解员培训班”及“双百”对接社区等活动。举办流动展览11次，宣讲人数达4.2万人，发放科普宣传资料万余册。与世界遗产教育中心共同召开世界遗产教育专题会议。为丰富科普内容，增强趣味性，在馆内安装电子地图和6个沙盘幻像语音介绍。采用电子、实景、虚拟相结合的手段，在馆内增设弧幕沙盘展示。2011年，有近万人参与模拟发掘活动，8万人参与魔法卡片，7万余人观看了8分钟动画片。

（武灵玉）

【编制完成《房山区“十二五”时期文化创意产业发展规划》】 2011年，集聚区办公室重点编制了《房山区“十二五”时期文化创意产业发展规划》，经5月9日六届区委常委会第160次会议审议通过，并颁布实施。规划明确了“一核、两翼、多项目”的产业布局，共计7章，5.5万字。

（王艳华）

【举行华嬉园数字文化主题乐园项目签约仪式】 7月28日，房山区人民政府与北京瑞鑫安泰创业投资中心签署《华嬉园数字文化主题乐园合作协议》，华嬉园数字文化主题乐园正式落户长沟镇。中国国际青年交流中心、共青团北京市委、北京瑞鑫安泰创业投资中心决策委员会领导，房山区委副书记、区长祁红，区政协主席唐淑荣，副区长吴会杰等出席签约仪式。区政协主席唐淑荣主持签约仪式。副区长吴会杰与北京瑞鑫安泰创业投资中心副董事长、总裁王修德签署《华嬉园文化主题乐园合作协议》。该项目是拥有完全自主知识产权、以物联网技术为支撑、以国际国内高端文化产业和娱乐产业为主要经营内容的全智能数字文化产业功能区。总投资120亿元，占地面积2400亩。包括智能绿色网络游戏实景互动体验园、智能综合演艺中心、物联网应用研发总部基地，团中央青少年培训基地、智能节庆综合体、综合商业配套区等子项目。

（王立杰　王艳华）

【举办北京现代典藏美术馆开馆暨中国优秀艺术家作品展】 8月10日，由集聚区办公室主办的北京现代典藏美术馆开馆暨中国优秀艺术家作品展开展仪式在周口店国际艺术区举行。中国人民解放军检察院原副检察长、著名将军书画家边文怀，中国驻法国大使馆武官毕京三，文化部老干部局局长、中国画创作院院长陈培伦，中共山东省兖州市委常委、宣传部部长楚建伟，山东省兖州市政协副主席刘春，山东省兖州市文化广电新闻出版局局长周广珍，房山区委常委、宣传部部长赵佳琛，房山区人民政府副区长卢国懿，房山区政协副主席李惠英及集聚区办公室、周口店镇相关领导出席开幕仪式。北京华源方达文化发展有限公司总经理杜晓东主持开展仪式。展览汇集了刘大为、杨力舟、冯远、张道兴等几十位名家书画作品，也有北京周口店国际艺术区众多年轻艺术家的优秀作品，包含了国画、油画、书法及雕塑等多种艺术形式，共计作品60余件（幅），充分展现了当代艺术家的精神风貌。

（王艳华）

【举办北京华嬉数字文化产业功能区暨国际青少年环保艺术培训基地启动仪式】 8月19日，北京华嬉数字文化产业功能区暨国际青少年环保艺术培训基地启动仪式在长沟镇举行。启动仪式以“数字科技实现绿色梦想，中华文明打造欢乐殿堂”为主题。第十一届全国人大常委会副委员长周铁农、全国政协副主席郑万通等及区委书记刘伟，区委副书记、区长祁红，区人大常委会主任史全富，区政协主席唐淑荣，区委副书记张祝华等领导出席仪式。启动仪式上，全国政协副主席郑万通为“青少年环保、艺术培训园区”揭牌；中国国际青年交流中心主任邓亚军为“北京华嬉数字文化产业功能区授牌。

（王艳华）

【首次参加第十六届澳门国际贸易投资洽谈会】 10月20日，北京（房山）历史文化旅游集聚区代表房山首次在“创意北京”展区亮相。房山展区主要推荐了华嬉数字文化产业功能区和云居寺文化景区两个重点文化创意产业项目，同时现场展示了房山汉白玉艺术节中的部分获奖雕刻作品。展会期间，共发放各类宣传资料1000余册，宣传了房山的历史文化资源和发展，吸引了澳门及海外各地客商前来参观。尤其是北京（房山）历史文化旅游集聚区管理办公室、北京华源方达文化发展有限公司分别与澳门文化创意产业协会、澳门万国控股集团签署了战略合作协议。

（王艳华）

【参加第六届中国北京文化创意产业博览会】 11月10日至13日，第六届中国北京国际文化创意产业博览会在中国国际展览中心举办。是房山区第四次参加文博会，以“梦想绽放未来 活力范动世界”为主题，打造了“独特的时空走廊、丰富的展陈内容”两大亮点。房山区获第六届中国北京国际文化创意产业博览会最佳展示奖，北京（房山）历史文化旅游集聚区获最佳组织奖。展会共接待观众1.5万人，发放宣传资料8000余册，现场文艺互动演出16场次，活跃了展区气氛，吸引众多观众驻足观看。区委、区政府理论学习中心组成员到文博会进行参观考察，对房山展区给予了充分肯定。

（王艳华）

史志　档案

史志工作

【概况】 2011年，区史志办完成《中国共产党北京市组织史资料房山卷（1987—2010）》《房山建设史》编辑出版工作；完成《征程——庆祝中国共产党成立90周年主题征文汇编》的编辑出版及征文评比工作；完成《旗帜北京》专题片房山部分的撰稿工作。召开第二轮修志工作编辑培训会；对《云居寺志》的史实进行核实、校对；完成《北京房山年鉴（2010）》《房山区年鉴（1998）》（补编）出版工作；完成《北京年鉴（2011）》《北京农村年鉴（2011）》房山区情的供稿任务；完成北京古镇图志丛书“良乡镇”“琉璃河镇”的发行工作。

（刘辉）

【开展纪念建党90周年主题征文活动】 2月至6月，为庆祝建党90周年，由区委宣传部牵头组织，区史志办承办，区广电中心、区新闻中心、区信息中心协办，在全区开展 “发扬光荣传统，建设‘三化两区’新房山——纪念建党90周年”主题征文活动。该活动收到全国各地作品400余篇，评选出125篇优秀作品并编辑出版《征程——庆祝中国共产党成立90周年主题征文汇编》。收录《征程——庆祝中国共产党成立90周年主题征文汇编》的作品经专家评委会评定，55篇作品分获一、二、三等奖，11 个单位获组织奖。

（刘辉）

【举办房山区第二轮修志编辑培训会】 3 月 8 日，区史志办在区会议中心举办第一次房山区第二轮修志编辑培训会。会上，布置了房山区 2011 年第二轮修志工作，传达、学习中国地方志指导小组、北京市地方志办公室有关第二轮修志工作的文件。原区史志办主任刘文江就如何细化篇目、补充资料等修志问题进行详细的讲解并解答各单位在修志工作中遇到的疑问。

（赵茂义）

【举办第二轮修志撰稿人培训会】 3 月 22 日，区史志办举办第二轮修志部分单位撰稿人培训会，区新闻中心、区广电中心、区文化委、区档案局、区体育局、区文明办 6 个单位的 9 名撰稿人参加。会上，就文化事业篇目框架结构设置进行说明和讲解，各单位篇目内容设置及在撰稿中遇到的问题进行互动交流，并解答了各单位在修志过程中的疑问。区史志办领导就修志工作的意义、责任、要求提出意见。

（赵茂义）

【《良乡》《琉璃河》出版】 3 月，《北京古镇图志·良乡》《北京古镇图志·琉璃河》公开出版。这两部书是北京古镇图志丛书首批 10 部古镇图志中的 2 部，分别由刘文江、李桂清编著。以具有代表性的京郊古镇——良乡镇、琉璃河镇为研究对象，凸显房山古镇在北京城形成、发展过程中的重要地位，较全面、系统地梳理了古镇发展演变的历史。

（刘辉）

【《中国共产党北京市组织史资料房山卷（1987—2010）》出版】 6 月，区委组织部、区史志办、区档案局（馆）编纂的《中国共产党北京市组织史资料房山卷（1987—2010）》由中央文献出版社公开出版。全书分为 7 篇 77 章 191 节，共 76 万字。编写体例为“篇、章、节、目”，采用大篇结构，通过文字叙述、名录、图表相结合的形式编纂。资料收录时限自 1987 年 10 月中共房山区第一次代表大会始，至 2010 年 12 月止。收录范围以房山区现行行政区划为限，含 1987 年始不受房山区管辖且 2010 年底前划归管辖地区的组织机构和领导人名录。收录级限为经区编办批准的副处级以上机构（含相当于副处级以上的企事业单位）及副处级以上机构任实职副处级以上的领导干部。

（刘辉　王娜）

【《房山建设史》公开出版】 6 月，区史志办编纂的《房山建设史》由北京出版社公开出版发行，该书是“北京区县社会主义建设史丛书”之一。全书分为 7 章 41 节，约 23.7 万字，刊登照片 10 幅，采用编年体和记事本末体的方式，全面、客观地反映房山 1949 年至 2002 年的革命、建设和改革开放发展历程。

（刘辉　张文玲）

【举办年鉴采编员培训班】 11 月 30 日，房山区史志办分两期在区委党校举办年鉴采编员培训班。房山区委常委、区委宣传部部长赵佳琛做开班动员，副区长卢国懿主持开班动员会。培训班首先对《北京房山年鉴（2010）》组稿先进集体、优秀采编员进行表彰，随后，由区史志办方志科的工作人员布置了 2012 年房山年鉴工作，并就年鉴基础知识进行了专题讲座。房山区委常委、区委宣传部部长赵佳琛讲话，对如何做好全区的年鉴工作提出要求。副区长卢国懿结合中国的历史深入浅出地强调了年鉴工作的重要性。全区共有 127 名采编员参加培训。

（赵茂义）

【《北京房山年鉴（2011）》出版】 12 月，由房山区史志办公室编纂的《北京房山年鉴（2011）》公开出版发行。本年鉴记载了房山区各项事业的基本情况和主要成就，资料翔实准确，具有权威性和实用性。全书 72 万字，设特载、专文、概况、大事记、政治、经济、文化事业、社会生活、乡镇概况、主要组织机构及领导名录、附录共11个栏目，收录全区158个处级单位的条目1401个。

（蔡晓东）

档案工作

【概况】 2011年，区档案局以创建国家一级档案馆为工作中心，对档案馆消防和监控设施进行全面升级改造。在行政执法工作中增加安全执法检查。完成2.5万多卷214万页的档案数字化扫描。完成档案电子文件中心的挂接。编辑完成《档案馆指南》《“三化两区”纪实》《记忆——红歌诞生的地方》《共和国足迹》4种编研材料。完成《光辉90年》展览的制作展出任务。全年为社会提供档案利用3584人次、5859卷。与《房山报》合办纪念建党90周年专题栏目——《红色记忆》，刊发12期。举办以“档案为您服务”为主题的第三届“档案馆日”活动。“追忆革命先烈 弘扬民族精神”读书活动被评为北京市2011年度爱国主义教育基地示范活动。

（高玉蜀　何涛）

【开设《红色记忆》系列报道】 5月至7月，区档案局与《房山报》推出《红色记忆》系列报道，登载12期12篇文章。文章围绕抗日根据地的建立和抗日英雄事迹、新中国成立后房山区经济社会发展情况及房山区著名的劳动模范进行系列报道。

（高玉蜀　何涛）

【举办“光辉90年”大型成就展】 6月至7月，区档案局、区委组织部、区委宣传部联合举办的“光辉90年——房山区纪念中国共产党成立90周年大型成就展”在区会议中心和霞云岭乡堂上村《没有共产党就没有新中国》纪念馆举办。 展览采用文字、图片、图表为主要展示形式，以中国共产党领导中国革命、建设、改革为主线，以党领导房山人民在各个时期取得的辉煌成就为重点，分为“新民主主义革命时期”“社会主义革命和建设时期”“改革开放新时期”3个部分。2万人次参观展览。

（高玉蜀　何涛）

【举办第三届“档案馆日”活动】 10月16日，区档案馆举办以“档案为您服务”为主题的第三届“档案馆日”活动。观众观看了“走进房山”“足迹”“档案大观”“地震知识”4个展览，参观了档案库房，工作人员现场演示了档案整理与修复、档案数字化过程。区档案馆和燕山分会场共接待群众500余人。

（高玉蜀　何涛）

【区档案馆晋升为国家一级档案馆】 12月22日，区档案馆经国家档案局测评验收晋升国家一级档案馆。区档案馆各项基础工作符合国家有关要求，档案利用服务成效明显，档案信息化建设取得新进展，区档案馆爱国主义教育基地工作发挥积极作用，通过举办固定陈列展、专题展、讲座，以及开展主题活动、夏令营等多种形式进行宣传教育活动，档案馆工作为全区经济社会发展做出了贡献。

（高玉蜀　何涛）

【开展档案行政执法检查】 2011年，区档案局对全区75个立档单位进行检查，范围包括乡镇以及所属行政村，区直委、办、局、公司、人民团体、企事业单位及所属基层单位。检查以各立档单位的档案室安全、档案管理工作、档案各项管理制度的落实、基础业务建设、电子文件和电子档案的归档、执法案卷归档及档案的开发利用等情况为重点，采取自查与检查相结合、实地检查现场打分的方式进行。57个单位取得档案执法检查考核合格证。对3家违反《中华人民共和国档案法》的单位制发限期改正通知书，并进行跟踪监督。

（高玉蜀　何涛）

【爱国主义教育基地考评】 11月2日，市爱国主义教育基地领导小组专家到区档案馆，对2009年至2010年度爱国主义教育基地工作进行考评。专家组听取了区档案馆关于教育基地组织机构、队伍建设、陈列展览、教育活动等方面工作情况的汇报，检查了档案资料，并进行了实地察看。此次考评活动是中共北京市委宣传部、北京市爱国主义教育基地领导小组办公室联合组织，对全市122家市级爱国主义教育基地工作进行考评。

（高玉蜀　何涛）

广播电视　信息化建设

广播电视

【概况】 2011年，房山人民广播电台、房山电视台共播发新闻3.8万条，各类专题节目3537组（次）。制作播出《房山新闻》《早安房山》《午后真谈》《都市生活》等节目。以着力宣传全区城市化进程和功能区建设为重点，制作播出《扬帆2011》《抢占制高点——“十二五”领导访谈录》《起航“十二五”》《高端产业在崛起》《CSD 进行时》《新城新变化》等节目以系列报道、电视访谈等新闻和专题节目形式，宣传全区打造北京高端制造业新区和现代生态休闲新城所取得的各项成就。做好北京石化新材料科技产业基地、北京高端制造业（房山）基地、中央休闲购物区（CSD）、中国房山世界地质公园等重点功能区宣传报道。推出“全力推进长安汽车北京基地项目建设速度”和“云居寺文化景区建设全面启动”等重点新闻报道。拍摄、制作和播出电视专题片《依法拆除窦店基地内违法建设纪实》和《坚决拆除违法建设 确保重点工程建设》等各类电视节目。推出一系列民生类、服务类专题（专栏）50余期。制作“身边的感动”系列节目13期；推出10期系列报道“走基层听民声”专栏。启动房山区城乡数字广播信息平台一期建设工程，完成16个乡镇（街道）354个村庄和社区建设任务；建成1.2万平方米的广播播控中心，建有1个400平方米的标准演播厅和5个专业机房；广播机房拥有北京市郊区首个总控系统，数字化率达到100%。广播电视播出通过有线和无线综合覆盖全区。房山电视台全天有线播出22小时；有线电视用户20多万户；实现互联网络直播：3G网络远程传输重点新闻报道。房山人民广播电台每天播出节目时长为18小时。

（李文娟）

【“乐活”数字传播发展服务平台项目】 “乐活”数字传播发展服务平台项目，是以中华养生文化为基础，将中国养生传统文化和现代“乐活”生活方式有机结合，通过数字内容制作平台，策划和制作蕴含“乐活”文化理念的批量化、系列化、专业化的数字内容产品与服务，形成以数字广播为核心，集互联网、手机报、楼宇广告、论坛等传播方式于一体、发展“乐活”产业、推广“乐活”理念和服务区域社会经济发展的数字传播服务平台。项目主要由数字制作平台、传播服务平台、展示体验基地3大板块构成，依托3大板块的支撑，为“乐活”产业提供系列内容产品和增值服务。项目于2010年4月启动，整个项目所需建设期为2年。2011年底项目初具规模，乐活养生广播开始试运营，楼宇电视广告和车载广告开始宣传运营，网络平台以及手机报、论坛在筹建过程中。

（李文娟）

【宣传报道庆祝中国共产党成立 90 周年活动】 2011 年，房山电视台、房山人民广播电台以建党 90 周年为宣传契机，着力营造爱党、爱国的浓厚氛围。在各重点节目、重点时段推出《身边的感动》《光辉的记忆》《红色飘扬》等一批反映全区在党的领导下取得辉煌业绩的成就性宣传报道，进一步激发全区广大中共党员、群众坚定不移走新型城市化道路，开创“三化两区”新局面的决心和信心。对“颂歌献给党——首都各界妇女纪念建党 90 周年暨庆祝‘三八’国际劳动妇女节群众歌咏活动启动仪式”“党在百姓心中”百姓宣讲活动、“红歌唱响的地方——迎接中国共产党成立 90 周年大型红歌主题演出”等重大庆祝活动和纪念活动进行重点宣传报道和全场录制播出。拍摄制作 10 部党员电教片，全面展示中国共产党成立 90 周年房山发展历程和辉煌成就。

（李文娟）

【实况转播长阳音乐节】 8 月 26 日至 28 日，房山区第二届长阳音乐节期间，区广电中心发挥广播和电视宣传优势，运用现场直播、多点直播、现场报道、快讯快报、访谈、专题、系列报道等手段，调动新闻、专题、文艺、广播等宣传方式，首次实现电台节目音视频同步直播，首次利用采访机在实播过程中无剪辑播出，首次用微博同步报道音乐节和直播情况。现场增设大屏幕、用音视频立体直播音乐节盛况，实况转播达到了节目创新与技术创新。

（李文娟）

【开通城乡数字广播信息平台】 12 月 11 日，房山区城乡数字广播信息平台开通。房山区城乡数字广播信息平台分为 3 级，1 级为区级平台，由房山区广播电视中心、区应急办和区民防局共同组成，由房山人民广播电台负责向各乡镇街道提供广播信息公共服务，区应急办和区民防局负责应急指挥调度。2 级平台是乡镇(街道)级，转播上级台节目，同时可自己编辑制作节目进行播出，控制所辖村庄或社区广播设备开启和关闭。3 级为各乡镇(街道)所辖的村庄与社区，整个系统通过歌华网络进行传输。房山区城乡数字广播信息平台以城乡有线广播为主，有线广播和无线广播共同组成的城乡数字广播信息平台是覆盖全区的永久性广播电视基础设施。全年完成 16 个乡镇（街道）354 个村庄和社区的建设任务。整个项目可实现寻址开机、电话应急插播、防恶意插播、优先级控制、系统故障监测等功能。

（李文娟）

【房山广电传媒网试运行】 12 月底，区广电中心音视频门户网站房山广电传媒网（www.funhillmedia.com）开通试运行。网站开设电视、广播、区内外新闻、房山广电、主持人风采、健康•养生、旅游服务、摄影、微博等一级频道。对房山电视台有线频道电视节目（北京电视台公共频道区县时段）和房山人民广播电台 FM96.9 广播节目进行转播。电视栏目和广播栏目实现查询点播收看收听。

（李文娟）

【宣传报道重大工程项目和活动】 2011 年，房山电视台、广播电台在《房山新闻》和相应主题栏目中，对喜迎建党 90 周年、“新闻工作者走转改”、春季北京国际长走大会暨旅游文化节开幕式、“百姓•民生•幸福”——政协十佳提案揭晓仪式、第 4 届梨花文化周、城市九球巡回赛房山总决赛、云居寺浴佛节、长沟花田音乐节、第二届长阳音乐节、建军 84 周年、北京高端制造业（房山）基地在房山区窦店镇正式挂牌、第二届北京青龙湖国际红酒城自行车邀请赛、房山大安山汽车拉力赛等全区重大活动进行重点宣传报道。

（李文娟）

信息化建设

【概况】 2011 年，区信息中心全面落实北京信息化基础设施提升计划，高标准建设信息化基础设施，网络综合服务能力显著增强；深化信息资源开发、整合与利用，加快推进地理空间、人口、法人、经济与社会运行等基础信息数据库应用，信息资源共享长效机制初步建立，支撑一体化社会管理服务能力大幅提升；推动重点区域信息化应用，积极开展信息化村、宽带小区试点建设和“信息化示范村”推荐认定工作，城乡数字差距明显缩小；有序推进物联网和无线城市建设，应用示范取得明显实效；加强网站建设与运维，政务网站便民利民功能得到进一步提升。

（刘秀平）

【启动无线城市建设】 5月30日，区经信委和中国移动房山分公司联合举办无线城市签约仪式，签署“无线城市框架合作协议”，就网络建设、应用服务达成合作意向。面向各委办局、乡镇政府，推进WIFI热点、市民主页、政府信息化解决方案。中国移动房山分公司规划建设108个WIFI热点，1997个AP。全年完成37个WIFI热点、673个AP数建设工作。房山联通开展3G+WLAN（无线局域网）模式的无线城市建设，新建WLAN无线访问接入点48个。

（刘秀平）

【信息化基础设施建设】 2011年，房山区建设覆盖城乡的光纤宽带信息网络，新增光纤到户18.4万户，覆盖率超过90%；完善移动通信网络信号覆盖，新建基站220个，完成交互式数字电视网络改造10.1万户，累计达到18.5万户；新增高清电视用户5.56万户，累计达到10.56万户；建设信息管道37.69沟公里，提高信息管道服务能力，满足信息化基础设施建设和架空线入地需求。在政务信息化基础设施建设方面，区政务网络带宽达到470兆。

（刘秀平）

【开展信息化村和宽带小区试点建设】 2011年，区经信委组织专家组对19个信息化村和12个宽带小区试点项目建设进行了验收及补助资金拨付工作。完成122个社区站点的网络连接工作。

（刘秀平）

【完成“波龙堡葡萄酒质量追溯体系”】 2011年，区经信委完成“波龙堡葡萄酒质量追溯体系”建设方案的编制、监控系统、产品虚拟展示与电子交易平台的开发、布署及波龙堡葡萄酒厂办公网络的建设、开通运行等工作；搭建并开通运行波龙堡千亩葡萄种植园气象、墒情远程监测站。

（刘秀平）

【政务网络基础设施建设】 2011年，区信息中心配合市级相关单位完成北京市政务网络可信网的建设，为房山区政务网络的边界划分提供了新的依据，并同时提供了安全性、稳定性高于政务外网的传输线路。完成主机房后备电源电池的更新与扩容工作，消除了电池超期使用的安全隐患，使现有后备电池在增大了用电负荷条件下具备了近3小时的安全运营时间。完成区委社会工委、区新农村办、区新闻中心等15家单位和场所的政务网络接入工作。其中在区政府三办区搭建无线网络环境，满足政府办公人员和到大厅办事人员的网络访问需求。

（张瑜）

【加强网站建设与运维管理】 2011年，区信息中心完成对主站管理平台的升级和全区130多家单位网站的监管任务，责成专人负责对政府网站诊断与监测平台、访问量分析平台、纠错系统、防篡改程序进行监管，确保发现问题及时处理，实现无信息安全事件发生。

（张瑜）

【强化网站宣传与信息公开】 区信息中心以房山信息网为平台，以纪念中国共产党成立90周年系列活动、拆违拆迁、北京石化新材料科技产业基地项目建设、北京国际长走大会暨第十七届房山旅游文化节系列活动为宣传重点，加大了宣传报道力度。主站发布政务信息、房山经济、今日房山、公众参与、在线服务等各类信息 4300 余条，供求信息 4200 余条，为各单位发布各类通知通告信息 180 余条，向首都之窗《区县热点》栏目报送信息共计 774 条。通过房山信息网《政府信息公开》专栏主动公开政府信息 3262 条。转录房山电视台《房山新闻》304 期，《房山报》84 期。

（张瑜）

【提升政务网站便民利民功能】 2011 年，区政风行风热线共收到信件 7329 封，在规定答复的时限内向百姓进行认真答复，信件的按时办结率为 99%以上。接受群众评议 3819 次。行政许可电子监察系统实现网上申报和查看办理结果。在对全区 43 家有行政办事事项的单位进行业务梳理的基础上，完善网上所有行政办事事项的办事指南、办事流程、政策依据及表格下载等内容，同时还设立文化、婚育收养、企业开办、医疗保险 4 个场景式服务，以模拟真实服务场景的方式，引导用户更直观、便捷地获取服务资源。全年累计全部事项的办事指南访问总量 20627 人次，表格下载访问总量 10285 人次，网上结果反馈总量为 19584 件。

（张瑜）

【完成“市民主页”房山板块建设】 “市民主页”是由北京市政府主办，北京移动承办，基于手机面向市民提供的个性化移动公共服务，是供市民了解政务信息和办理相关业务的“信息服务聚合平台”。房山区“市民主页”主要以房山特色宣传、本地公共服务为重点，面向特点需求用户提供个性化便捷服务。下设“动态信息、通知通告、教育培训、医疗卫生、社会保障、交通出行、供求信息、停电通知、良乡影讯、房山概况、功能园区介绍、旅游休闲”12 个子栏目。

（张瑜）

长安汽车生产线

社会生活

人　口

【概述】 2011年，房山区人口和计划生育委员会以“倡导婚育文明、构建和谐家庭”为核心，开展一系列有龙乡特色的宣传教育活动。农村部分计划生育家庭奖励扶助和特别扶助工作全面开展，符合条件的计生家庭奖励全部得到落实。全区1987人享受奖励扶助政策，发放金额238.44万元。特别扶助525人，发放金额112.99万元。一次性经济帮助13人，发放金额6.5万元。独生子女父母奖励费兑现率达到100%。组织全区各界为“幸福工程项目”募捐，募集资金9.5万元，投入项目资金286.5万元，在14个乡镇建立项目基地30个，救助贫困母亲320人，使每户经济收入年均提高5000元。开展“暖心工程——特扶对象享受养老保险补贴项目”，帮助计生空巢老人和伤残特扶对象解决养老问题。为203人办理养老保险，提供资金17余万元。开展“农村长效节育户籍已婚育龄群众免费健康体检”项目，为全区3.8万人免费体检。坚持计卫联手，开展“计划生育生殖健康伴你行”下乡服务系列活动，接受服务人数达6万人，实现全区462个村全覆盖。全区户籍人口新出生7161人，人口出生性别比109.57。

（潘军）

【开展“三下乡”活动】 1月20日，区人口计生系统文化科技卫生“三下乡”活动在琉璃河镇举办。以“倡导婚育文明、构建和谐家庭”为主题，开展青春健康大讲堂、计划生育宣传、生殖健康咨询、为育龄群众免费义诊等活动，为居民送春联、全家福，发放计生宣传品、年画、挂历、避孕药具等。走访慰问计划生育贫困家庭、独生子女家庭和计划生育专干家庭，送去了慰问金和慰问品。

（李伟）

【召开全区人口计生工作会】 3月11日，召开房山区2011年人口和计划生育工作会。区人口计生委领导与各乡镇签订了2011年人口和计划生育工作职责责任书。表彰了2010年度人口和计划生育工作先进集体、先进个人。西潞街道、长阳镇、燕山办事处、拱辰街道等单位作典型发言。各乡镇（街道）主管领导、计生办主任及本委科（站）长参加会议。

（李伟）

【举办《青春健康教育读本》征文活动】 5月19日，房山区《青春健康教育读本》征文活动总结会暨乡镇人口文化活动中心授牌仪式在区人口计生委召开。这项工作的开展，培养了孩子们良好的品德、情操、心理素质、行为习惯和社会适应能力，为开展好青少年健康人格工程打下良好基础。活动共评选出291篇获奖文章，其中一等奖10篇、二等奖22篇、三等奖38篇、优秀奖221篇。组织奖14个。

（李伟）

【举办计生家庭才艺展示】 7月8日，第22个“7•11”世界人口日即将来临之际，区人口计生委在府前广场举行庆祝建党90周年红歌演唱会暨计生家庭才艺展示活动。各乡镇创作了弘扬婚育新风的歌舞、小品、魔术、相声等600多个优秀作品，活动后分别在西潞街道、青龙湖镇、长沟镇进行展演。观众达1万多人次。

（李伟）

【聘任青春健康项目志愿者】 6月10日，区计划生育协会与区教委在良乡昊天中学举行“青春健康项目”师资志愿者聘任启动仪式。聘请北师大良乡附中、良乡中学、房山五中等8所学校的心理老师和区疾控中心性病与艾滋病防治科人员为青春健康项目老师，并颁发聘书。

（李伟）

【打造人口文化阵地】 年内，区人口计生委对“没有共产党就没有新中国”词曲诞生地沿线进行人口文化建设，设置人口计生文化墙20多处，宣传橱窗10个。对全区25个乡镇(街道)人口文化活动中心和110个村（居委会）人口文化活动室进行规范，统一配备硬件设施、完善规章制度和突出活动主题。

（李伟）

【推进出生缺陷一级预防工作】 年内，区人口计生委以区生殖健康技术服务中心和各乡镇计生办为免费发放点，对已婚待孕和怀孕3个月内的育龄妇女，免费发放叶酸增补剂，扩大宣传，提高领取率。全年发放3290人、19740瓶，对服药人群进行随访。全区实施“婚育健康服务包”项目，从源头上降低出生缺陷发生率，发放“婚育健康服务包”5640个。聘请北京妇产、北京同仁等医院的专家为新婚待孕和现孕夫妇讲解“如何生育一个健康聪明宝宝”的优生优育知识。全年开展讲座47期，听课人员达4600人。

（李伟）

【加强省际双向协作】 年内，区人口计生委与流入房山区人口较多的43个省市、区、县签订双向服务管理协议书，定期向协议省市反馈在房山区新出生的新生儿名单，并长期通过电话、邮件保持联系。每月进行工作交流和各种数据交换。对流动人口出生进行动态监测，区人口计生委与区卫生局签订出生人口数据交换协议书，监测到流动人口出生1679人，对核实准确的人口及时向户籍地进行通报。积极宣传有关省市奖励优惠政策和处罚措施，减少流动人口违法生育的发生。

（李伟）

【开展暖心工程】 2011年，区人口计生委深入开展“暖心工程——特扶对象享受养老保险补贴项目”，帮助计生空巢老人和伤残特扶对象解决养老问题。全年为61人办理了保险，补贴资金50880元。开展“生育关怀——亲情牵手活动”，积极招募志愿者，与空巢老人结对，照顾老人生活，使计生家庭空巢老人精神上得到慰藉。

（李伟）

劳动和社会保障

【概述】 2011年，全区城镇登记失业人员就业1.31万人，农村劳动力转移就业1.23万人，城镇登记失业率3.51%。落实市、区就业政策资金2.59亿元，帮助1.38万困难人员实现就业，政策扶持就业人数达到3.04万人，为自主创业人员发放小额担保贷款926万元，扶持306人成功创业，带动2144人实现就业；在北京高端制造业（房山）基地和北京石化新材料基地分别建立就业服务中心，完成461个行政村的就业服务站标准化建设，村级就业指导员队伍704人。扩大社会保险覆盖范围，养老保障体系覆盖人数达59.73万人；医疗保险体系覆盖人数35.4万人（不包括新农合）；城镇职工5项社会保险参保单位、参保人数比2010年分别增长21%、10%，5险累计征缴基金23.94亿元，比2010年增长30.75%，各项社会保险基金收缴率达到98%以上；支出基金30.01亿元，比2010年增长20.98%。城乡居民参保总人数达到22.72万人。受理劳动争议案件3421件，审结案件中调解率达到68.25%，解决拖欠工资案件434件，为3120人追回拖欠工资1702万元，实现无工资拖欠。

（唐志成）

【社保“新六线”首次联动上调】 1月1日，社会保障相关待遇“新六线”（企业退休人员基本养老金、伤残津贴、城乡居民养老金、失业保险金、最低工资、福利养老金）集中上调，各项待遇调整金额：企业退休人员基本养老金人均月增210元；工伤保险定期待遇提高，伤残津贴人均月增303元；首次上调城乡居民基础养老金人均月增30元；最低工资上调至1160元；首次上调城乡居民福利养老金人均月增30元；失业保险金平均每档增加120元。

（唐志成）

【开展“就业服务进军营”活动】 7月24日，区人力社保局与北京军区某工兵团联合举办“就业服务进军营”活动，为军属们提供现场招聘、职业指导、政策咨询、培训信息等全方位的就业服务。区教委、区市政市容委、区园林绿化局、燕山石化公司、中粮五谷道场食品有限公司等20余家单位向50多名部队家属提供教师、质量检验、收费核算、石油化工、会计、财务、收银等350多个招聘岗位，23位军嫂与招聘单位达成就业意向。

（唐志成）

【完成村级就业服务站标准化建设】 年内，全区有370个村级就业服务站进行了标准化建设，使全区461个行政村的就业服务站标准化建设全部完成。形成以区人力资源管理服务中心为龙头、以乡镇就业服务中心为骨干、村级就业服务站为基础，辐射5个重点功能区的区、乡、村三级就业服务体系基本形成，实现就业服务全覆盖。

（唐志成）

【高校毕业生就业率达到99%】 年内，区人力社保局通过开展职业指导进校园活动、举办专场招聘会、组织就业见习等多种措施，促进高校毕业生多渠道就业，4266名高校毕业生中有4206人实现就业，就业率达到99%。

（唐志成）

【两个社区（村）被评为市级充分就业示范社区（村）】 2011年，全区充分就业社区（村）达到345个，占全区社区（村）总数的59%，其中西潞街道夏庄社区、大石窝镇南河村被评为市级充分就业示范社区（村）。

（唐志成）

【社保补缴即来即办】 2011年，随着房山区工业化、城市化速度的不断加快，区社保中心以安置征地转非劳动力、山区人口农转居人员、城乡结合部重点村转居人员为工作重点，加快做好农转居人员安置落实工作。及时掌握各乡镇工作进度，实施社会保障服务跟进措施，加强政策宣传与服务指导，建立绿色通道，实行“一站式”办公等措施，简化在外区参加医疗保险人员的保险转移手续，设专人负责转非人员的社会保险补缴，免去办事人员的等待时间，享受到“即来即办”的服务，“绿色通道”节省了办公成本，加快了转工人员参加社保的速度。

（唐志成）

【成立固定专业化鉴定场所】 2011年，为保证病伤职工合法权益，使其在劳动能力鉴定过程中享受到优质服务，及时享受相关待遇，区人力社保局投资10余万元，购置诊断床、紫外线消毒车、X光片灯箱等医用设备，建立固定的专业医疗鉴定场所，为病伤职工进行劳动能力鉴定。鉴定场所共80余平方米，分别设有鉴定室和等候区，除配备相关检查设备外，还为参加鉴定的职工提供饮水机、纸杯、口罩等用品。聘请区劳动能力鉴定委员会专家组10名专家，全年为110名工伤职工进行现场鉴定。

（唐志成）

【前朱各庄、后朱各庄村236名待业村民就业】 2011年，在区人力社保局等职能部门以及北京石化新材料科技产业基地各用人单位的多方协调下，前朱各庄、后朱各庄236名村民通过定岗定培、笔试、体检和政审等一系列招工考试，分别到燕化橡胶二厂、炼油一厂、炼油三厂和东方有机厂工作。

（唐志成）

【社会保险待遇资格认证工作】 2011年，区人力社保局做好社会保险待遇资格认证工作，将辖区内居住的享受社会保险待遇资格认证工作纳入对乡镇重点目标考核内容；加强社保所信息上报和沟通核实，对确实已丧失待遇领取资格人员尽快办理相关手续；减少中间环节，确保办事效率。全区28个社保待遇资格认证网点完成享受养老、工伤、老年保障、城乡居民保险在内15.36万人的资格认证工作。

（唐志成）

民　政

【概述】 2011年，房山区民政局组织开展“民主日”和“民主议政（议事）日”活动，开展创建和谐寺观教堂活动。推广长阳镇农村公益性公墓建设的经验和做法，促进土地集约化利用。完成房山区新城行政区划地图的审核和标注内容工作。完成烈士纪念设施普查工作。完成城乡低保调标，落实教育、医疗等专项救助和临时救助政策。启动社区应急预警广播系统和疏散避险地图。新建养老机构1家，扩建8家。完成燕山养老院等4家养老机构的星级评定工作。全年，新增养老床位1237张。福利彩票实现销售额1.29亿元，完成216名城镇退役士兵安置任务。接收超转人员641人，为4131人办理慈善医疗救助。区级老年福利中心、区儿童福利院、救助站、平西抗日战争纪念馆改陈以及接待站配套设施建设5个重大项目开工建设。开展低保家庭经济状况普查和资格复审，实现应保尽保，动态管理。全区农村社会救助危房改造150户、450间，优抚对象危旧房改造 20 户、60 间。通过政府贴息贷款方式对骨灰格位进行一次性原价收购，静安公墓遗留问题基本解决。通过全国双拥办对房山区创建全国双拥模范区的检查考核。全年共接收退伍军人 269 名，其中城镇户口 216 人，农村户口 53 人，办理自谋职业的 86 人，安置率 100%。开设 1346 堂课、覆盖 157 个村居、惠及市民 13 万人，在“96156”社区大课堂受众范围上实现新突破。新增 24431 名社区志愿者、服务 522 万小时、受益人群 20 万人。

（户立恒）

【西潞企业管理协会成立】 1月 18 日，区民政局向西潞企业管理协会颁发非营利性社会团体认证证书，标志着西潞企业管理协会正式成立。房山区西潞企业管理协会是在区民政局的指导下，由辖区内企业经营者、管理人员自愿组成的具有独立法人资格的社会团体，现有会员单位 30 家。

（户立恒）

【情人节 203 对新人登记结婚】 2 月 14 日是西方的情人节。区民政局婚姻登记处全天办理结婚登记 203 对。区民政局通过宣传引导、网上预约登记、分时间段办理，及时对登记设备进行检修和维护等一些列措施，局主要领导亲自到现场指挥工作并为前来办理登记的新人赠送了玫瑰花和新婚大礼包。

（户立恒）

【苏宁社区志愿者服务队成立】 4 月 13 日，区民政局与北京苏宁电器有限公司共同在西潞街道北潞园社区活动广场举行“回馈社会、服务居民——苏宁社区志愿者服务队成立暨社区志愿服务启动仪式”。北潞园社区工作者、社区居民、苏宁社区志愿者 260 余人参加了活动。启动仪式上，民政局领导为苏宁社区志愿者服务队授队旗，为 8 名服务队代表佩戴胸牌。仪式后，苏宁社区志愿者深入到 2 户居民家中进行服务。苏宁社区志愿者服务队是房山区社区志愿者协会吸纳的全区第一个企业会员单位。该服务队由北京苏宁电器有限公司职工 500 人组成，他们利用职业特长为城关、拱辰、西潞、燕山地区的社区家庭开展为期 1 年的免费清洗和保养空调等各类志愿服务。

（户立恒）

【静安墓园骨灰格位收购工作】 5 月 3 日，静安墓园管理处启动骨灰格位收购工作。收购工作截至 7 月 31 日，不愿办理或联系不上的客户以公告的方式通知，超过截止时间一律不再办理。办理骨灰格位收购 20 人，回收骨灰格位 108 个，其中双格位 96 个、单格位 12 个，支付收购格位资金 63.66 万元。并接待来访人员近百人。

（户立恒）

【上调城乡低保标准 】 7 月 1 日起，北京市上调城市和农村低保标准。城市低保标准由家庭月人均 480 元调整为 500 元，调整幅度为 4.17%；农村低保标准由家庭月人均 300 元调整为 340 元，调整幅度为 13.3%。全区共有城市低保对象 2462 户 4421 人，农村低保对象 6272 户 11916 人。

（户立恒）

【举办婚姻登记“开放日”活动】 9 月 6 日，30 名居民受邀参观了婚姻登记处结婚登记室、咨询室、档案室以及和谐家园工作室，并参加为登记新人举办的颁证仪式。热心居民在现场亲手为新人颁发结婚证，送上自己诚挚的祝福。在参观过程中，婚姻登记处的工作人员详细讲解了婚姻登记处各个工作室的作用、工作流程、婚姻登记政策等，一些居民还现场报名加入社区志愿者，承诺每周利用一天休息时间参与婚姻调解工作。

（户立恒）

【开办灾害信息员培训班】 9 月 13 日，区民政局开办灾害信息员培训班。全区 461 个村、120 个居委会的 675 名学员参加培训班，学时一周。培训的主要目的是提高灾害信息员的专业素质，促进救灾工作整体水平的提高。

（户立恒）

【村务监督委员会试点】 2011年，区民政局做好村务监督委员会试点工作。成立房山区建立村务监督委员会领导小组，研究制定《关于建立村务监督委员会的安排意见》，征求相关部门、乡镇和村委会的意见，对该意见进行修改和完善。对平原、丘陵、山区的不同特点选择3个有代表性的乡镇先行开展试点。对村务监督委员会的职责、权利、义务、议事规则、工作业务、工作纪律等内容开展专题培训。

（户立恒）

【加强低保动态管理】 年内，区民政局完善申请、审核、审批程序和低保金社会化发放等制度，落实低保评议村民代表票决制，完善农村基层最低生活保障管理服务网络。依法查处群众举报骗保问题，追回3户家庭骗取的低保金3.8万元。开展全区低保对象清理核查工作和低保复审工作，对超出低保标准的家庭进行预警，发放预警告知书3000份。在法定期限内对无正当理由的享受低保人员取消低保资格。涉及低保家庭1.2万户、2.5万人，67%预警户、5555人退出低保。

（户立恒）

【促进少数民族经济发展】 2011年，民族村经济发展重点扶持项目7个，清真食品企业扶持项目5个。扶持资金700余万元。举办经济发展培训班、专题培训班、赴外省市学习考察。完成清真饮副食网点年检工作，清理规范清真食品市场。为民族企业协调流动资金贴息贷款4300余万元，促进企业可持续发展。

（户立恒）

【社救、优抚危房翻建工作】 全区185户低保户、低保边缘户和20户优抚户进行危旧房改造，区民政局协调资金767.25万元，其中社救建房659.25万元、优抚建房108万元。

（户立恒）

【冬季流浪乞讨人员救助工作】 对各类流浪、乞讨人员进行主动救助，对流浪未成年人进行保护性救助。动员各乡镇（街道）、社区和社会力量，对重点地区和流浪乞讨人员可能出现的区域逐一排查，形成整体防控体系。引导有能力的受助人员进行学习，协调用人单位为其提供就业服务。劝返受助人员，协调流出地政府主动接领受助人员返回原籍。全年共救助流浪、乞讨人员410名。

（户立恒）

【社会组织管理和培育】 2010年，区民政局加强社会组织管理，对全区社会组织实施年度检查，全区240家社会组织年检率达到95%以上。针对25家违法社会组织出台退出机制。制定便民措施，实施现场办公，审批时限由60个工作日内改为10个工作日办结。对全区121个社区，461个村中不符合登记条件的社会组织进行调查，全部纳入社区社会组织备案系统。完成80家社会组织评估工作。组织全区社会组织在扶贫救助、服务“三农”等关系民生的12个方面深入开展服务民生行动。建立政府购买服务项目库。社会组织党建工作纳入年度检查、社会组织登记审查事项。

（户立恒）

【推行“社区民情日记”为民解忧】 2011年，社区专职工作者分组包户，每周至少两天入户走访，掌握社区动态。每月对记录的群众意见和问题进行梳理归类。居委会定期向社区居民通报民情办理情况。采取居民代表评议和在居民中随机抽查等方式，对“社区民情日记”制度的执行情况进行群众满意度测评，调动社区居民参与社区建设的积极性。全年使用6000余册，记录各类居民诉求10万件次，办结率达96%。

（户立恒）

【发放临时生活补贴】 2011年，区民政局加强对城乡低收入困难群体的生活保障，为16994名城乡低保对象和农村五保供养对象发放一次性临时价格补贴，发放标准为每人200元，发放资金339.88万元。

（户立恒）

【实施城乡特困人员住、出院即时结算】 2011年，全区建立并实施城乡特困人员住院押金减免和出院即时结算。区民政局与区卫生局、房山区第一医院、良乡医院协调，实施城乡特困人员住院押金减免与出院即时结算工作，审批84人，其中房山区第一医院72人、良乡医院12人，支付医疗救助金15.3万元。

（户立恒）

【完成福利企业残疾职工就业岗位补贴审核工作】 2011年，区内福利企业残疾职工就业岗位补贴审核工作完成。55家福利企业的1094名残疾人符合领取用人单位安排残疾人就业岗位补贴，享受金额共计494.2万元。全区福利企业增加了72人35.8万元的岗位补贴资金，此次审核工作，不仅扩大了申请范围，让福利企业获得更多的收益，而且还简化了补贴资金的拨付手续，岗位补贴资金由区残联直接拨付到各福利企业。

（户立恒）

卫 生

【概述】 2011年，房山区有医疗机构1008个，卫生技术人员共7660人。平均每千常驻人口拥有卫生技术人员8.1人，实有床位6171张。完成大型活动卫生保障62次，出动救护车辆182车次，出动医务人员577人次。卫生监督检查11718户次，覆盖率91.78%；处罚275户次，罚款57.52万元，全年无重大食源性食物中毒案例发生。传染病发病率低于全市平均水平20个百分点，报告法定传染病6459例，其中乙类传染病2522例，无甲类传染病发生。甲型H1N1疫情得到有效控制，艾滋病高危人群监测力度加大，结核病人全程督导化疗率100%，举办健康教育大课堂139场。报告法定传染病17种，报告发病总例数6459例，总发病率625.92/10万，发病率比2010年上升0.17%，其中，甲类传染病无发病数；乙类传染病11种，报告发病数2522例，总发病率215.45/10万，发病率比2010年上升0.21%。医疗业务总收入14亿元，门、急诊量达到8992718人次，入院98611人次，出院病人达到98996人次。基本公共卫生服务均等化强势推进，婚前医学检查675人，婚检率3.36%。出生缺陷监测率100%，出生缺陷发生率18.94‰。妇幼保健贴近居民，免费儿童体检、新生儿先天性疾病筛查4.4万余人次。4种慢性病免费用药52534人，发放药品680.1万元。新建房山区疾病预防控制中心及卫生监督所业务用房面积31436.15平方米，项目总建筑面积20076平方米，总投资为11004万元。

（侯婧 谢超）

【房山区第一医院开展6项新技术】 年内，房山区第一医院开展6项新技术，其中有超声造影；肌电及诱发电检查；钛夹止血术；眼底激光治疗；低温等离子射频消融术；全数字平板血管造影。

（侯婧）

【社区卫生】 2011年，举办社区医生专业技术公益性培训3场，培训135人次；培养家庭保健员1660人；与6.4万户、14.8万人签订家庭医生式服务协议书；电子健康档案建档率70%。管理高血压患者50165人、糖尿病患者15099人、冠心病患者22855人、脑卒中患者9651人。

（侯婧　王燕）

【新型农村合作医疗】　2011年，全区参加新农合406414人，参合率100%，筹集资金23203.2万元，支出23113.8万元。全年享受合作医疗补偿115.5万人次，补偿费用22514.6万元，住院报付率70.2%，门诊报付率43.1%。

（侯婧　许海涛）

【卫生监督】　2011年，区卫生局卫生监督检查11718户次，其中：检查食品8582户次，公共场所1069户次，生活饮用水170户次，覆盖率91.78%。取缔无证行医53户次，立案查处各种非法行医行为12起，罚没4.69万元，没收、暂扣药品95箱。完成大型活动卫生保障26次，保障43677人次，现场快速检测144件样品，实验室检测224件。

（侯婧　王新竹）

【妇幼保健】　2011年，婚前医学检查675人，婚检率3.36%。出生缺陷监测率100%，出生缺陷发生率18.94‰。妇女病普查率50.28%。孕产妇系统管理率88.46%，住院分娩率99.93%，孕产妇死亡率17.60/10万。0岁至6岁在册儿童35464人，儿童保健覆盖率97.45%，儿童保健系统管理率94.13%，新生儿疾病筛查率95.78%，6个月内母乳喂养率91.29%。婴儿死亡率4.75‰，5岁以下儿童死亡率5.10‰。新生儿疾病筛查率95.78%，高危儿童智力监测覆盖率37.5%，0岁至6岁儿童听力筛查率81.72%。

（侯婧　马瑞新）

【医疗工作】　2011年，全区门诊8531741人次，急诊460977人次，观察室留观173644人次，危重症抢救2127人次（门诊、病房），入院98611人次，出院98996人次，病床使用率71.33%，治愈率35.46%，好转率61.16%，死亡率1.29%，住院手术25202例。全年审批医疗机构26家、变更医疗机构80家、注销医疗机构2家、校验医疗机构857家。组织医师资格考试680人，完成医师执业注册、变更435人次，开展全科医师注册工作。护士注册216人次、变更50人次。

（侯婧　邢曼）

【医学教育】　2011年，全区完成65个区级项目讲座立项、9个教学基地继续医学教育区县级项目96项的申报和审批。全区完成298项43486人次的培训，其中全科医师79人、社区护士99人、社区药学专业人员68人的理论培训，选派62名中医类别全科医师、6名社区7个专业骨干参加培训，传染病师资培训3次150余人，以及传染病全员培训。

（侯婧　刘鹏阳）

【科研工作】　2011年，全区申报科研课题65项，其中首都卫生发展科研专项27项、中医药科技资金项目5项、市区科委科技星火项目和计划项目18项、与上级单位合作项目15项。结题验收3项。

（侯婧　邢静静）

【基层卫生改革】　2011年，全区新型农村合作医疗参合率连续4年保持100%，参合农民40.64万人；人均筹资520元，比2010增加100元；筹资总额2.113亿元，政府补助达到91.6%，比2010年增长1%。社区医疗工作呈现费用下降、业务量上升的良好态势，基本药物零差率销售稳定在70%以上，社区卫生服务机构年门诊量270万人次，收治住院病人1933人次。

（侯婧　许海涛）

【公共卫生服务均等化】　2011年，公共卫生服务免费项目11类53项，116万人（次）受益。其中，疫苗接种35.08万人（次），妇女儿童健康体检、疾病筛查11.4万人（次）。为符合优待政策的老年人免收挂号费102.7万人（次），农村孕产妇住院分娩全部享受每人600元补贴，适龄儿童窝沟封闭8454人，脑卒中筛查2631人。为全区开展对贫困精神病人免费发放药品，农民慢性病供药

56363人。

（侯婧　陈亚军）

【**实施国家基本卫生服务项目**】　2011年，在全面实施居民健康档案、健康教育、免疫规划、传染病防治、儿童保健、孕产妇保健、老年人保健、慢性病管理、重症精神疾病患者管理等9类国家基本公共卫生服务项目的基础上，社区卫生服务机构为符合优待政策的老年人免费体检19787人次。

（侯婧　陈亚军）

【**医疗保障机制**】　2011年，完成城镇无保障老年人、无业居民、学生儿童基本医疗保障制度整合任务。对辖区175家参保单位集中进行政策业务培训，保证按时完成参保工作；相关部门通力协作，人力社保局、教委、财政局等部门，在组织参保、财政经费等方面给予有效保障；发放宣传品15万余份，营造出良好的社会氛围；发放社保卡6万张，实现“持卡就医、实时结算”。

（侯婧　宋欢）

【**妇幼保健院门诊病房楼主体完成**】　房山区妇幼保健院门诊病房楼工程总建筑面积19988平方米。其中地上10层、地下2层；项目总投资11829万元，建设资金由市政府固定资产投资安排11529万元，其余300万元由区妇幼保健院自筹，工程于2009年10月10日开工建设，2011年完成主体工程建设。

（侯婧　许润章）

【**良乡医院开展6项新技术与项目**】　2011年，良乡医院开展6项新技术与项目，其中有介入手术治疗颅内动脉瘤及头颈部动脉狭窄（颈动脉、椎动脉锁骨下动脉支架植入术）；种植牙；下肢静脉曲张微波血管腔内凝固术；腹腔镜下食道裂孔疝修补术、腹腔镜肠粘连松解术；骶管冲击疗法治疗腰椎管狭窄及腰间盘突出症；引进Philip生产的1.5T全身磁共振扫描机，在乳腺及心脏影像检查方面处于全区领先水平。

（侯婧　许润章）

体　育

【**概述**】　2011年，房山区体育局完成《房山区“十二五”时期体育发展规划》，制定《房山区全民健身实施计划》，开展体育“三下乡”活动，向乡镇、村、社区赠送健身器材和健身知识书籍，科学健身指导小分队深入乡镇、村讲解、传授科学健身知识与健身方法；举办与承办“力欧杯”城市9球巡回赛北京房山总决赛、长阳业余高尔夫球冠军赛、北京青龙湖国际红酒城自行车邀请赛、北京市第二届登山大会暨十渡登山活动。举办第八届全民健身体育节，承办北京市第七届农民运动会游泳比赛。举办房山区“冠娃杯”少儿国际象棋赛、“跆协杯”中小学生跆拳道比赛、房山区首届武林大会暨房山区第一届武术文化节等一系列区级赛事活动。编制完成《房山区体育产业发展规划》，成立康瑞龙祥体育产业发展有限公司。全年用于全民健身设施建设资金824.89万元，更新已到使用年限的全民健身器材50套，建设村级篮球场100个，乡镇级体育广场6个，市级专项场地12个。年内，销售体育彩票5800万元，即开型彩票销售2700万元，电脑热线销售3100万元。体育协会23个，建立发展晨晚练辅导点576个，培训社会体育指导员300名。成立6个体育生活化社区。

（刘金涛　田东凯）

【**开展体育“三下乡”活动**】　3月25日至11月30日，房山区举行体育“三下乡”活动。活动由区政府主办，区体育局承办，以“服务三化两区，促进和谐发展”为主题，在全区农村开展“体育器材送下乡”“健身知识讲下乡”“健身项目传下乡”。活动期间向乡镇、村、社区赠送健身器材 50 套、篮球架 100 副、篮球 500 个、乒乓球拍 2500 支、广场音响 100 台，体育管理、科学健身知识书籍 5000 册。

（刘金涛　田东凯）

【房山选手在迷你马拉松长跑中获奖】 4 月 17 日，安利纽崔莱 2011 北京国际长跑节在天安门广场鸣枪，1.2 万多名全国各地的长跑选手以及美国、德国、日本、韩国等国家和地区的 200 余名长跑爱好者参加比赛。房山组织由 5 名教练员和 45 名选手组成的代表队参加比赛。双胞胎兄弟宋振祥、宋振兴分获迷你马拉松男子青年组第 1 名、第 3 名。王怡然获迷你马拉松女子青年组第 3 名。房山区另有 27 名选手进各组别前 30 名。

（刘金涛　田东凯）

【“力欧杯”城市 9 球巡回赛北京房山总决赛开赛】 4 月 21 日至 23 日，“力欧杯”城市 9 球巡回赛北京房山总决赛在房山区良乡体育中心举行，比赛由房山区人民政府、北京市台球协会主办，房山区体育局、房山区体育总会、房山区台球运动协会承办。国家体育总局社会体育指导中心主任胡建国出席开幕式。赛制采用 WPA 国际花式九球竞赛规则，160 人参与。其中，包括全国冠军张凯、国家队队员刘海涛、毕竹清，“中式黑八王”马志宇、石鑫、凌一、悉宏宇等。经过分组赛、单淘赛，台湾选手赵丰邦获冠军。

（刘金涛　田东凯）

【“冠娃杯”少儿国际象棋比赛】 5 月 1 日，区第四届“冠娃杯”少儿国际象棋比赛结束。全区幼儿园和小学 124 名选手参赛，年龄最小 4 岁。比赛为期 2 天，采取 9 轮瑞士赛制，姚博宇、葛朋讯、吴亚飞分别获比赛前 3 名。

（刘金涛　田东凯）

【“统计杯”门球赛】 6 月 16 日至 17 日，区首届“统计杯”门球赛在房山门球场举办。比赛由区统计局主办，区门球运动协会承办，全区 30 支门球队，300 多名运动员参赛。经过 78 场次的角逐，房山教委二队、矿机二队、洪寺村一队分别获冠、亚、季军。

（刘金涛　田东凯）

【举办青龙湖国际红酒城登山活动】 6 月 25 日，房山区青龙湖国际红酒城登山活动开幕。活动由区体育局和青龙湖镇共同举办，此次比赛是房山区第八届全民健身体育节文化系列活动之一。登山比赛起、终点设在青龙湖镇水峪村。设两条赛道，全区 12 个委办局和 17 个乡镇近 500 余名登山爱好者参加比赛。

（刘金涛　田东凯）

【康瑞龙祥体育发展有限公司揭牌】 7 月 28 日，北京市康瑞龙祥体育发展有限公司揭牌仪式在良乡体育中心举行，北京市康瑞龙祥体育发展有限公司主要从事体育产业项目申报、体育赛事活动策划与组织、体育场馆运营管理、体育科技咨询与服务、体育用品开发与销售和器材租赁等业务。

（刘金涛　田东凯）

【举办首届北京市“新农村杯”门球邀请赛】 9 月 3 日，首届北京市“新农村杯”门球邀请赛暨第二届房山区“乡镇社区杯”门球邀请赛在洪寺门球场举行。门球赛由北京市门球协会和房山区体育局共同主办，区农委、区门球协会、城关街道办事处洪寺村承办，丰台、朝阳等 5 个区县的 20 支代表队，180 名门球爱好者参加比赛。洪寺村被评为门球示范村。

（刘金涛　田东凯）

【举办第二届北京青龙湖国际红酒城自行车邀请赛】 9 月 24 日，由北京市体育局、北京市体育总会和房山区人民政府主办，北京市自行车运动协会、房山区体育局、房山区体育总会、青龙湖镇人民政府承办的第二届北京青龙湖国际红酒城自行车邀请赛在青龙湖镇举行，澳大利亚、德国、中国北京等国家、地区67支代表队、268名自行车爱好者参加比赛。北京青龙湖国际红酒城自行车邀请赛的起、终点设在水峪村玉龙山庄。在赛道的设置上，既有宽阔平坦的柏油路，也有考验参赛者体力的“慢上坡”，还有平整干净的乡村小路，能够充分满足城市人健身休闲、放松身心的需要。本次比赛分设公路车组和山地车组，赛道全长30公里。经过角逐，北京闪电一队、北京闪电队、芥马胡粉队分别获各组冠军。

（樊玉博　李涛）

【举办第一届武术文化节】 10月22日至25日，房山区首届武林大会暨房山区第一届武术文化节举行。武林大会由区体育总会、武术运动协会主办，阎村镇人民政府、北京燕东化工集团承办，首届武林大会汇集北京武术队、嵩山少林武校、房山武术表演队等武术运动机构参加，专业武术运动员和武术爱好者进行少林功夫、太极拳、竞技武术的表演展示和竞赛活动。武术文化节开了24式太极拳、32式太极剑、太极功夫扇一套和其他太极拳械4个项目的比赛，评出一等奖8个、二等奖12个、三等奖20个。

（刘金涛　田东凯）

老龄工作

【概述】 2011年，房山区开展规范化老年餐桌、托老所建设，培育一批社会信誉好、群众认可度高的老年餐桌、托老所。全区建成规范化老年餐桌45家、托老所50家。签约家政、餐饮、洗衣、理发等服务商40家。全区评选出534名市级“孝星”及54家为老服务示范单位。与《房山报》、房山电视台联合开展以“孝动房山、情暖桑榆”为主题的“孝星”系列宣传活动。为60岁以上老年人配备“小帮手”电子服务器6500部。与区人力社保局联合招聘居家养老（助残）员157名。举办房山区第十二届松鹤杯老年门球赛，举办“九九重阳节，浓浓敬老情”房山区老年广场舞表演赛。

（张芳　陈向辉）

【发放优秀养老（助残）餐桌奖金】 3月30日，召开“房山区2011年老龄工作会暨优秀养老（助残）餐桌奖金发放仪式”。北潞园食堂、庆丰包子铺等6家优秀养老（助残）餐桌代表领取了奖励资金。

（张芳　陈向辉）

【举办健康知识讲座】 4月15日，区老龄办邀请北京老年保健协会首席健康教育专家、中国中医科学院西苑医院老年医学研究所教授张国玺到军休干部第二休养所和河北镇磁家务村为老人讲解老年人养生、保健知识。张国玺用通俗易懂、贴切现实的实例讲解了起居养生法、饮食养生法、运动养生法、药物养生法和怎样预防心脑血管疾病，如何做一个健康的老年人，怎样处理好家庭关系，如何保持健康，达到长寿等知识。

（张芳　陈向辉）

【45家规范化养老（助残）餐桌和50家规范化托老（残）所通过市验收】 7月至10月，由市老龄办、市民政局组成的联合检查组分别到全区65家优秀养老（助残）餐桌和57家优秀托老（残）所进行验收检查，检查组重点对运营情况、环境卫生、硬件设施、规章制度、服务台账、养老券的使用等方面进行详细检查。对区养老（助残）餐桌及托老（残）所的规范化建设能够针对广大老年人和残疾群体的养老（助残）服务需求，结合本地实际，积极挖掘、整合辖区资源，

扎实、有效开展各项老年活动和为老服务方面给予肯定。北潞园食堂等 45 家养老（助残）餐桌和城关泊华敬老院等50家托老（残）所通过规范化验收检查。

（张芳　陈向辉）

【举办居家服务养老（助残）员培训班】 8 月 29 日至 31 日，区老龄办在德宝会议中心举办首批 138 名居家养老（助残）员 2011 年度培训班。邀请市老龄办、首都师范大学、首都经贸大学、中国人民大学老年学研究所专家学者，分别就北京市人口老龄化形势及“十二五”时期老龄事业发展规划要点解读，老年人口与社会养老服务，中国老年人生活照料服务状况、问题和社区工作等方面对居家养老（助残）员进行培训。

（张芳　陈向辉）

【举办广场舞表演赛】 9 月 21 日，由区老龄办主办，西潞街道办事处承办的“九九重阳节，浓浓敬老情”广场舞表演赛在西潞街道太平庄广场举行。此次表演赛有 15 支队伍、600 余人参加，西潞大街、西潞园、北潞园、西潞东里、苏庄二里、太平庄 6 个社区获优胜奖。

（张芳　陈向辉）

【举办老年门球赛】 9 月 23 日至 25 日，由区老龄办主办，区门球运动协会承办的房山区敬老月大型活动之一——第十二届“松鹤杯”老年门球赛开赛。比赛有 55 支老年门球队、600 余名运动员参赛。经过预赛、复赛和决赛，北里利民代表队、磁家务村一队、房山干休所队分别获冠、亚、季军。

（张芳　陈向辉）

【开展百名健康寿星评选活动】 8 月 23 日至 9 月 26 日，区老龄办、区老年学会联合开展“房山区百名健康寿星评选活动”。凡年满 90 周岁，具有房山户籍的老年人，身体健康、性格开朗豁达，家庭和睦，积极参加适合自身的各种活动的老人均可参加。经过自荐、居住所在地的村、居委会初审，乡镇、街道审核及区百名健康寿星评选活动组织委员会审定，最终评选出 101 名“健康寿星”。年龄最大的为城关街道 104 岁的刘玉清老人。

（张芳　陈向辉）

【居家养老服务列入房山区政府为民办重要实事项目】 2011 年，居家养老服务列入房山区为民拟办重要实事项目。为具备北京市户籍的 80 周岁及以上的老年人每人每月发放 100 元养老服务（助残）券，为老年人提供居家养老服务，全年共为 15 万人次发放服务券，累计发放 1534 万元。

（张芳　陈向辉）

【招聘居家服务养老（助残）员】 年内，房山区老龄办与区人力社保局联合招聘居家服务养老（助残）员 157 名。充实到基层社区，具体负责宣传居家养老政策和相关规定；对老年人、残疾人进行巡视和探访，了解需求信息；收集、整理、汇总反馈老年人对服务单位和签约服务商的服务质量评价信息；完成养老（助残）券的发放、回收、结算；完成老年人优待卡、高龄津贴的发放工作。

（张芳　陈向辉）

附：

2011 年度北京市万名“孝星”

路淑娥、李雅鹤、闫启民、赵亚超、骆淑红、王建军、李贵芬、冯玉霞、李秀兰、吕福山、张思华、朱广柱、刘东辉、刘秀红、董　丽、杨春霞、王荣贵、王文春、张育仁、李志玉、梁淑娟、史淑英、王庆齐、果淑红、陈燕凤、朱军梅、高丽平、王福印、王汉民、柳石宝、董芳芳、冯爱莲、王跃明、王志荣、张树华、张红英、蔡丰利、刘洪刚、王永奎、路建英、董庚子、安玉平、白晓东、马振环、王继群、韩凤君、陈玉燕、吴凤荣、梁艳玲、王淑文、张玉玲、杨冬梅、王力英、王淑珍、刘淑华、张淑清、龙晓芳、李和平、曹艳霞、郭　杰、肖　杨、白　云、齐　慧、陈天祥、李　顺、杨秀明、陈晓宇、闫贺梅、方慧娟、秦丽庄、王兰玲、罗翠香、谷国强、赵恕军、李淑芹、王春霞、于腊梅、武东霞、黄志刚、郑书丽、周振东、刘万海、邱淑英、李玉香、王凤芝、李玉芝、高全国、宋淑梅、杨玉霞、史淑玲、邹保国、杨荣成、赵丽荣、罗桂民、韩春梅、张永刚、沙秀云、王亚兰、项美丽、姜振国、孙建新、袁　涛、王　伟、高　英、李　墙、谢玉国、李春艳、隗功华、侯永春、董永芬、魏建民、贾淑香、马红梅、李冬梅、刘　春、杨进杰、陈淑华、连晓蕊、韩永胜、李凤芝、刘玉山、裴金宝、石凤芹、孙光荣、孙亚丹、于树良、赵淑芹、周景珍、朱长水、朱丽梅、朱美云、付屹立、孔凤莲、刘清洁、张玉娟、朱金辉、李淑凤、于永涛、周长友、马凤兰、王喜亭、窦　蕾、郭　静、赵　勇、赵　欣、高　峰、郭　勋、皮淑英、郑洪义、李秀娥、路文仙、孙秀敏、冯玉民、刘臣西、陈晓梅、赵国芬、郝月芝、方瑞民、李立成、李淑杰、梁春花、范立军、冯世林、黄士彬、范秀忠、田向红、皮　江、闫　富、唐　剑、张　伟、王晓玉、王永春、吴桂荣、邱永安、支宝川、郝文生、王玉香、赵淑珍、张国敬、钱立香、张亚萍、霍印梅、卢景元、董秀华、果建英、李学连、王学增、陈欲明、张　德、杨秀婷、杨素丽、刘淑革、李贵来、田红霞、吕　香、李东风、高兰荣、王金宝、吴花蕊、孙振先、李　新、高新山、刘翠玲、王树江、李亚兰、雅志启、段铁寨、赵春华、魏舒婷、朱长珍、杨百艳、王素艳、吴桂秀、贾继全、陈素革、隗春艳、李立玉、王会云、郜学亚、杨凤芹、冯　城、朱凤英、蔡凤芹、张淑月、孙美兰、郭万本、杨会玲、孙敬芬、陈淑华、李晓毅、徐红霞、马树霞、柳冬华、黄丙霞、田淑香、韩玉梅、刘春雷、张连香、刘念菊、赵翠兰、彭梦荣、刘淑花、何丽君、吕海波、吴和玉、任书华、许苏和、于洪恩、毛文学、刘淑艳、邵秀平、闫红新、张宝国、胡英梅、王淑芹、赵志民、仉锁忠、吴海波、刘　娜、李景玲、李金华、杨玉敏、付铁玲、朱国庆、齐凤珍、王金鹏、闫淑玲、安平平、李学敏、李宝萍、贾立辉、庞秀英、师建华、田立富、许世军、王希芹、赵　平、李联合、鲁大海、纪春红、赵国庆、崔海霞、韩晓艳、贺秋红、晋合云、薛令平、董红新、史凤美、周凤玲、陈秀权、白云燕、伊少娴、李学军、方翠平、刘翠连、白建平、闫顺莲、马雪华、王书清、崔凤芝、李淑芹、王　金、王　成、王　栋、袁宝华、赵春艳、唐艳芳、王红雪、王蓓莉、刘欣影、杨红霞、张艳冬、王利娟、丁学民、孔祥玲、牛选奇、肖凤云、李艳侠、张译心、孟纪良、李振军、杨广亮、刘晶晶、雷淑义、肖红梅、何建权、宛春玲、李广泉、王素珍、李　杰、王　其、冯　新、刘立成、殷秀明、宋金胜、赵家安、安会花、李培路、刘红玉、王立福、殷秀贤、段维银、安庆瑞、张洪刚、张秀芬、张爱连、陈瑞明、高秋香、马淑青、李桂兰、张　娜、吴爱军、王桂芝、牛继红、张宝贵、刘丽娜、项　良、李满全、郑雪生、陈培元、张志芬、隗合义、李　旺、陈振凤、张凤云、王玉英、刘宏涛、张淑芝、刘　燕、刘桂香、李金锁、许淑荣、康玉凤、刘海凤、张晓翠、冯秀芳、陈雪英、王　江、邵学民、雷道成、李书梅、隗合申、程惠民、刘　莉、马春娣、马素梅、李俊凤、张会芳、高书军、刘淑文、陈瑞玲、赵雪玲、焦书芬、丁德增、司长琴、高永军、冀素霞、王恩义、高玉猛、郭瑞敏、李新月、梁书云、高俊书、高玉兰、李凤书、刘秀平、丁曙光、蔡廷辉、宋建明、宋　萌、郭志民、张志刚、郭庆兰、王雪芬、沈玉兰、罗润奇、张玉虎、蔡仕学、郭普礼、姜淑玲、徐丽丽、吕　合、隗功全、赵喜凤、隗金凤、隗合雨、陈新连、李东申、穆克芹、晋显民、刘秀芝、王玉娥、张金英、李廷书、刘玉喜、刘文月、李春龙、王秀华、张素芝、张春叶、于德梅、安洪琴、王淑香、朱秀梅、李淑环、姜立然、杜桂良、陈红顺、史天稳、许惠敏、陈瑞霞、宋炳玉、张　莉、杨会兰、王金芳、史淑芬、王天佐、杨万俊、任正建、杜成莉、宋甫江、刘跟跟、任正新、史天好、董立锴、于　华、董永莲、王占兰、梁淑红、杨怀英、隗合珍、晋永英、任全顺、张进兵、耿春站、周明芳、邢士旺、任全凯、韩秀英、胡秀平、杨守合、李秀财、郭奇琴、甄杏梅、迟景富、鲁永久、周广芹、张文芳、王淑兰、宋双城、高灵芝、张淑平、孙国东、郑子俊、李惠芬、邓楠阳、刘多荣、鲁秀勤、贾兰光、徐广明、潘丽君、赵振学、王凤杰、肖进京、孟立强、林春生、白春生、张艳霞、王淑俊、杨青山、霍秀兰、张建光、胡小孟、殷桂芬、刘广秀、王异菲、张玉芹、刘秀莲、刘淑东、申春霞、孙　明、崔　恩、杨　波(男)、　徐　宏、葛　山、冯　利、于　红、白　杨、刘　艳、何　花、高　敏、杨　波(女)、　扈秀华、吕桂芳

2011年度北京市千家为老服务示范单位

房山区交通局、房山区财政局、房山区旅游局、房山区卫生局、房山区民政局、房山区体育局、房山区人力资源和社会保障局、房山区司法局、房山区教育委员会、房山区文化委员会、房山区广播电视中心、房山区新闻中心、房山区委老干部局、房山区人口和计划生育委员会、房山区人民法院、北京今日东方家政服务有限公司、北潞园食堂、今康老年护理院、北京康健中老年活动中心、北京金色时光康乐家园、北京龙洋鑫酒楼、北京城关庆丰包子铺、房山区长阳镇残疾人温馨家园、房山区长阳镇长阳普乐园爱心养老院、房山区阎村镇焦庄村、房山区阎村镇桥梁厂社区居委会、房山区窦店镇敬老院、房山区窦店镇窦店村、房山区大石窝镇社会福利中心、房山区韩村河镇韩村河村、房山区韩村河镇赵各庄村、房山区河北镇半壁店村、房山区良乡镇社会福利中心、北京康爱乐家政服务有限公司、房山区琉璃河镇敬老院、房山区石楼镇老年社会福利院、周口店北京人遗址管理处、北京泰达君安宏业家政服务有限公司、房山区青龙湖镇社会福利中心、房山区长沟镇长远养老（助残）服务中心、房山区张坊镇张坊村、房山区十渡镇社会福利中心、房山区大安山乡敬老院、房山区史家营乡曹家坊村、房山区佛子庄乡敬老院、房山区南窖乡花港村、房山区蒲洼乡敬老院、房山区霞云岭乡四马台村、向阳街道社区服务中心、北京市通瑞兴达化工设备工程有限公司、燕山养老院、星城街道社区服务中心爱心助老志愿者服务队、燕山迎风街道社区服务中心、原子能院南区职工食堂

（颁发单位：北京市人民政府；颁发时间：2011年10月）

环境保护

【概述】 2011年，房山区严格落实北京市清洁空气行动计划各项措施，制定了《房山区落实北京市清洁空气行动计划（2011—2015年大气污染控制措施）实施意见》和《房山区落实北京市清洁空气行动计划（2011年大气污染控制措施）的任务分解表》，以及《房山区空气质量联合监管方案》，明确联动监管各部门责任和分工，确保空气质量各部门能够协调、高效、有序开展联合监管。按照乡镇功能定位明确各街乡镇的空气质量目标任务，制定空气质量考核办法，对街乡镇开展空气质量考核，将考核结果纳入区

委、区政府考核街乡镇体系中。推动燃煤污染治理。协调推动5座集中供热项目建设，推进集中供热中心覆盖地区分散燃煤锅炉的拆除工作，拆除8台小型燃煤锅炉116蒸吨。开展工业区、园区、清洁能源覆盖地区等重点控制地区的调查工作，建立完善锅炉台账，推动工业区的清洁能源改造。加强日常监测监察，严格控制煤烟型污染。加大流动污染源管控力度。加强路检路查、遥感监测、入户检查和进京路口检查，增强部门协调联动。针对夜间大货车、渣土运输车、施工机械等开展“夜鹰行动”专项检查活动。联合城管、交通等部门开展大货车专项检查行动，配合工商部门开展加油站、储油库油品质量专项检查行动。全年，进京路口检查车辆32.54万台、遥感监测17.61万台、路检路查5.55万台、入户检查2.13万台，在营加油站1283家次、停业加油站294家次、储油库106家次，对530台超标车辆行政处罚6.27万元；对6家不正常使用油气回收装置单位行政处罚2.6万元。建立基于主要污染物总量减排的环境准入机制，落实建设项目审批、验收办法，控制污染物新增量。全年依法审批515件建设项目，否决不符合房山区产业政策调整要求、规划和环保要求的项目169个。

（孙美珍）

【二级和好于二级天数达到258天】 2011年，区环保局开展应急保障工作74次，争夺40个二级天。二级和好于二级天数累计达到258天，占实际监测总天数的70.9%，比2010年增加1天。大气中主要污染物二氧化硫、二氧化氮、可吸入颗粒物的浓度均值分别比2010年下降9.5%、3.2%和3.5%。

（孙美珍）

【污染源普查动态更新核查】 4月10日，环保部华北督查中心核查组到房山区核查2010年度污染源普查动态更新调查工作。房山区作为北京市接受国家核查的3个区县之一，从2010年11月起，开展污染源动态更新调查工作，成立了领导小组，制定实施方案，安排专人落实具体工作，分别开展了企业名录筛选、培训、发表调查、数据审核及录入、现场核查等具体工作。完成了动态更新调查基础数据的上报工作。此次核查采取资料核查与现场核查相结合的方式，共分3个小组。分别对工业、农业养殖、集中式处理设施18家单位进行抽样调查。包括北京燕山石油化工总公司、北京琉璃河水泥厂等大中型工业企业，北京兴华绿源养殖有限公司等规模以上畜禽养殖场，及中设污水处理厂等集中处理设施企业。核查组重点对生产规模、运行状况、污染物产生排放、环保配套设施运行等情况进行了现场审核。同时对数据录入及调查表填报质量进行了抽查。核查组充分肯定了房山区的污染源普查动态更新调查工作，同时也希望房山区继续深化更新调查工作，建立完备的污染源数据库，确保高质量完成2010年房山区动态更新的最终数据上报。

（孙美珍）

【扬尘污染治理】 2011年，区环保局加大扬尘污染治理力度，制定了《2011年扬尘污染控制专项行动工作方案》，强化各部门间的配合联动，定期召开联合监管会议，建立日常联合执法检查机制，对周边各类工地实施严防死守。对施工单位和建设单位加强管理，建立施工单位环境违法问题约谈制度，针对扬尘污染控制工作召开专题宣传布置会2次，约谈有扬尘等环境违法问题建设单位20余家，有效促进企业内部加强扬尘污染控制管理作用。联合检查组检查工地扬尘污染135次，查处工地900家次，对违反“5个100%”要求和绿色施工工地标准的施工单位，下达责令改正通知书500份，谈话通知书313份。对66家施工单位依法进行行政处罚，处罚金28.05万元。

（孙美珍）

【查处环境违法行为】 2011年，区环保局开展燃煤锅炉，餐饮油烟，电镀、皮革加工、危险废物处置等重金属污染企业，机动车维修企业，医药制造企业，娄子水、上万、磁家务、良乡、张坊、十渡拒马河饮用水水源保护区，未批先建环境违法企业，淘汰落后产能专项整治（产能30万吨以下水泥生产企业、石灰生产加工企业、石板加工企业）以及闲置废弃放射源清查等专项执法监察活动。稳妥处置环境突发事件3起。开展排污口规范化整治和水源地标识设立工作，共对33家重点污染源企业规范排污口158个，4个水源地一级、二级保护区设立标志牌100个，供水主线标志牌110个，输水管标志牌100个，实现排污口的科学化、定量化、信息化管理。全年共查处环境违法企业153家次，处罚201.19万元，排污申报登记收费共1041.3万元。

（孙美珍）

群众生活

【农村低保居民纯收入同比增长13.9%】 据房山区70户农村低保家庭抽样调查资料显示，2011年，房山区低保家庭人均纯收入为5520元，比2010年增加671元，同比增长13.9%。其中，工资性收入为578元，同比下降5.3%；家庭经营纯收入232元，同比增长16.6%；财产性纯收入51元，同比增长34.8%；转移性纯收入4660元，同比增长16.4%。

（蔡艳华）

【农村低保居民生活消费支出同比增长11.9%】 调查资料显示，2011年，房山农村低保家庭人均生活消费支出为4905元，同比增加523元，增长11.9%。其中食品消费支出人均为1750元，同比增长25.2%。

（蔡艳华）

【农村低保居民"八大类"生活消费支出"七增一降"】 2011年，房山农村低保居民"八大类"生活消费支出呈现"七增一降"趋势。食品消费人均支出1750元，同比增长25.2%；衣着消费人均支出203元，同比增长58.3%；家庭设备、用品消费人均支出174元，同比增长65.1%；交通和通信消费人均支出145元，同比增长9.3%；文化教育、娱乐消费人均支出453元，同比增长24.2%；医疗保健消费人均支出1073元，同比增长9.8%；其他商品和服务消费支出59元，同比增长7.0%。居住消费人均支出1048元，同比下降14.1%。

（蔡艳华）

【农村居民纯收入同比增长13.5%】 据调查资料显示，2011年房山区农民人均纯收入保持了较快增长的态势，达到13527元，同比增长13.5%。其中：工资性收入达到8761元，同比增长18.4%；家庭经营纯收入达到2540元，同比增长0.8%；财产性纯收入达到775元，同比增长14.1%；转移性纯收入达到1451元，同比增长10.2%。

（孟凯）

【农村居民全年生活消费支出同比增长10.1%】 调查资料显示，2011年房山区农民人均生活消费支出达到9814元，同比增长10.1%。其中食品消费支出人均为3060元，同比增长15.3%。

（孟凯）

【农村居民"八大类"生活消费支出"六升二降"】 2011年，房山农村居民"八大类"生活消费支出呈现"六增二降"趋势。人均食品支出为3060元，同比增长15.3%；人均居住支出 2167 元，同比增长 1.8%；人均交通和通讯支出 1351 元，同比增长 26.5%；人均文教娱乐用品及服务支出 851 元，同比增长 9.5%；人均医疗保健支出 827 元，同比增长 18.9%；人均购买其他商品及服务支出 274 元，同比增长 23.3%。人均衣着支出 711 元，同比下降 2.9%；人均家庭设备用品及服务支出 575 元，同比下降 9.9%。

（孟凯）

【农村居民食品支出 3059.5 元】 据农村住户调查资料显示：2011 年房山区农村居民人均食品消费支出达到 3059.5 元，同比增长 15.3%，其中：肉禽蛋奶人均支出 763.8 元，同比增长 34.6%。

（隗玉琴）

【城镇居民收入同比增长 13.4%】 据住户调查资料显示：2011 年，房山区城镇居民家庭人均可支配收入为 26956.0 元，同比增长 13.4%。其中：工资性收入为 19656.1 元，同比增长 3.5%；经营净收入为 1941.8 元，同比增长 44.9%；财产性收入为 262.3 元，同比增长 56.8%；转移性收入 8447.7 元，同比增长 22.6%。

（李瑞涛）

【城镇居民消费性支出同比增长 4.2%】 据住户调查资料显示：2011 年，房山区城镇居民消费性支出人均实现消费性支出为 16539.7 元，同比增长 4.2%。八大类消费呈现“四升四降”态势，上升的有：食品支出 5635.5 元，同比增长 10.5%；衣着支出 1818.8 元，同比增长 3.8%；医疗保健支出 1493.3 元，同比增长 30.0%；交通和通信支出 2410.4 元，同比增长 3.1%。下降的有：居住支出 1578.1 元，同比下降 6.0%；家庭设备用品及服务支出 986.7 元，同比下降 10.7%；教育文化娱乐服务支出 2131.8 元，同比下降 4.5%；其他商品和服务支出 485.1 元，同比下降 5.8%。

（李瑞涛）

【城镇低保居民收入全面快速增长】 据城镇低保住户调查资料显示：2011 年，房山区城镇低保居民家庭人均总收入为 7818.1 元，同比增长 16.5%；人均可支配收入突破 7000 元，人均达到 7001.4 元，比 2010 年同期增加 1025.6 元，同比增长 17.2%，其中：工薪收入人均为 3316.3 元，同比增长 15.2%；人均养老金和离退休金收入为 394.4 元，同比增长 10.4%；最低生活保障收入达到 3673.1 元，同比增长 17.0%。

（刘学玲）

8 月 4 日，2011 第二届中国房车露营大会暨北京国际房车露营展览会在长阳镇大宁山庄北京房车博览中心开幕

乡镇概况

燕山办事处

【概况】 燕山办事处地处房山区中部，东南、南与城关街道办事处接壤，西南、西与周口店镇相连，西北、北与佛子庄乡和河北镇毗邻，东北与青龙湖镇为邻。辖区东西最大距离8.4公里，南北最大距离9公里，总面积40.82平方公里。2011年末，辖32个社区居委会，总户数32426户，均为非农业户。户籍人口82742人，全部为非农业人口。有23个少数民族，少数民族人口3288人。年内，出生人口558人，人口出生率6.74‰，死亡人口227人，人口自然增长率4‰。

2011年，燕山地区财政收入1155243万元，同比减少6.1%。其中地方财政收入136238万元，比2010年增长4.2%。从各主要税种看，完成营业税1.5亿元，增值税28.1亿元，企业所得税5.6亿元，个人所得税1.1亿元，消费税68.5亿元，分别比2010年增长22.3%、-7.5%、-41.2%、34%、-1.9%。人均财政收入9108元，比2010年增长31.3%。

燕山地区形成由铁路、公路、管道3种运输方式构成的交通运输网络。2011年客运总量900万人次，货运总量742万吨。燕山地区有2条企业Ⅲ级专用铁路线路，全长63公里，年运量约400万吨。邮政网点4个，投递路线单程总长度322公里。全年投递国内函件165.09万件，国内汇票业务完成1.8万笔，国内异地特快专递信件完成2.19万件，征订报纸1.54万份、杂志1.3万册，业务收入1292.87万元。全年电信业务收入5466.94万元。有电信企业1家，服务网点1个；电话交换机总容量5.2万门，固定电话用户4.11万户，比2010年增加676户，电话用户普及率41.1%，比2010年提高0.7%；光缆线路总长达327.47千米，主干电缆10.7万千米，互联网端口总数2.99万个，其中已占用端口总数2.01万个，宽带接入用户2.01万户，比2010年增加1662户。有发电企业1家，年内发电4.95亿千瓦小时。其中高压输电线路11条，总长度9.3千米，用电负荷2.2万千瓦，年外供电量累计完成3.16亿千瓦小时，综合电压合格率100%，供电可靠率100%。

燕山地区有星级饭店1家（二星级），床位600余张；其他宾馆、旅社、招待所10余家，床位700余张。

2011年末，有文化艺术团体6个，会员504个，创作完成的文化艺术作品有爵士舞

《说出你的愿望》、水鼓《日月同辉》等；各类艺术表演团体4个，演职人员344人；电影放映单位3个，座位2636个，年放映3200场次，观众达7.61万人次；文化馆1个，建筑面积5485平方米；文化站4个，建筑面积2334.34平方米；公共图书馆1个，建筑面积4756平方米，藏书32.2万册。文化行业从业人员392人，其中事业单位从业人员63人。

2011年，有幼儿园7所，在园幼儿1587人，专任教师128人；小学7所，在校生3097人，专任教师277人，小学适龄儿童入学率100%；初中4所，在校生2483人，专任教师298人，初中适龄人口入学率100%，小升初升学率100%，九年义务教育覆盖率达100%；普通高中1所，在校生995人，专任教师132人；中等职业学校1所，在校生75人。各级各类民办非学历教育培训机构9所。有北京师范大学燕化附属中学、北京市燕山前进中学、北京市燕山向阳小学，其中北京师范大学燕化附属中学为北京市高中示范校。年内，教育经费达2.69亿元，国家财政性教育经费2.69亿元，财政预算内教育经费2.6亿元，预算内教育事业费1.85亿元，同比分别增长26.89%、26.89%、18.27%、21.46%。

境内有市级文物保护单位——燕山白水寺。

（孟祥）

【举行向阳幼儿园新园落成暨开学典礼】 3月1日，向阳幼儿园新园落成暨开学典礼举行。该幼儿园新园是富燕新村社区的配套项目，由燕山石化投资近1000万元建成。幼儿园占地面积3770平方米，建筑面积2829.3平方米，可容纳6个班级150名幼儿。

（孟祥）

【燕山地区食品安全放心消费志愿服务活动启动】 3月9日，燕山团工委携手燕山工商分局开展食品安全放心消费志愿服务活动。燕山地区20多个基层团组织近50名志愿者参加本次活动启动仪式。

（孟祥）

【举办全国空手道锦标赛暨亚洲锦标赛选拔赛】 6月9日至12日，2011年全国空手道锦标赛暨亚洲锦标赛选拔赛在燕山体育馆举办。本次比赛是全国空手道比赛中规格最高的赛事，共有来自全国的49支队伍600多名运动员参加，分成年、青年、少年、儿童四个组别，采用世界空手道联盟指定动作作为正式比赛项目。本届比赛最大亮点是将全国成年锦标赛与青少年锦标赛合二为一并新增设了儿童组。

（孟祥）

【“丹青风韵 辉煌燕山”艺术作品展精彩亮相】 9月29日至10月20日，“丹青风韵 辉煌燕山”美术书法摄影作品展在燕山影剧院举办。燕山地区广大干部职工群众用摄影、书法、美术等艺术形式，讴歌经济社会发展丰功伟绩，喜迎新中国成立62周年。燕山工委、办事处领导和特邀嘉宾出席展览启动仪式。燕山地区书法、美术、摄影界知名人士，广大艺术爱好者和燕山工委、办事处二级单位的领导、干部职工150余人参加启动仪式。展览期间，共接待观众3000人次。

（孟祥）

【东风小学新校园建成】 9月，作为房山区2011年为民办实事之一的东风小学改扩建项目竣工投入使用。新建成的东风小学占地11524.6平方米，建筑面积7527平方米，绿化面积4000余平方米，专业教室齐备，设施完善。

（孟祥）

【开展帮扶助学活动】 9月，燕山工委、办事处举办燕山地区2011年帮扶助学暨思源阳光工程捐赠仪式，为羊耳峪小学培智班和燕山地区困难家庭学生发放了资助金，并对在帮教助困中表现突出的优秀教师志愿者进行表彰。北京智慧资源研究院为燕山地区各学校、街道捐赠了心理健康档案管理系统。2011 年，燕山工委、办事处投入 12.37 万元用于帮扶助学，资助地区低保户和低收入家庭的中、小学生和大学生共计 79 人。

（孟祥）

【燕山地区通过北京市环境秩序三个百日整治行动验收】 10月，由市监察局牵头，首都综治办、市政府法制办、市公安局、市住建委、市规划委、市城管执法局组成的“百日整治”领导小组联合检查组，对燕山地区 2011 年开展的“春风行动”“夏季攻势”和“秋风行动”三个环境秩序百日整治行动成果进行考核验收。联合检查组对燕山地区城市环境秩序治理情况给予高度评价，燕山地区通过北京市环境秩序三个百日整治行动验收。

（孟祥）

【燕山地区再次被授予国家卫生区称号】 12 月 20 日，在国家会议中心召开的全国卫生城市建设大会上，燕山地区被全国爱卫会再次授予“国家卫生区”称号。2005 年至 2007 年，燕山工委、办事处与北京燕山石油化工总公司，大力开展创建国家卫生区工作，经过 3 年的努力，燕山地区获国家卫生区称号。2011 年，燕山工委、办事处切实加大统筹协调力度，加强组织领导、强化工作措施、加强环境综合治理。组织各类检查 600 余次，解决各类问题 149 项，彻底消除无人管理卫生盲区 52 处，“国家卫生区”10 大类 69 项指标均达到相应标准。

（孟祥）

城关街道办事处

【概况】 城关街道办事处北邻青龙湖镇，西接周口店镇，东与阎村镇和窦店镇相连。总面积 51 平方公里。辖村民委员会 22 个、社区居委会 21 个。2011 年，城关街道办事处总户数 30282 户，其中农业户 7680 户、非农业户 22602 户。户籍人口 70218 人，其中农业人口 17059 人、非农业人口 53159 人。年内，出生人口 526 人，出生率 7.49‰，死亡人口 320 人，人口自然增长率 2.93‰。

境内有大石河、东沙河、西沙河和丁家洼河。矿产资源以花岗石为主。北京至原平铁路经过西北隅，琉璃河至东流水的铁路支线纵贯南北，另有京周路、大件路、房琉路、长周路等公路穿境而过。

2011 年，城关街道办事处财政收入 24962.7 万元，同比增长 44.8%；税收 75927.5 万元，同比增长 34.9%。农村营业收入 1097401.8 万元，利润总额 13328.7 万元，税金 15255.5 万元，人均劳动所得 7623.8 元。粮食作物播种面积 13317 亩，亩产 411.5 公斤，总产量 5480.2 吨；油料作物播种面积 160 亩，总产量 40.3 吨；蔬菜作物播种面积 4798 亩，总产量 9729.9 吨。干鲜果品总产量 323.5 吨。造林面积 13.3 公顷，四旁植树 0.5 万株，育苗面积 142.6 公顷。农机总动力 25439.5 千瓦。生猪出栏 12948 头，存栏 8278 头；羊出栏 1514 只，存栏 2874 只；肉牛出栏 176 头，存栏 50 头，牛奶产量 673.5 吨；肉鸡出栏 34.16 万只，存栏 2.9 万只，鲜蛋产量 347.6 吨。肉类总产 1529.1 吨。

全年固定资产投资 134338 万元，工业总产值实现 294678.42 万元，主营业务收入 337565.56 万元，利润总额 3928 万元。

城市化进程不断加快，加大路网、集中供热等基础设施建设力度和旧城改造力度，城西锅炉房投入使用，楮榆树保障性住房、洪寺保障性住房、北京石化新材料产业基地安置用房、南水北调回迁安置用房等项目进展顺利。

有中心幼儿园1所，入园儿童418人，教职工45人。小学6所，在校生1591人，教职工179人。街道社区卫生服务中心1所，病床10张，社区卫生服务站13所，村卫生室12所，卫生技术人员103人。村级文化大院20个、村级数字影院20处、文体活动中心20处，健身广场20处。

（姜楠）

【民政部副部长慰问解放战争时期伤残退伍军人】 1月10日，民政部副部长孙绍聘到城关街道东瓜地村走访慰问解放战争时期伤残军人石振华。市民政局领导，区委副书记、区长祁红等陪同慰问。

（姜楠）

【举办迎新春诗联展】 1月29日至2月8日，在城关街道西街村“揽秀阁”民间艺术馆举办辛卯迎新春诗联展。此次诗联展是由幽燕民间文化艺术交流协会承办，参展作品由区内的“竹园诗社”“云水诗社”“朝阳诗社”等文艺团体提供。展出书画、春联、诗词等作品近百幅。

（姜楠）

【规范“经济合作社”名称使用】 截至3月31日，按照市经管站《关于认真做好北京市农村合作经济组织登记证书年检工作的通知》，城关街道所属22个村完成规范名称使用，村级“双托管”工作实行一套账管理。

（姜楠）

【龙翔空竹站首次参加市空竹艺术节】 4月16日，龙翔空竹活动站在朝阳区高碑店华声天桥民俗文化园参加了“恒安杯”第四届北京空竹艺术节。龙翔空竹活动站共22人参加了表演，这是自龙翔空竹站成立之后，首次参加市级活动。

（姜楠）

【15名学员获品酒师资格】 4月22日，城关街道社区成人职业学校与北京香舍商务会所联合举办品酒师初级培训，15名学员参加培训通过考试，并获2011年逸香葡萄酒ESW初级品酒师资格。

（姜楠）

【洪寺村成立社区服务站与老年活动中心】 6月16日，洪寺村社区服务站与老年活动中心挂牌成立。洪寺村社区服务站的成立标志着城关街道实现了农村社区服务站全覆盖。该服务站总投资80万元，占地面积1500余平方米，设社区服务站、老龄办、信访办、妇联和警务站5个部门，实行“一站式”办公。洪寺村老年活动中心投资200余万元，占地面积7000平方米，建筑面积300平方米。设有棋牌室、乒乓球室、阅览室。建门球场4个。

（姜楠）

【完成玉米直补工作调查】 8月中旬，城关街道办事处完成2011年玉米直补汇总确认工作。全街道符合2011年玉米直补政策的有16个村，种植面积9363.2亩，优良品种面积9363.2亩，补贴资金共814598.4元。根据《房山区2011年粮食综合直补工作实施意见》，对符合补贴政策的玉米种植户给予补贴，种植面积每亩补贴32元，种植优良品种的每亩补贴10元，综合补贴45元，共计每亩87元。

（姜楠）

【发放水库移民后期扶持资金】 根据《国务院关于完善大中型水库移民后期扶持政策的意见》和《关于印发〈北京市大中型水库移民后期扶持政策实施方案〉的通知》要求，9月8日至10日，城关街道办事处对经核实的纳入水库后期扶持范围的140名移民，以每人每年600元的扶持标准发放2011年扶持资金，共计发放补贴资金8.4万元，扶持期限20年。

（姜楠）

【举办健身舞蹈大赛】 10月2日，城关街道办事处在房山体育场举办“全民健身，共建和谐新城关”健身舞蹈大赛。辖区内各村、社区的34支健身舞蹈队1370名队员参加活动。此次大赛采用10分制评分标准，比赛项目为工间操和第九套广播体操，设社区与农村两个组。经过角逐，南里等6个社区和洪寺等4个村获最佳表演奖；北里等7个社区、北关等5个村获最佳形象奖；南沿里等6个社区、饶乐府等6个村获优秀组织奖。

（姜楠）

【126户村民入住南水北调回迁新居】 10月15日，城关街道办事处在顺城嘉苑小区举行南水北调城关街道村民回迁入住仪式。共126户、436人入住顺城嘉苑小区。区领导刘伟、祁红、史全富、唐淑荣等向回迁户代表发放了回迁房钥匙。

（姜楠）

【顾册村社区卫生服务站成立】 10月25日，顾册村社区卫生服务站成立。该社区卫生服务站建筑面积300平方米，设有中西药房、全科诊室、治疗室、健康宣教室、康复室，从医疗、预防、保健、康复、健康指导、计划生育指导6个方面为村民提供建立健康档案、出诊、建立家庭病床、健康咨询等服务。居民步行5分钟内可得到医疗服务，做到了“小病不出村”。同时该站还设立了农村合作医疗报销窗口。

（姜楠）

【乐义设施蔬菜（食用菌）标准园项目通过验收】 11月16日，由市农业局组织相关专家，对乐义设施蔬菜（食用菌）标准园项目进行验收。该蔬菜园以生产食用菌为特色，专家验收组通过检查现场、听取汇报和审查资料后，认为该园区达到设施蔬菜（食用菌）标准园建设标准，一致通过验收。

（姜楠）

【“光华树才计划”捐助仪式在房山三中举行】 12月20日，以“奉献爱心、共铸希望”为主题的中国光华科技基金会光华大学生发展基金“光华树才计划”捐助仪式在房山三中举行。中国光华科技基金会光华大学生发展基金执行理事长兼秘书长边振岳与房山三中负责人共同签署捐助协议。捐助仪式上，中国光华科技基金会光华大学生发展基金向房山三中捐助价值25万元的图书、服装。

（姜楠）

【北京德润通农业科技发展有限公司落户东瓜地村】 12月22日，北京德润通农业科技发展有限公司落户东瓜地村。该公司是农产品深加工企业，与中国农业大学、北京食品研究所、日本小野食品机械株式会社、河南丽星集团技术公司共同研发，借鉴国内无明矾粉皮生产工艺，在引进日本原型机的基础上，总投资5000万元，建成一条鲜粉生产线。采用全自动、连续化、洁净卫生的生产模式，实现了全过程封闭，人工无接触，低温成型，生产出不含添加剂的纯天然无公害干、鲜粉条（丝）等产品。年设计生产鲜粉1.05万吨，可实现净利润3500万元，安置450名劳动力就业。

（姜楠）

【定向安置房3号楼主体结构封顶】 北京石化新材料科技产业基地定向安置房位于燕房组团7号街区内，作为房山区2010年重点工程之一，总用地面积20.13公顷，总建筑面积27.73万平方米，该项目于2011年3月1日开工建设，开工项目为1号至3号、5号至8号住宅楼及18号、19号车库，开工面积13.8万平方米，可提供住房1340套。9月8日，北京石化新材料科技产业基地定向安置房3号楼主体结构封顶。

（姜楠）

拱辰街道办事处

【概况】　拱辰街道是房山区委、区政府所在地，全区的政治、经济、文化活动中心，位于房山新城良乡组团的核心区。所辖区域东至小清河，与长阳镇接壤；南至长虹路，与良乡镇接壤；西至西潞大街，与西潞街道办事处接壤；北至良乡机场北侧、丰台区边界线，属城乡结合部。总面积24.7平方公里。辖20个村民委员会、23个社区居委会。驻有中央、市、区属单位216家。2011年，拱辰街道总户数30812户，其中农业户3113户、非农业户27699户。户籍人口70583人，其中农业人口5916人、非农业人口64667人。年内出生人口591人，出生率8.37‰，死亡人口288人，人口自然增长率4.29‰。

2011年，拱辰街道农村营业收入449376.3万元，利润总额-3307.3万元，税金10212.5万元，人均劳动所得13280.4元。实现税收78103.0万元，同比增长16.6%。社会消费品零售额完成48亿元。新引进纳税企业30余家，注册资金1.8亿元，形成税收800多万元，同比增长66.7%。全年完成拆迁面积50万平方米，开复工面积140万平方米，实现土地一级开发投资30亿元。

粮食作物播种面积700亩，亩产339.3公斤，总产量237.5吨。蔬菜作物播种面积499亩，总产量602.3吨。干鲜果品总产量315.5吨。四旁植树3万株。农机总动力2026千瓦。生猪出栏748头；羊出栏623只，存栏148只；肉牛出栏25头；肉鸡出栏3.05万只；牛奶产量70吨；鲜蛋产量34.8吨；肉类总产108.6吨。

全年固定资产投资246042万元。工业总产值27816.63万元，主营业收入29567.06万元，利润总额-200.6万元。拱辰街道以第三产业为主，是房山区商贸、金融、经济发展的核心地区，餐饮业、服务业、商贸业及建筑业占主体地位。辖区有华冠商贸公司、苏宁电器、良乡商场、53号大厦等1000平方米以上大型商业单位近30家；裕恒通家具建材城、盛通建材城、城东农副产品交易市场、黄辛庄市场等大型建材、农贸市场12个；肯德基、稻香村等专卖店65家；松盛源超市、百思胜等商业零售网点2000余个；中国银行、北京农村商业银行、工商银行等大型银行10余家；功德福、三益轩等面积在500平方米以上的餐饮单位23个；北方温泉会议中心、昊天假日酒店等大型会议中心、宾馆酒店20余家。

拱辰街道交通条件便利，道路四通八达。辖区内共有京石高速公路、南六环公路、京保公路和京广铁路等国家级公路、铁路4条；军用机场1座；京周、京良等市级公路4条，良坨路、长于路等区级公路20余条；乡村级公路24条；通往市区及周边区县的917路、616路等公交线路20余条；地铁房山线在街道内设立了大学城、东羊庄、南关3个站点。

拱辰街道人文资源丰富，文化底蕴深厚。辖区有中国社会科学院研究生院、首都医科大学、北京工商大学、首都师范大学、北京理工大学5所高等院校，西部回迁区、北部配套区建设工程正在加紧施工，园区整体建设得到突破性的实质进展。街道内有新华书店等大型书店2个，图书销售网点20余个，基层图书室42个，专业体育场1个。辖区内有昊天塔、郊劳台等市、区级文物古迹13处。

（赵树鑫）

【拆除梨村6万平方米违法建设】 5月13日至15日，拱辰街道梨村6万平方米违法建筑被拆除。共涉及13宗（总计140亩）未按规划要求使用的违法建筑，投入安保、工程等工作人员2000余人，动用各类车辆和拆除设备500余台次。

（赵树鑫）

【开展观赏鱼进社区活动】 5月21日，拱辰街道开展“社区唱和谐 金鱼谱新篇”观赏鱼进社区活动。活动旨在向居民宣传观赏鱼的文化、历史、养殖和鉴赏知识。内容包括：观赏鱼展示、放养、金鱼科普展、锦鲤科普展。共向居民发放观赏鱼1.2万条，放入观赏池700条，发放宣传材料300余份。

（赵树鑫）

【举办首届残疾人趣味运动会】 5月27日，拱辰街道在街道文体中心举办首届残疾人趣味运动会。运动会设一分钟拍球、跳绳、托球跑、投沙包4个项目。辖区60余名残疾人参加比赛。

（赵树鑫）

【举办“聚力杯”首届职工乒乓球比赛】 5月31日，拱辰街道在渔儿沟村碧洲乒乓球俱乐部举办“聚力杯”首届职工乒乓球比赛。比赛分为单项赛和团体赛，辖区基层32支工会代表队的150名运动员参加比赛。

（赵树鑫）

【瑞雪春堂社区党支部、居委会挂牌成立】 6月21日，拱辰街道瑞雪春堂社区党支部、居委会正式挂牌成立。瑞雪春堂社区是拱辰街道新建的居民小区，总占地面积53万平方米，入住居民千余户。居委会设主任1名、副主任2名、委员10名。主要职责是：协助政府落实城镇最低生活保障制度，培训社区内下岗职工，介绍就业和开展优抚救济工作；协助有关部门维护社会治安、调解纠纷，做好环境卫生、计划生育、医疗保健工作；做好老年人、未成年人和妇女的保护工作，关心教育青少年，开展文明健康的文化娱乐活动；对社区内物业管理进行监督。组织业主对物业公司工作进行评议和检查等。

（赵树鑫）

【拆迁居民回迁入住三街楸树家园】 6月30日，拱辰街道中心区402户居民回迁入住三街楸树家园。三街楸树家园位于昊天广场西侧，是拱辰中心区一街至五街改造的一部分。总规划建设用地面积32728平方米，总建筑面积98123平方米。建定向安置用房6栋，其中4号、5号、6号楼建筑总面积52527平方米，可提供定向安置用房498套，实现三街二社区居民一期回迁安置402户。

（赵树鑫）

【举办“拱辰放歌 迎国庆”文艺晚会】 9月20日，拱辰街道在良乡体育场举办“拱辰放歌 迎国庆”大型文艺晚会。晚会由徐春妮、谭江海主持，于文华、杭天琪、耿为华等歌手参加演出。晚会分为《阳光天堂》《天地飞歌》《人杰地灵》《和谐家园》《拱辰放歌》5个部分，表演了舞蹈、歌曲、杂技、魔术等11个节目。拱辰街道群众1000余人观看演出。

（赵树鑫）

【启用形象标识】 9月20日，拱辰街道在“拱辰放歌 迎国庆”大型文艺晚会上宣布正式启用拱辰街道形象标识。该标识利用抽象的表现手法展现拱辰街道的城市形象，七彩的颜色变化寓意拱辰街道人民丰富多彩的生活，同时也展示了七彩拱辰、首善之区的特点。突出表现了拱辰街道领导班子绘蓝图、部战略、高瞻远瞩、运筹帷幄，团结带领全街道人民成就拱辰崭新的开元盛世。

（赵树鑫）

【拱辰街道综治维稳中心启用】 11月4日，拱辰街道综治维稳中心暨城市管理指挥中心正式启用，中心总建筑面积383平方米，投资2000余万元，设有集公安、城管、综治、流管等多项服务于一体的综合服务大厅和矛盾纠纷调解室、会议会商室等专用办公室，安装了18块50寸的DLP大屏幕显示系统、LED冷光源，高清显示质量可达到1080P。监控设备连接了街道辖区810处摄像头，其中有119个为高清IP数字摄像头，实现辖区内主要道路、社区的监控范围全覆盖。

（赵树鑫）

【北京良乡高教园区回迁楼正式启用】 12月23日，北京良乡高教园区村民回迁楼正式启用，辛瓜地、小西庄等8个村回迁居民3635户7672人迁入新居，回迁楼位于北京良乡高教园区北部。村民回迁楼是北京良乡高教园区的重要配套工程，项目总用地面积23.89公顷，规划定向安置房总建筑面积34.97万平方米。其中，西部回迁区19.42万平方米、北部回迁区15.55万平方米。

（赵树鑫）

【两块经营性用地上市交易】 年内，拱辰街道办公商贸街区项目和昊华家园项目两块经营性用地上市交易。办公商贸街区项目被北京城建房地产开发有限公司和泰富德投资集团有限公司联合体以5.64亿元竞得，地块东至拱辰北大街，西至合欢东路（规划路），南至昊天宾馆，北至房山区市政管理委员会，用于商业和居住，总用地面积5.40公顷，建筑规模12.69万平方米。昊华家园被北京韩建房地产开发有限公司以5.5亿元配建公租房面积1100平方米竞得，地块位于房山新城良乡组团中第11街区，东至昊天大街，南至规划路，西至规划路，北至良乡中路，总用地面积5.01公顷，建筑规模约7.49万平方米，其中居住7.2万平方米。

（赵树鑫）

【18个科级职位竞争上岗】 10月至12月，拱辰街道召开4次科级职位竞岗演说大会。46名机关干部报名，分别竞争财政科科长，计划生育办公室主任、副主任，社会管理办公室主任、副主任，文化体育服务中心副主任等18个科级职位。通过现场综合打分、民主测评、组织考察，最终确定18人竞争上岗。

（赵树鑫）

西潞街道办事处

【概况】 西潞街道东至西潞大街与拱辰街道接壤，南至长虹路与良乡镇毗邻，西至东沿村与阎村镇相连，北至安庄村与青龙湖镇相接。街道地处平原地带，地势开阔，地理位置优越，是房山新城良乡组团的核心区。辖村民委员会7个、社区居委会13个。2011年，西潞街道办事处总户数12502户，其中农业户1566户、非农业户10936。户籍人口31236人，其中农业人口3392人、非农业人口27844人。年内，出生人口239人，出生率7.65‰，死亡人口84人，人口自然增长率4.96‰。

全年财政收入14019.1万元，同比增长29.4%；税收31553.6万元，同比增长22.3%。农村营业收入204949.2万元，利润总额3284.6万元，税金6328.1万元，人均劳动所得14161.8元。粮食作物播种面积551亩，亩产278.6公斤，总产量153.5吨；蔬菜作物播种面积602亩，总产量1245.5吨。干鲜果品总产量17.9吨。四旁植树5万株，育苗面积8.2公顷。农机总动力68千瓦。生猪出栏1299头，存栏644头；羊出栏175只，存栏68只；肉牛出栏5头，存栏29头，牛奶产量12.2吨；肉鸡出栏4.34万只，存栏2万只，鲜蛋产量6.5吨。肉类总产140.7吨。

全年固定资产投资53494万元，工业总

产值35809万元，主营业务收入40310.82万元，利润总额192.1万元。

西潞街道交通便利。京港澳高速、京周公路穿境而过，轻轨、616路、646路、901路等总站设在本地区，833路、834路、835路、836路、917路、952路、971路、993路等公交车站点众多，西潞大街、良乡西路、良坨路、翠柳大街等城市干道以及连村路网纵横交错，交通便捷，是全区物流中心、客流中心，地理位置的优越性成为建设新城交通枢纽的最大优势。

西潞街道以商贸、餐饮、服务、都市农业为主导产业，着力提升经济发展的竞争力，拥有注册企业1000余家，华龙市场、中大瑞祥百货市场、福良苑、宝宇花园、龙岗大酒店等近2000家商业企业，其中有美廉美、权金城、金百万、大鸭梨等近30家连锁商业企业，商业网点100余个。

西潞街道基础设施完善。境内有北京师范大学良乡附属中学、北潞园学校和良乡三小，还有街道所属的2所中学、3所小学和13所幼儿园，教职工500多名，在校生4000余名；卫生医疗设施齐全，邮政局、电信局、银行、医院等配套设施完备。

（李振敏）

【安庄村实行党员任岗承诺评议制】 年内，安庄村党支部采取党员任岗承诺、以岗定责、按岗评议的方式，细化党员的职责和义务。评议制包括：设立政策宣传、便民服务、维护治安等10类岗位，党员根据个人能力和特长自愿认领岗位，并向村民承诺本岗位应尽的职责，半年进行一次评比，作为年终党支部确定优秀共产党员的依据；设立廉洁勤政、热心公益、见义勇为、爱岗敬业、勤奋学习5个争创目标，半年后同样以党员、村民代表无记名投票的形式进行评选，对表现突出的党员予以奖励。党员任岗承诺评议制的开展，为西潞街道创新农村党支部建设开了个好头。

（李振敏）

【举办庆祝西潞街道成立5周年摄影展】 3月22日，西潞街道举办“和谐家园 魅力西潞”颁奖仪式暨庆祝街道成立5周年摄影展。活动收到社会各界100多名摄影爱好者报送的500余幅作品。从不同视角、层面展示西潞街道各方面的建设成就、巨大变化，从中选取百幅优秀作品举办展览。设一、二、三等奖18名，优秀奖8名。编辑出版庆祝西潞街道成立5周年画册《和谐家园·魅力西潞》。

（李振敏）

【西潞街道风筝协会成立】 4月26日，西潞街道风筝协会成立。该协会以“全民健身、风筝搭台”为宗旨，通过风筝技术制作、放飞、研讨、交流等培训方式和比赛活动，招募风筝爱好者，为其提供学习、交流的机会。协会有会员40余人。

（李振敏）

【建立“3个特色服务圈”】 8月，西潞街道以居民需求为导向，建立了“3个特色服务圈”方便社区居民生活，使辖区内13个社区的居民在步行15分钟的范围内就近享受社区服务，基本实现“小需求不出社区，大需求不远离社区，紧急需求不出家门”。“一刻钟便民圈”：设立苏庄三里、北潞园、西潞园、海逸半岛、月华5个社区便民直通蔬菜站、水果店、便民商店等，解决居民买菜难等问题。每月3日开展社区闲置物品交换日活动，解决居民家里闲置物品占用空间的问题。每月23日开展“便民日”活动，组织志愿者开展理发、修理自行车、修鞋、配钥匙、磨刀、废品回收等活动。“一刻钟帮扶圈”：资助低保重病患者就医，开展公众卫生健康、送医送药活动，帮助困难群众解决看病难等问题。增设老年餐桌，开展老年人休闲娱乐活动，借助社会的力量，组织党员、团员，青年志愿者与社区空巢老人结成帮扶对子。把志愿服务和有偿服务相结合，陪同老人（残疾人）看病、外出等服务，满足特殊人群需求。开展社区卫生服务、养老助残服务，参与社区健康教育，真正实现“帮扶”。“一刻钟文体圈”：社区居委会定期开放乒乓球活动室、文体活动室、老年活动室、数字影院、图书室等。利用节日和空闲时间，组织开展健康有益、丰富多彩的文体娱乐活动。每月第二个周日开展“亲子日”活动，增进父母与孩子之间的交流和亲情。利用闲置地，在西路大街等3个社区建设较大规模的区域性社区服务活动中心。同时。积极打造精品项目，满足居民的文体需求。

（李振敏）

【开展学生进社区社会实践活动】　年内，西潞街道夏庄、苏庄三里等社区开展假期学生社会实践活动。活动通过社区文化讲座让学生了解社区的日常工作和服务理念；通过征文活动，让学生为社区建设和发展建言献策；通过擦洗清洁社区宣传橱窗，教育学生爱护公益设施；通过参观社区职能科室、健身房、多功能厅，让学生了解社区工作状态和硬件设施，倡导学生为丰富社区图书贡献力量。此项活动的开展拉近了居民与学生的距离，培养了学生关心参与家庭、社区、社会建设的自觉性。

（李振敏）

琉璃河镇

【概况】　琉璃河镇位于房山区东南，东部与北京市大兴区交界，南部与河北省涿州市接壤。全镇总面积110平方公里，辖村民委员会47个，社区居委会5个。2011年，全镇总户数28386户，其中农业户15149户、非农业户13237户。户籍人口58426人，其中农业人口34621人、非农业人口23805人。年内，出生人口428人，出生率7.33‰，死亡人口388人，人口自然增长率0.69‰。

全镇财政收入5982.6万元，同比增长26.7%；税收18975.4万元，同比增长20.7%。农村营业收入660288.6万元，利润总额10898.1万元，税金2878.9万元，人均劳动所得10938.2元。粮食作物播种面积80019亩，亩产352.8公斤，总产量28226.9吨；油料作物播种面积1889亩，总产量402.1吨；蔬菜作物播种面积17293亩，总产量54297.8吨。干鲜果品总产量24631.3吨。四旁植树1万株，育苗面积70.3公顷。农机总动力31301千瓦。生猪出栏96589头，存栏64314头；羊出栏10651只，存栏9974只；肉牛出栏245头，存栏706头，牛奶产量2927吨；肉鸡出栏115.1万只，存栏8.95万只，鲜蛋产量659.5吨。肉类总产17578.7吨。

全年固定资产投资85688万元，工业总产值159450.26万元，主营业务收入161465.27万元，利润总额-17126.2万元。全镇有乡镇企业386家（其中集体企业3家），从业人员20910人，主要包括建筑、建材、化工、造纸、铸造、印刷、加工、运输、食品、餐饮服务和房地产等行业。中粮五谷道场食品有限公司生产的“五谷道场”非油炸方便面，北京龙建天鸿顺鸭业有限公司和北京三江宏利牧业有限公司生产的肉鸭系列产品，北京科泰兴达高新技术有限公司生产的净水机，兴河造纸厂生产的“金宇”餐巾纸、面巾纸、卫生纸和编织纸，北京燕都利民屠宰有限公司生产的“中原”熟肉制品，在全市乃至全国享有声誉。琉璃河劳保厂生产的盾牌安全帽，被国家劳动部评为全国劳动防护用品标准化技术委员会唯一监制产品，产品行销全国。境内有35家中央、市、区属企事业单位和驻军武警单位。拥有占地123公顷的高尔夫俱乐部，具备承办国内外正式比赛的能力。

琉璃河镇基础设施完备，京广铁路、京保公路、京港澳高速公路贯穿全境。大石河、小清河、永定河流经该镇。

全镇有中心幼儿园20所，入园儿童1161人，教职工121人。小学10所，在校生1764人，教职工224人；完全中学1所，教职工125人，在校生1663人，其中初中704人、高中959人；镇社区卫生服务中心1所，病床50张，社区卫生服务站18所，村卫生室35所，卫生技术人员225人。全镇村级文化大院达到47个、村级数字影院48处、文体活动中心47处，健身广场47处。

琉璃河境内有国家级文物保护单位西周燕都遗址，还有市级文物保护单位琉璃河大石桥和琉璃河岫云观。

（张洁）

【与涿州签订“平安边界协议书”】 2月25日，琉璃河镇与河北省涿州市签订“平安边界协议书”。内容包括：加强沟通协作，与相邻的河北省涿州市所属乡镇共同开展社会面防控工作；通过联合执法、检查等活动加大对流窜作案和跨区域犯罪问题的打击力度，加强对来京非正常信访和失控重点人员的防范，确保京西南社会安定；在与河北交界的18个进京路口设立检查站点，对进京车辆、人员的盘查和对各类危险品的防控，发现问题及时互通信息，共同维护社会治安秩序。加大进京车辆、人员检查力度，开展重点人员联合整治行动。

（张洁）

【举办第四届梨花文化周】 4月13日至19日，琉璃河镇第四届梨花文化周在京白梨大家族主题公园举办。文化周有文艺演出、摄影比赛、书法笔会等内容。文化周期间，接待游客75万人，旅游收入150万元。

（张洁）

【第29届中国洛阳牡丹文化节北京分会场在琉璃河镇举办】 4月15日至5月10日，第29届中国洛阳牡丹文化节北京分会场在琉璃河镇天香牡丹园举办。文化节活动期间，设有洛阳牡丹观赏、洛阳旅游风光展、牡丹邮票展销以及大型歌舞《牡丹颂》表演等活动。3万人参加活动，旅游收入50万元。

（张洁）

【成立扶残助老助困志愿者服务队】 5月13日，琉璃河镇成立助残助老助困志愿者服务队，在琉璃河水泥厂举行启动仪式。服务队以“及我所能，服务残疾群体；奉献爱心，共建和谐社会”为宗旨，提出“扶残助老助困，有你有我”口号。利用助残日、节假日等时间，围绕残疾人、老年人和困难群体有针对性的开展康复、教育、就业、维权和社会保障工作。服务队有志愿者160余名。

（张洁）

【贾河村京白梨获全国梨王擂台赛金奖】 9月6日，在2011年中华名梨（中早熟品种）评选暨北京大兴第九届全国梨王擂台赛上，琉璃河镇贾河村的京白梨再获秋子梨系列2项金奖、4项优秀奖。贾河村的京白梨已连续6年在全国梨王擂台赛上获奖。

（张洁）

【北京金隅股份有限责任公司社区“市民劝导队”成立】 9月27日，北京金隅股份有限责任公司社区“市民劝导队”成立，20名劝导队员参加启动仪式。劝导队的职责是：负责社区内环境卫生监督、治安秩序、“三防”宣传、日常巡逻、看门护院、情报信息收集、化解矛盾纠纷、服务群众工作、维护稳定等。活动范围：水泥厂社区。

（张洁）

【举办“暖秋重阳”韩红爱心捐赠、义诊活动】 10月9日，“暖秋重阳”韩红爱心捐赠、义诊活动在琉璃河镇敬老院举行。此次捐赠、义诊活动有韩红爱心行动组，包括武警总医院、空军总医院等军地医院专家在内的 80 名志愿者参加，捐赠价值 10 万元的小面包车、洗衣机、冰柜、电视机及羽绒背心等物品。专家现场为老人义诊，送医送药。

（张洁）

窦店镇

【概况】 窦店镇东至小清河岸边，南邻琉璃河镇，西至大石河，北到阎村镇界址。总面积 64.58 平方公里，辖 30 个村民委员会、4 个社区居委会。2011 年，全镇总户数 21535 户，其中农业户 12625 户、非农业户 8910 户。户籍人口 42550 人，其中农业人口 27549 人、非农业人口 15001 人。年内，出生人口 441 人，出生率 10.36‰，死亡人口 249 人，人口自然增长率 4.51‰。

2011 年，全镇财政收入 11145.3 万元，同比增长 32.6%；税收 39464.9 万元，同比增长 28%。农村营业收入 518468.3 万元，利润总额 23364.1 万元，税金 9819.3 万元，人均劳动所得 12873.9 元。粮食作物播种面积 39595 亩，亩产 408.6 公斤，总产量 16177.4 吨；油料作物播种面积 23 亩，总产量 4.6 吨；蔬菜作物播种面积 7246 亩，总产量 20515.5 吨。干鲜果品总产量 2951.2 吨。四旁植树 3 万株，育苗面积 428.5 公顷。农机总动力 28150 千瓦。生猪出栏 26862 头，存栏 17129 头；羊出栏 5344 只，存栏 7329 只；肉牛出栏 1410 头，存栏 757 头；牛奶产量 3494.3 吨，肉鸡出栏 31.97 万只，存栏 1.55 万只，鲜蛋产量 1286.2 吨。肉类总产 3852.4 吨。

全年固定资产投资 152484 万元，工业总产值 153617.6 万元，主营业务收入 144053.18 万元，利润总额 13798.8 万元。年产值超亿元的工业企业 2 家，工业产值超过 2000 万元的 12 家，规模以上工业企业 12 家，实现产值 12.6 亿元。全镇有法人资格的餐饮业 3 家、个体商业网点 657 家、规模集贸市场 1 个。村级集体经济实力得到增强，税收超 1000 万元、500 万元、100 万元的村分别有 10 个、5 个、26 个。

窦店镇地势平坦，土壤肥沃，地下水资源丰富，电力充足，镇域内有丰富的地热资源，交通与通讯发达。京广铁路、京石高速公路、107 国道贯穿全镇，设有高速公路出入口。区、镇、村三级公路与国道交织成网。

城镇体系逐步完善，完成了窦店镇中心区街区控规深化方案、地块控规编制及土地利用总体规划修编工作。房地产开发面积 23.2 万平方米，10 个住宅小区开发总面积 198.6 万平方米。列入土地储备项目 2 个，规划占地面积 21.13 公顷，为地区城市化的更快发展奠定了基础。保障性住房申请量逐步提升，审核通过的家庭共计 118 户。围绕生态农业发展，抓好龙头企业扩大工作，重点扶持了芦村泰华二期蔬菜种植项目和格瑞拓普二期食用菌种植项目。大力推行农业标准化生产，扶持鼓励农产品“三品”认证，已有 20 个农产品取得绿色证书。新发展设施农业近千亩，“菜篮子”工程新增设施菜田 210 亩。

不断加强基层就业服务平台建设，针对不同企业用工需求，免费为 900 人提供就业指导；农村劳动力转移就业达 951 人；培训城镇失业人员及农村劳动力 300 余人；通过举办“春风行动”等就业洽谈会，实现安置劳动力 800 人以上。文化体育工作取得新进展，举办不同形式的活动 350 余场；利用数字影院和流动放映车放映电影 1600 余场，观影人数累计 6 万余人次；农村社会保障和救助体系建设进一步加强，累计发放各类保障金、救助款等780万元；残疾人救助工作成效显著；新型农村合作医疗参合率达100%；城乡养老保险参保人数达万人以上；人口与计划生育工作监督力度不断加大，计划生育率达98%以上。

全镇有中心幼儿园22所，入园儿童2016人，专职教师170人。中心校2所，在校生2274人，专职教师153人；中学2所，专职教师173人，在校生1400人，其中初中976人、高中424人；卫生院1所，病床20张，社区卫生服务站14所，村卫生室27所，卫生技术人员158人。全镇村级文化大院12个、村级数字影院29处、文体活动中心81处，健身广场40处。

（殷金玉）

【北京明辉家具有限公司建成投产】 3月，北京明辉家具有限公司在窦店村建成投产。该项目是盘活闲置资产项目，占地25亩、厂房3600平方米，生产各种实木家具。该项目总投资2400万元，新建车间9000平方米、投资1600万元；厂区硬化、上下水、供电等附属设施建设投资150万元；购置机械设备投资500万元；流动资金150万元。投产后实现年销售收入4000万元，利税700万元，安置当地劳动力就业40人。

（殷金玉）

【制止“三抢”行为】 4月17日，中共三街村支部委员会召开制止“三抢”（抢建、抢栽、抢种）行为会。全体党员与村党支部签订模范带头承诺书。承诺书中承诺：在制止“三抢”行动中，严格执行《北京市人民政府288号令》及房山区人民政府《关于查处违法建设违规行为的通告》和相关文件中对党员的要求，协助党组织做好宣传工作。在整治“三抢”工作中从党员自身做起，同时保证直系亲属不参与“三抢”行为和恶意装修。发挥党员先锋模范带头作用，说服劝阻制止“三抢”行为。对劝阻制止无效的，及时向村党支部报告。全体42名党员签订了承诺书。通过村党支部的工作，88户拆迁户未发生抢建、抢栽、抢种行为。

（殷金玉）

【北京顺金发纸箱厂建成投产】 5月，北京顺金发纸箱厂建成投产。该项目位于窦店村农民就业产业基地内，占地48亩，总投资5100万元，拥有1万平方米纸箱包装生产车间及500万元生产设备。投产后，可实现年销售收入1亿元，利润800万元，上缴税金500万元，安置劳动力就业300人。

（殷金玉）

【窦店镇第二小学建成投入使用】 6月7日，窦店镇第二小学建成投入使用。该校位于于庄村西，建设用地23261.5平方米，建筑面积9400平方米，配有教学楼、配楼、塑胶操场等设施。有教学班17个、教师39名、学生558人。第二小学的建成，合并了下坡店、于庄、苏村、瓦窑头4所小学，使窦店镇小学规模办学格局初步形成。

（殷金玉）

【“爱心班车”开通】 6月，瓦窑头村投资88万元购买了1辆苏州金龙（51座）客车，作为村内小学生班车。聘请专职司机，每天早、中、晚接送学生到窦店镇第二小学上下学。为每名小学生统一配发带有瓦窑头村标志的书包、帽子和胸牌。

（殷金玉）

【区级非物质文化遗产“芦村少林会”揭牌】 9月23日，芦村非物质文化遗产“芦村少林会”揭牌。芦村少林会起源于清代，分少林、形意两派。2010年6月，被评为区级非物质文化遗产。少林会以传承和发扬中华武术、将传统武术发扬光大为宗旨；以武术为载体，聚民心、凝民力、丰富群众业余文化生活为职责。该少林会有教练、管理人员8名，学员56名。

（殷金玉）

【北京窦店润发汽车销售有限公司正式营业】 10月，北京窦店润发汽车销售有限公司正式营业，该公司位于窦店镇窑店村，占地30亩，总投资5000万元，主要销售重卡汽车。年可实现收入2.25亿元，利税40万元，安置劳动力就业20人。

（殷金玉）

【北京润丰达农业发展有限公司建成生产】11月，北京润丰达农业发展有限公司建成生产。该公司位于窦店村，占地30亩，总投资5000万元，主要生产金针菇，该公司年收入可实现4500万元，利税1350万元，安置劳动力就业50人。

（殷金玉）

【小麦亩产破纪录】　年内，区农科所在窦店村建立连片高产创建示范片1500亩，全部基施氮、磷、钾含量比例为15%、20%、10%的专用配方肥，小麦返青期喷施磷酸二氢钾。6月，1500亩连片小麦晒干入仓、精选过秤后，平均亩产高达540公斤，比2007年增加1倍，打破了全市千亩连片小麦单产纪录。

（殷金玉）

青龙湖镇

【概况】　青龙湖镇东与丰台区隔湖相望，北与门头沟区相邻，总面积91平方公里，集山区、丘陵、平原、湖泊于一体，其中山区、丘陵、平原各占1/3。镇域东部的青龙湖水域面积400公顷，蓄水量2900万立方米。辖村民委员会32个、社区委员会2个。2011年，全镇总户数20460户，其中农业户12043户、非农业户8417户。户籍人口40895人，其中农业人口27286人、非农业人口13609人。年内，出生人口478人，出生率11.69‰，死亡人口231人，人口自然增长率6.04‰。

2011年，全镇财政收入4193.8万元，同比增长44.7%；税收14768.2万元，同比增长54.2%。农村营业收入330543.2万元，利润总额11289.1万元，税金9675.7万元，人均劳动所得8981.5元。粮食作物播种面积17713亩，亩产333.9公斤，总产量5914.2吨；油料作物播种面积253亩，总产量19吨；蔬菜作物播种面积5263亩，总产量12205.6吨。干鲜果品总产量3341.6吨。造林面积20公顷，四旁植树8.3万株，育苗面积32.1公顷。农机总动力35606千瓦。生猪出栏34927头，存栏29802头；羊出栏2760只，存栏3790只；肉牛出栏102头，存栏280头；牛奶产量326.4吨；肉鸡出栏13.49万只，存栏0.3万只，鲜蛋产量1659.2吨。肉类总产3565.9吨。

全年固定资产投资36565万元，工业总产值86425.81万元，主营业务收入85827.66万元，利润总额12365万元。

2011年，青龙湖镇中心区开发进展有序，回迁楼部分交付使用。顺利实施新型农村社区市级试点晓幼营村建设。加大招商引资工作力度，新引进注册企业10家。

2011年，青龙湖镇完成绿化造林2583亩和健康林抚育工程5000亩；结合新农村建设，完成了首都绿化美化园林小城镇和2个绿色村庄、3个花园式单位创建工作；坚持淘汰落后产能，严厉打击私挖盗采和违法乱建行为；完成灵鹫仙谷建设工程立项；完善水、电、路、气等基础设施建设；配合区水务局做好崇青水库引水工程，完成管线铺设任务；坚持文化搭台、发展唱戏，成功举办了登山比赛、自行车邀请赛和全民运动会。

全镇有中心幼儿园2所，入园儿童638人，教职工94人。小学7所，在校生1712人，教职工191人；完全中学1所，教职工

136人，在校生956人，其中初中304人、高中652人，初级中学1所，教职工91人，在校生520人。镇社区卫生服务中心1所，病床40张，社区卫生服务站10所，村卫生室15所，卫生技术人员65人。全镇村级文化大院37个、村级数字影院33处、文体活动中心32处，健身广场37处。

（樊玉博　李涛）

【开展食品安全专项整治行动】 1月29日，青龙湖镇开展食品安全专项整治行动。青龙湖镇与工商所、综治办、卫生等部门相关人员对镇域内超市、餐饮服务网点进行拉网式检查。检查重点涉及索票索证、货源供应、食品生产日期等内容。经检查全部符合食品安全要求。

（樊玉博　李涛）

【联合办学开设中专班】 4月10日，青龙湖镇社区成人职业学校与房山区第二职业高中、区农广校联合办学，开设果蔬专业中专班，学制两年半。采用集中面授（理论学习基础课）与远程教育（实际操作）相结合的教育模式。免费招收镇域内115名学员。学习期满经考试合格后，颁发中专文凭。

（樊玉博　李涛）

【举办首届槐花文化节】 5月，崇各庄村举办首届槐花文化节。文化节以“古风古韵古槐树，新城新景新龙湖”为主题，以“赞美家乡、构建和谐，凝聚力量、振奋精神，展现风采、弘扬文化”为宗旨，以槐花为媒，以“槐花文化节”为平台，挖掘崇各庄历史，弘扬崇各庄文化。文化节设有游龙堤、观凤坡等内容。文化节期间，接待游客2800人，旅游收入25万元。

（樊玉博　李涛）

【葡萄酒庄园建设进展情况】 2011年，青龙湖高端葡萄酒产业作为房山区高端葡萄酒产业发展的起步区和核心区，北京佳年葡萄种植公司在西庄户村栽植150亩，栽植品种为梅鹿辄、西拉、赤霞珠等。丹世红（北京）葡萄种植公司在马家沟栽植139.4亩，霞多丽、梅鹿辄、品丽珠等；在辛开口村栽植147.75亩，栽植品种为赤霞珠、梅鹿辄、品丽珠、小维尔多等。北京南观紫雾酒业有限公司在南观村栽植230亩，栽植品种为赤霞珠、梅鹿辄、霞多丽等。北京仙露堡酒业有限公司在南观村栽植150亩，栽植品种为赤霞珠、梅鹿辄、品丽珠等。红酒城核心区一期占地202亩，建筑面积51366平方米，由北京祁连房地产开发有限公司和北京亚通房地产开发有限公司委托北京青田房地产经纪有限公司摘牌成交。红酒城核心区二期占地210亩，由星华智本投资发展有限公司摘牌成交。

（周新龙）

韩村河镇

【概况】 韩村河镇位于房山区西南部，地势西北高东南低，依次为山区、丘陵、平原，各占1/3。东与琉璃河镇为邻，南与长沟镇和河北省东仙坡交界，西与霞云岭乡、大石窝镇和张坊镇相接，北与石楼镇和周口店镇接壤。总面积100.8平方公里，辖村民委员会27个、社区居委会1个。2011年，全镇总户数17366户，其中农业户10747户、非农业户6619户。户籍人口39545人，其中农业人口27936人、非农业人口11609人。年内，出生人口381人，出生率9.63‰，死亡人口276人，人口自然增长率2.65‰。

2011年，全镇财政收入8913.8万元，同比增长40.3%；税收23209.5万元，同比增长 33.9%。农村营业收入 273283.4 万元，利润总额 14610.9 万元，税金 8467.3 万元，人均劳动所得 5648.3 元。粮食作物播种面积 51615 亩，亩产 342 公斤，总产量 17653.4 吨；油料作物播种面积 126 亩，总产量 24.4 吨；蔬菜作物播种面积 1813 亩，总产量 4914.6 吨。干鲜果品总产量 1422 吨。造林面积 46.7 公顷，四旁植树 6 万株，育苗面积 152.3 公顷。农机总动力 15893 千瓦。生猪出栏 20799 头，存栏 17575 头；羊出栏 7063 只，存栏 7046 只；肉牛出栏 305 头，存栏 332 头；牛奶产量 594.6 吨；肉鸡出栏 29.42 万只，存栏 5.26 万只，鲜蛋产量 519.7 吨。肉类总产 2455.9 吨。

全年固定资产投资 35536 万元，工业总产值 25109.56 万元，主营业务收入 25526.25 万元，利润总额 459.9 万元。

2011 年，韩村河镇调整产业结构，提升经济增速。主导产业为建筑、房地产、管业，全年实现营业收入 54 亿元，上缴税金 4.8 亿元，河山管业上市进入上市辅导期。特色产业发展迅速，熊猫烟花、逗逗烟花在北京市场占有率达 70%，全年实现税收超千万元，京石服装产业园、上方奇石园等重大项目建设进展顺利。推进区级重点工程京石二通道、南水北调巡线路等工程建设。中心镇区路网建设竣工，初步形成“三纵三横”的交通网络。

韩村河镇社区卫生服务中心、岳各庄中学改造、社区综合服务管理中心等实事工程进展顺利，发展成果惠及群众。统筹镇村发展，抓好农业综合开发、水库移民后期扶持、节能改造、节水灌溉等工程建设，提升都市型现代农业示范镇建设水平。同时重点做好环境整治和绿化美化工作，改善镇、村环境面貌。加强社会服务，为群众解决就业 687 人，发放保障资金 1163.8 万元，发放低保救助金 492 万元，老年人服务券 66.16 万元。完成居家养老中心、托老所建设、校舍抗震加固、健身器材全覆盖等民心工程。

全镇有中学 3 所，小学 6 所，专任教师 278 人，中小学在校生 2793 人，入学率 100%。有镇级卫生院 1 所，社区卫生服务中心 1 所，社区卫生服务站 23 个，村级卫生室 4 个，医疗服务人员 126 人。全镇有中心幼儿园 2 所，入园儿童 313 人，专任教师 38 人。医疗卫生机构有卫生院 1 所，公立卫生机构床位 40 张，专业卫生人员 105 人，其中执业医师 16 人、执业助理医师 12 人、注册护士 15 人。全镇村级文化大院 6 个，村级数字影院 27 处，文体活动中心 27 处，健身广场 29 处。全年为群众放映电影 1457 场，举办文艺演出 58 场。

全镇共有文物古迹 23 处。其中：市级文物文物保护单位有上方山诸寺及云水洞、天开村元代应公长老寿塔、孤山口村明代周吉祥塔、皇后台村清代伊桑阿墓，区级文物保护单位有曹章村汉代陶井、天开村天开塔，一般级文物 17 处。

（孟德坤）

【新春花会集中展示民间艺术】 2 月 17 日，韩村河镇在文体广场举办新春花会活动，集中展示镇域民间艺术。天开村太平鼓队、韩村河村高跷队、潘庄村旱船队等 14 支民间艺术队为近千名观众表演了太平鼓、跑旱船、小车会等传统节目。

（孟德坤）

【朝鲜代表团到韩村河镇考察】 4 月 21 日，朝鲜劳动新闻社祖国统一部部长全宗浩带领青年记者代表团到韩村河镇参观考察。参观了韩村河新农村建设展厅、村民别墅、韩村河公园及高科技蔬菜园区，观看了建设社会主义新农村历史图片展，全宗浩对韩村河村村民住宅、福利给予了肯定，对韩村河村新兴高科技工业、农业表示称赞。

（孟德坤）

【房山区书法美术家协会韩村河分会成立】 4月27日，房山区书法美术家协会韩村河分会成立。协会的宗旨：加强和谐文化建设，为书画摄影爱好者搭建学习交流的平台。职责范围包括：挖掘书法、绘画人才，充分发挥人才优势，丰富群众业余文化生活，推动基层文化活动健康发展。该分会有会员17名。

（孟德坤）

【北京金冠种植业合作社成立】 5月17日，韩村河镇首家由大学生创办的果品专业合作社——北京金冠种植业合作社揭牌成立。该合作社前身是北京金冠果品基地，由两名农业院校毕业的大学生于2006年创建。合作社总投资360余万元，经营规模220亩，包括生产示范区150亩、新品种示范区30亩，主要产品有优质果品温室大桃、大樱桃、美国红提、红富士苹果等。截至12月底，该合作社实现果品、种苗销售收入80余万元。

（孟德坤）

【北京京石国际服装工贸园区落户韩村河镇】 6月28日，北京房通置业有限公司与韩村河镇五侯村经济联合社签约，共同启动北京京石国际服装工贸园区建设项目。该项目位于韩村河镇中部产业园内，占地面积364.39亩，计划总投资8亿元，建设周期为3年，由北京房通置业有限公司开发承建。

（孟德坤）

【北京龙门慈善基金会揭牌】 8月26日，北京龙门慈善基金会正式揭牌，并在韩村河镇龙门生态园为38名学生举办了2011年捐资助学仪式。该基金会由北京市劳模、农民企业家尤西森（韩村河镇尤家坟人）个人出资200万元创办，专门资助在房山区普通高中学校就读并考取本科一批院校的家庭困难、品学兼优的房山籍贫困大学生。基金会委托房山区教委，在每年高考结束后选拔30名符合条件的学生，按照独生子女每人每年5000元、非独生子女每人每年4000元的标准，对入选大学生进行为期4年的资助，直至其完成大学学业。龙门慈善基金会自2009年筹办至2011年底，累计资助考取中国人民大学、哈尔滨工业大学、首都医科大学等23所高校的学生106人，直接资助金额累计达60余万元。

（孟德坤）

【岳各庄中学改扩建主体工程完工】 年内，岳各庄中学改扩建主体工程完工，该工程是韩村河镇2011年重点建设项目之一。岳各庄中学改造项目总投资4787万元，建筑面积1.5万平方米。新校区拟划分为教学办公区和运动生活区两部分，主体建筑包括3栋教学（实验）楼、1个300米环形塑胶跑道、3个篮球场和2个排球场。

（孟德坤）

【引进温室监测仪】 年内，韩村河镇高科技蔬菜园区从国家农业信息化工程技术研究中心引进13台监控温室蔬菜生长的温室监测仪，提高蔬菜管理工作效率。温室监测仪俗称“温室娃娃”，可以监测温室内气温、地表温、光照度和湿度，通过模拟人声、信息提示等方式，提醒管理员调整温室内环境。同时，在监测仪内部还集成了简单的专家意见，可通过语音方式为现场管理员提供操作意见。采用温室监测仪，可将每个大棚内3名工作人员减少至1人，省去了数据监测、采集和数据分析的人工，同时大幅提高了温室监测数据准确率。

（孟德坤）

【全国大学生村官培训班在韩村河村举行】 11月23日至27日，由中组部、农业部联合举办的全国大学生村官培训班在韩村河村举行。培训班采取集中授课、现场教学方式，围绕新农村建设、农村基层组织建设和社会管理、发展现代农业等内容进行授课。参观了韩村河镇社会主义新农村展览室、观景台、农贸市场、水上公园及韩建PCCP管业基地等景点。农业部部长韩长赋主持开班仪式并授课。中央政治局委员、中央书记处书记、中央组织部长李源潮出席开班仪式并讲话。全国 31 个省、市、区及新疆生产建设兵团的 96 名大学生村官参加培训。

（沈美娟）

【李源潮等考察韩村河新农村建设】 11 月 23 日，中共中央政治局委员、中央书记处书记、中组部部长李源潮，农业部部长韩长赋一行就新农村建设问题到房山考察。区委书记刘伟等领导陪同考察了韩村河村的新农村建设。在韩村河村社会主义新农村建设展览室，李源潮认真听取讲解，仔细观看展现韩村河村发展变化的展板。韩村河村党委书记田雄向李源潮介绍了韩村河村的创业发展历程、新农村建设以及村民的生产生活情况，李源潮对韩村河村 33 年的发展给予了充分的肯定。在韩村河村党员干部廉洁自律“九条规矩”展板前，李源潮详细询问了韩村河村基层党建工作开展情况，对韩村河村党员干部廉洁自律“九条规矩”给予了高度的评价。

（沈美娟）

【韩村河村新农村建设工作情况】 年内，韩村河村在保障村民就业和福利的同时，完善了新农村建设。在夹括河上修建新桥 1 座，在主要街道安装了太阳能路灯，在各主要路口安装了红外线监控、电动门，新建了岳李路边的小区围挡；新建连排别墅 40 户和多层住宅楼 9 门 114 户。扩建韩村河山庄，新建了接待厅；推进节能减排，更新改造锅炉房 4 个，保温改造居民住宅墙体和窗户。进行全村绿化、美化。全年接待游客 10 万人。韩村河村民年人均收入加福利达到 5 万元。

（沈美娟）

阎村镇

【概况】 阎村镇东与西潞街道毗邻，北与青龙湖镇接壤，西与城关街道相邻，南接窦店镇。总面积 48.5 平方公里，辖村民委员会 22 个、社区居委会 3 个。2011 年，全镇总户数 18193 户，其中农业户 9076 户、非农业户 9117 户。户籍人口 39628 人，其中农业人口 20870 人、非农业人口 18758 人。年内，出生人口 361 人，出生率 9.11‰，死亡人口 221 人，人口自然增长率 3.53‰。

2011 年，全镇财政收入 9897.4 万元，同比增长 13.9%；税收 30659.9 万元，同比增长 29.4%。农村营业收入 274813.9 万元，利润总额-4156.4 万元，税金 1454.6 万元，人均劳动所得 10803.6 元。粮食作物播种面积 16381 亩，亩产 355.2 公斤，总产量 5819.1 吨；蔬菜作物播种面积 3876 亩，总产量 9175.7 吨。干鲜果品总产量 457.3 吨。四旁植树 4.2 万株，育苗面积 80.2 公顷。农机总动力 31494 千瓦。生猪出栏 9882 头，存栏 4384 头；羊出栏 3571 只，存栏 2818 只；肉牛出栏 112 头，存栏 91 头，牛奶产量 289.4 吨；肉鸡出栏 8.64 万只，存栏 0.76 万只，鲜蛋产量 520.7 吨。肉类总产 1292.5 吨。

全年固定资产投资 75950 万元，工业总产值 116721.94 万元，主营业务收入 116955.32 万元，利润总额 1453 万元。集体、私营、个体企业 3112 家。全年新引进项目 9 个，引进资金 5.72 亿元，到位资金 3.41 亿元。

阎村镇精品中心城区建设快速推进。绿城百合公寓占地 852 亩，总建筑面积 67 万平方米，全部竣工。乐活城占地 582.23 亩，总建筑面积 40 万平方米，竣工 18 万平方米，在建 12 万平方米。2011 年，新建 10 万平方米。阎村公租房规划占地面积 7 万平方米，规划总建筑面积14.5万平方米，于9月正式开工建设。

阎村镇发挥文化设施资源优势，以北京紫园艺海文化发展有限公司为龙头，积极打造文化产业，实施了文化产业项目“百、千、万”工程，着力打造了“百亩文化产业园”“千亩先农文化生态园”和建筑面积3万平方米的张庄“写意房山”文化产业园三大支柱文化产业项目。2011年，“写意房山”文化产业园，中国国家画院美术中心、中国徐悲鸿画院创作基地等11家艺术机构和30余名国家级艺术家入驻。

全镇有幼儿园（所）18所（公办园1所，公办分园1所，民办园16所），在园幼儿1666人，专任教师127人。小学6所，在校生1775人，专任教师145人。初中3所（含区教委直属校良乡五中），在校生1832人，专任教师242人。九年一贯制流动人口学校1所，在校生833人，专任教师22人。“重大工程、重点工作次序动员管理机制”得到中组部、中共北京市委肯定。组建了60人的阎村镇乐声合唱团。获“北京市民间文化之乡”称号，并被评为“全国文明乡镇”。

（王茁）

【参加“李尧臣杯”传统武术比赛】 4月9日，阎村镇参加2011年北京市“李尧臣杯”传统武术比赛，6名队员分别参加长器械、双器械2个单项的展示。宋伯涵获传统项目长器械个人第6名，宋启江获双器械个人第2名，宋蒙获双器械个人第5名，管子豪、宋伯涵、杨硕获双器械个人第6名。

（王茁）

【海聚工程产业基地基础设施建设启动】 7月19日，阎村镇举行海聚工程产业基地基础设施建设启动仪式。该工程规划面积约为1000亩，位于阎村镇房山工业园区东区北侧，以良乡经济开发区购买的原燕京北厂403.37亩土地为起步区。在实施基础设施建设前期，涉及项目周边拆迁的8家企业和单位完成拆除工作，兑现拆迁补偿费380余万元。基础设施建设投资2718万元，包括：修建道路（长1253米、宽22米），完备雨污水等市政管线，移改电力、通信、有线电视、宽带等线路等项目。

（王茁）

【农村集体资产监管服务中心揭牌】 10月11日，举行阎村镇农村集体资产监管服务中心揭牌仪式。该中心占地面积60平方米，工作职责：农村集体资产、资源、资金日常的运行管理和监督，对涉及村级会计、现金、合同等经济事务的监督管理。有工作人员8名。

（王茁）

【北京超越电缆有限公司建成投产】 10月，北京超越电缆有限公司建成投产，该公司位于房山工业园区东区01-0016、01-0018号地块，总投资2.2亿元，占地面积51.15亩（工业用地）。该公司配有厂房、办公楼和挤塑机、成缆机、叉绞机、编织机等主要设备，主要生产氟塑料电缆、硅橡胶电缆、丁晴电缆用于发电、石油、化工冶金等特种线路。年产氟塑料电缆、硅橡胶电缆8000千米，丁晴电缆1500千米，实现销售收入3.12亿元，利税总额6850万元，解决劳动力就业300余人。

（王茁）

【综治维稳中心投入使用】 11月1日，阎村镇综治维稳中心投入使用。该中心投资2500万元，占地面积10亩，总建筑面积4300平方米。中心一楼综合办公大厅300平方米、二楼指挥中心150平方米，聚集了综治、信访、公安、司法、民政、社保等13个科室集中办公。同时内设群众信访接待室，治安、民间纠纷联合调解室，连民心恳谈室，统一受理群众诉求、化解矛盾纠纷。

（王茁）

【推行“三必访”工作机制】 年内，阎村镇推行“三必访”（村、社区干部必访，弱势群体必访，流动人口、重点人员必访）工作机制，加强流动人口服务与管理工作。具体内容：一是村、社区干部必访。镇流管办与派出所联合主动加强与村支部书记、社区主任等沟通联系，定期进行走访，了解掌握人口管理情况、治安状况和治保组织建设情况，及时化解基层社会中存在的热点、难点问题。二是弱势群体必访。及时深入空巢老人、贫困家庭、残疾人、留守妇女儿童等弱势群体家中，了解其生产生活困难，从细微处入手，协调社保、民政等相关部门为弱势群体提供最低生活保障和社保医疗补贴，解决实际困难。三是流动人口、重点人员必访。制定“以访为主，控教并重”的流动人口管理方法，加强对重点人口、高危人群管控，完善出租房屋管理，依政策帮助其解决有关落户、低保、职业培训等问题，做好流动人口的教育和引导工作。

（王苗）

【提高办学水平】 年内，阎村镇提高办学水平，实施“两撤两并三建设”工程：一是投资3000万元，撤销大董村小学，并入晨曦中学，建设晨曦学校，建筑面积1.36万平方米，建成具有27个教学班规模的九年一贯制学校。二是投资700万元，撤销炒米店小学，并入后十三里小学。在后十三里小学原有校舍基础上，新建3000平方米教学楼和生活楼，形成一所具有较大规模完全小学。三是投资800万元，改扩建北坊小学。将原有平房拆除，新建3600平方米教学楼。四是由镇政府投资100万元改善王子岛幼儿园办学条件，新建建筑面积400平方米的活动室。

（王苗）

大石窝镇

【概况】 大石窝镇东邻长沟镇，西连张坊镇，南接河北省涿洲市、涞水县，北邻韩村河镇的上方山地区。总面积96平方公里，山地、丘陵、平原各占1/3，自北向南呈狭长梯次分布，属山前暖区气候。辖村民委员会24个。2011年，全镇总户数19126户，其中农业户12125户，非农业户7001户。户籍人口37909人，其中农业人口28404人、非农业人口9505人。年内，出生人口344人，出生率9.07‰，死亡人口310人，人口自然增长率0.89‰。

2011年，全镇财政收入2164.9万元，同比增长36.7%；税收7156万元，同比增长19.6%。农村营业收入143970.4万元，利润总额999.6万元，税金936.4万元，人均劳动所得11036.1元。粮食作物播种面积34016亩，亩产353.7公斤，总产量12032.6吨；油料作物播种面积499亩，总产量69吨；蔬菜作物播种面积5737亩，总产量13449.5吨。干鲜果品总产量3501.3吨。造林面积33.3公顷，四旁植树2万株，育苗面积20.3公顷。农机总动力24658千瓦。生猪出栏14478头，存栏7962头；羊出栏8587只，存栏6553只；肉牛出栏191头，存栏129头，牛奶产量173.5吨；肉鸡出栏108.06万只，存栏1.87万只，鲜蛋产量287吨。肉类总产3716.4吨。

全年固定资产投资43248万元，工业总产值20437.47万元，主营业务收入19023.62万元，利润总额3125.5万元。

全年引进落地企业4家，注册企业2家。治理矿山面积304亩，整理土地683亩，新增土地569亩，新增耕地率达到83.3%。全年，新农村建设粉刷、制作文化墙1.3万平方米，新安装太阳能300盏，太阳能热水器120台、农宅增温节能1.8万平方米，并且完成了14个村阳光浴室工程的选址设计工作。惠南庄村、镇江营村建沼气池66户，下滩、土堤村50户安装地采暖和阳光浴室。加强环境整治，垃圾分类管理，南河、下营、石窝等9个村通过了生态村创建验收。旅游业发展以北部为主，有水头、三岔、下庄及南河4个市级民俗旅游专业村，民俗旅游接待户达53户。率先开展农村集体经济产权制度改革试点工作，完成24个村的资产清查工作，10个村完成了公告工作，22个村完成集体经济产权制度改革试点工作。

大石窝镇北部山区蕴藏丰富的汉白玉（M1101）、艾叶青（M1102）、明柳、砖碴、芝麻花、青白石、螺丝转等石材，构成著名的“13弦”，总储量2450万立方米，其中汉白玉储量达80万立方米。年内，举办了以北京（房山）旅游文化纪念品设计为主题的汉白玉文化艺术节。

镇域内交通便利，距京港澳（原京石）高速公路20公里，京广铁路、房易路穿境而过。836路、917路公共汽车直通北京，12路、16路、18路、31路、41路公交车直通区政府，8路、9路公交车通往涿州。有公交客运中心1座，邮政局1所，变电站1座，安装程控电话11260门。全镇有中心幼儿园1所，入园儿童242人，教师53人；小学4所，在校生1081人，教师125人；中学2所，在校生937人，教师171人。中心卫生院1所，社区卫生服务站10个，医疗卫生人员65人，病床20张。城乡居民养老保险及新型农村合作医疗参保率均100%。全镇有文化活动场所57个，有数字影院24个，全年巡回放映电影3655场。

大石窝镇文物古迹有国家级文物保护单位云居寺，市级文物保护单位七级密檐塔、高庄御皇塔，区级文物保护单位有镇江营村新石器时代文化遗址和镇江石塔、石窝明代铜钟、蔡庄的战国古城址等。有一级保护古树树龄在300年以上的古槐3株。

（方玉竹）

【辛庄食用菌生产加工基地一期投入使用】 大石窝镇辛庄食用菌生产加工基地分两期建设，总投资1.5亿元，总占地70亩，由北京永长福生物科技有限公司投资建设。一期工程为杏鲍菇生产线，投资6000万元，建成1万平方米厂房，于2010年5月开工。2012年3月17日，大石窝镇辛庄食用菌生产加工基地一期建成并投入使用。配有机械化菌包生产、高压灭菌、自动接种系统及制冷机、打包机等机械设备100台套。年内，实现年加工菌棒1200万袋，日产食用菌20吨，解决当地劳动力就业200余人。

（方玉竹）

【云居寺文化景区建设】 3月18日，北京云居寺文化景区开发有限责任公司（温德拉集团）分别与大石窝镇、下庄村经联社签订《土地一级开发委托协议》《土地租赁协议》，先期拨付租金800万元。5月，完成静琬广场建设工程。绿化面积100余亩，广场铺装1.2万平方米，树木移栽1000株。完成下庄村土地流转工作，流转土地2158亩。完成云居寺停车场380平方米商业用房的拆除工作。完成云居寺景区周边环境治理项目建议书。

（方玉竹）

【大理石矿山地质环境治理项目设计方案通过评审】 3月，大石窝镇大理石矿山地质环境治理项目设计方案通过建设综合勘察研究设计院专家小组评审。治理方案主要内容：治理项目分Ⅰ区和Ⅱ区。Ⅰ区由北至南分别编号A区、B区、C区、D区、E区、F区、G区，治理方案分区设计：A区、B区：保持原有采矿道路，路旁堆积废渣就地回填采面低凹处，进行平整处理，分级整理出台地，在出现堆积边坡的路边或坡底采取干砌挡墙支挡，进行客土绿化。C区、D区、E区：废渣清理、整治地形地貌，恢复可利用土地资源，提高土地使用效率。F 区、G 区：周边堆积的废弃渣石全部回填采坑。Ⅱ区治理设计方案：通过清除坡面危岩和修整坡面有效消灾减灾；通过回填采坑形成梯级平台，种植植物。

（方玉竹）

【确立“北寺中石南田”产业发展思路】 3 月，大石窝镇确立“北寺中石南田”产业发展思路。“北寺”，以云居寺为核心，推进重大项目落地。抓好云居寺文化景区、西门子数据中心、北京大学国家级实验室项目，整合云居寺周边三岔、下庄、水头 3 个市级民俗村。中石，做好非煤红砂岩矿山的整合和规模开采及林安物流园暨石文化博览园建设的前期手续办理及一期建设工作。南田，以落户南河的可诺耐蔬菜加工厂及辛庄杏鲍菇加工厂为龙头，带动都市现代农业发展向全镇延伸。注册资金 5000 万元的和田大枣加工厂与南河村签订土地租赁协议。

（方玉竹）

【吉野家基地落户南河村】 3 月，吉野家基地落户大石窝镇南河村。该基地总投资 1 亿元，占地 150 亩，于 9 月开工建设。基地分特色养殖区、特色种植区、加工贸易区，以蔬菜、禽蛋为主。年内，南河村与北京吉野家餐饮有限公司签订了 10 年冷库租赁协议。

（方玉竹）

【设计推出汉白玉 LOGO 和款识】 7 月，在北京房山•第二届中国汉白玉文化艺术节新闻发布会暨启动仪式上，艺术节 LOGO 及“大石窝”款识也正式启用。LOGO 以汉白玉文化艺术节雕刻大赛中范春宏的参赛作品《华表》为设计基础，经大赛评委会讨论调整后，确定 LOGO 方案：由中国房山、汉白玉、大石窝 3 个设计元素组成。其主体形如洁白如玉的华表，华表上部分由“中国房山”的英文缩写“CFS”构成，下部分由“汉白玉”3 个字组成，华表右侧，是“大石窝”雕刻图文。标识旨在彰显汉白玉深厚的文化与艺术底蕴，紧扣中国房山汉白玉文化艺术节核心思想。款识为特制的大石窝款识，字体采用古朴的繁体篆书，整体设计沉稳大方，富有历史感和文化感。从此届艺术节开始，“大石窝”款识将印在所有获奖作品的底部，作为重要的品牌标识。凡标有“大石窝”款识，均为汉白玉艺术节获奖作品，属汉白玉艺术精品。LOGO 和款识的推出，使中国汉白玉文化艺术节有了自己的品牌标识。

（方玉竹）

【启动湿地治理项目】 9 月，大石窝镇启动湿地治理项目。该项目总投资 1600 万元，主要对南泉水河湿地进行修复，工程包括：泉眼防护、泉眼水源保护、旁侧表流湿地保护、旁侧表流湿地恢复和河流湿地整治工程。整治面积 6450 平方米，形成水域面积 5600 平方米，疏挖和砌护工程区域内北沟、南沟和支流河流湿地，绿化面积 1.76 万平方米。

（方玉竹）

【宜居生态镇建设】 年内，大石窝镇打造四个环境，塑造宜居生态镇：一是治理水环境。分 3 期治理以南泉水河为中心向各方延伸的“水环境”及解决水头、辛庄、惠南庄、广润庄、独树村人畜安全饮水问题。二是扮靓路环境。对房易路、云居寺路、南土路环境进行综合整治，抓好拆迁、土地平整及绿化、美化、亮化、硬化工作。三是优化生态环境。抓好 1000 亩土地整理、1000 亩荒山开发、1000 亩矿坑复垦及 1500 亩生态造林工程。四是营造人居环境。做好垃圾分类工作，完成镇域内公路两侧可视范围内的乱堆乱放、违章建设、乱贴小广告行为。

（方玉竹）

【中心小学教学楼开工建设】 11 月 4 日，大石窝镇中心小学教学楼开工建设。该项目建设用地 23748 平方米，设计办学规模为 24

个教学班，建成后可容纳960名学生就读。有教学楼、实验室、音乐室、计算机室、多功能厅等，教师宿舍1356平方米、食堂1093平方米、附属用房695平方米，工程总造价5439万元。

（方玉竹）

【完成镇域内京石二通道建设拆迁工作】 年内，京石二通道建设完成了迁坟、制止“三抢”（抢建、抢栽、抢种）行动。4月2日，涉及大石窝镇迁移的289座坟墓已迁移完毕。4月9日，开展大规模的“三抢” 清理拆除行动，依法对该镇域内京石二通道规划线上违法建设予以拆除。拆除违法建设钢架结构大棚3.5万平方米，清理抢栽树木16万株，其中，农户自行拆除违法建设4400平方米、清理树木2.15万株。

（方玉竹）

【举办北京房山·第二届中国汉白玉文化艺术节】 7月15日至10月19日，北京房山·第二届中国汉白玉文化艺术节暨第二届汉白玉雕刻创意大赛在大石窝镇举办。该艺术节由区委宣传部主办，大石窝镇承办。设有中国汉白玉雕刻创意大赛、汉白玉产业峰会、“大石窝” 款识系列活动。雕刻创意大赛以北京（房山）旅游文化纪念品设计为主题，征集到国内30个省市1100余件参赛作品。《白玉幼狮》获一等奖；《心语》《静琬小僧》获二等奖；《和合》《京娃娃》《核桃》获三等奖。10月，召开汉白玉产业峰会。

（方玉竹）

周口店镇

【概况】 周口店镇东邻城关街道办事处，南连韩村河镇，西与十渡镇、霞云岭乡相连，北接燕化地区。总面积126平方公里，东西宽17公里，南北长18公里，地形自西北向东南呈山地、丘陵、平原递次垂降分布，各占1/3。辖村民委员会24个、社区居委会5个。2011年，全镇总户数16868户，其中农业户8717户、非农业户8151户。户籍人口36916人，其中农业人口20496人、非农业人口16420人。年内，出生人口335人，出生率9.07‰，死亡人口238人，人口自然增长率2.62‰。

2011年，全镇财政收入3449.4万元，同比增长6.3%；税收12240.3万元，同比下降19.8%。农村营业收入186684.7万元，利润总额5715.7万元，税金9069.9万元，人均劳动所得 7996.2 元。粮食作物播种面积15351亩，亩产375.8公斤，总产量5769.1吨；油料作物播种面积279亩，总产量35.1吨；蔬菜作物播种面积1285亩，总产量2236.9吨。干鲜果品总产量3819.9吨。造林面积33.3公顷，四旁植树4.5万株，育苗面积6.3公顷。农机总动力30862千瓦。生猪出栏49503头，存栏35989头；羊出栏2062只，存栏3913只；肉牛出栏174头，存栏113头，牛奶产量1243吨；肉鸡出栏31.38万只，存栏8.1万只，鲜蛋产量1922.3吨。肉类总产4326.4吨。

全年固定资产投资52510万元，工业总产值 152402.76 万元，主营业务收入172298.87万元，利润总额8762万元。年内，实施“生态周口店”战略，强化生态涵养区和绿色经济建设，实施造林工程1.5万亩，绿化面积 8.9 万平方米，林木绿化率达到47.09%。

周口店镇资源型低端产业已逐步退出，累计关闭煤矿8家（10个井口），关闭非煤矿山56家、水泥立窑生产线13条。

全镇有幼儿园、托儿所、学前班 9 个。中小学 8 所，在校生 3620 人，教职工 483 人。镇中心卫生院 1 所、病床 25 张。敬老院 1 所，收养人数 86 人。图书馆、文化站 23 个，体育馆 1 个，体育健身场所 39 处。

年内，周口店镇社会救助工作完成低保审批 49 户、118 人，调标 28 户、45 人，停救 188 户、463 人；完成低收入家庭审批 10 户 24 人。为农村低保、五保、低收入家庭 47 人申请医疗救助 19.82 万元，镇卫生院为 278 人垫付医疗费 71333.38 元。完成 7 户农村优抚社救对象危旧房翻建审批，建房 5 户、修房 2 户。

周口店镇是北京历史悠久的重镇，风光秀丽，有着丰富的历史文化底蕴，境内享誉国内外的“北京人遗址”，被联合国教科文组织确定为“世界自然与文化遗产”，年旅游接待人数达 8 万人。有北京历史上第一个皇家陵寝——金陵、唐代大诗人贾岛的故居——贾岛峪、明代避暑胜地——红螺三险及庄公院、宝金山、棋盘山、云峰寺等名胜古迹，计 22 处。

（尚晓娇）

【志愿者协会成立】　4 月 27 日，周口店镇志愿者协会成立大会召开。会议宣读了《周口店镇志愿者协会成立批复文件》，审议通过了《周口店镇志愿者协会章程》，并选举产生了周口店镇志愿者协会组成人员。协会的宗旨是“服务社会、传播文明”，以“友爱、互助、奉献、进步”为服务精神。主要任务是培养青年的公民意识、奉献精神和服务能力，为城市发展、社区建设、抢险救灾以及大型社会活动等公益事业提供志愿服务；为有特殊困难，需要帮助的社会成员以及贫困地区提供志愿服务；规划、组织志愿服务活动，协调、指导全镇各类志愿者组织开展工作。

（尚晓娇）

【坡峰岭景区建成】　9 月，周口店镇坡峰岭景区建成。景区总投资 1700 万元，占地 2000 亩，有鹰嘴岩、好汉岩、水波石、琵琶石、清风亭、秋风亭、龙天冠、单数朝王 8 个景点。年内，接待游客 14 万人。

（尚晓娇）

【举办第一届登山节】　9 月 30 日至 10 月 31 日，周口店镇在黄山店村坡峰岭红叶观光景区举办第一届登山节。活动以“登高黄山店　感知第一秋——探寻‘北京人’眼中的第一抹秋色”为主题。共有 10 万人参加登山节活动。

（尚晓娇）

【回迁房开工建设】　11 月 20 日，周口店镇回迁房“云峰家园”开工建设。该项目总投资 13964 万元，总建筑面积 45335 平方米，位于周口店镇中心区内，由具有一级资质的中铁 22 局承建。共建 11 栋楼、581 户，户型为 1 居、2 居、3 居室。

（尚晓娇）

【加强农业基地建设】　年内，周口店镇加强农业基地建设。一是山区养殖基地建设，继续完善“西藏小型猪”养殖繁育基地建设，加强疫病控制，搞好园区环境卫生。二是山区果树基地建设，重点抓好采摘观光园建设，栽植、补植苗木 7.8 万株，嫁接核桃、柿子 3.2 万株。三是山区药材基地建设，泗马沟、长流水等 6 个村种植黄芩、柴胡、金银花等药材 1600 亩。

（尚晓娇）

【完善富农增收保障体系】　年内，周口店镇完善富民增收保障体系。一是落实富农政策。认真落实粮食直补、退耕还林粮食补助、水库移民补贴、国补农机购置等政策，作到应补尽补。二是春耕抗旱工作。重点做好镇域内 4400.8 亩小麦抗旱管理，针对小麦进入返青期，春季“降水少、气温回升慢”的气候特点，加强麦田管理，引导农民科学施肥、抗旱保墒，确保夏粮丰产丰收。三是山区产业项目建设。重点扶持娄子水村、车厂村等 6 个观光采摘园项目建设，抓好南韩继村、新街村等 5 个村 74 亩设施农业生产，推进泗马沟、长流水等6个村1600亩山区药材种植，完善“西藏小型猪”养殖繁育基地建设等。

（尚晓娇）

【年产蜂蜜6.4万公斤】 养蜂业是周口店镇畜牧业发展的一项特色产业。周口店镇养蜂个体户有80余户，蜜蜂饲养量达到2500群，年产蜂蜜6.4万公斤、蜂王浆100公斤、蜂蜡300公斤，总产值70余万元。

（尚晓娇）

长阳镇

【概况】 长阳镇位于房山、丰台、大兴三区交汇处，总面积91.37平方公里。辖村民委员会36个、社区居委会6个。2011年，全镇总户数15749户，其中农业户7122户、非农业户8627户。户籍人口35581人，其中农业人口17816人、非农业人口17765人。年内，出生人口664人，出生率18.66‰，死亡人口150人，人口自然增长率14.44‰。

2011年，全镇财政收入47608.2万元，同比增长77.7%；税收104260.8万元，同比增长65%。农村营业收入329764.4万元，利润总额6249.5万元，税金4573.7万元，人均劳动所得15839.8元。粮食作物播种面积9672亩，亩产395.5公斤，总产量3824.8吨；油料作物播种面积630亩，总产量93.9吨；蔬菜作物播种面积6022亩，总产量6924.1吨。干鲜果品总产量12199.3吨。四旁植树15.4万株，育苗面积95.4公顷。农机总动力36162千瓦。生猪出栏6716头，存栏6394头；羊出栏5805只，存栏4398只；肉牛出栏919头，存栏1628头，牛奶产量2001吨；肉鸡出栏6.9万只，鲜蛋产量1299吨。肉类总产876.2吨。

全年固定资产投资916951万元，工业总产值191064.21万元，主营业务收入193003.79万元，利润总额5639.8万元。企业总数1706家，其中农林牧渔业326家、工业企业174家、建筑业80家、交通运输仓储业538家、批发零售业304家、住宿及餐饮业114家、社会服务业170家。2011年，全镇新建工业项目1个，总投资2000万元；续建项目1个，总投资5.4亿元。

全镇土地一级开发项目15个、48个地块，总占地面积约1527公顷，完成出让地块18个、358.5公顷，实现开复工面积176万平方米。村庄道路硬化、修补17万平方米，铺设供排水管路60公里，村庄绿化15万平方米，商业网点、数字影厅、图书室、公共厕所、医疗站等基础设施和公共服务设施实现全覆盖。长阳镇地热资源分布面积大，蕴藏丰富，具有出水温度高，富含多种矿物质的热点，在宾馆、娱乐场所及民用住宅取暖、洗浴等领域广泛应用。长阳镇交通优势明显，紧邻首都规划建设的五环、六环路，境内有京九、京广、良黄铁路和京周、京良、京保公路，京石高速公路在长阳设有2个出口，驱车抵达市区仅需15分钟，917、646、321、391、993等路市郊公共汽车在长阳镇设站。新建成通车的地铁房山线在设5个站点。

全镇有中学3所，在校生1088人，教职工137人；小学6所，在校生1584人，教职工147人；卫生院1所，社区卫生服务站10个，卫生技术人员50人，病床50张。民间乡土文化有公议庄村的五虎少林会，水碾屯的铜锣会等。长阳镇公议庄五虎少林会入选北京市非物质文化遗产名录，北京仁和酒业有限责任公司

“菊花白”酒酿制技艺入选国家级非物质文化遗产项目。

（石晶）

【“中法民营姐妹医院”在北亚骨科医院揭牌】 3月20日，北亚骨科医院与法国艾米莉医院结成“中法民营姐妹医院”，两所医院发挥各自的技术优势，在脊柱、髋关节、膝关节、强直性脊柱炎以及假肢等医学方面进行交流与合作，提高民营医院医疗技术和服务质量。年内，北亚骨科医院派2批医生、护士、管理人员到法国进行学习交流。

（苏雷）

【首个“中央国家机关青年林”揭幕】 4月9日，首个“中央国家机关青年林”在房山新城滨河森林公园揭幕。中央国家机关团工委书记张璐，区委副书记张祝华，副区长马丽英，共青团北京市委青农部领导，民政部、财政部、国土资源部等中央国家机关有关部门机关团委书记，区农委、团区委、区水务局、区园林绿化局、长阳镇等部门领导出席揭幕仪式。仪式上，张祝华代表房山区委、区政府致欢迎辞，随后，财政部青年干部陈巍宣读了绿色倡议书。中央国家机关团工委书记张璐进行了总结发言。仪式结束后，最高人民检察院、教育部、公安部等中央国家机关24个部门的300多名青年干部参加了义务植树活动，种下了100多棵松树。

（苏雷）

【2011中国·东盟10+3驻华大使联谊活动在房山区举行】 6月5日，由中国人民对外友好协会、房山区人民政府主办，CSD（长阳核心区）管理委员会、长阳镇人民政府、中国?东盟大使高尔夫联谊会、北京地豪矿业控股股份有限公司、华亿东方资源投资有限公司承办的2011中国?东盟10+3驻华大使联谊活动在房山区长阳国际高尔夫举行。本次活动的主题为“拥抱世界，走进房山”。全国政协副主席阿不来提?阿不都热西提，中国人民对外友好协会会长陈昊苏，房山区委副书记、区长祁红等领导出席活动。

（李长亮）

【周转房西区党员服务站成立】 6月20日，长阳镇举行周转房西区党员服务站揭牌仪式，该服务站占地200余平方米，内设党员书库、投影等设备。服务站有站长1名、工作人员2名，服务党员118名。党员服务站主要工作是加强和改进部分拆迁村党员教育、管理，为党员、群众搭建党组织服务平台，创新关爱服务党员新方法。

（石晶）

【合作办学】 9月，长阳中学与北京铁路第二中学（以下简称铁二中）合作办学，学籍为铁二中学籍。长阳中学初中一年级4个教学班编入铁二中教学班，在长阳中学上课，以铁二中教师任教为主。长阳镇出资40万元用于补贴铁二中教师生活、交通及教师培训。

（石晶）

【“中柬友好交流基地”在长阳镇挂牌成立】 11月7日，“中柬友好交流基地”在长阳镇正式挂牌，中国人民对外友好协会领导为基地授牌。中柬友好交流基地拓展合作渠道，通过开展丰富多彩的交流活动，增进中柬两国人民友谊。

（李长亮）

【环境治理工作】 年内，长阳镇累计拆除违法建设75处，总计17万平方米。其中自行拆除13.7万平方米，占全部拆除面积的81%。查扣违法运输车辆380辆，清理砂石厂21处，清理囤积的砂石料5万余吨，腾退农业用地500余亩。拆除、规范各类广告牌匾3000处，建设拆迁工地围挡、施工工地围挡26万延米，清除建筑渣土230万吨。

（苏雷）

【北京莱恩堡酒庄首批葡萄酒酿造完毕】北京莱恩堡酒庄位于长阳镇稻田一村，该酒庄葡萄种植基地达700余亩，年内收获葡萄20余吨。首次酿造葡萄酒15吨、1万余瓶，包含赤霞珠、梅洛、霞多利等7个品种。

（苏雷）

石楼镇

【概况】 石楼镇东临窦店镇，南接琉璃河镇，西连韩村河镇、周口店镇，北衔燕房卫星城。总面积42.3平方公里，辖12个村民委员会、1个社区居民委员会。2011年总户数15553户，其中农业户9630户、非农业户5923户。户籍人口29946人，其中农业人口22023人、非农业人口7923人。年内，出生人口232人，出生率7.75‰，死亡人口219人，人口自然增长率0.44‰。

大石河、周口店河、马刨泉河3条河流在境内蜿蜒穿绕。镇域内水源充足，水质良好。本地区属季风性气候，年降水量632.8毫米，年平均气温12℃，平均相对湿度为55%。

2011年，全镇财政收入1183.5万元，同比增长37.7%；税收4953万元，同比增长33.8%。农村营业收入168650.1万元，利润总额1366.1万元，税金1934.4万元，人均劳动所得 5259.9 元。粮食作物播种面积57527亩，亩产416.5公斤，总产量23958.6吨；油料作物播种面积30亩，总产量7.5吨；蔬菜作物播种面积6384亩，总产量23812.5吨。干鲜果品总产量58.1吨。四旁植树4.5万株，育苗面积10.3公顷。农机总动力10332千瓦。生猪出栏43522头，存栏24904头；羊出栏3953只，存栏4512只；肉牛出栏219头，存栏62头，牛奶产量726.8吨；肉鸡出栏4.89万只，存栏2.5万只，鲜蛋产量263.4吨。肉类总产3528.3吨。

全年固定资产投资15106万元，工业总产值82901.68万元，主营业务收入88338.81万元，利润总额3485.8万元。

石楼镇交通便捷、四通八达，长周路、房琉路等区级公路穿境而过，距京港澳（原京石）高速公路3.2公里，距京深高速公路3.5公里。镇内有石楼火车站，与京广铁路干线相连。30路、40路公交车直达城关街道，42路、46路公交车直达长阳镇。石楼通讯发达，有1.2万门程控电话分局可通过光纤电缆与国内外直拨电话，与国际互连网接通。有11万伏输变电站1座，天然气加压站1座，为投资兴业提供可靠的电力能源支持。

2011年，石楼镇继续实施“工业强镇、城市兴镇、都市农业立镇”战略，重点工程进展顺利，基础设施项目有力推进，京石二通道，房琉路二期工程征地拆迁工作顺利开展。完成抗震节能保温户数573户，解决老百姓住宅安全问题。镇内3家工业企业税收增速超过100%。设施农业继续健康发展，抢抓机遇，多元发展，以草莓、花卉种植，食用菌基地为重点的都市农业初见规模，协力打造石楼品牌。

全镇有2所中学，5所完全小学，1所中心园，3所分园，1所民办园，1所成人学校。其中，中学有教职工111人，学生663人，学生毕业242人；小学有教职工130人，学生1129人；幼儿园有教职工46人，学生534人；中小学幼儿园有市级骨干教师1人，区级骨干教师19人。成人教育学校有教师7人，开设2个中专班，共有学员71人。镇卫生院1所，卫生技术人员66人，病床20

张，村卫生服务站8个，医疗人员22人，老年康复中心1处，医疗保障网络辐射全镇。全年电影放映716场，文艺团队演出169场。镇内有健身乐园2处，文化活动室13个，文化健身广场27个。

（王爱华）

【完成危旧房屋改造工作】　1月，石楼镇完成救济对象、优抚对象的危旧房屋改造工作。市财政局、区民政局为石楼镇社会救济对象建房7户、修房3户，为优抚对象建房2户。危旧房屋改造工程由科信监理公司监理，10月底，危旧房屋改造工作完成。

（胡凯）

【社区教育工作情况】　1月，石楼镇有社区教育管理者队伍1支，共计41人，其中专职管理人员18人、兼职管理人员23人。社区教育辅导员队伍1支，共计67人，其中志愿者人员26人。主要开展了以学习为主导的各项活动，重点抓好学习型机关、学习型新村、学习型家庭、学习型企业、学习型学校的建设。

（杨海军）

【成人学校开设两个中专班】　2月，石楼镇成人学校开设两个中专班：农村经济管理中专班，有学员71名，主要是各村两委干部、计生专干和入党积极分子，学习法律、计算机、财务等课程；民族音乐与舞蹈中专班，有学员81人，主要是各村、各单位文艺骨干，学习民族舞蹈、民族音乐、礼仪知识等内容。

（杨海军）

【加强流动人口安全管理工作】　2月至5月，石楼镇为加强流动人口安全管理工作，与12个村委会、1个社区、70家企业签定《石楼镇出租房屋和流动人口监管责任书》《石楼镇流动人口安全管理责任书》，并在全镇开展流动人口和出租房屋基础调查专项整治行动。检查流动人口2650人、流动人口用工企业34家、出租房屋119户。

（姜维）

【建立尊师重教长效机制】　8月，石楼镇建立尊师重教长效机制，出台《石楼镇人民政府关于中小学全面实施素质教育评价表彰奖励办法》（以下简称办法）。办法规定：对先进教育工作者、骨干教师、骨干班主任市级奖励1000元，区级奖励800元，校级奖励500元；对中考、小学抽测科目及格率优秀率达到全区平均值以上的奖励1000元；对获综合评价一等奖的校长奖励3000元，二等奖的校长奖励2000元。年内，石楼镇投资15万元用于教师节奖励和慰问，为100余名获奖教师发放奖金。在教师节期间，对全镇包括支教人员、临时工在内的365名教职工发放了慰问品。

（杨海军）

【3个文化活动室竣工】　6月20日，石楼镇完成3个村的文化活动室建设，并通过区文化委员会验收移交村里使用。文化活动室于2010年9月10日开工，双柳树村活动室建筑面积300平方米、梨元店村活动室建筑面积400平方米、夏村活动室建筑面积500平方米。

（林玉顺）

【完成农宅保温节能改造工程】　9月，石楼镇完成农宅保温节能改造工程项目。该项目投资648.4万元，其中政府补贴418.2万元、农民投资230.2万元。改造项目包括：门窗改造、外墙保温、屋顶保温防水3项内容。年内，全镇完成改造户数573户，其中：保温门窗改造完成410户、面积12882平方米；外墙保温、屋顶保温防水改造163户，面积11095平方米。

（任正伟）

【举办首次女职工劳动技能大赛】　11月23日，石楼镇与北京博源包装制品有限公司联合举办首次“巾帼建功展风采、岗位争优创佳绩”女职工劳动技能大赛。劳动竞赛项目有打字、码板、点数等8项，80名女职工参加，评出一等奖8名、二等奖16名、三等奖24名。

（赵淑珍）

【石楼中学二期项目主体工程竣工】 12月，石楼中学二期项目主体工程竣工，投资2270.69万元。该项目新建建筑面积5989平方米，包括：教学楼、综合用房及塑胶操场、看台、运动场、通透式围墙等。

（王大雷）

【改善中小学办学条件】 年内，石楼镇加强中小学基础设施建设：石楼中学二期工程新建教学楼5680平方米，夏村中学校舍翻建1750平方米。石楼村、吉羊村、大次洛村、夏村4所完全小学新建专用教室857平方米，翻建教室336平方米。其中，夏村小学实现多媒体班班通，石楼中心小学安装18部电子白板，并投资150万元对4所完全小学进行校园绿化美化工程，新增绿化面积5000平方米。

（杨海军）

【3家工业企业效益增速】 年内，镇域内3家工业企业效益增速明显。北京极易化工有限公司实现销售收入2.4亿元，利润2000万元，上缴税金1076万元，同比分别增长50%、23%、109%。北京瑞普同创科技发展有限公司实现销售收入1.1亿元，利润118万元，上缴税金538万元，同比分别增长44%、81%、127%。康美（北京）药业有限公司实现销售收入9986万元，利润991万元，上缴税金666万元，同比分别增长105%、230%、229%。

（郭子硕）

【3所学校获综合评价一等奖】 年内，石楼镇教育教学质量稳步提高。石楼中学、石楼中心小学、石楼幼儿园3所学校获区教委综合评价一等奖，夏村中学获综合评价二等奖。石楼中学2011年中考优秀率16.22%，19人达到500分以上。石楼中心校深入课堂教学改革，坚持“三算”实验教学研究，保持市区先进水平。中心幼儿园在日常保教工作中，将课程、资源、教育手段及幼儿各方面的发展进行结合，探索“绿色生态教育特色”课题。

（杨海军）

长沟镇

【概况】 长沟镇东南与河北省涿州市交界，东北邻韩村河镇，西邻大石窝镇。房易路、云居寺路穿境而过，交通便利。总面积40平方公里，平原、丘陵、山区各占1/3，水是长沟的第一资源和特色，镇域内上万眼清泉，川流不息数百年；南、北泉水河形成水系，贯穿全境。辖村民委员会18个、社区居委会1个。2011年，全镇总户数11894户，其中农业户6116户、非农业户5778户。户籍人口26516人，其中农业人口15620人、非农业人口10896人。年内，出生人口313 人，出生率11.8‰，死亡人口147人，人口自然增长率6.26 ‰。

2011年，全镇财政收入2375.1万元，同比增长32.1%；税收7238.3万元，同比增长35.7%。农村营业收入161932万元，利润总额5079.1万元，税金6959万元，人均劳动所得11821.9元。粮食作物播种面积21140亩，亩产419.5公斤，总产量8867.1吨；油料作物播种面积1604亩，总产量173.8吨；蔬菜作物播种面积2126亩，总产量10727.5吨。干鲜果品总产量1064.3吨。四旁植树2万株，育苗面积25.6公顷。农机总动力11452千瓦。生猪出栏33246头，存栏20346头；羊出栏4118只，存栏4406只；肉牛出栏112头，存栏451头，牛奶产量1440.1吨；肉鸡出栏21.98万只，存栏5.15万只，鲜蛋产量383.1吨。肉类总产2936吨。

全年固定资产投资48938万元，工业总产值18746.32万元，主营业务收入25649.7万元，利润总额4.1万元。

长沟镇依托丰富的水资源实施水域经济战略，形成了一道约6公里长的水景观旅游线，全镇人均湿地面积达到150平方米。先后被确定为全国小城镇建设试点镇、全国重点镇、北京重点小城镇和旅游集散特色镇，获“全国环境优美乡镇”“国家卫生镇”“北京市园林式小城镇”等荣誉称号。长沟镇地处房山世界地质公园功能区核心区，依托天然的泉水资源和生态环境，确立了“建设具有国际品质旅游集散特色镇”的全新发展目标和 “城市之外 水岸花田”的全新品牌形象。以发展休闲度假产业为支撑，全力打造具有国际品质的旅游集散特色镇。

基础设施完善，按照“三横三纵”中心区路网规划，先后完成玉粟路、白云路和金元大街、天宝大街、广聚大街等5条道路建设，实现了“六通一平”，城镇中心区形成了四通八达的交通网络；完成了日供水能力5000吨的集中供水厂、日处理污水5000吨的污水处理厂、110千伏变电站和燃气站建设，城市功能不断完善，城市化水平显著提升。

全镇有中心幼儿园6所，入园儿童664人，教职工64人。小学3所，在校生821人，教职工98人。完全中学1所，教职工108人，在校生907人，其中初中473人、高中434人。镇社区卫生服务中心1所，病床44张。社区卫生服务站5所，村卫生室41所，卫生技术人员109人（卫生院58人，乡医51人）。全镇村级文化大院达到19个、村级数字影院18处、文体活动中心1处，健身广场19处。

（王立杰）

【举办第二届花田音乐节】 5月14日至15日，长沟镇举办第二届花田音乐节。音乐节分为民谣与摇滚两大主题，由音乐人高晓松任艺术总监，老狼、叶蓓、川子等歌手及旅行团、Bigger Bang、京城精锐摇滚乐队等多个摇滚乐团参加演出。音乐节还设有创意集市、篝火晚会、娱乐区、露营区等系列功能区，具有观赏性及趣味性。共汇聚了2011春季北京国际长走大会万余人参与。

（王立杰）

【圣哲娜红酒庄园主题公园落户长沟镇】 5月18日，长沟镇与沈阳万顺达集团签订圣哲娜红酒庄园主题公园项目框架协议，庄园正式落户长沟镇。该项目总投资2亿元，总规划面积1900亩，由葡萄种植园、红酒庄园、红酒主题公园三部分组成，年产500吨干红和干白葡萄酒。主题公园以种植优质酒用葡萄品种为核心，形成以葡萄种植、酿造、窖藏、观光、销售、会展为一体的产业链。

（王立杰）

【举办第二届花田节】 5月至10月，长沟镇举办第二届花田节，以“水岸花田，油菜花季”“金秋葵海，太阳花季”为主题，设置了花海弹唱会、稻草人婚纱摄影、花田风筝会、田间露营、游船赏荷、品农家鲜鱼、购土特产等项目。活动期间接纳游客10万人，门票收入40万元。

（王立杰）

【组建北京城建长泰房地产开发有限责任公司】 7月14日，北京城建长泰房地产开发有限责任公司成立。该公司由北京市长沟资产经营公司、北京城建房地产开发公司、泰富德投资集团公司联合组建，注册资本1000万元，主要从事长沟镇的土地一级开发工作，解决拆迁、资金、项目难题。

（王立杰）

河北镇

【概况】 河北镇位于北京西南房山区西北部浅山区，东与青龙湖镇接壤，南与燕山石油化工总公司相连，西与佛子庄乡毗临，北与门头沟区潭柘寺镇交界。总面积70平方公里，辖村民委员会19个、社区居委会2个。2011年，全镇总户数10926户，其中农业户3875户、非农业户7051户。户籍人口22754人，其中农业人口8036人、非农业人口14718人。年内，出生人口213人，出生率9.36‰，死亡人口166人，人口自然增长率2.06‰。

2011年，全镇财政收入794.5万元，同比增长8.2%；税收2097.4万元，同比增长8.9%。农村营业收入83714.7万元，利润总额-1795.7万元，税金943.8万元，人均劳动所得6558.5元。粮食作物播种面积2955亩，亩产130.8公斤，总产量386.5吨；油料作物播种面积20亩，总产量4.6吨；蔬菜作物播种面积467亩，总产量613.4吨。干鲜果品总产量1386.8吨。造林面积46.7公顷，四旁植树2万株，育苗面积21.6公顷。农机总动力60427千瓦。生猪出栏3072头，存栏2568头；羊出栏1896只，存栏3176只；牛奶产量54吨；肉鸡出栏1.69万只，存栏400只，鲜蛋产量77吨。肉类总产294.8吨。

全年固定资产投资9814万元，工业总产值14790.18万元，主营业务收入17777.99万元，利润总额-1523.5万元。

河北镇地处华北平原与太行山交界地带。地势西北高东南低，地势落差大，最高海拔831.9米，最低海拔90.7米。镇中心海拔150米。镇域内河谷沟壑纵横，群峰耸立，有凤凰山、荞麦山、南大山、将军坨、朝阳洞山、半壁山等。山间沟谷交错、山泉丰沛，有主沟67条，支沟710条。大石河自西向东蜿蜒流经镇境中部，流程15公里。村庄多依山傍水，沿河谷沟域分布。

河北镇地理位置优越，地势平缓，交通发达，良陈铁路沿境而伸，108国道穿境而过。京昆复线、闫东路、良三路、万窑路，交织在境内，村村通柏油路。833路、948路、13路公交车由良乡、石景山、红煤厂车站直通本镇。全镇通讯发达，程控电话、移动通讯网现已遍布全镇。

2011年，河北镇加快退出传统低端资源型产业，大力引进和发展新兴产业，全面实现村庄生态化、产业景观化、景区示范化的目标，围绕建设“传统产业转型示范镇”，打造“国际山地休闲示范区”，发展生态旅游和推动小城镇建设，河北镇将重点打造“中国美丽谷（MED）”、大力推进石花洞开发及“梦幻乐园”建设项目、提升玫瑰休闲港项目品牌、打造颐年山庄养老养生名片。确定了以大石河滨水休闲带为主线，实施明星项目带动，沿线串联，连片发展，形成项目提升区域的一轴一带四片区“珍珠链”式布局。着力将河北镇打造成为生态、创意、活力、乐居的山水青城。

全镇有中心幼儿园1所，入园儿童330人，教职工61人。中心校1所，下设完小1所，在校生690人，教职工109人；卫生院1所，病床70张，社区卫生服务站6所，村卫生室6所，卫生技术人员106人。全镇社区文化室2个、村级文化大院达到19个、村级数字影院19处、文体活动中心1处，健身广场23处。

河北镇历史悠久，镇内名胜古迹较多，旅游资源丰富。国家级重点风景名胜区石花洞坐落境内，并与周边洞穴共同构成中国房山世界地质公园的溶洞观赏区，景区内唐代花塔、万佛龙泉宝殿及明代铁瓦寺，至今保存完好。其他还有清代王陵，传说中的孙膑、庞涓学艺台，清朝王爷坟以及张良洞、孔水洞、蝙蝠洞等。镇内有1处国家级文物保护单位、1处市级文物保护单位、2处区级文物保护单位以及17处历史遗迹。

河北镇民间乡土文化丰富多彩，有河北村的高跷会、磁家务村的小车会、半壁店村的太平鼓等。半壁店村的太平鼓和高跷、河北村的高跷3个项目入选房山区非物质文化遗产名录。

（韩文超）

【举办“春风行动”专场招聘会】 3月3日，河北镇举办“春风行动”专场招聘会。

41家单位参加此次招聘会，有家政服务、餐饮服务、制造业、销售等多行业，提供就业岗位654个。1200余名本地劳动力咨询应聘，现场与用人单位达成意向460人。

（韩文超）

【依法关停石材经营企业83家】 4月16日，按照《房山区人民政府关于北部山区环境清理整治工作的通告》及房山北部山区环境整治办公室《关于关闭石材经营企业的通告》，河北镇联合区发改委、区综治办、区流管办、区城管大队等24家单位，依法对镇域内83家石材经营企业进行关停。

（韩文超）

【举办第四届“劳动者杯”门球赛】 5月10日，房山区第四届“劳动者杯”门球赛在磁家务村举行。全区23支队伍160余人参加比赛。经过角逐，磁家务村一队获第1名、房山进校队获第2名、房山粮贸公司队获第3名。

（韩文超）

【棚改项目开工建设】 6月23日，河北镇举行京煤集团房山棚户区改造奠基暨中国美丽谷启动仪式。棚改项目作为中国美丽谷项目的起步区建设项目，占地11.6平方公里，涉及河北镇磁家务、万佛堂、半壁店3个村。投资10亿元，建筑面积20万平方米、2800套保障性住房。市国资委、市委农工委、市市政市容委、市国土局、市环保局有关领导，区领导刘伟、祁红、史全富、唐淑荣、孙强、赵军、吴会杰及京煤集团、金泰地产集团等有关领导出席开工仪式。

（韩文超）

【山区小学天文观测基地落户河北中心校】 11月8日，“科技促进发展暨北京首家山区小学天文观测基地揭牌仪式”在河北中心校举行。该天文观测基地是北京天文馆在山区建立的首所天文观测基地，基地占地10平方米，在河北中心校体育器材楼二楼，配有一台口径152毫米，焦距1200毫米的天文望远镜。北京天文馆定期到基地开展活动。

（韩文超）

【磁家务小学二期综合楼投入使用】 11月21日，磁家务小学二期综合楼投入使用。该工程位于河北镇磁家务村，总投资1169.46万元，占地面积1940.19平方米，建筑面积3177平方米。工程主体建筑为地上4层，设有厨房、餐厅、多功能教室、教师宿舍、学生宿舍。可解决160人同时就餐，120人住宿，解决了河北镇边远地区小学生上学难的问题。

（韩文超）

张坊镇

【概况】 张坊镇位于房山区西南的拒马河畔，由东南至西北分别与大石窝镇、韩村河镇、霞云岭乡和十渡镇毗邻，西南隔拒马河与河北省涞水县相望。总面积119.4平方公里，山区、丘陵、平原各占1/3，辖15个村民委员会。2011年，全镇总户数11729户，其中农业户7295户，非农业户4434户。户籍人口21504人，其中农业人口15808人、非农业人口5696人。年内，出生人口192人，出生率8.93‰，死亡人口138人，人口自然增长率2.51‰。

2011年，全镇财政收入1078.6万元，同比下降0.1%；税收3270.2万元，同比增长19.2%。农村营业收入100982.5万元，利润总额-8.7万元，税金1442.5万元，人均劳动所得6504.8元。粮食作物播种面积15640亩，亩产277.4公斤，总产量4338.5吨，油料作物播种面积222亩，总产量28吨，蔬菜作物播种面积519亩，总产量1105.5吨，干鲜果品总产量5227.7吨。2011年造林面积40公顷，四旁植树3万株，育苗面积10公顷。农机总动力3584千瓦。生猪出栏8333头，存栏9992头；羊出栏6939只，存栏14478只；肉牛出栏49头，存栏48头，牛奶产量25吨；肉鸡出栏5.21万只，鲜蛋产量232.3吨。肉类总产948.9吨。

全年固定资产投资13291万元，工业总产值6188.35万元，主营业务收入6303.09万元，利润总额112.8万元。

张坊镇有农村商业银行分理处、电信支局、邮政所各1个。境内公路里程72公里，对外联电话线路6560条，自来水用户11182户。

全镇有中心幼儿园1所，入园儿童315人，教职工27人。小学4所，在校生640人，教职工83人；中学1所，在校生380人，教职工59人；卫生院1所，社区卫生服务站6所，病床30张，村卫生室8所，卫生技术人员55人。全镇村级数字影院15处、文体活动中心16处，健身广场16处。

（李然）

【举办游子联谊会】 2月13日，张坊镇在云泽山庄举办游子联谊会。联谊会以张坊镇生态城镇、林果名镇、旅游强镇，建设成富裕文明靓丽和谐的新张坊镇建言献策为主题。与会人员观看了魅力张坊形象宣传片和文艺演出。区政协副主席高维魁及张坊镇80余名游子参加联谊会。

（李然）

【葡萄酒庄项目落户南白岱村】 4月25日，南白岱村经联社社长、张坊镇见证方代表分别与西安玉山葡萄酒庄园有限责任公司、中国希格玛有限公司签订葡萄酒庄项目协议书。协议规定：该项目投资5亿元，在张坊镇南白岱村建设3000亩葡萄庄园。分葡萄种植园、葡萄酒加工厂、酒堡三部分。

（李然）

【周张路至房易路连通线全线贯通】 年内，周张路至房易路连通线全线贯通。该工程起点位于周张路，沿山脉向南绕经蔡家口村，向西南经北白岱村，向西到达府前街，沿府前街向南，终点接房易路，道路全长6584米，总投资3789万元。建设内容包括：道路、桥涵、交通、排水、防护、绿化等工程。

（李然）

【仙栖谷沟峪基础设施建设情况】 仙栖谷沟域位于张坊镇的西北部，沟域总面积102.8平方公里，涉及千河口、瓦沟、三合庄、东关上及穆家口5个村1886户3735人。年内，中国仙栖谷完成沟域规划国际招标，在原有米菊茶园的基础上，新增米菊茶叶带种植150亩，形成具有沟域特色山地米菊茶基地；在瓦沟、三合庄栽植金银花300亩；引进南方特色水果水蜜桃，建成200亩特色水蜜桃观光采摘园；蜜蜂产业文化园完成了科普园、文化长廊、环园水系等工程建设；实施七彩庄园建设项目，在荷花池旁建成具有海域特色的军舰1座，园区完成了中草药种植，特色鲜果栽植等工程；完善金鸡岭生态观光园，扩充了园区接待场所500平方米，柴鸡山场放养2万只；在沟域沟口出处完成集旅游咨询、休憩、购物于一体产休闲驿站。旅游咨询服务中心282平方米，配套完成太阳能供暖、监控系统、供水系统、公测、标志性建筑以及园区绿化、石文化墙、廊架小品、园区甬路等。

（李然）

【完成5个山区村土地整理工程】 7月，张坊镇域内东关上、三合庄、瓦沟、千河口、穆家口5个山区村1500亩土地开发整理工程完工。该项目总投资1172.92万元，总建设规模1553.4亩，其中东关上村片区649.65亩、三合庄村片区517.35亩、瓦沟村片区206.7亩、千河口村片区179.7亩，主要完成土地平整、水利建设及道路建设等项目，经过开发整理，新增耕地 902.1 亩。

（李然）

【完成月亮湖特色产业项目建设】 7月，瓦沟村月亮湖特色产业项目建设完成。该项目位于仙栖谷沟域内，共投资 358 万元，形成观光水面 1.2 万平方米，主要完成了景观瀑布 2 处，建管理用房 1 处、停车场 1 处、公厕 1 座、雨洪集水池 2 处、沉砂池 1 处、清水池 1 处，以及钓鱼台 160 平方米、观光路 500 米、护坡 400 米、周边绿化美化 16 万株。

（李然）

【完成 3 个村险户搬迁】 10 月，张坊镇瓦沟、三合庄、东关上 3 个村完成险户搬迁工作。3 个搬迁村分别在瓦沟村北、三合庄村铁路桥南、东关上村村委会北侧共新建楼房 79 栋，安置 238 户 810 人。搬迁小区投资 2860 万元，建筑面积 28536 平方米。新房采用新型外保暖材料，装有太阳能热水、采暖系统。

（李然）

【实现益民书屋、数字影院全覆盖】 年内，张坊镇 15 个行政村益民书屋、数字影院实现全覆盖。每个益民书屋存书均在 1500 册以上，并配有 100 套光盘及出版物，全天开放。每个数字影院均配备了放映员，每年每村放映电影达到 40 场以上。

（李然）

佛子庄乡

【概况】 佛子庄乡地处房山西北部深山区，东与河北镇交界，南连燕山办事处、周口店镇和南窖乡，西邻霞云岭乡、史家营乡、大安山乡，北与门头沟区接壤。108 国道贯串全乡（河北镇辛庄铁路桥至贾峪口村），达 25 公里，交通便利。总面积 150.06 平方公里，辖村民委员会 18 个。2011 年，全乡总户数 7671 户，其中农业户 4086 户、非农业户 3585 户。户籍人口 15624 人，其中农业人口 8527 人、非农业人口 7097 人。年内，出生人口 138 人，出生率 8.83‰，死亡人口 135 人，人口自然增长率 0.19‰。

2011 年，全乡财政收入 142.4 万元，同比下降 67.2%；税收 447.1 万元，同比下降 86%。农村营业收入 9801.3 万元，利润总额-782 万元，税金 92.7 万元，人均劳动所得 3399.8 元。粮食作物播种面积 3812 亩，亩产 120.4 公斤，总产量 458.8 吨；油料作物播种面积 16 亩，总产量 0.4 吨；蔬菜作物播种面积 132 亩，总产量 67.4 吨。干鲜果品总产量 1549.3 吨。造林面积 60 公顷，四旁植树 0.5 万株，育苗面积 1.8 公顷。农机总动力 2802 千瓦。生猪出栏 2067 头，存栏 2048 头；羊出栏 2427 只，存栏 8148 只；肉牛存栏 3 头，牛奶产量 31.5 吨；肉鸡出栏 2.12 万只，存栏 300 只，鲜蛋产量 122.6 吨。肉类总产 220.2 吨。

全年固定资产投资 7000 万元，工业总产值 526.93 万元，主营业务收入 831.48 万元，利润总额 35.4 万元。

加快产业转型。同道沟园区基础设施获市发改委的批复，完成长操有机豆芽生产加工基地的各项手续，完成佛子庄乡长操村蔬菜繁育储存基地项目、造林绿化项目、市区级土地整理及水土保持项目三个社会固定资产投资项目。完成重点绿化工程，荒山造林工程绿化面积 900 亩，废弃矿山综合治理工程治理面积 646 亩，小流域治理工程完成绿化造林 620 亩。完成 3 个村村民的山区迁移工作，全乡参加农村社会养老保险 4126 人，享受农村最低生活保障 153 户 299 人；享受城镇最低生活保障 264 户 487 人；参加农村新型合作医疗 10728 人，参合率达 100%。

佛子庄乡有中心幼儿园1所，入园儿童150人，教职工19人；中心小学1所，教师83人，在校生373人；社区卫生服务中心1个，医生34人，病床49张，村级卫生服务站12个。全乡有全民健身体育设施16处。

（马志江　郝雪羽）

【旭阳山庄建成】 5月，旭阳山庄建成。该山庄位于西安村，占地3平方公里，总投资200万元，于2008年6月开工建设，是佛子庄乡与北京天成银海科技有限公司共同合作开发的以道家文化、养生文化、姓氏文化为主要内容的特色旅游度假山庄，具有传统的民族风格。山庄共有42套宅院，110余间客房。

（马志江）

【参加第六届全国创新作文总决赛获全胜】 7月15日至22日，第六届全国创新作文大赛总决赛于重庆市举行，共有全国各分赛区的170名小学生参赛。比赛以《窗外的声音》为题，经过角逐，代表房山区参赛的佛子庄中心校的4名同学均获奖。其中马志阔获一等奖、李雅艺获二等奖、马泽和于晓倩获三等奖。

（马志江）

【莲雾种植取得成效】 佛子庄村大力发展特色种植业，在2009年试种台湾莲雾成功后，2010年投资70万元建设台湾莲雾设施基地，基地拥有种植大棚10栋。2011年7月获得丰收，总产量达到750公斤，全年实现销售收入25万元。

（马志江）

【108国道佛子庄东仓桥连接线工程开工】 9月，108国道佛子庄东仓桥连接线工程开工。该工程位于长操村以东2公里处，上跨大石河，全长140.94米，桥梁全长119.96米，宽12米至27米。道路等级为公路三级，设计时速为每小时30公里。该道路是连接108国道和108复线的重要通道，可缩短10公里的绕行距离，有效改善银狐洞及周边旅游交通不便等问题。

（马志江）

【佛子庄乡被确定为全国“以景治污、以景治荒、以景治贫”试点单位】 9月，佛子庄乡被国务院发展研究中心确定为全国“以景治污、以景治荒、以景治贫”试点单位。自2006年9月始，佛子庄乡确定了“以景治污、以景治荒、以景治贫”工作方针，将“山水文化名乡”作为基本品牌，通过制定建景战略及举措，彻底切断环境污染源头，使建景和治污有机结合，促进生态建设，加速产业转型。一是采取果断措施，关闭乡域内11家煤矿、12家石灰窑、47家非煤矿山开采点、250家煤场石板场。二是实施“还我青山绿水计划”。完成矿山植被恢复和土地整理项目13个，对7300亩矿山实施了植被恢复，对1.5万亩荒山实施了封山育林，对1.2万亩荒山荒坡实施了土地整理，完成陈家台——西班各庄4.4公里、673亩的标准段绿化建设工程。共计栽植绿化观赏树种136万余株。三是着力于文化景观建设，使之与生态文化建设结合，恢复和建设一批生态文化和传统文化景点和古迹。四是引进1家文化企业，在西班各庄的万亩荒山上进行生态恢复，同时运用绿化容积率，建设中华亲情园文化景观，修建道路和通水渠，进行大规模的绿化。

（马志江）

良乡镇

【概况】 良乡镇东与长阳镇接壤，南临窦店镇，西与阎村镇接壤，北至长虹路与拱辰街道办事处相接。全镇总面积25.9平方公里。辖16个村民委员会。2011年，全镇总户数8716户，其中农业户5461户、非农业户3255户。户籍人口16609人，其中农业人口11979人、非农业人口4630人。年内，出生人口187人，出生率11.26‰，死亡人口87人，人口自然增长率6.02‰。

2011年，全镇财政收入8831.6万元，同比增长77.8%；税收25683.8万元，同比增长96.1%。农村营业收入128461.6万元，利润总额-330.7万元，税金12865.1万元，人均劳动所得9876.7元。粮食作物播种面积14658亩，亩产381.4公斤，总产量5590.4吨；油料作物播种面积406亩，总产量58.1吨；蔬菜作物播种面积6772亩，总产量12488.1吨。干鲜果品总产量1934吨。四旁植树3.5万株，育苗面积10.3公顷。农机总动力13947千瓦。生猪出栏18326头，存栏10626头；羊出栏3117只，存栏1727只；肉牛出栏5343头，存栏548头，牛奶产量438吨；肉鸡出栏6.93万只，存栏0.5万只，鲜蛋产量1081.8吨。肉类总产2722.3吨。

全年固定资产投资14358万元，工业总产值67929.87万元，主营业务收入68546.02万元，利润总额2877.7万元。

良乡镇经济发展迅速，全镇有企业100余家，其中：镇工业基地有梦幻三星涂装设备有限公司、北京考利特电气设备有限公司、企星冶金机电技术工程有限公司等14家千万元以上企业。北京卓宸畜牧有限公司、北京凯达恒业技术开发有限公司、北京中泽凯华农业科技有限公司等分别被评为北京市市级龙头企业。以房山食用菌聚集区为龙头，整合卓宸畜牧、凯达恒业、昊屹养殖、华冠农副产品深加工基地等农业产业项目，打造特色农业产业基地。

年内，良乡镇确立了以打造“田园风光特色名镇”为发展目标的新定位，大力发展经济，统筹社会发展，不断改善民生，强化社会安全稳定。重点工程方面：盘活土地1000亩，建设房山区食用菌聚集区，投资7500万元打造天山红等项目；投资1200万元完成再生资源分拣中心工程建设，在全区建起首家垃圾无害化、资源化处理中心；投资8000万元建设华冠农副产品深加工基地二期工程；完成良乡花卉庄园建设项目3000平方米，栽植各种花卉苗木1万余株。完成良常路拆迁任务。

2011年，举办了良乡镇第三届全民运动会；完成了16个村数字影院和文化大院及健身广场建设；组建了良乡镇文化艺术团和200人的胶州秧歌队；新建16个就业服务站，拓宽了农民的就业渠道；不断完善新农合、新农保，续保率达到100%；人口与计划生育的宣传与服务工作不断完善，计划生育达到96%以上。完成村庄社区化5个试点村的建设任务，深度开展矛盾排查工作，加强了校园周边治安管理，净化了校园周边环境，并广泛开展各种安全隐患的监督检查，全年未发生安全事故。完成了村务监督委员会建设工作，实现了农村集体经济产权制度改革“三个任务一年完成”的目标，成立的农村集体“三资”（资金、资产、资源）监管服务中心。

良乡镇交通发达，处于北京六环线南北两侧，六环路出口位于良乡镇域内，京广铁路、良常路、白杨东西路、长周路纵贯全镇，33路、43路、48路、49路公交车穿境而过。有邮政所1所；电管站1所。镇内设电信支局1所，电信交换机总容量5000门，交换机实占总容量87%；农商银行分理处1所。

全镇有中心幼儿园1所，入园儿童157人，教职工24人。中心小学1所，完全小学3所，在校生675人，教职工68人；中学1所，教职工56人，在校生245人；卫生院1所，病床10张，社区卫生服务站5所，村卫生室15所，卫生技术人员32人。全镇村级文化大院16个、村级数字影院、文体活动中心各1处，健身广场22处。

（刘鹏超）

【良乡镇综治维稳工作中心团支部成立】 良乡镇综治维稳工作中心有35岁以下青年46人，其中共青团员31人，为更好开展团组织工作，5月4日，综治维稳工作中心团支部成立。

（刘鹏超）

【图像信息平台建设工程通过验收】 4月，良乡镇图像信息平台建设工程竣工。由具有北京安防协会一级资质的北京中北金盾科技有限公司建设施工。该工程投资300余万元，共建立监控平台1处、监控点39个，实现了镇域内主要路口图像信息平台工程建设全覆盖。具备在重点路段、区域监视的能力。5月22日，经房山公安分局、信息平台建设总工程师、施工方经理及工程监理验收合格。

（刘鹏超）

【良乡花卉庄园项目建设正式签约】 5月22日，良乡镇南庄子村委会与北京绿绮花卉农民专业合作社、北京博源包装制品有限公司签订良乡花卉庄园项目合作协议。协议规定：项目总投资1.2亿元，占地300余亩，设有花卉展厅、连栋温室花卉生产区、办公服务区、日光温室生产区、百果园、百花园六大功能区。建成后涵盖现代农业体验观光、花卉生产、交易、新品种研发，花卉期货交易等功能。

（刘鹏超）

【举办“党在我心中”知识竞赛】 6月21日，良乡镇在镇机关会议室举办“党在我心中”知识竞赛。竞赛分为个人必答题、小组必答题和抢答题，内容涉及：党史、党章、党风廉政建设、“三敢”精神、换届选举纪律知识等内容。辖区36支代表参加比赛，经过预决赛，良乡镇机关代表队获一等奖，南庄子村和万达集团代表队获二等奖，良乡六中、北京凯达恒业农业技术开发有限公司、邢家坞村3支代表队获三等奖。

（刘鹏超）

【成立学习型家庭志愿者服务队】 9月20日，良乡镇学习型家庭志愿者服务队成立。该服务队由16名志愿者组成，工作职责：以终身学习理念为指导，宣传指导镇域内学习型家庭的创建工作。以“妇女之家”为阵地，开设家长课堂，组织家庭开展系列活动，推进家庭数字化工程，提高家庭成员的综合素质，倡导科学、文明、和谐的生活方式。

（刘鹏超）

十渡镇

【概况】 十渡镇位于房山区西南，东与张坊镇为邻，南与河北省涞水县接壤，北与蒲洼乡、霞云岭乡为邻。十渡镇处于太行山深山区，地势西北高，东南低，最高处海拔1245.8米，最低处海拔90余米。自然风景独特，以喀斯特地貌称绝，是华北地区最大的岩溶峰林大峡谷。山奇水秀，谷壁峭立，峰林叠翠，石美洞幽。总面积193平方公里，辖村民委员会21个。总户数6383户，其中农业户4047户、非农业户2336户。户籍人口11250人，其中农业人口8206人、非农业人口3044人。

2011年，全镇财政收入977.2万元，同比增长12.5%；税收2014.2万元，同比增长6%。农村营业收入71412.2万元，利润总额4231.4万元，税金89.2万元，人均劳动所得7703.4元。粮食作物播种面积7040亩，亩产200.7公斤，总产量1412.6吨；油料作物播种面积72亩，总产量9.6吨；蔬菜作物播种面积663亩，总产量1076.1吨。干鲜果品总产量939.3吨。造林面积86.7公顷，四旁植树0.1万株，育苗面积3公顷。农机总动力4974千瓦。生猪出栏848头，存栏1085头；羊出栏7062只，存栏10010只；肉牛出栏3头；肉鸡出栏2.44万只，存栏0.12万只，鲜蛋产量112.1吨。肉类总产226.5吨。

全年固定资产投资10013万元，工业总产值808.34万元，主营业务收入811.77万元，利润总额7.8万元。

十渡旅游业发展迅速。2000年1月11日，被市政府正式批准为首批市级风景名胜区。2005年7月，被国家旅游局批准为“AAAA”景区。2011年，景区接待游客333.5万人，同比增长1.4%；实现旅游综合收入6.85亿元，同比增长为18.7%。

十渡镇有寄宿制中心小学1所，教职工48人，教学班11个，在校生320人，其中住宿生219人。中心幼儿园1所，分园2所，教职工23人，教学班7个，入园儿童173人。成人学校1所，教职工6人。社区卫生服务中心1个，社区卫生服务站4个，职工50人。村卫生室12个，健康促进室4个。

卧龙村益民书屋补充图书1500册、书柜6个。完成马安村、八渡村的北京市益民书屋工程“卫星数字益民书屋”安装任务。组织镇级大型文化活动3场。

（杨新潮）

【发挥农村党员顾问团作用】 从3月开始，十渡镇实施了农村党员顾问团制度。聘请一些有能力、有思想、有经验的农村老党员、老干部积极参与其中。农村党员顾问团发挥“两委干部编外员”的作用，在农村各项工作上提意见、献良策、严监督。党员顾问团起到了“组织宣传员”的作用，向村民宣传党的路线、方针、政策。党员顾问团是“和谐示范员”。带头争创“五好”家庭、文明户。党员顾问团是村里的致富能手，带领村民致富。为农村各项事业的发展提出了宝贵意见，促进了农村的和谐稳定。

（杨新潮）

【开展妇女健身展示大赛】 3月11日，十渡镇开展“健身促和谐 聚力创一流”为主题的妇女健身展示大赛，开展了太极扇、罐操、第四套健身秧歌、腰鼓、广场舞表演活动。对各项比赛中的优胜者进行了表彰。区文化委、区计生委领导和十渡镇干部群众近500人观看比赛。

（杨新潮）

【举办生殖健康进家庭活动】 4月12日，十渡镇“树立健康观念 唱响幸福人生”生殖健康进家庭活动正式启动。十渡镇计生办、十渡卫生院等单位利用半个月的时间对全镇育龄妇女进行B超、乳透、妇科检查、心电图等4项健康检查。检查结果录入育龄妇女生殖健康档案，对检查出问题的育龄妇女进行检查追访，并督促其尽快治疗。利用派发宣传折页，宣传手袋等宣传品对育龄妇女大力宣传生殖健康保健知识，并为广大育龄妇女提供计划生育法律法规、避孕方法知情选择等知识的现场咨询服务，提高育龄妇女保健意识。进行免费药具发放，对前来检查身体的育龄妇女讲解了避孕方法知情选择后，对有需求的育龄妇女进行避孕药具的发放，对一些新婚或者不方便来领取的夫妇实行送药具进家庭服务，真正实现送服务到家门的服务宗旨。

（杨新潮）

【联合举办“红色1+1”活动】 4月20日，北京科技大学材料学院团委与十渡镇团委联合举办“红色1+1”活动。该学院师生参观了平西抗日战争纪念馆，瞻仰烈士陵园，青年志愿者在据马乐园开展了低碳环保主题宣传活动，共发放宣传册200多份。活动后，北京科技大学材料学院团委与十渡镇团委签订了双方合作框架协议，今后双方将开展景区志愿者培训、学生红色教育等一系列青年志愿服务活动。

（杨新潮）

【春季造林3万多株】 4月，十渡镇组织护林员、各村村民在卧龙、新村、九渡村等村开展春季造林，种植八角枫、柏树等树种3万多株。

（杨新潮）

【治理道路拥堵】 为了“五一”期间给游客创造畅通的交通环境，十渡镇制定了《“五一”期间交通疏导方案》《应急处突方案》，与房山交通支队统一调配警力，增加6处疏导岗位，对各重点路口实行干部分级承包制，做到人员到位、责任到位。通过实施畅通工程，建公交停车港湾10处，新修3条环线道路，新安装道路指示牌8块，禁停警示标志4块，设立监控3处，红绿灯3处，加强导游管理，规范马车途经路线及停车载客地点，马匹一律在跑马场经营，联合城管、综治等部门，组织近500人参与交通维护，解决了景区内侵街占道行为，为游客创造了安全、有序、畅通的道路环境。“五一”期间，十渡景区未出现道路大面积堵死的状况。

（杨新潮）

【举办十渡镇摄影比赛】 2010年4月至2011年11月，十渡风景区管理委员会、房山区摄影家协会联合举办了“魅力十渡 山水情韵”摄影比赛，收到作品554幅。2011年6月，评选出一等奖2名、二等奖6名、三等奖9名、优秀奖20名。

（杨新潮）

【举行景区导游员选拔考试】 8月25日，为进一步规范景区旅游（导游）服务行为，营造景区良好的旅游秩序，十渡镇政府、景区管委会对在3月份培训合格的导游服务人员进行笔试，共有160人参加，考试前60名合格者进入面试环节，通过笔试和面试成绩综合评定，最终确定30名导游进行导游服务工作。

（杨新潮）

史家营乡

【概况】 史家营乡位于北京西南、房山区西北部山区，西、北与门头沟区接壤，东邻大安山和佛子庄乡，南接霞云岭乡。全乡地处太行山系白花山脉东南麓，地势西高东低，境内山峦起伏，沟壑纵横，山体走向为东北—西南，山峰高度一般都在500米至800米之间，属低山地貌，是大石河北支源头。最高处海拔1991.8米，最低处海拔359米。年最高气温月平均26.5℃，最低气温月平均6.4℃。

史家营乡世代以煤炭为生，按照市区关闭整顿乡镇小煤矿的政策要求，2005年至2010年，先后关闭乡域煤矿142座，结束了史家营乡上千年的煤炭开采史。面对煤矿关闭严峻形势，按照生态涵养发展区功能定位，抓住北京南城行动计划和房山区北部山区发展绿色行动计划的发展机遇，依托房山世界地质公园品牌优势，结合史家营乡发展实际，确定了“生态立乡，产业强乡”的发展战略和建设生态旅游之乡、文明宜居之乡、友好产业之乡的发展目标。总面积109.87平方公里，辖村民委员会12个。2011年，全乡总户数5342户，其中农业户3749户、非农业户1593户。户籍人口11420人，其中农业人口8807人、非农业人口2613人。年内，出生人口146人，出生率12.78‰，死亡人口60人，人口自然增长率7.53‰。

2011年，全乡财政收入107万元，同比下降61.4%；税收388.2万元，同比下降70.5%。

农村营业收入5652万元,利润总额2928万元，税金16.5万元，人均劳动所得6066.3元。粮食作物播种面积2983亩，亩产71.5公斤，总产量213.3吨。干鲜果品总产量457吨。造林面积46.7公顷，四旁植树1.2万株。农机总动力95千瓦。生猪出栏807头，存栏799头；羊出栏655只,存栏3204只;肉牛出栏34头，存栏54头；肉鸡出栏0.3万只，鲜蛋产量1.7吨。肉类总产81.5吨。

全年固定资产投资4210万元，工业总产值5.12万元，主营业务收入5.52万元。

全乡有中心幼儿园1所，入园儿童11人，教职工16人；小学1所，在校生108人，教职工46人，升学率达到100%；成人教育职业学校1所，专、兼职教师6名；卫生院1所，村级卫生室15个，社区卫生服务站4个，医务人员81人（含乡村医生23人）。全乡有文化中心1个、数字影院14处、文艺表演团队4个。全年组织观看各类教育影片610场，参与各类文化体育活动21场。

（史晓娇）

【大堂路建设项目设计方案获市规划委批复】 4月21日，史家营乡大堂路建设项目获市规划委批复。该项目是北京市“十二五”期间的一项重点工程，总投资约10亿元。起点为霞云岭乡108国道罗家村西，终点与大安山乡红大路相连接，全长59.6公里。建成后，可连接北部山区重要旅游景区。

（史晓娇）

【举办首届房山圣莲山老子文化节】 6月18日，首届北京房山圣莲山老子文化节在圣莲山风景区举办。首届老子文化节以“走进圣莲 怀抱自然”为主题。文化节期间举办了道德圣火传递、道教学院揭牌、玉皇庙开光法会、老子思想讲坛、道家养生讲座等系列文化活动。

（史晓娇）

【举办百花山风情节】 6月19日至25日，百花山风情节在房山世界地质公园百花山景区举办。此活动是第十七届房山旅游文化节活动之一。风情节举办期间，设有百花山传统庙会，大鼓会、中幡会、秧歌会、滑翔伞等节目表演和舍粥、舍茶、舍馒头、系福条、挂福牌、走福路、敲平安钟、祈福迎祥等特色项目及花卉写生、诗歌采风、风光摄影等系列活动。

（史晓娇）

【发展替代产业】 年内，史家营乡采取多种形式发展替代产业。一是旅游产业实现了快速发展。圣莲山园区举办了《老子传奇》开机仪式和“穿越绿谷，我心飞翔”自驾游推介活动。小西天旅游开发项目完成工程方案设计。矿山地质公园项目进行总体规划、设计工作。二是金融产业迈出了实质步伐。组建中科史家营创投基金公司，第一期4亿元融资规模达成认购意向。三是扩大特色种养及其加工产业规模。继续发展“公司+基地+农户”的黄芩产业链，年内完成黄芩茶厂的整体改造、升级，生产线达到4条，仿野生黄芩种植规模达到6000亩，杨林水野山菌保护基地项目正在施工。四是实施了大规模的生态修复和环境治整治。贾史公路沿线绿化和京津风沙源治理工程基本完成，开展850亩土地开发整理工程、曹家坊矿区治理工程。

（史晓娇）

【圣莲花谷生态沟域规划设计方案国际招标】 8月29日至30日，房山区农委、史家营乡政府组织召开史家营乡圣莲花谷生态沟域规划设计方案国际招标开标评标大会。国家林业局调查规划设计院、英国城市空间规划设计国际有限公司与深圳市美景园林开发有限公司联合体、北京腾远建筑设计有限公司参加招标，最终北京腾远建筑设计有限公司中标。

（史晓娇）

【完成 10 项重点工程建设】 年内，史家营乡完成 10 项重点工程建设：一、青林台小流域治理工程全部完成。二、完成房山区食用菌园区水电路建设，入驻企业 2 家。三、史家营乡矿山治理规划工程已完成。四、完成 800 亩土地开发整理工程。五、集体经济制度改革和产权制度改革工作工作已完成。六、史家营乡教育中心建设项目，已完成主体建筑，2012 年正式投入使用。七、完成元阳水村、青林台村、秋林铺村安全饮水工程。八、启动山区人口搬迁工程。九、环境综合整治工程，协调公路局对贾史公路进行绿化，安装钢板护栏，补修防护墙等建设，打造绿色走廊。全乡配置垃圾分类桶 4000 套，分类车 13 辆。十、举办史家营乡旅游文化节。

（史晓娇）

霞云岭乡

【概况】 霞云岭乡位于房山区西部山区，大石河上游，地势西北高，东南低，最高处白草畔五指峰海拔 2161 米。东与南窖乡、周口店镇、韩村河镇相连，西南与蒲洼乡、十渡镇和张坊镇接壤，北与史家营乡、佛子庄乡相邻，西北与河北省涞水县和门头沟区毗连。108 国道贯穿全乡，境内全长 44 公里。乡域面积 218 平方公里，辖 15 个村民委员会。霞云岭乡主要地貌类型为石灰岩山地，峰峦延绵、沟壑纵横。霞云岭村设有房山区山区唯一的气象观测站。气候与房山平原迥异，为典型山地气候，年平均气温 10.8℃，无霜期 150 天左右，年平均降水量 657.3 毫米。由于受地形影响，常年盛行东南风。因多高山密林，是房山区主要野生动物栖居地之一，境内有狼、獾、野猪、袍子以及豹子等动物。主要矿产资源有煤炭、灰禄岩、石英石等。全乡生态环境良好，旅游资源丰富，主要有天然次生林、灌林木、油林木、落叶林等，林木覆盖率 69.4%，拥有亚洲食鱼蝙蝠大足鼠耳蝠研发与保护基地。

霞云岭乡作为抗日战争和解放战争时期的革命老区，红色旅游资源丰富，有《没有共产党就没有新中国》纪念馆、王家台烈士陵园、上石堡村“房山历史上第一个农村党支部”——房（山）良（乡）联合县第一农村党支部纪念馆等。霞云岭乡以霞云岭国家森林公园为优势，结合“天然氧吧”白草畔等一系列绿色观光旅游资源与红色文化相融合，形成了霞云岭乡独具特色的“红绿旅游”发展品牌，确立了建设“生态立乡、文化兴乡、旅游强乡”的发展思路和打造“红歌绿海霞云岭”的发展目标。

2011 年，全乡总户数 5465 户，其中农业户 3909 户、非农业户 1556 户。户籍人口 10725 人，其中农业人口 8444 人、非农业人口 2281 人。年内，出生人口 102 人，出生率 9.51‰，死亡人口 100 人，人口自然增长率 0.19‰。

2011 年，全乡财政收入 508.2 万元，同比下降 2.4%；税收 2344.2 万元，同比增长 3.9%。农村营业收入 38235 万元，利润总额 535.3 万元，税金 187.1 万元，人均劳动所得 8987.9 元。粮食作物播种面积 5346 亩，亩产 123.6 公斤，总产量 660.5 吨；蔬菜作物播种面积 227 亩，总产量 192.9 吨。干鲜果品总产量 1768.3 吨。造林面积 100 公顷，四旁植树 2 万株，育苗面积 2.5 公顷。农机总动力 1838 千瓦。生猪出栏 909 头，存栏 529 头；羊出栏 4204 只，存栏 10030 只；肉牛出栏 1 头，存栏 15 头；肉鸡出栏 1.38 万只，鲜蛋产量29吨。肉类总产154.9吨。

全年固定资产投资7411万元，工业总产值33.25万元，主营业务收入35.82万元。

霞云岭乡有幼儿园1所，完全小学2所，在校生270人，教职工64人，毕业生42人，升学率100%。全乡有成人职业教育学校1所，教职工6人。卫生院1所，卫生技术人员24人，病床20张，社区卫生服务站3个，村医疗室14个，健康促进室1个。

（史长恒）

【建标志柱、巨幅党旗及党旗广场】 5月10日，霞云岭乡建造的标志柱、巨幅党旗及党旗广场竣工，总投资1212万元。标志柱建在《没有共产党就没有新中国》词曲诞生地堂上村入口处，采用金属结构建造，高19.21米、直径2.8米，通体红色，寓意中国共产党自1921年诞生以来，历经28年的奋斗历程解放了全中国，标志柱上书“没有共产党就没有新中国”。党旗建在《没有共产党就没有新中国》纪念馆对面山体，采用金属结构建造，用钢83吨，面积960平方米，寓意中国960万平方公里的国土面积。党旗广场以巨幅党旗为背景，扩建原有场地，建成8000平方米红色主题文化党旗广场。

（史长恒）

【红歌唱响的地方——纪念中国共产党成立90周年红歌主题演出】 5月22日，“红歌唱响的地方——纪念中国共产党成立90周年大型红歌主题演出”在霞云岭乡堂上村《没有共产党就没有新中国》纪念馆党旗广场举办，该演出由房山区委、区政府主办，整场演出由两个舞台组成，分别以巨幅党旗和《没有共产党就没有新中国》纪念馆为背景，以歌曲《没有共产党就没有新中国》诞生的故事为主线，由战友交响乐团、天津少儿合唱团、房山合唱团等多家专业合唱团800多名演员，著名歌唱家李谷一、吴雁泽等现场演唱，整场演出21个节目，历时90分钟，通过独唱、合唱、联唱、拉歌及多声部演唱等多种演出形式，演绎《映山红》《十送红军》《解放区的天》等深受人民群众喜爱的革命经典歌曲。青年歌手吴彦凝演唱了主题歌《绿海红歌蓝蓝的天》。

（史长恒）

【修缮王家台烈士陵园】 8月15日，王家台烈士陵园修缮工作完成。该陵园由霞云岭乡投资128万元，在原烈士墓基础上进行修缮。修缮后的陵园占地1100平方米，呈敞开式碑林墙结构，陵园正门为牌楼式设计，两翼似展翅的雏鹰，四周碑墙镌刻房山区为中华民族解放事业英勇捐躯的1175名烈士姓名。

（史长恒）

【下石堡水厂建成并投入使用】 11月5日，下石堡村新建水厂建成并投入使用，该水厂也是房山区2011年为民办实事项目之一。水厂投资550万元，占地480平方米，配有清水池、自来水化验室、臭氧消毒室和微波无线远程遥控系统及自动给水设备，给水实现24小时手动自动一体化，日供水200立方米。

（史长恒）

【完成4项生态建设工程】 年内，霞云岭乡完成4项生态建设工程，进行生态建设。一是完成堂上、四马台、庄户台、大地港和石板台5个村536亩的矿山植被恢复工程。二是实施霞云岭、石板台、王家台村700亩雨季造林，下石堡村300亩爆破造林和堂上村400亩荒山造林工程，完成南北沟绿化造林收尾工程300亩。三是完成2500亩的京津风沙源治理工程，完成封山育林5000亩，新补植侧柏5万株，设立封育警示牌12块、围栏5000延米。四是实施四马台、下石堡等6个村水利改造工程及三流水村的小流域综合治理工程。

（史长恒）

【改善村居环境】 年内，霞云岭乡实施4项措施改善村居环境。一是启动险户搬迁（内迁）工程，涉及堂上、庄户台、石板台、三流水、大草岭、上石堡6个村共291户704人。二是山区人口首批迁移（外迁）工程，全乡共有85户282人符合本次搬迁条件，有61户家庭拿到配售安置房。三是安全供水抗旱工程，实施四马台、庄户台、下石堡等6个村水利改造工程。四是发展关矿替代产业项目，搬迁后续产业项目工程，建观光采摘园并栽植各类果树。

（史长恒）

大安山乡

【概况】 大安山乡位于房山区西北部深山区百花山中山地带，属太行山余脉，大石河流域。北面老龙窝、寺上梁、大寒岭与门头沟区交界，西有大塌梁与史家营乡接壤，南、东两面与佛子庄乡为邻。全乡总面积70平方公里（含大安山矿18平方公里），辖村民委员会8个、社区居委会1个。2011年，全乡总户数3936户，其中农业户1317户、非农业户2619户。户籍人口9355人，其中农业人口2800人、非农业人口6555人。年内，出生人口84人，出生率8.98‰，死亡人口61人，人口自然增长率2.46‰。

大安山乡地形地貌复杂，地势起伏，山势陡峻，西高东低，境内海拔最高点老龙窝1645.8米，最低海拔点274.6米。乡内主要公路是红大公路，乡政府距108国道15公里。有村级公路8条，总长度61公里。

2011年，全乡财政收入175.5万元，同比增长3.9%；税收405.7万元，同比增长27.2%。农村营业收入5690.9万元，利润总额717.8万元，税金24万元，人均劳动所得4472.4元。粮食作物播种面积2442亩，亩产57.5公斤，总产量140.4吨；蔬菜作物播种面积241亩，总产量108.3吨。干鲜果品总产量65.2吨。造林面积53.3公顷，四旁植树0.5万株，育苗面积4.8公顷。农机总动力598.4千瓦。生猪出栏1692头，存栏793头；羊出栏1222只，存栏630只；鲜蛋产量31.6吨。肉类总产174吨。

全年固定资产投资4349万元，工业总产值16.77万元，主营业务收入18.06万元。

2011年，大安山乡启动实施了系列环境与基础设施建设项目。完成投资1000万元“千亩核桃”生态采摘观光基地基础设施建设续建工程；投资1035万元实施生态农业开发三期工程；投资1026万元实施土地开发整理三期工程，新增耕地面积975.6亩；完成四期工程立项手续。投资228万元用于新建基本农田整理项目，培养肥力5421亩；实施京津风沙源造林工程800亩，实施补植补造工程2000亩，封山育林工程3500亩及红大路沿线455亩绿化美化工程。集中整治完成红大路沿线煤场存煤清运工作。实施东矿区矿山生态修复扫尾工程，完成西苑、赵亩地、寺尚3个村的开泉引水、一户一表工程，完成瞧煤涧、宝地洼2个村的开泉引水工程及总面积600亩的西苑村煤矿矿山地质环境治理工程。

全乡有小学2所，在校生612人，教职工57人；幼儿园2所，在校生280人，教职工20人。卫生院1所，社区卫生服务站（室）1个，卫生技术人员17人，病床21张。村级文化广场8个、益民书屋8个、体育综合场馆1所、篮球场6座、篮球队9个、秧歌队9个、村级数字影院8个。

（加培培）

【加快煤场清理工作】 年内，大安山乡对辖区内各煤场销售进度不一的煤堆进行归集平整，减少占地面积，改善视觉效果，对清理后的场地进行平整，并采取覆土措施，对待售存煤平整后铺置草皮，购置草籽2000公斤对腾退平整后场地进行绿化。平整场地并覆土3.4万平方米，客土850立方米;归整后存煤堆上铺置草皮1800平方米，铺设遮网4万余平方米。

（加培培）

【促进产业转型】 大安山乡制定“三破”目标，促进产业转型。一是冲破影响转型发展的思想阻碍。深入查找领导班子、科室部门和干部个人在思想认识、发展观念上存在的保守、固化等问题，理清地区发展定位和思路，统一思想，增强共识，提升乡村干部建设“生态大安山、活力大安山、和谐大安山”的信心和决心。二是突破制约地区经济发展的瓶颈问题。针对新的主导产业培育、完善环境与基础设施建设、劳动力就业压力、山场资源开发利用等影响制约经济社会发展的突出问题，完善制度措施、创新思路方法，整合资金、人力、物力，解决主要矛盾。三是打破传统思维方式。运用普遍联系及量变与质变的观点，统筹考虑总体布局，找准自身定位，找到发展的支点，把跨越式发展的战略规划与脚踏实地的战术性措施相结合，坚持实践积累，为跨越式发展积蓄能量。

（加培培）

【市级土地开发整理项目通过验收】 市级土地开发整理项目涉及大安山、西苑等6个行政村。项目总建设规模1485.27亩，总投资2570.2万元。完成人工挖填土方18.49万立方米，砌筑石坎9.15万立方米，整修各类道路10480米。修建57座蓄水池，总容量4400立方米;修建32座水窖，总容量1860立方米，建塘坝2座、泵房9座，完成管道安装11700米,修建截流沟1253米;架设输电线路3660米，安装电线杆78根。项目实施后，新增耕地178.72亩。12月中旬,全部工程竣工并通过市国土局专家组的验收。

（加培培）

【加强校车管理】 年内，大安山乡制定3项措施加强校车管理。一是明确部门职责。与学校、幼儿园签订《校车管理协议书》，对超载、超速等违章行驶行为，一经发现，严肃处理。二是健全组织机构。成立领导小组，对校车安全进行定期检查，及时排除隐患。三是加大宣传教育。通过交通安全讲座、宣传栏等多种形式，普及交通安全知识，树立师生的交通安全意识。

（加培培）

【推进转型产业发展】 年内，大安山乡推进转型产业发展。肉鸽养殖产业化基地建成肉鸽养殖小区2处、鸽舍17栋，种鸽存栏2.5万对。实现了从村民户养殖到集体规模化养殖，形成自主繁育种鸽、产品加工销售的完整产业链条。优质核桃产业基地实施精品战略，全乡共有优质核桃苗木5750亩21.7万株。8个村划定精品示范园10处1500亩,作为核桃基地规范化建设的典型示范项目。京西越野休闲体验基地项目启动规划设计,提出了项目建设内容和建设周期的初步设想。编制完成了《大安山乡转型产业发展策划报告》初稿，启动实施了项目前期规划设计和立项手续。

（加培培）

【打造“国家全山地运动度假公园”】 年内，大安山乡开始建设“国家安全山地运动度假公园”。国家全山地运动度假公园包括5大版块：国际越野运动核心区、山地运动欢乐谷、综合服务区、极限拓展天地、绿色产业示范区。国际越野运动核心区是整个沟域的经济引擎，位于原东矿区，以全山地赛道为基础,是国际高端越野赛事最佳选择地之一，设有小型、低难度赛道，提供越野体验项目。山地运动欢乐谷是大安山山地运动文化产业、旅游休闲产业和电视节目录制基地，提供山中居住，徒步穿越，运动公园等综合休闲娱乐项目。综合服务区提供旅游集散中转等综合服务，打造生态山居。极限拓展天地以高难度极限运动为主，为专业赛事、体验提供特色场地。绿色产业示范区重点发展民宿项目、民俗文化、景观农业、生态采摘。

（加培培）

南窖乡

【概况】 南窖乡位于房山西北部深山区，山体呈东北、西南走向，连绵完整，岭谷相间排列分明。通过红南公路与108国道相连，东邻佛子庄乡，西与霞云岭乡接壤，南与周口店镇交界。总面积40平方公里，辖8个村民委员会，其中，南安村和三合村因地处采空区，于1998年分别整建制搬迁到西路街道南尚岗村和拱辰街道于管营村。2011年，全乡总户数3333户，其中农业户1588户、非农业户1745户。户籍人口7028人，其中农业人口3256人、非农业人口3772人。年内，出生人口89人，出生率12.66‰，死亡人口55人，人口自然增长率4.83‰。

2011年，全乡财政收入336.8万元，同比下降38.2%；税收2167.1万元，同比下降26.7%。农村营业收入5049.5万元，利润总额-853.5万元，税金71.9万元，人均劳动所得4876.9元。粮食作物播种面积896亩，亩产94.5公斤，总产量84.7吨；油料作物播种面积8亩，总产量0.1吨；蔬菜作物播种面积108亩，总产量15.3吨。干鲜果品总产量586.2吨。造林面积40公顷，四旁植树2万株。农机总动力250千瓦。生猪出栏483头，存栏644头；羊出栏438只，存栏1325只；肉鸡出栏0.25万只，鲜蛋产量15.2吨。肉类总产46.3吨。

全年固定资产投资3014万元，工业总产值320.33万元，主营业务收入345.13万元。

全乡有区级公路11公里，乡级公路21公里。8个行政村全部安装了有线电视，无线通讯网络已经覆盖全乡，共有深水井14眼，大口井7眼。

2011年，南窖乡发展特色农业产业，形成了以99桃王、京枣39、黄嘴杏等为代表的八大特色种植基地。举办了中国房山南窖九九桃王采摘节暨沟域经济成果展。打造以水峪古宅、古碾、古中幡为代表的民俗旅游业，接待游客3.7万人次，实现旅游综合收入85万多元。

全乡有中心幼儿园1所，入园儿童116人，教职工21人；寄宿制中心小学1所，在校生140人，教职工33人，升学率达到100%；成人教育职业学校1所，专、兼职教师44名；成人教育职业学校作为全国成教协会理事单位参加了成果展示。卫生院1所，医务人员23人，村级卫生室5个，社区卫生服务站2个。全乡有文化中心8个、数字影院8处、文艺表演团队3个。全年组织观看各类教育影片370场，参与各类文化体育活动30场。

（胡新荣）

【投入40万元奖励师生】 9月，南窖乡投入40万元用于表彰53名考入大学的优秀学生和在教育教学方面取得优异成绩的30名教师。奖励办法：突出贡献奖奖励5000元；综合评价奖，一等奖奖励2万元，二等奖奖励1万元；优秀学生奖，考取重点大学的学生奖励5000元，考取全国统招普通大学的学生奖励2000元，考入全国统招大专（高职）的学生一次性奖励1000元；优秀教学成果奖，房山区第一、二、三名，分别奖励2万元、1万元、5000元，山区第一、二、三名，分别奖励6000元、3000元、1000元；学科竞赛，获市级一、二、三等奖，分别奖励辅导教师5000元、2000元、1000元，获房山区一、二、三等奖，分别奖励辅导教师800元、300元、200元。

（胡新荣）

【中国草本咖啡示范基地启动】 10月12日，中国草本咖啡示范基地在南窖乡中窖村启动。该基地总面积为703.21公顷，分草本咖啡种植区、咖啡豆茶产品加工区、咖啡花茶加工区3个区。其中草本咖啡种植区占地面积701.33公顷、咖啡豆茶产品加工区占地面积1.18公顷、咖啡花茶加工区占地面积0.7公顷。主要以草本咖啡种植、咖啡产地加工为主，兼有休闲、观光等多项功能。项目建成后，草本咖啡种植规模约666.67公顷。分别被北京天义咖啡开发中心及99060201A(国家级）项目管理中心确定为中国草本咖啡应用开发示范基地和国家级项目实施单位。

（胡新荣）

【与国史教育委员会建成对口帮扶单位】 11月29日，南窖乡与国史教育委员会正式结成对口帮扶单位。经双方协商达成帮扶意向：帮扶时间从2011年12月至2016年12月；由国史教育委员会协调国家有关部委，争取政策扶持资金，多渠道融资，争取贴息贷款和项目开发资金；按照南窖乡沟域经济建设规划确定的三大功能八大景区，结合实际情况，由国史教育委员会引进项目进行合作开发；建立爱国主义教育基地、纪念馆，由国史教育委员会负责选址、规划、设计、资金支持；解决草本咖啡项目资金问题，由国史教育委员会项目发展部负责草本咖啡产品的推广销售。

（胡新荣）

【沟域经济建设】 2011年是南窖乡沟域经济建设启动之年，自2005年煤矿关闭后，实施荒山造林、小流域治理、矿山植被恢复三大生态环境建设工程，累计投资800余万元，荒山造林600亩，栽植树木4.4万余株；治理小流域10平方公里，河道清淤500米，周边绿化200余亩；矿山绿色植被恢复677亩，栽植各类树木5万株。建成特色景观公园8处，建成5000平米的温室大棚6栋，种植草莓4万余株；发展野菜种植50亩，栽植金银花2万余株；发展特色养殖，引进柴鸡、山鸡、野猪、灰雁等3000余只；健全村庄环境管理长效机制，配齐专业保洁队伍。

（胡新荣）

蒲洼乡

【概况】 蒲洼乡位于房山区西南部边远深山区，东邻霞云岭乡，南与十渡镇相连，西与河北省涞水县马各庄村相邻，北与河北省涞水县南边桥村接壤。地势西北高东南低，四周群山林立，海拔在407米至1870米之间，素有北京的“小西藏”之称。总面积96平方公里。辖村民委员会8个。2011年，全乡总户数2538户，其中农业户1771户、非农业户767户。户籍人口4617人，其中农业人口3606人、非农业人口1011人。年内，出生人口36人，出生率7.8‰，死亡人口48人，人口自然增长率-2.6‰。

2011年，全乡财政收入267.6万元，同比增长15.6%；税收515.8万元，同比增长13.4%。农村营业收入4610.5万元，利润总额-109.2万元，税金28.6万元，人均劳动所得 3322.9 元。粮食作物播种面积 2404 亩，亩产 77.6 公斤，总产量 186.6 吨；蔬菜作物播种面积 1054 亩，总产量 579.6 吨。干鲜果品总产量 143.1 吨。造林面积 66.7 公顷，四旁植树 3.7 万株。农机总动力 649 千瓦。生猪出栏 739 头，存栏 624 头；羊出栏 2044 只，存栏 6839 只；肉鸡出栏 1.37 万只，鲜蛋产量 21.5 吨。肉类总产 102.7 吨。

全年固定资产投资 1502 万元。全乡有山野菜、生态旅游、餐饮、住宿等行业。山野菜加工厂产品主要有花椒芽、香椿、木兰芽、茼蒿、霸王菜等 20 多种，销往河北省、天津市、北京郊区等各大商场、宾馆、饭店，备受广大消费者青睐。

蒲洼乡交通发达，108 国道和张宝公路呈“T”形贯穿全境实现了“村村通”。

蒲洼乡有中心幼儿园 1 所，幼儿班 1 个，入园儿童 25 人，入园率达到 100%；寄宿制中心小学 1 所，在校生 83 人，入学率 100%，巩固率 100%。卫生院 1 所，医务人员 8 人，卫生覆盖率为 100%。山村文化娱乐中心 8 处，村级文化大院 4 处，安装体育健身器材 20 套，数字影院 8 处。邮政所 1 个。

（郭璐）

【发现“天旋”奇观】 5 月 3 日，芦子水村村民发现“天旋”。“天旋”位于蒲洼乡西南部大游龙沟（俗称无人沟）内，沟全长 10 公里，北部通往蒲洼乡芦子水村，南部与河北省野三坡相通，“天旋”距芦子水村 6 公里。“天旋”坐北朝南，形状上大下小，南北长，东西窄，像个半敞开的大漏斗。南面上部敞开，总深度 30 余米，南北直径 40 米，东西直径 16 米，下部直径 10 米。大游龙沟两侧均为高山，将通畅的大游龙沟堵住，遇雨、山洪爆发，会有大量洪水通过，洪水遇堵后沿着山的东侧绕道南流，将坚硬的岩石冲刷成带有螺旋型痕迹的巨型“天旋”。

（郭璐）

【举办“北京非物质文化遗产的保护与传承”培训班】 9 月 28 日，蒲洼乡邀请北京民间文艺家协会副主席、北京市古代建筑研究所副所长包世轩就非物质文化遗产保护与传承的重要性、北京地区的戏曲、民间乐器、花会等非物质文化遗产等内容进行讲解。全乡机关干部、大学生村官、各村及各单位负责人共 100 余人参加培训。

（郭璐）

【4 个村农作物遭受野生动物破坏】 9 月，蒲洼乡鱼斗泉村、芦子水村、议合村、森水村 4 个村种植的白菜、土豆等秋季蔬菜，以及玉米、红薯等秋粮遭到野猪、獾等野生动物的破坏，破坏面积 450 余亩，造成直接经济损失 10 余万元。

（郭璐）

【天龙狩猎山庄狩猎区扩建工程完工】 10 月，天龙狩猎山庄狩猎区扩建工程完工，并对外营业。该工程投资 180 万元，新建狩猎区 1 处，占地 200 余亩。狩猎山庄狩猎区达 4 处，养殖狍子、山羊、野猪等猎物，增加狩猎文化展示区 1 处，对狩猎过程、工具等进行集中展示。

（郭璐）

【建设森水麻核桃种植专业村】 年内，蒲洼乡采取 4 项措施，建设森水麻核桃种植专业村。一是以百亩麻核桃种植基地为依托，为百姓提供架接、病虫害防治等技术服务，全村 70%以上村民种植麻核桃。二是加强基础设施建设，架设管路 2 公里，建 200 平方米蓄水池 1 处，解决树苗浇水难题。三是组织村内种植专业户和有发展意向的村民参观考察，学习先进经验和管理技术，拓宽发展思路和视野。四是成立麻核桃种植合作社，为种植户提供“架接—管理—销售”一条龙服务。

（郭璐）

新镇街道办事处

【概况】 新镇街道地处房山区东部，距房山区政府9公里，东、南、西三面与阎村镇接壤，北距青龙湖镇仅4公里，是一个北高南低的半丘陵地带。辖区面积约为1.72平方公里，分为中国原子能科学研究院的生活区和工作区。

生活区内设2个居民委员会，有居民楼126栋，总户数4838户，常住人口约1万人。有汉族、蒙古族、回族、藏族、苗族、朝鲜族、满族、瑶族、白族、土家族、佤族、水族、达斡尔族、锡伯族14个民族。生活区内90%居民为原子能院的职工及家属，其中科技人员较多，文化层次较高；老年人占总人口比例已达20%以上，是一个典型的老龄化社区。生活区内设有老年活动站、游泳池、室外篮球场、室内运动馆、室外健身场、足球场等，能够举行大型的体育运动会。此外，生活区内各类教育、生活、福利设施齐全。有研究生院、中学、小学、幼儿园；有浴室、煤气站、书店、邮局；有职工医院、招待所、商场、银行；另有各种维修、服务和餐饮行业，在辖区附近有2个集贸市场，经营品种齐全。生活区内还铺设了闭路电视网和宽带网，能够收看64个频道的节目，丰富了居民的业余生活。辖区内楼房林立，环境优美，三季有花，四季常绿，林木覆盖率达40%，被评为首都绿化先进单位和花园式单位。

中国原子能科学研究院隶属中国核工业集团公司，系全额拨款事业单位。在职职工3000余人，其中高级科研与工程技术人员600余人、博士生导师110人、两院院士4人。

新镇地区交通便利，有市郊干线833路（良乡北关—河北镇）、951路（地铁八宝山站—坨里）、971路（赵公口桥西—坨里）通过，除有公交车线路外，社区内有原子能院班车，出行方便。

（张巍）

【开设老年餐桌】 3月，新镇街道办事处在辖区内4家餐饮企业设立老年餐桌。统一悬挂标识牌，公示服务内容，为老年人明示就餐区域，满足老年人就餐、送餐的不同需求。年内，为老年人提供餐饮服务近5000人次。

（苗鑫）

【同年华养老院投入使用】 3月，新镇地区同年华养老院开始接受老人入住。该养老院总出资680万元，其中区民政局出资300万元、个人出资380万元，占地5000平方米，是集膳食、住宿、医疗、娱乐、康复、生活护理于一体的公办民营养老机构。新镇街道办事处作为同年华养老院主管单位，对其进行监管。养老院设有老年餐厅、活动室等多项服务及娱乐设施。房间有单人、双人、多人、普通间4种规格，床位200张，每个房间均有独立卫生间。年内，养老院共有护理员6人，入住老人16人。

（苗鑫）

【举办庆祝建党90周年红歌晚会】 6月，新镇街道办事处在中国原子能科学研究院文体活动中心举办“光辉足迹”——新镇街道庆祝建党90周年红歌晚会。晚会分为《深情回眸》《继往开来》《续写辉煌》3个篇章，以红歌大合唱、歌伴舞等形式为主，18个节目均由社区居民自行排演，参演群众达900余人。

（苗鑫）

【部队军官慰问地方低保户】 7月26日，驻中国原子能科学研究院武警北京总队军官专程走访慰问新镇地区低保特困家庭。为享受低保的百岁老人、一户多残、老残一体等4户家庭送去牛奶、大米等慰问品，代表部队送上一份心意，体现了军民鱼水情。

（苗鑫）

【开展治理沿街占道摆摊专项行动】 8月，新镇街道办事处针对原新街2号门北侧路边部分流动商贩早晨沿街占道摆摊的不良现象，经协调阎村镇城管大队、中国原子能科学研究院后勤物业部开展为期一周的专项治理行动。治理行动以清理商贩和告知居民为工作目标，采取教育疏导为主的工作方法，得到群众的支持和理解，沿街占道摆摊情况有所好转。行动结束后，街边商贩的日常清理和维持工作由中国原子能科学研究院后勤物业部保安负责。

（苗鑫）

【助残服务】 年内，新镇街道办事处为3名残疾人子女申请扶残助学金1.2万元；为13人办理残疾证申请；为19人发放残疾人生活补助44760元；为32人发放助残券3.63万元；为符合按比例就业政策的10人发放9.6万元。落实各项福利补贴，累计为737人发放养老助残服务券，发放金额达30.53万元，回收28.91万元；为14人发放高龄津贴计2.14万元；为28名60岁以上老年人发放小帮手服务器。

（苗鑫）

12月26日，霞云岭乡举办纪念毛泽东诞辰118周年文艺演出

主要组织机构及领导名录

2011年房山区主要组织机构全称及简称对照表

区委机构

表2

全　称	简　称
（一）工作机构	
中共北京市房山区纪律检查委员会机关	区纪委
中共北京市房山区纪律检查委员会办公室	区纪委办公室
中共北京市房山区纪律检查委员会领导干部廉洁自律工作室（房山区领导干部廉洁自律办公室）	区纪委干部廉洁自律室
中共北京市房山区纪律检查委员会宣传教育室	区纪委宣教室
中共北京市房山区纪律检查委员会纠正部门和行业不正之风工作室（房山区人民政府纠正行业不正之风办公室、区"三服务"活动领导小组办公室）	区纪委纠风室
中共北京市房山区纪律检查委员会信访室（房山区人民政府举报中心）	区纪委信访室
中共北京市房山区纪律检查委员会执法监察室	区纪委执法监察室
中共北京市房山区纪律检查委员会案件检查室	区纪委案件检查室
中共北京市房山区纪律检查委员会案件审理室	区纪委案件审理室
中共北京市房山区纪律检查委员会干部室	区纪委干部室
中共北京市房山区纪律检查委员会研究室	区纪委研究室
中共北京市房山区委员会办公室	区委办公室

续表2

全　称	简　称
中共北京市房山区委员会组织部	区委组织部
中共北京市房山区委员会宣传部	区委宣传部
北京市房山区精神文明建设委员会办公室（挂靠中共北京市房山区委员会宣传部）	区文明办
北京（房山）历史文化旅游集聚区规划建设管理办公室（政府工作机构，不占机构数，挂靠区委宣传部）	集聚区办
中共北京市房山区委员会统一战线工作部（中共北京市房山区委员会台湾工作办公室挂北京市房山区人民政府台湾事务办公室牌子，与中共北京市房山区委员会统一战线工作部合署办公）	区委统战部（区台办）
中共北京市房山区委员会政法委员会（北京市房山区社会治安综合治理委员会办公室与中共北京市房山区委员会政法委员会合署办公）	区委政法委（区综治办）
北京市房山区维护稳定工作领导小组办公室（设在中共北京市房山区委员会政法委员会）	区维稳办
北京市房山区流动人口和出租房屋管理委员会办公室（与北京市房山区社会治安综合治理委员会办公室合署办公）	区流动人口和出租房屋管理办
中共北京市房山区委员会北京市房山区人民政府研究室	区研究室
北京市房山区机构编制委员会办公室	区编办
中共北京市房山区委员会区直属机关工作委员会	区直机关工委
中共北京市房山区委社会工作委员会（与北京市房山区社会建设工作办公室合署办公）	区委社会工委
（二）部门管理机构	
中共北京市房山区委员会老干部局（由区委组织部管理）	区委老干部局
中共北京市房山区委员会保密委员会办公室（挂北京市房山区国家保密局牌子）	区委保密办（区保密局）
（三）与区政府部门合署办公机构	
中共北京市房山区委员会教育工作委员会（与区教委合署办公）	区委教工委
中共北京市房山区委员会农村工作委员会（与区农委合署办公）	区委农工委
（四）派出机构	
中共北京市房山区委员会燕山工作委员会（副局级）	区委燕山工委
中共北京市房山区委员会燕山工委纪律检查委员会机关	燕山工委纪委
中共北京市房山区委员会燕山工作委员会办公室	燕山工委办公室
中共北京市房山区委员会燕山工作委员会组织部	燕山工委组织部
中共北京市房山区委员会燕山工作委员会宣传部	燕山工委宣传部
中共北京市房山区委员会燕山工作委员会政法办公室（燕山社会治安综合治理办公室）	燕山工委政法办公室（燕山综治办）

房山区人民代表大会常务委员会工作机构

表3

全　称	简　称
北京市房山区人大常委会机关	区人大机关
区人大常委会办公室	区人大办
区人大常委会研究室	区人大研究室
区人大常委会代表联络室（市人大代表联络处）	区人大代表室
区人大常委会财政经济工作委员会	区人大财经委
区人大常委会城市建设与环境保护工作委员会	区人大城建环保委
区人大常委会内务司法工作委员会	区人大内司委
区人大常委会教科文卫工作委员会	区人大教科文卫委
区人大常委会农村工作委员会	区人大农村委
区人大常委会信访室	区人大信访室

区政府机构

表4

全　称	简　称
（一）工作部门	
北京市房山区人民政府办公室（挂北京市房山区人民政府外事办公室牌子；北京市房山区应急委员会办公室设在区政府办公室，加挂房山区应急指挥中心牌子）	区政府办公室（区政府外事办、区应急办、区应急指挥中心）
北京市房山区发展和改革委员会	区发展改革委
北京市房山区教育委员会（北京市房山区人民政府教育督导室由区教委代管）	区教委（区教育督导室）
北京市房山区科学技术委员会（挂北京市房山区知识产权局牌子）	区科委（区知识产权局）
北京市房山区经济和信息化委员会	区经济信息化委
北京市房山区监察局（与区纪委机关合署办公，区行政投诉中心设在区监察局）	区监察局（行政投诉中心）
北京市房山区民政局（挂北京市房山区民族宗教事务委员会牌子）	区民政局（区民族宗教委）
北京市房山区司法局	区司法局
北京市房山区财政局	区财政局
北京市房山区人力资源和社会保障局（对外可使用北京市房山区公务员局名义开展工作）	区人力社保局
北京市房山区住房和城乡建设委员会（挂北京市房山区人民政府住房保障和改革办公室牌子，9月加挂北京市房山区人民政府房屋征收办公室牌子）	区住房城乡建设委（区政府房改办）（区政府房屋征收办）
北京市房山区环境保护局	区环保局

续表 4-1

全　称	简　称
北京市房山区市政市容管理委员会（挂北京市房山区城乡环境建设委员会办公室牌子）	区市政市容委（区环境建设办）
北京市房山区交通局	区交通局
北京市房山区农村工作委员会	区农工委
北京市房山区水务局	区水务局
北京市房山区商务委员会（挂北京市房山区粮食局牌子）	区商务委（区粮食局）
北京市房山区文化委员会	区文化委
北京市房山区卫生局	区卫生局
北京市房山区人口和计划生育委员会	区人口计生委
北京市房山区审计局	区审计局
北京市房山区社会建设工作办公室（与区委社会工委一个机构，两块牌子，不计入区政府机构个数）	区社会办
北京市房山区安全生产监督管理局	区安全监管局
北京市房山区体育局	区体育局
北京市房山区统计局	区统计局
北京市房山区农业局（挂北京市房山区动物卫生监督管理局牌子）	区农业局（区动物卫生监督局）
北京市房山区园林绿化局（挂北京市房山区绿化委员会办公室牌子）	区园林绿化局（区绿化办）
北京市房山区旅游局	区旅游局
北京市房山区人民政府法制办公室	区法制办
中共北京市房山区委北京市房山区人民政府信访办公室	区信访办
北京市房山区人民政府国有资产监督管理委员会	区国资委
北京市房山区民防局	区民防局
北京市房山区城市管理监察大队	区城管大队
（二）议事协调机构的常设办事机构	
北京市房山区整顿和规范矿产资源开发秩序工作领导小组办公室（3 月，调整为区政府的派出机构，并更名为北京市房山区人民政府整顿和规范矿产资源开发秩序工作办公室，挂靠北京市国土资源局房山分局）	区整规办
（三）市垂直管理部门	
北京市公安局房山分局	房山公安分局
北京市房山区地方税务局	区地税局
北京市工商行政管理局房山分局（北京市房山区人民政府食品安全监督协调办公室设在房山工商分局）	房山工商分局（区食品安全办公室）
北京市房山区质量技术监督局	区质监局
北京市药品监督管理局房山分局	房山药监分局
北京市国土资源局房山分局	房山国土分局
北京市规划委员会房山分局	房山规划分局
北京市公安局燕山分局	燕山公安分局
北京市地税局燕山分局	燕山地税分局
北京市工商行政管理局燕山分局	燕山工商分局
北京市质量技术监督局燕山分局	燕山质监分局

续表 4-2

全　称	简　称
（四）派出机构	
北京市房山区人民政府燕山办事处	燕山办事处
燕山办事处办公室（燕山工委办事处信访办公室，挂房山区燕山地区突发公共事件应急委员会办公室牌子）	
燕山办事处发展和改革委员会（挂燕山安全生产监督管理分局、粮食办公室牌子）	
燕山办事处经济和信息化委员会	
燕山办事处教育委员会	
燕山办事处监察分局（与燕山纪律检查委员会机关合署办公）	
燕山办事处民政分局（挂燕山社会建设工作办公室牌子）	
燕山办事处财政分局	
燕山办事处人力资源和社会保障分局	
燕山办事处住房和城市建设委员会（挂政府住房保障和改革办公室牌子）	
燕山办事处市政市容管理委员会（挂城市环境建设委员会办公室、园林绿化分局牌子）	
燕山办事处文化卫生分局	
燕山办事处审计分局	
北京良乡高教园区管理委员会（8 月，更名为北京市房山区良乡高教园区管理委员会，为区政府派出机构，机构规格为正处级）	高教园区管委会
北京高端制造业（房山）基地管理委员会（8 月成立，为区政府派出机构，机构规格为正处级）	高端制造业基地管委会
北京石化新材料科技产业基地管理委员会（8 月成立，为区政府派出机构，机构规格为正处级）	石化新材料基地管委会

政协北京市房山区委员会工作机构

表 5

全　称	简　称
中国人民政治协商会议北京市房山区委员会机关	区政协机关
中国人民政治协商会议北京市房山区委员会机关办公室	区政协办
中国人民政治协商会议北京市房山区委员会机关研究室	区政协研究室
中国人民政治协商会议北京市房山区委员会专委会工作一室	区政协专委一室
中国人民政治协商会议北京市房山区委员会专委会工作二室	区政协专委二室
中国人民政治协商会议北京市房山区委员会专委会工作三室	区政协专委三室
中国人民政治协商会议北京市房山区委员会专委会工作四室	区政协专委四室
中国人民政治协商会议北京市房山区委员会专委会工作五室（8 月成立，正处级）	区政协专委五室
中国人民政治协商会议北京市房山区委员会专委会工作六室（8 月成立，正处级）	区政协专委六室

市区双管单位

表6

全　称	简　称
北京市房山区气象局	区气象局
北京市交通委员会路政局房山公路分局	房山公路分局
北京市房山区邮政局	区邮政局
北京市公安局公安交通管理局房山支队	房山交通支队
北京市房山区国家税务局	区国税局
中国人民解放军北京市房山区人民武装部	区人武部
北京陆军预备役高炮某团	预备役团

检察院与法院

表7

全　称	简　称
北京市房山区人民检察院（北京市房山区反贪污贿赂局）	区检察院（区反贪局）
北京市房山区人民法院（北京市房山区执行局）	区法院（区执行局）

街道（地区）办事处及乡镇

表8

全　称	简　称
北京市房山区人民政府西潞街道办事处	西潞街道办事处
北京市房山区人民政府拱辰街道办事处	拱辰街道办事处
北京市房山区人民政府良乡地区办事处（北京市房山区良乡镇人民政府）	良乡地区办事处（良乡镇）
北京市房山区人民政府城关街道办事处	城关街道办事处
北京市房山区人民政府琉璃河地区办事处（北京市房山区琉璃河镇人民政府）	琉璃河地区办事处（琉璃河镇）
北京市房山区青龙湖镇人民政府	青龙湖镇
北京市房山区韩村河镇人民政府	韩村河镇
北京市房山区窦店镇人民政府	窦店镇
北京市房山区大石窝镇人民政府	大石窝镇
北京市房山区人民政府周口店地区办事处（北京市房山区周口店镇人民政府）	周口店地区办事处（周口店镇）
北京市房山区阎村镇人民政府	阎村镇

续表 8

全称	简称
北京市房山区长阳镇人民政府	长阳镇
北京市房山区石楼镇人民政府	石楼镇
北京市房山区长沟镇人民政府	长沟镇
北京市房山区河北镇人民政府	河北镇
北京市房山区张坊镇人民政府	张坊镇
北京市房山区佛子庄乡人民政府	佛子庄乡
北京市房山区十渡镇人民政府	十渡镇
北京市房山区霞云岭乡人民政府	霞云岭乡
北京市房山区史家营乡人民政府	史家营乡
北京市房山区大安山乡人民政府	大安山乡
北京市房山区南窖乡人民政府	南窖乡
北京市房山区蒲洼乡人民政府	蒲洼乡
北京市房山区人民政府新镇街道办事处	新镇街道办事处

部分事业单位

表 9

全称	简称
中共北京市房山区委党校（北京市房山区行政学校）	区委党校
中共北京市房山区委党史资料征集办公室（北京市房山区方志编纂委员会办公室）	区史志办
北京市房山区农村合作经济经营管理站	区经管站
北京市房山区老龄工作办公室	区老龄办
北京理工大学房山分校	理工大房山分校
北京市房山区档案局（北京市房山区档案馆）	区档案局
房山云居寺文物管理处	云居寺文物管理处
北京市房山区上方山管理处	上方山管理处
北京市房山区工业园区建设管理委员会办公室	区园区办
北京市房山区石花洞风景名胜区管理处	石花洞管理处
北京市房山区信息中心	区信息中心
北京市房山区地震局	区地震局
北京市房山区机关事务服务中心	区机关服务中心
北京宏达永顺市场经营服务中心	区市场中心
北京市房山区燃气开发中心	区燃气中心
北京市房山区投资促进局	区投资促进局
北京市房山区人民政府行政许可和服务协调工作办公室（挂北京市房山区综合行政服务中心牌子）	区综合行政服务中心
北京市房山区成人教育中心	区成教中心
北京市房山区广播电视中心	区广电中心
北京市房山区种植业服务中心	区种植业服务中心

续表 9

全　称	简　称
（北京市房山区农机服务中心）	（区农机中心）
北京市房山区养殖业服务中心	区养殖中心
北京西南良乡物流基地管理委员会办公室	良乡物流基地管委办
周口店北京人遗址博物馆	周口店遗址博物馆
（周口店北京人遗址管理处）	（周口店北京人遗址管理处）
北京市房山区林果科技服务中心	区林果科技服务中心
北京市房山世界地质公园管理处	地质公园管理处
北京市房山区山区人口迁移办公室	区山区人口迁移办
北京市房山区燕山成人教育中心	燕山成教中心
北京市房山区燕山体育运动中心	燕山体育运动中心
北京市燕山市场服务中心	燕山市场服务中心
北京市房山区燕山交通管理处	燕山交通管理处
北京市房山区燕山东流水管理委员会	燕山东流水管委
北京市房山区燕山文化活动中心（12 月成立，副处级）	燕山文化活动中心
北京市房山区蒲洼自然保护区管理处（3 月成立，正处级）	蒲洼自然保护区管理处
北京市房山区房屋征收事务中心（12 月成立，副处级）	区房屋征收事务中心

人民团体

表 10

全　称	简　称
北京市房山区总工会	区总工会
中国共产主义青年团北京市房山区委员会	团区委
北京市房山区妇女联合会	区妇联
北京市房山区科学技术协会	区科协
北京市房山区文学艺术界联合会	区文联
北京市房山区工商业联合会	区工商联
北京市房山区红十字会	区红十字会
北京市房山区残疾人联合会	区残联

十　部分企业单位

表 11

全　称	简　称
北京房建投资集团有限责任公司	房建投资公司
北京房建建筑股份有限公司	房建股份公司
北京韩建集团有限公司	韩建集团
北京龙建集团有限公司	龙建集团
北京市房山城建集团有限公司	城建集团

续表 11

全　称	简　称
北京昊远隆基房地产开发总公司	昊远隆基总公司
北京双山水泥集团	双山水泥集团
北京市食品公司房山区分公司	区食品公司
北京市房山区供销合作总社	区供销总社
北京京房国鑫物资有限责任公司	区京房国鑫公司
北京市房山区旅游实业开发公司	区旅游开发公司
北京市房山区商贸有限公司	区商贸公司
北京市房山粮油贸易总公司	区粮油总公司
北京市房山区烟草专卖局（北京市房山烟草公司）	区烟草专卖局（房山烟草公司）
北京市房山区对外贸易公司	区外贸公司
北京市房山区工业总公司	区工业总公司
华北电网有限公司北京电力公司房山供电公司	房山供电公司
北京市煤炭总公司房山区公司	区煤炭公司
北京市房山燕房石化物资总公司	燕房物资总公司
中国农业发展银行北京市房山区支行	农发行房山支行
中国建设银行北京市房山区支行	建行房山支行
中国工商银行北京市房山支行	工行房山支行
北京农村商业银行房山支行	农商行房山支行
中国农业银行北京市房山区支行	农行房山支行
中国邮政储蓄银行有限责任公司北京房山区支行	邮储银行房山支行
中国人寿保险公司北京市房山区支公司	寿保房山支公司
中国人民财产保险股份有限公司北京市房山支公司	人保财险房山支公司
北京人投资发展公司	北京人投资发展公司
北京市房山区燕山烟草专卖分局	燕山烟草专卖分局
中国联合网络通信有限公司北京市房山区分公司	北京联通房山区分公司
北京良乡经济开发区实业总公司	良实开公司
北京房开控股集团有限公司（1 月成立）	房开控股集团

2011年房山区领导名录

中共房山区第六届委员会

书　　记　刘　伟
副 书 记　祁　红
　　　　　张祝华
常　　委　刘欣国
　　　　　高言杰（10月免）
　　　　　王智慧
　　　　　李　江(满族)
　　　　　赵佳琛（女）
　　　　　鹿进宝（10月任）
　　　　　韩　裕
　　　　　孙　强
　　　　　赵　军

中共房山区第七届委员会

（12月，中共房山区第七届委员会第一次会议选举产生）

书　　记　刘　伟
副 书 记　祁　红
　　　　　张祝华
常　　委　王智慧
　　　　　李　江（满族）
　　　　　赵佳琛（女）
　　　　　鹿进宝
　　　　　韩　裕
　　　　　孙　强
　　　　　赵　军
　　　　　吴会杰

中共房山区第六届纪律检查委员会

书　　记　王智慧
副 书 记　王永年
　　　　　李　学
　　　　　汤连成（4月任）
常　　委　张志友
　　　　　王文久
　　　　　王文路
　　　　　栗桂平（女）

中共房山区第七届纪律检查委员会

（12月，中共房山区第七届纪律检查委员会第一次会议选举产生）

书　　记　王智慧
副 书 记　王永年
　　　　　李　学
　　　　　汤连成
常　　委　张志友
　　　　　王文路
　　　　　栗桂平（女）
　　　　　刘守祥
　　　　　杨　琼(女,布依族)

区纪委办公室

主　　任　汤连成（兼）

区纪委干部廉洁自律工作室

主　　任　栗桂平（女）

区纪委执法监察室

主　　任　孙玉龙

区纪委案件检查室

主　　任　王洪祥

区纪委案件审理室

主　　任　张　涛

区纪委纠风室

主　　任　张红梅(女,5月任)

区纪委信访室

主　　任　李美华（女）

区纪委宣教室

主　　任　杨　琼(女,布依族)

区纪委干部室

主　　任　李　艳（女，5月任）

区纪委研究室

主　　任　王　静（女，8月任）

区纪委联合派驻纪检组

（8月成立）

组　　长　许广宝（8月任）
成　　员　顾春生（8月任）
　　　　　安小平（女，8月任）
　　　　　任全伶（女，8月任）

区委办公室

主　　任　赵　军
副 主 任　宋春福（兼）
　　　　　任国强
　　　　　王化占

区委组织部

部　　长　孙　强

常务副部长 耿纪民
副 部 长 王 耕
高晓坤（2月任）
史 建（兼，女）
杨东升（兼，8月免）
王春菊（兼，女，8月任）

区委宣传部

部 长 赵佳琛（女）
常务副部长 李进伟
副 部 长 康宝和（兼）
孙丽娟（兼，女）
李春晖（女）
曹燕杰（2月任）

区文明办

主 任 康宝和
副 主 任 刘丽杰（女）
孙桂华（女，回族）

区新闻中心

主 任 孙丽娟（女）
总 编 辑 朱德水

集聚办

主 任 杨海峰
副 主 任 丁学工

区委统战部

部 长 孙 强（兼）
常务副部长 贾 斌
副 部 长 贾进军（5月免）
焦启超（兼，5月任）
王文洪（8月任）

区台办

主 任 孙 强（兼）
副 主 任 贾 斌
贾进军（5月免）
王文洪（8月任）

区委政法委

书 记 刘欣国（12月免）
张祝华（兼，12月任）
副 书 记 游来清（2月免）
韩士军
隗功民
赵书国（8月任）
王文久（10月任）
杨四奇（兼）
政治部主任 隗淑萍（女）

区综治办

主 任 游来清（兼，2月免）
韩士军（兼，2月任）
副 主 任 孔令红（女）

区维稳办

主 任 游来清（兼，2月免）
韩士军（兼，2月任）
副 主 任 刘焕忠
张进堂

区流管办

主 任 赵书国

区研究室

主 任 宋春福
副 主 任 王金恒（8月免）
王建星
李鹏飞（8月任）

区编办

主 任 邓思博
副 主 任 彭 菲（女）
李建华

区直机关工委

书 记 赵磊明
副 书 记 王忠胜
王秀兰（女）

区委老干部局

局 长 史 建（女）
副 局 长 王玉仓
王雪梅（女，满族，8月任）

区委保密办
（区保密局）

主 任 隗永敏
局 长 隗永敏

区学习办

主 任 郭志族
常务副主任 顾成强

区山区人口迁移办

主 任 张 英（兼，1月免）
副 主 任 张 澄（女，1月任）

房山区第六届人民代表大会常务委员会

主 任 史全富
副 主 任 李福田
梁 顺（1月免）
刘顺林
段维鹏
苗宗启（1月任）
王淑红（女，不驻会）
委 员 马成彪（满族）
王 仪
王 辉（女）
王 媛（女）
王心松（女，蒙古族）
刘元涛

刘永富
刘晓燕（女）
刘增会
许世臣
杜鹏飞
李倩梅（女）
宋耀民
张　兵
张玉玲（女）
张立英（女）
张维勋
周俊岭
赵进珍
高武军
翟瑞元

房山区第七届人民代表大会常务委员会

（12月，房山区第七届人民代表大会第一次会议选举产生）

主　　任　史全富
副 主 任　刘欣国
　　　　　刘顺林
　　　　　段维鹏
　　　　　苗宗启
　　　　　王淑红（女，不驻会）
委　　员　王英开
　　　　　王心松（女，蒙古族）
　　　　　毕武强
　　　　　祝庆忠
　　　　　孙玉成
　　　　　邢东升
　　　　　齐树水
　　　　　贾克忠
　　　　　丁淑艳（女）
　　　　　马小兰（女）
　　　　　王　耕
　　　　　王　媛（女）
　　　　　邓军兰（女）
　　　　　仲伟华
　　　　　刘增会
　　　　　许世臣
　　　　　杨　灵（女）
　　　　　张　兵
　　　　　张立英（女）
　　　　　郝凤霞（女）
　　　　　高武军

区人大常委会办公室

主　　任　王英开
副 主 任　贯艳杰（女）
信访室主任　隗永成（8月任）

区人大常委会代表室

主　　任　王心松（女，蒙古族）
副 主 任　谈素芬（女）

区人大常委会财经委

主　　任　毕武强
副 主 任　张永强（8月任）

区人大常委会城建环保委

主　　任　祝庆忠
副 主 任　李建新

区人大常委会内司委

主　　任　杜鹏飞（8月免）
　　　　　孙玉成（8月任）
副 主 任　王建国

区人大常委会教科文卫委

主　　任　邢东升
副 主 任　尹姝忠（女）

区人大常委会农委

主　　任　齐树水

区人大常委会研究室

主　　任　贾克忠
副 主 任　韩生银（女）

政协房山区第六届委员会

主　　席　唐淑荣（女）
副 主 席　高维魁
　　　　　王晓芝（女）
　　　　　李惠英（女，彝族）
　　　　　周文海
　　　　　万金峰（不驻会）
　　　　　赵润东（不驻会）
　　　　　肖　武（女，不驻会）
秘 书 长　李金田
常务委员　丁长海（回族）
　　　　　于　平（女）
　　　　　孔凡生
　　　　　马向丽（女）
　　　　　马志宏
　　　　　王　峙
　　　　　王　寂
　　　　　王宝盛
　　　　　王英开
　　　　　王雪梅（女）
　　　　　卢　宁
　　　　　石　福
　　　　　刘长安
　　　　　刘军超（女）
　　　　　刘希广
　　　　　孙志强
　　　　　孙桂华（女，回族）
　　　　　孙爱华（女）
　　　　　许兆雄
　　　　　张　玉
　　　　　张　磊（女，蒙古族）
　　　　　张文战
　　　　　李晓云（女）
　　　　　肖凤云（女）

肖希鹏
陈海忠
苗　松
杨树德
金永男（朝鲜族）
金英华（女，朝鲜族）
耿纪民
耿春奉
贾　斌
高　明（女）
常福林
蒋小钢
程美生
焦启超
阚立英（女）

政协房山区第七届委员会

（12月，政协房山区第七届委员会第一次会议选举产生）

主　　席　唐淑荣（女）
副 主 席　高维魁
　　　　　李惠英（女，彝族）
　　　　　周文海
　　　　　任振秋
　　　　　赵润东（不驻会）
　　　　　肖　武（女，不驻会）
秘 书 长　游来清
常务委员　丁长海（回族）
　　　　　于　平（女）
　　　　　万金峰
　　　　　马向丽（女）
　　　　　王　忆（女）
　　　　　王金恒
　　　　　王海平（土家族）
　　　　　孔凡生
　　　　　石　福
　　　　　卢　宁
　　　　　刘长安
　　　　　刘文礼
　　　　　刘军超（女）
　　　　　刘希广
　　　　　刘清生
　　　　　许兆雄
　　　　　孙　威
　　　　　孙志强
　　　　　杨树德
　　　　　肖希鹏
　　　　　张　磊（女，蒙古族）
　　　　　张文占
　　　　　张海波
　　　　　陈　亮（满族）
　　　　　陈玉珍（女）
　　　　　陈海忠
　　　　　苗　松
　　　　　金永男（朝鲜族）
　　　　　赵庶吏（女）
　　　　　骆金萍（女）
　　　　　耿纪民
　　　　　贾　斌
　　　　　徐　蔚（女）
　　　　　高　明（女）
　　　　　高良洁
　　　　　高建荣（女）
　　　　　黄俩迷（回族）
　　　　　蒋小钢
　　　　　程美生
　　　　　释延佛
　　　　　廖承涛
　　　　　廖春迎（女，壮族）
　　　　　滕昭智

区政协办公室

主　　任　于　平（女）
副 主 任　骆金萍（女，8月免）
　　　　　董永娟（女，8月任）

区政协研究室

主　　任　焦启超（5月免）
　　　　　王金恒（8月任）
副 主 任　邱鸿伟

区政协专委一室

主　　任　陈海忠
副 主 任　辛艳茜（女）

区政协专委二室

主　　任　杨树德
副 主 任　林晓燕（女）

区政协专委三室

主　　任　刘清生
副 主 任　栗景鸿

区政协专委四室

主　　任　程美生
副 主 任　隗合军

区政协专委五室

（8月成立）

主　　任　刘文礼（8月任）

区政协专委六室

（8月成立）

主　　任　骆金萍（女，8月任）

第六届房山区人民政府

区　　长　祁　红
副 区 长　高言杰（10月免）
　　　　　李　江（满族）
　　　　　卢国懿
　　　　　马丽英（女，回族，10月免）
　　　　　吴会杰
　　　　　马继业
　　　　　曹　蕾（女，10月任）

第七届房山区人民政府

（12月，区七届人大一次会议选举产生）

区　　长　祁　红
副 区 长　李　江（满族）
　　　　　吴会杰
　　　　　卢国懿
　　　　　马继业
　　　　　曹　蕾（女）
　　　　　吕守军

区政府办公室

主　　任　苗宗启（2月免）
　　　　　刘胜国（2月任）
副 主 任　陈志华
　　　　　冯长利
　　　　　曲　肃（女）
　　　　　蔡禄鹏（5月任）

区外事办

（设在区政府办）

主　　任　陈志华

区应急委办公室

（区应急指挥中心）

（设在区政府办）

主　　任　许文武

区国资委

党委书记　柴林峰
副 书 记　赵大栓
　　　　　李绍华（满族）
　　　　　白文祥
纪委书记　白文祥（兼，5月免）
　　　　　谭德茂（5月任）
主　　任　赵大栓
副 主 任　李绍华（满族）
　　　　　隗有田（5月免）
　　　　　郭尽辉

区发改委

党组书记　朱耀春（7月任）
副 书 记　徐宗军
　　　　　张进海
纪检组组长　杨晓梅（女）
主　　任　徐宗军
副 主 任　宋云峰（8月免）
　　　　　王广兴
　　　　　刘荣秀（女）
　　　　　韩志刚
　　　　　高武军
　　　　　杜金全

区物价检查所

所　　长　郭顺永

区经济和信息化委

党组书记　赵永祥
副 书 记　冉照华
纪检组组长　冉照华
主　　任　赵永祥
副 主 任　常　勇（1月免）
　　　　　栗国清
　　　　　宋爱茹（女）
　　　　　李学红
　　　　　邱　刚（1月任）
　　　　　褚潇炜（1月任）

区商务委员会

（区粮食局）

党组书记　赵东升
副 书 记　朱仕生
纪检组组长　孙玉生
主　　任　朱仕生
副 主 任　许志增
　　　　　冯万利
　　　　　王　倩（女）
粮食局局长　朱仕生（兼）

区教委

工委书记　杜成喜
副 书 记　郭志族
纪工委书记　张广明
主　　任　郭志族
副 主 任　顾成强
　　　　　杜成喜（1月免）
　　　　　赵瑞兰（女）
　　　　　米忠诚（回族）
　　　　　刘立钦（女）
　　　　　王华明（1月任）
教育督学室主任　徐维珍

区科委

党组书记　张海鹏
主　　任　张海鹏
副 主 任　李宝泉
　　　　　赵洪新（女）
　　　　　王批修

区监察局

局　　长　李　学
副 局 长　王文久（11月免）
　　　　　王文路
　　　　　刘守祥

区行政投诉中心

（设在区监察局）

副 主 任　赵俊安

区民政局

党组副书记　刘胜国（2月免）
　　　　　王占勇（2月任）
纪检组组长　徐志刚
局　　长　刘胜国（2月免）
　　　　　王占勇（2月任）

副　局　长　杨秀东
曹志红（女）
赵丽萍（女）
邢景旺

区司法局

党组书记　孙玉成（8月免）
杜鹏飞（8月任）
副　书　记　陆大勇（8月任）
纪检组组长　谭德茂（5月免）
董　辉（5月任）
局　　长　孙玉成（8月免）
陆大勇（8月任）
副　局　长　高建荣（女，1月免）
杨兆宇
任全悦（5月免）
王晓光（女）
王　媛（女，1月任）
刘才科（5月任）

区财政局

党组书记　孟令金
副　书　记　董瑞臣
纪检组组长　韩民东
局　　长　董瑞臣
副　局　长　孟令金
李小英（女）
游向荣（女）
刘学军

区人力资源和社会保障局

党组副书记　杨东升（8月免）
王春菊（女，8月任）
纪检组组长　万传斌
局　　长　杨东升（8月免）
王春菊（女，8月任）
副　局　长　蔡　国
隗有清
白秀国
晋合荣（女）
卢　祥
赖晓润（1月任）

房山规划分局

党组书记　李　博
纪检组组长　杨　仲
局　　长　李　博
副　局　长　韩树权
崔立新
曹荷红（女）

区住房和城乡建设委

（区政府房改办）

（区政府房屋征收办）

党组书记　陈　水
副　书　记　曹　磊
纪检组组长　赵冬梅（女，8月任）
主　　任　曹　磊
副　主　任　黄文江（1月免）
郭长泉
绳有兴
章　戎
柳　旻
张劲楠（1月任）

区市政市容管委

（区城乡环境建设办）

党组副书记　任正宽
潘　康
纪检组组长　毛　林（女）
主　　任　任正宽
副　主　任　郭　安
吴家顺
张战鹏
石银山（满族）
许传林（1月任）

区城乡环境建设办

主　　任　任正宽（兼）
副　主　任　刘建党

区交通局

党委副书记　周文海（8月免）
陈剑波
肖立英（女，8月任）
纪委书记　王晓军（女）
局　　长　陈剑波
副　局　长　张晋敏（女）
付建华
陈建民
高　峰（1月任）

区农村工作委员会

工委书记　郭志明
副　书　记　刘宝忠
郭秀妍（女）
纪工委书记　郭秀妍（兼，女）
主　　任　刘宝忠
副　主　任　马良瑞（5月免）
朱文生
焦迎彦（女）
吴宝祥（兼）
慕　游（1月任）
毛宝东（8月任）

区文化委

党组副书记　李立新
纪检组组长　姜品英
主　　任　李立新
副　主　任　赵润东（8月免）
马京云（女）
苏文江
陈　光

区卫生局

党委书记　吴卫星
副书记　张建国
　　王立平（女，5月免）
　　李秀梅（女，8月任）
纪委书记　王立平（女，5月免）
局长　张建国
副局长　张淑云（女，5月免）
　　王　东
　　张金兵
　　杜国栓
　　张文艳（女）

区人口计生委

党组书记　张广华
纪检组组长　石向红（女）
主任　张广华
副主任　刘玉霞（女）
　　李书会（女）
　　邱珍国
　　郑红蕾（女，1月任）

区审计局

党组书记　张立忠
副书记　马俊怀
纪检组组长　张　健
局长　马俊怀
副局长　李　亮
　　范江梅（女）
　　郭凤岭
　　周晓光

区委社会工委
（区社会办）

工委书记　王占勇
副书记　张丽红（女）
主任　王占勇
副主任　晏利平
　　王雪梅（女，满族，8月免）
　　高　倩（女，8月任）

区环保局

党组书记　隗功勋
副书记　顾金锁
纪检组组长　姜亚丽（女）
局长　顾金锁
副局长　李素明
　　于德华
　　孙爱华（女）
　　胡玉江（8月任）

区统计局

党组书记　彭耀荣
副书记　张福志
　　左志国
纪检组组长　芮登福
局长　张福志
副局长　刘江峰（1月免）
　　史毓龙
　　祖春荣（女）
　　耿会琰（女，1月任）

国家统计局房山调查队

队长　左志国

北京市房山区经济社会调查队

副队长　刘磐生
　　申　杰（女）

区农业局
（区动监局）

党组副书记　吴宝祥
纪检组组长　马　莉（女）
局长　吴宝祥
副局长　付凤生
　　邓更喜
　　刘　芳（女）
　　杨建坡

区水务局

党组书记　李骏雄
副书记　陈硕林
　　李丽英（女）
纪检组组长　李丽英（兼，女）
局长　陈硕林
副局长　霍　忠
　　高福金
　　张敬宇

区园林绿化局
（区绿化办）

党组书记　孔庆远
副书记　臧建忠
纪检组组长　张凯军
局长　孔庆远
副局长　朱　凯（满族）
　　王良合
　　张喜利（1月任）
　　梁丽芳（女，1月任）
森林公安处处长　丁景韬

区绿化办

主任　孔庆远
副主任　何庶民

区安全生产监督管理局

党组书记　周德运（满族）
纪检组组长　霍和平
局长　周德运（满族）
副局长　王桂政
　　刘继承
　　李劲松
　　李彦山（5月免）
　　高保光（5月任）

区旅游局

党组书记 冀显江（8月免）
李更宇（8月任）
副书记 王秉军（5月免）
冀显江（8月任）
高建波
纪检组组长 高建波（兼）
局长 冀显江
副局长 王秉军（5月免）
王晓燕（女）
高建波
杨进宇
赵圳（1月任）

区体育局

党组书记 苏宝华
副书记 路建华
局长 路建华
副局长 侯士正（1月免）
蔡丽丽（女）
郭东云（女）
金永男（朝鲜族，1月任）

区法制办

主任 卢永春
副主任 李彩柱
金玲（女）

区信访办

主任 韩晓明（女）
副主任 毛彦林
魏建华
石玉霞（女）

区城管监察大队

党委书记 孟宪江
副书记 刘金（8月免）
李爱军（8月任）
政委 孟宪江
纪委书记 张立杰
大队长 刘金（8月免）
李爱军（8月任）
副大队长 刘玉珍（女，1月免）
靳小强
李兴文（兼）
李东喜

房山公安分局

党委书记 王聚成（12月免）
鹿进宝（12月任）
副书记 刘少波
纪委书记 刘国纲
政委 刘少波
局长 王聚成（10月免）
鹿进宝（10月任）
副局长 闫伟（6月任）
刘志刚
谭钟
马志刚
安宏志（1月任）
柏林（6月免）
吴明新（6月免）
梁艳生（6月任，10月免）
政治处主任 季超宏（6月免）
盖立志（6月任）

房山工商分局

党组书记 王华鑫
纪检组组长 李飞
局长 王华鑫
副局长 张玉河
李力君
杨晓军
赵建海
张景山

区食品安全办公室

（设在房山工商分局）

主任 王华鑫（兼）

区地税局

党组书记 万国喜
副书记 马强
纪检组组长 安永刚
局长 万国喜
副局长 马强
谭巨科
晋国常（1月免）
王忠悟
梁鑫
翁筱玲（女，12月任）

区质监局

党组书记 杨兆生
纪检组组长 戴英华（女）
局长 杨兆生
副局长 董树萍（女）
宋同飞（4月免）
田承山

房山药监分局

党组书记 曹长安
纪检组组长 侯宝亮
局长 曹长安
副局长 孙红利（女）
赵冬梅（女）

房山国土分局

党组书记 任振秋
副书记 李泽田
纪检组组长 李泽田（兼）
局长 任振秋
副局长 周振国
鲁永来

石广欣（女）
王景岗（8月任）

区民防局

局　　长 刘文礼（8月免）
陈兴柱（8月任）
副 局 长 王守礼
曹进国

区气象局

党组书记 冯永芳（女）
局　　长 冯永芳（女）
副 局 长 卓连根

房山公路分局

党委书记 翟瑞元
副 书 记 焦怀军
纪委书记 焦怀军（兼）
局　　长 翟瑞元
副 局 长 焦怀军
路培峰
刘原则
焦海峰

北京联通房山区分公司

党委书记 强智勇
副 书 记 张友军
纪委书记 张友军（兼）
总 经 理 强智勇
副总经理 张友军
李长文
顾春敬

区邮政局

党委书记 张余海
局　　长 张余海
副 局 长 炼永生（5月免）
王希利（5月任）
翟　耀（女，5月任）
刘园红（女，5月任）

房山交通支队

党委书记 张克军
副 书 记 张国平
纪委书记 张国平（兼）
政　　委 张国平
支 队 长 张克军
副支队长 蒋金山（3月免）
孙国辉（7月免）
高景利
吴葵付（3月任）
张振远（7月任）

区国税局

党组书记 胡文学
纪检组组长 田　强
局　　长 胡文学
副 局 长 邢文朋
刘建辉
张立东
濮　璐（女）
稽查局局长 冯国强

区人武部

党委书记 韩　裕
副 书 记 郝恭平
政　　委 韩　裕
部　　长 郝恭平
副 部 长 董华昌
王庆文

预备役团

党委书记 欧祝彪
副 书 记 张　杰
政　　委 欧祝彪
团　　长 张　杰
参 谋 长 陈　亮（4月免）
孙治国（4月任）
政治处主任 陈　兵

区法院

党组书记 蔡慧永
纪检组组长 邢金梅（女）
院　　长 蔡慧永
副 院 长 佟海东
张仲侠
王军武
佟　淑（女）
廖春迎（女，壮族，2月任）
政治处主任 佟　淑（兼，女）

区执行局

局　　长 张仲侠

区检察院

党组书记 王建平
纪检组副组长 石福林
检 察 长 王建平（1月任）
副检察长 王建平（1月免）
郭志平
南德杭
李　军（女）
张　凯
高建荣（女，2月任）
政治处主任 顾建军

区反贪局

局　　长 王建明

区委燕山工委

工委书记 史全富
副 书 记 翟　东
刘希广
张志友
张维勋
工委委员 吴艳京（女）
王华强

赵世圈

燕山纪委

书　　记　张志友（兼）
副 书 记　丁卫华（5月免）
　　　　　薛金国（满族，5月任）
　　　　　杨红宇（女）

燕山监察分局

局　　长　丁卫华（5月免）
　　　　　薛金国（满族，5月任）

燕山工委办公室

主　　任　于　勇

燕山工委组织部

部　　长　仲伟华

燕山工委宣传部

部　　长　吴艳京（女）

燕山工委政法办

（综治办）

主　　任　郝卫兵

燕山直属机关党委

党委书记　黄晓龙

人大燕山办事处工委

主　　任　张建华

燕山办事处

主　　任　翟　东
副 主 任　吕志士
　　　　　线长安（满族）
　　　　　段长虹（女，5月免）
　　　　　樊勇勇
　　　　　韩　强
　　　　　张中科（5月任，12月去世）

燕山办事处办公室

（信访办）

（应急办）

主　　任　吴雪峰

燕山工会

主　　席　张会生

燕山妇联

主　　席　刘燕勤（女）

燕山发展和改革委员会

（安全生产监督管理分局）

（粮食办）

主　　任　张中科（5月免）
　　　　　黄文胜（5月任）

燕山经信委

主　　任　毕春鹏（1月任）

燕山教委

党委书记　郝伟莉（女）
主　　任　曾　辉

燕山教育督导室

主　　任　李守业

燕山成教中心

主　　任　车丽梅（女）

燕山民政分局

（燕山社会建设工作办公室）

党组书记　黄文胜（5月免）
局　　长　黄文胜（5月免）
　　　　　丁卫华（5月任）

燕山社会建设工作办公室

主　　任　黄文胜（1月任，5月免）
　　　　　丁卫华（兼，5月任）

燕山财政分局

局　　长　樊宗军

燕山人力社保分局

局　　长　韩　玲（女，1月任）

燕山住房城乡建设委

（住房保障和改革办）

主　　任　赵世圈（1月免）
　　　　　李忠健（1月任）

燕山市政市容管委

（燕山城市环境建设委员会办公室）

（燕山园林绿化分局）

主　　任　王　芳（1月任）

燕山文卫分局

党委书记　董金萍（女）
局　　长　王保勤

燕山审计分局

局　　长　夏　辉

燕山城管监察中队

中 队 长　赵学东

燕山体育运动中心

主　　任　李忠健（1月免）
副 主 任　钟觉辉

燕山市场服务中心

主　　任　周　健（8月免）

燕山工业区管委会

主　　任　樊勇勇（兼）
副 主 任　王　军

燕山交通管理处

主　　任　王　涛

燕山国税局

党组书记　尚　旭
局　　长　尚　旭
副 局 长　赵振华
　　　　　赵　波（回族）
　　　　　韩　毅

燕山人武部

部　　长　赵世圈

燕山公安分局

党委书记　王华强
副 书 记　贾　鹏
纪委书记　白志强（10月免）
　　　　　宗朝光（10月任）
政　　委　贾　鹏
局　　长　王华强
副 局 长　赵　军
　　　　　唐　涛（4月任）
　　　　　陈伟民（6月任）

燕山地税分局

党组书记　王　炜
局　　长　王　炜
副 局 长　缴荫龙
　　　　　田贵远
　　　　　杜新立
　　　　　安庆宪

燕山工商分局

党组书记　张　新
局　　长　张　新
副 局 长　李　君

燕山质监分局

党组书记　张立新
局　　长　张立新

燕山残疾人联合会

理 事 长　胡建明

燕山司法办

主　　任　孙宝军

迎风街道

工委书记　张志平
副 书 记　赵长永
　　　　　邓国红（女）
纪工委书记　邓国红（女）
主　　任　赵长永
副 主 任　卢　宁
　　　　　徐秀敏（女）
　　　　　陆志庆

东风街道

工委书记　王炳蔚（女）
副 书 记　付建军
　　　　　张　辉（女）
主　　任　付建军
副 主 任　田小平
　　　　　石晓懿（女，8月免）
　　　　　朱必强
　　　　　周京良（8月任）

向阳街道

工委书记　朱海良（满族）
副 书 记　柴海泉（满族，8月免）
　　　　　关曙光（女，满族）
纪工委书记　关曙光（兼，女，满族）
主　　任　柴海泉（满族，8月免）
副 主 任　刘淑霞（女）
　　　　　李立伟
　　　　　路晓银（女）

星城街道

工委书记　王大利
副 书 记　张荣波
　　　　　刘玉增（满族）
纪工委书记　刘玉增（兼，满族）
主　　任　张会生（布依族，1月免）
　　　　　张荣波（1月任）
副 主 任　胜　利（蒙古族）
　　　　　冯　杰
　　　　　张宝云（女）

良乡地区办事处
（良乡镇）

工委书记　胡玉富
副 书 记　李更宇（8月免）
　　　　　杨文淑（女，8月任）
　　　　　肖立英（女，8月免）
　　　　　王　珊（女，8月任）
纪工委书记　王　珊（女，8月免）
　　　　　梁文飞（8月任）
组织部长　陈东明
宣传部长　崔艳霞（女，8月免）
　　　　　崔旭东（8月任）
武装部长　刘近伏（8月免）
　　　　　王宝海（8月任）
主　　任　李更宇（8月免）
　　　　　杨文淑（女，8月任）
副 主 任　乔　茹（女）
　　　　　王清涛（8月免）
　　　　　王文洪（8月免）
　　　　　毛宝东（8月免）
　　　　　刘海雨
　　　　　曾佼佼（女，5月任）
　　　　　郑迪飞（8月任）
　　　　　赵春来（8月任）
党委书记　胡玉富
副 书 记　李更宇（8月免）

杨文淑（女，8月任）
肖立英（女，8月免）
王　珊（女，8月任）
人大主席　胡玉富（兼）
副主席　晋淑婷（女）
纪委书记　王　珊（女，8月免）
梁文飞（8月任）
镇长　李更宇（8月免）
杨文淑（女，11月任）
副镇长　乔　茹（女）
王清涛（8月免）
王文洪（8月免）
毛宝东（8月免）
刘海雨
曾佼佼（女，7月任）
郑迪飞（11月任）
赵春来（11月任）

拱辰街道办事处

工委书记　吕守军
副书记　陈广利
臧金凤（女，8月免）
李文亮（蒙古族，8月任）
人大街工委主任　吕守军（兼）
副主任　赵振东
纪工委书记　张红梅（女，5月免）
李志全（8月任）
组织部长　刘利英
宣传部长　胡巧坤（女，8月免）
苏震宇（8月任）
武装部长　姜绍亮
主任　陈广利
副主任　臧金凤（女，1月免）
李　岩
祁向东
徐振安
刘松华
胡巧坤（女，8月任）
李志全（1月任，8月免）

西潞街道办事处

工委书记　胡淑苹（女）
副书记　刘永玘
臧艳芳（女，8月免）
周海杰（8月任）
人大街工委主任　胡淑苹（兼，女，8月免）
刘殿学（8月任）
副主任　赵福英（女）
纪工委书记　许树河
组织部长　王新华（8月免）
杨静文（女，达斡尔族，8月任）
宣传部长　刘凤霞（女）
武装部长　周海杰（兼，8月免）
王新华（兼，8月任）
主任　刘永玘
副主任　陈广生
刘殿学（8月免）
王海艳（女）
周海杰（8月免）
王新华（8月任）
刘近伏（8月任）
张秀芳（女，8月任）

城关街道办事处

工委书记　陆大勇（8月免）
董凤山（8月任）
副书记　李爱军（8月免）
臧金凤（女，8月任）
李秀梅（女，8月免）
孙　术（8月任）
人大街工委主任　王华先
副主任　于腊梅（女）
纪工委书记　张春杰
组织部长　蔡小会
宣传部长　赵丽杰（女）
武装部长　姜振国
主任　李爱军（8月免）
臧金凤（女，8月任）

副主任　李　志
张冠亚（8月免）
张月明（8月免）
陈君英（女）
贾凤月
赵金龙
路　鹏（5月任）
郭泽峰（8月任）

琉璃河地区办事处

（琉璃河镇）

工委书记　魏广勋
副书记　陈立新
周有成
纪工委书记　徐建国
组织部长　赵冬梅（女，8月免）
王雄越（8月任）
宣传部长　王雄越（8月免）
齐广涛（8月任）
武装部长　郑　涛
主任　陈　水（1月免）
陈立新（1月任）
副主任　秦立成（8月免）
闫淑会（女）
朱大海
闫其杰（8月免）
王红娟（女）
郑迪飞（8月免）
张　辉（5月任）
赵金颂（8月任）
党委书记　魏广勋
副书记　陈立新
周有成
人大主席　魏广勋（兼，8月免）
周有成（11月任）
副主席　李会军（8月免）
冯茂高（11月任）
纪委书记　徐建国
镇长　陈立新（6月任）

副镇长　秦立成（8月免）
闫淑会（女）
朱大海
王红娟（女）
郑迪飞（8月免）
张　辉（6月任）
赵金颂（11月任）

青龙湖镇

党委书记　董凤山（8月免）
苏秀春（8月任）
副书记　樊会来（8月免）
鲍　栋（8月任）
张　雷（8月免）
张桂冬（女，8月任）
人大主席　董凤山（兼，8月免）
苏秀春（11月任）
副主席　穆启华
纪委书记　张桂冬（女，8月免）
沙建东（回族，8月任）
组织部长　张长华（女）
宣传部长　马海鸥（女，8月免）
沈长全（8月任）
武装部长　吴　永（8月免）
张立印（兼，8月任）
镇长　樊会来（8月免）
鲍　栋（11月任）
副镇长　王险峰（8月免）
王淑红（女）
隗永龙
赵振宇（8月免）
张立印
荣维俊（8月任）
刘雪松（11月任）

窦店镇

党委书记　于英虎
副书记　李雪生
赵建英（女，8月免）
张　雷（8月任）
仉锁忠（兼，回族）
人大主席　于英虎（8月免）
刘文杰（11月任）
副主席　杜福山（11月任）
纪委书记　顾春生（8月免）
崔艳霞（女，8月任）
组织部长　陈　静（女，8月免）
王晓艳（女，8月任）
宣传部长　石宝军（女，8月免）
赵永新（8月任）
武装部长　王永刚（8月任）
镇长　李雪生
副镇长　高　倩（女，8月免）
王希武（8月免）
高运华（11月免）
孙建国
陈天三
于广海（满族，8月免）
刘金辉（8月任）
胡建华（11月任）
白玉珍（女，满族，11月任）

韩村河镇

党委书记　豆宝才
副书记　邵志杰（满族）
王春年
人大主席　刘殿新
纪委书记　何福文
组织部长　崔凤香（女）
宣传部长　高大辉（8月免）
陈壮志（8月任）
武装部长　王学武
镇长　豆宝才（8月免）
邵志杰（满族，11月任）
副镇长　邵志杰（满族，11月免）
许恩堂（8月免）
郭泽峰（8月免）
王学普（11月任）
纪艳杰（女）
李　文
谢朝阳
高大辉（11月任）

周口店地区办事处
（周口店镇）

工委书记　张海生
副书记　杨生军
吴长明（8月免）
王长存（8月任）
纪工委书记　刘新宇
组织部长　王怀财（8月免）
张　强（8月任）
宣传部长　刘月辉（女）
武装部长　许志华（兼）
主任　杨生军
副主任　崔美利（8月免）
许志华
李淑红（女）
李建民（8月免）
张　平
杨叶辉（5月任）
于广海（满族，8月任）
党委书记　张海生
副书记　杨生军
吴长明（8月免）
王长存（8月任）
人大主席　吴长明（兼，8月免）
张海生（11月任）
副主席　刘志富
纪委书记　刘新宇
镇长　杨生军
副镇长　崔美利（8月免）
李建民（8月免）
李淑红（女）
许志华
张　平
杨叶辉（7月任）

于广海（满族，11月任）

大石窝镇

党委书记 李光明
副书记 薛满德
张福利
人大主席 李光明（兼）
副主席 韩玉平（女）
纪委书记 朱华俊（8月任）
组织部长 姜洪国
宣传部长 魏建青（女，8月免）
隗玉香（女，8月任）
武装部长 丁瑞良（8月免）
李学文（兼，8月任）
镇长 薛满德
副镇长 安小平（女，8月免）
魏春水（8月免）
李学文
宿建军
高谱（6月任）
魏建青（女，11月任）

阎村镇

党委书记 柳铁良
副书记 张杰
范丽娟（女）
人大主席 范丽娟（女）
副主席 常凤莉（女）
纪委书记 郭玉书
组织部长 刘询（8月免）
陈静（女，8月任）
宣传部长 张鹏（8月免）
马海鸥（女，8月任）
武装部长 李向录（兼）
镇长 张杰
副镇长 李向录
李春秋
吴艳玲（女）
张天更

倪旺

长阳镇

党委书记 齐文东
副书记 李军
栗鹏程
人大主席 游良民
副主席 马金燕（女，8月免）
纪委书记 任景全
组织部长 苏小艳（女）
宣传部长 刘文静（女）
武装部长 朱明浩（8月免）
吴永（8月任）
镇长 李军
副镇长 杨增会（8月免）
赵龙
杨永青（女）
黄莹（女，8月免）
刘维
张瑞（11月任）
薛宝立（11月任）

石楼镇

党委书记 王春菊（女，8月免）
樊会来（8月任）
副书记 钱新宇
刘文杰（8月免）
赵建英（女，8月任）
人大主席 王春菊（兼，女，8月免）
赵建英（女，11月任）
副主席 冯娟（女）
纪委书记 穆甫元
组织部长 隗功晋
宣传部长 赵立明（8月免）
王学通（8月任）
武装部长 高玉光
镇长 钱新宇
副镇长 宋然（8月免）
杨俊霞（女）
赵春来（8月免）
郑雷
余涛（回族，7月任）
赵立明（11月任）

长沟镇

党委书记 李仲
副书记 杨文淑（女，8月免）
韩继华（8月任）
隗合红
人大主席 隗合红
副主席 杜福山（8月免）
李国梁（11月任）
纪委书记 张德林
组织部长 陈峰岩（8月免）
杨春彦（女，8月任）
宣传部长 林建强
武装部长 王宝海（8月免）
王海涛（兼，8月任）
镇长 杨文淑（女，8月免）
韩继华（11月任）
副镇长 李文亮（蒙古族，8月免）
张秀芳（女，8月免）
李国梁（8月免）
刘雪松（8月免）
王海涛
任全起
石宝军（女，11月任）
李杰（11月任）
程秀阁（11月任）

河北镇

党委书记 穆建山
副书记 张艳珍（女）
翟凤航（8月免）
谭斌（女，8月任）
郑明存
人大主席 穆建山（兼，8月免）
翟凤航（8月任）

副主席　陈长卫（8月免）
纪委书记　沙建东（回族，8月免）
　侯景义（8月任）
组织部长　谭　斌（女，8月免）
　陈长卫（8月任）
宣传部长　任建新（女）
武装部长　孟友龙（兼）
镇　长　张艳珍（女）
副镇长　王彩云（女，8月免）
　付海滨（女，8月任）
　王树国（8月免）
　孟友龙
　侯景义（8月免）
　许海峰（朝鲜族，8月任）
　赵振宇（8月任）
　梁明义（8月任）

张坊镇

党委书记　高海军
副书记　慈建民
　王长存（8月免）
　戴　兵（8月任）
人大主席　高海军（兼）
副主席　穆甫彦（8月免）
　隗永启（11月任）
纪委书记　李新宇
组织部长　隗合宇（8月免）
　王海红（8月任）
宣传部长　刘秀春
武装部长　王福顺（兼，8月免）
　丁瑞良（8月任）
镇　长　慈建民
副镇长　刘福生（8月免）
　王福顺
　崔小梅（女）
　程秀阁（8月免）
　温志超（6月任）
　穆晓利（11月任）

佛子庄乡

党委书记　于瑞林
副书记　宿廷虎（8月免）
　薛全英（8月任）
　孙玉军
人大主席　于瑞林（兼）
副主席　张进奉
纪委书记　于德才
组织部长　张　强（8月免）
　隗合忠（8月任）
宣传部长　张春霞（女）
武装部长　王爱武（8月免）
　张宝义（兼，8月任）
乡　长　宿廷虎（8月免）
　薛全英（11月任）
副乡长　胡建华（8月免）
　付海滨（女，8月免）
　张爱国
　张宝义
　靳　畅（女，7月任）
　隗功路（11月任）

十渡镇

党委书记　苏秀春（8月免）
　刘　金（8月任）
副书记　许金涛
　许广宝（8月免）
　秦立成（8月任）
人大主席　许广宝（8月免）
　刘　金（11月任）
副主席　隗永启（8月免）
　董立新（11月任）
纪委书记　梁文飞（8月免）
　蔡丰春（8月任）
组织部长　蔡丰春（8月免）
　任国立（8月任）
宣传部长　马振祥（8月免）
　赵　岩（女，8月任）
武装部长　周宝东（兼，8月免）
　王伟雄（8月任）
镇　长　许金涛
副镇长　周宝东（8月免）
　穆红霞（女）
　张小飞
　王学普（8月免）
　魏　然（回族，6月任）
　隗合宇（11月任）

霞云岭乡

党委书记　马春雷
副书记　陈兴柱（8月免）
　于吉顺（8月任）
　董世民
人大主席　董世民
副主席　霍振生（8月免）
　王桂华（11月任）
纪委书记　孙晓东
组织部长　李增仙（女，8月免）
　李　斌（8月任）
宣传部长　郑杰东（女）
武装部长　郭　伟（兼，8月任）
乡　长　陈兴柱（8月免）
　于吉顺（11月任）
副乡长　任全伶（女，8月免）
　胡玉江（8月免）
　郭　伟
　隗功文
　孙佳炜（7月任）
　李增仙（女，11月任）

大安山乡

党委书记　胡建光
副书记　隗合庆
　晋显存（8月免）
　白玉呈（8月任）
人大主席　晋显存（8月免）
　王怀栓（11月任）

副主席 王桂华（8月免）
纪委书记 王怀栓（8月免）
王志强（8月任）
组织部长 郭寒松（8月免）
穆艳军（8月任）
宣传部长 王志强（8月免）
李艳平（女，8月任）
武装部长 王伟雄（8月免）
琚云鹏（兼，8月任）
乡长 隗合庆
副乡长 白玉呈（8月免）
邢海英
张东光
琚云鹏
郝爽（6月任）

史家营乡

党委书记 方玉祥（满族）
副书记 霍奇国（8月免）
吴长明（8月任）
王正山
人大主席 方玉祥（兼，满族）
副主席 陈宏歧
纪委书记 王永民
组织部长 马良宁（8月免）
刘欣欣（8月任）
宣传部长 董永利
武装部长 牛振学（兼，8月免）
马良宁（兼，8月任）
乡长 霍奇国（8月免）
吴长明（11月任）
副乡长 牛振学（8月免）
马良宁（11月任）
王丙禄
郑桂彬（女）
毛玉营

南窖乡

党委书记 孙建华
副书记 薛全英（8月免）
霍奇国（8月任）
孙术（8月免）
赵连合（8月任）
人大主席 刘天坤
纪委书记 刘守东
组织部长 董永云（女）
宣传部长 闫伟群（8月免）
杨威（8月任）
武装部长 赵连合（兼，8月免）
张铁成（兼，8月任）
乡长 薛全英（8月免）
霍奇国（11月任）
副乡长 孟令宗
赵连合（8月免）
刘桂清（女，回族）
张铁成
郭寒松（11月任）

蒲洼乡

党委书记 王学峰
副书记 陈慧明
戴兵（8月免）
陈峰岩（8月任）
人大主席 王学峰（兼）
副主席 梁明臣
纪委书记 刘文利
组织部长 朱华俊（8月免）
隗合勇（8月任）
宣传部长 杨春彦（女，8月免）
任正杰（女，8月任）
武装部长 王永刚（兼，8月免）
于立华（兼，女，8月任）
乡长 陈慧明
副乡长 王永刚（8月免）
梁明义（8月免）
于立华（女）
李岩
李六五（白族，6月任）
王怀财（11月任）

新镇街道办事处

工委书记 孟祥友
副书记 刘宝忠
纪工委书记 刘宝忠
人大街工委主任 曲桂荣（女）
主任 孟祥友
副主任 钱宁

区委党校

党委书记 马成彪（满族）
副书记 刘天福（5月免）
黄凤才
党校校长 张祝华（兼）
常务副校长 刘天福（5月免）
马成彪（满族，5月任）
副校长 黄凤才
任正坤
冯后钊
张海红（女）

区行政学校

校长 高言杰（兼）
常务副校长 刘天福（5月免）
马成彪（满族，5月任）
副校长 黄凤才
任正坤
冯后钊
张海红（女）

区史志办

主任 李桂清（女）
副主任 赵喜成

区经管站

党组书记 王和群
站长 王和群
副站长 刘志勇

吕福荣（女）
万士芸（女）

区老龄办

主　　任　刘胜国（兼，2月免）
　　　　　王占勇（兼，2月任）
副 主 任　张　芳（女）

理工大学房山分校

党委书记　刘卫军
校　　长　李　江（兼，满族）
常务副校长　刘卫军
副 校 长　焦建国（5月免）
　　　　　王建民
　　　　　魏淑娟（女，5月免）
　　　　　沙文军（1月任）

区档案局

党组书记　张志元
局　　长　张志元
副 局 长　宋曙光（女，1月免）
　　　　　刘殿来

区档案馆

馆　　长　张志元
副 馆 长　宋曙光（女，1月免）
　　　　　刘殿来

区机关服务中心

主　　任　蔡中师
副 主 任　崔殿新
　　　　　武素梅（女）
　　　　　刘学锋

区考试中心

主　　任　隗永博

区地震局

局　　长　张国胜
副 局 长　李宏银
　　　　　曹长虹

区游子联络站

站　　长　肖树合
副 站 长　陈秀玲（女）

云居寺文物管理处

主　　任　云桂荣（女）

区市场中心

主　　任　佟海山
副 主 任　常　征
　　　　　李宝林

区燃气中心

主　　任　于明振
常务副主任　姜永利
副 主 任　李淑丽（女）
　　　　　刘化山
　　　　　张茂银

区投资促进局

局　　长　李中华
副 局 长　王翠美（女）
　　　　　罗月华（女）

区成教中心

党委书记　顾成强
主　　任　顾成强
副 主 任　闫立成
　　　　　陈　亮（满族）
　　　　　杨志兰（女，蒙古族）

区高教园区管委会办公室

（8月撤销）

副 主 任　刘桂华
　　　　　杨学忠
　　　　　孟庆新（女）

区广电中心

党委书记　吕井财
副 书 记　李晓梅（女）
　　　　　张连萍（女）
主　　任　李晓梅（女）
副 主 任　张　英
　　　　　朱惠强
　　　　　武　宏

区种植中心

党委书记　赵国富
副 书 记　杨建坡
　　　　　王希武（8月任）
主　　任　杨建坡
副 主 任　赵国富
　　　　　于海军
　　　　　仉立民（回族）
　　　　　王武装

区养殖业服务中心

党委副书记　吴宝祥
主　　任　吴宝祥
副 主 任　付凤生
　　　　　王　宾
　　　　　宁　立

北京西南良乡物流基地管委会办公室

主　　任　柳铁良
副 主 任　陈　雯（女）
　　　　　孙文升
　　　　　王全来（1月免）
　　　　　张　杰（兼）
　　　　　张天更（兼）

周口店北京人遗址博物馆

馆　　长　杨海峰
副 馆 长　董翠平（女）

郭永华
王得军

周口店北京人遗址管理处

主　　任　杨海峰
副 主 任　董翠平（女）
郭永华
王得军

石花洞风景名胜区管理处

主　　任　郑明存

上方山管理处

主　　任　梁志辉

区林果科技服务中心

主　　任　孔庆远
副 主 任　张喜利（1月免）
燕学理
顾志亮
田文东（5月任）

区总工会

党组书记　崔　山（8月免）
副 书 记　李　忠
主　　席　李　忠
常务副主席　李建坡
副 主 席　侯振海
臧艳芳（女，8月任）

团区委

党组书记　肖　丹（女）
书　　记　肖　丹（女）
副 书 记　苗　松
余　涛（5月免）

区妇联

党组书记　杨　灵（女）
主　　席　杨　灵（女）
副 主 席　顾淑莲（女）
赵俊英（女）

区科协

党组书记　安保良
主　　席　安保良
副 主 席　高德民
张　志

区文联

党组书记　赵佳琛（女）
主　　席　史长义
副 主 席　曹燕杰（2月免）

区工商联

党组书记　隗功跃（5月免）
焦启超（5月任）
主　　席　孙志强
常务副主席　隗功跃
副 主 席　晋显存（8月任）
秘 书 长　王德强（3月去世）
刘　询（8月任）

区残联

党组书记　隗福状
副 书 记　王红英（女）
理 事 长　王红英（女）
副理事长　林国华
王秀芬（女）

区红十字会

党组副书记　樊毅平
会　　长　卢国懿（兼）
常务副会长　樊毅平
秘 书 长　贺淑平（女）

房建投资公司

党委书记　王　会
副 书 记　马万明
纪委书记　马万明（兼）
董 事 长　王　会
副董事长　马万明
总 经 理　王　会
常务副总经理　马万明

房建股份公司

董 事 长　王　会
总 经 理　王　会
常务副总经理　马万明

韩建集团

党委书记　田　雄（10月免）
田广良（10月任）
副 书 记　田　兴（10月免）
田国杰（5月免）
田广良（5月任，10月免）
田艳伟（10月任）
田春山（10月任）
董 事 长　田　雄
总 经 理　田　兴
副总经理　田国杰
李德奎
郑晏文
田玉波
田玉涛

龙建集团

党委书记　许世臣
副 书 记　孟兆海
刘　涛
纪委书记　孟兆海（兼）
董 事 长　许世臣
总 经 理　许世臣（兼）
常务副总经理　孟兆海
刘　涛
副总经理　张志清
王文军
赵凤春

城建集团

党委书记　王新成
副 书 记　王宗奎
董 事 长　王新成
副董事长　王宗奎
总 经 理　王新成（兼）
常务副总经理　王宗奎
副总经理　安玉栋
　　　　　董瑞峰

北京昊远隆基房地产开发总公司

总 经 理　张　宝
常务副总经理　张雪莲(女,1月任)
副总经理　张雪莲（女，1月免）
　　　　　王　刚
　　　　　李伟东
　　　　　曹洪涛（5月任）

双山水泥集团

党委书记　韩德顺
副 书 记　余自强
纪委书记　陈宗远
董 事 长　余自强
总 经 理　张春华

区食品公司

经　　理　白　俊

区供销总社

党委副书记　栗桂君
　　　　　解春华
主　　任　栗桂君
副 主 任　解春华
　　　　　王永贵（5月免）
　　　　　张　建
　　　　　朱仕武
　　　　　陈东旭（5月任）
　　　　　张　雷（5月任）

北京京房国鑫物资有限责任公司

董 事 长　梅雪峰
总 经 理　梅雪峰（兼）
副 经 理　吴卫东
　　　　　张金兰（5月免）

区旅游开发公司

经　　理　胡永生

区商贸有限公司

党委书记　常月光
副 书 记　孔繁茂
纪委书记　孔繁茂（兼）
董 事 长　马士杰
副董事长　常月光
　　　　　安春祥
总 经 理　安春祥
副总经理　张增慧

区粮油总公司

党委书记　孙小林（5月任）
副 书 记　马育川（回族）
　　　　　张大勇
纪委书记　张大勇（兼）
总 经 理　马育川（回族）
副总经理　孙小林
　　　　　刘玉江
　　　　　田文东（5月免）
　　　　　兰建国（7月任）

区烟草专卖局
（房山烟草公司）

党组书记　杨　军（蒙古族）
局　　长　杨　军（蒙古族）
副 局 长　李志显
经　　理　杨　军（蒙古族）
副 经 理　孟庆伟（8月免）
　　　　　贾志杰

区外贸公司

经　　理　赵卫民（兼，5月免）
副 经 理　豆长红（女）

区工业总公司

党委书记　姜　希（女）
副 书 记　赵卫民
　　　　　王志杰（5月任）
纪委书记　姜　希（兼，女）
董 事 长　赵卫民
总 经 理　赵卫民
副总经理　吴占河
　　　　　蔡春强
　　　　　王明辉
　　　　　王景罡（5月任）

区服装集团

纪委书记　沈巧君（女）
经　　理　刘启文

房山供电公司

党委书记　牛　磊
纪委书记　张铁英
经　　理　越海军
副 经 理　谢连富（1月免）
　　　　　魏宽民（2月免）
　　　　　杨一坚

区煤炭公司

经　　理　张文刚
副 经 理　褚建刚
　　　　　于　飞

农商行房山支行

党委书记　田英志（满族）
纪委书记　毛文利

行　　长　田英志（满族）
副 行 长　宋晓晨（女）
　　　　　毛文利

农发行房山支行

行　　长　李廷民
副 行 长　赵东来（11月免）
　　　　　付德荣（女）

建行房山支行

党委书记　高连兴
行　　长　高连兴
副 行 长　朱明礼

工行房山支行

党委书记　王　凯
副 书 记　张　健
纪委书记　李崇一
行　　长　王　凯
副 行 长　张　健
　　　　　李淑欣（女，4月免）
　　　　　胡建农（5月任）
　　　　　潘端升

农行房山支行

党委副书记　杨荣斌
纪委书记　刘　明
行　　长　杨荣斌（11月任）
副 行 长　韩春华
　　　　　刘　明
　　　　　杨荣斌（11月免）

邮储银行房山支行

行　　长　彭清宇
副 行 长　刘晓平（兼）

人寿保险公司房山支公司

经　　理　贾京平
副 经 理　张志军（7月免）
　　　　　杨惠文（9月任）
　　　　　李　锋

人保财险房山支公司

经　　理　刘文新
副 经 理　李　杰
　　　　　赵连宇

区园区办

主　　任　赵永祥
副 主 任　邢文利
　　　　　庞永宁
　　　　　栗国清

北京良乡经济开发区实业总公司

经　　理　齐彦军
副 经 理　杨文龙
　　　　　史　军
　　　　　胡丽玲（女）

北京人投资发展公司

经　　理　豆长增
副 经 理　续雅君（女）
　　　　　王玉刚（5月任）

区整规办

主　　任　任振秋（兼，1月任）
副 主 任　鲁永来（1月任）
　　　　　吴明新(1月任,8月免)
　　　　　马志刚（8月任）

地质公园建设管理处

主　　任　冀显江
副 主 任　王秉军（兼，5月免）
　　　　　朱仕学

北京房开控股集团有限公司
（1月成立）

党委书记　于明振（9月任）
副 书 记　王义泊（9月任）
　　　　　许丽华（女，9月任）
纪委书记　许丽华（女，9月任）
董 事 长　于明振
总 经 理　于明振
常务副总经理　王义泊（3月任）
副总经理　贾振生（5月任）
　　　　　许丽华（女，5月任）

9月，长沟镇举办花田节

附 录

2011年房山区部分市级以上先进集体（单位）一览表

表12

获奖单位	奖项名称	颁奖单位	获奖时间
房山区社保中心	全国人力资源和社会保障系统2008-2010年度优质服务窗口	中华人民共和国人力资源和社会保障部	1月
北京龙建集团有限公司	2010年度全国“安康杯竞赛优胜企业	中华全国总工会、国家安全生产监督管理总局	1月
农发行房山支行会计结算部	总行级女职工文明示范岗	中国农业发展银行	1月
房山区总工会	“十一五”时期社会主义劳动竞赛先进组织单位	中华全国总工会	2月
房山区总工会	全国工会系统“五五”普法先进单位	中华全国总工会	3月
房山工商行政管理分局登记注册科	全国巾帼文明岗	中华全国妇女联合会、全国妇女“巾帼建功”活动领导小组	3月
房山区人民检察院	全国检察机关文明接待示范窗口	最高人民检察院	3月
北京韩建集团有限公司	2010年度全国优秀施工企业	中国施工企业管理协会	3月
房山区人民检察院	北京市信访排查调处工作先进集体	中共北京市委员会北京市人民政府	4月

续表 12-1

获奖单位	奖项名称	颁奖单位	获奖时间
北京市国土资源局房山分局	全国矿业实地核查先进集体	中华人民共和国国土资源部	6月
中共长阳镇委员会	先进基层党组织	中共北京市委员会	6月
房山区	全国残疾人工作先进单位	国务院残疾人工作委员会	6月
房山区人口普查办公室	第六次全国人口普查先进集体	国务院第六次全国人口普查领导小组办公室、国家统计局	7月
房山区游子联络站	中国国际信息节信息化杰出成就大奖单位管理创新奖	中国国际信息节组委会	7月
北京龙建集团有限公司	2011 年全国工程建设 QC 小组活动优秀企业	中国建筑业协会工程建设质量管理分会	7月
北京龙建集团有限公司良乡三街家园北里 5 号楼 QC 小组	2011 年全国工程建设质量管理小组优秀奖	中国建筑业协会工程建设质量管理分会	7月
房山公路分局	全国农村公路建设质量年活动先进集体	中华人民共和国交通运输部	8月
房山区广电中心	2009—2010 年度文化惠民工程先进单位	全国县域经济研究中心	8月
房山区经济和信息化委员会	房山经济信息港获“2011 中国城市化管理创新奖”	中国信息协会	9月
房山区人民政府	全国食用菌文化产业建设先进县	中国食用菌协会	10月
房山区体育局	2010 年国民体质监测工作先进单位	国家体育总局	10月
燕山地区	全国安全社区	国家安全生产监督管理总局	10月
房山区农业机械研究所	2011 年度全国农机科普先进集体	中国农业机械学会	11月
北京韩建集团有限公司	总资产及利润荣列 2010—2011 年度中国建筑业 500 强之列	中国行业企业信息发布中心	11月
房山区农业环境和生产监测站	2011 年度全国农业资源环境检测工作先进集体	中华人民共和国农业部环境监测总站	11月

续表 12-2

获奖单位	奖项名称	颁奖单位	获奖时间
房山区	全国食用菌产业化发展示范县	中国食用菌协会	12月
房山区	2011年全民终身学习活动周优秀组织奖	全民终身学习活动周领导小组、中国成人教育协会	12月
房山区成人教育学会	全国成人教育先进集体	中国成人教育协会	12月
房山区人民法院	全国文明单位	中央精神文明建设指导委员会	12月
房山区消费者协会	全国消协消费教育引导先进集体	中国消费者协会	12月
长沟镇流动放映队	全国农村电影放映工作先进集体和优秀放映队	中共中央宣传部、中华人民共和国文化部、国家广播电视总局、中华人民共和国新闻出版总署	12月
房山区民防局	2011年度《中国人民防空》通讯报道先进单位	国家人民防空办公室	12月
房山区人民武装部	先进人民武装部	北京市人民政府、北京卫戍区	12月
北京韩建集团有限公司	国家优质工程奖设立三十周年先进单位	国家工程建设质量奖审定委员会	12月
北京韩建集团有限公司	2010年度中国建筑业竞争力百强企业	中国建筑业协会	12月
北京韩建集团有限公司	全国建筑业先进企业	中国建筑业协会	12月
房山区体育局	2011年全民健身活动优秀组织奖	国家体育总局	12月
房山区档案馆	市、县级国家综合档案馆测评国家一级档案馆	国家档案局	2011年
琉璃河镇社区卫生服务中心	全国示范社区卫生服务中心	中华人民共和国卫生部	2011年
房山区卫生局 房山区广电中心 大石窝镇人民政府	北京市敬老爱老为老服务示范单位	北京市人民政府	2011年

2011年房山区部分市级以上先进个人一览表

表13

姓名	奖项名称	颁奖单位	获奖时间
鲁清	2010年度全国工程建设优秀项目经理	中国施工企业管理协会	3月
于英虎 冀显江 杜金秀 吴艳京 徐　凯 许世臣 赵卫民 马小兰 隗永功 张丽华 吴明新 周志春	首都精神文明建设奖	中共北京市委、北京市人民政府	4月
杨素娟	全国“巾帼建功”标兵	中华全国妇女联合会	4月
纪文	国土资源管理系统推进依法行政先进个人	中华人民共和国国土资源部	4月
李永健	全国优秀地质灾害群测群防监测员	中华人民共和国国土资源部	4月
仉锁忠	全国科普惠农兴村带头人	中国科学技术协会、中华人民共和国财政部	6月
孔庆远	在“十一五”期间林业有害生物防控工作中成绩优异，贡献突出，特予表扬	全国绿化委员会、国家林业局	7月
王学山	2011年全国工程建设QC小组活动优秀推进者	中国建筑业协会工程建设质量管理分会	7月
王守礼	“十一五”期间北京军区人民防空先进个人	北京军区国防动员委员会	8月
史建	全国先进老干部工作者	中组部、中华人民共和国人力资源和社会保障部	9月
厉莉	第三届首都道德模范	首都精神文明建设委员会	9月
厉莉	第三届全国道德模范	中宣部、中央文明办、中国人民解放军总政治部、全国总工会、共青团中央、全国妇联	9月

续表 13

姓名	姓名	姓名	姓名
姚凯 贾生 栗文军	2011 年度全国农机科普先进工作者	中国农业机械学会	11 月
相薇	首届全国农产品质量安全基层检测技术人员大比武个人三等奖	中华人民共和国农业部	11 月
田雄	2010—2011 年度中国建筑业杰出贡献奖	中国行业企业信息发布会中心	11 月
田雄	优秀企业家	中国乡镇企业协会乡镇企业家工作委员会	11 月
顾成强	全国成人教育优秀奖	中国成人教育协会	12 月
张俊秀	2011 年度《中国人民防空》通讯报道工作先进个人	国家人民防空办公室	12 月
田雄	全国建筑业优秀企业家	中国建筑业协会	12 月
田雄	2011 年度中国建筑业十大杰出职业经理人	中国建筑业协会	12 月
田兴	国家优质工程奖设立三十周年先进个人	国家工程建设质量奖审定委员会	12 月

2011 年房山区公开或内部出版的部分书刊目录

表 14

书 名	编著者	出版社	公开或内部出版	出版时间
《宝藏》2010 年综合卷	云居寺文物管理处	—	内部	1 月
《新农村新变化新发展》	区新农村办	—	内部	2 月
《新农村 5 年》画册	区新农村办	—	内部	2 月
《方志分类与方志篇目设置》	刘文江	方志出版社	公开	2 月
《良乡》	刘文江	北京出版社	公开	2 月
《琉璃河》	李桂清	北京出版社	公开	2 月
《扬帆》	区委宣传部、区文联	—	内部	2 月
2010 年度《云居周讯》合订本	云居寺文物管理处	—	内部	3 月
《房山区游子联络站管理手册》	区游子联络站	—	内部	3 月
《云居寺老照片》	云居寺文物管理处	—	内部	4 月

续表14-1

书　名	编著者	出版社	公开或内部出版	出版时间
《燕都》第42期至第47期	区文联	—	内部	4、6、11月
《破冰》	区文联	—	内部	5月
《房山区优秀调研成果汇编》（2010年度）	区研究室	—	内部	6月
《廉政风险防范管理工作手册》	区农工委	—	内部	6月
《房山民防》第9期	区委宣传部、区民防局、区文联	—	内部	6月
图文专辑《光辉90年》	区委组织部、区委宣传部、区档案局	—	内部	6月
《征程》	区委宣传部、区史志办	—	内部	6月
《发展韩村河》	田雄	北京出版集团公司、北京出版社	公开	6月
《房山建设史》	区史志办	北京出版社	公开	6月
《中国共产党北京市组织史资料·房山卷（1987—2010）》	区委组织部、区史志办、区档案局（馆）	中央文献出版社	公开	6月
诗词集《锤镰颂歌》	区文联	—	内部	7月
书画集《锤镰颂歌》	区文联	—	内部	7月
《他山之石》第二集	张永顺	—	内部	7月
《平西线上》上、下册	卢祥之、张昊	福建少年儿童出版社	公开	7月
书画集《丹青焕彩　鱼水情深》	区书法美术家协会	—	内部	8月
《党建探索与创新》	区委组织部	—	内部	10月
《思索与实践》	区经管站	—	内部	10月
《我与云居寺》征文集	云居寺文物管理处	—	内部	10月
《房山区农委机关干部晨讲汇编》	区农工委	—	内部	11月
《2011年房山区经管站调研文章汇编》	区经管站	—	内部	12月
《龙乡检察知与行》	王建平主编	检察出版社	公开	12月
《悠悠桑梓情》	房山区游子联络站	—	内部	12月

续表 14-2

书 名	编著者	出版社	公开或内部出版	出版时间
《思路花语——忆往事》	王俊起	中国文联出版社	公开	12月
《房山区文联十年图志》	史长义主编	—	内部	12月
《房山文史资料》第二十五辑	区政协	—	内部	12月
《北京房山年鉴（2011）》	区史志办	方志出版社	公开	12月
《三农关注》	区农工委	—	内部	月刊
《广电团队》	区广电中心	—	内部	双月刊
《梓萌》	阎村文学创作协会	—	内部	季刊
《龙乡工商界》	区工商联、区商会	—	内部	季刊
《房山检察》	区检察院	—	内部	季刊
《天平》	区法院	—	内部	季刊
《房山审计》	区审计局	—	内部	季刊
《大众学习》	区委宣传部	—	内部	不定期
《阎村文联》杂志	阎村文联	—	内部	不定期
《阎村掠影》杂志	柳铁良主编	—	内部	不定期
《房山报》	区委宣传部、区新闻中心	—	公开	每周三期

2011年房山区部分科技成果获奖情况一览表

表 15

作品名称	作 者	奖项名称	主办单位	获奖时间
测土配方施肥技术推广项目	朱 文	北京市农业技术推广一等奖	北京市人民政府	2月
番茄抗根结线虫系列品种的示范与推广项目	徐 凯	北京市农业技术推广一等奖	北京市人民政府	2月
奶牛优质冻精及配套技术推广	安艳松	北京市农业技术推广一等奖	北京市人民政府	2月
肉用乳鸽人工乳育新技术的研究与示范推广	付凤生	北京市农业技术推广二等奖	北京市人民政府	2月
北京市水产养殖环境监控及水质净化技术的研究与应用	宁 立	北京市农业技术推广二等奖	北京市人民政府	2月

续表15

作品名称	作　者	奖项名称	主办单位	获奖时间
向日葵多功能开发技术示范推广项目	徐　凯	北京市农业技术推广二等奖	北京市人民政府	2月
食用菌高效生产关键技术集成与推广项目	张东雷	北京市农业技术推广二等奖	北京市人民政府	2月
京郊耕地质量演变与培肥技术推广项目	李书玲	北京市农业技术推广二等奖	北京市人民政府	2月
设施农业深耕机械化技术示范与推广项目	张伟生	北京市农业技术推广二等奖	北京市人民政府	2月

2011年房山区部分作品获奖情况一览表

表16

作品名称	作　者	奖项名称	主办单位	获奖时间
《八戒购物记》	区国税局	第六届全国税法动漫大赛“五分钟动漫短片类”二等奖	国家税务总局办公厅、中国税务杂志社	3月
《设施农业标准化“温室娃娃”显神通》	刘卫峰、刘连梅、王文君、高健	第二届中国农业电视节目评估科普类一等节目	中国广播电视协会	4月
《论区县电视台农业科技节目的选题和表达方式》	李硕、武霞、高健	第二届中国农业电视节目评估论文类一等节目	中国广播电视协会	4月
《浅析农业资讯节目的现状与未来》	朱晶、李博、靳海燕、高健	第二届中国农业电视节目评估论文类二等节目	中国广播电视协会	4月
《守望密林数十载　荒山播绿新愚公》	周妍君、史建聪、尹鹏、孙亚琼	第二届中国农业电视节目评估专题类二等节目	中国广播电视协会	4月
《青春誓言今犹在　春华秋实满龙乡》	都琳、陈兴	第二届中国农业电视节目评估专题类三等节目	中国广播电视协会	4月
《百合花开幸福来》	李大伟、高健、王文锋、靳海燕	第二届中国农业电视节目评估消息类三等节目	中国广播电视协会	4月
《热心的农业技术“土专家”——常仕明》	高健、李剑锋、朱晶、李博、古亚楠	第二届中国农业电视节目评估科普类三等节目	中国广播电视协会	4月

续表16-1

作品名称	作　者	奖项名称	主办单位	获奖时间
《与时俱进 实现农业电视节目可持续发展》	刘卫峰 武霞	第二届中国农业电视节目评估论文类三等节目	中国广播电视协会	4月
感受红歌圣地	张伟	“寻访北京的红色足迹”征文活动三等奖	市网管办	6月
对农户土地流转意愿的分析	王和群 刘海亮	北京市土地流转课题组优秀调研成果	中华人民共和国农业部	8月
预制外墙外侧保温装饰挂板施工工法	北京韩建集团有限公司	国家二级工法	中国人民共和国住房和城乡建设部	9月
北京市房山区农民负担情况调查与思考	张安荣	全国减轻农民负担工作专题调研活动优秀调研报告三等奖	中华人民共和国农业部	9月
“醉酒驾车”情节显著轻微的理解与适用	张凯、张君	“马克昌杯”全国优秀刑法论文三等奖	中国法学会刑法学研究会	10月
加快培育人才竞争比较优势 增强区域发展核心竞争力	孙强	2010年度《郊区党建》有奖征文一等奖	中共北京市委农村工作委员会、北京农村经济编辑部	10月
房山区将组织优势转化为发展优势的实践探索	耿纪民	2010年度《郊区党建》有奖征文二等奖	中共北京市委农村工作委员会、北京农村经济编辑部	10月
规范干部选拔任用提名工作的探索和思考	王耕	2010年度《郊区党建》有奖征文二等奖	中共北京市委农村工作委员会、北京农村经济编辑部	10月
以服务“三化两区”建设为目标推进大学生村官工作的实践与思考	陈立新	2010年度《郊区党建》有奖征文三等奖	中共北京市委农村工作委员会、北京农村经济编辑部	10月
抓好五个环节 吸引大学生“村官”扎根基层服务新农村建设	区委 组织部	2010年度《郊区党建》有奖征文三等奖	中共北京市委农村工作委员会、北京农村经济编辑部	10月

续表 16-2

作品名称	作　者	奖项名称	主办单位	获奖时间
《房山区 2011 年新年音乐会》	熊京生、石可、卢双庆、牛雪峰、刘玉迎、穆晓凤、张华、刘振明	2010 年度北京市优秀广播电视节目评选电视节目技术质量类优秀作品一等奖	北京市广播电影电视局	11 月
《浅析农业资讯节目的现状与未来》	朱晶	第三届新农村电视艺术节论文评选二等奖	中国电视艺术家协会	11 月
《凝聚优势 彰显特色——地方台农业科技新闻的制作与提高》	冯名姗	第三届新农村电视艺术节论文评选二等奖	中国电视艺术家协会	11 月
纪念建党 90 周年系列节目《新村新事》《红色记忆》	房山区广电中心	“2011 年区县广电中心纪念建党 90 周年优秀节目评比”广播类二等奖和电视类二等奖	北京市广播电影电视局	11 月
《把握机遇 跨越发展》	杨建国、冯明耀、李岩峰、武逸洋	2010 年度北京市优秀广播电视节目评选电视节目技术质量类优秀作品二等奖	北京市广播电影电视局	11 月
《会走的红绿灯》	王磊、孙岩、原婧	2010 年度北京市优秀广播电视节目评选广播新闻类优秀作品三等奖	北京市广播电影电视局	11 月
《我说这五年》	李洋、张海莲、史建聪、张萌、孙亚琼	2010 年度北京市优秀广播电视节目评选电视社教类优秀作品三等奖	北京市广播电影电视局	11 月
《爱的接力》	李丹、陈婷、李盼、张佳佳	2010 年度北京市优秀广播电视节目评选广播社教类优秀作品三等奖	北京市广播电影电视局	11 月

续表 16-3

作品名称	作　者	奖项名称	主办单位	获奖时间
《房山新闻》	刘玉迎、穆晓凤、刘振明、张华	2010 年度北京市优秀广播电视节目评选电视节目技术质量类优秀作品三等奖	北京市广播电影电视局	11 月
《"两会"特别报道》	刘瑜	2010 年度北京市优秀广播电视节目评选电视节目技术质量类优秀作品三等奖	北京市广播电影电视局	11 月
《微博大家谈》	石可、杨建国、卢双庆	2010 年度北京市优秀广播电视节目评选电视节目技术质量类优秀作品三等奖	北京市广播电影电视局	11 月
《新能源服务体系帮农民把低碳生活进行到底》	高健、李硕、王鹏、刘连梅、安艳峰、朱晶	2010 年度北京市优秀广播电视节目评选电视新闻类优秀作品三等奖	北京市广播电影电视局	11 月
《房山新闻》	原婧、薛君孝	2010 年度北京市优秀广播电视节目评选广播播音主持类优秀作品三等奖	北京市广播电影电视局	11 月
《王老师》	区委组织部、区教委	全国优秀党员电视教育片观摩交流活动一等奖	中央组织部	12 月
《〈侦察 监督之星〉系列专题》	卢涛	全国法制好新闻电视专题类三等奖	司法部、全国普法办公室、全国法制新闻协会	12 月
《永恒的绿色》	赵向东	"纪念首都全民义务植树 30 周年"文学作品创作二等奖	首都绿化委员会办公室、北京市文学艺术界联合会	12 月

2011年房山区在市级以上刊物发表的部分作品一览表

表17

作品名称	作者	发表刊物名称	刊物主办单位	发表时间
“长安速度”开创重大项目快速落地建设新模式	赵军	《北京工作》	中共北京市委	2011年第2期
以“三变”促“三化”	孙强	《前线》	中共北京市委	2011年第7期
房山区次序动员机制调查	文之 李燕林	《前线》	中共北京市委	2011年第8期
一个让群众信服的好办法	钱理评	《前线》	中共北京市委	2011年第8期
“房山区次序动员机制调查”反响热烈	乾轩	《前线》	中共北京市委	2011年第9期
在创先争优中扎实推进民防工作	张俊秀	《中国人民防空》	国家人民防空办公室	2011年第8期
“次序动员”机制让党员干部冲在困难最前面	区委组织部	《党建》	中共中央宣传部	2011年第9期
如何加快城市人口疏散地域建设	刘文礼	《中国人民防空》	国家人民防空办公室	2011年第10期
三项工程着重解决的问题	孙强	《前线》	中共北京市委	2011年第10期
田雄和高科技武装起来的韩村河	张永顺	《中国高新技术企业》	中国统计出版社	10月
为新型集体经济发展保驾护航	于青	《农村经营管理》	农业部	11月
关于房山区高端制造业产业人才集群化发展的调查与思考	耿纪民	《全国市（地、州、盟）和重点行业责任部门贯彻落实人才发展规划管理者培训班》论文集	中共中央组织部	11月

2011年度评审的各系统获高级技术职称部分人员一览表

表18

姓名	职称名称	评审时间	姓名	职称名称	评审时间
李雪生	中学高级教师	2011年7月	王卫华	中学高级教师	2011年7月
隗合真	中学高级教师	2011年7月	刘玉红	中学高级教师	2011年7月
贾　伟	中学高级教师	2011年7月	黄宜英	中学高级教师	2011年7月
李秀娟	中学高级教师	2011年7月	付长海	中学高级教师	2011年7月
杨素芳	中学高级教师	2011年7月	纪洪亮	中学高级教师	2011年7月
罗建荣	中学高级教师	2011年7月	张立新	中学高级教师	2011年7月
杨俊平	中学高级教师	2011年7月	齐术举	中学高级教师	2011年7月
魏庆荣	中学高级教师	2011年7月	徐劲松	中学高级教师	2011年7月
刘玲杰	中学高级教师	2011年7月	夏　永	中学高级教师	2011年7月
吴海燕	中学高级教师	2011年7月	周文明	中学高级教师	2011年7月
商希伟	中学高级教师	2011年7月	成小峰	中学高级教师	2011年7月
毕冠勇	中学高级教师	2011年7月	魏春凤	中学高级教师	2011年7月
孙会清	中学高级教师	2011年7月	李占起	中学高级教师	2011年7月
刘玉荣	中学高级教师	2011年7月	肖金凤	中学高级教师	2011年7月
卢明宇	中学高级教师	2011年7月	熊克云	中学高级教师	2011年7月
隋　军	中学高级教师	2011年7月	白新贺	中学高级教师	2011年7月
姜云丰	中学高级教师	2011年7月	杨河泉	中学高级教师	2011年7月
刘宝荣	中学高级教师	2011年7月	丁辉启	中学高级教师	2011年7月
李新茂	中学高级教师	2011年7月	钮长青	中学高级教师	2011年7月
李　新	中学高级教师	2011年7月	张立敏	中学高级教师	2011年7月
李淑云	中学高级教师	2011年7月	豆小龙	中学高级教师	2011年7月
杨淑云	中学高级教师	2011年7月	索艳梅	中学高级教师	2011年7月
及淑红	中学高级教师	2011年7月	张　伟	中学高级教师	2011年7月
刘殿先	中学高级教师	2011年7月	高福绵	中学高级教师	2011年7月
崔志明	中学高级教师	2011年7月	刘红艳	中学高级教师	2011年7月
隗功云	中学高级教师	2011年7月	王立明	中学高级教师	2011年7月
从春雪	中学高级教师	2011年7月	李　祝	中学高级教师	2011年7月
李艳朋	中学高级教师	2011年7月	王新民	中学高级教师	2011年7月
高玉征	中学高级教师	2011年7月	高福禄	中学高级教师	2011年7月
李　刚	中学高级教师	2011年7月	刘淑娟	中学高级教师	2011年7月
于淑红	中学高级教师	2011年7月	刘冬梅	中学高级教师	2011年7月

续表 18

姓名	职称名称	评审时间	姓名	职称名称	评审时间
张双印	中学高级教师	2011 年 7 月	白晓芳	中学高级教师	2011 年 7 月
刘红梅	中学高级教师	2011 年 7 月	梁永增	中学高级教师	2011 年 7 月
刘文芳	中学高级教师	2011 年 7 月	张文革	中学高级教师	2011 年 7 月
王欣晖	中学高级教师	2011 年 7 月	赵文红	中学高级教师	2011 年 7 月
张桂琴	中学高级教师	2011 年 7 月	李新华	高级讲师	2011 年 7 月
佟景许	主任医师	2011 年 11 月	李　勋	副主任医师	2011 年 11 月
张　红	主任医师	2011 年 11 月	于续芳	副主任医师	2011 年 11 月
王勇奇	主任医师	2011 年 11 月	张　欣	副主任医师	2011 年 11 月
王效非	主任医师	2011 年 11 月	李　慧	副主任医师	2011 年 11 月
刘海红	主任医师	2011 年 11 月	陆媛勋	副主任医师	2011 年 11 月
张景丹	主任技师	2011 年 11 月	方晓玉	副主任医师	2011 年 11 月
吴家萍	主任药师	2011 年 11 月	王　驰	副主任医师	2011 年 11 月
张士旺	副主任医师	2011 年 11 月	赵炳朕	副主任医师	2011 年 11 月
杨进春	副主任医师	2011 年 11 月	李占新	副主任医师	2011 年 11 月
隗永印	副主任医师	2011 年 11 月	苏连华	副主任医师	2011 年 11 月
王丽燕	副主任医师	2011 年 11 月	高　岩	副主任医师	2011 年 11 月
刘春生	副主任医师	2011 年 11 月	边朝辉	副主任医师	2011 年 11 月
冯亚红	副主任医师	2011 年 11 月	宫俊英	副主任医师	2011 年 11 月
王玉庆	副主任医师	2011 年 11 月	王冬梅	副主任医师	2011 年 11 月
张海军	副主任医师	2011 年 11 月	张士朋	副主任医师	2011 年 11 月
孙永强	副主任医师	2011 年 11 月	毛文艳	副主任医师	2011 年 11 月
杨淑萍	副主任医师	2011 年 11 月	许淑花	副主任技师	2011 年 11 月
刘玉茹	副主任医师	2011 年 11 月	隗和红	副主任技师	2011 年 11 月
柳艳静	副主任医师	2011 年 11 月	霍福军	副主任技师	2011 年 11 月
王立强	副主任医师	2011 年 11 月	李维莉	副主任药师	2011 年 11 月
李玉芝	副主任医师	2011 年 11 月	骆春芝	副主任药师	2011 年 12 月
田文琴	副主任医师	2011 年 11 月	张会娟	副主任护师	2011 年 11 月
杨红月	副主任医师	2011 年 11 月	高小平	副主任护师	2011 年 11 月
刘　奇	副主任医师	2011 年 11 月	穆小凤	高级工程师	2011 年 11 月

社会经济主要指标概况（一）

表 19

项　目	单位	2011 年	2010 年	增长速度（%）
基本情况				
街道、镇、乡数	个	28	28	
街道		8	8	
镇		14	14	
乡		6	6	
村民委员会	个	461	461	
社区居委会	个	122	121	0.8
常住人口	万人	96.7	94.5	2.3
#外来人口		21.4	19.5	9.7
户籍人口	人	773577	768449	0.7
#非农业		425120	411266	3.4
男		388342	385954	0.6
女		385235	382495	0.7
地区生产总值	万元	4159685	3714842	12.0
财税、金融				
财政收入	万元	1174595.0	1685783.0	−30.3
#一般预算收入		347960.0	281573.0	23.6
财政支出	万元	2253900.0	2196135.0	2.6
各项税收	万元	1872313.0	1817642.0	3.0
#区级税收		357790.0	325549.0	9.9
人民币存款余额	万元	8859754.9	7788976.2	13.7
#城乡居民储蓄余额		4764617.5	4103256.1	16.1
各项贷款余额	万元	2169553.0	1907467.7	13.7

社会经济主要指标概况（二）

续表 19-1

项　目	单位	2011 年	2010 年	增长速度（%）
农　业				
农村从业人员	人	292416	290498	0.7
农林牧渔业总产值	万元	450201.6	426437.4	5.6
农业		190873.0	187660.2	1.7
林业		12086.6	12340.0	−2.1
牧业		227307.1	208161.4	9.2
渔业		9765.3	9235.4	5.7
农林牧渔服务业		10169.6	9040.4	12.5
粮食产量	吨	147586.7	135412.7	9.0
蔬菜产量	吨	186084.0	202665.9	−8.2
干鲜果品产量	吨	68309.8	69683.1	−2.0
出栏生猪	头	388795	366883	6.0
出栏肉牛	头	9425	7820	20.5
出栏羊	只	86230	99695	−13.5
鲜蛋产量	吨	10913.8	10135.6	7.7
淡水鱼产量	吨	2942	2885	2.0
工　业				
工业企业单位数	个	2242	2255	−0.6
#规模以上		172	373	−53.9
工业总产值	万元	10516395.4	9665802.3	8.8
#规模以上		10257345.7	9503081.0	7.9

注：2011 年规模以上工业统计口径为年主营业务收入 2000 万元及以上的工业法人单位。

社会经济主要指标概况（三）

续表 19-2

项　目	单位	2011年	2010年	增长速度（%）
主营业务收入	万元	10889223.9	9932027.9	9.6
#规模以上		10472833.5	9761681.9	7.3
利润总额	万元	−33712.7	532986.7	−106.3
#规模以上		−31557.0	532984.9	−105.9
建筑业				
建筑业总产值	万元	2918229.3	2600365.2	12.2
房屋施工面积	万平方米	2374.8	2073.8	14.5
房屋竣工面积	万平方米	313.1	454.3	−31.1
固定资产投资				
全社会固定资产投资（按项目建设地）	万元	4544992.0	3828221.0	18.7
农村投资		618726.0	755569.0	18.1
城镇投资		3926266.0	3072652.0	27.8
房地产业				
房地产开发投资	万元	2248325.0	1565190.0	43.6
商品房销售面积	万平方米	104.2	80.0	30.3
商品房销售额	万元	1273727.0	975099.0	30.6
批发和零售业、住宿和餐饮业				
社会消费品零售额	万元	1567316.0	1345453.0	16.5
限额以上企业		1094938.0	935781.0	17.0
限额以下企业及个体		372836.0	322918.0	15.5
商品交易市场		99542.0	86754.0	14.7

社会经济主要指标概况（四）

续表 19-3

项　目	单位	2011 年	2010 年	增长速度（%）
外经、外贸、旅游				
外贸出口总额	亿美元	3.7	3.2	13.9
实际利用外资（当年）	万美元	6195.0	7475.0	−17.1
接待游客人数	万人次	852.9	790.3	7.9
旅游营业收入	万元	326685.7	275075.2	18.8
教　育				
学校数	个			
小学		106	110	−3.6
初中阶段学校		33	33	
高中阶段学校		24	25	−4.0
在校学生	人			
小学		38093	37169	2.5
初中阶段学校		19787	21527	−8.1
普通高中		9838	9880	−0.4
中等职业教育		30008	26061	15.1
文　化				
公共图书馆	个	2	2	
公共图书馆藏数	万册、万件	78.6	73.0	7.7
影剧院个数	个	4	3	33.3
区级以上重点文物保护单位	处	68	68	

社会经济主要指标概况（五）

续表 19-4

项 目	单位	2011 年	2010 年	增长速度（%）
卫 生				
卫生机构数	个	1008	1008	
#医 院		30	28	7.1
社区卫生服务中心		22	20	10.0
床位数	张	6171	6077	1.5
#医 院		5562	5477	1.6
社区卫生服务中心		590	590	
卫生技术人员	人	7660	7049	8.7
#执业医师		2291	2114	8.4
生态环境				
绿化覆盖率	%	45.1	43.4	1.7 个百分点
人均公共绿地面积	平方米/人	12.73	8.67	46.8
空气质量二级和好于二级的天数	天	258	257	0.4
人民生活				
城镇居民人均可支配收入	元	26956.0	23768.9	13.4
城镇居民人均消费性支出	元	16539.8	15869.6	4.2
农村居民人均纯收入	元	13527.0	12492.3	13.5
农村居民人均生活消费支出	元	9813.9	8914.8	10.1

房山一日

表 20

项　目	单位	2011 年	2010 年
工业总产值	万元	28812.0	26481.7
全社会固定资产投资	万元	12452.0	10448.3
建筑业总产值	万元	7995.1	7124.3
社会消费品零售额	万元	4294.0	3686.2
外贸出口额	万美元	100.8	88.5
财政收入	万元	3218.1	4618.6
各项税收	万元	5129.6	4979.8
粮食产量	吨	404.3	371.0
蔬菜产量	吨	509.8	555.2
出栏生猪	头	1065.2	1005.2
出栏肉牛	头	25.8	21.4
出栏羊	只	236.2	273.1
接待游客人数	万人次	2.3	2.2
报刊流转额	万元	6.2	5.0
生活垃圾清运量	吨	389.0	484.9
邮政函件出口量	万件	2.9	2.6
在岗职工平均工资	元	140.5	113.7
城镇居民人均可支配收入	元	73.9	65.1
农村居民人均纯收入	元	37.1	34.2
出生人口	人	19.6	15.4
死亡人口	人	11.7	21.6
内地居民登记结婚对数	对	28.0	23.0
内地居民登记离婚对数	对	5.3	5.1

注：1.出生人口不含流动人口。2.按 365 天计算。3.登记离婚对数来源于房山区民政局，不含法院判离数。